北京丰台年鉴

2006

北京市丰台区地方志编纂委员会

中华书局

2006

图书在版编目（CIP）数据

北京丰台年鉴 .2006/北京市丰台区地方志编纂委员会编
—北京：中华书局，2006
ISBN 7—101—05378—5

Ⅰ.北… Ⅱ.北… Ⅲ.丰台区—2006—年鉴
Ⅳ.Z521.3

中国版本图书馆 CIP 数据核字（2006）第 132326 号

责任编辑：华晓林

北京丰台年鉴（2006）
北京市丰台区地方志编纂委员会编
*
中华书局出版
（北京市丰台区太平桥西里 38 号 100073）
http://www.zhbc.com.cn
E-mail:zhbc@zhbc.com.cn
河北省欣航测绘院印刷厂印刷
*
787×1092 1/16 31.75 印张 114 插页 589 千字
2006 年 11 月第 1 版 2006 年 11 月第 1 次印刷
印数：1500 册 定价：88.00 元

ISBN 7—101—05378—5/K·2406

北京市丰台区地方志编纂委员会

丰台区地方志办公室

《北京丰台年鉴》编辑部

编 辑 说 明

一、《北京丰台年鉴》是一部综合性资料性工具书和史料文献。在丰台区委、区政府领导下，由区地方志编纂委员会主持编纂。

二、本年鉴以马列主义、毛泽东思想、邓小平理论和“三个代表”重要思想为指导，坚持以经济建设为中心，坚持实事求是的原则，与时俱进、开拓创新、科学地反映客观情况。

三、本年鉴从2002年开始，逐年编辑出版。当年出版的年鉴全面汇集上一年度丰台区各项事业、行业等诸方面新发生的重大事件、新情况和重要的文献信息，为各级领导提供可资参考的依据，为各个行业提供有价值的资料，为各方面人士了解、熟悉和研究丰台提供最新信息。

四、本年鉴以详记区属各系统、各单位为主，略记驻区部分中央、市属单位的情况。

五、本年鉴采用文章、条目等体裁，以条目为主，用规范的语体文、记述体、直陈其事，文字力求言简意赅。

六、本年鉴文字内容设有特载、大事记、政党团体、政权政协、政法军事、农村经济和农业、工业、商贸服务业、高新技术产业、综合经济管理、财政税务审计、金融、城市建设和管理、交通邮电、科技教育、文化体育卫生、社会、街乡（镇）、人物、附录等一级栏目，一级栏目下设二级栏目，二级栏目下设分目，分目下设条目。

七、本年鉴收有2005年内丰台区党、政、军、民主党派、团体、街乡（镇）、部分企业负责人名录及驻区部分单位负责人名录，所列职务均以2005年内任职为限，其中有任免情况的分别予以说明，同时收有获得国家（中央部委）、市奖励与荣誉称号的单位和个人名单。

八、本年鉴选入的文章、条目均由各部门、各单位确定专人撰写，并经主管负责人审核。统计资料由区统计局提供，照片由各单位提供。

九、本年鉴反映2005年1月1日至12月31日期间的情况，文内一般直书月、日，不再写年份。

十、本年鉴由区地方志办公室《北京丰台年鉴》编辑部负责编辑、文字加工和版面设计。在编辑出版过程中得到了全区各单位及各方面的大力支持和热情帮助，在此一并表示感谢。由于编辑水平所限，疏漏和不足之处恳请读者批评指正。

义务植树活动中，胡锦涛总书记与全国林业系统先进工作者张建国等亲切交谈

国家领导人李铁映视察北宫森林公园

区委书记王子生参加少年军校成立20周年庆祝活动

区长张大力带队检查安全生产工作

区人大领导视察食品卫生安全情况

区政协领导欢迎参加政协会议的政协委员

丰台区第十三届人民代表大会第三次会议

中国人民政治协商会议北京市丰台区第七届委员会第三次会议

保密局检查涉密定点印刷企业

对台工作领导小组扩大会

北京党务公开试点工作汇报会在丰台区召开

丰台城市网格化管理
平台运行启动仪式

党风廉政建设工作会议

第四届“人民好公仆”接受表彰

信访条例主题宣传日

携手法治建设构建和谐丰台主题访谈活动

“为了明天——关注青少年权益保护”主题宣传活动

丰台法院与乌鲁木齐新市区法院结为友好法院

丰台分局举办新装备警务车授车仪式

丰台分局优秀民警、领导干部先进集体颁奖大会

丰台区公安消防支队成立揭牌仪式

丰台消防中队举行消防演习

5月21日丰台区青少年法制节启动仪式暨法律小品大赛在丰台影剧院举行

丰台区青少年法制节模拟法庭竞赛

6月27日团区委、区青联和圣火企业共同举办了“爱·丰台”公益活动圣火电脑教室捐建仪式

安全生产月宣传咨询日活动

丰台区危险化学品应急救援演练

维护农民工劳动保障权益宣传活动

市政协委员到东风机车电器厂视察残疾人就业情况

4月吉林副市长到马家堡西区18号楼视察人防工程的使用情况

国资委召开划转企业负责人座谈会

学校操场整治审计现场

丰台区财政局授权支付
代理银行签约仪式

会计相关法律法规大型宣传活动

丰台区消费者协会法律
支持中心揭牌仪式

丰台区2005年统计年报和2006年定期报表布置大会

税企面对面税法宣传活动

丰台国税局社会监督员聘请仪式

丰台国税局文明礼仪演讲比赛

3・15消费咨询进校园

商场设置不合格产品下架公示栏

质量技术监督局的执法人员向消费者讲解真假白酒的辨别方法

工商分局开展食品安全宣传

2005年丰台经济年会开幕式

北京西南物流中心

新发地翠鲜缘冷库开业仪式

晓月苑邮电所开业

邮电职工热情服务两会代表

邮政科技走进校园

丰台区水务局正式挂牌成立

一户一表改造工程签字仪式

世界公园中水回用工程开工仪式

马草河橡胶坝

翟鸿祥副市长视察北宫森林公园

6月8日，丰台区气象局参加丰台区委、区政府在长辛店油库组织的《危险化学品应急预案》演习。

10月，丰台区气象局对观测场进行改造，安装了七要素自动气象站，更新了部分仪器设备

北京南站暨北京站至北京西站地下直经线工程开工仪式

北京佑安医院改扩建工程奠基开工仪式

京丰公司燃机一号机组正式移交生产仪式

北京科普大使金声向澳门特首何厚铧介绍载人航天模拟系统

长征二号F运载火箭成功发射神舟六号载人飞船

两院院士到首都航天机械公司参观航天科技成果

第二十三届北京学生科技节开幕式

第25届北京青少年科技创新大赛开幕式

1月，新村街道韩一社区“科普型社区”启动

丰台区少年军校成立20周年纪念活动

丰台二中和北京十八中同获
北京市示范性普通高中称号

丰台广电中心11月5日投入
使用的虚拟演播室

世界公园“玩转非洲”欢乐周

右安门英语角

丰台区夏日文化广场启动仪式

卢沟桥宛平城广场落成典礼

首届“卢沟晓月”中秋庙会

古镇艺术团卢沟文化节首场演出

丰台垒球场开工奠基仪式

全民健身体育节开幕式

大众高尔夫俱乐部第四届木杆高尔夫会员杯赛
于9月2日在万芳亭公园举行

美国前总统克林顿到佑安医院参观并看望艾滋病患者

法制宣传活动中为群众讲解安全用药知识

药品生产经营企业依法生产铸就诚信签字仪式

8月龙新民副市长到京铁家园检查工作

精图社区党委、居委会揭牌仪式

卢沟桥乡精图村撤村并街交接仪式

参加京都巧娘比赛并获奖

西罗园社区公益大讲堂

西罗园街道机关工作人员参观城市规划展

吉林副市长调研东庄地区改造工作

新发地经营者之家

长辛店街道红十字关爱进社区活动

第二届“珠江骏景杯”群众歌咏比赛

卢沟桥乡文明百星

长辛店镇第三届大枣采摘节

草桥村文化中心获“全国先进文化大院”称号

春节文化一条街

纪念中国人民抗日战争暨

“伟大胜利”

国家领导人胡锦涛、吴邦国、温家宝、贾庆林、曾庆红、

反法西斯战争胜利60周年

展览开幕式

官正、李长春、罗干分别参观“伟大胜利”大型主题展览

纪念抗日战争胜利60周年书法笔会

第十九届“晓月苑杯”越野跑

纪念世界反法西斯战争胜利暨抗战胜利60周年大型交响合唱音乐会

北京市丰台区烟草专卖局(公司)

丰台区烟草专卖局(公司)喜迁新址,副区长汪洪前来祝贺

北京市丰台区烟草专卖局（公司）成立于1997年11月8日，实行“统一领导，垂直管理、专卖专营”的经营管理体制，主要负责辖区内的卷烟经营和市场管理。区局（公司）内设机构包括：办公室（法制科）、专卖监督管理科（市场检查队）、访销信息科、财务统计科、审计科、政工保卫科（人事劳资科）等六个科（室），现有人员120人，辖区现有卷烟零售许可户3072个。截止2005年底，资产总计已达1.2亿元，累计销量338472箱，实现利税28671万元，其中实现税金5689万元，实现利润22982万元。2005年销售卷烟284459万支，实现利税10280万元，其中实现税金1931万元，实现利润8349万元。

丰台区烟草专卖局(公司)2005年工作会议

丰台烟草成立8年来，累计查处卷烟违法案件1665起，查获违法卷烟20224件，罚款596万元，先后有8名违法人员被追究刑事责任。

卷烟销量从1998年的12800箱提高到2005年的56916箱，增长了3.5倍；利税从1998年的132万元提高到2005年的10280万元，增长了75倍；利润从1998年的75万元提高到2005年的8349万元，增长了106倍，为国家和地方财政做出了突出贡献。

在企业经济效益快速增长的同时，丰台烟草坚持以人本管理为核心，充分发挥员工的积极性和创造性，打造争先创优的企业精神，培育出了“敢为人先，争创一流”的团队意识和吃苦耐劳的优良传统，形成了积极主动创新的文化氛围。

组织党员到红旗渠接受革命传统教育

销毁假冒商标卷烟现场会

为企业困难职工组织爱心捐赠活动

丰台区

张大力区长视察基层卫生单位和传染病体系建设情况

与河北省邯郸市卫生局缔结
友好合作交流单位

“十五”期间，丰台区卫生事业在区委、区政府和市卫生局的领导下各项工作取得了显著成绩，实现了卫生事业跨越式发展的总目标。

区域卫生事业持续快速协调发展，人民健康水平明显提高。截止2005年底，丰台区人均期望寿命达到78岁，婴儿死亡率6.77‰。综合反映人民健康的主要指标全面超越“十五”预期目标。

公共卫生体系建设全面加强，服务能力显著提升。加大公共卫生投入和调整力度，“十五”期间用于公共卫生事业发展的年平均资金达2909万元，比“九五”期间增长11.4%。夺取了抗击非典的阶段性重大胜利。制定了5大应急预案，确立了北京丰台医院的区紧急救援中心职能，完善了医疗救治专家库和应急救援医疗队，规范建设3家二三级医院传染病专用门诊、6家传染病留观室和41家一级医院传染病接诊室，公共卫生应急处置能力明显提高。

卫生体制改革不断深化，卫生执业水平再上

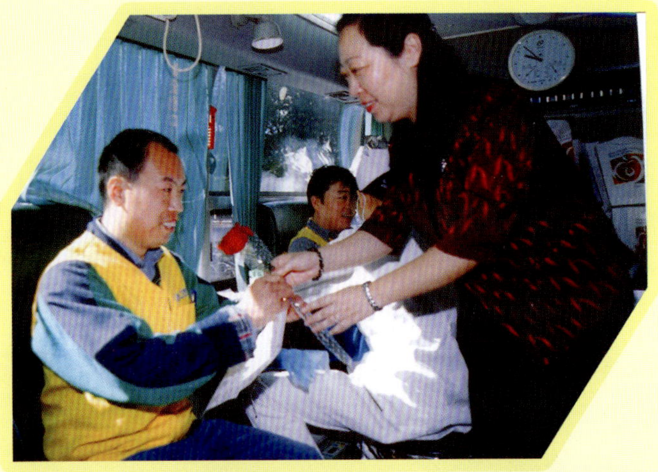

闫傚霜副区长关心献血工作

荣获“区有突出贡献人才奖”的卫生局党委书记、局长张扬同志

食品量化分级管理A级单位挂牌

卫生局

与德国巴伐利亚州政府官员
洽谈技术交流

卫生工作会议隆重召开

新台阶。由23所社区卫生服务中心、127所社区卫生服务站构成的布局合理、功能健全的社区卫生服务网络初步建成；完成了原防疫站向区疾病预防控制中心和卫生监督所的体制改革;成功实施了丰台区医院与铁路分局中心医院的资源重组成立北京丰台医院，整合后的医院呈现出超常规、跨越式发展的势头；组建了丰台区医学会和丰台区医院协会，创立了首席医疗专家库和区临床优势学科组，促进了大丰台、大卫生发展环境的形成；献血改革管理工作跃居全市前列，提前实现临床用血100%来自街头自愿无偿献血的目标；科研立项85项，获得各种渠道的资金资助4227.6万元，其中获国家级科研成果奖7项，省部级科研成果奖18项；建立卫生人才培养专项基金，引进副高级以上专业技术人才32人，选送24名青年技术骨干和管理后备干部到国内外深造。

高度重视农村卫生工作，农村医疗救助体系逐步健全。完成了3个乡镇医院、2个乡镇卫生院和49个村卫生室的农村社区卫生服务组织转建工作；因地制宜采取河西地区“区办乡管”、河东地区“乡办村管”的模式建立起新型农村合作医疗制度，全区11.8万农民参加新型农村合作医疗，参合率达80.5%。

丰台区医院协会成立在全市率先实行医院
院长自主管理行业联动机制

阎满成副书记视察征兵体检工作

世界艾滋病日北京市流动人口
防治艾滋病大型公益宣传活动

丰　台　区

区法院与首都医科大学共建法学教学实践基地

北京市高级人民法院党组书记、院长秦正安（中）来区法院调研

开展保持党员先进性法制宣传实践活动

董华院长为丰台区农村干部培训班作法制讲座

法院曹西林同志(右一)被授予全国人民法庭优秀法官称号　秦正安院长（中）

近年来，丰台法院各类收案持续在高位运行，继2004年各类收案首次突破3万件大关之后，200年新收各类案件33102件，同比上升5.6%；审各类案件33130件，同比上升7.4%；未结案853，同比下降3.2%；结案率达到97.5%，同比上0.3%。全年无超审限案件，实现了“三升一降一无”的目标。该院审判人员人均结案数和全院人人均结案数，几年来一直位居全市法院前列。

几年来，该院不断取得骄人的成绩：先后被为“全国法院系统指导人民调解工作先进单位”“全国法院思想宣传工作先进单位”、全国调研作先进单位，被北京市评为“首都精神文明先进位”，两次被北京市高级法院评为“首都先进法院”2005年被北京市评为“人民满意政法单位”。后涌现出一等功、二等功、三等功集体7个，全国“三八”红旗手、全国法院系统劳动模范2名，一等功个人1名，全国人民法庭优秀法官、首都十佳

证　书

董华同志撰写的《关于企业改制中存在的法律问题的调查报告》一文，获2004年度“丹柯杯”优秀研究成果一等奖，特发此证，以资鼓励。

董华院长荣获04年“丹柯杯”一等奖

为第一起当事人申请人民陪审员参与审理的离婚案件进行庭外调解

对违法建设的丽泽苑宾馆强制执行拆除

人民法院

区委书记王子生、区长张大力等领导在春节前夕慰问法院干警

区人大常委会主任杜瑞琴率部分市、区人大代表来法院视察工作

丰台法院与乌鲁木齐新市区法院结为友好法院

官3名，人民好公仆2名等一批先进典型。执行庭被高人民法院评为“执行工作先进集体”；2002—2004续三年被北京市高级人民法院评为“执行工作先进体”；2004年被北京市高级法院授予集体二等功。

刑庭是一个优秀的集体，曾四次荣立北京市法院统集体二等功，多次获得北京市法院及丰台区“严”整治斗争先进集体，2005年，又被北京市人民府授予“北京市模范集体”。

未成年人审判庭，2004年被最高人民法院评为“全法院系统青年文明号”，被共青团中央、最高人民院评为“全国优秀青少年维权岗”，2005年5月，被青团中央、最高人民法院评为“全国青年文明号”，续五年被评为“北京市青年文明号”，多次被北京高级人民法院、北京市未成年人保护委员会、丰台未成年人保护委员会评为先进集体，连续四年被共团北京市委评为“青年文明号”。

召开保持党员先进性教育活动总结大会

未成年人案件审判庭荣获法院系统“全国青年文明号”

扣押欠贷“失踪”一年多的帕萨特轿车

立案庭正式迁入新的立案楼办公

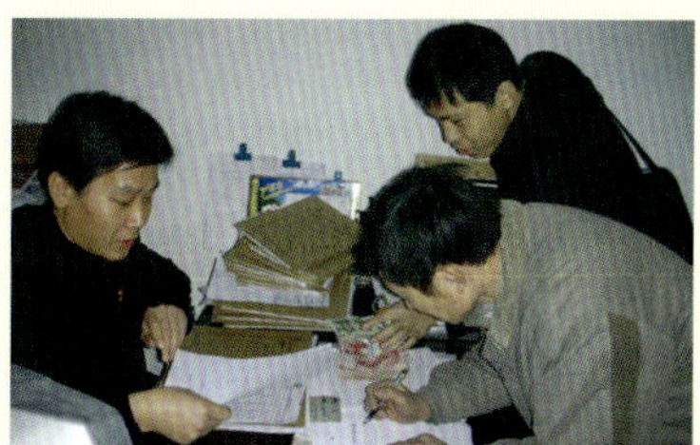

执行庭法官为23名名民工讨回工资

丰台区

在保持共产党员先进性教育活动中，区总工会建立了深入基层工会分口调研的工作制度，将工作重心下移，工作作风得到了明显改善。

5月31日，区总工会在丰台工人俱乐部隆重举行了第22届“五月的鲜花”文艺汇演。

5月20日，全区召开了2005年劳动关系三方协商工作会议，对全区上半年劳动关系矛盾、争议、调解、仲裁的情况进行了通报。

2005年是五年一次的劳模评选年。此次劳模评选工作经过层层推荐，严格审查，张榜公示等程序，在我区产生了全国劳模1人、全国先进工作者1人、北京市劳动模范11人、北京市先进工作者22人、北京市模范集体7个。丰台区庆“五、一”表彰劳动模范、先进工作者、模范集体大会于4月28日在丰台工人俱乐部隆重召开。

7月19日—20日，区总工会召开了十届三次委员扩大会议。十届全体委员，经审委员、部分单位的工会主席、副主席，区建会工作领导小组的部分同志及区总工会所属事业单位的负责人出席会议。

总工会

12月14日，区政府、区总工会第四次联席会在丰台工人俱乐部召开。区总工会主席王春兰汇报了2005年工会工作情况；区发改委主任何燕卿同志通报全区经济形势。会议就市九届职工运动会和加强劳模管理工作两项议题进行了重点研究。

6月14日，区总工会在丰台工人俱乐部召开了我区2004年经济技术创新总结表彰大会。

10月19日，副区长汪洪到区总工会调研我区厂务公开工作。

12月22日—23日，区总工会召开了十届四次全委扩大会。全体委员、部分基层工会主席、副主席、工会干部及总工会所属事业单位负责人参加了会议。

10月20日，区总工会召开我区创建劳动关系“和谐企业”工作会，来自全区街道、乡镇及部分大型企业的工会主席及工会干部参加了会议。

丰台区房屋

中心领导班子工作会

丰台区房屋经营管理服务中心受区政府委托，肩负着全区200多万平方米直管公房的经营管理。全中心职工近千人，中心下辖6个管房分中心和供暖设备服务所、房屋测绘队、拆迁公司、房地产开发公司、建筑公司等共14个单位，担负着直管公房的房屋经营管理、供暖、小区物业管理及房地产开发、危旧房改造、拆迁、建筑、测绘等多项工作。

丰台区房屋经营管理服务中心完成区政府交办的各项折子工程。长辛店、南苑分中心配合水务局实行一户一表改造工程。截至2005年底，共完成了5384户的居民饮用水改造任务，解决了群众生活的实际困难。2005年丰房公司保质保量，提前完成承揽的平改坡工程丰台区第一标段共计38栋工程施工任务。改善居民生活环境，解决顶层住户的渗透、保温隔热等方面的问题。

房管中心召开第一届职工代表大会

供暖所在北京市供暖行业中率先通过ISO9002国际质量

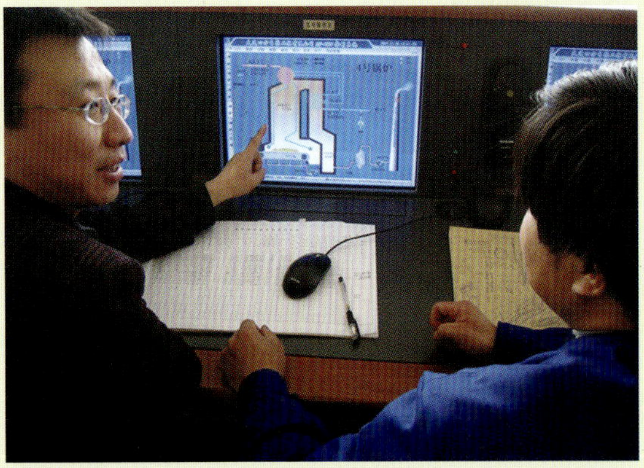

工作人员正在监控供暖锅炉运行情况

专家正在解决平改坡施工中遇到的问题

经营管理服务中心

体系认证。供暖设备服务所担负着丰台区2636129.05平方米的供暖任务，截止2005年底，中心投入大量人力、物力、财力改造煤改气锅炉房6个，改造燃煤锅炉房2个。

“雨声就是命令”，为达到“少塌房、不死人、安全渡汛”的工作目标，制定严密的工作计划和防汛预案。在做好房屋安全检查的基础上，做到组织工作落实、人员队伍落实、物资设备落实、抢险措施落实。为使防汛工作做实做透，召开《北京市防汛预案》工作会，组织防汛实战演习，提高职工防汛抢险能力。在防汛前，对重点危房列表上墙，及时排除漏雨和积水，确保重点房屋安全渡汛。

上为政府分忧，下为百姓解难。零修服务工作进一步加强规范化服务管理，狠抓零修及时率，热情接待住户的来访、来电，对住户反映的问题及时与有关单位联系，并亲自协助解决处理问题，有效地提高服务水平。05年全年共收表扬信40封、锦旗8面。

“学党章 知荣辱 守党纪 保先进”知识竞赛

房管中心工会丰富了职工的业余文化生活

防患于未然——平房修缮、补漏工程

为百姓办实事之一——粉刷居民楼道

丰台区城

区人大主任杜瑞琴（右一）到城管大队视察

区委书记王子生（右三）及有关部门领导亲临强制拆除“旧掌灯”违法建设现场

城管大队领导亲临取缔非法占道扰民大排档执法现场

1998年12月根据城市管理综合执法试点工作扩大区域的通知及丰台区委、区政府丰政字[1998]90号、丰编字（1998）第10号文件，成立丰台区城市管理监察大队，建队初期主要负责行使全部市容环境卫生管理及部分城市规划管理、施工现场管理等五个方面的城市管理行政处罚权，业务执法工作接受北京市城市管理综合行政执法局指导，行政隶属区政府。

召开保持党员先进性教育动员大会

随着城市管理力度的不断加大，进一步集中行使的行政处罚权扩大到市政环境保护管理、城市河湖管理、建筑施工现场管理、工商行政管理、城市规划、旅游管理、交通管理、市容环境卫生、园林绿化管理等十三个方面271项，涉及市政管委、园林、环保、建委、水利、国土房管等多个部门执行的全部或部分行政处罚权。

在新的发展形势下，丰台城管大队发扬“新型、高效、公正、廉明”的大队精神，全面履行职责，将为城市环境的美化做出更大的贡献。

召开聘请第三届社会监督员工作会

拆除违法广告牌

查处非法小广告制作窝点

监察大队

举行法制宣传活动

“五一”期间，区长张大力（右二）及区政府有关领导慰问一线执法队员

八一射击场举行冬训

春节期间，城管大队队长刘金龙（中）带领班子成员慰问一线执法队员

城管大队“送戏进社区”活动

城管大队在芳古园二区举行“暖心便民进社区”启动仪式

没收的非法运营“黑车”集中销毁

丰台区环境卫

区长张大力、副区长李昌安等领导在区环卫中心调研

区环卫中心率先在丰台区进行副主任聘任

2005年，按照市、区委统一安排部署，环卫中心党委组织机关党员、16个基层党支部开展了保持共产党员先进性教育活动。梁金学同志撰写的《树立创新意识，积极探索基层党建新思路》一文，是丰台区唯一入选《北京市保持共产党员先进性教育活动与党的先进性建设理论研讨会入选论文》一书的论文。

全力推进城乡一体环境卫生专业化管理。共负责1274万平方米道路和270万平方米绿地的日清扫清整保洁，日机械化清扫道路478万平方米，机扫率达到63%；逐步接管农村的垃圾清运工作，在西铁营村建垃圾中转站1座，购置垃圾压缩设备和单臂吊车3辆，全部接管西铁营村的垃圾清运。全年清运垃圾69万吨，清淘清运粪便17万吨，全部实行无害化处理。

坚决贯彻执行《丰台区城乡一体创卫工作实施方案》，严格作业质量标准，确保垃圾楼、垃圾房、公厕全面达标。积极参加全区统一组织的环境整治，对宛平、卢沟桥、抗日战争纪念馆、西客站南广场等150多处重点地区进行了环境卫生突击整治，在8月底和国庆节前，市爱委会两次检查评比中，我区环境卫生作业综合排名为城八区第四，垃圾楼、垃圾房管理单项名列第二。

环卫设施设备逐步完善增加。现有环卫车辆413辆，公共厕所315座，244座密闭式垃圾站，垃圾集装箱140个，垃圾箱（桶）4345个，果皮箱4217个，推雪铲4个，融雪剂撒布机11个。

西铁营垃圾中转站

机扫车在作业

新投

生服务中心

王子生书记慰问环卫工人

区环卫中心党委书记、主任梁金学在丰台区举办的“保持共产党员先进性具体要求论坛”上做题为《开拓进取 创造一流工作业绩》的演讲。

清运垃圾

为保障国事举行，在宛平城进行环境整治

环卫职工在扫雪铲冰

合庄垃圾卫生填埋场

洒水车在作业

新改建公厕

公安交通管理

区常务副区长、区交通安全委员会主任闫小彦和支队党委成员研究交通管理工作并听取工作汇报

市委常委、市公安局局长马振川到丰台，听取公安工作汇报

交通安全宣传“五进”活动中，常务副区长闫小彦向过往群众发放交通安全宣传材料

北京市公安局公安交通管理局丰台交通支队党委在市和区委、区政府以及市交管局党委的领导下，结合交通管理工作实际找准切入点，以“三个代表”重要思想为指导，深入推动党员先进性教育和社会主义荣辱观教育，认真总结推广先进单位、典型个人的突出经验做法，推出了以西站队识别假牌证能手李少锋等一批岗位标兵，打造适应新形势要求的公安队伍，充分展现了首都交警的政治、业务素质。

交通支队政委雷军在长途客运车上贴警示牌确保交通安全

支队党委以群众利益为出发点，深入加强民警队伍政治素质、业务素质、体能素质，以健全完善交通事故预防工作机制为切入点，大力推行“重(特)大交通事故分析论证机制”，对存在的安全隐患进行综合论证，找出规律，提供科学依据。提出解决意见，大力开展针对涉牌违法车辆的专项整顿，开展针对货运车辆、客运车辆、校车、运输危化品车辆违法的整顿，开展针对燃油助力车、电动自行车违法行为的整顿，开展针对非机动车、行人交通违法行为、黑车非法揽客违法运营的专项整顿。持续加大日

民警冒雨在南四环主路积水中指挥疏导车辆

交警在风雪严寒中指挥疏导交通

交通安全进学校，向小学生宣传关爱生命，安全出

丰台交通支队

区长张大力率区委、区政府领导在交通支队支队长田文岗陪同下慰问节日期间值勤的交警

常路面管理力度，充分利用高潮日、夜查整顿日对酒后驾车、非司机驾驶、违法停车等严重影响动、静态交通秩序的违法行为开展整顿，效果显著。从坚持立党为公、执政为民，构建首都和谐稳定社会的政治高度出发，把压减交通事故与维护人民群众利益紧密结合，依托区政府，立足本职，积极当好政府参谋，与时俱进，认真开展调查研究，转变工作思路，开创了一条政府支持、部门联动、群众参与的群防群治之路，全区形成了严密的整体防控体系。在具体实践工作中，宣管结合，注重科技应用，不断完善基础设施，在交通安全事故预防工作中取得了明显成效，管界死亡事故连续三年下降、宣传死亡事故连续五年下降。

由于近年来成绩突出，丰台区在压减交通事故工作上多次得到上级部门好评，1999、2001、2002、2004年度均被北京市评为交通安全优秀区县；1998、2000、2003年被北京市评为交通安全先进区县；2004年被市运管局评为春运交通安全先进单位；丰台交通支队2005年荣获公安部“五进”先进单位称号。

区交通安全委员会建立联席会议制度，定期召开分析研究事故发生原因，有效开展事故预防工作

区人民法院对危害广大人民群众生命财产安全的交通肇事犯罪进行宣判

我听出来了，你是交通警察

“两会”召开期间，确保道路畅通

交通支队规范校车、学生班车管理

对进、出京的省际长途客运车辆进行安全检查

区委书记王子生和区委常委、区人武部政委李义来与驻区部队领导在义务植树

丰台区人

2005年，在卫戍区党委和区委、区政府正确领导下，丰台区人武部把贯彻"三个代表"重要思想和党在新时期先进性的基本要求作为根本贯穿年度工作的始终，本着"增强创新意识、提高创新能力、加大创新力度、谋求创新发展"的工作思路，加强党委班子和人武部的全面建设，取得了显著的成绩。

开展了绿化工程植树活动。协调驻区部队和民兵预备役进行了绿化工程植树活动，共植树5万余株。

民兵参治参建作用明显。出色地完成了北京国际马拉松赛事的应急维稳备勤，宛平城和抗日纪念馆卫生整治，纪念"七七"卢沟桥事变68周年应急维稳等任务。

民兵整组工作受到总参民兵局高度赞扬。根据防空维稳任务和兵员分布实际，调整了民兵分队建设走向，形成了新的民兵组织布局，被卫戍区确定为唯一的整组免检单位。

民兵训练取得显著成绩。组织专武干部在密云进行集中培训；2次组织专武干部外出参观见学；完成对民兵干部和专业分队考核；组织高炮分队集中训练并赴乐亭完成实弹射击；完成了区人武部首长机关参加卫戍区年度军事训练考核；完成了首长机关防空演习。

区长张大力和区人武部政委李义来与同志们一起研究实弹射击的方法与要领

区专武干部在参加卫戍区"三战"研究训练

区人武部组织民兵和驻区官兵完成了宛平城、抗日纪念馆卫生整治任务

南苑乡民兵应急分队执行任务

民武装部

“三战”研究训练受到卫戍区首长和机关的表扬。组织了“三战”研究训练；在东铁营街道组织“三战”试点推广；组织民兵和群众进行三战演示课目训练。

创新开展了国防教育“五个一”工程。通过丰台有线电视台的“国防之声”，《新丰台》报的“国防之窗”等媒体进行国防宣传教育活动，受到卫戍区政治部表扬，在群众中引起广泛影响，有力推动国防教育深入开展。

构建了作战指挥平台。按照“逐步改善环境，努力提高效益”的思想，重点投入，以适应未来军事战争的准备需要，构建了武装工作自动化系统；建成集电视电话会议系统于一体的作战室；建立了武器库监控报警管理系统。

深入进行创新课题研究。区人武部与驻区科研单位合作，进行重要目标防护伪装课题研究，被卫戍区指定在攻关试验成果交流会上发言，并专题向北京军区邱参谋长作了课件汇报演示；在卫戍区训练研讨会上就信息化条件下民兵一体化训练问题介绍了经验。

征兵试点工作取得新成绩。连续三年担负全国征兵心理测试试点工作；开发了新兵心理测试程序软件；在“全国征兵心理测试总结座谈会”上介绍经验；征兵工作“五个不间断”、政审工作“五步法”的做法被卫戍区转发；率先实现征兵体检网络化。

区委副书记阎满成、副区长吕仁杰与区人武部同志在视察新兵体检

在国防宣传教育周期间，对群众进行国防宣传教育

区人武部机关在进行手枪实弹射击

我区青年应征入伍

专武干部到驻区某特警部队参观见学

丰台区

根据市委、市政府的指示精神，经北京市编办批准，丰台区委、区政府决定撤销丰台区水利局，组建丰台区水务局，以加强对全区水资源的统一管理。将原区水利局承担的全部水务行政职责、原由区市政管委承担的管理市政供水、节水等全部水行政职责，交由区水务局承担。7月2日，丰台区水务局正式挂牌成立，标志着丰台区水资源改革取得新的重要成果，丰台区水资源管理、水利建设从此步入一个新的发展阶段。

“热爱家园 保护环境”少年节水大行动

解决群众吃水问题

组织家庭推广节水器具

水务局

南水北调在丰台区境内总长度为14.86公里，需征地51亩，临时占地1679.6亩，拆迁建筑7.13平方米，搬迁企、事业单位24个。

区政协主席初建华视察永定河丰台段

长辛店镇（3444户）、南苑镇（1810户）的房管局直管公房进行了一户一表改造，共节约用水计5254户，工程总造价826万元。工程改造内容为院内总表以后户线改造及每户水表安装，以达到计量用水、节约用水目的。

世界公园污水处理及中水回用工程开工仪式

丰台区市政

区长张大力检查指导农贸市场创卫工作。

2005年，区市政管理委员会新班子、新作风，内强素质、外树形象，在区委、区政府的正确领导下，紧紧围绕全区的中心工作大局，以“保持共产党员先进性教育活动”为契机，求发展、讲作为、赢民心，全面落实科学发展观，重点打造勤政、廉政、服务型管委，提高行政能力、增强服务意识，为民办实事、为党立新功。区市政管委在“考评政府部门，争创优质服务”活动中被评为先进，获得区委区政府通报表扬和奖励。市政建设和城市管理工作取得了显著成绩，为提升丰台区基础设施水平做出了应有的贡献。

市爱卫会孙贤理主任向李昌安副区长递交国家卫生区考核鉴定书。

工作一流，党建先行。区市政管委在全区“保持共产党员先进性教育活动”中取得前三名的好成绩。在活动中，委党组充分发挥党组织战斗堡垒作用，发扬党员先进性模范作用，领导带头、率先垂范，查找问题、解剖症结，举一反三、逐项整改，建立了63项制度，初步形成了市政管委保持共产党

区市政管委党组书记、主任王建斌到特困职工家中慰问。

保持共产党员先进性教育活动动员大会

管理委员会

员先进性的长效机制体系。

创卫工作取得了阶段性成果。城乡一体创卫工作通过市爱卫会调研评估，荣获“北京市卫生区”荣誉称号。

环境卫生再创佳绩。垃圾分类工作列居全市第一，市容环境巡查工作机制被全市推广，新改建标准公厕119座，垃圾无害化处理率达到94%，粪便集中处理率达到95%。

道路建设迈上新台阶。大修改造道路43条，总面积62万平方米，比去年翻一翻，占十五期间大修改造总完成量的46.3%。

环境整治成效明显。对20条非主要道路进行了路灯建设，完成六里桥整体桥区的亮化工作；重点解决了五处“城中村”；对1条路、3个地区、1个奥运场馆区域和30个老旧小区进行了整治；全年市、区财政投入资金约10亿元。

市政委全体党员在副区长李昌安和区市政管委党组书记、主任王建斌的率领下参观《没有共产党就没有新中国》歌曲的诞生——房山区堂上村，接受爱国主义教育。

市爱卫会颁发的“北京卫生区”奖牌

保持共产党员先进性具体要求讨论会

丰台区城乡一体争创国家卫生区再动员大会

丰台区市政管理委员会

近园路修复后

芳城路改造后

正阳铁路桥北侧地区“城中村”整治后

降尘车喷雾降尘

大成路广告牌匾标识整治后

北天堂卫生填埋场覆土后

太平桥西里小区整治后

垃圾分类小区

清理小广告

融雪车喷洒融雪剂

丰台区安全生产监督管理局

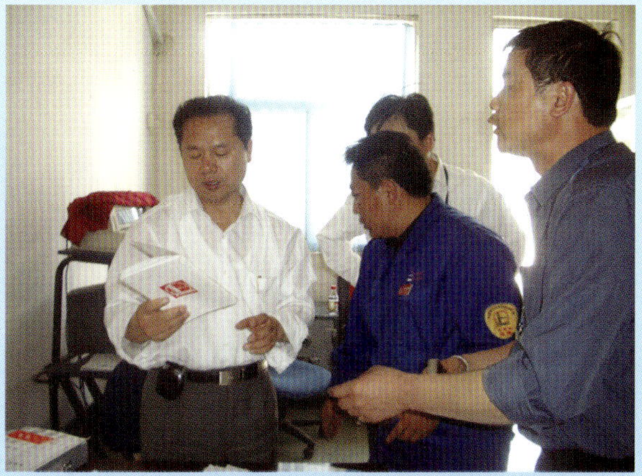

区安监局局长沈瑞平带队检查危化从业单位，督促企业落实安全生产责任制。

区安监局局长沈瑞平带队检查节日期间的安全生产工作，图为沈瑞平局长检查特种作业人员持证上岗情况。

丰台区安全生产工作在区委、区政府正确领导和高度重视下，以全面实施《安全生产法》、国务院《关于进一步加强安全生产工作的决定》和《北京市安全生产条例》为主线，坚持“安全第一、预防为主、综合治理”的方针，通过强化生产经营单位的主体责任；强化相关委办局的行业监管责任；强化安全管理部门的综合监管责任；强化街、乡镇的属地管理责任，在全区上下建立起了安全生产责任体系，形成了从农村到社区，从企事业单位到各级党政机关，讲安全、抓安全、保安全的良好氛围。通过狠抓安全生产工作落实，近年来，全区未发生重特大安全生产事故，安全生产形势平稳。

加大应急演练力度，提高应急救援水平，区安监局在长辛店油库组织了丰台区危险化学品应急救援预案演练。

加大安全生产业务培训，区安监局每年组织区安全生产委员会成员单位负责人培训，提高安全生产业务水平。

北京市工商行政

中纪委派驻国家工商总局纪检组长石见元为丰台工商分局廉政文化建设题词。

在登记注册大厅率先开辟网上登记区，这是丰台工商分局对企业实行的又一便民举措。

举办本市首批工商注册全程协办员．协办员主要负责乡村及所属企业、村民的办照及年检业务。

会同卫生、质监、城管等执法人员对辖区内大型超市进行检查，确保节后食品安全。

配合农业部对北京市场蔬菜农药残留情况年内进行第一次抽检。

管理局丰台分局

举办工商开放日活动，倡导食品健康，让百姓走进工商。

烟花爆竹禁改限后，丰台工商分局严把市场准入关，图为经营者领取首张烟花爆竹执照。

邀请香港国际洋酒协会等多家专业打假(办)人员，对辖区内的酒类市场进行专项执法检查.

会同卫生，质监等部门对人大，政协两会其间供应食品的企业进行严格检查。

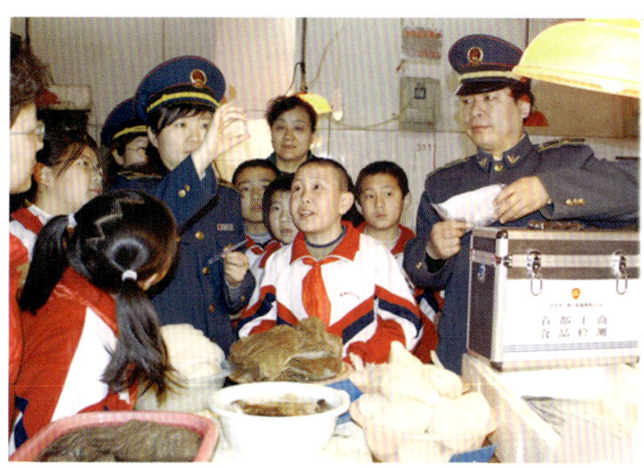

为创建和谐健康的消费环境，丰台工商分局与右安门一小共同举办迎奥运-手拉手-共同走进3-15系列教育活动。

图片摄影：谭志生

丰台区

2005年4月2日，党和国家领导人到北京奥林匹克森林公园参加义务植树活动。胡锦涛总书记同全国林业系统先进工作者、北京市丰台区林业局局长张建国亲切交谈.

北宫茶苑

2005年，丰台区林业局在区委区政府的正确
导下，坚持以"三个代表"重要思想为指导，牢
树立和落实科学发展观，开拓创新，努力拼搏，
满完成了各项工作任务。以二道绿化和荒山绿化
重点的林业生态体系建设跨入了新阶段，以北宫
家森林公园为亮点的林业产业体系建设取得了新
就，以森林防火基础设施为起点的森林资源安全
障体系建设迈出了新步伐，以新农村建设为特点
都市农业喜获新丰收，以动物防疫和食品安全为
点的防控监督工作创出了新佳绩,以创新为手段
依法行政走出了新路子，出色完成了政府折子
程和四十件实事，保持共产党员先进性教育开
新思路，党建和机关效能建设取得新成绩。荣获
国城市园林绿化，首都全民义务植树，北京市"
五"普法、动物防疫工作先进集体等荣誉称号。

生态体系建设成效显著。完成绿化造林51
公顷，栽植树木52.8万株，组织全国人大等大
义务植树活动14次，全区林木覆盖率达到37.63%
北宫国家森林公园建设取得新成效。完成北宫山
和北宫茶苑两组近万平方米综合服务中心建设；
江南、芳泽溪、枫林路、杏花村等15个景区已形
园林景观；12月23日被批准为国家级森林公园，
到了国家、北京市领导，日本、韩国外交使节以
广大市民的高度评价，已免费接待游客50余万人次

护林防火安全平稳。着重在基础设施建设
装备更新、人员培训、责任落实、宣传教育上下
夫，已连续五年被评为全市森林防火工作先进区县

北宫山庄

初春的北宫

盛夏的北宫

林业局

严格森林资源管理。飞防面积4133.3公顷、地面防治5080公顷。抚育山区生态林1614.2公顷。做好全区142株古树名木的养护管理工作。

都市农业取得实效。年产果品327.1万公斤，产值940.7万元；大枣高接换优133.3公顷20万株；洛平设施精品园获得有机果品转换期证书。年产盆花706万盆，总产值9476万元，销售额突破1.4亿元，创历年新高。

依法行政工作走出新路子。行政处罚31起，罚款92000.8元；清理违法建房1336间1.2万平方米，恢复林地4万平方米。积极为陕京天然气吕村管线引出工程和西黄线工程提供各项审批服务保障；受理行政审批事项471件，办结471件，办结率100%，接待群众3000余人次，满意率100%。

动物防疫和食品安全工作扎实有效。严格落实市政府防控禽流感五项措施，实现了免疫率、消毒面、监测面三个100%。对全区1671头牛、3440只羊、9.5万只鸡、1万头猪、5.4万只犬、13.5万只鸽子进行了规定项目的免疫。对全区3000余家餐饮单位、市场超市、冷库及六个乡镇的养殖场户进行执法监督管理。做好“春节”、“两会”、“五一”、“十一”等重点时期的食品安全工作。

党建工作、机关效能建设成效明显。保持共产党员先进性教育取得较好效果，“为党员称号争光、为美化环境增色、为服务百姓添彩”等21项做法分别被区委组织部和保先办转发，并形成了长效机制。以“打造绿色新丰台、构建和谐新农村”为主线，努力建设素质型领导班子，打造学习型林业机关，已连续四年被区委区政府通报表彰和表扬。

森林防火演练

都市农业喜获新丰收

金秋的北宫

隆冬的北宫

农村绿化显现新的生态格局

丰台区人口和

区长张大力与有关部门签定目标管理责任书

“婚育新风进万家”活动

丰台区2005年计划生育干部培训

2005年全年出生5502人，计划生育率98.2%，自然增长率为0.08‰，全面完成了市政府下达的指标。

区委区政府高度重视人口计生工作。一是召开区人口与计划生育领导小组会，认真学习中央座谈会精神。二是坚持党政一把手亲自抓负总责。张大力区长继续与各街乡镇、有关职能部门签定了目标管理责任书。三是区政府坚决落实市《人口与计划生育条例》规定的各项奖励规定，在人均6元事业费基础上，拨专款解决城市低保、待业人员和农村居民的独生子女家庭奖励费的发放问题。四是落实了农村部分独生子女家庭每人每月50元的奖励扶助制定。

实行“四纳入”，用有力措施建立科学的人口计生工作考评体系。原有的目标管理考核模式与现行的工作内容、方法、对象等不相适应，在一定程度上制约了计划生育工作的开展。为此，区委区政府统一协调，区人口和计划生育委员会整合资源、统一管理，实行计划生育考核“四纳入”一是纳入到精神文明创建活动之中；二是纳入到农村创建“六好”乡镇党委的考核系统。三是纳入到行政效能评估考核系统。四是纳入区委组织部对街乡镇领导班子的考核之中。

部门配合，用大联合打造计划生育工作新格局。计生、宣传等十部门联合开展“婚育新风进万家”活动，相关部门采取有利措施，密切配合开展形式多样的宣传活动。举办独生子女家庭趣味运动会、开展婚检知识竞赛、举办安康进农家大课堂、在数字德育网上开设了以性健康知识为主要内容的网络专栏——“幸福花季”、将计划生育工作纳入协管员的工作职责在流动人口中开展计划生育管理和服务、积极协助核准育龄妇女婚育信息、在婚姻登记处发放计划生育宣传品，提供计生需要的婚姻信息、与企业的合作为计划生育宣传开辟了新的天地等。水平

新形势下，走大联合之路，在一定程度上降低了行政

2005年人口和计划生育工作大会

“为党旗增辉、为国策添彩”党日活动

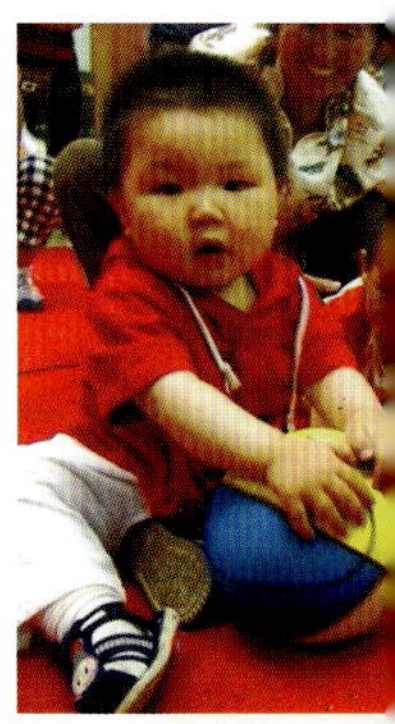

独生子女

划生育委员会

成本，又解决了重点、难点和特殊人群的管理和服务问题，取得了明显效果。

“四合力”，用多方力量协调开展新型居住区的计生管理和服务。随着城市化进程的加快，大量土地被开发，新建小区如雨后春笋般相继落成，物业化管理、城市居民住进农村管理的小区、人户分离等新型居住区计划生育管理难题已经困扰我们多年。2005年，我们积极探索，逐步完善，初步形成了社区管理、部门配合、物业协助、业主参与的“四合力”工作局面。针对全区46个管理空点进行分析归类，先后制定了4个管理办法：计生、公安、房管、流管、民政等9部门联合下发《丰台区计划生育现居住地为主管理办法》、《进一步做好现居住地为主管理意见》、《丰台区关于物业管理小区人口和计划生育工作的意见》、《丰台区落实〈流动人口计划生育管理和服务工作若干规定〉的实施意见》。为群众提供优质服务，开展居住地管理、居民化服务。

“四课题”，用重点问题研究引领科学决策。区计生委更名后，增加了人口问题研究的职能。2005年，区人口计生委首次将人口问题研究列入工作内容，确立了四项研究课题，即：《丰台区“十一五”时期人口发展与调控规划》、“人工流产原因分析”、“流动人口开展生殖健康服务情况的调查分析”、“计划生育目标管理初探”。

拓宽了药具发放渠道。区人口计生委自行研制了“避孕套自动领取机”，投资68000元，制作200台，安装在全区所有街乡的对外办公大厅、各医院门诊大厅、46个未成立居委会的新建居民小区、及流动人口集中的市场、建筑工地等。

开展“救助贫困母亲”活动。我区以“为贫困母亲送温暖办实事”为主题开展了2005年度“幸福工程活动日”的活动。全区22个计划生育协会分别组织会员参加义捐，为救助贫困母亲捐款13万9千元。

丰台区2005年人口与计划生育领导小组会

副区长闫傲霜为独生子女家庭颁发奖金

“送知识、送服务、送温暖”下乡活动

运动会

“家家学 安康进农家”暨
“全国十三亿人口宣传周”流动课堂

“关爱女孩”演讲活动

不断开创丰台军

——丰台区

翟鸿祥副市长在区军休办主任郑胜利陪同下视察丰台军休工作

市军休办副主任刘景林走访慰问军休干部

13所军休干部、优秀共产党员陈荣超夫妇参加“我身边的共产党员”故事会暨征文活动

保持共产党员先进性教育活动暨纪念建党八十四周年主题演唱会

丰台区人民政府军队离休退休干部安置办公室是民政局负责接收安置军休干部的职能部门。成立于1982年7月，1993年6月根据接收安置军休干部的数量、任务、职能及人员编制情况，被区委、区政府批准为副处级单位。

20多年来，军休工作在艰难中起步，在实践中探索，在改革中发展。作为北京市接收安置军休干部最多的区县之一，设有28个干休所，2个直属点，设有综合服务管理所和房管所、门诊部、活动站及汽车队4个综合部门。现有干部职工350人，接收安置军休干部4400余人，接收安置军休职工1400余人。根据北京市政府下达的任务，还将接收安置军休干部3000余人，接收安置军休职工1000余人。

多年来，按照党和政府关于接收安置军休干部的方针、政策，军休办公室坚持以军休干部为本，认真落实军休干部政治待遇和生活待遇，努力做好服务管理工作，各项工作取得了显著成绩。1996年门诊部被评为全国军休工作先进单位，2004年军休办公室、第五军休所和第八军休所被评为全国军休工作先进

2005年度五好文明单元、五好文明家庭表彰大会

金秋十月文体竞赛

木事业的新局面

政府军队离休退休干部安置办公室

丰台军休办获多项荣誉

区委书记王子生在区军休办主任郑胜利陪同下视察丰台军休工作

丰台区广大军休干部及工作人员踊跃为印度洋海啸灾民捐款献爱心

单位；民政局副局长（军休办主任）郑胜利同志和房管所所长任学东同志先后被评为全国军休工作先进个人；丰台区的军休工作连续8年在北京市名列前茅。2005年在区委、区政府及民政局的正确领导下，军休工作再创佳绩。涌现出先后在四川、内蒙古捐资40万元建起两所希望小学的先进军休干部陈荣超同志，陈荣超同志荣获“中华慈善奖”；军休办公室荣获全国“爱心捐助奖”；在纪念抗日战争暨世界反法西斯战争胜利60周年之际，军休系统在参加由中央六部委共同举办的知识竞赛中，军休办公室获优秀组织奖，9个干休所获得“先进集体奖”，5名军休干部获“优秀个人奖”；军休工作在全市单项业务评比中再次荣获第一名。

13所军休干部陈荣超夫妇捐资20万元兴建内蒙古乌兰浩特市晨阳中心学校

在纪念抗日战争和世界反法西斯战争胜利60周年大型知识竞赛中，9个干休所获先进集体奖

丰台区军休党委召开先进性教育活动总结及表彰大会

丰富多采的社区休闲文化生活（李振林摄）

中关村科技园区—

市人大领导到丰台园区实地考察企业物流创新模式

副市长范伯元及天津滨海新区领导到园区视察指导工作

丰台园成立于1991年,是中关村最早的三个园区之一，由东区、西区、科技一条街三大空间构成，规划面积8.18平方公里。

丰台园现有高新企业3000余家，涉及电子信息、生物医药、先进制造和新材料、新技术等八个领域，科技产业发展增加了地区就业岗位，园区就业人口已超过7万人，高素质人员不断聚集，人群结构进一步优化，加快了地区文化的转型提升。

近年来，园区主要经济指标以30%速度快速增长。2005年，实现技工贸总收入达到600亿元，上缴税费15亿元。在区域贡献上，在占丰台区不足1%的土地上，2005年留区财政达到3.06亿元，占全区财政收入的17%，成为了丰台区经济发展重要支柱。

丰台园建立了适应市场经济发展的创新管理服务体系，实行了“一站式”为高新企业服务。推行全程办事代理制,编制《绿色服务指南》，构建绿色服务体系，为企业总部建立服务“绿色通道”，开通“入园服务”和“支持保障”两个直通车。针对中小企业，创造“5+2”的

第五届科技型中小企业技术创新国际研讨会

丰台园纪念中国共产党成立84周年暨先进基层党组织优秀共产党员表彰大会

丰台园保持共产党员先进性教育活动总结大

台园管理委员会

科技总部新区发展战略金融峰会

国美置业摘牌“科技总部新区核心商务区”新闻发布会

孵化服务新模式，实现孵化服务与企业需求的有效对接。截至2005年，自主创新项目达到2000多项，获得国家火炬计划、市区科技进步奖、重点新产品等科技项目69项。

为营造良好发展环境，丰台园以创建国家高新区示范区为目标，以城市化管理为要求，建立了ISO14001环境管理体系，加大PDCA管理循环的实施力度，保证了整体环境的持续改进。以丰台园为依托，向外辐射、融合发展，正在推动建设一个以总部经济聚集的30平方公里的科技总部新区。

预计到2010年，丰台园将聚集500家总部型企业，技工贸总收入超过1500亿元，留区财政占到区财政收入的22%；初步实现总部经济产业化，基本形成总部产业链；企业专利申请数超过500项，拥有发明专利超过300项；新区内就业人口超过10万人，中高级管理人员和专业技术人员占到总人数的50%以上。

百家上市公司与科技总部新区战略发展峰会

芝加哥台美商会代表团参观总部基地

总部基地会所

北京金城源投资管理公司
北京世纪景房地产开发有限公司

金城源公司领导班子

世纪景公司领导在研究工作

原成寿寺村隶属北京市丰台区南苑乡，地处左安门外三环路两侧。改革开放前，全村土地近2000亩人口3000余，以种植蔬菜为主业。改革开放后，因城市发展、城区外扩，陆续征用了大部分土地，农业人口大部转为城市居民。2001年经市、区政府批准，该村全额注册成立了北京世纪景房地产开发有限公司。聘请一些专业人才，延续北京市政法委拟建四方景园的976工程，对本村仅剩的500多亩旧村宅基地和部分企业用地，分两期进行改造。村党支部制定了“改善居住条件、美化生活环境、创造就业岗位、形成固定资产、取得经济效益、进入城市系列”的36字方针。目前，一期的60万平米已基本建成，二期的30多万平米正在办理前期手续，计划2010年前全部完成。

该村自2001年初开始，在区、乡有关部门的指导下，进行经济体制改革和管理体制改革：取消三个生产队建制，成立7个职能科室。凡在集体参加劳动一年以上的进行登记，三榜定案。经过一年多细致工作，2002年5月，由原来的成寿寺农工商联合公司改制为北京金城源投资管理公司的社区股份合作制企业。

随着城市化进程加快，区委、区政府把成寿寺作为试点，进行二元管理体制改革。2005年11月1日，在区、乡领导的主持下，摘掉了村委会牌子，组建了新社区。金城源投资管理公司属下412名农业人口转为城市居民，250个员工全部参加了社会统筹保险。步入城市系列的成寿寺人，沿着改革开放、不断创新的金光大道阔步前进！

长辛店街道办事处

长辛店街道军警民联片共建二十周年暨“长辛店街道联片共建年”活动启动仪式在装甲兵工程学院召开。市、区领导、驻区部队领导、军地双方代表二百余人出席仪式。通过共驻共建，引商户自律，还市场规范，让老百姓有一个秩序井然的生活环境。

区长张大力等区领导到长辛店街道调研并听取工作汇报

街道工委精心策划，各基层党委、总支和支部有效组织，全体党员认真落实区委和街道工委的各项要求，圆满地完成了教育活动的各项任务，取得了良好的效果。

年内，街道建立和完善了地区管理委员会议事制度，从而构筑起具有长辛店地区特色的管理模式。

长辛店街道创卫工作会议

为纪念“五·八”世界红十字日，街道红十字会举行了“博爱助困”捐赠发放活动。

右安门街道办事处

2006年4月调整的党政班子成员
工委书记李春滨（右四）、街道主任王百玲（右五）

右安门街道位于丰台区的东部，距区政府9公里。东至北京南站与崇文区相邻，南至京山铁路与西罗园、马家堡街道相连，西至菜户营与太平桥街道接壤，北至护城河与宣武区隔河相望。街道办事处座落在右安门外翠林小区。街道辖区面积4.32平方公里，共有大街小巷25条。下设16个社区居委会，常住居民3.17万户，8.2万人，16个少数民族。

本年度街道办事处被评为全国群众体育先进单位，市级先进10项：北京市再就业先进集体、北京市地下空间管理先进单位、北京市流动人口管理先进单位、北京市“十五”期间人防管理先进单位、610工作先进集体、首都平安示范街道、北京市妇联系统基层妇女组织先进集体、北京市无偿献血先进集体、北京市创卫先进单位、首都文明街道。

街道工委、办事处领导班子研究社区居民自治工作

办事处大楼

翠林万米绿地

市委书记刘淇（右三）到新发地视察

党总支书记、总经理、全国劳动模范张玉玺

党总支书记张玉玺为学生家长赠书

丰台区花

新发地村全村村域面积4.69平方公里，共有1635户，其中农业人口4046人，居民人口606人，总人口为4652人。

近年来，随着改革开放的不断深入，大量外来务工人员在我村务工、经商，逐年发展了农产品批发市场、汉龙货运中心、京新发酒店、木材市场、长途客运站等大小30多个企业，村内环境不断完善，城市化进程取得明显进展，兴建了占地面积43万平方米的天伦锦城小区，村民精神文明生活日益丰富，经济效益不断提高。2005年在上级党委政府的正确领导下，在全村干部职工的辛勤工作下，全村30多个企业完成经济总收入3.2亿元，纯收入8889.6万元，上交税金1311万元，劳动力人均分配达到13000元。

村委会主任孙志山等领导老人节为全村老人发放食品

新发地冰鲜冷冻海蜇综合交易区开业庆典

新发地火爆的交易批发市场

新发地外地经营者乐园

长王岐山（中）到新发地调研并听取工作汇报，区委书记王子生等领导陪同

新发地村党员参观西柏坡革命根据地

新发地村

宏业投资中心—锡恩英才执行训练营

第二届全民健身运动会

学党章知荣辱党课报告会

新发地村春节联欢会

卢沟桥街

市区领导为京铁家园文化活动中心揭牌

原市委副书记龙新民在区委书记王子生等领导陪同下到京铁家园社区进行工作调研

街道侯俊玲书记、李大维主任带队进行“五一”节前安全检查

陈继平、张寿松等区领导参加街道社区工作会议

街道向辖区优秀人大代表颁奖

街道莲香园社区消防演练

“京铁杯”五月鲜花群众歌会

五里店第二社区书画展

道办事处

保持共产党员先进性教育活动动员大会

张大力区长带队检查卢沟桥街道安全工作，
街道侯俊玲书记等领导陪同

“居村共建喜迎奥运”学英语大课堂

“创国家卫生区首都文明区”动员大会

街道慰问辖区纳税大户中建一局

莲香园社区春季群众运动会

街道首届科普制作比赛

创卫宣传“大蓬车”进工地进行文艺演出

云岗街

召开云岗地区党员教育管理深化“四个双重”工作会

云岗街道办事处工委书记刘友才

区效能检查组到云岗检查工作，书记刘友才、主任李刚、李广安陪同

刘友才、杨万祯参加云岗街道全国安全生产月活动

云岗街道位于丰台区西南城乡结合部，辖区8.53
公里，有9个社区居委会，居民3.8万人。辖区有航天
集团第三研究院，航天科技集团第十一研究院、101
北京京丰热电有限责任公司，首钢建材化工厂等中
市属、区属单位47个。

近年来，在区委、区政府的正确领导下，街道
办事处坚持以“三个代表”重要思想和科学发展观
导，以党建为龙头，以创新为动力，以服务为核心，
构建和谐社区为目标，努力提高执政能力，结合云
际，创新了具有自己特色的工作思路，提出了“四个
务”、“四个双重”、“四型社区”的工作模式。
个服务”：努力打造服务型街道，积极主动为航天
服务；热情周到为辖区单位服务；以人为本为地区
居民服务；携手共建为周边街镇经济建设服务。不
化“四个双重”：加强基层党组织执政能力建设，

云岗地区迎奥运环境建设动员部署会

社区居委会选举

成立全区第一支街道治安巡防队

道办事处

云岗街道办事处领导班子成员

云岗街道办事处主任李刚

深化社区党建双重教育、双重管理、双重监督、双重服务。不断深化“四型社区”：探索和总结社区发展新模式，开展学习型、文化型、环保型、服务型社区创建活动。取得了一流的工作业绩，先后获得全国体育先进街道、全国同法轮功斗争先进集体、首都文明街道等荣誉称号300余项。

2006年，街道工委办事处围绕丰台区中心工作，制定了《云岗街道2006年——2008年迎奥运环境建设行动方案》，从政治环境建设、市容环境建设、社会环境建设、社区环境建设、人文环境建设五个方面，提出明确目标、任务、时限和措施，规划和指导今后三年工作，着眼全局，把握主动，把各项重点工作贯穿到迎奥运主题实践，加快和谐社区建设，不断推动街道各项工作持续、协调、全面、高效开展。

拆除违法建设

街道办事处主任李刚带队检查辖区环境卫生

社保所到石油库工地开展宣传送温暖活动

恒源杯文化活动启动仪式

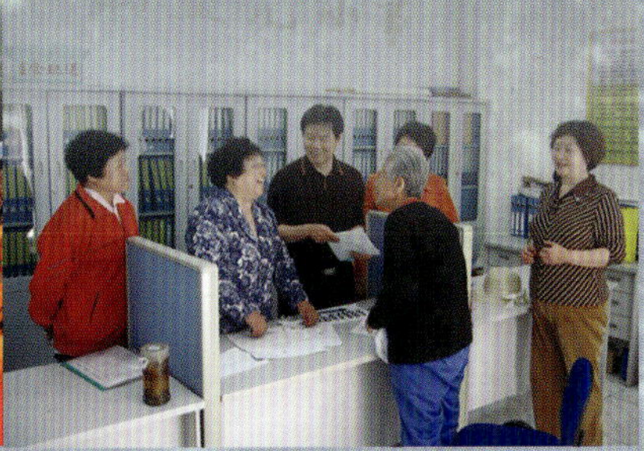

云岗北区社区为居民办实事

丰台区社

区社区服务中心主任宋学增

民政部副部长杨衍银（中）到社区服务中心视察并听取工作汇

丰台区社区服务中心落成仪式

丰台区社区服务中心位于丰台区丰台镇东幸福街2号，建筑面积3830平方米，是由市、区两级政府投资兴建的为社区居民服务的社会服务机构，于2000年12月26日正式启用，属于丰台区民政局直属事业单位。

政府赋予区社区服务中心的主要工作职责是：

1、负责全区各街道、乡镇社区服务综合协调、指导工作；

2、合理开发调整社区服务资源；

3、负责全区社区服务管理和服务人员的培训；

4、建立完善社区服务信息网络，对入网服务商的服务进行指导和监督；

社区公共服务平台工作会议

街道社区服务中心主任会议

社区服务中心为孤寡老人常年提供无偿服务

社区服务中心为社区老人健康知识讲

服务中心

区民政局万文艺局长（中）到右安门社区服务中心调研并指导工作

瞿鸿祥副市长等市区领导到社区服务中心调研并合影留念

5、搞好区社区服务中心的内部管理，为居民提供优质、快捷、经济、方便的服务；

中心内部设有社区服务信息网络管理中心、婚姻服务、家政服务、多功能厅、影楼、便民餐厅、美容美发、残疾人服务等多种服务项目，并协调和指导着全区各街道、乡镇社区服务的开展。

目前，丰台区社区服务中心在区民政局的直接领导下，已成为政府服务于社区百姓的基本阵地和重要载体。多年来，区社区服务中心充分发挥着示范、协调、指导、规范、组织、交流等作用，有利的促进了我区社区服务事业的发展。

右安门翠林分中心启动仪式

社区服务中心工作人员

社区文体活动

社区服务中心信息网络人员培训

社区服务中心家政培训

丰台区花

市委副书记强卫(中)、区委书记王子生到幼儿园视察

市委副书记强卫（中）、区委书记王子生（左一）参加保持党员先进性教育座谈会

党总支书记、公司总经理李毓福

榆树庄村地处丰台区花乡最西端，全村3000亩土地，2300口人，近年来党总支书记、公司总经理李毓福同志，模范践行“三个代表”重要思想，怀着造福一方百姓的强大责任心和使命感，坚持科学发展，自主创新，实现了区域经济、政治、文化、社会四位一体共同进步、协调发展。形成了建材、汽车及驾校、图书物流三大板块为主的区域经济新格局。占地230亩的生态公园，进入了《中国城市发展与规划》论文集，成为国家级样板工程。拥有北京市农村惟此一家的市级一级一类幼儿园。先后荣获全国创建文明村镇工作先进单位、全国绿化千佳村、北京市先进基层党组织、北京市生态文明村、北京市民主法制示范村、首都平安示范村等荣誉。被北京市科委列为惟一一家村级可持续发展实验区。

幼儿园外貌

北京西南物流中心

榆树庄村

街心公园

北京市副市长陆昊(中)到北京西南物流中心调研

幼儿园围棋获奖幼儿与聂卫平合影

生态公园

凯特汽车厂准备运往山西的非典车

凯特驾校

榆树庄构件厂

花乡人

市区领导到花乡京南（图书）仓储物流中心检查指导工作

乡党委书记李新民

市委副书记强卫（左一）到花乡调研，区长张大力陪同

花乡位于北京市区西南郊，丰台区中南部，距北京市中心（天安门）十五华里。东临南苑乡，西临宛平城地区，北与丰台镇、卢沟桥乡相邻，南与大兴区接壤，乡域面积50.3平方公里，总人口4.1万人，耕地1.5万亩；下辖十五个行政村，四个专业公司，十二个直属单位，总户数15273户，常住农业人口3.6万人。乡境内有三环、四环、五环、丰南、丰葆城市公路网和京开高速路及京九、京广、京沪三条铁路大动脉；有育芳园、恋日家园、天伦锦城、富锦家园、怡海花园等17个居民区，一个街道办事处，3个驻地派出所；有全国闻名的世界公园和新建成的世界花卉大观园。

2005年进一步优化经济和产业结构。

花乡第十三届人民代表大会

社区居民文化活动

民政府

乡长肖文燕

副市长牛有成（右一）到花乡花卉基地视察

通过以先进技术替代传统技术，整合资源配置，推进向“都市型”现代农业发展，大力调整逐步缩小第二产业，着重发展第三产业，着力推进房地产业健康发展，建设符合乡域经济发展的大型专业市场、商贸设施和新村配套服务项目，培育新的特色商业示范区域。按照“一、二、三、五”经济发展思路，全方位包装打造花乡品牌，全乡经济稳步健康发展。

社会总收入465998.5万元，同比增加5.2%；纯收入103096.8万元，同比增加8%；向国家缴纳税金14119万元，同比增加10.7%；提取公共积累35708.8万元，同比增长4.3%；分配总额43067.2万元，同比增长5%；劳均分配15678.3元，人均分配10502元。

花卉生产大棚

花乡保持先进性教育座谈会

世界花卉大观园

追求卓越　只争朝夕

——奋进中的建行北京丰台支行

◀2005年10月27日，中国建设银行股份有限公司在香港成功上市，成为四大国有商业银行中第一家在海外上市的银行，是建行向世界一流商业银行迈进的重要里程碑。全国五一劳动奖章获得者、丰台支行行长秦伶华作为全国建行系统五位优秀员工代表之一赴港参加了建行上市庆祝活动。中国建设银行股份有限公司董事长郭树清（左）与秦伶华（右）合影。

▶建行丰台支行一直致力于服务丰台区的发展与建设，与丰台区政府保持密切的合作关系，并于2003年签定了银政合作协议。2005年10月，在丰台区财政局授权集中支付招标中一举中标，标志着银政合作的进一步深入。建行丰台支行行长秦伶华（左）代表建行签定代理银行合作协议。

◀总部基地作为丰台区新的经济增长点，建行丰台支行早在1992年便为中关村科技园区丰台园提供了有力的金融服务，2001年又为二期项目总部基地的运作提供了信贷支持，并于2003年率先与道丰科技商务园建设发展有限公司签定了银企合作协议，有力地推动了总部基地的开发与建设。2005年3月24日，丰台支行秦伶华行长（左）应邀出席总部基地科技总部新区核心商务区项目挂牌交易新闻发布会，双方代表签定战略合作协议。

▲2005年，建行在财政部非税收入收缴代理银行招标中中标，同年9月，建行丰台支行凭借优质高效的结算和服务优势，成为总行系统唯一的财政部非税收入收缴专户开立行。丰台支行业务人员为前来验收的财政部国库司及总行领导做演示。

▲建行丰台支行秉承“以客户为中心”的宗旨，以服务赢得市场，赢得客户。四年来，资金实力翻了三番，贷款规模和盈利水平实现成倍增长。2003年建行以服务及结算优势中标丰台区财政统发工资代理银行以来，竭尽全力做好服务工作。在分行系统连续多年被评为优质服务先进支行，受到广大客户的认可和好评。图为北京市住房贷款担保中心的同志为支行送来锦旗，左二为丰台支行行长秦伶华，左一为主管服务工作纪委书记李延。

中国工商银行股份有限公司北京丰台支行

第四届二次职工代表大会

丰台支行与赛欧科园科技孵化中心合作协议签字仪式

丰台支行科技园分理处开业典礼

中国工商银行股份有限公司北京丰台支行（原中国工商银行北京市丰台支行）拥有职工529人，共设机构38个：13个部室、1个分部（融工后勤有限公司分部）、4个网点支行、2个分理处、18个储蓄所。是年，我行本外币资产合计2235993万元，本外币负债合计2210145万元，共实现本外币经营利润26010万元，完成分行计划任务的90.50%。全年实现中间业务收入3533.11万元，同比增加830.52万元，完成全年计划指标的98.55%。年内各项工作稳步推进，主要业务指标稳步提升，经营状况得到持续改进。

丰台支行保持共产党员先进性教育活动总结大会

丰台支行第十五届业务技能比赛

北京丰

院领导班子

2004年12月23日，原北京市丰台区医院和原北京铁路分局中心医院整合重组为北京丰台医院。北京丰台医院的成立是丰台区深化卫生体制改革，实施区域医疗卫生资源整合的一项重大举措。新组建的北京丰台医院整合了两院原有的人才、技术、设备和管理优势，设置床位1100张，职工1700余名，包括160余名高级专业技术人才，固定资产超过2.6亿元；拥有心血管病诊疗中心，创伤骨科显微治疗中心等多个优势专科和惠永明、史立强、樊有炜、范利、马延山、池笑雨等一批知名专家；拥有核磁共振、GE双排螺旋CT、数字胃肠机、2台大型C型臂X光血管造影机等先进的医疗仪器设备，是一所集医、教、研、防四位一体的具备三级医院功能的综合性医疗机构，是首都医科大学教学医院。

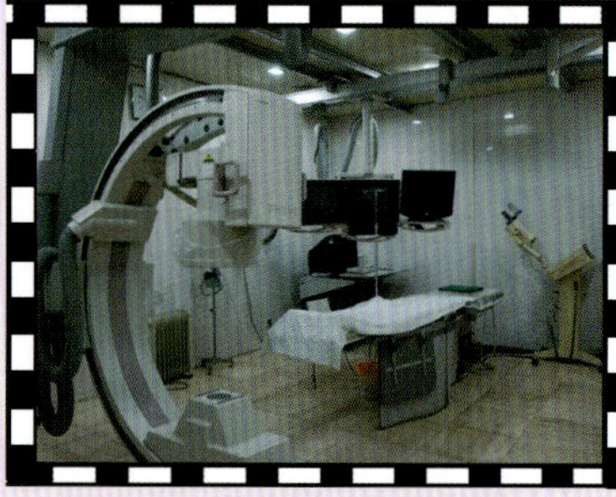

大型C型臂X光血管造影机

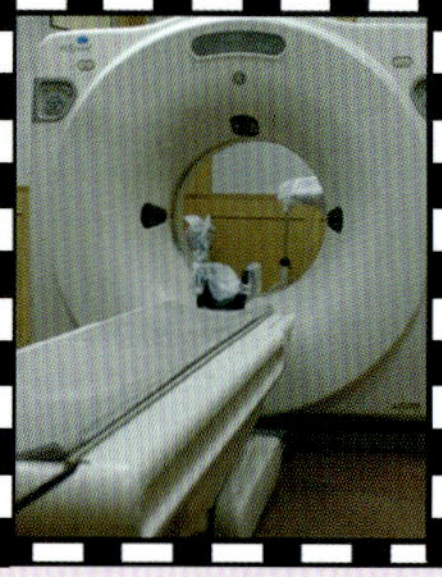

双排螺旋CT 机

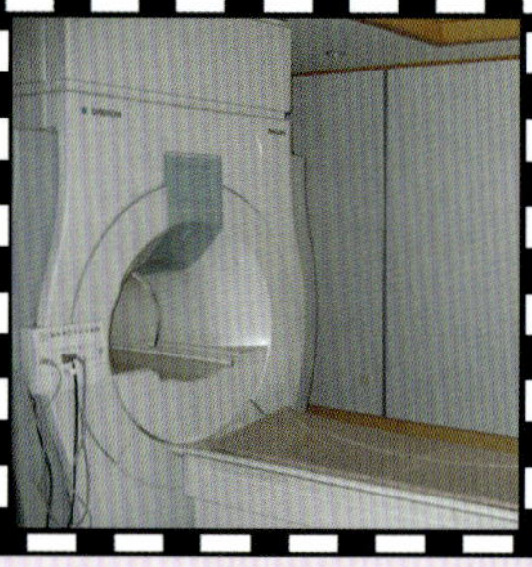

核磁共振

教学医院

台 医 院

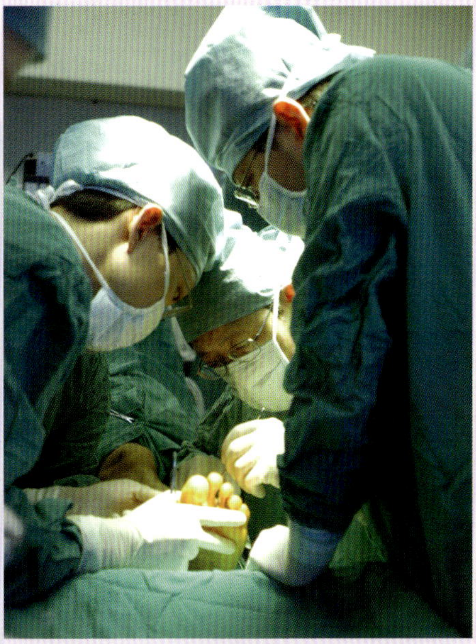

拇指再造手术

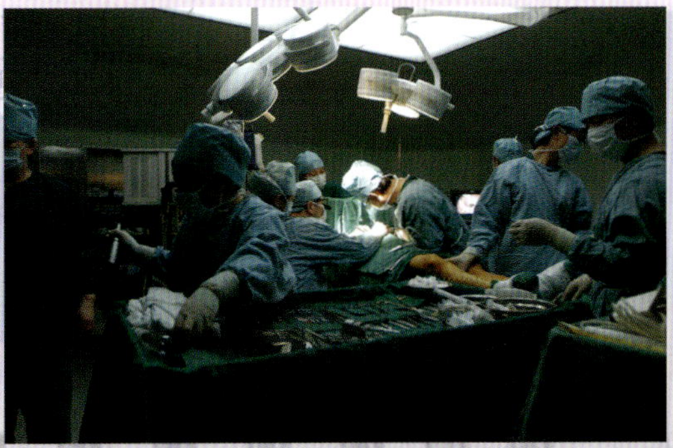

心脏搭桥手术

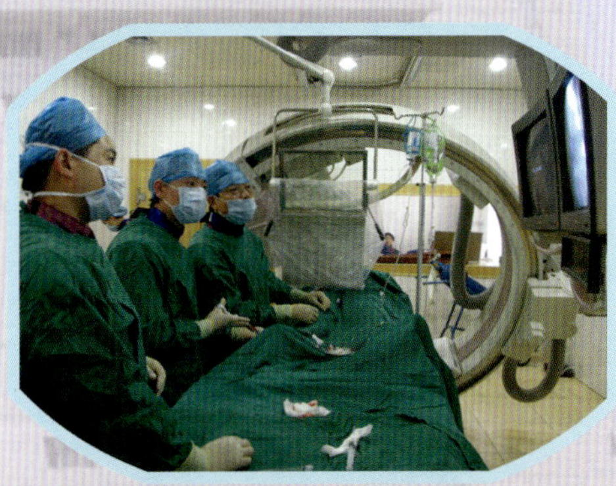

心血管介入手术

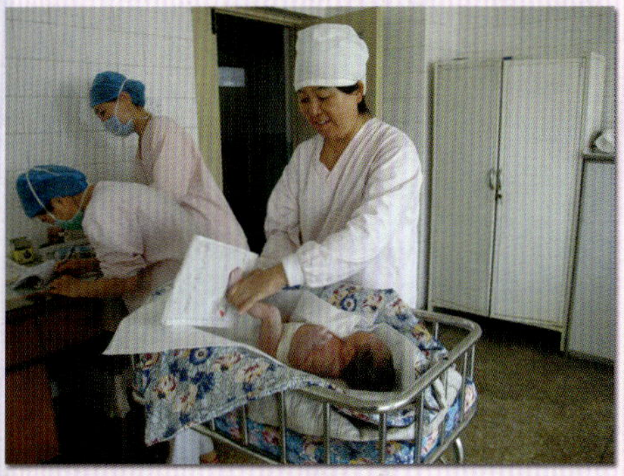

迎接新生命

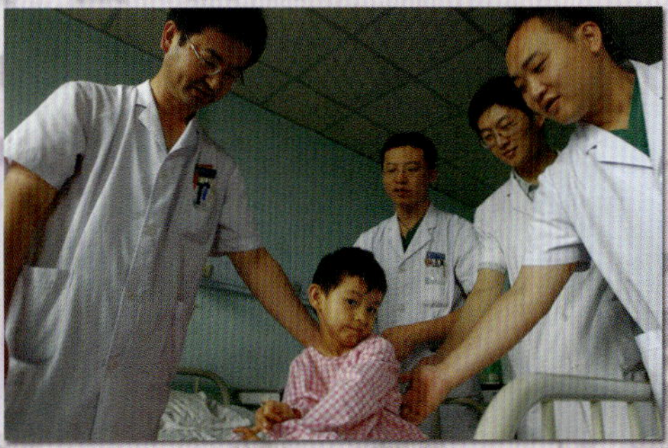

救助脑瘫患儿

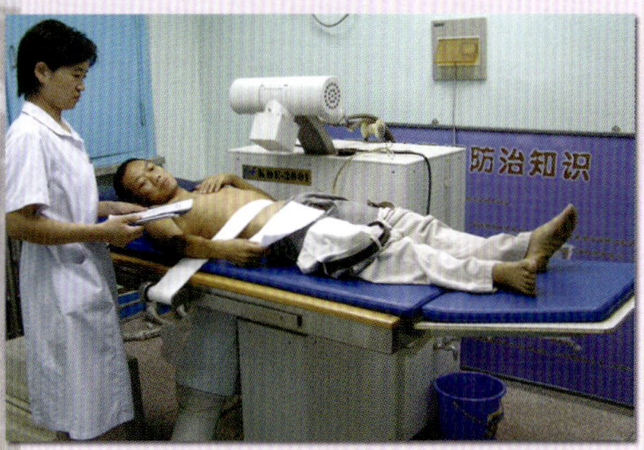

体外碎石

庆祝党的生日

医院参加运动会

青年团员共植荣辱树

北京市丰台区职业教育中心学校——幼师校区

（北京市丰台区幼儿师范学校）

北京市丰台区职业教育中心学校—幼师校区（北京市丰台区幼儿师范学校），位于北京中轴线南苑路115号，是一所公立国家级重点中等职业学校，北京市职业高中示范校，是一所独立设置的以艺术为特色的中等职业学校；北京市职业教育先进单位，丰台区精神文明单位；现有教职工92人，有教学班28个，在校生1056人。

2003年以来，学校坚持科学发展观，围绕办人民满意的“以服务为宗旨，以就业为导向”的职业教育中心任务，树立以人为本的教育观念，以教育教学为中心，以“专业建设求发展、常规工作求创新”，全员德育，寓教于课堂，有效的开展教育教学活动，全面提升学生的职业技能。毕业生推荐率100%，就业率98%，赢得了学生、家长、社会的认可，2006年招生计划超额完成87%。

■ 党支部书记、校长 李明生

■ 2006年丰台职教教学现场会在我校举行

■ 师生同台庆祝教师节

■ 舞蹈蒙古人获北京赛区金奖

■ 学生观看美术展览

■ 150名学生参加北京市第九届职工运动会开幕式演出

黄土岗小学

黄土岗小学五十年的历史，形成了五十年的学校文化。黄小拥有一支十分团结、勤奋、和谐、向上的教师队伍，是他们支撑着黄小的一片蓝天。“以人为本、健康是金、统筹兼顾、和谐发展”的办学理念引领着全校师生，骄人的学校成绩和不断提升的教学质量目前已经赢得了较广泛的社会赞誉。学校各项工作全面推进，扎实、务实。老教师是学校宝贵的财富，青年教师迅速成长，具有较大潜力的教师队伍已经奏响了学校发展的乐章。学校将继续加强文化建设，努力营造高品位的文化氛围，提升学校“群体智商”，形成学校文化特色，以学习提升教师，不断实现教师个人和学校的共同发展。

校长：李静

学校发展与进步离不开上级和社会各界的帮助与支持

教师的学习与交流是经常性的工作

团结、和谐、向上的教师队伍，耕耘着黄小一片沃土

学生的活动丰富多彩

学校经常开展党、政、工、团、队的联合活动

书记、校长：刘全利

团结进取的领导班子

开学典礼上教师宣誓

市级专家指导学校德育课题研究

卢沟桥第一小学校

卢沟桥第一小学校坐落于抗日战争爆发地——卢沟桥畔，始创于1921年2月，前身为宛平县第二中心小学、北平市第十五区卢沟桥国民小学校、北京市第十二区第四中心小学，现已发展为丰台区小学德育特色学校。

学校承担的"十五"市、区级科研课题《利用社区资源开发德育校本课程的行动研究》取得了丰硕成果。全体教师经过多年不断研究、实践，编写完成了一至六年级的校本教材共6册。汇集学校科研成果的《挖掘卢沟桥社区资源　打造德育品牌学校》一书已结集出版。

多年来，刘全利书记、校长带领领导班子在"办人民满意的教育"的办学思想定位下，已形成了"以民族精神教育为灵魂，以爱国主义教育为核心，以充分利用宛平城、卢沟桥、抗战纪念馆、抗战雕塑园等独特教育资源为依托，以实践学校德育校本课程为载体"的德育特色。

学校组织学生开展的"小导游"等相关德育特色活动，得到中央电视台、《环球时报》、《现代教育报》等多家媒体的肯定和报道。学校先后被评为北京市2008奥林匹克教育示范校、丰台区德育管理先进校、丰台德育先进集体、丰台区精神文明单位、丰台区少先队红旗大队、丰台区落实学校体育工作条例十佳校。多位教师获市、区级优秀共产党员、经济技术创新标兵、师德先进、优秀教育工作者，20多人次获市、区级论文奖。学校通过不懈地努力，为上一级中学输送了一批批合格的小学毕业生，受到了社会各界的好评。

卢沟桥一小将进一步全面推进素质教育，扎实开展基础教育课程改革工作，在完成爱国主义教育和民族精神教育的基础上，为社会提供源源不断的精神财富，构建一种以爱国主义和民族精神为内涵的文化，发挥学校在区域文化影响中的巨大作用。

六年级小导游董峥同学在讲解卢沟桥史

日本教育代表团到校参观访问

学校科研成果
德育校本教材

同学们参加首届"国防教育日"活动

北京市丰台师范附属小学

北京市丰台师范附属小学是国家教育部命名的全国千所现代教育技术实验校，学校拥有本地区一流的教师队伍和最现代化的教学环境。2006年4月丰师附小接受了北京市丰台区人民政府的全面督导，被评为丰台区全面实施素质教育先进学校。

学校重视科研工作，九五、十五都拥有国家课题的重点研究项目。2006年9月13日学校所研究的《网络环境下信息式教学的实践研究》工作，顺利地通过了教育部的结题验收。

在校本课程的开设中学校注重诵读、游泳、柔道等活动的研究，全面提升学生综合素质，2006年7月学校被命名为北京市奥林匹克教育示范校。2006年暑假丰台教委投资400余万元对丰师附小进行了全面装修，极大地优化了学校的办学环境。

丰台区现代教育技术信息中心为学校配备了价值108万的电教设备，使学校现代化的程度处于最佳状态。

基于学校的优质资源2006年11月北京市小学电化教育专业委员会第七届年会成功在丰师附小召开。

校 长　田昆升

丰台教委主任王珮琦同志亲临学校施工现场视察工作

丰师附小副校长张小军正在做结题报告

丰师附小召开第二届古诗文诵读会

丰师附小副校长、援疆教师朱庆婕荣获丰台区优秀青年人才称号

丰师附小师生参加青春嘉年华奥运特别节目录制

修缮一新的网络教室

北京市丰台区实验小学

北京市丰台区实验小学建于1996年，是丰台区教委员直属的一所半走读、半寄宿制公办小学。

建校虽晚，但却注重学习和内化先进的教育思想，确定了很高的办学起点，形成了“整体优化教育环境，促进主体和谐发展”的办学基本思路。其中把“教育环境”具体概括为六个方面：健康进取的精神环境，优美宜人的校舍环境，自主合作的课堂环境，益智扬长的课外环境，和谐自理的家庭环境，资源共享的社区环境。校长引导干部和教职员工，不断进行六个环境的优化建设并充分发掘六个环境的育人功能，形成全方位的、同方向的育人合力，共同作用于全体学生，促进他们健康、和谐地发展。经多年的努力，丰台区实验小学的教育质量和办学效益不断得到提高，逐步形成了“新环境育人”的办学特色，成为“北京市校园环境示范校”。

学校还先后获得国家、市、区级认定20余项，得到了各级教育行政部门和兄弟学校的普遍认可以及广大学生家长的青睐，国家、市、区各级广播、电视、报刊等宣传媒体也分别从不同的角度对学校进行报道。

校长 段兰华

校标——银鹰欲飞

和谐的队伍

爱心捐助

地理位置示意图

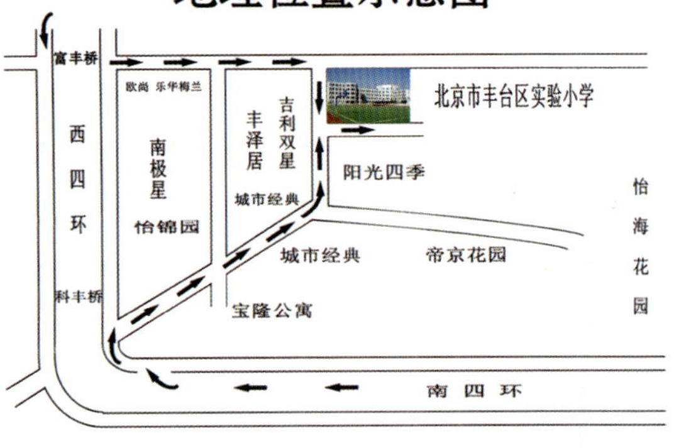

自西四环：向南行驶过丰台大桥后，出口上辅路，第二个十字路口（富丰桥下）左转。

自南四环：向西行驶，从世界公园出口上辅路，见路口右转。

北京丰台第五小学

李瑛彦校长和孩子们在一起

北京丰台第五小学创建于1951年，是丰台区最早建立的完全小学之一。初名为丰台区第九中心小学，1952年更名为丰台镇中心小学。1963年、1965年分出两所学校（即现在的丰台一小和丰师附小），之后丰台镇街道几所小学统一排名，随之改为现名。

现学校一校三址，总占地30000平方米，建筑面积近15000平方米。62个教学班的2654名学生在这所历史悠久，文化氛围浓郁的学校中学习、生活。148名教职工为学生们提供优质的教育教学服务，他们平均年龄32岁，是一支朝气蓬勃，团结向上的年轻队伍。其中中学高级教师6名，小学高级教师55名；特级教师1名，市级骨干教师6名，区知名教师1名，区级骨干教师15名。

学校籍深厚的文化底蕴，本着："以人为本，给教师一个发展的空间；全面育人，给学生一个幸福的童年"的办学理念，在促进教师发展的同时，培养学生学会做人，学会求知，学会做事，学会健身，学会创造，成为全面和谐发展的社会主义建设者和接班人。

这里是教师发展的沃土。在浓郁的文化氛围熏陶下，他们进行着各种教育教学的改革和实验研究。学校教师中每年都有上百篇论文在国家、市级、区级获奖；每年都有多名老师在市、区做研究、观摩课，更有一批青年教师在丰台区历届"师慧杯"教学技能竞赛中获得一等奖。

这里是学生成长的乐园。学校在以教学工作为中心，把教学质量作为生命线的同时，特别注重从细节着手，塑造学生健全人格，开展艺术、环境、军事等等丰富的教育活动，独具特色，成绩斐然。此外，学校经常性的对外交流活动也使师生开阔了视野，了解了世界。学生们一起上课，一起联欢，一起就餐，一起游玩。朝鲜、香港、泰国留下了孩子们快乐的足迹；校园里也曾洋溢着香港、美国、澳洲和英国朋友愉悦的笑脸。

学校先后被评为北京市德育工作先进单位，北京市校园安全先进单位，北京市全面育人、办有特色学校，北京市电化教育优类校，北京市校园环境管理示范校，北京市少先队特色工作示范学校，北京市健康促进校，北京市科研工作先进单位、北京市课程改革先进单位，国家级绿色学校，中国少年军校示范校，少先队被评为全国红旗大队。艺术团被命名为北京市金帆艺术团，鼓号队被命名为北京市七色光鼓号队，北京丰台第五小学正在向着一所与国际接轨的现代化一流学校迈进。

丰台五小金帆民乐团专场音乐会

弘扬民族精神–功夫扇竞赛获区一等奖

地址：北京丰台·西四环南路78号
邮编：100071
电话：（1101）63823080
传真：（1101）63869122
网址：http://www.bjftwx.com
邮箱：bjftwx@yahoo.com.cn

勤奋学习，搏击长空--师生精神的象征，海燕

英姿飒爽海燕女兵——首创女子警棍盾牌术

北京市万泉寺

花园式的办公环境

北京市万泉寺出租汽车公司成立于1993年2月14日，拥有运营车3000多辆，员工4000余人。公司秉承“以人为本、遵规守法、安全兴业、绿色经营、优质服务、持续改进”的经营理念，经过十多年的发展壮大，成为一家以出租汽车运营为主，集汽车修理、汽车租赁、油气销售、餐饮服务、旅游、物业等于一体的大型现代化集团企业。

质量管理体系认证证书

北京市万泉寺出租汽车公司是北京市出租汽车行业首批品牌企业之一，全国出租汽车行业首家通过“三标”认证的企业。2000年被市政府评为“十佳企业”；2001年获交通部 “文明企业”称号；2002年被评为全国出租汽车行业“先进企业”；公司连续三年被评为“首都文明单位标兵”；连续三年被北京市工商管理局评为“守信企业”；连续三年被评为

职工运动会

按时发放职工福利

出租汽车公司

“北京市交通安全先进单位”；2005年被评为“全国出租汽车行业规范管理先进企业”。

发展中的万泉寺出租汽车公司围绕二次创业，以“运作资本、盘活资产、整合资源”为核心，以“制度创新，管理创新”为动力，全力打造集交通智能化管理、展览、会议等于一体的蕴涵出租汽车文化的地产项目——“万泉的士城”。

新时期，公司将与时俱进，开拓创新，以海纳百川之胸怀，以团结务实之作风，竭诚欢迎海内外朋友共谋发展大业，创造公司更加辉煌的未来。

内抓管理　外树形象

升旗仪式

新当选的“北京的士之星”

志愿者服务队每月义务为福利院老人服务

公司员工荧屏展风采

创新进取 无私

北京丰新电气工程有限公司王建亚总经理

丰新公司庆祝建党84周年暨党支部成立大会

北京丰新电气工程有限公司创建于1987年，2003年4月改制为股份有限公司，注册资金1100万元，经营范围是110KV及以下配变电系统的安装和改造。公司秉承“服务首都电力事业发展和供电网络建设，服务于首都经济建设和广大市民、用户需要”的宗旨，先后圆满完成了首都机场、西郊机场、国务院机关事务管理局、北京工人体育场、故宫博物院、北京饭店、中国人民抗日战争纪念馆、欧共体及美国等十几家驻华使馆等多项重大配变电工程，无偿或低偿为丰台区各学校进行供电系统安装或改造，价值700多万元，受到社会一致好评，取得了明显的社会效益和经济效益，连年被授予“质量先进单位”、“先进私营企业”、“就业先进单位”、“守信企业”“丰台区文明单位”、“劳动关系和谐企业”等

王建亚总经理为马家堡爱心超市捐款

王建亚总经理描绘公司宏伟蓝图

王建亚总经理为丰台七中捐款

党支部书记刘

献

京丰新电气工程有限公司

丰台区委副书记刘云广、组织部长杨逸铮、统战部长吕跃进等领导在丰新公司调研党建工作

荣誉称号。

北京丰新电气工程有限公司总经理王建亚，在经营中坚持“以人为本”，科学管理，狠抓素质建设，完善管理机制，理顺劳动关系，引入竞争上岗机制，最大限度地发挥员工的积极性，培养了一支能打硬仗的高素质的队伍，多次提前完成各种紧急安装和抢修任务，产值利润稳步增长。作为一名民营企业家，致富后他无私奉献教育事业，积极参与社会公益事业。由于王建亚总经理的非常表现，被推选为北京市工商联合会执行委员，丰台区政协委员，丰台区工商联副会长等社会职务。

王建亚总经理注重企业党建工作，充分发挥党员在非公经济的积极作用。在抗击“非典”的关键时刻，公司成立了党支部，刘志瑞任支部书记，他们积极探索非公企业党建工作的新思路，把政治思想工作和提高经济效益有机结合起来，现有党员11人，发展新党员2人，党组织的战斗堡垒作用在企业经营和发展中日益彰显，党支部成为企业的好参谋。加强工会工作，开展争先创优竞赛，组织全体员工进行军事化训练，进行安全教育、技能教育，奖励职工在职接受再教育，开展合理化建议征集活动，职工之家的活动器材齐全，经常举办丰富多彩的文体活动，组织全体职工分批疗养，定期慰问困难职工，广大员工充分感受到公司的温暖，工会成为企业的好助手。

员重温誓词

丰新公司春节团拜会

抗战纪念馆供配电系统改造表彰大会

丰新公司三环入地工程总结表彰暨军训动员大会

北京冠京工贸有限责任公司

GUANJING

BEIJING GUANJING INDUSTRIAL LIABILITY CO.,LTD

北京冠京工贸有限责任公司 董事长兼总经理王玉良先生

北京冠京工贸有限责任公司原名北京冠京工贸总公司，成立于1993年7月，注册资金420万元，注册地址：北京市丰台区丰北路甲79号，1999年北京冠京工贸有限责任公司是以建筑、装饰、饭店、餐饮、家具制造、商贸、出租汽车、媒体广告、物业管理、上网服务、房屋及建筑设备租赁等产业发展起来的多行业集团化企业。目前拥有10个控股子公司，一个全资子公司，它们分别是：北京冠京饭店有限责任公司、北京冠京隆综合批发市场有限责任公司 、北京市二七鞋厂、北京冠京先河建筑工程公司、北京冠京出租汽车有限责任公司、北京华森木业有限责任公司、北京冠京装饰有限责任公司 、北京冠京中煌广告艺术有限公司、北京丰北上网服务有限公司及北京冠京工贸有限责任公司建筑设备租赁站，公司总注册资金达6603.6万元。

北京冠京先河建筑工程有限公司第一届董事会

冠京公司是在丰台区本土发展起来的企业，主动为政府分忧，共向社会提供就业岗位3000余个，为保持丰台区社会的稳定做出了应有的贡献。冠京公司是一个多行业的综合公司，坚持“以人为本、严己宽人、团结互助、上下同欲”这一理念，形成了独特的冠京公司的企业文化。公司重信誉、强服务，规范经营，规模发展，积极参与各种扶贫捐助等社会公益活动，受到社会各界的赞许和认可，深得顾客的信赖和厚爱。冠京公司坚持以人为本的思想，不断引进高科技力量和优秀人才，全心致力于建造、商贸、服务三位于一体的集团化发展目标.，使冠京公司的发展同步于时代，同步于社会各界所寄予的期望，为构建和谐丰台作出更大贡献。

冠京大厦外景

冠京隆市场

冠京创业园

汽车城有限责任公司

台区工商联合会副会长、北京市场协会汽车流通分会副会长；被北京市公安局刑侦局聘为警风监督员。徐海林同志注重学习，不断进取，为提高自身综合素质和思想修养，现就读于中央党校MBA硕士研究生班。他积极参加社会公益事业，多次向希望工程、红十字会、残疾人协会及西藏贫困地区捐款，奉献爱心。

新车展厅

北京京南汽车城成立于2002年9月，注册资金500万元，资产总额超过3000万元。目前占地面积25万平方米，内设4S专卖店、大型商品车展卖场、品牌汽车展厅、二手车交易区、2000个汽车泊位及综合办公楼、餐厅、商务中心等。现已有140多家商户入驻，经营各类品牌轿车、货运卡车和进行二手车交易，年成交各类车辆近万辆，成为京南一颗璀璨的明珠。汽车城规划的二期工程中，将修建汽车公园、汽车影院、汽车教育基地、试乘试驾车道等配套设施。京南汽车城以其优越的地理位置，便利的交通，人性化的管理，完善的服务体系成为规模宏大，品牌多样的综合汽车超市，被权威人士评为北京市现有有形汽车交易市场中最具发展潜力的市场之一。

旧车区

益恒公司—丰台桥北东

区领导参加丰台桥北危改小区回迁大会

丰台桥北东片危改工程是区委、区政府为民造福的重点工程。其范围西起四环路立交桥与正阳大街相交处；东至东大街西侧规划道路红线；西北至清真寺北院墙；东北及北边与北京军区联勤部大院相接；南至正阳大街规划中心线。该地区共有单位53个，居民住户2098户，约6213口人。住房绝大部分是解放前和解放初期建造的平房，布局散乱、结构简陋、年代久远，多已超过使用期，生活条件十分恶劣。区委、区政府为落实“三个代表”重要思想，于1995年经区人大提案通过、区政府办公会批准，对该地区进行危房改造。确定危改规划总占地面积11.23公顷，开发规划总建筑面积36.8万平方米，居民100%回迁。项目由区建委负责、北京益恒房地产开发公司组织实施。

危改前桥北地区低矮破旧的房屋、狭窄的道路，地下基础设施差，没有排水系统，路面高于院内地面，雨天积水严重，生活设施不配套。

片危改工程 成绩斐然

益恒房地产公司在以高玉华同志为党支部书记、总经理的公司领导班子的带领下，认真贯彻执行国家危改政策和区委、区政府的重大决策部署，把搞好危改工作作为实践“三个代表”重要思想的落脚点和奋斗目标。自1995年下半年开始，共动迁居民2098户、单位53个，拆除危旧房建筑面积9万平方米。1996年底开始分三期陆续开工建设，至2005年底桥北东片危改工程已全部竣工，共完成36.8万平米，其中经济适用房12.5万平方米，回迁安置房24.3万平方米。该项目工程合格率100%，取得了市优工程2个、结构长城杯工程1个、区优工程2个的优异成绩。自1998年7月首批居民回迁至2005年底已安置所有被拆迁居民，并全部实行了物业管理。危改工程彻底改变了桥北东片地区的面貌，改善了丰台镇基础设施和总体景观，为促进丰台区经济发展和社会安定团结的大局，为构建“和谐社会的首善之区”做出了贡献。

危改后新建的宽敞明亮的楼房、生活设施齐全、环境优美的现代化居住小区

北京鑫建捷市政

区领导到公司慰问

公司董事长蔡建华

技能培训暨总结表彰大会

北京鑫建捷市政工程有限责任公司，是具有独立法人资格，专门从事道路与桥梁工程、拆除工程和防水工程的市政公用工程施工总承包贰级资质的企业。

公司由北京市丰台区市政工程公司、北京鑫华丰锅炉安装队、北京市丰台区市政管委养路队、北京市新台危改开发管理中心、北京超顺达技术咨询服务公司、北京桥聚鑫信息咨询公司和北京欣诺缘装饰装璜有限责任公司共同参股成立的企业。

公司成立以来，经全体员工的努力拼搏，不断发展壮大，现有职工400余人，有健全的技术、质量管理体系，其中各类专业技术人员100余人，中、高级职称60余人。下设10个分公司，其中二个专业（机械和材料）分公司、一个拆除分公司、一个防水分公司及1个直属分公司，年产值8000万元以上。

企业现有总资本2000万元，拥有大中型机械80余台（辆），道路工程施工机械配套力量雄厚，能满足各类环境的土方工程及道路工程的需要。公司不断采用现代化

丰台体育中心2号路市政工程

丰益花园广场摊铺

奥运垒球馆室外工程

工程有限责任公司

公司总经理王雨生

海军军事训练大队饮用水工程开工典礼

管理手段，注重开发应用新技术、新工艺、新材料，先后承担大小各种工程2000余项，其中主要工程有丰北路道路及排水工程、云良路道路工程、丰台铁路立交桥南引道及北匝道工程、王佐乡长青路工程、长辛店乡长兴路工程、京西教练场道路工程、世界公园市政管线及停车场工程、丰台体育中心热力站工程、丰台高科技园区热力站及附属工程、莲花池公园市政管线及东西广场工程、晓月苑小区市政工程、西四环莲花池路立交双孔桥涵排水工程、大灰厂东路改造工程、永定路南延道路工程、丰台区学校操场改建工程、大井路市政工程、田各庄东路市政工程、丰台体育中心II、III、IV号道路、丰台体育中心内部改造工程等。

在建筑市场激烈的竞争中，我公司凭借坚实的技术力量，科学的管理手段，始终坚持“质量第一、信誉至上”的宗旨，以高标准、高水平的要求完善企业的管理体系。本公司愿与各界朋友精诚合作，为用户提供优质满意的服务。

和义学校操场改建一期工程竣工

丰台体育中心体育休闲广场工程

丰台体育中心内部改造工程施工现场

大井路市政工程施工现场

开拓创新

中国铁通北

丰台区政府和铁通北京分公司、南区分公司的有关领导共谋发展大计。

中国铁通北京南区分公司一届三次员工代表大会

公司办公大楼

中国铁通集团有限公司北京南区分公司是中国铁通的地市级分公司，成立于2001年2月28日，下辖10个经营单位，现有员工近200人。

主要经营业务：本地电话业务，国内、国际长途电话业务，公用电话业务，互联网业务，无线寻呼业务，智能业务，资料业务，IP视讯业务，出租电路业务，分组交换业务，网络资源出租，代维业务及综合信息服务业务等。

中国铁通北京南区分公司秉承“宽容、理性、和谐、进取”的企业理念，坚定信心，奋力拼搏，效益发展，服务社会，产业报国，积极为信息产业化建设

组织员工军事化训练

参加丰台科技园区第一届运动会

“迎‘五四’，铁通在我心中”演讲比赛暨“五四”表彰大会

拼搏进取

南区分公司

纪念建党85周年专题党课教育暨“七一”表彰大会

中国铁通北京南区营业局第一次党员大会

社会经济发展做出大的贡献。2005年，南区分公司正式名——中国铁通集团有限公司公司北京南区分公司并住丰台科技园区——总部基地，由非独立企业成为具有立法人资格的核算单位，以全新的形象展现在首南城社会公众面前；南区分公司实施“支局试点”，政策导向”，实现了持续、快速、健康发展；实施了睛向内，全员发动，打存量，打城乡，市场经营一再新历史记录，打出了品牌，打出了气势；加强网络支，坚持规划发展，运维安全保持了基本稳定，整体营工作呈现出了协调推进的良好态势，标志着中铁通北京南区分公司的发展步入了一个新的阶段。

保持共产党员先进性教育活动动员大会

（摄影：蔡亮）

通南区营业局科兴路营业厅开业

铁通北京分公司第一届体育节，我队夺得拔河比赛第一名

荣获铁通北京分公司第一届文化艺术节优秀组织奖

中国人民抗日战争纪念雕塑园

纪念抗日战争胜利60周年书法笔会

铜 雕

中国人民抗日战争纪念雕塑园是由北京市政府投资兴建的北京市爱国主义教育基地。1995年7月7日奠基，2000年7月竣工，8月15日正式对社会开放。

雕塑园位于北京市丰台区宛平城与京石高速公路之间的三角地带，西临永定水、南望京石路、北倚宛平城。占地20公顷。

雕塑园由中国人民抗日战争纪念碑、雕塑群区、中心广场、宛平城墙、绿林等主要景区组成。

雕塑群区占地22500平方米，按中国人民抗日战争历史过程分为“日寇侵凌”、“奋起救亡”、“抗日烽火”、“正义必胜”四个部分，共摆放38尊直径2米，高4.3米的柱形雕塑，青铜铸造，均重6吨。群雕以国歌为主题，以中国传统碑林形式布阵，借鉴中国传统雕塑形式创作，表现了中国人民不屈不挠的民族精神和大无畏的英雄气概。

中国人民抗日战争纪念碑由国家主席江泽民亲笔题写碑名。碑高15米，宽8米，厚6.6米，由巨大的花岗岩和压碎侵略者战争机器的残骸铸铜雕塑组成，象征着正义必胜，一切侵略者必将失败。

中心广场面积为2500平方米，由花岗岩铺砌成精美图案，选用的石材来自中国抗日战争的主要战场。

宛平城墙距今约360多年，东西长640米，南北宽320米，城墙上依然可见日寇枪炮轰击城垣的斑斑痕迹。有通道可登上城墙俯瞰雕塑园和卢沟桥全景。

雕塑园绿林面积为85600平方米，种植了雪松、白岩松、合欢、银杏、珍珠梅、连翘、西府海棠等数十种乔灌木和名贵草坪，林草相映，参差错落，起伏跌宕。

置身雕塑园中，举目眺望，纪念碑巍然高耸，38尊群雕凝重悲壮，宛平城墙岁月沧桑，凝思遐想，万千感受油然而生。

群众参观抗战雕塑园

在中心广场举行活动的学生

一年一度的醒狮杯越野长跑
比赛在雕塑园举行

The project of ABP, Beijing, China is a large-scale economic zone project under the joint investment and operation by Dauphin (UK) I tional Group and China's national level high-tech park----Fengtai Park of Zhongguancun Science Park. It forms a gathering base for ente headquarters with hundreds of detached, intelligent, low-density and eco-friendly headquarters buildings, integrating office work, sc research, middle test and industry. The project occupies an area of 65 hectares, with a total building area of 1.4 million square meters anc investment volume of RMB 6 billion Yuan. 303 headquarters buildings have been built up by now and nearly 200 domestic and foreig and middle enterprises have moved in. A big headquarters economy area has been initially formed already.

Advanced Business Park, the internationalized business venue, is formed with a high green coverage ratio of 50% and a low plot ratio of 1.59.

以50%高绿化覆盖率，1.59低容积率标准形成Advanced Business Park国际化商务场所。

The clubs on every plot can easily manifest its guarantee for high-end business life in terms of dining, meeting, negotiation and leisure.

每个地块所配置的会所，可以餐饮，会客，商洽，休憩，轻松体现对高端商务生活的保障。

The ABP Auditorium is the pl economic thoughts and com and communicate.

总部大讲堂。各种经济思想和

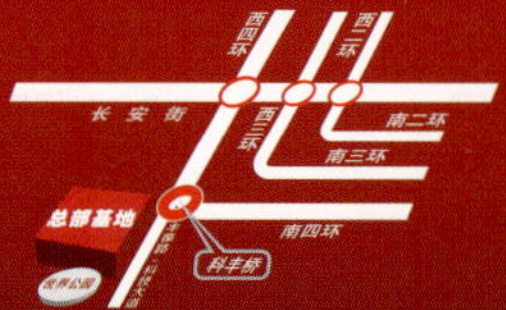

西四环
西二环
长安街
西三环
南二环
南三环
南四环
总部基地
科丰桥

iterna-
rprises
ientific
a total
n large

中国北京总部基地是英国道丰国际集团与中国国家级高科技园区—中关村科技园丰台园联合投资运作的大型经济区项目。它以数百幢独栋式，智能化、低密度、生态型的总部楼群，形成集办公、科研、中试、产业于一体的企业总部聚集基地。项目总占地面积65公顷，总建筑面积140万平米，总投资60亿元人民币。现在已建成303栋总部楼，近200家海内外大中型企业入驻。一个大总部经济区已然初步形成。

ce where various
nercial wisdoms conflict

商业智慧，在此碰撞交流。

The tennis court, basketball court, football field and other numerous fitness facilities are situated between headquarters buildings.

网球场，篮球场，足球场等众多健身设施落座总部楼间。

The ABP small apartment provides a cozy home for ABP people.

总部小公寓。为总部人提供一个温馨的家。

目 录

特 载

大 事 记

政党 团体

政权　政协

政法　军事

农村经济和农业

工　业

商贸　服务业

高新技术产业

综合经济管理

财政　税务　审计

金　融

城乡建设和管理

交通　邮电

科技　教育

社 会

街　乡(镇)

人　　物

统计资料

附　　录

特　　载

坚持以科学发展观统领全局 努力推进区域经济社会又快又好发展

——王子生同志在区委九届八次全会上的工作报告

（2006 年 1 月 5 日）

同志们：

这次全会的主要任务是，认真贯彻中央经济工作会议和市委九届十一次全会精神，总结去年的工作，部署今年的各项任务。下面，我受区委常委会的委托，向全委会作工作报告。

一、2005 年工作的基本估价

去年，是实施“十五”计划的最后一年，也是衔接“十一五”发展的关键一年。在市委市政府的正确领导下，我们坚持以邓小平理论和“三个代表”重要思想为指导，紧紧围绕建设现代化新城区的奋斗目标，切实加大以科学发展观统领经济社会发展全局的工作力度，有效促进了全区各项事业的全面发展，顺利完成了“十五”计划的各项任务，为“十一五”发展奠定了坚实的基础。

经济社会发展成效显著。地区生产总值预计达到 373 亿元，增长 12.6%；财政收入 18 亿元，同比增长 20%；科技园区技工贸总收入 600 亿元，增长 33%；社会消费品零售额 278 亿元，同比增长 5%；总部经济和高新技术产业、现代服务业、现代物流商贸业、房地产业、特色旅游业保持良好发展势头，三次产业的比重调整为 0.2%、34.3%、65.5%；城镇居民人均可支配收入和农民人均纯收入分别增长 12.5%、6%，城镇登记失业率为 3.05%；科技、教育、文化、卫生、体育等社会事业全面发展，人口与计划生育工作取得新成绩。

城建城管力度加大。总部基地、大红门特色商业区、河西地区等重点区域建设加快。南中轴大容量公交示范工程顺利完工，续建的城市主干路、次干路，有的已经竣工，有的正在抓紧建设，有的正在征地拆迁；年度便民道路改扩建工程全部竣工。重点道路储备工作比较充分。宛平广场、卢沟桥广场建设和宛平城大街两侧改造任务圆满完成。水系治理、绿化美化、控制污染工作成效明显。危旧房改造取得新的进展，“城中村”整治进展顺利。市容环境卫生管理体制改革成绩突出，全区城乡一体创卫工作取得阶段性成果，顺利通过北京市考核验收。

各项改革工作不断深化。认真贯彻北京

市第五次城市管理工作会议精神,完成了市政府《折子工程》涉及我区的17项工作任务,逐步理顺了政府专业管理部门、街道办事处和社区的工作关系,推动了政府职能到位、街道和社区功能归位。结合实际推广网格化管理新模式,有效提升了城市管理水平。城乡二元管理体制改革试点任务顺利完成。截止目前,已有56个村完成社区股份合作制改制任务,占全区总村数的80%。乡级集体资产产权制度改革正在开展。行政审批制度改革、财政和投融资体制改革、国有资产管理体制改革有了新进展。

精神文明建设得到加强。开展创建国家卫生区、国家生态示范区、全国双拥模范城和首都文明城区活动,争创首都文明城区工作已接受考核评估,正在进行综合测评。开展纪念抗战胜利60周年系列活动,民族精神和时代精神得到发扬。公民思想道德实践活动蓬勃开展,"社会公德到社区、职业道德在岗位、家庭美德进家庭"宣传教育活动成效明显。未成年人思想道德教育、流动人员公德教育、文明礼仪教育活动普遍开展,群众性精神文明创建活动广泛深入,进一步提高了市民文明素质和城市文明程度。全民国防教育工作取得新的发展和进步。

民主法制建设取得新进步。按照科学执政、民主执政、依法执政的要求,依照法律和章程支持人大、政府、政协和人民团体充分发挥职能作用,民主政治建设取得了新的成绩。民主党派和民族、宗教、侨务及对台工作扎实活跃。普法工作深入开展,干部群众的法律意识和法制观念不断增强。坚持依法行政,扩大基层民主,深化政务公开、村务公开、厂务公开,积极推进司法改革,加强和改进政法工作,依法治区工作成效显著。

和谐丰台建设扎实推进。从建设和谐社区和谐村镇入手,认真解决人民群众切身利益问题,促进了和谐社会建设。就业规模逐步扩大,企业和劳动者双向选择的市场就业机制初步形成,职业技能培训取得明显成绩。统筹城乡的社会保障工作取得初步进展。坚持人民内部矛盾纠纷排查调处各项工作制度,强化基层基础工作,控制并减少了越级群体访。严厉打击刑事犯罪,深化社会治安综合治理,深入开展与"法轮功"邪教组织的斗争,社会治安形势总体平稳。加大消防安全、生产安全、交通安全、公共安全的工作力度,有效保障了人民群众的生命财产安全。

党的建设进一步加强。集中开展以学习实践"三个代表"重要思想为主要内容的保持共产党员先进性教育活动,着力解决存在的突出问题,基本实现了"提高党员素质、加强基层组织、服务人民群众、促进各项工作"的目标。坚持用科学的理论武装头脑,认真贯彻执行民主集中制原则,加强了各级领导班子建设。深化干部人事制度改革,加强干部培养、选拔和管理工作,促进了干部工作制度化、规范化和程序化。深入开展农村"三级联创"活动和街道社区"双争创"活动,加强企业、机关、教育、卫生系统和"两新"组织党建工作,推进了基层党建工作创新。认真贯彻执行党风廉政建设责任制,落实健全教育、制度、监督并重的惩防体系的各项任务,加强了党风廉政建设和反腐败工作。

回顾一年的工作,既应该充分肯定成绩,更应该清醒地看到我们工作中存在的问题和不足,主要是:城市基础设施还不能满足城市功能拓展区的需要;区域经济总量不足、经济结构不尽合理的问题依然存在,加快发展步伐、转变经济增长方式的任务还很艰巨;部分地区违法建设、环境脏乱问题还比较突出,安全生产存在大量隐患,城市管理水平需要进一步提高;就业形势仍然严峻,社会保障管理服务体系还不够完善,维护群众利益、处理人民内部矛盾面临许多新情况新问题;党员干部特别是领导干部的思想作风和工作作风还需要进一步改进;党员教育管理的长效机制有待完善,基层党建工作创新力度需要加大。

我们必须高度重视和认真解决这些问题，扎扎实实地做好新年度的各项工作。

二、全面落实科学发展观，加快经济建设和社会事业发展

今年是实施“十一五”规划的开局之年，全区工作的总体要求是：以邓小平理论和“三个代表”重要思想为指导，认真贯彻党的十六大、十六届五中全会、中央经济工作会议和市委九届十一次全会精神，坚持以科学发展观统领经济社会发展全局，着力推进经济结构调整和经济增长方式转变，着力增强自主创新能力，着力加快改革开放、优化环境，着力建设和谐丰台，努力实现经济社会又快又好地发展，为顺利实施“十一五”规划开好局、起好步。本着积极稳妥、留有余地的原则，我区今年经济社会发展的主要目标是：全区地区生产总值增长10%，地方财政收入增长15%，城市居民人均可支配收入和农民人均纯收入分别实际增长6%以上，城镇登记失业率控制在3%以内，人口出生率控制在6‰；空气质量二级和好于二级的天数达到市政府下达的考核指标。

科学发展观是对经济社会发展一般规律认识的深化，是指导发展的世界观方法论的集中体现，是推进社会主义经济建设、政治建设、文化建设、社会建设全面发展的指导方针。我们要紧密结合丰台实际，把科学发展观贯穿于现代化新城区建设的全过程。做好今年乃至今后五年的各项工作，都要坚持以下六项具体原则：一是必须把握发展方向，落实功能定位。按照首都经济的发展方向和城市功能拓展区的定位要求，充分发挥比较优势，努力建设总部经济区、商贸物流区、文化旅游区、生态宜居区，促进区域经济社会又快又好发展。二是必须夯实发展基础，优化发展环境。继续改进经济调节和市场监管的方式方法，进一步改善政务环境、市场环境、生态环境、文化环境和法制环境，把政府经济管理职能转到主要为市场主体服务和创造良好发展环境上来。三是必须抓住发展机遇，发挥奥运带动作用。抓住北京举办奥运会的契机，积极实践“绿色奥运、科技奥运、人文奥运”理念，提升区域可持续发展能力，提升城市建设和管理水平，提升市民文明素质。四是必须突出发展重点，加快农村城市化。按照积极推进城乡统筹发展的要求，坚持把解决好城市化进程中的“三农”问题作为全区工作的重中之重，积极推进社会主义新农村建设，完善推进城市化进程的运行机制，促进农村城市化健康发展。五是必须增强发展活力，推进区域创新。坚持解放思想、实事求是、与时俱进，大力推进体制创新、科技创新和管理创新，为区域经济社会的持续发展积蓄潜力、提供动力、注入活力。六是必须营造发展氛围，建设和谐丰台。坚持以人为本，着力解决人民群众最关心、最直接、最现实的利益问题，让人民群众共享改革发展成果，努力促进区域社会和谐。

今年经济建设和社会事业发展方面的主要任务是：

*完善各项规划，健全实施机制。*规划纲要是贯彻落实科学发展观的工作大纲，体现了全区干部群众的意志，实施好规划是我们今后工作的重要任务。要按照规划纲要的要求，切实修改好各专项规划，深化城市空间规划，加快编制土地利用总体规划，搞好各项规划的衔接协调。明确规划纲要今年的实施重点，编制好年度发展计划，制定好相关配套措施，确保规划目标和任务有计划、按步骤得到落实。按照“以规划带动项目、以项目落实规划”的工作思路，确定今年重点实施的项目，并做好资金安排。坚持“统筹协调、分工负责”的原则，加强规划实施的组织管理，建立严格的目标考核责任制，层层抓好落实。加强对规划实施的监督，区政府每年要将规划目标和主要任务的进展情况向区人大常委会报告，并向区政协通报，促进规划实施。

转变增长方式,保持区域经济持续快速健康发展。做强“五个产业”,建设“四个板块”,是我区调整经济结构、转变经济增长方式的主要任务。今年,要以建设有特色、有竞争力的产业集聚区为重点,启动总部基地东区建设和“总部商务区”、“国美商都”的总部商务配套设施建设,做好园区三期和河西产业区的前期规划,加大企业总部招商力度,实现园区技工贸总收入及税费收入增长20%以上;积极推进国际汽车博览中心博物馆项目建设;抓好北京国际轻纺城、木樨园购物广场、鑫福海大厦等重点项目的建设,努力提升大红门服装商贸区的功能层次;抓紧办理丽泽商务区B6－B7地块及丽泽生态花园等项目的前期手续,加快土地一级开发;抓好王佐中心镇、长辛店新区和青龙湖郊野休闲区一期开发建设。积极引导房地产业健康发展,继续保持区域经济支柱产业的地位。文化创意产业是科技、智力和文化相结合的产业,要积极扶持文化创意产业的发展,培育新的经济增长点。努力提高高新技术企业自主创新能力,完善科技服务体系建设,落实专项科技项目,加强知识产权保护,用高新技术和先进适用技术改造传统产业,提高经济增长的质量和效益。建立产业筛选评价机制,高效率利用土地资源,厉行水资源节约,推广运用循环经济技术,提高能源利用效率,促进节约型增长。落实财税政策,加强税收征管,实现财政收入快速稳定增长。

深化体制改革,完善科学发展的体制保障。我们一定要充分认识深化改革的必要性和艰巨性,增强改革的坚定性。按照政企分开、政资分开、政事分开、政府与市场中介组织分开,减少和规范行政审批的要求,深化行政审批制度改革,切实将政府职能转到经济调节、市场监管、社会管理和公共服务上来。创新政府管理模式和管理手段,推进电子政务建设、政府部门资源整合、信息共享和政务公开,加强机关效能建设,提高公务员素质和行政效率,降低行政成本。继续深化财政体制改革,进一步完善公共财政体制,健全部门预算、国库集中收付和政府采购制度,构建预算决策机制,优化财政支出结构,加大对社会管理、公共服务等方面的投入。深化投融资体制改革,进一步拓展融资渠道,创新投资方式,规范政府投资行为,全面落实投资项目核准制和备案制,实施非经营性政府投资项目的代建制管理。结合区属国有企业实际,认真贯彻中央《关于完善社会主义市场经济体制若干问题的决定》,进一步理清思路,健全国有资产监管体系,深化国有、集体企业改革。积极推动混合所有制经济和非公经济发展,改进对非公有制企业的服务和监管,鼓励有条件的企业做强做大。要高度重视统计工作,认真解决统计工作中存在的问题,提高基础工作的水平。党政机关各部门,都要积极为驻区中央企业、科研院所和高等院校提供服务,为他们的发展创造更好的环境。

发展社会事业,推动社会进步。充分发挥现有文化资源在推进区域文化事业发展中的作用,着力发展面向基层的公益性文化事业,组织开展内容丰富、形式多样的群众文化活动,丰富和活跃市民文化生活。继续培育抗战历史、航天、花卉、服装服饰等特色文化,打造特色文化街区。加强文物保护与修缮。继续发展文化产业,规范文化市场管理,推进文化市场综合行政执法,坚持不懈地“扫黄打非”,确保文化市场的繁荣健康有序。坚持依法治校,全面推进素质教育,高标准建设干部队伍和教师队伍,加快示范高中校建设,启动初中建设工程,推进基础教育课程改革,促进各类教育协调发展,创新教育督导模式,努力提高教育教学质量,办好人民满意的教育。从今年起全区免除义务教育阶段学生杂费和书本费,加大对困难学生的补助。健全突发公共卫生事件应急机制,加强疾病预防控制、妇幼保健和卫生执法监督工作,完善社区卫生服务网络,推进公共卫生体系建设;启动丰台医院新建病房楼，完成长辛店医院门诊、病房楼改扩建工程，合理配置医疗卫生资源，加强医疗行业管理和人才队伍建设，提高医疗卫生服务质量；完善新型农村合作医疗各项制度，确保农民享受基本医疗服务。切实抓好人口与计划生育工作。大力发展体育事业，广泛开展全民健身活动，抓好竞技体育工作。

三、加强城市建设和管理，积极推进城市化进程

逐步解决我区城市基础设施状况与拓展城市功能的要求不相适应、城市管理水平与现代化新城区建设的要求不相适应的问题，关键是抓住首都举办奥运的有利时机，坚持"十五"期间我区的成功经验，着力推进城市基础设施建设、农村城市化进程和加强城市运转的协调与控制，努力提高城市建设和管理水平。

进一步加强市政基础设施建设。坚持把市政基础设施建设摆在城市建设的首要位置来抓，以利于积聚城市基础设施的综合效益，促进经济建设与社会事业发展。按照北京市的统一要求，高水平地推进奥运场馆——丰台垒球场及相关设施建设，确保今年世界女垒锦标赛顺利进行。认真做好丰台区2005——2020年综合交通规划编制工作，为建立与经济社会发展相适应的城市综合交通体系提供指导。制定和落实年度道路建设计划，加大协调力度，积极争取市政府有关部门和单位的支持，继续完善我区城市路网体系。完成丰北路及丰北路西延等续建道路工程；完成张仪村路、康辛路一期、站前路等道路工程的征地拆迁工作，加快工程的建设速度；完善光彩路、石榴庄路、大井路等奥运场馆周边道路的前期手续，保证工程的顺利实施；做好西六环路（丰台段）、蒲黄榆路、万寿路南延二期等道路工程项目的储备，对于条件成熟的工程，即启动征地拆迁建设工作；做好实施市重点工程建设的协调工作，推动我区轨道交通建设；做好河西地区路网规划，促进河西道路建设。继续实施道路改扩建工程和"创卫"道路改造工程，提高道路通行能力。完善水、电、气、热、通讯等市政公用设施。新建丰台水厂、长辛店第二水厂，提高供水能力。推进农村饮用水并网工程。依法严格落实北京市消防规划，按计划推进公共消防站建设，使城市公共消防基础设施与城市建设同步规划发展，努力提高综合消防能力。

积极推进生态环境建设。建设现代化新城区，实施可持续发展战略，必须坚持不懈地改善区域生态环境。深入开展国家级生态示范区创建工作，带动区域环境保护与生态建设。认真制定并实施城市绿化建设和绿化隔离地区建设年度工作计划，推进城市大绿地建设、城市集中绿地改造、道路两侧绿化建设、立交桥立体绿化、单位庭院及居住区绿化和其它绿化工作；在做好旧村改造工作的同时，适时推进绿化隔离地区的绿化。继续抓好国家级北宫森林公园建设、林业生态体系建设，打造河西绿色生态屏障，不断提升绿化生态档次。抓好科技兴绿工作，开发科技项目，突出科技创新，促进生态恢复，以先进的技术引导绿化生产。高度重视护林防火工作，认真解决绿化隔离地区少数绿地林地被侵占、弃管问题，确保绿化成果不受侵害。加大协调力度，建设河西污水处理厂，实施马草河上游治理工程，抓好水系治理。高度重视环境监测工作，启动数字化自动监控网络建设，逐步实现对全区污染源的全方位、自动化管理。加大对重大污染源的监督力度，继续实施挂牌督办制度，确保年度企业污染治理工作顺利完成。落实项目审批责任制，有效控制新污染源的产生。继续做好"绿色奥运"宣传工作，增强环保意识，营造公众参与、监督环境保护的良好氛围。

扎实推进农村城市化进程。城市化是推动我区经济社会发展的重要动力，是拓展城市功能的根本途径，是加快现代化新城区建设的一个极其重要的问题。要认真落实中央

关于加强社会主义新农村建设的意见,按照生产发展、生活宽裕、乡风文明、村容整洁、管理民主的要求,务必在农村城市化工作上有新的作为。要在推进市政基础设施建设、四个板块建设、生态环境建设和旧村改造中,加大商务地产开发力度,着力发展现代服务业、商贸物流业、文化旅游业,继续发展花卉产业和都市农业,促进农村产业结构优化升级。积极推进以乡镇机构、农村义务教育和财政体制改革为主的农村综合改革。继续推进农村社区股份合作制改革,再完成10个村的改制任务;认真总结南苑乡经验,积极推进乡级集体资产产权制度改革,健全法人治理结构,加强资产监管,巩固、完善和发展社区股份合作制经济。深入开展对绿化隔离地区建设中存在问题的调查研究,加强与市有关委办局的沟通,按照市政府"个案处理"的要求,争取政策的适当调整,努力解决在旧村改造中存在的农民剩余自住房上市销售、少数村适当增加商品房建设规模、农民新村大市政建设等主要问题,加快旧村改造的步伐。认真总结成寿寺村、精图村撤村建社区的成功经验,充分利用相关政策,积极创造条件,扩大撤村建社区的改革试点,在条件成熟的村继续推进撤村建社区的工作。

狠抓城市管理工作。针对当前我区城市建设和管理中存在的主要问题,需要继续加大城市管理工作力度。要在落实北京市第五次城市管理工作会议精神上统一思想、提高认识,继续深化城市管理体制改革,切实加强城市综合管理。按照《丰台区城市环境建设规划及折子工程(2005年--2008年)》的要求,制定今年城市环境建设工作计划,大力开展城市环境的建设和整治;制定村容村貌整治方案,以城乡结合部为重点,加大村容村貌综合整治力度。加快"城中村"整治步伐,切实加强奥运场馆及周边地区、市区主要大街及胡同、重点街区户外广告整治工作;集中力量拆除在街边和宅旁搭建的违章建筑,加强出租房屋管理,努力创造整洁、优美、和谐、有序的城市环境。把争创国家卫生区和创建首都文明城区的活动与城市环境建设和村容村貌整治工作紧密结合,深入开展市容环境和社会环境综合整治、拆除违法建设、规范行业场所经营行为等工作,坚定不移地朝着国家卫生区和首都文明城区的目标迈进。继续坚持党政一把手亲自抓与实施强势领导有机结合,坚持街乡镇属地管理与专业管理部门依法履行城市管理职责有机结合,坚持充分发挥自治组织自治功能与行政执法主体执法功能有机结合,坚持宣传群众、依靠群众与教育群众有机结合,坚持集中整治与建立长效管理机制有机结合,城乡一体、协调推进,把创建与整治工作落到实处。深化环卫体制改革,加强环卫基础设施建设,充实专业队伍,强化专业管理,提高环境服务效能。创新城市管理模式,以数字城市为依托,因地制宜地推进城市信息化、网格化管理,努力提高城市管理效率。

四、加强精神文明与民主法治建设

建设社会主义精神文明和政治文明,是全面建设现代化新城区的重要目标。要按照统筹协调发展的要求,继续做好精神文明和民主法治建设的各项工作。

加强和改进宣传思想工作。结合丰台区干部群众的思想实际和工作实际,继续学习宣传贯彻邓小平理论和"三个代表"重要思想、科学发展观、构建社会主义和谐社会等重大战略思想以及党和政府的重要工作部署,在全区营造聚精会神搞建设、一心一意谋发展的浓厚氛围,巩固发展全区干部群众团结奋斗的共同思想基础。深入学习宣传贯彻区委九届八次全会、区人大十三届三次会议精神和《丰台区国民经济和社会发展第十一个五年规划纲要》,动员和激励全区干部群众为实现"十一五"的发展目标而奋斗。以纪念建党85周年、长征胜利70周年为契机,组织开

展专题教育活动，大力弘扬伟大的民族精神和时代精神，增强民族自信心和凝聚力。研究和把握新形势下宣传思想工作的特点和规律，坚持贴近实际、贴近生活、贴近群众，把宣传思想工作做实做深做活，更好地宣传动员群众，引导教育群众，帮助服务群众。坚持党委统一领导、党政各部门和各人民团体齐抓共管、各负其责的工作体制，改进思想政治工作，切实加强对宣传思想工作的领导。充分利用区内外主要媒体资源，加大对全区经济社会发展新成就、新举措的宣传力度，不断提高我区的影响力和美誉度。

*广泛开展精神文明创建活动。*以创建首都文明城区为龙头，坚持"四区联创"，推动文明城区、文明村镇、文明社区、文明行业等各种创建活动广泛深入开展。要在引导群众广泛参与、焕发创建热情上下功夫，进一步调动全社会参与精神文明建设的积极性。采取多种形式，大力宣传精神文明创建中涌现出的先进集体和先进人物，在全区形成崇尚先进、学习先进的风气。把创建活动与群众的生产生活紧密结合起来，以解决群众关注的突出问题为重点，从群众最欢迎的事情做起，从群众最不满意的事情改起，积极主动地为群众办好事、办实事，使创建过程成为服务群众的过程，让人民群众从精神文明建设中得到实惠。继续深入贯彻公民道德建设实施纲要及我区实施意见，落实"人文奥运"行动计划，以创建优美环境、优良秩序、优质服务为重点，深入开展文明礼仪教育和市民道德教育实践活动，强化人民群众的首都意识、首善意识、法律意识和公德意识，不断提高市民文明素质和区域文明程度。健全学校、家庭、社会相结合的未成年人思想道德教育体系，建立学校和社区新型协作机制，优化未成年人健康成长的社会环境，不断加强未成年人思想道德建设。以争创全国"双拥模范城"和北京市"双拥模范区"为目标，积极开展军警民共建活动，努力实现双拥双促进、共建共发展。

*积极发展社会主义民主。*认真学习贯彻市委第二次人大工作会议精神和区委《关于进一步加强和改进人大工作的意见》，进一步加强人民代表大会制度的学习、教育和宣传，努力提高对做好新形势下人大工作重要性的认识；进一步发挥人大代表的作用，充分发挥人大及其常委会的职能作用，加强人大常委会自身建设，推进地方人民代表大会制度的发展和完善。认真学习贯彻中央《关于进一步加强中国共产党领导的多党合作和政治协商制度建设的意见》及市委实施意见，进一步加强和改善党对多党合作和政治协商的领导。区政协要继续发扬争创一流的工作精神，围绕区委区政府中心工作，认真履行政治协商、民主监督、参政议政的职能，突出特点，发挥优势，团结引导各界政协委员，为推动现代化新城区建设贡献力量。协助民主党派市委做好六个民主党派区工委领导班子的调整工作，做好工商联执委会的换届工作，支持民主党派加强自身建设，充分发挥民主党派、工商联和无党派人士的参政议政作用。认真做好党的民族、宗教、侨务、对台工作和非公有制经济、新社会阶层代表人士的工作。充分发挥工会、共青团、妇联等人民团体及行业协会、中介组织在政务管理和社会服务中的参与、监督作用。进一步扩大基层民主，完善社区民主管理制度和村民自治机制，推动基层民主管理的规范化、制度化。坚持和完善政务公开、村务公开和厂务公开等公开办事制度，保证基层群众依法行使选举权、知情权、参与权、监督权等民主权利。

*深入推进依法治区工作。*加强学习培训，充分认识颁布实施《公务员法》的重要意义，增强贯彻落实的责任感和自觉性。按照市委市政府部署，认真贯彻实施《公务员法》，推进干部人事制度改革，规范公务员管理、保障公务员合法权益、加强对公务员的监督、建设高素质的公务员队伍，促进勤政廉政。深入推进依法行政工作，继续完善行政执法体

制,健全行政执法程序,强化行政执法责任,加强行政执法队伍建设,规范行政执法行为,努力提高依法行政水平。积极稳妥地推进司法体制和工作机制改革,加强司法监督,规范司法行为,维护司法权威,促进司法公正。积极拓展法律服务工作领域,加强法律服务队伍的建设和管理,提高法律服务队伍的整体素质和执业能力,满足社会不断增长的法律服务需求。认真贯彻《法律援助条例》,完善以政府为主导、社会力量广泛参与的法律援助工作机制,逐步形成管理规范、运转协调、便民高效、覆盖全区的法律援助工作网络。认真总结我区"四五"普法成功经验和做法,紧密结合实际,制定符合区情和发展要求的"五五"普法规划。结合我区城市建设和管理中存在的突出问题,有针对性地开展法制宣传教育,大力提高全区干部群众的法律素质。加大对流动人口法制宣传教育工作力度,增强流动人口法制宣传教育的实效性。

五、强化社会管理,构建和谐丰台

关于构建社会主义和谐社会的工作,市委、区委都已经做出具体部署,要切实增强责任感和紧迫感,更加自觉地把构建和谐丰台的工作摆在重要位置来抓。

*切实加强就业和社会保障工作。*认真贯彻落实国务院《关于进一步做好就业和再就业工作的通知》精神,加大统筹城乡就业的工作力度,落实各项促进就业的政策,积极发展劳动密集型产业、各种所有制的中小企业和社区服务业,多渠道、多形式开发就业岗位,千方百计扩大就业;结合市政基础设施建设、农村产业结构调整和旧村改造,促进农村劳动力跨地区、跨地域转移就业。完善统筹城乡的就业服务制度,健全并发挥区、街(乡镇)、社区(村)就业服务的三级网络作用,推行就业助理服务模式,使就业困难人员能够实现灵活就业。继续推行与市场需求相适应的再就业培训,建立政府扶助、社会参与的职业培训机制,对城镇失业人员、农民转移就业提供免费职业技能培训,全面提高劳动者素质,缓解我区就业的结构性矛盾。继续落实经济建设与促进就业的"三同时"工作机制,完善失业监测预警制度,加强对就业困难失业人员集中地区就业工作的指导,有效控制失业率。加强劳动关系协调机制、劳动争议处理和仲裁机构建设,加大劳动监察执法力度,保障劳动法律法规的贯彻落实。做好统筹城乡的社会保障工作,增加财政的社会保障投入,扩大社会保障的覆盖范围,逐步完善社会保障制度,健全社会保险、社会救助、社会福利和慈善事业相衔接的社会保障体系。继续深化养老保险制度改革,进一步完善医疗、工伤、生育和失业保险制度,继续扩大社会保险覆盖范围,加强基金征缴工作。积极推进整建制农转居人员参加社会保险、农民工参加医疗保险和工伤保险工作;按市、区政府要求,加快推进农村养老保险制度改革,建立与经济发展水平相适应的待遇调整机制、城乡社会保险的衔接和转换机制,逐步实现城乡社会保险制度的衔接。

*妥善处理新形势下的人民内部矛盾。*要认真总结我区排查调处人民内部矛盾的新鲜经验,加强对新形势下人民内部矛盾的分析研究,把握化解人民内部矛盾的内在规律,健全和完善群体性事件的预警机制、化解矛盾的排查调处机制和运转高效的处置工作机制,努力提高排查调处人民内部矛盾的工作水平。要认真做好城市化进程中维护农民利益、拆迁中保护居民利益、改革中保护职工利益的工作,坚决纠正各种损害群众利益的行为,从源头上减少人民内部矛盾纠纷的发生。严格按照"属地管理、分级负责,谁主管谁负责"的原则,把重点矛盾纠纷排查调处逐一落实到责任单位、责任领导、责任人,加强协调和督查工作,确保责任到位、化解措施到位,把矛盾纠纷化解在基层、消除在萌芽状态,努力实现"两个确保、一个减少"的工作目标。

进一步完善处理人民内部矛盾的方式方法，落实信访工作责任制，建立健全社会矛盾纠纷调处机制，把人民调解、司法调解、行政调解结合起来，依法及时合理地处理群众反映的问题。深入细致地做好思想政治工作，依法维护信访工作秩序，引导群众以理性合法的形式表达利益要求，解决利益矛盾。要积极预防和妥善处置群体性事件，坚持依法办事、按政策办事，既依法维护群众正当权益，又依法维护社会安定团结。

大力加强社会治安综合治理。要切实加强对社会治安综合治理工作的组织领导，更好地担负起维护社会治安和社会稳定、保一方平安的政治责任。坚持“打防结合、预防为主”的方针，按照“整体防控、精确指导、精确打击”的要求，始终保持高压态势，严厉打击严重刑事犯罪，适时开展各种专项打击行动，深入开展治安重点地区整治，依法治理群众反映强烈的突出治安问题；完善以“巡逻、社区、治安、内保”四张网为主要框架的社会治安防控体系，建立健全群防群控长效机制，大力推进科技创安，提高社会治安整体防控水平。加强平安建设，全面深入开展“六创建一整合”活动，有效整合、规范各种治安防控力量和资源，积极推进人防、物防、技防有机结合，总结推广不同层次、不同类型的平安创建先进典型，不断提升平安建设工作的水平，努力建设平安丰台。严密防范和坚决打击境内外敌对势力、分裂势力和恐怖暴力破坏活动，深化与“法轮功”邪教组织的斗争。按照“以业控人、以房管人、以证管人”的工作思路，加强对流动人口的管理和服务。进一步健全和落实社会治安综合治理目标管理责任制、社会治安综合治理领导责任制和社会治安综合治理一票否决制等制度，确保社会治安综合治理各项措施落到实处。

着力建设和谐社区和谐村镇。根据市委市政府《落实〈关于建设和谐社区和谐村镇的若干意见〉折子工程》，结合贯彻落实区委区政府《关于贯彻市委市政府建设和谐社区和谐村镇若干意见的实施意见》，制定我区的折子工程，搞好任务分解，保质保量完成各项工作任务。要切实加强对建设和谐社区和谐村镇的领导，健全领导体制和工作机制，形成“党委领导、政府负责、社会协同、公众参与”的工作格局。围绕建设和谐社区和谐村镇的要求、目标和主要任务，认真研究建设和谐社区和谐村镇的重大问题，重点推进就业服务、社会保障、公共卫生等“八大公共服务体系”建设，真正把政府社会管理和公共服务的职能落实到位，落实到基层。加大公共财政对建设和谐社区和谐村镇的支持力度，为建设和谐社区和谐村镇提供保障。街道、乡镇要从实际出发，根据职能任务和人民群众的需求，采取灵活多样的方式和方法，增强建设和谐社区和谐村镇工作的针对性和实效性。机关、学校、企事业单位都要按照构建和谐社会的要求，认真做好建设和谐单位的工作，努力为构建和谐丰台多做贡献。

坚持不懈地抓好安全生产。牢固树立安全第一的思想，切实加大工作力度，认真抓好生产安全和消防安全，及时消除影响公共安全的重大隐患，坚决防止重特大事故发生。进一步加强安全生产法律法规的教育培训，全面贯彻执行《安全生产法》、《消防法》和《北京市安全生产条例》。严格落实安全生产责任制，形成企事业单位的主体责任、部门监管责任、属地管理责任三落实的安全责任体系。进一步健全安全生产监管体系、应急救援体系、培训和教育体系，加强安全生产信息化建设。加大对重大危险源的监控，继续开展对重点领域和薄弱环节的重点整治，突出抓好防火、防煤气中毒等方面的工作，春节前后特别要抓好烟花爆竹销售和燃放管理，严厉打击非法经营、贮存烟花爆竹的行为，切实保障人民群众生命财产安全。按照市政府的工作部署，坚决打赢防控禽流感阻击战。加强市场监管，维护市场秩序，下大力气解决群众关

心的食品、药品安全问题。

六、加强和改善党的领导，赢得“十一五”发展的良好开局

落实科学发展观，实施“十一五”发展规划，关键在加强和改善党的领导。今年要按照加强执政能力建设和先进性建设的要求，以巩固和扩大先进性教育活动成果为重点，坚持围绕中心、服务大局，全面推进党的建设，为加快现代化新城区建设、圆满完成各项工作任务，提供有力的思想、组织、作风和制度保证。

继续坚持把思想政治建设放在党的建设的首位。科学发展观为经济社会发展提供了科学的行动指南，也为加强新形势下的思想政治建设指明了方向。我们要深刻理解和把握科学发展观的内涵和实质，进一步用科学发展观武装全区党员特别是各级领导干部的头脑，真正把思想统一到科学发展观上来，切实把科学发展观的要求落实到各项工作中去。认真抓好党委中心组和领导干部的理论学习，努力建设学习型组织，不断把学习贯彻“三个代表”重要思想和党的十六届四中、五中全会精神引向深入，努力在武装头脑、指导实践、推动工作上取得扎实成效。要围绕保持共产党员先进性，以树立为民的执政观、科学的发展观和正确的政绩观为主要内容，进一步完善长效机制，深入开展权力观、地位观和利益观教育活动，增强广大党员干部的政治意识、大局意识和责任意识。坚持把加强思想政治建设与落实科学发展观紧密结合起来，充分发挥区委“统揽全局、协调各方”的职能作用，切实加大对实施“十一五”规划的领导力度，支持人大、政府、政协既独立负责、又协调一致地开展工作，积极探索赢得“十一五”发展良好开局的思路和办法，着力解决发展中存在的矛盾和问题，从组织领导上保证经济社会又快又好发展。

切实加强领导班子和干部队伍建设。按照政治坚定、求真务实、开拓创新、勤政廉政、团结协调的要求，切实把各级领导班子建设成为坚强的领导集体。认真贯彻民主集中制原则，严格执行党委议事规则和决策程序，努力提高各级党委科学决策、民主决策的水平。严格执行《党政领导干部选拔任用工作条例》，切实把那些政治上靠得住、工作上有本事、作风上过得硬的干部选拔到各级领导岗位上来。今年区、乡镇领导班子和社区“两委”都将换届。这是全区政治生活中的大事，各级都要高度重视，加强领导，严密组织，积极配合市委做好区级领导班子换届工作，圆满完成乡镇领导班子和社区“两委”换届任务，确保整个换届过程中思想不散、秩序不乱、工作不断。推行和完善民主推荐、民主测评、考察预告、差额考察、全委会票决制、任前公示、试用期和干部考察责任制等制度措施，修订处级领导干部职位说明书。健全完善领导班子和领导干部绩效考核办法，逐步实现干部考核工作规范化、民主化和科学化。以处级领导干部为重点，有针对性地大规模培训干部，着力提高领导干部的职业素质和专业管理能力。强化干部监督，加大对领导干部的经济责任审计力度，逐步试行审计结果公告制。继续做好老干部工作。贯彻党管人才原则，坚持党政人才、企业经营管理人才和专业技术人才队伍一起抓，加强后备人才队伍建设，大力选拔优秀年轻干部，切实把各方面优秀人才集聚到现代化新城区建设的各项事业中来。

积极推进基层党建工作创新。按照建设和谐村镇和谐社区的要求，以扩大覆盖面、增强凝聚力为着力点，切实加强党的基层组织建设和党员队伍建设。要把先进性教育活动中形成的好经验、好做法运用到基层党建经常性工作中去，制定并落实区委《关于进一步加强和改进基层党建工作的意见》，明确规范各类基层党组织的目标任务，创新工作方式和活动载体，不断增强基层党组织的工作活

力。进一步深化农村“三级联创”活动，抓好村级民主政治建设，加强村级干部培训，提高农村基层工作整体水平。以服务居民群众为重点，优化社区党组织设置，选好配强社区党组织领导班子，继续开展“双争创”活动，充分发挥社区党建协调会作用，不断加强和改进社区党建工作。进一步规范“两新”组织的党组织建设，积极探索这些组织中党组织和党员发挥作用的有效途径和办法。继续加强机关、学校、医院、国有企业等系统党建工作。进一步规范基层党员教育管理工作，积极探索流动党员管理与流动人口管理相衔接的新途径新办法。

深入开展党风廉政建设和反腐败工作。切实把党风廉政建设和反腐败工作作为提高党的执政能力、巩固党的执政地位的一项重大政治任务抓紧抓实。以贯彻落实中央《建立健全教育、制度、监督并重的惩治和预防腐败体系实施纲要》为重点，坚持标本兼治、综合治理、惩防并举、注重预防的方针，进一步加大惩治和预防腐败工作力度，推动全区党风廉政建设和反腐败工作的深入开展。要认真落实党风廉政建设责任制，抓好任务分解和贯彻执行；组建区委巡视组，开展巡视检查工作；修订完善责任追究办法，加大责任追究力度；深入推进党务公开，继续深化政务公开。要进一步深化权力监督，提高党的执政水平；深化效能监督，提高政府服务水平。不断完善“大宣教”工作格局，切实打牢廉政文化建设的基础。加大专项治理力度，加强政风行风建设，坚决纠正损害群众利益的不正之风。要以查处发生在领导机关和领导干部中滥用权力、以权谋私的违法违纪案件为重点，严厉惩处腐败分子。加强廉政法制建设，健全落实用制度规范从政行为、按制度办事、靠制度管人的有效机制，促进各级领导干部廉洁从政。继续开展“人民好公仆”评选活动，大力宣传和表彰勤政廉政的先进典型。

始终保持良好的精神状态。经过一年多的努力，我们已经编制了一个贯彻中央精神、体现市委市政府要求、符合丰台实际的“十一五”发展规划。顺利实施这个规划，决定的因素是人，是广大党员干部的良好素质和精神状态。为此，我们必须大力提倡和弘扬以下五种精神：一是求真务实的精神。要努力改进思想作风、工作作风、领导作风以及学风、会风、文风，我们作决策、定计划、抓工作、办事情，都要求真务实、真抓实干，坚持从办得到的事情做起，从迫切需要解决的问题抓起，确保各项工作落到实处。二是开拓创新的精神。要进一步解放思想，与时俱进，勤于思考，勇于探索，敢于创新，做到以新的视野研究问题，以新的思路谋划发展，以新的举措深化改革，以新的办法推动工作，不断开创工作新局面。三是奋发有为的精神。要积极进取，争创一流成绩，努力在实践“三个代表”重要思想上有新的作为，努力在落实科学发展观和正确政绩观上有新的作为，努力在履行岗位职责、创造工作业绩上有新的作为。四是敬业奉献的精神。要以对党和人民高度负责的精神，把主要心思和精力投入到搞建设、谋发展中去，投入到勤勤恳恳为人民服务中去，投入到做好本职工作中去，自觉为党和人民的事业多做贡献。五是团结协作的精神。围绕实施“十一五”规划，面对改革发展稳定的繁重任务，广大党员特别是各级领导干部要坚持全区一盘棋、上下一股劲，自觉顾全大局、服从大局，务求做到在思想上合心，在组织上合力，在工作上合拍，保证区委、区政府各项决策、决定的贯彻执行。

同志们，我区现代化建设已经站在了新的起点，进入了新的发展阶段，我们有决心有信心，坚持盯住第一要务——经济社会发展，狠抓第一基础——优化发展环境，牢记第一责任——维护安全稳定，想着第一需要——服务人民群众，团结带领全区人民振奋精神、艰苦奋斗、扎实工作，为建设和谐丰台、实现“十一五”规划目标而努力奋斗。

关于丰台区国民经济和社会发展第十一个五年规划纲要的报告

——2006年1月9日在北京市丰台区第十三届人民代表大会第三次会议上

丰台区区长　张大力

各位代表：

现在，我代表丰台区人民政府，向大会作关于国民经济和社会发展第十一个五年规划的报告，请连同《纲要》一并审议，并请区政协委员提出意见。

一、"十五"时期的回顾

五年来，全区人民在市委、市政府和区委的正确领导下，以邓小平理论和"三个代表"重要思想为指导，全面贯彻落实党的十六大和市委、市政府一系列重要会议精神和工作部署，牢固树立和落实科学发展观，围绕"一五五"总体发展思路，聚精会神搞建设，一心一意谋发展，顺利完成了"十五"计划各项任务。可以说，过去五年是我区改革开放不断深化，综合经济实力大幅提升的五年；是城市基础设施大为改观，城市面貌发生变化最大的五年；是城市管理水平不断提高，公共服务能力显著增强的五年；是社会各项事业全面发展，人民群众得到实惠最多的五年。"十五"时期各项工作的完成，为实施"十一五"规划奠定了坚实基础。

(一)经济持续快速健康发展

紧紧抓住发展这个主题，努力优化发展环境，加快经济结构调整，加大招商引资力度，实现了经济持续、快速、健康发展，区域经济综合实力迈上了一个新台阶。地区生产总值2005年完成373亿元，年均可比增长12.6%。财政收入达到18亿元，可比增长20%。一、二、三产占地区生产总值的比重调整为0.2%、34.3%、65.5%。

产业结构调整富有成效。科技园区发展取得历史性突破。共引进高新技术企业1628户。2005年技工贸总收入达到600亿元，年均增长46%，上缴税费15亿元，年均增长40%。房地产、商贸物流、旅游等第三产业发展迅速，服装、建材、图书、花卉等商贸物流业快速发展，特色旅游区有了新发展。一批工业企业通过结构调整、资产重组、技术改造，取得新的效益。淘汰了能耗大、污染重的工业企业。非公经济成为区域经济的重要组成部分，非公企业达到2万多家，增幅达185.7%。

经济发展环境明显优化。精简政府机构，转变政府职能，规范行政行为，扩大政务公开，深化全程服务，强化了服务意识。贯彻落实《行政许可法》，加强行政效能建设，提高了行政效率。整顿和规范市场经济秩序，政府投资项目实行了公开招投标制度和代建制。

对外合作与交流成果显著。加大招商引资力度，拓宽投融资渠道，引导投资方向，引进了跨国公司和有实力的股份公司入区发展。共新增注册资本总额220亿元，年均增长8.2%，千万元以上企业508家，年均增长

9%。实际利用外资1.72亿美元，完成“十五”计划的172%。举办了丰台区经济合作与发展年会，参加了科博会、京港洽谈会等招商推介活动。

认真执行宏观调控政策。开展土地市场秩序整顿，严格土地管理，查处了违法用地行为。清理了重点地区、行业和企业的固定资产投资项目。完成了全国第一次经济普查工作。

（二）城市面貌显著变化

抓住制约丰台发展的薄弱环节，以基础设施建设为突破口，加快推进城市建设，城市面貌大大改观。

规划的先导作用更为突出。根据北京市修编工作要求，调整了区城市空间规划。制定了对未建成区、改造区的规划和道路发展、土地利用、生态环境等专项规划。加强了重点地区、新开发地区和重点道路两侧的规划。调整项目结构，增加了公建项目。

基础设施建设成效显著。多方筹措资金，加大投入，以基础设施建设带动经济发展。打通城市主干道，修建快速路，建成了五环路、南苑路、京开路、马家堡西路等10条主要道路，共36公里。大修改造便民路180条。完成了凉水河、马草河、旱河、小龙河、水衙沟等5条河流的截污治理。建成了卢沟桥、吴家村污水处理厂。共治理河道32.7公里，扩大水面19万平方米，水环境得到改善。

重点区域、重点项目建设取得新突破。科技园区开复工面积176万平方米，竣工140万平方米。丽泽商务区丽泽大厦一期B、C座已竣工，建成了中盐大厦、中色大厦、兴丰大厦，西客站南广场商贸区西区初具规模。大红门服装商贸区服装城三期投入使用，福成布艺大厦开工建设。北京国际汽车博览中心完成了征地拆迁工作。建设了一批商贸设施。建成了宛平广场和卢沟桥文化广场。

危旧房改造和绿化隔离地区建设取得重大进展。改造右外、丰台镇、樊家村等地区的危旧房14片，实现开工面积215万平方米，竣工147万平方米。动迁居民1万多户，安置居民8789户。绿化隔离地区28个村开复工面积713万平方米，竣工544万平方米，安置农民上楼近1万户。建成了一批新的小区。

（三）城市管理水平全面提升

加大环境综合整治力度，积极探索建立符合我区城市发展的管理体制和管理机制，促进城市管理水平的全面提高。

城市综合整治成效显著。结合争创全国卫生区、首都文明区、全国生态示范区活动，对道路沿线和主要大街、城乡结合部等进行治理，环境卫生面貌大为改观。对右外东庄等地区的22个“城中村”进行了整治。拆除违法建设800万平方米。对86个老旧小区进行了治理改造。推进环境卫生城乡一体化管理，四环路以内农村地区的垃圾清运、主要道路两侧绿地保洁基本实现了专业化管理。清理规范了户外广告。强化了流动人口、地下空间、出租房屋的管理。

生态环境建设效果明显。实现城市绿化1883公顷，城市绿化覆盖率达到43%以上，人均绿地70.8平方米，比“九五”时期增加15.7平方米。农村实现林木绿化4019公顷，林木覆盖率达到36.6%，比“九五”时期增加13%，其中绿化隔离地区完成绿化2815公顷。建成了青龙湖公园、北宫森林公园等80多处园林绿地。城区、平原、山区三道绿色生态屏障基本形成。严格控制大气污染，加大对污染源、污染企业的治理，改造锅炉1124台，关闭了所有非煤矿山企业。

公共安全管理水平不断提高。建立健全了区突发公共事件应急领导机构和应急处置机制，制定了总体应急预案及29项专项预案。建立安全管理长效机制，加强宣传教育，强化了对火灾隐患、安全生产、煤气中毒等经常性的检查和专项治理，提高了全区的安全防范能力。

社区建设稳步推进,公共服务能力明显加强。发挥街道、社区在城市管理中的基础性作用。调整增加了社区。加大了投入,发挥了社区工作者的积极性,完善了服务功能,改善了服务环境。社区便民、利民项目达到56项。街道全部设立了"一站式"办事服务大厅。推进城市网格化管理,成立了城市管理监督指挥中心。

(四)农村城市化进程进一步加快

统筹城乡发展,努力推进永定河以东城市化、永定河以西城镇化建设。

加强农村基础设施建设。加大财政投入用于农村地区的环境建设、结构调整及困难地区、困难群体的扶持和救助。建立了农村地区的发展机制,支持永定河以西地区路网建设、水系治理和生态环境建设。推进农村饮用水建设,解决了4.65万人安全饮水问题。

加快农业结构调整。形成了以生态农业、观光农业、设施农业和精品农业为载体的现代都市农业。花卉产业已成为我区现代农业的支柱产业。建成了花卉大观园、盛芳园草花基地、南宫高效农业园,完成了18家农业标准化生产基地建设。引进千万元以上的三产项目63个,总投资额达40亿元,新建绿色产业项目8个。稳步推进农村城市化进程。着力推进农村集体资产产权制度改革,完成了56个村社区股份合作制改革。启动了乡级集体资产产权制度改革。完成了老庄子乡撤乡并街、成寿寺村和精图村撤村建社区工作。

高度重视和维护农民利益。完成了11.3万亩土地确权工作。强化农村劳动力的职业技能培训,培训5万余人次。为6756名农转工自谋职业者解决了社会保险问题。逐年提高农民最低生活保障标准。完善了农村医疗卫生体系,建立了新型农村合作医疗制度和农村特困人员医疗救助制度,财政出资补贴贫困农民,让农民享受更多的实惠。

(五)人民生活达到新的水平

城镇居民人均可支配收入达到15660元,年均增长11%。农民人均纯收入8994元,年均增长9%。

就业规模进一步扩大。五年共对17.3万人进行了就业培训,比"九五"时期增加10.8万人。共开发社区就业岗位7.9万个。加大了对"4050"人员的就业服务工作,财政出资开发各类协管员岗位2000多个。城镇登记失业率控制在3%以内,城镇登记失业人员再就业率达到65%。

社会保障制度不断完善。养老、医疗、失业、工伤保险扩面征缴均超额完成任务,各项基金累计收缴20亿元,征缴率均在95%以上。逐年提高城市居民最低生活保障标准。建立和完善了城市特困人员住房、就业和医疗救助体系,降低了起付线,扩大了报销病种、医疗救助和定点医院范围。

全力解决热点难点问题。共办理了关系群众切身利益的实事200件。解决了36.7万人的饮用水问题。新发展天然气用户2.1万户。新开通公交线路59条。为96条道路安装了路灯。改造无障碍设施2500多处。新改建公厕867座,新建垃圾楼30座,垃圾房951座。坚持区领导信访接待日制度。做好人民内部矛盾、纠纷的排查调处工作。共办理群众来信、来访1.3万件,便民电话5.8万个。

(六)社会事业全面进步

发展经济的同时,加强对社会公益事业的投入,实现了经济社会的协调发展。

教育事业成果显著。深化教育体制改革,加强了师资队伍和干部队伍建设,教育教学质量进一步提高。教育结构和布局日趋合理,调整合并67所学校和机构,新建和改扩建12所中小学,37所乡管校交由教委统一管理。北京十二中和北京十中成为北京市高中示范校。教育信息化程度不断提高,基本实现了"校校通"。妥善解决了流动人口子女入学问题。初步形成了以社区学院为龙头的社区教育网络。

科技事业全面进步。实施国家、市级“火炬计划”35项,“星火计划”29项,国家重点新产品计划6项,市级科技计划项目28项。完成了花乡城郊型星火技术密集区建设项目。完成丰台科技馆改造。建设科普教育基地17个,科普型社区7个。开展了科技下乡活动。

文化事业有新的进展。构建了区、街道(乡镇)、社区(村)三级文化网络。新建和改造了图书馆、青少年图书馆、影剧院、工人俱乐部等文化设施。修缮了国家级重点文物宛平城,完成了金中都遗迹、二七革命遗址、留法勤工俭学旧址等市级文物修缮工程。举办了各种文化节、庙会等大型文化活动。加大了文化市场的监管力度。全区文化品位明显提升。

公共卫生事业迅速发展。建立健全了公共卫生突发事件防控体系,取得了抗击非典和防控高致病性禽流感的胜利。整合医疗资源,原丰台区医院与北京铁路分局中心医院合并成立了新的丰台医院。建成了由社区卫生服务中心、社区卫生服务站和诊所构成的社区卫生服务网络。实现临床用血全部来自无偿献血。加强了对药品的监督管理,开展了全国首个药品放心区创建活动。

体育事业不断发展。推进全民健身计划,举办了全民运动会等一系列大型体育赛事。所有街乡镇均配建了健身工程。完成了丰台体育中心体育场的改造和丰台体校教学综合楼建设。

人口和计划生育工作稳步推进。重点加强了农村和流动人口计划生育的管理与服务,计划生育率平均为98.4%,人口出生率控制在4.52‰以下。

(七)精神文明建设和民主法制建设提高到新的水平

广泛开展精神文明教育活动。通过首都文明区创建工作,重点加强了思想道德建设。开展了社会公德、职业道德和家庭美德教育。构建了学校、家庭和社区“三位一体”的未成年教育网络。开展文明街道、乡镇和文明社区、村等创建活动。加强了国防教育和军警民共建活动,深入开展教育拥军和文化拥军,连续三次获得“全国双拥模范城”称号。

民主政治建设稳步推进。认真执行人大决议,坚持重大事项报告制度并自觉接受监督,共办理各级人大代表建议1913件。坚持重大问题和政协、民主党派协商制度,办理各级政协委员提案718件。

重视工会、共青团、妇联工作,有效发挥了群团组织的桥梁纽带作用。重视民族宗教工作,改扩建了丰台、长辛店清真寺。对台、侨务、外事、老龄、残联、档案和保密工作进一步加强。

坚持依法治区,依法行政。加强了对行政许可法等新法律法规的学习和贯彻落实,全面推进依法行政。完成了“四五”普法工作。开展创建民主法治示范区活动。对重点工程项目和基本建设实施阳光工程,加强监督管理。加强法律服务、法律援助、社区矫正等工作,成立了区政府法律顾问团,聘请律师参与信访接待工作,促进了司法公正。

努力维护社会稳定。坚定不移地开展与法轮功“邪教”组织的斗争。加强了节日和重大活动的组织和安全保障。加强了社会治安综合治理,开展专项治理活动,严惩犯罪分子,为经济和社会发展创造了良好的环境,维护了人民群众的生命财产安全。

各位代表,过去五年,丰台区国民经济和社会各项事业发展都取得了显著成绩,为现代化新城区建设奠定了坚实的基础。成绩的取得,是全区人民共同努力的结果,是社会各方面大力支持的结果。在此,我代表区政府向辛勤工作在各条战线上的广大干部、群众,向给予我们支持和帮助的人大代表、政协委员、民主党派、各人民团体和社会各界人士，向驻区部队和中央、市属企业，向所有关心、支持丰台区建设的同志们表示衷心的感谢和崇高的敬意！同时，我们也清醒地认识到，我区经济和社会发展中仍然存在一些问题和不足，主要是：发展思路创新不够，经济实力还不能满足加快发展的需要和人民群众日益增长的物质文化需求；基础设施建设相对薄弱，城市建设仍需加快步伐；城乡结合部环境脏乱现象和安全隐患依然存在，城市管理水平有待进一步提高；就业压力仍然较大，特别是农转工人员、4050 人员的安置问题仍较突出；有的单位和部门仍存在工作不深入、办事效率不高等问题，机关作风有待进一步改进。这些问题需要我们在今后工作中努力加以解决。

二、“十一五”规划纲要说明

“十一五”规划《纲要》是根据中央和北京市有关会议精神，结合丰台区实际，经过长时间的调查研究和酝酿讨论形成的。区委、区政府对《纲要》中涉及的重点问题进行了专题研究，多次征求了各部门、各街乡镇及有关单位的意见，区人大、区政协也多次组织部分人大代表、政协委员参与规划的研讨和编制工作，并广泛听取了各民主党派和无党派人士及有关专家学者的意见。同时，通过网上公开征求意见，充分吸纳了广大人民群众的建议。文件的形成，充分体现了民主决策的精神。

《纲要》简要回顾了我区“十五”期间取得的显著成绩，分析了未来五年面临的机遇与挑战，以北京城市总体规划和北京市委关于制定北京市“十一五”规划的建议为指导，以科学发展观统领全局，以构建和谐社会为目标，按照我区的城市功能定位，提出了“十一五”期间国民经济和社会发展的指导原则和发展目标，确立了发展重点和保障措施。

(一)《纲要》明确了未来五年指导原则和发展目标

“十一五”期间，要以邓小平理论和“三个代表”重要思想为指导，以科学发展观统领经济社会发展全局，以经济建设为中心，努力走出一条科学发展、创新发展、和谐发展的路子。在发展中应始终坚持以下原则：把握发展方向，落实功能定位；夯实发展基础，优化发展环境；抓住发展机遇，发挥奥运带动作用；突出发展重点，加快农村城市化；增强发展活力，推进自主创新；营造发展氛围，建设和谐丰台。

《纲要》提出，紧紧围绕建设现代化新城区的总体目标，做强五个产业(即高新技术产业、房地产业、现代服务业、商贸物流业、文化旅游产业)，建设四个板块(即丰台总部经济区、大红门服装商贸区、丽泽商务区、河西生态发展区)，进一步增强综合经济实力、加快城市建设进程、提升城市管理水平、改善生态环境质量、促进区域和谐发展。“十一五”期间，经济社会发展的主要指导性指标是：地区生产总值年平均增长 10%，地方财政收入年平均增长 15%。第三产业增加值占地区生产总值的比重达到 67% 以上。基本完成城市快速路、主干路建设和河道治理工程。完善供水排水设施，扩大市政管网供水范围。全区林木覆盖率达到 40% 以上。空气质量二级和好于二级天数达到市政府下达的考核指标。城市生活污水集中处理率达到 90%。生活垃圾无害化处理率达到 100%。城镇登记失业率控制在 3.5% 以内。城镇居民人均可支配收入和农民人均纯收入年均增长 6% 以上。

(二)《纲要》指明了未来五年的发展重点

《纲要》从转变经济增长方式、扩展社会公共服务、提升城市建设和管理水平、提高区域创新能力、建设文明和谐丰台等五方面，指明了未来五年我区国民经济和社会发展的重点。

1、转变经济增长方式

做强五个产业。大力发展高新技术产业,拓展科技企业孵化器网络,重点发展电子信息、生物医药等行业。全面提升房地产业,加快建设大型公建设施,扩大商务地产开发规模,打造地产知名品牌。加快发展信息、中介和金融等现代服务业。着力发展商贸物流业,推动服装、汽车、建材、花卉、农产品等专业市场的发展,扩大物流企业数量、规模,对现有企业进行改造升级。积极发展特色商业街区,大力培育大红门、六里桥、丰台铁路桥南商圈。积极开发文化旅游产业,推进世界公园、卢沟桥、北宫国家森林公园三大景区和南宫高效农业园、世界花卉大观园、莲花池公园等景点的建设,重点开发生态观光、红色旅游、花卉旅游等特色旅游产品。

建设四个板块。丰台总部经济区要打造科技总部品牌,调整园区产业布局,加快商务配套设施建设,不断提高综合服务能力。加快建设北京国际汽车博览中心及总部基地周边大型公建项目,逐步将丰台铁路桥南地区建设成为创新最活跃、要素最集中、经济最发达的总部经济聚集区。大红门服装商贸区要加快北京国际轻纺城、木樨园购物广场等项目建设,建成以服装服饰为主题,集商贸展示等功能于一体的服装商贸区。丽泽商务区要修订和完善整体规划,以丽泽商务核心区为重点,发展商务办公、金融保险、专业会展等现代服务业,在"十一五"末期商务区初具规模。河西生态发展区要加大生态环境建设力度,发展都市农业和生态旅游业,淘汰资源开采型企业。推进永定河以西城镇化。

促进节约型增长。高效利用土地资源,严格土地管理制度,保护基本农田,控制新增用地规模。健全土地储备制度,严格执行土地利用总体规划和年度供应计划。厉行水资源节约,实行用水定额和节水指标管理,循环利用水资源,建设节水型城区。提高能源利用效率,全面推动工业、建筑业、服务业等行业的节能,加快推广可再生能源的利用。

优化发展环境。改进服务方式,推进电子政务和政务公开,支持重点地区、重点产业、重点企业发展。强化市场监管,整顿和规范市场经济秩序。健全监督体系,加强对各类市场的监管。改善信用环境,建立信用信息共享平台。发展开放型经济,吸引国内外资金、技术参与区域建设。

2、扩展社会公共服务

优先发展公共教育。深化教育体制改革,推动全区教育从数量普及向质量提高转变。加强基础教育,建成30所一级一类幼儿园、6所市级示范园,建成丰台二中、北京十八中示范高中,全区从业人员平均受教育年限提高到12年。发展职业教育,全区新增劳动力平均受教育年限达到15年左右,从业人员在职培训参与率达到70%。推进终身教育,发展成人教育、继续教育,完善社区教育,推进学习型城区建设。

加强医疗卫生服务。深化医疗卫生体制改革,引进先进技术和优秀人才,加强与驻区中央、市属医疗单位的合作,提高医疗技术和服务水平。完成丰台医院、长辛店医院、南苑医院的改扩建。健全基层公共卫生功能,新建社区卫生服务中心20个,基本完成农村社区卫生服务中心(站)建设。健全突发公共卫生事件应急机制,完善疾病预防控制体系,有效预防控制重大传染病疫情和动物疫病。

发展文化体育事业。完成丰台文化馆改造工程,完成21个街乡镇文化中心(站)和社区文化室、农村文化大院的达标建设。努力发展文化创意产业,打造特色文化街区,加强文物保护,强化文化市场监管,塑造文化品牌。贯彻落实《全民健身计划纲要》,使全区国民体质测试率达到1.5%以上。各街道、乡镇至少建成一处1000平方米以上的体育服务设施,2010年全区人均体育场地面积达到2平方米。

维护区域社会安全。健全公共安全体系,建立公共安全应急联动平台,完善危机管理机制,健全城市预警和应急救援体系。加强社会治安综合治理,推进科技创安,开展平安创建活动,健全社会安全网络。强化安全生产管理,落实安全生产责任制,开展对重点领域和薄弱环节的专项整治,消除重大安全隐患。

3、提升城市建设和管理水平

科学利用城市空间。完善城市空间规划、土地利用总体规划、综合交通规划和市政基础设施规划,深化中心城控制性详细规划、永定河以西地区总体规划、重点街区修建性详细规划,搞好重点街区、景观河道和重要功能区的城市设计。加快危旧房和旧村改造步伐,推进"城中村"的综合整治。加强区域开发的分类指导,建成区实施优化开发,重点功能区实施重点开发,浅山区和绿化隔离地区实施限制开发。

加快基础设施建设。完善道路网络体系,基本完成城市快速路和主干路建设。配合完成西六环路建设,基本完成蒲黄榆快速路和康辛路、张仪村路等城市主干路建设。努力推进四、五、九、十号线轨道交通建设,拓宽并延长梅市口路,加强永定河以西地区与城区的道路联接。加快城市次干道及区内循环道路的建设,基本完成四环路以内老旧道路改造和破损道路修复。优化能源供应结构,提高综合供电能力和供电质量,扩大全区天然气管网覆盖范围及其使用领域。完善供水排水设施,推进丰台水厂、长辛店第二水厂建设。完成马草河、丰草河、九子河、佃起河等河道整治。建成北天堂生活垃圾综合处理厂,实现垃圾收集转运密闭化。提高四环路以内公厕等级,消灭居民区内的旱厕。

改善区域生态环境。建设绿色生态屏障,加快北宫森林公园等重点景区绿化建设。实施非煤矿山治理和永定河防沙治沙工程,进行生态恢复。加强城市绿地建设和保护,新建10处万米以上绿地,城市绿化覆盖率达到43.8%。防治大气污染,积极推进燃煤锅炉清洁能源改造。防治水污染和噪声污染,完成永定河以东地区污水全部截污、永定河以西地区主要河道截污,噪音达标区覆盖率保持在60%以上。

加强城市综合管理。推进城市管理体制改革,建立区、街乡镇相互衔接、合理分工和规范高效的城市管理体系。加强市容环境综合整治,开展国家卫生区创建工作,重点解决违法建设、环境脏乱等问题。推进城市管理信息化,加快电子政务建设,推进城市网格化管理,建立公共应急指挥系统平台。强化人口综合管理,合理控制人口规模,人口总量控制在165万人左右。

4、提高区域创新能力

继续推进体制创新。深入转变政府职能,进一步减少和规范行政审批,提高社会管理和公共服务水平。健全公共财政管理体制,确保科技、教育、文化、卫生等事业经费依法、依政策增长;加大对基础设施、社会保障、公共服务等重点方面的投入。加快投融资体制改革,实施政府投资项目的代建制管理。加快企业改革,发展混合所有制企业,促进非公经济发展。完成村级社区股份合作制改革,继续推进城乡二元管理体制改革。

积极促进科技创新。提高园区创新能力,强化园区在区域科技创新中的特殊作用。要加强招商和服务,吸引国家重点实验室、重大科技攻关项目落户园区。整合科技创新资源,建立健全政府与驻区企业、科研院所定期协调沟通机制,促进技术合作、技术成果转化。完善科技信息共享、创新成果交易、公共技术服务、科普教育共建四个科技创新平台,营造良好的创新氛围。

加快开发人才资源。加大人才培养和引进力度,加强党政人才、企业经营管理人才和专业技术人才三支队伍素质和能力建设,培养专业化高技能人才和农村实用人才。完善人才引进政策,拓宽人才引进渠道。创新人才管理机制,建立科学的选人用人机制和评

价机制,实施优秀人才奖励制度,引导人才合理流动。

5、建设文明和谐丰台

千方百计扩大就业。实施积极的就业政策,努力实现新增城镇就业10万人,实现城镇失业人员再就业8万人,农村劳动力转移就业2万人。完善职业培训机制,累计培训13.5万人。加强就业服务指导和就业援助,健全社区、村镇就业服务组织网络,促进就业困难人群实现再就业。维护劳动关系稳定,完善劳动合同制度,加强劳动力市场监管,各类劳动合同签订率达到90%以上。

完善社会保障体系。健全社会保险制度,基本养老、基本医疗、生育保险覆盖率达到95%以上,失业保险覆盖率达到90%,工伤保险覆盖率达到85%。建立社会救助体系,构建救助工作网络,建立应急救助机制,推进慈善事业发展。发展社会福利事业,全区养老服务机构总床位达到4000张,规划建设100张床位的儿童福利院。强化基金征收管理,各项社会保险基金收缴率达到97%以上。

建设和谐社区和谐村镇。创新基层社会管理体制,深化街道、乡镇管理体制改革,健全社会管理和公共服务网络,加强城乡基层社会管理。完善基层服务体系,加大基层服务设施建设的投入,社区卫生服务站达到80个左右,社区卫生服务人口覆盖率达到90%,每个社区、村拥有60平方米以上的文化室。加强基层工作保障,完善社区居委会和村委会经费保障制度,实现老旧社区办公和活动用房达到200平方米以上,新建社区不低于300平方米。

加强民主法制和精神文明建设。加强民主法制建设,坚持和完善人民代表大会制度、中国共产党领导的多党合作与政治协商制度。发挥工会、共青团、妇联等人民团体的参与、监督作用。发展基层民主,推进司法改革,深入开展普法教育。促进社会和谐稳定,完善维护稳定的领导体制和组织协调机制,完善信访工作责任制,完善基层人民调解、司法调解、治安行政调解相衔接的工作制度。开展全民国防教育。提高城市文明程度,加强公民思想道德建设,建立未成年人思想道德教育体系。开展创建“全国双拥模范城”和“北京市双拥模范区”活动。

(三)《纲要》提出规划实施的保障措施

要全面实现“十一五”规划确定的各项目标和任务,必须建立健全符合社会主义市场经济要求的规划实施机制,充分发挥市场配置资源的基础性作用,提高政府依法行政的能力和水平,把握好规划实施的重点和时序。为此,《纲要》提出要做好配套政策的制定工作,科学安排预算,合理配置资源。要完善规划体系,编制实施好专项规划,加强各专项规划之间的衔接和协调。要突出重点,组织实施好一批关系全局和长远发展的重点项目。要建立规划实施的组织领导、考核评价、公众参与以及滚动衔接等保障机制,以确保规划顺利实施。

《纲要》体现了未来五年的发展战略部署,是我们依法履行职责、编制实施年度计划和制定各项工作措施的重要依据,是全区人民共同奋斗的行动纲领。

三、2006年主要工作任务

2006年是“十一五”规划的起始之年,我们必须增强责任感和使命感,充分利用各种有利条件,全面提高区域综合实力,奋力把我区现代化建设事业推向前进。全区经济建设和各项社会事业发展的主要目标是:财政收入达到20.7亿元,增长15%。城市居民人均可支配收入和农民人均纯收入实际增长6%以上。城镇登记失业率控制在3%以内,人口出生率控制在6‰以下。为实现全年的工作目标,重点做好以下工作:

(一)狠抓经济发展,不断壮大区域经济实力重视规划的龙头作用。根据北京市城市总体规划要求,编制修改好我区的城市空间规划和土地利用总体规划,细化重点建设区的规划,完成交通规划和长辛店地区规划。

加快重点区域、重点项目及重点行业建设。科技园区着力引进电子信息、生物医药、光机电一体化等高新技术产业,实现开复工面积50万平方米,新开工35万平方米,基本完成总部基地建设,做好三期的规划,科技园区各项经济指标增长20%以上。汽车博物馆正式开工建设。丽泽商务区要加快公建项目速度,B6－B7地块、金泰城二期实现土地一级开发。建成区劳动大厦。完成西客站南广场的拆迁工作,启动地下车库项目。大红门服装商贸区启动服装城四期、国际轻纺城、木樨园购物广场、鑫福海大厦项目。永定河以西青龙湖郊野休闲社区、长辛店新区、张郭庄地区进行土地一级开发。加快危旧房改造,确保丰台铁路桥南四期、铁营、长辛店东山坡一里、大红门西路四号4个项目居民回迁,积极为南苑地区危改创造条件。整合物流资源和加快物流基础设施建设,提高现有物流企业现代化经营管理手段和水平。要针对当前城市建设中遇到的突出矛盾,下大力气解决拆迁和融资两大重点问题。

优化发展环境,加大招商引资力度。抓好投资环境建设,转变政府职能,推进政务公开和电子政务建设,提高全程办事代理和"一站式"服务的工作效率和服务水平。进一步加强区领导与驻区企业的联系制度,为驻区大企业提供良好服务,帮助企业及时解决发展中存在的问题和困难。加强市场监管,整顿和规范市场秩序,创造公平的竞争环境。加快项目的前期准备工作,抓好重点项目的立项和包装推介,积极引进金融、保险、中介等现代服务业。新增注册资本55亿元,引进千万元以上企业120家。

加快农村经济发展。调整农村经济结构,加大对农村的投入。开发永定河以西生态旅游,完善旅游配套设施。做好"花乡"花卉品牌的包装。继续完善扩大北宫森林公园、长辛店生态农业观光园、盛芳园草花基地建设。进一步推动农村第三产业的发展。进行乡镇股份制改造,基本完成农村社区股份制改造。完成1－2个乡的乡级集体经济产权制度改革工作。扎实推进永定河以东绿化隔离地区旧村改造和永定河以西地区新农村建设,推进村务公开和乡镇政务公开。

节约和合理利用资源、能源,推动节约型经济的发展。下力量加强土地管理,严肃查处各种违法占地行为,节约使用土地资源。对2006年土地供应计划早动手、早安排,确保土地计划指标的完成。积极推广雨洪回收利用、小区污水处理和水源热泵等新技术,建设一批示范企业、示范居住小区和示范村。财政投资项目带头使用节能型建材。开展节能、节水的宣传工作,普及节约知识,提高节约意识。

加强税源建设,切实增加财政收入。积极引进新税源。完善落实街乡财政体制,构建完善、有效的协税护税网络,促进财政增收。加强税收征管工作,加大对欠税的清理和稽查力度,严厉打击偷税、漏税等违法犯罪行为。

(二)加强城市基础设施建设和管理,进一步改善城市面貌

加强基础设施建设。继续把基础设施建设作为丰台区发展的基础。完善城市路网体系,完成丰北路建设工程。建设张仪村路、康辛路一期、马家堡西路南延、站前路、马家堡东路等道路工程。做好京津城际铁路、北京南站、西六环、南水北调工程的拆迁工作。配合做好地铁四号线、五号线的建设工作。做好蒲黄榆路的前期准备工作。完成12条"创卫"道路改造工程,6条道路改扩建工程,25条奥运场馆周边道路大、中修工程。继续实施农村自来水并网工程,解决2.7万人的饮水安全问题。对马草河上游、水衙沟等河道

进行治理。

加强环境综合整治。继续用创卫带动城市环境综合整治,提高管理水平。做好莲花池公园周边二期、大井路沿线、右外东庄等“城中村”的整治。整治7条便民路的环境。治理改造洋桥北里等30个老旧小区。加大违法建设的拆除力度。改革目前环境卫生管理体制,推进城乡一体化的管理模式。规范粪便无害化管理,集中处理率达到95%。推进城乡一体垃圾密闭化专业清运,全区生活垃圾无害化处理率达到96%。新建和改造公厕563座。

加强生态环境建设。全区扩大绿化面积466.4公顷。完成绿化隔离地区绿化372.8公顷,山区爆破造林66.7公顷。建设2处万平方米以上大型绿地。继续治理大气污染,抓好环境监测子站周边的整治,关闭永定河以西地区的砖厂,启动一批生态恢复和生态建设项目。创建20个绿色社区、5个安静小区。开展创建环境优美乡镇、生态文明村活动。

(三)提升公共服务水平,促进各项社会事业全面发展。

努力推进教育现代化。深化教育改革,加强青年骨干教师和干部队伍建设,提高教育的整体水平。调整学校资源,实施义务教育工程,逐步改善困难学校办学条件。进一步推进基础教育信息化建设。提高中、小学校和幼儿园安全防范能力和安全管理水平,市、区“平安校园”创建率达到60%。

加强科技工作。做好王佐镇、榆树庄村可持续发展实验区建设和花乡星火密集区建设。组织实施花乡“草本花卉良种繁育基地建设与示范工程”、王佐镇“镇域信息化示范工程”、“西部绿色生态建设”等科技项目。加强科技场馆、科普教育基地、科普型社区三级网络建设,开展各类科普活动。

大力发展文化事业。继续开展“五月的鲜花”、夏日文化广场等传统群众文化活动。举办好莲花池庙会、卢沟文化节和中秋庙会。完成区文化馆改造。推进基层文化活动设施建设。保护和合理利用文物古迹。

积极推进公共卫生事业。健全突发公共卫生事件应急机制。加强重大传染病和重点传染病防控工作。发展社区卫生服务机构,巩固完善社区卫生服务网络体系。加强卫生全行业管理,提高医疗水平和服务质量。完成长辛店医院门诊、病房楼改扩建工程,启动丰台医院新建病房楼建设。

广泛开展群众体育活动。更新143套全民健身工程。对1.3万人进行国民体质检测。组织好丰台区第四届全民运动会。完成奥运垒球场建设,协助办好2006年世界女子垒球锦标赛。

做好人口与计划生育工作。计划生育率控制在97%以上,人口出生率在6‰以下。

(四)改善人民生活,努力构建和谐丰台

加强就业和再就业工作。做好困难群体的免费培训和就业工作,免费培训8000人。引导失业人员、农村富余劳动力自主创业。广泛开发社区就业岗位,新增就业岗位1万个。“4050”失业人员再就业率达到60%以上。

健全社会保障体系。加强社会保险基金扩面征缴工作,确保征缴率达到97%以上。加快农村养老保险制度改革。完善社会保险社会化管理工作,为参保企业和个人提供更加方便、优质的服务。积极推进城乡社会救助体系建设,加强社会救助工作规范化管理,切实保障城乡低收入群众基本生活,确保困难群体得到及时有效救助。启动老年综合服务中心、儿童福利院建设。

努力为群众办实事、办好事。完成与百姓密切相关的实事。做好人民来信来访和“便民热线”办理工作,坚持领导信访接待日制度,解决群众生产生活中的难题。

积极推进民主政治建设。认真履行向人大及其常委会汇报工作和报告重大事项制度,自觉接受人大监督。坚持重大决策前征询民主党派和无党派人士的意见。扩大基层民主。做好人大代表建议和政协委员提案的办理工作。进一步加强司法监督,规范司法行为,维护司法权威,促进司法公正。

切实加强精神文明建设。围绕奥运继续开展社会公德、职业道德和家庭美德的宣传教育,不断提高市民的文明素质。完成首都文明区创建工作,全区文明街道、乡镇创建率达到100%,文明社区、村创建率达到70%以上,文明单位建成数量递增10%。继续争创"全国双拥模范城"。

建设和谐社区和谐村镇。深化街道、乡镇管理体制改革,推进公共服务体系建设,提高公共服务水平。加强基层组织建设,完成基层社区居委会换届选举工作。加强社区和村的公共服务设施和文化活动场所建设。

努力维护社会安全稳定。加强公共安全体系建设,健全突发事件的预警、应急和社会动员机制,提高应对突发事件的能力。重点做好防火、防煤气中毒和生产、食品安全工作。加强社会治安综合治理,增加防范设施投入,推进科技创安,全面开展"平安丰台"创建活动。坚持开展与法轮功"邪教"组织的斗争,依法打击各类违法犯罪活动。深入宣传和贯彻《信访条例》,做好矛盾排查调处工作,维护社会稳定。

四、全面完成各项工作任务,努力实现"十一五"规划的良好开端

今年的工作目标已经明确,政府各部门要扎扎实实做好各项工作,开好头,起好步,为完成"十一五"规划奠定良好基础。

(一)要精心实施发展规划。政府是编制和实施"十一五"规划的主体,落实好规划是我们工作的重中之重。各部门要认真学习好规划,要在全区广泛宣传规划,要狠抓规划实施机制,明确具体责任。同时要按照总体规划的要求,进一步完善、细化各专项规划,调整好年度分规划,通过落实规划,实现加快发展。

(二)要着力加强公务员队伍建设。经济社会发展取决于发展环境,而政府工作人员是创造良好环境的执行者,必须下大力气建设好队伍。各级公务员要认真贯彻行政许可法,严格依法行政,提升行政效能,提高依法行政能力。要认真执行公务员法,牢固树立创新意识、效率意识、为群众服务意识,充分发挥公务员的表率作用。要从严治政,严格制度、严格纪律、严格管理,提高公务员队伍的整体素质,树立良好的政府形象。

(三)要千方百计为民办事。为民办事是政府工作的主要任务,要关心群众生活,认真解决人民群众最直接、最关心、最现实的利益问题,特别是饮水、环境卫生、出行、用电等热点难点问题。认真做好人民群众的来信来访,全力解决好便民热线所反映的问题。建立健全为民办事的长效机制,尊重民意,实事实办,注重实效,真正体现执政为民的宗旨。

(四)要突出强调勤政廉政。勤政廉政是对政府机关和工作人员的基本要求。要自觉执行党中央关于勤政廉政的各项规定,狠抓廉政责任制的落实。要加强行政效能监察,发挥法律监督、民主监督、群众监督和舆论监督的作用,使公务员廉洁自律。要以廉政促勤政,树立勤政为民的意识,身体力行,勤勤恳恳做好本职工作。要牢记两个"务必",发扬艰苦奋斗的作风,厉行节约,反对铺张浪费,大力开展节约型政府建设,树立政府勤政廉政的良好形象。

各位代表,现代化新城区已经踏上新的征程,我们有充分的信心,克服一切艰难困苦,共同创造更加幸福美好的明天!我们要高举邓小平理论和"三个代表"重要思想伟大旗帜,全面贯彻落实科学发展观,执行市委市政府和区委的重大决策,团结奋斗、艰苦创业,为圆满完成2006年各项工作目标,为实现"十一五"规划的良好开端而努力!

丰台区人民代表大会常务委员会工作报告

——2006年1月11日在丰台区第十三届人民代表大会第三次会议上

丰台区人大常委会主任　杜瑞琴

各位代表：

我受丰台区第十三届人民代表大会常务委员会委托，向大会报告工作，请予审议。

2005年的主要工作

2005年，区人大常委会在中共丰台区委领导下，以邓小平理论和“三个代表”重要思想为指导，深入贯彻党的十六届四中、五中全会和市、区委全会精神，树立和落实科学发展观，认真履行宪法和法律赋予的职责，全面执行区第十三届人大二次会议决议，为推动我区经济建设、政治建设、文化建设和社会建设，发挥了地方国家权力机关的作用。

一、认真学习贯彻中央9号文件精神，努力开创人大工作新局面

中共中央转发的《中共全国人大常委会党组关于进一步发挥全国人大代表作用，加强全国人大常委会制度建设的若干意见》，即中央9号文件，是在我国社会主义民主政治建设新形势下坚持和完善人民代表大会制度、做好人大工作的重要指导性文件。围绕贯彻落实中央9号文件精神，市、区委分别召开了人大工作会议，制定下发了《关于进一步加强和改进人大工作的意见》。以新的姿态和更高的标准做好人大工作，是党对人大的新要求。我们狠抓了认真学习、提高认识这个重要环节，先后举办了人大党组成员、常委会组成人员、人大代表、机关干部学习培训班和专题报告会，学习中央9号文件和市、区委加强人大工作的意见，开展了人民代表大会制度理论和实践的学习研讨。通过深入学习，进一步明确了坚持和完善人民代表大会制度、做好人大工作的指导思想、工作重点和具体措施。一年来，在人大工作实践中着力把握了以下几点：

一是始终坚持正确的政治方向。党的领导是做好人大工作的根本保证。在工作中，把坚持党的领导、人民当家作主和依法治国有机统一起来，通过法定程序使党的主张变为国家意志，在党总揽全局、协调各方的格局中找准自己的位置，积极主动地开展工作。认真贯彻民主集中制原则，集体决定问题，集体行使职权。坚持群众路线，把维护和实现人民群众的根本利益作为人大工作的出发点和归宿。

二是始终坚持围绕中心、服务大局。把开展人大工作与实现党代会确定的奋斗目标紧密结合，将现代化新城区建设的重点问题、经济建设和城市管理的突出问题及人民群众普遍关心的热点问题作为人大监督的重点，深入调研，掌握实情，创新方法，讲求实效，促进“一府两院”完成年初代表大会确定的工作任务，保证法律法规在我区的贯彻实施。

三是始终坚持一流标准，不断创新。努

力做到“讨论决定重大事项有新提高,监督工作有新思路,代表工作有新突破,自身建设有新举措”。完善了人大工作制度,改进议案、建议督办工作,积极探索、创新人大监督工作的方式和途径,找准“走程序”与“求实效”两注重、两实现的平衡点,实现对人监督与对工作监督的有机结合,人大工作在去年的基础上又有了新的进步。

二、着眼关系全区发展的关键问题,依法讨论决定重大事项

区人大常委会依法审议决定重大事项,有力地推动了“一府两院”重点工作的落实。一年来,共召开常委会会议6次、主任会议9次,听取并审议“一府两院”工作报告20项,提出了148条意见和建议,依法作出了关于批准上年度区级决算的决议。国民经济和社会发展计划执行情况、区级财政决算和预算执行情况,是关系本区经济和社会发展全局的大事,常委会把此项议题作为重要审议议题,重视调查研究,深入财政部门和经济管理部门,全面了解经济运行情况,把预算执行情况与全区经济和社会发展情况结合起来进行分析研究,同时注重发挥审计部门的作用,使审查监督进一步细化。常委会和主任会议还听取审议了区政府关于创建国家卫生区、区域规划调整和土地利用规划管理、城市管理综合执法组织依法行政、贯彻执行全面实施素质教育评价方案等重大事项的报告。同时,加强对审议意见的督办,建立了督办立项制度,由相关工作机构督促办理,要求“一府两院”在两个月内报告落实情况。

三、认真履行监督职权,促进“一府两院”依法行政、公正司法

常委会坚持监督与促进相结合,注重改进监督方式,增强监督实效。

*加强法律监督,保证有关法律法规的贯彻实施。*组织视察检查了行政许可法、食品卫生法、教育法、水污染防治法、市容环境卫生条例、安全生产条例等法律法规的贯彻实施情况。采取视察检查前学法、召开座谈会征求意见、明查暗访、实地视察等方式,深入了解情况,共提出76条意见和建议。行政许可法是规范政府行为、保护公民合法权益、建设服务型政府的重要法律。常委会加强监督检查,促进了行政许可法在本区的贯彻实施。食品卫生和食品安全是关系人民群众身体健康与生命安全的重大问题,常委会高度重视,采取上下联动的方式,深入开展执法检查,针对我区外来人口多、市场规模大、个体摊点多、管理难度大的特点,提出了加强源头管理、狠抓制度落实、重视薄弱环节、强化社会监督等建议,对改善我区食品卫生和食品安全状况起到了促进作用。

*加强工作监督,促进“一府两院”工作。*常委会把深入调研、提出高质量的建议作为加大监督力度的着力点。重点监督本年度国民经济、社会发展计划和财政预算执行情况,促进区政府完成十三届人大二次会议确定的各项目标和任务;认真做好2006年计划和预算的初审工作,使财政支出结构更加优化;积极参与、监督“十一五”规划编制工作;关注丰台科技园区建设,组织市、区代表视察,为园区发展献计献策;加强对重点工程、城市基础设施建设、危旧房和“城中村”改造、城市管理、公共卫生体系建设、义务教育等工作的监督,推动了政府各项工作。在司法工作方面,听取了区法院法官队伍建设、区检察院预防职务犯罪网络建设、区公安分局基层派出所建设情况的报告,提出了改进工作的建议;坚持每季度组织代表旁听法院案件审理制度,加大对申诉案件的督办力度,促进了司法机关公正司法。

*尊重代表权利,加大代表议案督办力度。*区第十三届人大二次会议确立的“加快丰台区道路系统建设和水系治理”议案,是加强我区城市基础设施建设、优化经济发展环境的

大事。常委会把议案督办作为尊重代表权利、加快现代化新城区建设的重要工作来抓，着力抓好四个环节：一是加强调研，实地考察了全区所有道路建设和水系治理情况，在摸清底数的基础上，对政府办理方案认真把关；二是加强协调，及时与政府承办部门联系和沟通，并帮助协调解决有关问题，推动办理工作责任制的落实；三是加强督查，召开议案领衔代表和部分代表座谈会，听取承办单位办理情况汇报，组织代表视察检查，督促政府认真办理；四是认真审议，常委会听取审议了区政府关于议案办理情况的报告，提出了建设性的意见。区政府非常重视议案办理工作，取得了明显成效。

*认真受理来信来访，维护人民群众合法权益。*常委会继续把受理来信来访作为维护人民群众合法权益、履行监督职能的重要内容，认真办理群众来信来访，全年共办理群众来信135件次，接待群众来访291人次。对重要来信来访，常委会领导深入基层，调研督办，解决了一些群众反映的实际问题。

四、依法行使人事任免权，监督国家机关工作人员认真履职

常委会坚持党管干部与人大依法任免相统一的原则，一年来，共任免国家机关工作人员44人次，从组织上保障了“一府两院”工作的顺利开展。

对人大选举、任命的国家机关工作人员实施监督，是地方国家权力机关的重要职责。在继续坚持任前与被任命人员谈话、进行法律知识考试、拟任命人员在常委会议上作供职报告的基础上，积极探索加强任后监督的有效途径，把会议述职评议和书面述职评议有机结合起来，加大了任后监督的力度。对一名副区长和区卫生局局长进行了会议述职评议，重点评议他们依法行政、履行职责的情况。常委会加强了组织领导，本着客观、公正、全面、有效的原则，采取走访、座谈、代表测评等方式，全面了解工作情况，认真评议，督促整改。为了扩大评议工作的覆盖面，首次对20名政府组成人员和8名“两院”行政副职年度履职情况进行了书面述职评议，在深入了解情况的基础上，形成评议意见。人大正、副主任分别与被评议人员谈话，反馈评议情况，提出改进工作的要求。被评议人员普遍感到述职评议既是对工作的监督，更是对自己的鞭策和激励，增强了法律意识、公仆意识和自觉接受人大监督的意识，增强了依法履职的责任感和使命感。

五、加强和改进代表工作，充分发挥代表主体作用

*加强学习培训，保障代表知情权。*采取常委会集中培训与人大街工委、代表联组培训相结合的方式，组织代表认真学习宪法、组织法、代表法、反分裂国家法等法律法规，学习党的十六届五中全会、中央9号文件和市区重要文件精神；为代表订购了《中国人大》、《北京人大》刊物，定期发送《新丰台》报、《丰台人大信息》和其它学习材料；组织了坚持和完善人民代表大会制度理论、充分发挥代表作用、提高代表建议质量专题学习辅导；举办了经济形势和“十一五”规划编制情况报告会。通过上述措施，畅通了代表知情知政渠道，提高了代表的履职能力。

*加大建议督办力度，进一步提高办理质量。*及时召开交办会，将代表大会期间代表提出的建议转交区政府及有关部门办理，并对建议办理的全过程实施监督；对承办代表建议较多的单位重点督办，多次听取有关单位办理情况汇报；把具有一定社会影响和办理难度较大的建议列为重点，由常委会领导亲自督办；实行领衔代表参与督办，全面了解办理情况。区第十三届人大二次会议期间代表提出的348件建议，均按规定期限办理完毕。闭会期间代表提出44件建议，已办复31件，其余正在办理中。解决了长辛店东山坡

危改、海军培训中心饮用水、大灰厂东路和南苑镇新华街道路改建等一批群众关心的热点难点问题。

*完善代表工作制度,推广代表活动经验。*认真落实区人大常委会组成人员联系代表、代表联系选民制度。坚持邀请代表列席人大常委会会议、组织代表旁听法院公开审理案件、推荐代表担任各类监督员等制度。推广了代表公示和代表接待日的经验,全区16个人大街工委、航天一院代表联组建立了代表公示和代表接待日制度,全年共接待选民4931人次,收集群众反映的问题672件,已经解决的395件。组织代表视察、检查42次,参加代表453人次,在视察、检查中共提出254条意见和建议。

*积极组织市人大丰台团代表活动,为我区经济建设和社会发展献策出力。*加强与市代表的联系和沟通,有计划地开展活动,注重发挥市代表的优势,在加快我区重点区域、重点工程建设方面,尤其是为解决我区难以解决的老大难问题,市人大代表发挥了重要作用。如为推进马家堡三期工程、南苑西铁营村综合楼建设、首钢"钢渣山"治理、西客站南路建设、张仪村路建设、东高地交通拥堵等问题的解决,在市人代会召开前组织代表实地视察,会议期间提出议案和建议,并约见市委、市政府主要领导及有关部门领导,积极进行呼吁和协调,对难点问题的解决起到了推动作用。

*加强对乡镇人大工作的指导,注重发挥人大街工委的作用。*每季度召开一次乡镇人大主席联席会,交流经验,加强指导。举办人大街工委主任研讨班,就如何发挥作用进行研讨。人大街工委和代表联组在发挥代表作用、加强对区政府派出机构的工作监督等方面,做了大量工作。

六、加强人大常委会自身建设,进一步提高依法履职能力

*以开展保持共产党员先进性教育活动为契机,加强政治思想建设。*联系人大工作实际,开展保持共产党员先进性教育活动,立足于把先进性教育活动的成效体现到解决突出问题、促进人大工作上,制定整改措施,并狠抓落实,达到了"提高政治思想素质,强化宗旨意识,促进人大工作再上新台阶"的目标。

*加强常委会组成人员的学习,进一步提高整体素质。*学习政治理论和业务知识,学习法律法规,学习兄弟单位的经验和做法,邀请专业人士作辅导。驻会常委积极参加区委理论中心组学习。使常委会组成人员进一步熟悉了有关法律法规,掌握了相关的业务知识,为做好工作打下了基础。

*努力建设学习型机关,不断提高工作水平。*坚持机关干部学习制度,合理安排学习内容,常委会领导带头讲课,委室主任做中心发言。建立了机关图书室,开展学习交流。在人大机关形成了重学习、钻业务、讲团结、干实事、求实效的良好氛围。结合审议议题,深入调研,掌握实情,共撰写调研报告28篇。

*加强制度建设,规范工作程序。*适应新形势、新任务的要求,修订了常委会议事规则,建立和完善了人事任免、述职评议、落实常委会审议意见、密切联系代表和选民等规章制度,使人大常委会工作更加制度化、规范化、程序化。

*加强人大宣传工作,提高全社会对坚持和完善人民代表大会制度重要意义的认识。*在丰台有线电视台开设了《人大在线》专题栏目,大力宣传人民代表大会制度,宣传人大及其常委会工作,宣传人大代表依法履职情况,宣传"一府两院"贯彻落实人大决议决定情况。全年共制作播出《人大在线》专题节目22期,社会反响很好。创办了《丰台人大网站》,努力收集民主政治信息资源,开辟代表网上办公渠道,开启百姓与人大交流的窗口,搭建人大机关、代表与人民群众沟通互动的平台。认真办好《丰台人大信息》、《人大工

作》、《人大公报》等内部刊物，为代表更好地履行职责服务。加强人大理论与实践的研讨，共有15篇研讨文章在市级刊物上发表。

各位代表，回顾去年的工作，我们取得了一些成绩。这些成绩的取得，是中共丰台区委正确领导的结果，是常委会组成人员和人大代表共同努力的结果，是驻区单位、社会各界和全区人民大力支持的结果。在此，我代表区人大常委会，向所有关心、支持、帮助人大工作的同志们、朋友们，表示衷心的感谢！

面对新形势、新任务，我们也清醒地看到，区人大常委会的工作与党和全区人民的要求还有差距，主要是：代表工作还需要进一步规范和加强；监督工作还需要进一步探讨和改进；人大常委会工作制度还需要进一步建立和完善。

2006年的主要任务

一、加强和改进监督工作，进一步增强监督实效。

要围绕中心，突出重点，讲求实效，抓住落实"十一五"规划的主要任务和重点工作，综合运用执法检查、专题视察、听取和审议专项工作报告、工作调研等形式，着力开展监督工作。重点监督本年度计划和预算执行情况，确保区人代会确定的各项工作任务圆满完成。切实加强法律监督，保障宪法和法律的有效实施，促进国家机关严格依法行使职权，维护人民群众的合法权益。加强对常委会审议意见落实情况的监督检查，加大代表议案督办力度。坚持监督与促进相结合，努力做到在监督中促发展，在监督中促和谐。进一步加强信访工作，化解矛盾，维护稳定。

二、适时讨论决定重大事项，推动全区重点工作的落实。

紧紧围绕全区改革发展稳定的大局，强化重大事项决定权的行使。听取并审议区政府关于计划和预算执行、重点区域建设、城镇危旧房改造、"城中村"综合整治、食品卫生与食品安全、社区卫生服务等工作情况的报告。听取并审议区人民法院关于基层法庭建设情况的报告、区人民检察院关于控告申诉检察工作情况的报告。必要时做出相应的决议和决定。

三、依法行使人事任免权，进一步加强任后监督工作。

根据工作需要，依法做好人事任免工作。认真总结开展会议述职评议与书面述职评议相结合的经验，继续搞好对政府组成人员和"两院"行政副职的书面述职评议工作，加强对2005年述职评议人员整改情况的跟踪检查。

四、进一步加强代表工作，充分发挥代表作用。

贯彻市、区委人大工作会议精神，加强制度建设，继续做好代表工作。邀请代表列席区人大常委会和工作委员会会议，组织执法检查、工作视察和专题调研，提供相关方面的材料，举办经济形势报告会，使代表了解政情区情。加强和改进代表建议督办工作，推动重点建议的办理，进一步提高办理质量。充分发挥人大街工委、代表联组的作用，加强对乡镇人大工作的指导，推进基层民主政治建设。

五、加强自身建设，进一步提高常委会工作水平。

坚持学习制度，树立和落实科学发展观；深入实际，调查研究，提高科学决策水平；密切联系代表，自觉接受代表和人民群众的监督。加强机关干部队伍建设，努力提高机关干部整体素质。

六、采取多种方式，大力加强宣传工作。全力办好《人大信息》刊物、《人大在线》电视栏目和人大网站，加大对人民代表大会制度和人大工作的宣传力度，提高全社会对人民代表大会制度重要意义的认识。

七、按照市、区委的部署和要求，做好区、

乡镇人大代表的换届选举工作。各位代表，今年是实施“十一五”规划的开局之年。丰台发展的宏伟目标对人大工作提出了新的更高的要求。区人大常委会要在中共丰台区委的领导下,以邓小平理论和“三个代表”重要思想为指导,坚持以科学发展观统领各项工作,紧紧围绕全区工作大局,认真履行宪法和法律赋予的职责,认清新形势,研究新问题,推出新举措,开创新局面,为加快我区现代化新城区建设,充分发挥地方国家权力机关的作用。

中国人民政治协商会议北京市丰台区第七届委员会常务委员会工作报告

——2006年1月8日在政协七届三次会议上

初建华

各位委员：

我受政协北京市丰台区第七届委员会常务委员会的委托，向大会报告工作，请予审议。

2005年工作回顾

2005年是全区人民认真贯彻中共十六届四中全会、五中全会精神，落实科学发展观，改革开放和现代化新城区建设取得新进展的一年。在过去的一年里，区政协常委会以邓小平理论和“三个代表”重要思想为指导，在中共丰台区委的领导下，牢牢把握团结、民主两大主题，组织各界委员，围绕中心、服务大局，认真履行政治协商、民主监督、参政议政职能，各项工作取得了新成绩，为推动我区建设事业做出了积极贡献。

一、加强学习，用科学理论指导政协工作

加强学习对于推动人民政协事业发展、提高人民政协履行职能水平至关重要。常委会认真学习邓小平理论和“三个代表”重要思想，结合政协实际，着重抓了三个方面的学习。一是认真学习贯彻中共十六届五中全会精神。十六届五中全会通过的《中共中央关于制定国民经济和社会发展第十一个五年规划的建议》，对于推动中国特色社会主义、全面建设小康事业具有十分重要意义。区政协召开常委会议，就学习贯彻五中全会精神、树立和落实科学发展观，以五中全会精神为指导，积极参与区“十一五”规划编制进行了部署。二是学习贯彻《中共中央关于进一步加强中国共产党领导的多党合作和政治协商制度建设的意见》。中央《意见》的发表，是进一步坚持和完善中国共产党领导的多党合作和政治协商制度的一项重大举措，是指导新世纪、新阶段多党合作的一个纲领性文件。通过学习，进一步增强了做好新时期人民政协工作的责任感和使命感。三是深入学习贯彻胡锦涛总书记在庆祝人民政协成立55周年大会上的重要讲话。进一步明确了人民政协工作的方针、原则和基本要求。常委会发扬理论联系实际的学风，采取双月学习座谈会、暑期学习班、专题辅导报告等多种形式，把学习同我区改革、发展的实际结合起来，与总结经验结合起来，学以致用，指导实践，力求使政协工作真正体现时代性，把握规律性，富有创造性。

二、全面参与，为制定区“十一五”规划献计献策

参与区“十一五”规划的编制工作，是常委会安排的一项重要工作，区政协抓得早、动员广、做得实。在常委会工作要点中和动员

大会上,对全体委员和政协各参加单位提出了明确要求,请委员们早做准备,充分发挥政协智力密集、人才荟萃的优势,提高政协建言立论的水平。

*广泛动员,委员积极参与。*为了让委员了解区情,区政协请有关部门领导通报情况,将区政府拟定的31个主要调研课题印发给全体委员,请委员根据自己的特长,选定课题,参与调研。成立了11个调研组,并由委员担任组长,组织活动。各民主党派、工商联和广大委员积极参与,共有136位委员和20多名专家担任了课题顾问,区政府为他们颁发了聘书。在参与编制"十一五"规划过程中,委员组长主动与政府部门沟通,积极组织委员开展视察、座谈,就编写规划课题提出意见、建议,表现出了很高的参政议政热情。各专门委员会充分发挥委员主体作用和专委会基础作用,周密组织、精心策划。在认真组织学习、情况通报和专题调研的基础上,共开展视察、考察、情况通报等各种活动80余次,500多人次参加。先后召开了"农村经济结构调整发展规划"、"教育发展规划"、"环境保护与生态建设发展规划"三个专题研讨会,共提出了381条具体意见和建议,得到了重视和采纳。

*专家顾问组重点参与。*为了制定一部符合我区实际的科学的"十一五"规划,被聘为专家顾问的委员们以高度的责任感和饱满的政治热情,深入实际、调查研究。充分发挥各自专长,在两次座谈会上提出了很多建设性意见,内容包括提升战略思路、形成京南高新技术经济带、明确丰台区功能定位、促进政府职能转变、合理利用土地和水资源等24条具体意见、建议。

*对区"十一五"规划进行政治协商。*在区政协深入调研的基础上,区委、区政府就《北京市丰台区国民经济和社会发展第十一个五年规划纲要》进行政治协商,区委、政府5位领导和有关部门负责人出席会议。各民主党派负责人、政协常委积极建言献策,共提出58条协商意见,内容包括将地区优势纳入北京市整体规划、开发特色区域和特色产业、城市建设和管理、教育、文化、卫生等方面,受到了区委、区政府及有关部门的高度重视和采纳。区政协还将"十一五"规划编制过程中提出的意见、建议编辑印制了《咨议建言集》,供区领导和有关部门参考。

三、积极探索,拓展民主监督新途径

常委会把加强民主监督放在全年工作的重要位置,采取多种措施深化对民主监督的认识,探索民主监督的新途径,加大民主监督的力度。

对民主监督理论与实践进行深入研讨。组织召开了人民政协民主监督理论与实践研讨会。主席会议进行了专门研究,发出征集稿件通知;通过常委会、党派联席会进行布置,提出了明确要求;请市政协领导进行专题辅导。参加区政协的各党派、团体及各界委员积极准备,共提交研讨文章31篇,有8位同志作了大会发言,大家从理论与实践的结合上,就政协履行民主监督职能的做法、体会和经验进行了广泛交流,就民主监督的性质、地位、原则和形式,民主监督工作中存在的问题和对策,加强民主监督的方法和途径等方面进行了深入研讨。这次研讨活动起到了深化认识、交流经验、探讨问题、指导工作的积极作用,取得了较好的效果。

通过情况通报、视察考察,推动民主监督工作。坚持和完善民主监督的有效形式,采取情况通报、视察考察方式实施民主监督。请区委、区政府有关部门领导向政协常委会和各党派、团体负责人、各界代表人士通报全区政治、经济、文化建设情况,请区纪检委领导通报全区党风廉政建设和开展反腐败斗争的情况,根据情况通报分别提出意见和建议。围绕区委、区政府重点工作和人民群众普遍关心的热点问题,组织委员视察考察。参观了首都城市建设规划展，参加了丰台区2005年卢沟文化节和“发展文化产业、打造文化品牌”论坛。视察了创建国家卫生区、“药品放心区”工作，视察考察了学习型城区、花卉市场、服装商业街和物流企业，就我区生态和环境建设、“城中村”整治、水系治理情况分别听取了有关部门的通报并进行了实地考察。对2004年政治协商议题“关于推进二元行政管理体制改革”和常委会关于“优化发展环境”的建议案落实情况进行了追踪调查。

加强提案工作、社情民意反映，实施民主监督。七届二次全会以来，区政协把提案工作当作全局性工作来抓，加大了提案工作力度，修订了《政协丰台区委员会提案工作条例》，区政协领导和各专委会对主席会议确定的19件重点提案进行了督办。区委、区政府高度重视提案办理工作，共同召开了提案交办会，明确了办案单位，区委书记和区长、副区长对提案办理工作作出了批示，区长办公会专题研究了提案办理工作。提案委员会与各有关承办单位加强联系，对重点提案采取实地考察、跟踪办理等方式，加大提案办理力度。进一步加强社情民意信息反映工作、共报送社情民意信息 条，被市政协采用 条，有 条信息得到区领导的批示，所反映的很多问题得到了解决。

创新特约监督工作形式，提高特约监察效能。召开了特约监督员聘用单位负责人工作研讨会。各单位认真总结经验，探索方法，寻找规律，互相学习，有些聘用部门还制定完善了特约工作制度。区监察局根据委员在提案中所提意见、建议，制定了《丰台区政府效能建设监督员制度》。根据制度规定，区政府聘请政协委员和民主党派、工商联的成员组成效能建设监督员队伍，以暗访的方式了解政府部门工作，针对存在问题提出意见、建议和批评，有效地促进政府改进工作。经区政协常委会议研究，制定了《区政协财政民主监督工作暂行办法》，成立了财政工作民主监督小组，对我区财政工作实施民主监督。在网上参与了政府部门考评，推进了区政协的专项民主监督工作。

在全区开展保持共产党员先进性教育活动中，区政协常委认真听取通报，积极提出意见、建议，为加强党风廉政建设、推动民主政治建设做出了应有的贡献。

四、发挥优势，为构建和谐社会做贡献

构建社会主义和谐社会是执政党的一项重要任务，是建设小康社会的一项基本目标。人民政协在构建社会主义和谐社会进程中，负有义不容辞的责任和不可替代的作用。

*发挥政协具有广泛性和包容性的优势，促进全区各族各界人士大团结、大联合。*区政协把握团结、民主两大主题，发挥政协自身优势为促进全区社会稳定、构建和谐社会积极做工作。请中央党校教授给政协委员，各民主党派、工商联、人民团体负责人和各界人士作报告，使大家深刻理解构建和谐社会的重大意义，进一步明确政协为构建和谐社会做贡献的责任。为认真贯彻落实市、区有关精神，区政协向全体委员发出了《关于积极参与和谐社区、和谐村镇建设的通知》，号召委员认真落实定期接待群众的制度，主动参加所在地区和谐社区、和谐村镇建设工作。各委员分片联谊组根据形势发展要求，与街道、乡（镇）加强联系，相互配合，开展丰富多彩的活动。区政协、区委统战部联合举办“庆中秋、迎国庆”联谊活动，组织委员、各党派负责人、各界代表人士召开座谈会，参观卢沟桥、中国人民抗日战争纪念馆、雕塑园，纪念抗日战争暨世界反法西斯战争胜利60周年。有关专委会还利用“九九”重阳节等传统节日举办统战联谊活动，组织委员到北京市女子劳教所慰问干警、帮教劳教人员，拓宽了政协与社会各界的联系，为构建社会主义和谐社会发挥了积极作用。

发挥政协作为爱国统一战线组织的作

用,为促进祖国统一大业贡献力量。加强对台政策的学习和宣传工作。根据台湾形势变化及时组织报告会、座谈会,认真学习胡锦涛主席关于新形势下发展两岸关系的四点意见,组织学习《反分裂国家法》专题辅导报告会,深入宣传“和平统一,一国两制”的方针。组织部分委员参加了台情、侨情报告会,组织台侨界委员参观奥运场馆建设,保持和加强了与中国前外交官联谊会的沟通与联络。协助党和政府贯彻民族宗教政策,认真学习《宗教事务条例》和《归侨侨眷权益保护法实施办法》,关注民族宗教热点难点问题,参与市政协组织的少数民族聚居社区建设调研,参加祝贺民族宗教节日活动,增进政协与宗教界人士的团结和友谊。

发挥政协文史资料“存史、资政、团结、育人”作用,进行“知丰台、爱丰台、建丰台”宣传教育。按照市政协编写《北京市文史资料精选丛书(丰台卷)》的有关要求,开展了丛书文稿和照片的征集、筛选、编审、校对工作。在300多万字文稿当中,筛选出有关重大历史事件、重要历史人物亲历、亲见、亲闻史料稿件,编辑完成了104篇、35万字、36张照片的精选丛书。编辑出版了58篇、26万字、图文并茂、歌颂航天人和航天创业精神的《丰台文史资料选编》第十辑,以此书隆重纪念神舟六号航天飞行的成功。召开了出版发行座谈会,向区中小学、青联等有关单位赠书,广泛进行爱国主义和建设现代化新丰台教育。

五、强化建设,推进政协工作制度化、规范化、程序化

常委会把加强自身建设作为履行职能、推进基础建设的重要保证来抓,取得了新的进步。

注重队伍建设。紧密结合形势发展和任务要求,切实加强领导班子建设,进一步强化常委会组成人员的政治意识、大局意识、责任意识和表率意识。加强科学理论和时事政治学习,组织政协常委、各党派负责人、各界代表人士赴革命圣地延安考察,进行革命传统教育。加强委员队伍建设,为委员学习和知情、议政创造有利的条件,提高委员参政议政能力。坚持主席、副主席、秘书长联系常委,常委联系委员制度,充分发挥党派、界别和委员分片联谊组的作用,活动质量和委员出席率都有了新的提高。为适应新的形势和任务的要求,对专门委员会的设置进行了调整,加强了专委会之间的协作和配合。

加强机关建设。按照中央和市、区委统一部署,区政协党组和机关党支部认真开展了保持共产党员先进性教育活动。通过系统学习、广泛征求意见、开展谈心活动,政协党组、党支部和全体共产党员认真查找存在不足,召开民主生活会,制定整改措施,进一步明确了区政协机关保持共产党员先进性的具体要求和实践途径。在区政协党组的正确领导和委员们的广泛参与下,机关保持共产党员先进性教育活动取得了明显成效,党员先锋模范作用得到了较好发挥。通过“回头看”、服务标准大讨论和业务培训等活动,机关作风进一步改进,工作质量和服务水平进一步提高,实现了“提高党员素质、加强基层组织、服务人民群众、促进各项工作”的目标要求。

搞好制度建设。为适应新形势的要求,常委会在认真贯彻落实《中共丰台区委关于进一步加强人民政协工作的意见》、《关于进一步加强政治协商工作的意见》的基础上,协助区委制定了《进一步做好党派提案工作的办法》,区政协常委会对《政协丰台区委员会提案工作条例》、《关于推荐政协委员担任特约工作人员的暂行办法》等一批制度和规定进行了修订,推进了履行职能的制度化、规范化、程序化建设。

做好宣传工作。为了更加深入地宣传和介绍人民政协组织,扩大政协在全区人民政治生活中的影响,区政协与区广电中心共同拍摄了介绍区政协工作的系列专题片《政协视窗》，用电视片的形式向全区人民宣传人民政协的性质、地位，宣传区政协各党派、界别、各专委会工作和委员风采，《政协视窗》栏目每月播出2集，全年共拍摄播出了22集，受到了社会各界的关注。去年政协网站进行了试运行，网站共设26个栏目，涉及到政协工作的方方面面，实现了委员网上提交提案、反映社情民意、查阅资料、传递信息、交流工作等多项功能，尤其是网上论坛社区非常活跃，形式多样，受到广泛好评。根据统计全年报送各种信息、文章、图表。同时还利用网站发简报、会议通知、学习材料等，节约了资源，提高了效率。回顾2005年的工作实践，我们的做法和体会主要有四点：

第一，围绕中心，服务大局。人民政协作为最广泛的爱国统一战线组织和我国政治体制中发扬社会主义民主的重要形式，必须坚持正确的政治方向，才能履行好政治协商、民主监督、参政议政的职能。去年政协工作就是紧紧围绕编制区“十一五”规划这个中心，把构建社会主义和谐社会作为工作大局，充分发挥政协优势，献计出力。由于区政协工作紧密结合实际，得到了区委、区政府的高度重视和各有关部门的大力支持。区委常委会先后三次听取政协工作汇报，区委、区政府领导适时向区政协作工作通报，对提案、社情民意信息进行批示，加大办理力度。实践使我们体会到，政协工作只有围绕中心，服务大局，才能取得实效，有为有位。

第二，创新机制，群策群力。创新工作机制，是政协工作不断取得成效的前提。为了适应形势发展的需要，为委员履行职能拓展平台，在编制“十一五”规划过程中，广泛动员和组织委员全面参与了区“十一五”规划的总体纲要和子课题的研究和审议。区政协创办的企业家联谊会、委员分片联谊组、特约监督工作和财政工作民主监督小组，充分体现了政协人才荟萃、智力密集、集思广益、群策群力的优势，从而促进了区政协卓有成效地履行职能。

第三，追踪调查，注重实效。实践使我们体会到，政协工作要取得一流成绩，不仅要参政参到点子上、议政议在关键处，而且要对一些重要问题进行追踪调查、视察，促其转化为成果，取得实效。去年，为追踪2004年区政协关于推进城乡二元行政管理体制改革的政治协商议题及关于“优化发展环境”的建议案落实情况，我们请区农委领导向常委会和各民主党派、工商联进行情况通报，组织委员追踪调查、视察了区政府落实关于打造“卢沟文化”品牌、优化为企业服务环境、优化法制环境建议案的落实情况。区委、区政府采纳政协的建议，举办了首届卢沟文化节，成立了驻区文化单位联席会，促进了为企业服务的“一站式”大厅的完善，建立了律师参与区领导信访接待的制度。

第四，加强宣传，扩大影响。我们深刻认识到，要做好新形势下的人民政协工作，必须加强宣传工作，广泛宣传中国共产党领导的多党合作和政治协商的基本政治制度，宣传区委高度重视政协工作并加强对区政协工作的领导，宣传区政府及各职能部门对政协工作的大力支持，宣传广大政协委员、各民主党派、工商联认真履行职能的工作实绩和风采，全面宣传政协为推进我区的社会主义民主政治建设和各项事业的发展做出的新贡献。我们通过拍摄《政协视窗》电视专题栏目、开通政协网站，积极争取在北京千龙网、丰台新闻和《新丰台》宣传政协，向市政协和区委、区政府报送社情民意反映，编辑《丰台政协工作通讯》等多种形式反映政协工作，进一步扩大了政协在我区政治生活中的影响。

2005年工作成绩的取得，是中共丰台区委的正确领导、市政协的指导、区政府的大力支持和各界委员共同努力的结果。但工作中还存在不足和差距，主要是：制度化、规范化、程序化建设需要进一步加强，专委会活动质量需要进一步提高。对此我们将在今后的工作中加以研究和改进。

2006年工作意见

2006年是我区“十一五”规划的起始之年,是全面贯彻落实党的十六大、十六届五中全会和区委九届七次全会精神的奋斗之年,也是七届区政协的总结之年。做好今年各项工作,对加快丰台区现代化新城区的建设和进一步推进人民政协事业的发展具有重要意义。在新的一年里,区政协要以邓小平理论和“三个代表”重要思想为指导,在中共丰台区委的领导下,认真学习中共十六大和十六届五中全会精神,贯彻落实科学发展观,紧紧抓住北京奥运机遇期,围绕区委、区政府中心工作,高举爱国主义和社会主义旗帜,把握团结、民主两大主题,坚持“与时俱进、开拓创新、求真务实、争创一流”的工作指导思想,不断提高政治协商、民主监督、参政议政的水平,努力为构建和谐社会和现代化新城区建设贡献力量。

一、认真学习贯彻中共十六大和十六届五中全会精神

深入学习贯彻中共十六大和十六届五中全会精神,是我们当前和今后一个时期首要的任务,要把学习全会精神同学习邓小平理论和“三个代表”重要思想、树立和落实科学发展观结合起来,同学习贯彻区委九届七次全会精神、落实区“十一五”规划结合起来,充分发挥政协人才荟萃的优势,调动一切积极因素,共同致力于丰台区现代化新城区建设的伟大事业。要把学习同推进区政协工作紧密结合起来,把全体委员的思想统一到十六届五中全会精神上来,切实推动人民政协事业不断发展。要通过双月学习座谈会、报告会、暑期学习班等多种形式,组织好委员的学习,主席会议和常委会要带头学习,努力学习科学理论,加强自身建设,推动政协工作。

二、深入开展调查研究,提高协商议政质量

在新的一年里,区政协要紧紧围绕我区“十一五”规划的贯彻实施建言立论。要按照与区委、区政府共同确定的政治协商议题,把政治协商作为重点工作来抓,把政协委员和各方面的力量凝聚起来,集中精力开展献计献策活动。要以“紧抓奥运契机,加快丰台区现代化建设”为总课题,以“因地制宜,发展物流产业”、“促进体育产业发展”、“加快城市化进程”为专题,深入开展调查研究,认真负责地进行研讨、协商,为区委、区政府科学决策提供依据。继续编辑《咨议建言集》,为我区各项建设事业献计献策。要围绕区委、区政府中心工作和群众关注的热点问题,对特色商业街、社区建设、社会福利和社会保障、城乡统筹教育改革、红十字法贯彻、城乡建设、民族宗教等方面工作进行视察考察,积极提出意见和建议。

三、加大民主监督力度,增强民主监督实效

认真落实区政协民主监督理论与实践研讨会成果,坚持行之有效的民主监督形式,探索和实践民主监督的有效途径。继续请区委、区政府领导向区政协常委、民主党派、工商联和各界代表人士通报全区政治、经济和党风廉政建设情况,在知情、明政的基础上提出意见和建议。加强政协建议案、提案办理过程中的民主监督和跟踪视察,使区政协的建议案和提案更好地发挥实效。进一步发挥财政小组和特约人员的监督作用,通过多种形式加大民主监督力度,积极推进我区民主政治建设。

四、为构建社会主义和谐社会做出新贡献

人民政协是中国共产党联系人民群众的重要纽带，争取人心、凝聚力量是新时期统一战线的根本任务，要突出团结、民主两大主题，充分发挥人民政协团结各界、凝聚力量的作用，加强民族宗教工作，增强民族团结和宗教和睦，积极促进民主党派、不同阶层、不同民族、不同信仰的各界人士在爱国主义和社会主义旗帜下的大团结、大联合。认真贯彻落实市、区关于建设和谐社区、和谐村镇的要求和区政协有关通知精神，积极主动地参与和谐社会建设。要通过各种形式反映社情民意、密切党和政府同各界群众的桥梁和纽带，充分发挥人民政协在构建社会主义和谐社会中的优势和作用。

进一步做好统战联谊工作，深入宣传“和平统一、一国两制”方针，为推动祖国和平统一大业而奋斗。

五、加强自身建设，努力提高工作水平

进一步强化常委会领导职能，努力提高常委会议政质量，加强常委会时事政治、经济科技、法律法规等各方面新知识的学习，以不断适应形势，提高工作水平。高度重视并充分发挥专委会的基础作用和委员的主体作用，进一步提高活动质量，为委员参政议政、知情出力创造条件，搭建舞台。进一步发挥委员的主体作用，增强委员的责任感和使命感，实施“履职四要”，即：要出席政协会议，要参加政协活动，要提交提案、建议，要报送社情民意信息。年底填报委员履职报告表。继续建立健全各项规章制度，推进区政协工作的制度化、规范化、程序化建设。区政协机关要加强干部的理论学习、思想教育，提高政治素质，引导机关工作人员钻研业务，扩大知识面，提高综合素质，进一步提升服务质量，把区政协各项工作提高到一个新的水平。要认真总结七届区政协的工作，为今后区政协工作提供借鉴和参考。

各位委员，新的一年里我区加快现代化新城区建设的新形势、新任务，对区政协工作提出了新的、更高的要求，也为开创人民政协新局面提供了机遇。让我们紧密团结在以胡锦涛同志为总书记的党中央周围，以邓小平理论和“三个代表”重要思想为指导，在中共丰台区委的领导下，同心同德，群策群力，求真务实，开拓创新，为推动我区现代化新城区建设做出新的贡献。

大 事 记

2005年丰台区大事记

1月

1日 第一次全国经济普查登记工作正式启动。全区千名普查员入户摸家底。

4日 中共丰台区委举行第九届委员会第五次全体会议(扩大)。

5日 北京市最后一个有证占路的方庄早市被撤除。

7日至10日 召开政协丰台区第七届委员会第二次会议。共收到提案148件。

8日至11日 召开丰台区第十三届人民代表大会第二次会议,与会代表275名。

13日 大红门天海服装批发市场失火,直接经济损失15万元。

16日 世界花卉大观园开园接待游客。

28日 全区召开第一批保持共产党员先进性教育活动动员大会。第一批先进性教育活动至6月23日结束。

2月

9日至15日 第五届北京莲花池庙会在莲花池公园举行。接待游客总人数220975人。

23日 全区12000名党员顶风冒雪深入千家万户进行防煤气中毒宣传。

26日 丰台区七万名党员走进251个社区、68个行政村,清洁环境卫生,清查安全隐患。

3月

8日 “保持共产党员先进性具体要求论坛”活动在工人俱乐部举行。

9日 一支由丰台区消费者协会、法律专家与律师事务所及政府多个部门组成的法律支持中心正式挂牌成立。

10日 市委副书记杜德印到丰台区调研先进性教育活动工作。

16日 中央督导组组长殷一璀一行到丰台区调研先进性教育工作。

26日 以“以人为本,共建绿色家园”为主题的共和国部长第四次义务植树活动,在永定河畔的老庄子乡举行。182名部长共栽1500多棵树木。

27日 北京市长王岐山到中国人民抗日战争纪念馆调研。

31日 区首家阳光社区矫正服务中心在东铁匠营街道成立。

4月

2日 全区5万军民参加首都第21个全民义务植树日活动。

7日 全国人大常委会机关义务植树活动在北宫森林公园的“人大绿化基地”举行。

9日 600多株象征着中韩人民友谊的白桦、云杉等名贵树木在中韩人民共同培植下,林立在丰台区北宫森林公园白桦沟景区。

▲ 区首个中学生心理社团—“心露社”在丰台二中成立。

12日 北京市常务副市长翟鸿祥考察北京森华人造板有限公司、北京克诺森华地板有限公司。

19日 北京市首家密闭式鲜肉批发大厅在岳各庄批发市场开张。

23日 市长王岐山来丰台区检查指导工作。

26日 平房院居民“一户一表”改造工程举行施工合同签字仪式。至年底，长辛店、南苑地区5254户居民年内用上新水表。

29日 首都经贸大学学生秦占丰在夏家胡同过街天桥阻止偷窃被刺身亡，市政府追授其“见义勇为”称号。

5月

11日 在易初莲花广场举行丰台区重点地区治安整治合作作战启动仪式，公安干警、城管队员、保安员、治保积极分子共500人和32辆警车整齐排开。

15日 区城市节水宣传周及流动节水宣传服务站启动仪式在太平桥街道大中电器城前举行。

同日 北京市首个专门针对流动人口实施科普教育和培训的基地—南方庄流动人口科普大课堂，在东铁匠营街道南方庄社区建成并正式投入使用。

18日 玉泉营立交桥下出土清代合葬墓。

19日 区委、区政府召开“丰台区城乡一体争创国家卫生区再动员大会”。

20日 副市长牛有成到花乡开展花卉调研。

28日 副市长刘志华到丰台区检查“七七”纪念活动的准备情况。

31日 区委书记王子生和区长张大力分别率队到部分困难儿童家庭和幼儿园，和孩子们一起欢庆“六一”儿童节。

同日 丰台区成立全市第一家法律服务协会。

6月

6日 区政府第十三次常委会专题研究创卫市容环境卫生问题。区长张大力在会上指出，要“举全区之力、集全区之智，实现争创国家卫生工作目标”。

7日 区委书记王子生、区长张大力等领导巡查全区高考考点。

17日 在岳各庄村召开了全区环境综合整治现场会。自6月10日起，已在岳各庄市场周边拆除违章建筑上万平方米。

18日 区第五届全民健身体育节开幕。

25日 举办丰台区首届“卢沟文化节”。

同日 在丰台实验小学举行社区青少年拒绝毒品启动仪式。

28日 在丰台区召开纪念中国共产党成立84周年大会上，20个基层党组织106名共产党员受表彰。

同日 全市最大社区图书馆落户草桥村，上万册图书免费供村民借阅。

7月

2日 区水务局正式挂牌。

4日 “宛平广场”、“卢沟桥广场”落成典礼。宛平城建成明清一条街。

5日 全国荷花展览会于该日至8月15日在莲花池公园举行，来自全国280多个优质荷花品种盛开。

同日 西藏拉萨市综治工作考察团一行十余人到丰台考察。

7日 《伟大胜利》大型主题展览在中国人民抗日战争纪念馆开幕。吴邦国、温家宝、贾庆林、曾庆红、黄菊、李长春、罗干等参观展览。

12日 市委书记刘淇来到大红门地区调研。

13日 第十三届北京学生科技节开幕式在东高地科技馆举行。

15日　丰台区第二批保持共产党员先进性教育活动开始启动,至11月17日结束。

16日　副市长刘志华到丰台区进行调研。

22日　中央巡回检查组组长郑斯林到丰台区检查第二批党员先进性教育活动开展情况。

23日　在西客站北广场举行了以"大力弘扬民族正气做见义勇为好市民"为主题的全区大型宣传活动。

28日　区人武部在北京卫戍区半年军事考核中以总评优秀的好成绩名列第一。

8月

1日　副市长牛有成检查新发地农副产品批发市场。

3日　市纪委书记阳安江到丰台区检查指导党务公开工作。

同日　从即日起,使用红、黄、蓝、绿四色量化考核全区治安秩序、经营秩序和市容环境。

12日　市委统战部长尤兰田到丰台区调研统战工作。

14日　胡锦涛参观纪念中国人民抗日战争胜利60周年大型主题展览。

15日　北京市国土资源局丰台分局召开成立大会,标志着北京市国土资源局丰台分局正式成立。

22日至24日　丰台区创建国家卫生区通过市爱卫会考核。

23日　市委副书记龙新民到丰台区调研人口和计划生育工作。

27日　举办第十九届卢沟桥"晓月苑杯"醒狮越野跑比赛。3000多名运动员参加比赛。

28日　纪念抗日战争胜利60周年大型交响音乐会在抗战雕塑园举办。

▲　丰台区投资2000多万元改建474座公厕。

9月

2日　举办"健康知识进农家、百场健康知识讲座"启动仪式。

3日　丰台区36名教师到延庆县,开始为期一年的农村支教工作。

▲　赵登禹雕像在北京市赵登禹学校正式落成。

5日　第五期"科技型中小企业技术创新国际研讨班"在北京IBI举行。

6日　中组部副部长、中央先进性教育活动领导小组副组长欧阳淞到丰台区调研指导流动党员先进性教育活动。

7日　北京市第13届种子交易大会在京丰宾馆举行。

同日　纪念中国人民抗日战争暨世界反法西斯战争胜利60周年《同一首歌》特别节目—《我的中国心》在卢沟桥广场举行。

8日　北京市首次公务员足球联赛在丰台大井天弓高尔夫球俱乐部举行。丰台区机关32个代表队、近千名公务员参与了"丰台城建开发杯"足球联赛。

11日　第四届丰台青少年文化节开幕。

15日　世界地热协会参观考察南宫村世界地热博览园。

16日　新华社摄影记者王岩在丰台区采访时意外坠亡,因公殉职。

16日至21日　首届卢沟桥中秋庙会举办,10万余游客参加。

16日至18日　第十三个"世界清洁日"中,丰台区开展了为期三天的以"统筹城乡发展、共创绿色家园"为主题的清洁城市系列活动。

19日至20日　北京市巡回检查组检查丰台区第一批先进性教育活动巩固和扩大整改成果及"回头看"工作。

19日　北京市党务公开试点工作汇报会在丰台区召开。市委副书记阳安江发表重要讲话。

20日 长辛店镇建成绿野田园休闲农场。

23日 宛平城地区成立爱心家园。

24日 长辛店镇举办第三届大枣采摘节。

10月

4日 北京市10家物美大卖场在方庄玉蜓桥店前开展“物美最爱国,百名员工献热血”活动,无偿献血97袋19400毫升。

▲ 由四环路大红门桥直通南五环的南中轴路二期通车。

11日 丰台区老干部养老院落成。

13日 北京市常务副市长翟鸿祥出席北京佑安医院改扩建工程奠基仪式。

14日 首都文明区考评组到丰台区进行考评。

16日 在西客站南广场开展了维护农民工劳动保障权益普法宣传活动。

18日 北京市国家安全局丰台分局成立。

20日 中国联航复航在南苑机场开通北京至无锡、哈尔滨和大连三条航线。

28日 “合作发展、共创未来—百家上市公司与科技总部新区战略发展峰会”在总部基地召开。

同日 北京市首条由村级投资1500万元修建的城市次干路双林东路正式通车。

11月

1日 市人大常委会主任于均波实地考察丰台区办理“海军军事训练大队吃水难、行路难”的情况,并表示满意。

同日 丰台区首次举办中学校园礼仪宣传教育交流展示会。

2日 青塔小区出土4尊石刻文物。

4日 丰台区第十三军休所军休干部陈荣超、杨玉仙夫妇捐款20万元兴建的内蒙古乌兰浩特市义勒力特镇“晨阳中心校”落成。陈荣超被授予“中华慈善奖”。

8日 市委副书记强卫到花乡检查指导先进性教育活动。

同日 中国人民解放军三0七医院在丰台区重新开诊。

9日至10日 “2005丰台经济合作与发展年会“召开。

17日 丰台区召开先进性教育活动总结大会。区委对全区第一、第二批先进性教育活动进行了群众满意度测评,满意率为99.06%。

▲ 联合国秘书长特使到丰台考察艾滋病防治工作。

18日 南苑乡成寿寺村撤销了村民委员会,同时成立四方景园社区。

24日 丰台区最后一条便民路—大红门北路便道铺装完工,至此全区便民路工程全部完成。

31日 丰台区医院首例心脏搭桥手术成功。

12月

10日 北京市丰台区公安消防支队成立。

11日 云岗空气检测子站收获了一个一级天,丰台区提前20天完成“蓝天”任务。

13日 区政府与国家开发银行签署开发性金融合作协议。

同日 农村自来水井网改造后,使卢沟桥等6村农民1.8万人喝上自来水。

20日 丰台出土一座小型金代石椁墓。

23日 区委召开九届委员会第七次全会。

政党　团体

中国共产党丰台区委员会

【概　况】 区委九届五次全会以来,在市委、市政府的领导下,坚持以邓小平理论和“三个代表”重要思想为指导,紧紧围绕建设现代化新城区的奋斗目标,切实加大以科学发展观统领经济社会发展全局的工作力度,促进了全区各项事业的全面发展,顺利完成了“十五”计划的各项任务,为“十一五”发展奠定了坚实的基础。

经济社会发展成效显著。地区生产总值预计达到373亿元,增长12.6%;财政收入18亿元,同比增长20%;科技园区技工贸总收入600亿元,增长33%;社会消费品零售额278亿元,同比增长5%;总部经济和高新技术产业、现代服务业、现代物流商贸业、房地产业、特色旅游业保持良好发展势头,三次产业的比重调整为0.2%、34.3%、65.5%;城镇居民人均可支配收入和农民人均纯收入分别增长12.5%、6%,城镇登记失业率为3.05%;科技、教育、文化、卫生、体育等社会事业全面发展,人口与计划生育工作取得新成绩。

城市建设与管理力度加大。总部基地、大红门特色商业区、河西地区等重点区域建设加快。南中轴大容量公交示范工程顺利完工,续建的城市主干路、次干路,有的已经竣工,有的正在抓紧建设,有的正在征地拆迁;年度便民道路改扩建工程全部竣工。重点道路储备工作比较充分。宛平广场、卢沟桥广场建设和宛平城大街两侧改造任务圆满完成。水系治理、绿化美化、控制污染工作成效明显。危旧房改造取得新的进展,“城中村”整治进展顺利。市容环境卫生管理体制改革成绩突出,全区城乡一体创卫工作取得阶段性成果,顺利通过北京市考核验收。

各项改革工作不断深化。认真贯彻北京市第五次城市管理工作会议精神,完成了市政府《折子工程》涉及我区的17项工作任务,逐步理顺了政府专业管理部门、街道办事处和社区的工作关系,推动了政府职能到位、街道和社区功能归位。结合实际推广网格化管理新模式,有效提升了城市管理水平。城乡二元管理体制改革试点任务顺利完成。截止目前,已有56个村完成社区股份合作制改制任务,占全区总村数的80%。乡级集体资产产权制度改革正在开展。行政审批制度改革、财政和投融资体制改革、国有资产管理体制改革有了新进展。

精神文明建设得到加强。开展创建国家卫生区、国家生态示范区、全国双拥模范城和首都文明城区活动,争创首都文明城区工作已接受考核评估,正在进行综合测评。开展纪念抗战胜利60周年系列活动，民族精神和时代精神得到发扬。公民思想道德实践活动蓬勃开展，“社会公德到社区、职业道德在岗位、家庭美德进家庭”宣传教育活动成效明显。未成年人思想道德教育、流动人员公德教育、文明礼仪教育活动普遍开展，群众性精神文明创建活动广泛深入，进一步提高了市民文明素质和城市文明程度。全民国防教育工作取得新的发展和进步。

民主法制建设取得新进步。按照科学执政、民主执政、依法执政的要求，依照法律和章程支持人大、政府、政协和人民团体充分发挥职能作用，民主政治建设取得了新的成绩。民主党派和民族、宗教、侨务及对台工作扎实活跃。普法工作深入开展，干部群众的法律意识和法制观念不断增强。坚持依法行政，扩大基层民主，深化政务公开、村务公开、厂务公开，积极推进司法改革，加强和改进政法工作，依法治区工作成效显著。

和谐丰台建设扎实推进。从建设和谐社区和谐村镇入手，认真解决人民群众切身利益问题，促进了和谐社会建设。就业规模逐步扩大，企业和劳动者双向选择的市场就业机制初步形成，职业技能培训取得明显成绩。统筹城乡的社会保障工作取得初步进展。坚持人民内部矛盾纠纷排查调处各项工作制度，强化基层基础工作，控制并减少了越级群体访。严厉打击刑事犯罪，深化社会治安综合治理，深入开展与“法轮功”邪教组织的斗争，社会治安形势总体平稳。加大消防安全、生产安全、交通安全、公共安全的工作力度，有效保障了人民群众的生命财产安全。

党的建设进一步加强。集中开展以学习实践“三个代表”重要思想为主要内容的保持共产党员先进性教育活动，着力解决存在的突出问题，基本实现了“提高党员素质、加强基层组织、服务人民群众、促进各项工作”的目标。坚持用科学的理论武装头脑，认真贯彻执行民主集中制原则，加强了各级领导班子建设。深化干部人事制度改革，加强干部培养、选拔和管理工作，促进了干部工作制度化、规范化和程序化。深入开展农村“三级联创”活动和街道社区“双争创”活动，加强企业、机关、教育、卫生系统和“两新”组织党建工作，推进了基层党建工作创新。认真贯彻执行党风廉政建设责任制，落实健全教育、制度、监督并重的惩防体系的各项任务，加强了党风廉政建设和反腐败工作。

（郑经杰）

【召开区委九届五次全会】 1月4日，区委九届五次全会在区委、区政府大楼三层报告厅召开。王子生同志受区委常委会委托，向全会作了题为《用科学发展观统领经济社会发展全局，进一步提高丰台区现代化新城区建设水平》的工作报告，报告共分八个部分：一、关于2004年工作的基本评价；二、关于2005年工作的总体要求；三、努力提高领导发展的能力，促进区域经济社会全面协调可持续发展；四、大力加强城市建设和管理，加快现代化新城区建设步伐；五、坚持和发展人民民主，努力建设区域政治文明；六、大力发展先进文化，努力建设区域精神文明；七、坚持以人为本，努力促进区域社会和谐；八、以提高执政能力为重点，全面推进党的建设。会议审议通过了工作报告和《中共丰台区第九届委员会第五次全体会议决议》。区人大、区政府、区政协正处实职以上领导，区纪委委员，各单位党政一把手，区党建巡视员列席了会议。

（郑经杰）

【召开全区先进性教育活动动员大会】 1月28日上午，丰台区保持共产党员先进性教育活动动员大会在区委党校大礼堂召开，王子生同志作了动员讲话，他全面、深刻地阐述了开展保持共产党员先进性教育活动的重大意义，并结合丰台区实际，对开展保持共产党员先进性教育活动进行了部署，强调指出，要认真贯彻先进性教育活动的指导思想，牢牢把握“四个一”的总体要求;要准确把握“四句话”目标要求,务求达到先进教育活动的预期目的;要全面落实“五个坚持”原则,努力推进先进性教育活动积极稳妥地进行;要严格执行“两个批次、三个阶段”的总体安排和方法步骤,高标准、高质量开展先进性教育活动;要切实加强组织领导,确保先进性教育活动取得扎扎实实的成效。市委督导组组长郑绪军代表市委督导组作了重要讲话,充分肯定了区先进性教育活动的准备工作和计划安排,并就下一阶段工作提出了希望和要求。会议由刘云广同志主持,市委督导组成员,区领导张大力、杜瑞琴、初建华、阎满成、陈继平、李明圣,各单位党政一把手参加了会议,

(郑经杰)

【区四套班子领导成员走访慰问驻区部队】 1月2日上午,区委、区人大、区政委、区政协四套班子领导同志,走访慰问了总后直供局、公安消防总队三支队、海军装备研究院、武警三师、总装装工院、北京军区联勤部六分部、总政八一厂、总参三部三局、空军南苑场站、武警二师、空军设计研究局等驻区部队。区委办、区人大办、区政府办、区政协办、区民政局、区武装部、区文明办、区人事局、区劳动保障局等相关部门负责同志参加了慰问活动。

(郑经杰)

【区委召开维护社会稳定工作紧急会议】 4月9日晚,区委召开紧急会议,传达贯彻市委市政府9日晚两次紧急会议精神,就做好10日国际马拉松比赛沿线和近期首都安全稳定工作进行了部署。区领导王子生、张大力、阎满成、王苏维、李明圣、万文艺、吕仕杰、罗洁,各街乡镇党政“一把手”,区委政法委、区综治办、610办、公安分局、交通支队、城管大队、教委、商务局、卫生局主要负责同志参加了会议。

(郑经杰)

【召开区委常委专题民主生活会】 4月14日下午,区委常委保持共产党员先进性教育活动专题民主生活会在区委区政府大楼三层第一会议室召开,王子生同志主持。会上,区委常委成员对照“三个代表”重要思想、保持共产党员先进性基本要求和具体要求、党员领导干部基本条件,结合广泛征求到的意见,认真查找了常委集体和个人在理想信念、廉洁自律、工作作风、精神状态等方面存在的问题,并进行了深刻剖析。同时,班子成员之间还相互开展了批评与自我批评。中央督导组和市委督导组对这次民主生活会给予了充分肯定。中央督导组张岚、王元兵同志,市委督导组郑绪军、焦明宇同志,市委组织部和纪委有关负责同志参加了会议。

(郑经杰)

【召开九届区委第五十四次书记办公会议】 5月20日下午,九届区委第五十四次书记办公会议在区委区政府大楼八层第六会议室召开,王子生同志主持。会议讨论《丰台区村级新型集体经济组织民主管理若干暂行办法》;讨论《区委常委会开展保持共产党员先进性教育活动整改方案》;听取区委宣传部《关于纪念中国人民抗日战争暨反法西斯战争胜利60周年活动的安排》;传达北京市区县经济和社会协调发展绩效评价工作有关精神及《2004年丰台区经济和社会协调发展绩效评估结果》;传达北京市关于推广东城区城市管理新模式的有关精神。

(郑经杰)

【召开环境整治现场会】 6月17日上午,丰台区召开岳各庄地区环境整治现场会,副区长李昌安总结了岳各庄村推进环境整治的主要做法,区委副书记刘云广对全区下一阶段环境整治工作做出部署并充分肯定卢沟桥乡岳各庄村环境整治工作取得可喜成绩,要求各单位认真学习借鉴岳各庄村经验,加大工作力度,重点把握“四个结合”,即党政一把手亲自抓与实施强势领导有机结合;发挥村委会自治功能与发挥行政执法主体的执法功能有机结合;宣传群众、依靠群众和教育群众有机结合;集中整治与建立长效管理机制有机

结合，坚决打赢环境整治这场攻坚战。杜瑞琴、陈继平、李明圣等区领导，有关委办局、乡（镇）领导，部分村干部，一同检查了岳各庄村环境整治情况并参加现场会。

（郑经杰）

【市委书记刘淇到丰台视察工作】 7月12日下午，市委书记刘淇同志到丰台区视察工作，实地察看了大红门地区旧村改造和来京务工人员经商生活情况，听取了丰台旧村改造工作情况汇报。刘淇同志在充分肯定近年来丰台区经济社会发展所取得的成绩后强调，要坚持科学发展观，创新发展思路，明确区域功能定位，进行产业规划，大力发展优势产业，把大红门地区建成中国北方服装集散地，使服装产业成为丰台区经济发展的新亮点，实现城乡统筹协调发展。市委副书记强卫，市委常委、秘书长孙政才，副市长吉林及区领导王子生、张大力、李明圣陪同调研。

（郑经杰）

【中央巡回检查组来丰台检查】 7月22日，中央巡回检查组组长郑斯林及巡查组成员在市委组织部副部长朱秉春等人的陪同下到丰台区检查指导先进性教育活动，在听取了王子生、刘云广同志关于第二批单位先进性教育活动开展情况汇报及花乡党委的典型发言后，就如何加强基层党组织建设、发挥基层党组织作用等问题进行了研讨。下午，中央巡回检查组一行到草桥世界花卉大观园、抗日战争纪念馆和卢沟桥参观。

（郑经杰）

【阳安江到丰台区检查指导工作】 8月3日上午，市委副书记、市纪委书记阳安江到丰台区检查指导工作。王子生同志汇报了区经济发展和区委重点工作情况，陈继平同志就全区党风廉政建设和反腐败工作特别是党务公开工作进行了汇报。阳安江对丰台区进一步推进党务公开工作提出了三点要求：一要明确指导思想，进一步提高认识；二要进一步规范公开内容、程序、形式，通过试点摸索出具体的操作办法；三要注意对公开效果和成效进行研究，明确通过公开所要达到的目标，避免流于形式。

（郑经杰）

【召开上半年经济形势分析会议】 8月4日上午，区委区政府召开上半年经济形势分析会议，会议传达学习了市委市政府2005年上半年经济形势分析会议精神，动员号召全区广大干部群众进一步把思想统一到市委市政府上半年经济形势分析会议精神上来，团结、奋斗、创新，确保完成年初所确定的各项工作任务。王子生同志就做好全区后五个月工作，要求全区上下以更加坚定的信心，更加饱满的热情，更加扎实的作风，抢抓机遇，迎接挑战，努力开创现代化新城区建设的新局面，张大力同志就抓好经济工作讲了话。

（郑经杰）

【市委副书记强卫参加榆树庄村观摩会】 8月17日上午，市委副书记强卫参加了丰台区花乡榆树庄村保持共产党员先进性具体要求大讨论观摩会，并就开展好第二批先进性教育活动提出了三点要求：要认真贯彻落实科学发展观；要积极推进社会主义和谐社会建设；要加快郊区城市化进程。区领导王子生、张大力、刘云广、闫小彦、杨逸铮陪同参观了榆树庄村新貌。

（郑经杰）

【王子生同志到街道、乡镇调研】 8月以来，王子生同志到马家堡、右安门、方庄、西罗园、南苑街道、南苑乡等地对第二批先进性教育活动情况进行调研。王子生同志强调，各街道、乡镇保持党员先进性教育活动要“真抓”、“真做”，“一把手”是第一责任人，必须理论联系实际，两方面不可分割；要与时俱进，为人民服务，树立以人为本的发展理念；通过先进性教育活动，使我们的社会保持健康状态，构建和谐社会的科学发展观；要解决好困难党员的学习问题，所有党员要用“三个代表”重要思想武装自己；要研究共产党员先进性教育活动的长效机制,加快构建和谐社区、和谐村镇的步伐。区领导刘云广、杨逸铮、李明圣参加了调研活动。

(郑经杰)

【召开北京市党务公开试点工作汇报会】 9月19日下午,北京市党务公开试点工作汇报会在丰台区召开,丰台区、海淀区、大兴区分别汇报了开展党务公开工作情况。陈继平同志介绍区推进党务公开工作试点的经验和做法。市委副书记、纪委书记阳安江同志对丰台区给予了充分肯定,并对下一步工作提出要求:(1)要明确指导思想,深刻认识开展党务公开工作的重大意义;(2)要规范公开事项,积极稳妥推进党务公开试点工作;(3)要注重公开成效,确保党务公开发挥作用;(4)要健全工作机制,切实加强对党务公开工作的领导。区领导王子生、杨逸铮及全市各区县主管党务公开工作的领导同志参加会议。会议由市委组织部副部长朱秉春主持。

(郑经杰)

【召开建设和谐社区和谐村镇工作会议】 10月14日下午,丰台区建设和谐社区和谐村镇工作会议在区委区政府一号楼三层报告厅召开。会议深入学习贯彻北京市局以上领导干部构建社会主义和谐社会研讨会精神,研究部署全区建设和谐社区和谐村镇工作,制定了《关于贯彻市委市政府建设和谐社区和谐村镇若干意见的实施意见》,王子生同志就如何宣传贯彻落实好市、区会议精神讲了话,强调指出,要认真学习有关文件,深刻认识构建社会主义和谐社会的重大意义,更加自觉地把和谐社会建设摆在重要位置来抓;要坚持四位一体,努力构建和谐丰台;要精心抓好基层,全力打牢基础;要转变政府职能,健全体制机制;要解决突出问题,确保安全稳定;要切实加强领导,促进区域和谐。区领导张大力、杜瑞琴、杨逸铮、李明圣、闫傲霜、罗洁、李昌安、鲍顺新参加了会议。

(郑经杰)

【区安全工作提出“六个必须”】 11月1日上午,召开区安全工作专项整治会议,部署冬季防火、防煤气中毒专项整治工作。王子生同志强调:抓好今冬明春的“两防”工作要做到“六个必须到位”:各级党政组织、各级领导干部的思想认识必须到位;发动群众必须到位;企事业单位法人履行安全生产法定责任必须到位;“两防”整治工作要到位;领导责任必须到位;应急救援准备工作必须到位。各单位要结合实际制定措施,抓好“两防”专项整治工作,力争使全区火灾和煤气中毒事故大幅下降。汪洪同志对全区冬季两防专项整治工作进行具体部署。此次专项整治从11月1日至11月30日分三个阶段开展。

(郑经杰)

【召开先进性教育活动总结大会】 11月17日,丰台区保持共产党员先进性教育活动总结大会在区委党校礼堂召开。会议对全区开展保持共产党员先进性教育活动进行了总结。1月28日始,近一年时间,分两批在全区党政机关、企事业单位、城市基层和农村的3098个基层党组织,74538名共产党员中,集中开展了以学习实践“三个代表”重要思想为主要内容的保持共产党员先进性教育活动。在区委的领导下,全区各级党组织紧紧抓住学习实践“三个代表”重要思想这条主线,牢牢把握“关键是要取得实效”和“成为群众满意工程”的要求,紧密结合丰台区现代化新城区建设的实际,坚持正面教育、自我教育,充分发扬党内民主,坚持走群众路线,坚持做到边学边议、边整边改,取得了比较明显的成效,有力地推动了全区经济和各项事业的发展。中央、市委督导组和巡回检查组对此给予了充分肯定。会议由区委副书记刘云广主持,市委巡视组组长曹增森、副组长尹双曼,区领导王子生、张大力、杜瑞琴、刘云广、陈继平、闫小彦、李明圣、吕跃进出席。

(郑经杰)

【召开九届区委第七十七次党委会议】 12

月28日下午，九届区委第七十七次常委会议在区委区政府大楼三层第一会议室召开，王子生同志主持。会议研究《王子生同志在区委九届八次全会上的工作报告》（征求意见稿）和《区委九届八次全会决议》（草案）、区委九届八次全会有关事宜、在区第十三届人大第三次会议上《关于丰台区国民经济和社会发展第十一个五年规划纲要草案的报告》（征求意见稿）、《关于丰台区2005年国民经济和社会发展计划执行情况与2006年国民经济和社会发展计划草案的报告》（征求意见稿）以及《关于丰台区2005年财政预算执行情况和2006年财政预算草案的报告》（征求意见稿）。

（郑经杰）

组织工作

【概　况】　坚持以邓小平理论和“三个代表”重要思想为指导，全面贯彻落实党的十六届四中、五中全会精神，全年集中力量深入开展了保持共产党员先进性教育活动。结合加强党的先进性建设的要求和先进性教育活动的开展，坚持把思想政治建设作为领导班子建设的首要任务，强化理论武装和能力建设，不断优化班子结构，进一步提高了领导班子和领导干部队伍的思想政治素质和执政能力。贯彻落实中央《深化干部人事制度改革纲要》和5+1文件精神以及市委实施意见精神，重点加强党的执政能力建设，以有利于激活选拔机制、激发干部热情和激励人才成长为目标，坚持制度创新，健全和完善干部管理各项机制，在扩大干部选拔范围、推进企事业单位干部人事制度改革、建立科学考核评价机制、健全干部信息管理系统、加大后备人才培养力度等方面进行了积极探索。全年积极推进基层组织建设创新，适应新形势、新变化，紧密结合党员先进性教育活动的开展，坚持“围绕中心、服务大局、拓宽领域、强化功能”的要求，突出抓基层、打基础的工作重点，针对基层党组织和党员教育管理发展建设中存在的突出问题，建立和完善机制，积极研究探索新方法、新途径，有力推进基层党建工作创新，不断增强基层党组织的凝聚力和战斗力。有效开展干部培训和拓展人才工作。

（刘旭增）

【开展党员思想状况调查】　年内，全区开展了第三次党员调查，召开了专题座谈会5次，进一步摸清了党员队伍结构，掌握了离退休党员、下岗失业党员、流动党员、新经济组织中的党员等各类党员的情况，分析归纳了九个方面的突出问题，主要表现在：有些党员法制观念和纪律观念差，损害城市管理秩序的行为时有发生，在群众中产生了不良影响；有些党员干部事业心和责任感不强，工作作风不扎实，影响了区委、区政府重要工作部署的落实；有些党员干部以人为本的意识和宗旨意识树立得不牢固，脱离群众的问题比较突出，甚至与民争利、侵害群众利益；有些党员领导干部驾驭复杂局面、解决复杂矛盾的本领不大，综合素质和能力同现代化新城区建设的任务、要求不相适应；有些党员领导干部缺乏求真务实、艰苦奋斗、真抓实干的精神，有的推诿扯皮、办事拖拉；有些基层党组织对基层民主政治建设、先进文化建设及和谐社会建设重视不够，发挥自治组织作用、解决城市管理中的突出问题不力；有些基层党组织不善于做新形势下的群众工作，关心群众、服务群众、教育群众、引导群众不够，影响了党群干群关系等等。通过调研，做到了对党员队伍的结构和特点心中有底，对近年来加强党员思想作风建设取得的成绩心中有底，对党员和基层党组织存在的问题及其原因心中有底。

（刘旭增）

【扎实开展党员先进性教育活动】　年内，按照中央关于开展先进性教育活动的指导思想、目标要求、基本原则和方法步骤，1月28

日始,近一年时间,全区分两批集中开展了保持共产党员先进性教育活动。3098个基层党组织和74538名共产党员参加了教育活动;研究制定了全区先进性教育实施意见和各阶段的实施方案,细化每一阶段的工作流程图、活动日程表和检查验收标准,做到了教育内容不少、关键环节不减、检验标准不降。成立了区委先进性教育领导小组及办公室,建立了41个督导组和7个巡回检查组,切实做到了机构、人员、办公条件、经费“四落实”,使整个教育活动始终做到有章可循、有序开展。针对各阶段及重点环节,加强工作指导,及时研究解决教育活动中带苗头性、倾向性的问题,制定有效措施,保证了教育活动的健康发展。编发简报202期、专报142期,及时反映好的做法和经验,推动了教育活动的深入开展。通过丰台有线电视、新丰台报、区政府网、政务公开栏等载体,把各单位整改情况置于群众监督之下,保证了教育活动不走过场、不走形式。

(刘旭增)

【创新先进性教育活动的形式和内容】 在教育活动学习动员阶段,确保了集中学习的时间,完成必读篇目,并开展了讲党课、作形势报告、组织优秀共产党员先进事迹报告会、论坛、征文、故事会、文艺演出等活动,增强了学习效果;在分析评议阶段,认真抓好七个环节,坚持开门搞教育,充分调动广大党员、群众参与教育活动的积极性,密切了党群关系,帮助参学对象较全面、深入地找到了自身存在的问题;整改提高阶段,认真抓好整改措施的制定和落实,而且重视把整改贯穿于各项工作中去。

(刘旭增)

【开展系列实践活动】 在开展先进性教育活动中,组织了一系列特点鲜明、成效明显的主题实践活动,召开各类座谈会1414次,召开组织生活会704次。围绕“树立新形象,倾心为群众,贡献在丰台”主题,把教育活动与化解矛盾、扶弱帮困结合起来,广泛开展“党的温暖送万家”活动,走访生活困难的党员、群众9366户,发放慰问金451万元;与维护区域安全稳定结合起来,开展了“保持党员先进性,万人入户送安全”实践活动;与争创全国卫生区和首都文明城区结合起来,开展了“清理环境卫生,服务人民群众,迎接全国两会”实践活动,真正把学习教育成效体现在实际行动上。全区处级以上党员领导干部上党课433次,在基层单位建立联系点1052个,实施暖心工程、凝聚工程和爱心工程。按照全区统一部署,参加第一批先进性教育活动的单位,针对自身存在的突出问题,共确定整改项目18720项,取得了较为明显的成效。

(刘旭增)

【有效发挥党支部作用】 基层党支部在先进性教育活动中担负教育管理党员和监督党员干部的重要地位和作用。区委利用以会代训、经验交流、观摩学习等不同形式,先后举办了4次培训班,组织党支部书记学习领会中央和市、区委的工作精神,交流工作经验,统一思想认识,明确职责任务,树立直接责任人意识,激发工作的主动性和创造性,使批评之成为先进性教育活动的“明白人”和“带头人”。区委先进性教育活动办公室及时编印下发党支部先进性教育活动指导手册,规范教育活动各阶段的工作流程,使先进性教育活动各阶段规定动作不走样,自选动作有特色。各党支部按照区委先进性教育活动领导小组“四有”、“六查”的要求,做到了学习有计划、有记录、有总结、有考勤;查出勤、查学习心得、查党性分析材料、查整改措施的制定、查整改措施的落实、查党员领导干部的带头作用,不仅推动了先进性教育活动的扎实开展,也为建立教育管理党员的长效机制提供了新鲜经验。

(刘旭增)

【群众满意度测评结果】 11月17日,全区召开大会,通报全区开展保持共产党员先进性教育活动的总体情况,并进行了群众满意度测评。区委常委、区委先进性教育活动领导小组成员、区委巡回检查组组长、督导组组长、区属各单位党政一把手、先进性教育活动主管领导、区纪委委员、民主党派和群众团体负责人、无党派人士代表、部分党代表、人大代表、政协委员、老党员、老干部、基层党员群众代表共214人参加大会并进行测评。发出测评表214张,回收213张,弃权1张。其中,"满意"205张,占95.79%;"比较满意"7张,占3.27%;"不满意"1张,占0.47%;"弃权"1张,占0.47%。群众满意率达到99.06%。

(刘旭增)

【基层党组织负责人培训】 年内,举办了社区党组织书记培训班,先后组织26名街道、乡镇及主管部委负责人参加了市委组织部举办的"基层党建工作创新培训示范班"学习。进一步健全完善了社区、农村"两委"组织、非公经济组织、建国前老党员和困难党员等5个基础信息库,为进一步改进党员教育管理和服务工作奠定了基础。

(刘旭增)

【深化"三级联创"】 年内,围绕"两个创新"和推进城市化的中心任务,修改完善了丰台区2005年农村基层组织建设"五个好"乡镇党委考核评估实施办法,进一步修订完善了区创建工作责任书。围绕农村"三级联创"阶段性的6项重点工作和《丰台区新型集体经济组织民主管理暂行办法》、《关于进一步完善村务公开和民主管理制度的意见》两个文件的落实情况,先后对南苑乡等5个乡镇进行了督查,有力地指导了乡镇开展争创工作。在总结近年来农村基层党建工作"两个创新"经验的基础上,开展了乡镇体制改革党建专题的调研,形成了《丰台区乡镇机构综合改革的调研报告》,为下一步乡镇体制改革提供决策建议。

(刘旭增)

【街道社区"双争创"活动】 年内,落实北京市第五次城管会精神,围绕城市管理体制改革的要求,完善社区党建综合工程,研究下发了《2005年街道社区党建工作要点》。对东铁匠营街道管理体制改革试点工作方案和《西罗园街道工委关于参与政府专业部门派出机构干部管理的实施办法》以及和义街道和义东里三社区党委工作经验进行指导完善。会同区纪委、民政局等部门对街道社区"双争创"活动进行了综合考评验收,研究完善了考评标准体系。对社区"两委"换届工作进行了调研,形成调研报告,对社区党组织换届工作提出了指导性意见。

(刘旭增)

【流动党员教育管理信息化】 年内,在认真总结全区流动党员教育管理三种模式的基础上,重点围绕大红门地区流动党员的教育管理,积极探索通过信息化网络功能,加强对流动党员的教育管理服务。建立了丰台区流动党员教育管理服务中心,开办了丰台区流动党员之家网站,实现了教育基地化和网络外延化的两大功能,通过组织辖区流动党员培训、举办专题讲座、网上学习交流,扩大教育覆盖面,在提高流动党员素质的同时,增强社区党组织的凝聚力和影响力。

(刘旭增)

【公开选拔处级领导干部】 年内,执行《党政领导干部选拔任用工作条例》和《公开选拔党政领导干部工作暂行规定》,按照职位职责需要选拔干部,对每一个职位的职责、履职要求进行分析,明确各公选岗位履职所必备的知识结构、专业水平、能力和工作经历等方面要求。坚持以能力测试与知识水平测试的有机结合,依托北京市双高人才中心,科学设计考试的内容和方法,通过综合笔试、结构化面试、心理素质测试、文件框处理等方式对参考人员综合素质和专业能力进行了全面的考核检验,共有11名干部通过公开选拔走上副处级领导岗位;加强公选干部岗前培训,量身定做个性化培训课程,使之更快地转变角色、更好地适应岗位需求。研究制定《丰台区公开选拔副处级领导干部跟踪考察办法(试行)》,加强对公选干部的跟踪考察,切实提高公开选拔工作的质量。

(刘旭增)

【推进企事业单位干部人事制度改革】 年内,坚持干部分类管理,会同区国资委研究制定了区属国有(集体)及国有控(参)股企业负责人管理办法,明确职责分工和权限,建立健全国有企业负责人选任、监督、激励机制,进一步规范企业负责人管理工作,逐步实现管人、管事、管资产的有机统一。深化区属事业单位干部制度改革,积极探索在事业单位实行行政副职聘任制的有效机制。在区环卫中心成功进行了行政副职空缺职位领导干部竞聘上岗工作试点,制定了区属事业单位行政副职实行聘任制的办法,进一步明晰了区委组织部和聘任单位在行政副职管理、监督、考核、奖惩方面的权限与分工,强化了事业单位一把手在人事聘用、班子管理方面的职权与职责,并在区广电中心副主任空缺职位竞聘上岗工作中进行了推广,初步探索出区属事业单位行政副职能进能出、职位能上能下,有利于人才脱颖而出的管理机制。

(刘旭增)

【完善领导干部绩效考评体系】 年内,以实现职责管理为重点,整合各类考评资源,逐步完善组织部门牵头、综合部门参与、群众广泛参加的领导班子和领导干部考核评价组织结构。针对正副职领导干部应具备的不同素质和能力水平,以及不同考评主体对正副处级领导干部的认知和认同程度不同,设立了两套民主测评要素加以区分并交叉使用。对上级考下级、同级互评和下级评上级三种测评形式,确定不同的评价要素和权重比例。结合街道、乡镇领导班子职责和功能特点,完善街道、乡镇领导班子的考评体系,强化街乡领导班子的社会管理与服务职能。充分考虑各单位在工作环境、工作数量、难易程度等方面存在的差异,明确权重比例,量化考核标准,实现领导班子和领导干部考核工作的科学化。

(刘旭增)

【开展各类干部培训】 年内组织区级领导干部24人次参加了市级以上部门举办的局级进修班、新任局级班、局级女领导干部班、专题培训班、境外培训班的学习。先后举办了“政府管理与创新”、“构建社会主义和谐社会”处级领导干部理论进修班、新任副处级干部任职培训班1期和公选干部任职培训班1期,组织59名处级领导干部到上海、香港学习培训,收到了较好的培训效果;举办了中青班、组工干部培训班、党外干部培训班各1期;选送9名街乡系统副处级干部到北大进修学习。全年共培训领导干部308人。

(刘旭增)

【调整交流干部】 年内,优化领导班子结构工作,激发班子活力,增强班子整体功能。全区共调整干部94名,其中提拔34人,交流轮岗32人,核定非领导职务10人,改任13人,免职5名。通过调整,领导班子的结构进一步得到改善。

(刘旭增)

【经常性干部监督管理力度】 年内,制定《干部监督联席会议规定》,会同区纪委、检察院、人事局、审计局、信访办、国资委等部门围绕加强对党政领导干部监督管理工作,沟通信息,交流情况,研究问题,提出意见和建议。强化领导干部任前谈话、试用期考察、重大事项申报、离任审计、12380监督专线、群众信访接待等专项工作。全年共安排领导干部任前谈话66人次,干部改任、退休前谈话40人次,对1名在离任审计中发现问题的领导干部进行了组织处理。

(刘旭增)

【人才管理】 年内,按照树立科学人才观的要求,完善优秀人才评选管理办法。对原有《丰台区有突出贡献专家和优秀青年知识分子选拔管理办法》进行了修订完善。新办法适应新形势的要求,坚持唯才是举。评选范围扩大到非公领域,充分体现党管人才原则;评选条件坚持“四个不唯”,突出和谐社会的构建;评选程序由传统体制内推荐延伸到署名推荐和自荐,突出社会公认的原则。认真做好人才资助工作,通过积极争取,全区申报的科技孵化产业中高级专业管理人才培养集体项目得到市委组织部的大力支持,获得专项资助资金40万元,将用于科技园区人才培养工作。

宣 传 工 作

【概　况】 年内,丰台区宣传思想工作坚持以邓小平理论和“三个代表”重要思想为指导,以先进性教育为契机,认真宣传贯彻区委、区政府的重要工作部署,紧紧围绕建设现代化新城区的战略目标,把握正确的舆论导向,加强对改革发展与稳定各项政策的宣传,大力宣传全区各条战线发展的新思路、改革的新突破、开放的新局面、工作的新举措。制订下发《2005年丰台区领导干部理论学习安排意见》和《2005年区委理论学习中心组学习计划》,进一步改进中心组学习的方式,全年共组织中心组学习集中学习8次、参观学习1次、辅导讲座11次、交流学习体会1次,编印《学习参考》14期。坚持处级领导干部系列讲座制度。完成2004年“丹柯杯”优秀研究成果的参评推荐工作。宣传报道始终站在时代前列,自觉实践“三个代表”要求,切实加强和改进党的作风,受到群众拥护的劳动模范、先进基层党组织和优秀党员,宣传先进性教育活动的做法、经验和成效,为先进性教育活动营造良好的舆论氛围。与北京市委讲师团联合录制《保持共产党员先进性,加强党的执政能力建设》系列访谈光盘。宣传总结云岗、王佐“街镇同唱一首歌”构建和谐社会特色文化活动,组织南宫构建和谐大社区主题策划宣传,并推出系列报道。纪念抗日战争胜利六十周年暨反法西斯胜利六十周年,组织开展了“伟大胜利”“同一首歌”“交响音乐会”卢沟晓月中秋庙会等一系列大型活动。加强区内媒体建设,围绕发展新丰台建设新城区这一主题,加大新闻宣传力度。改版《新丰台》报,强化丰台新闻网的目标定位,营造加快城市化进程建设的舆论氛围。

(徐　光)

【理论学习成果交流】 年初,将全区处级干部加强基层执政能力建设学习体会优秀文章汇集出版;配合市委宣传部组织2004年“丹柯杯”优秀研究成果的参评推荐工作,全区共上报理论文章7篇;报送市委宣传部局级领导干部参评理论文章17篇;报送“灵山杯”优秀报告评选参评报告8篇。

(徐　光)

【组织系列教育光盘首发式】 2月,举行《保持共产党员先进性,加强党的执政能力建设》系列访谈光盘首发式,中共北京市委宣传部领导以及北京市18区县主管理论工作的副部长参加了首发式。此套光盘针对干部群众最关心的热点理论问题,采用访谈的形式,通过专家、学者深入浅出的讲解,为广大干部群众作全面、系统、深入而又生动的辅导,对于干部群众准确理解“三个代表”重要思想的科学内涵和十六届四中全会的精神实质,切实开展好先进性教育活动、加强党的执政能力建设起到了积极的引导作用。

(徐　光)

【推进区、处两级理论中心组学习】 年内,结合现代化新城区建设实际,以树立和落实科学发展观为重点,以素质与能力提高相结合安排中心组学习内容,对全区理论学习工作提出了具体要求,及时掌握处级理论中心组的学习情况。共组织区委中心组学习21次,为全区副处以上实职领导干部作理论辅导报告8次。

(徐　光)

【先进典型宣传】 5月,宣传总结云岗、王佐“街镇同唱一首歌”构建和谐社会特色文化活动,组织南宫构建和谐大社区主题策划宣传,并推出系列报道,在多家市级媒体刊发播出,并组织新闻发布会。对推动构建和谐社会,加强精神文明建设工作起到了积极的引导作用。

(徐　光)

【开展“知丰台、爱丰台”宣传活动】 6月,结合中央和北京市开展中国人民抗日战争胜利六十周年的纪念活动的有关部署,推出“知丰台、爱丰台、建丰台”一日游宣传教育活动。提出绿色农业生态游”、“鲜花之旅”、“人民必胜,国旗飘扬”(之一)、“人民必胜,国旗飘扬”(之二)等4条旅游线路,展示丰台区在构建区域和谐社会,推进现代化新城区建设进程中取得的巨大成就。

(徐　光)

【“我的中国心”同一首歌大型演唱会】 9月,为纪念抗日战争胜利暨世界反法西斯胜利60周年,在卢沟桥广场举办“我的中国心”同一首歌大型演唱会,吸引了万余名观众参加,激发了群众的爱国热情,活动取得了圆满成功。

(徐　光)

【中秋节卢沟桥庙会】 9月,在卢沟桥、宛平城举办北京首个以中秋节为主题的庙会——卢沟桥中秋庙会。通过再现老北京市井风俗风貌,使群众领略传统文化的巨大魅力,提高了卢沟文化品牌的影响力。

(徐　光)

【加大城市建设报道力度】 10月,结合百日专项综合整治活动,加大城市建设报道力度。10月14日,在《北京晨报》上14版以整版篇幅刊登了“丰台百日风暴纪实”,全面反映整治风暴给丰台区城市面貌带来的新变化。结合创建文明城区活动,从10月15日开始,连续4天在《北京日报》上以半版的篇幅刊登了丰台区创建文明城区系列报道。

(徐　光)

精神文明建设

【概　况】 丰台区的精神文明建设以“礼仪北京、人文奥运”为主题,以创建首都文明区为契机,为全区经济社会的协调发展营造了良好的人文环境。4个街道被评为丰台区文明街道;88个社区被评为丰台区文明社区;22个村被评为丰台区文明村;377个单位被评为丰台区文明单位;16个单位被评为首都文明单位标兵;59个单位被评为首都文明单位;21个村被评为首都文明村;5个街道被评为首都文明街道;54个社区被评为首都文明社区;59个社区被评为首都绿色社区;6个景区被评为首都文明景区;5条大街被评为首都文明示范大街。

(龙晓兰)

【广泛开展城乡市民教育活动】 年内,以纪念“抗战胜利60周年”为契机,深入开展爱国主义教育。充分发挥爱国主义教育基地的作用,全区上百万群众参加抗战馆、雕塑园、卢沟桥、宛平城大型活动。认真贯彻《公民道德建设实施纲要》,开展了专题教育活动2000余场次,参加群众达40万人。全区文明市民学校组织了千支文明宣传讲师团,在394所文明市民学校,开展内容丰富多彩的教育活动,全年共开课近四万课时,受教育人数达129万人次。34所文明市民学校被评为首都和区级先进校,110名教师被评为优秀教师和工作者。

(龙晓兰)

【普遍开展文明礼仪实践活动】 年内,按照家庭礼仪、社会礼仪、赛场礼仪、职业礼仪、校园礼仪、涉外礼仪六个方面,推动文明礼仪教育实践活动进机关、进学校、进企业、进营房、进社区、进家庭。共举办了“文明礼仪知识专题讲座”、礼仪知识竞赛和形象大赛200多场,有20余万人(次)参加,在近百处公共场所有15万人参与“讲道德,纠正不文明行为”

活动。13万群众参加了北京市奥运知识竞赛，丰台区荣获活动组织奖。在“校园礼仪风采展示”活动中，10万中小学参与“文明礼仪使者”评选，北京十二中等6所中学被评为北京市文明礼仪示范校。全年共发放文明礼仪知识读本14万册、漫画礼仪10万册、交通文明手册5万册、宣传专刊90万、宣传折页20万份。《新丰台》报、丰台有线电视开办了专版、专栏和专题节目，播放了文明礼仪漫画100集。制作大型公益广告100块，张贴宣传画1000套，制发各种宣传品200万套，营造了浓厚的社会宣传氛围。

（龙晓兰）

【深入开展未成年人思想道德教育】 年内，不断建立和完善了学校、社会、家庭三级未成年人教育网络和工作机制。教育部门加强了对“师生德育教育”、“课程改革与德育”、“主体性教育”、“民族精神教育”等12个专题的研讨，组建了区青少年心理教研室，确定了36所中小学为心理健康教育实验学校，建成了覆盖全市的青少年心理健康教育网站——“沙燕”心理网站，全区形成了良好的关注未成年人成长的社会氛围。重视发挥家庭教育的作用。重点推出并实施了“未成年人思想道德建设进家庭、进社区”主题教育十项实践活动；建立了21所“母亲课堂”，培训指导万名母亲；组织了10场亲子家教互动活动；向未成年人推出100个文明习惯。全区各街、乡（镇）以不同形式向全区25万未成年人群体推出内容丰富的宣传、实践、展示活动。举办了“少年手拉手共创美好家园”、“热爱丰台保护环境”、“培养良好品德，共建美好家园”等主题教育和青少年德育专题报告会；开办“母子互动”计算机网络课堂和创新思维电脑培训班，传播“绿色上网、安全上网”理念；成立了“青少年社区矫正学校”，普及法律知识，增强未成年人法律意识。街道、社区、学校三方联席会议制度和未成年人道德教育工作格局基本形成。

（龙晓兰）

【不断强化来京务工人员宣传教育】 年内，在流动人员集中的大红门、新发地、岳各庄地区建立了来京务工人员文明市民学校，在流动人员聚居的南方庄社区（村）成立了流动人口大课堂。集中对来京务工人员进行社会公德文明礼仪、遵纪守法法律法规、遵守交规文明乘车、诚实守信文明经商、热爱丰台共创文明等5项专题教育。深入开展“建北京有我一份，办奥运有我一功——来京务工人员与首都文明同行”系列活动。丰台区被评为首都文明之星5人；在市“把北京当家乡、为首都作贡献”为主题的演讲比赛中获二等奖；大红门外来务工人员艺术团参加市里比赛获奖。组织为外来务工人员送温暖活动，建立了“民工电影院”，每月到施工工地巡回放映好影片；全区各单位关心外来务工人员的日常生活，在冬季来临之际，区直机关2000多名干部在元旦、春节期间，为外来人员送安全；部分医院建立了外来务工人员分娩中心，区卫生局、区建委和各街乡投资12万元为全区200多个建设工地的4万来京建设者免费接种A型流脑疫苗，丰台区外来人口教育工作获北京市组织奖。

（龙晓兰）

【组织文明乘车宣传活动】 年内，在以“站内候车，顺序上车，文明礼让，从我做起”为主题的宣传实践活动中，悬挂了文明乘车横幅106条、发放了文明乘车礼仪宣传材料5500份，形成社会普遍关注，人人自觉参与的社会氛围。区110名文明监督员坚持当好“六大员”，使站台秩序、卫生状况明显改观，给乘客营造一个整洁、和谐、文明、有序的乘车环境。全年文明监督员助人为乐万余人次，解答询问49万多人次，拾金不昧36件次，劝阻小商贩3万多人次，收到乘客各类表扬电话或表扬信200多个（封），丰台区文明乘车工作被评为市级先进。

（龙晓兰）

【继续开展学雷锋树新风活动】 年内，在学雷锋活动42周年之际,各单位发挥10大基地、百支志愿者队伍和千个学雷锋岗位的作用,组织开展了"学雷锋精神,走雷锋之路,做雷锋传人"、"多助一"志愿者与空巢老人结对"争做社区伴读好少年"、"植绿护绿,爱社区建社区"等公益活动,实施暖心、关心、爱心工程。

(龙晓兰)

【有效开展扶贫济困春风行动】 年内,开展了"扶贫济困春风行动"、"为东南亚海啸灾区捐款"、"助残扶贫献爱心"活动。扶贫济困春风行动捐款1505573元,救助困难家庭1865户2578人。

(龙晓兰)

【持续开展"四进社区"活动】 举办了各种科普展览、讲座、咨询、知识竞赛、消夏晚会、图书展览、科技夏令营等活动;全区组织大型文化活动16场次,基层组织各类文化活动936场次,参加活动的人数45余万人;建立了数百支群众文化队伍,常年参加文化活动的有数十万人;完成全区街、乡(镇)健身工程,数十万群众参与晨晚练活动;各街、乡(镇)深入开展了"法律进社区、进家庭、进工地、进军营、进学校"活动。

(龙晓兰)

【"三大创建"活动取得新进展】 全年文明街道建成率达到56%、文明社区创建率达到59%。23种特色社区成为文明社区的品牌,社区党建、社区教育、社区服务、社区卫生、社区治安为社区文明形成同创共建新格局。以"三级联创"为载体,各村镇多种形式开展,文明村镇创建活动。马家堡东路和右外大街新创首都文明示范大街,继续巩固6个首都文明景区创建成果。年内全区文明乡(镇)建成率达到80%、文明村建成率达到68%,南宫村被评为全国文明村,榆树庄村被评为全国创建文明村镇先进单位。积极推进文明行业创建活动,供电行业的社会承诺、工商系统的一站式服务大厅、卫生系统的全行业规范化服务达标,提高了行业服务水平。丰台科技创业服务中心被评为全国文明单位、丰台一小、西罗园派出所被评为全国精神文明建设工作先进单位。

(龙晓兰)

【军(警)民共建活动】 年内,组织了军警民共建工作研讨交流,评选表彰了第八批军(警)民共建工作先进单位15个和先进个人20名。2所学校被评为首都少年军校示范校和先进校。开展长辛店绿网工程、南苑鱼水情艺术团、东铁营军地青年联谊会、东高地外语培训进军营活动,36个部队与21个社区结成共建单位。

(龙晓兰)

统 战 工 作

【概　况】 年内,统战工作以邓小平理论和"三个代表"重要思想为指导,认真贯彻党的十六届三中、四中全会精神和全市统战部长会议精神,按照区委的工作部署,自觉围绕中心、服务大局,以加强党的执政能力建设、树立和落实科学发展观、构建社会主义和谐社会为工作目标。抓重点难点热点工作,充分发挥指导、示范作用;抓组织、队伍建设,充分发挥网络、人才作用。

(刘占江)

【市委统战部领导到丰台调研】 8月12日,市委统战部部长尤兰田到丰台调研统战工作。尤兰田对丰台区的统战工作所取得的成绩给予了充分的肯定,并强调指出:统战工作要牢固树立围绕中心、服务大局的意识;要进一步加强中国共产党领导的多党合作和政治协商制度建设的制度化、规范化、程序化建设;要继续贯彻落实党的民族宗教政策,加强宗教团体的自身建设,坚持独立自主自办教会,抓好代表人物和信徒骨干队伍建设;要开拓新领域的统战工作,积极探索新社会阶层代表人士工作,社区统战工作要围绕为社区建设服务,为社区居民服务开展活动;要发挥统战部的牵头作用，做好统战口干部的教育培训，搞好统战干部队伍建设，进一步加大落实党的重大政策的宣传、落实和协调工作。

（刘占江）

【统战工作会议】 年内，召开统战工作会议，传达学习《中共中央关于进一步加强中国共产党领导的多党合作和政治协商制度建设的意见》和《中共北京市委关于贯彻落实〈中共中央关于进一步加强中国共产党领导的多党合作和政治协商制度建设的意见〉的实施意见》。各单位就组织网络建设，重点工作推进，各项制度建立和统战进社区等工作进行了汇报和交流。全区处级单位主管统战工作领导、统战干部和70多名政协委员参加了会议。

（刘占江）

【发挥各党派参政议政作用】 年内，认真贯彻落实《中共中央关于进一步加强中国共产党领导的多党合作和政治协商制度建设的意见》，召开各民主党派、工商联负责人、无党派人士代表参加的协商会、座谈会、通报会8次。对开展保持共产党员先进性教育活动内容和制定"十一五"规划等进行协商和通报，认真听取意见和建议。

（刘占江）

【提案办理工作】 年内，在承办《在流动人口中开展统战工作》的党派提案，与民盟区工委共同研究提案办理的思路、调研提纲，共同走访街、乡等有关部门了解情况，探索了提案办理的新途径。

（刘占江）

【举办党外干部培训班】 4月25－28日，举办4天党外干部培训班，各民主党派区工委、支部负责人、中青年骨干和党外处级领导干部近150人参加了培训。

（刘占江）

【民主党派组织工作】 年内，按照市委统战部转发中央统战部《关于进一步做好民主党派组织发展工作座谈会纪要》的通知精神，帮助各民主党派认真学习、领会文件精神，坚持标准，注重质量，有计划、有步骤地做好组织发展工作，各民主党派发展新成员75人。年底，各民主党派成员共有成员1184人。

（刘占江）

【召开民主党派工作研讨会】 10月31日，召开党派工作研讨会，各民主党派围绕如何开拓创新，加强党派领导班子建设；如何加强领导，抓好后备干部培养、活跃基层支部活动；如何提高参政议政水平，搞好党派提案；如何开展社会服务工作以及担任区工委主任、支部主任的体会、做法和思考进行了交流。就党派工作中问题、难题进行了探讨，提高了党派负责人领导工作能力和水平。

（刘占江）

【组建新阶层代表人士队伍】 年内，认真贯彻落实《中共北京市委统战部关于在新的社会阶层中开展统一战线工作的意见》，通过走访考察建立了30人的新的社会阶层代表人士队伍。

（刘占江）

【贯彻《宗教事务条例》】 2月24日，召开丰台区学习贯彻《宗教事务条例》工作会议。会议强调：要不断提高贯彻落实《宗教事务条例》重要意义的认识，贯彻落实要联系实际，把握精神，改进措施，健全机制，力求实效的精神。全区各街、乡（镇），相关委办局的领导和工作人员200多人参加了会议。

（刘占江）

【建立民族宗教工作三级管理网络】 4月7日，丰台区召开健全基层民族宗教工作责任制工作会议。区委常委、统战部部长吕跃进传达了《丰台区关于健全基层民族宗教工作责任制的意见》，部署了健全基层民族宗教工作责任制的工作。刘云广副书记代表区委、区政府与各街、乡签定了《丰台区民族宗教工作责任书》。建立起了区、街（乡镇）、社区（村）民族宗教工作三级管理网络。

（刘占江）

【基督教第二次代表大会】 8月19日，召开丰台区基督教第二次代表大会。122名代表、20名特邀代表审议通过了丰台区基督教三自爱国运动委员会第一届委员会的工作报告;审议通过了《丰台区基督教三自爱国运动委员会章程》修正案;选举产生了丰台区第二届基督教三自爱国运动委员会,以及主席、副主席、秘书长。

(刘占江)

【调研基督教聚会点】 10月18日,市委统战部副部长周伯琦专题听取了基督教聚会点情况汇报,周伯琦对搞好基督教工作提出“四个一”的要求:强化一个组织。充分发挥爱国宗教团体的作用,宗教团体要有效地加强管理好辖区内聚会点,不断增强爱国宗教团体的凝聚力和向心力;构建一个网络。管理好基督教聚会点,构建一个合理的管理网络,有效利用网络,争取能够覆盖到每一个聚会点;组建一支队伍。加强信徒骨干队伍建设,要重视做好骨干队伍的培训;形成一个管理机制。要深入调查,摸清情况,制定管理意见,提出管理办法,形成有效的管理机制。

(刘占江)

【开展社区统战双向服务】 年内,深入贯彻中共北京市委统战部《关于加强北京市社区统一战线工作的意见(试行)》的精神,指导社区整合统战资源,健全工作制度,创建工作载体,开展社区为统战人士服务、统战人士为社区建设服务的“双向服务”活动,促进了社区物质文明、精神文明协调发展和基层民主政治建设的有序开展,巩固了社区安定和谐的良好局面。

(刘占江)

对　台　工　作

【概　况】 年内,全区认真落实市委22号文件(《北京市对台工作规划纲要(2004—2008)》。)精神。加强了工作力度,调整了对台工作领导小组,并召开对台工作会议。进一步完善了协调配合的工作机制,为台商、台胞办实事8件,解决了子女上学、寻亲、房产归属、困难求助、婚姻等方面的问题;将“京台青少年交流周”和“京味文化之旅”赴台交流工作成果制成展板在教委系统30多所学校巡回展出,受教育学生达3万多人。

(蒋旭东)

【召开对台工作会议】 7月7日下午,全区召开对台工作领导小组扩大会,区领导王子生、刘云广、吕跃进、张寿松、周大春及区对台工作领导小组成员、涉台主要单位、各街乡镇主管领导70人出席了会议。会上,区委常委、统战部长吕跃进传达了《北京市2004-2008年对台工作纲要》的主要精神。区委副书记刘云广就如何做好新形势下的对台工作做了总结、部署。区委书记、区对台工作领导小组组长王子生到会做了重要讲话。

(蒋旭东)

【启动主题教育活动】 为了在青少年中加强涉台宣传教育,让教育走进课堂,在教委系统中开展了“祖国宝岛台湾在我心中”主题教育活动。12月9日,启动仪式在赵登禹中学举行,仪式上向全区中小学赠送了“祖国的宝岛、神圣的领土——台湾”专题宣传片光盘160套,并要求各校通过教育活动让全区青少年牢记台湾是祖国领土不可分割的一部分,牢记台湾同胞是我们的骨肉兄弟,牢记解决台湾问题、实现祖国统一是中华民族的历史责任。活动气氛热烈,反响强烈,学生们受到了深刻的教育。

(蒋旭东)

【组织两岸关系报告会】 年内,组织了两岸关系报告会6场,全区处级以上领导干部、人大代表、政协委员、教委系统全体中小学书记、校长,部分街乡干部等参加,报告会上,中国社会科学院台研所朱卫东研究员介绍《反分裂国家法》和最新动态的两岸关系走向,宣传党的对台方针、政策。

(蒋旭东)

【协调对台企业纠纷】 年内，协调十多家有关委办局及相关单位受理了台企远中房地产开发公司、海山建材(北京)有限公司、国联汽车配件批发市场有限公司纠纷案三起，投诉问题得到圆满解决。

（蒋旭东）

【对台交流交往】 9月16日，区领导及有关委办局的领导100人与区台商、台生60余人共度了中秋佳节，北京十二中民乐团助兴演出了精彩的节目。

（蒋旭东）

【组织赴台考察】 年内，办理了赴台交流手续12件；12月中旬，组织赴台交流团南苑乡现代农业考察团一行12人赴台交流访问。

（蒋旭东）

调查研究工作

【概　况】 年内，全区的调查研究工作紧紧围绕丰台区建设现代化新城区的目标，使调查研究工作服从服务于丰台区的中心工作和重点任务。共完成区委区政府文稿40余篇，30余万字。王子生书记《在丰台区委九届七次全会上的报告》、《在丰台区委九届八次全会上的报告》、《向中央巡视组汇报稿》、《在区委区政府工作会上的讲话》、《对市委市政府工作的几点意见和建议》、《区委常委会向市委巡视组汇报稿》；张大力区长《在区委区政府工作会上的讲话》、《关于丰台区国民经济和社会发展第十一五规划纲要的说明》；闫满成副书记《全面提高党的执政能力 努力构建区域和谐社会》以及《丰台区突发公共事件应急预案》、《丰台地区重特大电力突发公共事件应急预案》、《丰台区对北京市总体规划修编的意见》、《丰台区政府关于现代服务业发展政策措施情况的报告》、《关于成立区委区政府专家顾问组的建议》、《推进党务公开的成效评估》、《关于构建区域和谐社会若干政策问题》、《加快经济发展 努力构建和谐农村》、《关于征地拆迁中遇到的几个政策问题》、《社区建设与城市管理体制改革工作任务及责任分解》、《2005年丰台区重点课题调研方案》等文稿；参与起草了《关于贯彻北京市委市政府建设和谐社区和谐村镇若干意见的实施意见》、《关于创建首都文明区的工作情况汇报》、《丰台区加强村务公开与民主管理意见》、《丰台区街道办事处议事规则》等文件。协助市委研究室作好北京市社情民意调查组织联络工作、街道社区问卷调查工作；配合市政府研究室、市建委、市劳动局分别开展的《北京市流动人口管理调研》、《加强出租房屋管理工作调研》、《绿化隔离地区农民社会保障问题调研》；配合国务院发展研究中心、市农委开展《马家堡三期开发问题研究》。邀请市委研究室、市政府研究室领导参加丰台区经济发展年会。

组建区委区政府专家顾问组，6名经济、社会、文化、城市规划与管理等方面的专家学者被聘为丰台区委区政府专家顾问。

参与“十一五”规划课题的前期论证和评审工作，负责42个“十一五”分规划的修改和定稿工作。

（王志英）

【农村工作调查研究】 年内，为实现农村经济和各项社会事业的全面进步，加快现代化新城区及和谐社会的建设步伐，全面了解农村基层组织建设、村务公开等方面存在的问题，对农村基层组织执政能力建设进行了全面调研，先后与五个乡镇的领导和几十个村总支书记、村委会主任进行了座谈，找出了农村在城市化进程中存在的主要问题，提出了若干对策措施，并撰写出《关于加强农村基层组织建设提高执政能力建设的调查研究》。

（王志英）

【花卉产业调研】 年内，与区农委、花乡共同对全区花卉产业的发展前景进行了调研，撰写出《关于丰台区花卉产业“十一五”发展规划的调研》。通过对“十五”期间花卉产业的发展回顾,形成了"十一五"时期花卉产业发展的总体思路,提出了丰台区花卉产业发展的市场、生产、科技、观光及产业链延伸的五大支撑体系。

(王志英)

【城市基础设施调研】 年内,对全区城市基础设施和城市环境进行了深入的调研,并撰写出《丰台区城市建设若干问题研究》的调研报告,该报告提出要坚持规划先行,努力构建与现代化新城区发展目标相适应的交通网络,建立优质的供水、供气、供电体系,以危旧房改造、绿化隔离地区新村建设为突破口,加快城市化进程,实现城市建设的跨越式发展。

(王志英)

【《丰台研究》及书刊编辑】 《丰台研究》全年出刊30期,刊登调研报告50余篇。区领导对《丰台研究》刊登的文章多次做出重要批示。完成《丰台现代化新城区建设重点课题研究》、《街道社区工作思路与招法》、《2004年度调研报告选编》等书的编辑出版。《丰台研究》刊物实现了网上报送。经研究室推荐的文章,在《求是》、《北京调研》、《工作研究》、《北京农村经济》、《京郊调研》等书刊发表10余篇。

(王志英)

【指导基层调研工作】 年初,向全区各单位提出了2005年调研方向指导课题,并督促各单位结合实际工作,确定调研课题。组织了对全区各单位2004年度优秀调研报告和调研工作先进单位评比表彰工作,共表彰调研工作先进单位18个,评出优秀调研报告55篇。

(王志英)

老干部工作

【概　况】 年内,认真贯彻落实北京市第十八次老干部座谈会和丰台区老干部工作会议的精神,以开展保持共产党员先进性教育活动为契机,坚持以人为本、创新思维、突出重点、齐心协力、争创一流的工作目标。完善了"三个机制"的落实;组织老干部开展丰富多彩的文化娱乐活动;重新修订《丰台区老干部工作领导责任制》,使老干部工作进一步规范化、制度化;印发了1950册《老干部工作实用手册》;举办了全区老干部工作主管领导和工作人员学习班;对全区老干部工作主管领导进行了老干部政策的知识答卷;对全区离休干部进行了问卷调查,召开老干部代表座谈会听取老干部对落实《责任制》情况的意见,并在全区各单位对落实《责任制》情况自查的基础上,对部分单位进行了抽查,加大了对《责任制》落实情况的监督和检查;在全区开展了老干部和老干部工作争优创先活动,评选出2004－2005年度先进老干部党支部8个,老干部先进个人10名,老干部工作先进集体10个,老干部工作先进个人20名评选表彰活动。

(田　雨)

【开展形式多样的教育活动】 年内,配合教育活动,在全区老干部中开展了"讲优良传统、葆革命本色"主题纪念活动,为了发挥典型示范作用,邀请市老干部党员先进事迹报告团沈言同志做了题为《坚定信念,奉献终生》的报告;请北大教授李茂春同志作了题为"关于加强党的执政能力建设国内外经验的分析"、"关于2004年国家经济工作会议的精神"、"当前的台海局势和中日关系"等专题报告,使老同志及时了解了党的方针政策和国内外政治经济形势。组织了100余名老干部参加的政治理论学习班。重点学习了"构建社会主义和谐社会的基本问题"、"纪念抗日战争胜利60周年的重大意义"、"丰台区'十一五'总体规划设想"等内容。起到了良好的教育效果。

(田　雨)

【开展抗战胜利60周年纪念活动】 结合纪念抗日战争胜利60周年组织部分老干部参加了

中央组织的"向人民英雄纪念碑敬献花篮"活动;北京市组织的老干部纪念抗日战争胜利60周年文艺演出和书画展活动;组织部分老干部赴锦州、遵义、延安等地参观学习;向抗日战争时期参加革命工作的老干部颁发了抗日战争胜利60周年纪念章并召开了座谈会。

（田　雨）

【走访慰问老干部】 春节、国庆节前夕,区委、区政府领导看望了区正局级离退休干部。区委老干部局由局领导带队分组,代表区委、区政府慰问高龄、生病住院和早年参加革命工作的老干部,并送去了慰问品。

（田　雨）

【活动中心硬件设施更加人性化】 年内,加强区老干部活动中心的软、硬件建设,筹措资金60多万元,更新了地下水暖管线;装修了综合活动大厅并配置了按摩椅、淋浴器等设备;改造了活动中心各个楼梯台阶,修建了无障碍通道,增建了楼梯扶手;维修改造了院内喷水池,铺设了瓷砖,绿化了停车场;扩大了老干部图书室面积,增加一批新的图书资料,并配置了两台电脑,为老干部在网上读书、查阅和浏览新闻提供了方便;新建了职工餐厅和老干部理发室。为了方便老干部活动,调整增加了活动时间。老干部活动环境有了显著的改善,增强了活动中心对老干部的吸引力。

（田　雨）

【开展丰富多彩的文体活动】 年内,组织全区离休干部和副处以上退休干部开展了"长征杯"台球、乒乓球、沙壶球、象棋、围棋、跳棋等项目比赛;举办了元宵节、重阳节大型游艺活动;金秋艺术团继续坚持每周一至周五活动,自编自演了一批题材新颖、内容丰富的文艺节目,共演出18场次,并赴山东参加了全国举办的"中华不老城"活动,参赛舞蹈《祖国,祝福你》获得了"中华不老城"一等奖及优秀组织奖,得到了社会各界人士的好评。

（田　雨）

【离休干部医疗费调查】 年内,对丰台区"实行离休干部医疗费单独统筹管理办法"后的运行情况进行了调查研究。诚邀区政协委员中民主党派人士、专家及有关单位,成立调查工作领导小组,制定了调查方案,深入部分医院召开座谈会,听取部分基层单位的意见;召开离休干部座谈会、有关部门分析会,了解兄弟区县医疗统筹办法等方式,并撰写出《丰台区离休干部医疗费统筹管理后运行现状的调查》的报告。

（田　雨）

【发放离休干部房屋补贴】 年内,继续做好区离休干部住房未达标和无房户住房货币补偿发放的协调工作,多次组织召开区财政、区房改办及老干部所在单位参加的协调会,研究落实老干部住房补贴资金。针对个别单位在解决离休干部无房和住房面积未达标进行货币补贴工作存在的遗留问题,局领导亲自带队进行了督催。经区委、区政府及各有关单位的共同努力,离休干部发放住房补贴基本到位。

（田　雨）

【丰富老年大学教学内容】 年内,丰台区老年大学开设了5个学科21个班次教学课程,上课的老同志达上千人次。举办了老干部电脑培训班两期,30余名老干部参加了培训。

（田　雨）

【改制企业离休干部集中管理】 年内,正式接收了北京市离心机械厂3名离休老干部,并及时为老同志办理工资和医药费过户、变更手续。保证了老干部安置、待遇、管理、服务"四个到位"。

（田　雨）

【社区为老干部服务工作】 年内,先后召开了全区各街道组织部长座谈会、涉老部门联席会,并组织社区干部到石景山区八角南路社区参观学习,共同研究利用社区资源为老干部提供服务,使老干部在享有原单位管理的同时,又能享受到社区的关爱。

（田　雨）

【老干部养老院揭牌】 10月11日,在丰台区花乡社会福利中心隆重举行了“丰台区老干部养老院揭牌仪式”。北京市老干部局副局长高力,区委常委、组织部长杨逸铮,副区长李昌安,市老年协会办公室主任杨云凤,市社会福利管理处副处长魏晓彪,以及区委、区政府有关部、委、办、局和有关街乡的领导出席了揭牌仪式。

(田　雨)

信　访　工　作

【概　况】 区信访办共受理信访事项3823件19004人次。群众来信3024件,其中联名信187封11779人次;接待来访799件4388人次,其中集体访157批3418人次。对重点信访问题,全年共立案件231件,办结221件,办结率96%。认真受理、督办市联席会议交办的重点案件45件,办结36件,办结率达到80%。

(宋德岭　韩延春)

【贯彻《信访条例》】 5月1日国务院新的《信访条例》正式颁布实施。4-5月,按照国家和市委要求,区委、区政府及时成立了以区委副书记阎满成同志任组长,有关委、办、局负责人和21个街道、乡(镇)书记为成员的丰台区学习宣传贯彻《信访条例》工作领导小组,并在全区组织开展了《信访条例》“宣传月”和“宣传周”活动。制定并落实了“九个一”的具体实施方案即:发表一次电视讲话;组织一次理论中心组学习;发表一封公开信;举办一次集中培训;组建一个宣讲团;成立一支参赛队伍;组织一次《信访条例》知识竞赛;制作一张宣传条例光盘;举办一个宣传日。在《信访条例》宣传月活动中,共发放《信访条例》6万本,《信访条例》宣传手册5万本,张贴宣传画6000套,制作板报2期550块,展板260套,印制、发放致全区人民的一封信65000封,悬挂横幅560条。“九个一”学习宣传实践活动开展,为新的《信访条例》在五月一日实施创造了良好的社会氛围。通过贯彻落实新的《信访条例》,使办理信访事项更加规范,群众依法信访秩序有了明显好转。

(宋德岭　韩延春)

【区领导信访接待日】 年内,共落实区领导信访接待日47个,接待来访群众282批次2394人次。其中,集体访52批952人次,涉法信访问题46批次285人次。

(宋德岭　韩延春)

【召开信访工作会议】 3月4日上午,在丰台区党校礼堂召开全区2005年信访矛盾排查调处工作大会。区委常委常务副区长闫小彦代表区委区政府回顾总结了全区2004年的信访矛盾排查调处工作,并主要从加强领导、完善落实制度、加强干部队伍建设等方面对2005年工作进行部署。大会通报了2004年信访矛盾排查调处工作目标管理考核结果,丰台街道等3个优秀单位在大会上作了经验介绍,区委副书记阎满成对2005年信访矛盾排查调处工作提出具体要求。一是要从信访矛盾排查调处工作作为维护社会稳定的重要举措,是构建社会主义和谐社会的基础,是提高党的执政能力建设的具体体现的高度,充分认识做好新时期信访矛盾排查调处工作的重要性和紧迫性;二是要进一步明确并实现到中南海等重点地区的群体访和有较大影响的群体性事件两个“零指标”,到市委市政府的越级群体访明显减少的工作目标;三是要达到基层基础工作有新的加强,信访突出问题的化解有新的突破,信访工作机制有新的进展,信访矛盾排查的工作能力和水平有新的提高的四新要求;四是要把握完善排查预警机制、规范信访秩序、建立健全信访工作机构、加强信访干部队伍特别是信息员队伍建设四个重点。副区长李昌安就两会的安全保卫、矛盾排查化解、环境整治等方面工作进行了再次部署和强调。区委常委区委办主任李明圣主持了会议。区矛盾排查调处工作领导小组成员，各党政机关、群团组织，各街道、乡（镇），各企事业单位一把手，信访干部和各社区党委、村党总支书记450多人参加了会议。

（宋德岭　韩延春）

【区领导亲自接待来访群众】　区委区政府把信访矛盾排查调处工作纳入党委、政府的议事日程，定期听取信访工作情况汇报，年内先后召开了区常委会、书记办公会、区长办公会、区联席会，召开区人民内部矛盾排查调处领导小组和各单位一把手、主管领导参加的大会4次，进行工作部署、分析信访工作形势、落实领导包案、研究重点矛盾化解措施。区领导亲自阅批信访件，解决重点、难点信访问题。全年区领导亲自阅批信访件168件，协调化解信访难点问题154件。区委、区政府主要领导坚持亲自过问、亲自部署、亲自协调、亲自到一线化解矛盾纠纷，使一大批热点、难点问题及时得到了解决。王子生书记亲自到丰北路西延线，实地勘察，了解情况，解决噪声扰民问题；张大力区长、罗洁副区长亲自到信访办听取近期重点矛盾化解情况，并约访辖区定安西里逾期不能回迁代表，听取代表意见，研究化解措施；王子生书记、阎满成副书记、李明圣主任亲自协调解决碧溪家居广场拖欠商户租赁费问题；刘云广副书记协调解决长辛店镇崔村征地和集体资产处理问题；闫小彦常务副区长到大红门协调解决因村务管理而引发的问题；王苏维部长协调解决泥洼小区1000多户改电工作，解决居民用电问题；吕仕杰副区长多次召开会议部署解决涉军上访问题；李昌安副区长协调解决国有企业租占农村土地到期不能腾退问题；汪洪副区长协调解决丰台镇商业街安全隐患问题等。领导重视和亲临现场，对化解重点矛盾纠纷起到了关键作用，使一大批涉及到危改和旧村改造问题得到及时有效解决。

（宋德岭　韩延春）

【超前预防矛盾化解于萌芽】　全区共落实矛盾排查工作4次，排查出各类矛盾604件，有53件被列为市、区重点矛盾，分别下发了挂帐督办单，并分别落实了包案领导、责任单位和责任人。信访反映的问题及排查出矛盾纠纷，通过各级领导和工作人员的共同努力，大量矛盾纠纷在基层得到了控制和化解，确保了信访工作“三不出”目标的实现。

（宋德岭　韩延春）

【信访工作更加人性化】　年内，适应新的《信访条例》要求，进一步完善各项设施，改善接待办公环境，方便信访群众。不断更新网站内容；在信访接待窗口设立了信访联系方式公示牌，公开对外接访电话号码和网络电子信箱；办公区设立信访事项投诉箱，便于群众监督；在接待大厅用宣传板公示基层各单位、局处公司具体地址，信访领导接待日时间、地点等内容；增设开水房，配备一次性水杯，方便群众；降低接待窗口平台，方便来访群众，使接待环境更加人性化。

（宋德岭　韩延春）

保　密　工　作

【概　况】　年内，区保密工作以保持共产党员先进性教育活动为契机，认真学习邓小平理论和“三个代表”重要思想，深入贯彻《中共中央关于加强新形势下保密工作的决定》，按照北京市委保密委的工作部署，以“求真务实、突出重点、积极防范、狠抓落实”为指导思想，深入开展保密法制宣传教育工作，加大培训力度，狠抓保密制度的落实，突出重点开展依法行政工作，为丰台区的社会稳定、经济建设和改革发展提供服务。

（杜卫红）

【召开保密委员会会议】　3月29日，召开区保密委第一次会议，会议由区委常委、区委办公室主任、区保密委副主任李明圣主持。会议传达了市委保密委2005年主要工作精神，并通报了2004年北京地区主要失泄密案件;总结了2004年全区保密工作,同时,审议通过了《丰台区2005年保密工作要点》及“2003－2004年度全区保密工作先进集体和先进个人”决定。区委副书记、区保密委主任阎满成强调:要以讲政治、提高执政能力建设的高度认识保密工作的重要性;要切实落实保密工作领导责任制;要深入做好保密宣传教育工作;要进一步落实保密工作的各项制度;要切实抓好重点单位、部门、环节的检查工作。

(杜卫红)

【签订保密工作责任书】　年内,为规范全区各级领导干部的保密管理责任和管理意识,区委保密委领导与区属各单位负责保密工作的领导签订了“2005－2006”两个年度的保密工作管理责任书。

(杜卫红)

【印刷复印行业年检】　3月10日至4月15日,按照市保密局《关于对全市国家秘密载体定点复制单位进行年检的通知》要求并将对全区9个国家秘密载体复制单位进行安全检查,强调对人防、物防、技防等方面的安全防范措施。同时,首次采用“送检上门”的方式,对企业上门进行年检,极大方便了企业,受到企业的一致好评。

(杜卫红)

【开展保密法宣传月活动】　年内,在《保密法》宣传月暨《保密法》实施十六周年之际,区保密局结合“四五”普法,召开全区涉密重点单位座谈会,对五年来保密法宣传教育工作进行了经验交流并对新形势下保密工作如何开展进行深入的研究探讨;利用计算机检查设备和互联网的搜索引擎对辖区登陆互联网络的63家政府网站、155家公共服务网站全面检查,内容涉及政治、经济、军事、外交、国家安全等方面;对涉密定点印刷复印企业的安全防范进行检查。

(杜卫红)

【开展保密大检查】　8月至9月,根据北京市委保密委在全市党政机关开展一次保密工作大检查的要求,区保密局抽查了50个单位。检查的重点主要是涉密人员教育管理、保密要害部门部位管理、涉密载体保密管理、涉密信息传输管理、涉密会议及活动管理等五大类35项内容。通过检查,各单位领导对保密工作重视程度普遍增强,各项管理制度得到落实。

(杜卫红)

【保密法制宣传教育验收】　是年是北京市保密局对各区县“四五”普法期间保密法制宣传教育工作的总结验收年。根据北京市委保密委员会办公室、市国家保密局的要求,丰台区保密局制定并下发了《丰台区“四五”期间保密法制宣传教育总结验收工作的意见的通知》,并对开展情况进行了总结和验收。“四五”普法期间,全区各单位充分发挥计算机网络、市民学校和社区广播的作用,进行保密知识的宣传教育活动,使受教育面最大限度地覆盖全区各个角落。举办培训班60余次,与区司法局和丰台有线电视台共同制作了保密知识宣传电视短片,观看警示教育专题片50余次,制作宣传展板500余块,张贴宣传画1000余张,宣传横幅50余条,发放宣传材料10000余份,参加保密知识答卷近10000人次。

(杜卫红)

【国家级考试考务保密检查】　年内,在高考、中考、成考、春季高考、高中会考等涉及国家级考试工作中,依据《国家教育考试考务安全保密工作规定》的要求,考前对区考试中心及各考点校保密室启用前安全防护工作进行验收;加强对区考试中心试卷分装各环节进行监督;在高考期间对考试中心及各考点校保密室的责任落实情况进行执法检查。

(杜卫红)

【强化重点涉密单位保密教育】　年内,在广泛开展保密法制宣传教育的同时,有重点的开展教育活动。组织区委办、区政府办、区人大常委会、区委组织部、区纪检委、区统战部、区检察院等涉密单位的300多涉密人员收看保密警示教育专题片，不断增强广大机关干部的保密观念和保密防范意识；对辖区内涉密印刷企业法人进行保密教育培训，达到四个强化即强化企业法人代表的保密意识和敌情观念，强化企业要加强人防、物防、技防的投入与管理，强化企业要加强对全体员工进行经常性的保密纪律教育，强化企业要不断完善保密管理制度，并做到监督落实到位。

（杜卫红）

【举办保密知识培训班】 10月19日—20日，对全区109个涉密单位的保密干部进行了业务培训。培训突出“实”字，即收看泄密案例专题片；讲解保密工作的实际操作流程；保密形势教育等内容。从而增强了保密干部的保密观念、防范能力和业务技能。

（杜卫红）

【在区委党校开展保密法制宣传教育】 年内，根据市委组织部、市委保密委《关于在各级党校干部培训班中增设保密教育》的通知精神，在区委党校举办的军转干部班、中青年干部班、初任科级干部班分别进行了保密法律法规知识讲座。教育内容紧密结合保密形势、特点和任务，辅以《保密警钟》、《信息安全》、《神圣的使命》等教育音像片和泄密案例，分析了现代化办公条件下泄密的原因、窃密手段和防范措施。

（杜卫红）

区直机关工委工作

【概　况】 年内，区直机关工委坚持以邓小平理论和“三个代表”重要思想为指导，深入贯彻学习党的十六大、十六届三中、四中和五中全会精神，以保持共产党员先进性教育为契机，着眼于解决提高基层党组织的领导水平和执政水平，增强拒腐防变能力和抵御风险能力，按照“建设基层、服务机关、保障中心”的机关党建总体思路，狠抓机关党组织的思想建设、组织建设和作风建设，全面提升机关党员干部整体素质，为促进机关党建工作服务区域经济建设、城市发展和社会和谐提供了有力的思想政治保证。围绕《建立健全教育、制度、监督并重的惩治和预防腐败体系实施纲要》和《“三个代表”重要思想反腐倡廉理论学习纲要》，开展宣传教育，组织知识竞答。机关系统3688人参加竞答测试，试卷回收率100%。

（姜　新）

【组织开展党员先进性教育活动】 根据区委统一部署，工委系统所属各基层党组织，分两批次参加全区第一、二批党员先进性教育活动。教育活动时间分别是从1月至6月和7月中旬至10月底。所属6个党委、15个党总支、30个党支部，总计3400多名党员，全部参加了先进性教育活动，活动参与率100%。各基层党组织严格按照区委先进性教育活动办公室的要求，结合自身实际，认真筹划准备，精心计划安排，严格抓好落实。积极组织理论培训，在真学管用上下功夫，进一步提高理论学习质量；认真开展党性分析评议，在查找问题上下功夫，进一步提高民主生活会质量；结合工作实际制定整改措施，在完善机制上下功夫，进一步提高整改工作效果。通过开展先进性教育活动，各基层单位党员队伍的先锋模范作用得到进一步增强，党支部的战斗堡垒作用得到进一步发挥，达到了“提高党员素质，加强基层组织，服务人民群众，促进各项工作”的总体目标要求。机关工委9名党员，全都参加了先进性教育督导组的督导及先进性教育办公室的工作，负责先进性教育活动的计划、协调和指导工作。

（姜　新）

【组织党员学习教育活动】 年内，以先进性教育为契机，同时开展形式多样的学习教育活动，聘请全国知名专家、教授，组织“女性公务员礼仪讲座”、“国内经济形势发展报告会”

和国际形势报告会”大型知识讲座3次;组织党员干部观看电影《生死牛玉儒》,参观宋鱼水、任长霞、周国知等先进党员事迹展览,听取“首都赴海地维和民警事迹报告会”、“神州六号载人航天飞行先进事迹报告会”,参观江苏省委举办的“南京大屠杀展览”、“台湾同胞抗日展览”等爱国教育展览活动。

(姜 新)

【开展“千名书记讲党课”活动】 为配合开展党员先进性教育活动,组织所属基层各级党组织开展以“千名书记讲党课,千名书记传精神”为主题的教育活动,有120多名党委、总支、支部书记上台讲党课,进行国家形势政策宣传,党员干部职工的受教育面近5000人。

(姜 新)

【完善党建工作机制】 年内,为使先进性教育活动具体化、实效化,把先进性教育成果延续到组织建设和基层党员教育管理等各项工作之中,根据区纪检委、区委组织部有关要求,认真总结先进性教育活动的经验与体会,制定了《关于进一步加强和改进机关党的建设的意见》和《中共丰台区委区直机关工委党务公开工作实施细则》。各基层党组织制定了党员教育机制、党员自律机制、党员监督机制、党员管理机制和效能建设机制等十几项相关制度。

(姜 新)

【增强基层党组织建设】 年内,按照《中国共产党党和国家机关基层组织工作条例》有关规定,抓好基层党组织换届和调整工作,共增、改选党总支和党支部3个,进行换届改选14个,保证了先进性教育工作的落实和组织活动的开展。

(姜 新)

【入党积极分子培训】 9月下旬,与区委组织部、区委党校联合组织了162名机关入党积极分子培训学习,极大地提高了党员队伍素质。同时,各基层党组织结合先进性教育活动,促进党员发展工作。在确保党员质量的前提下,全年共审批新党员34名,批准预备党员转正39名。

(姜 新)

【签订廉政责任书】 年内,认真落实党风廉政责任制,工委系统各单位党政一把手与副职签订责任书125份,处级领导干部与机关科级干部签订责任书201份,科长与科员签订保证书405份,处级领导干部与基层所站长签订责任书45份,基层所站长与执法人员签订保证书71份。责任书的签订,有力地增强各级干部的责任意识,从制度上保证了各级领导干部做到“一岗双责”“一岗多责”,促进了责任制工作的分解和落实,规范了党员干部的言行,使党风廉政建设能够真正达到一级抓一级,层层抓落实的要求。

(姜 新)

【开展科级廉政谈话活动】 根据机关纪工委和各基层党组工作职责,研究制定了区直机关纪工委《关于实行廉政谈话的暂行办法》。对开展廉政谈话的范围、类型和方式、主要内容等方面做出了明确规定,使新党员的廉政谈话工作进一步规范。12月29日,对20名新任科级干部进行了廉政集体谈话,效果良好。

(姜 新)

【调整完善机关群团组织机构设置】 年内,更名“丰台区直属机关工会”为“丰台区总工会机关工作委员会”,人员组成由选举型变为任命型,减少了工作程序,增强了工作责任心;根据机关机构设置和人员调整情况,成立和调整了基层团支部。其中市政管委、政法委、文委图书馆新成立团支部,质监局团支部进行了支部委员调整。30名机构外团员重新归建。

(姜 新)

【组织各种体育比赛活动】 根据区委、区政府关于“关心体育事业、关爱职工健康”的总体工作要求,各基层党组织落实区领导提出的“提高干部身体素质,增强机关团队意识,通过比赛联结友谊，奋发进取建设丰台”精神，充分发挥协调职能，组织和落实好机关各项体育活动。6月18日，成功地举办了“2005年区直机关运动会”，区直机关51个单位742名运动员在56个竞赛项目中进行了激烈角逐，地税局、财政局、国税局取得较好成绩；组织机关足球联赛。全区45个单位组成32个球队，进行了为期半个月4轮64场比赛，政法委联队、地税局队分别获得冠、亚军；组织机关桥牌联赛、“2005年区直机关拔河比赛”，11月下旬，35个工会小组近400名运动员参加，建委联队获得冠军；分别组队参加“丰台区全民健身体育节篮球比赛”、“丰台区第二届职工毽球比赛”以及全区青年足球联赛和全区青年篮球联赛等。通过比赛，取得了竞技成绩、精神文明双丰收，充分展示了全区机关系统党员干部职工朝气蓬勃、团结向上的精神风貌，达到了锻炼干部职工身体素质，增强干部职工的凝聚力、向心力和工作活力，促进机关精神文明建设的目的。

（姜　新）

党校工作

【概　况】 年内，全校学习贯彻《中共中央关于在全党开展以实践“三个代表”重要思想为主要内容的保持共产党员先进性教育活动的意见》和《中共中央关于制定国民经济和社会发展第十一个五年规划的建议》等文件精神，组织全校共产党员开展先进性教育活动，全面贯彻落实科学发展观，坚持理论联系实际，务求教育活动实效，把先进性教育活动与加强党校机关党组织的各项建设结合起来，与推动党校以教学和科研为中心的各项工作结合起来，实现先进性教育与党校工作两不误、两促进。党支部战斗堡垒作用和共产党员先锋模范作用进一步发挥，全校51名共产党员经过党内外评议，均被评为合格党员。党校的中心工作——干部教育培训，按期完成区委组织部和区政府人事局安排的干部培训任务，全年开办干部培（轮）训班11期，培（轮）训党政干部615人次。党校兼办的成人教育（分）学院，年内招收新生（注册）844人，毕业学员853人，现有在校生2973人。

（黄水生）

【举办各类干部能力培训班】 年内，举办干部培（轮）训班11期，培（轮）训干部615人次。其中，副处级领导干部专题研讨班2期共58人次；新任处级领导干部轮训班2期，共40人次；中青年干部培训班1期39人次；公务员科长任职培训班2期100人次；公务员初任培训班1期29人次；军转干部培训班2期191人次；入党积极分子培训班1期共158人次。

（黄水生）

【学历教育成果显著】 学历教育工作认真贯彻“保证质量，服务社会”的办学方针，完成了招生、教学、考试、毕业等工作任务。年内（届）学员招生，报名考试1024人，录取917人，注册844人（其中大专生569人，大本生275人），列居全市招生人数第四名。2002年（届）学员853人（其中大专生612人，大本生241人）完成规定学业，按期毕业离校。现有在校生2973人（其中大专生2062人，大本生911人），共有47个教学班，开设有经济管理、行政管理、计算机应用与管理、法律、财务会计、物业管理、电子商务等专业。

（黄水生）

党史资料征集工作

【概　况】 年内，开展以“树立新形象、创新党史新成果、贡献服务在丰台”为内容的主题教育活动。与区委宣传部合作，在《新丰台》报上开辟了“丰台的故事”专栏。2005年4月6日出版的第87期《新丰台》上首次刊登了由区委党史办提供的《我见到了毛主席》的回忆文章；与区委组织部合作，在INTER网中的区委组织部网址的“资料中心”网页上增加党史工作内容,与区纪检委合作,在丰台区党建网站开设了党史工作网页,设立了“往事回首”、“优良传统”“专题资料”“凡人小事”等4个栏目。共出版了两期《丰台党史》,总计22万字,共刊登稿件48篇。编辑出版了《中国共产党北京丰台区历史大事记(1918—2000)》一书。该书共计40万字,《北京社会主义建设史·丰台卷》完成资料稿的修改。为纪念抗日战争胜利60周年,配合北京电视台、北京移动电视台,完成了丰台地区抗战史料的整理、拍摄工作。

(张国庆)

【出版党史刊物】　年内,共编辑出版两期《丰台党史》。6月1日,2005年第一期(总第25期)《丰台党史》出版。该刊11万字,添加彩色照片16张,黑白照片20张。设先进性教育、党员风采、构建和谐、法制天地、改革新貌等10个栏目,共收录了16篇文章。其中“改革新貌”和“学习参考”栏目是为落实先进性教育中的群众建议而新增加的。11月15日,2005年第二期(总第26期)正式出版。该刊11万字,刊登彩色照片16幅,黑白照片25幅,设12个栏目。涉及《纪念抗战胜利60周年》和《春秋史话》等回忆文章、本区《先进性教育》和农村城市化《改革新貌》的成果展示,《往事回首》《党史回顾》记载丰台区地方党史的著述,以及《党员风采》《丰台人物》先进事迹介绍。为了建设和谐社区、和谐村镇、和谐单位,在《构建和谐》和《法制天地》栏目中还组织了专门文章。

(张国庆)

【与怀柔党史办开展学术交流】　6月9日,接待了来访的怀柔区史志办的10名同志,区党史办副主任叶玉霞及社会主义建设史写作组的老同志向同行们介绍了编写体会。8月3日至5日,区委党史办组织人员去怀柔雁鸣楼供销社培训中心参加朝阳、崇文、怀柔、丰台4区联合举办的社会主义建设史研讨交流会,并就建设史撰写方面的一些问题,同怀柔党史办同仁进行交流和探讨。

(张国庆)

【召开建设史专题研讨会】　8月1日,就如何编写好《丰台区社会主义建设史》,召开专题研讨会。市委党史研究室副主任陈煦、助理巡视员籍援朝及有关人员参加了研讨,并就《丰台区社会主义建设史》编写中尚存的四方面问题:即如何把握好建设史的主线、如何把握好史实的准确性、真实性、怎样突出地方特色、如何把握好整个文章的内在联系等问题进行了现场点评和指导。

(张国庆)

【召开西片建设史会议】　9月13日,北京市西片社会主义建设史工作会议在丰台区草桥实业总公司会议室召开。市委党史研究室副主任陈煦、助理巡视员籍援朝出席,丰台区、房山区、石景山区、门头沟区和宣武区党史工作者20多人参加会议。会上,区花乡草桥村党总支书记王茂春介绍了该村搞好三个文明建设的情况,各区党史办主任汇报了社会主义建设史撰写的进度情况、存在问题和改进措施。陈煦和籍援朝对各区撰写工作提出指导性意见,希望再接再厉,总结经验和教训,撰写出高质量的社会主义建设史。会后,与会人员参观了世界花卉大观园。

(张国庆)

【出版大事记】　10月25日,《中国共产党北京丰台区历史大事记》(1918年—2000年)正式出版。该部《大事记》55万字,大事记的上限为1918年,即中国共产党在丰台地区有活动开始,下限至2000年。该书扼要地记述了丰台地区80多年间全区人民在中国共产党的领导下,进行革命和建设的历程,以及在这段历史时期内丰台区的行政区划演变、党政工作机构沿革及主要领导人的变更等。

(张国庆)

纪 检 监 察

【概 况】 年内,丰台区各级纪检监察组织以“三个代表”重要思想为指导,牢固树立落实科学发展观,认真贯彻党的十六届四中、五中全会精神,落实中纪委和市纪委全会提出的各项要求,按照“服务第一要务,强化两项职能,加大惩处力度,注重源头治理”的总体思路,围绕建立健全教育、制度、监督并重的惩治和预防腐败体系,不断加强党的执政能力建设和先进性建设,推动全区党风廉政建设和反腐败工作深入开展。在全区党员干部和广大群众的支持和参与下,党风廉政建设和反腐败工作取得了新的阶段性成果,党风廉政建设责任制进一步落实,领导干部廉洁从政自觉性进一步增强,行政监察职能进一步发挥,经济发展环境进一步优化,损害群众利益的不正之风得到有效防止和纠正,查办违反党纪政纪案件工作取得新进展,治本抓源头工作迈出新步伐,为全区经济发展和社会进步提供了有力保证。

(石 昆)

【贯彻落实党风廉政建设责任制】 年内,将党风廉政建设和反腐败工作主要任务分解为35项,完善了区领导分工负责、牵头部门和协办单位分项落实的工作机制。逐级签订党风廉政建设责任书3160份,廉政保证书12548份。制定了落实《中共北京市委关于贯彻落实〈建立健全教育、制度、监督并重的惩治和预防腐败体系实施纲要〉的意见》任务分解方案和《关于实施〈中国共产党党内监督条例(试行)〉监督制度的若干规定(试行)》。全区各级党组织基本做到了“六个纳入”,即将贯彻落实党风廉政建设责任制纳入党(工)委工作的重要议事日程;纳入领导班子、干部队伍建设的重要内容;纳入保持共产党员先进性长效机制的重要举措;纳入党内监督的重要范畴;纳入领导班子、领导干部履职考评的重要标准;纳入“十一五”经济社会发展规划。对全区21个处级单位领导班子落实责任制情况进行了重点抽查,没有发现严重违反中纪委“五项规定”的行为,没有发现规范工资后乱发奖金、津贴、补贴的现象,没有发现违反干部任用条例擅自使用干部的问题。

(石 昆)

【领导干部廉洁自律】 年内,落实中纪委廉洁自律“五项规定”,春节前派出3个检查组,对20个区属单位节日期间遵守廉洁自律规定、禁止奢侈浪费情况开展专项督查。五一前转发了《市纪委、市委组织部、市监察局关于转发〈中纪委、中组部、监察部关于维护党的纪律严肃处理党风方面若干突出问题的意见〉的通知》,要求各单位开展自查自纠。结合保持共产党员先进性教育活动,把“五项规定”作为民主生活会对照检查的重要内容,有重点地安排常委以上领导参加基层单位民主生活会。将效能建设纳入廉政建设之中,邀请区委、区政府领导深入分管部门、联系单位检查领导班子、领导干部廉洁从政情况,廉政勤政一起抓,以廉政促效能,以效能保廉洁。

(石 昆)

【信访举报工作】 年内,全区各级纪检监察组织共受理群众来信、来访和电话举报846件次,办结836件次,办结率98.8%。实施信访监督83人。充分发挥案源主渠道作用,为案件查处提供线索。

(石 昆)

【查办案件工作】 年内,立案16件,其中大要案11件,结案4件,给予党纪政纪处分3人。挽回经济损失近亿元。运用经济责任审计、专项治理、巡视检查、廉政监察等形式,深挖案件线索,狠抓以权谋私、侵吞国有资产,侵害群众利益、损害党和政府形象,违法行政、破坏区域发展环境的三类案件。按照“标本兼治、综合治理,逐步加大治本力度”的要求,针对查办案件中发现的问题深入剖析,健全制度,堵塞漏洞。

(石　昆)

【组织能力培训系列活动】　年内,组织安排了专门研讨、专题讲座、专业培训、专项训练等系列活动,举办了纪检监察系统“提高党的纪律检查工作能力培训班”2期,着力提高纪检监察干部“知识更新、调查研究、组织协调、依法执纪、廉洁自律”五种履职能力,基本实现了“用提高自身素质来保持先进性,用发挥职能作用来落实先进性,用推动工作创新来体现先进性”。

(石　昆)

【推进党务公开】　年内,制定了《关于在全区推进党务公开的意见和实施方案》,拍摄了《党务公开的解说》电视专题片,印发了《党务公开手册》,开通了“丰台党务”网,全区64个处级单位党组织制订了实施细则,建立了公开目录,确定了公开事项1707项,初步建立起领导体制、工作机制和效能评估体系。北京市党务公开试点工作汇报会在丰台区召开。中共北京市纪委九次全会暨北京市党风廉政建设工作会上,推广了丰台区经验。

(石　昆)

【开展专项监督检查】　年内,整顿和规范市场经济秩序,对征占农村集体所有土地补偿款、城市居民拆迁、违法建筑拆除、企业违法排污、非法采集砂石、“百日专项整治”、落实安全生产等方面开展了监督检查,维护了人民群众切身利益。深入治理教育乱收费,对86所中小学收费情况进行了重点检查,共清退违规收费22.1万元。规范医疗收费行为,对区属医疗机构执行药品集中招标采购,共让利于患者4954.29万元。

(石　昆)

【开通“政风在线”】　年内,结合北京市“政风行风热线”的办理,开设了丰台区“政风在线”,共办理信访件1269件,为群众办实事、解难事,促进了政风行风的进一步好转。

(石　昆)

【开展效能监察】　年内,贯彻国务院《全面推进依法行政实施纲要》,对执行《行政许可法》、规范公务员收入和建设工程招投标情况以及创建国家卫生区、建设首都文明区等重点工作进行了专项监察。制定了《关于加强行政机关效能建设的意见》,针对机关作风建设中的薄弱环节,印发了《关于进一步加强机关内部管理有关要求的通知》,发挥区政府特约监察员和效能监督员作用,通过明查暗访发现问题,并及时督促整改。

(石　昆)

【成立行政投诉中心】　1月,成立了丰台区行政投诉中心,健全了行政投诉机制,初步建立了投诉网络体系和工作运行机制,全年共接到投诉269件(次),属于受理范围的102件(次),对违法行政、不履行或不正确履行职责、工作推诿、效率低下等问题进行了严肃查处。

(石　昆)

【推进全程办事代理】　年内,重新编制了政务公开目录,重点检查了政府部门决策和工作动态公开,强化了网上公开。规范了街道、乡镇全程办事代理工作制度,狠抓了部门职能整合、向基层延伸和监督检查三个关键环节,方便了企业和群众办事。

(石　昆)

【奥运工程建设监督】　年内,制定了《关于在基本建设领域实施“阳光工程”的意见》,对奥运工程项目招投标实施全程监督,在奥运场馆建设中试行“代建制”,与各成员单位签订责任书,并对责任书落实情况进行检查。

(石　昆)

【深化各项改革】　年内,干部人事制度改革逐步深入,干部管理逐步从职务管理转向职责管理。行政审批制度改革进一步深化,行政审批项目的监控机制和责任追究机制继续完善。财政管理体制改革进展顺利，部门预算不断细化，积极推进国库集中支付改革试点工作，严肃查处“小金库”和“帐外帐”，完善了“收支两条线”管理。完成了全区党政机关与所办企业、管理的直属企业和营利性事业单位的脱钩工作。政府投资管理制度进一步健全，对公益性政府投资项目逐步实行“代建制”。政府采购、建设工程招投标、经营性土地使用权出让和产权交易四项制度不断健全，市场配置资源的基础性作用进一步发挥。

（石　昆）

【开展警示教育系列活动】 年内，将反腐倡廉教育纳入保持共产党员先进性教育活动之中，做到结合进去、贯穿其中。以权力观为重点，集中开展警示教育。对丰台区处级以上党员干部进行了“廉洁从政，取信于民，始终保持共产党员先进性”的党课教育。运用原卢沟桥乡党委书记、乡农工商公司总经理肖梦全典型案例，组织拍摄了《肖梦全大案警示录》专题片，召开了“3.01”案总结表彰暨警示教育大会，对全区800余名处以上领导和各行政村党政主要领导进行了专题教育；制作了《开拓者的足迹》、《一名司法助理员的朴素情怀》等反映“人民好公仆”事迹的电视专题片，下发全区各单位，组织广大党员干部收看；组织全区8000余名党员干部到中华世纪坛，参观市纪委举办的反腐倡廉警示教育展。

（石　昆）

【推进廉政文化建设】 年内，扩大“大宣教”工作格局成员单位。通过廉政文化“进社区、进农村、进企业、进家庭、进校园、进机关”活动，营造“以廉为荣，以贪为耻”的社会氛围，使反腐倡廉教育更加深入民心。与区妇联联合开展“勤政廉政、勤俭持家”家庭助廉教育活动，向全区广大家庭发出“做勤政廉政好公仆，当勤俭持家好模范”的倡议书。“十一”前，会同区委组织部、宣传部、区文委、区广电中心联合举办“迎国庆、颂廉政——丰台区‘廉政之歌’文艺演出”。运用正反两方面典型，组织制作三部反腐倡廉专题片。春节、国庆节前夕，通过政府网络、有线电视等媒体，用廉洁从政警句向全区党员干部拜年，向600余名处级以上领导干部发送廉政短信。

（石　昆）

【调研成果显著】 年内，全区各级纪检监察组织共完成调研报告56篇。其中，陈继平（中共丰台区委副书记、纪委书记）撰写的《关于稳步推进党务公开的调研》和李军（中共丰台区纪委常委、监察局副局长）、陈春燕（中共丰台区纪委教育调研室副主任）共同撰写的《丰台区廉政文化建设的实践与思考》分获北京纪检监察系统调研成果一等奖和优秀奖。中共丰台区纪委、丰台区监察局被评为北京市纪检监察系统“学刊用刊”先进单位和丰台区调研工作先进单位。

（石　昆）

【信息新闻报道工作】 年内，全区各级纪检监察组织在市级以上刊物发表理论文章和宣传报道30余篇，其中，在《求是》、《中国纪检监察报》、《北京青年报》、《中国监察》、《是与非》等报刊发表理论文章10篇、新闻通讯5篇，在北京电视台《北京新闻》中播放新闻4条；被中纪委《纪检监察信息》采用信息1条，《北京纪检监察信息（经验交流专刊）》全文刊发两期，《北京纪检监察信息》采用信息33条，《丰台信息》、《丰台政务》区级信息刊物共采用信息50余条。更新了区纪委监察局网站。中共丰台区纪委、丰台区监察局获北京市纪检监察系统“好电教片”一等奖、“好新闻”一等奖、“好节目”二等奖、“好网站”二等奖、“好作品”三等奖以及丰台区信息工作先进集体。

（石　昆）

民主党派

民革丰台区工委

【概　况】 年内实有党员103人,平均年龄57岁,大本以上学历55人,副高级以上职称47人。北京市人大代表3人,北京市法院监察员1人。民革市委委员3人、常委2人。区人大代表2人、常委1人。区政协委员3人、常委1人、副主席1人。区政府特约监察员3人,人民陪审员2人。年内完善了《区工委会议制度》和《参政议政信息工作暂行办法》。年内共召开主委会1次、全委会3次、委员扩大会3次,全体会1次,组织各种活动11次。调整了参政议政委员会成员和信息员队伍,举办参政议政和信息工作培训,组织10名区工委信息员参加民革市委信息工作交流会。全年征集党员意见建议110条。利用《北京民革》报、《民革简讯》、《区政协党派之窗》、《丰台民革之声》等宣传渠道加大了对丰台民革工作和党员风采的宣传力度。有1名党员获民革市委优秀女党员称号、5位党员获民革市委优秀宣传干部称号、1位党员获民革全国宣传工作者称号,2位党员受聘为民革市委特约信息员。25名党员获区工委表彰。

(康冬花)

【组织学习活动】 年内组织党员参加北京市社院、区社院和民革市委举办的关于学习"中共中央5号文件"等统战理论学习80人次;学习贯彻"两会"、国际形势、构建和谐社会、信息培训等报告会,参加70余人次;举办党员学习日活动,学习了"反分裂法"遏制"台独"势力推动两岸关系和平统一,区工委领导针对学习"5号文件"到各支部进行循回学习辅导。开展了保持共产党先进性教育活动成果"专题调研,搜集汇总了4个方面的意见和建议。举办暑期骨干学习班,36名党员参加。

(康冬花)

【基层支部改选顺利完成】 年内,为抓住支部换届契机进一步推动支部工作。专门制订了详细的《支部换届工作计划》,召开支部换届工作动员大会,听取了各支部负责人对换届工作的意见。对候选人的产生采取民意调查、单独谈话、广泛推荐的形式,几上几下充分酝酿,使各支部选举工作顺利完成,5个支部共当选支部委员23名。

(康冬花)

【为区"十一五"规划献计献策】 年内,推荐具有专业特长的5名党员参加了区政协关于"十一五"规划编制的有关调研,对制订"十一五规划"中应关注的人口、农村经济、道路建设、资源利用等问题的建议。在对"丰台区国民经济和社会发展第十一个五年规划"草案的政治协商过程中,提出了关于丰台区发展中可利用的资源等8个方面的书面意见,其中6个方面的建议被采纳,"关于建设文明和谐丰台中应考虑老龄社会问题的建议"专门列为一条规划纳入。

(康冬花)

【区政协领导亲自督办提案】 年初,在七届二次政协会上提出关于"城乡统筹扶持失地农民就业"的提案列为区政协重点提案,得到区政协常务副主席鲍顺新的亲自督办,提案促使农民就业方面的相关政策更加细化和制度化,为推进城乡二元管理体制改革的实施,为构建和谐社会起到了重要作用。"关于启动警备西路—南苑西路和南苑湿地建设,加快我区南苑地区城市和生态环境改造"的党派提案,引起相关部门的重视,为启动南苑危改规划方案的落实起到了推动作用。

(康冬花)

【深入调研提案更具前瞻性】 年初，确立了关于"整合旅游资源，发展丰台区旅游文化产业"、"关于"十一五"规划中的意见和建议"、"丰台区社会福利事业的发展"3个调研课题，并多次组织调研小组到世界公园、河西长辛店地区、交通局、水利局等地区进行调研，召开"整合丰台区旅游资源发展旅游文化产业"专题研讨会，形成"充分发挥丰台世界公园龙头作用，带动丰台区旅游文化发展"和"推进丰台区老龄事业发展，构建和谐社会"两件党派提案和"浅议实施十一五规划中发展河西地区应关注的几个问题"的大会发言。

（康冬花）

【组织抗战胜利纪念活动】 年内，先后组织工委委员和骨干党员参加了卢沟桥抗战林植树、抗战林碑文揭幕，参观抗日战争纪念馆、卢沟桥、抗战雕塑园等活动60人次，组织96岁高龄党员等32人观看"民革市委纪念抗战胜利在60周年大型诗歌朗诵会"。

（康冬花）

民盟丰台区工委

【概　况】 年内，民盟丰台区工委共发展盟员12名，平均年龄35.42岁，其中高级职称占41.67%。从外区转入盟员4人。全区盟员人数209人。区政府聘请工委副主委赵志坚、委员李正森、梁大庄参与区"十一五"规划的调研编制工作，分别担任社会事业与公共服务发展规划、文化事业与文化产业发展规划、教育发展规划课题的负责人；张升允、谭孟康被聘为专家组成员。在区委召开的"十一五"规划协商会上，张升允代表民盟提出了修改意见与建议。民盟区工委与政协教文卫体委员会联合就"十一五"规划中教育发展规划的制订开展专题调研活动；在全区保持共产党员先进性教育活中，各级党组织征求民主党派的意见和建议，民盟区工委所属八个基层支部的盟员们认真负责地履行参政党的职能，针对如何发挥共产党员先进模范作用，加强党的执政能力建设的问题，以书面、短信等方式共提出43条(26人次)意见和八个方面建议。区民主党派参与民主监督的渠道进一步拓宽，3名盟员被政府聘为效能监督员。年底开展了支部、优秀盟员评选活动，教育二支部、医务二支部、十二中支部被评选为先进支部，30名盟员被评选为优秀盟员。

（张桂敏）

【提交提案】 在丰台区政协七届二次会议上，向大会提交了《关于进一步做好流动人口管理工作的建议》和《关于发挥示范性普通高中作用的建议》党派提案2个，其中后者被确定为重点提案；在加快丰台区现代化新城区建设的专题座谈会上，张升允代表区工委就进一步发挥高中示范校示范作用的问题作了发言，闭幕式上，又代表区工委做了题为《开拓思路，创新机制，进一步加强我区流动人口管理工作》的大会发言。提案《关于加强丰台区农村城市化进程中农民再就业与培训问题的建议》被评为优秀提案，并在大会上受到表彰。

（张桂敏）

【召开参政议政交流会】 12月24日召开参政议政工作经验交流会。担任政协委员、政府特约监察员、督导员和人民陪审员的盟员12人参加会议，盟市委研究室主任魏玉芬应邀出席会议。

（张桂敏）

【精心组织调查研究】 年内，与区委统战部联合开展了对大红门地区流动人口状况的调研。调研组在南苑乡、大红门和西罗园街道辖区内召开座谈会7次，参会人员70余人，采集调查问卷150份。组织了对丰台区未成年人犯罪状况的调研。走访了丰台法院、工读学校、区教委、社区、职业高中等单位，获得了大量第一手材料，并形成党派提案；还配合盟市委参政议政部进行了关于失地农民培训与再就业、妇女参政议政、奥运与社区安全、流动人口子女就读等问题的调研。

(张桂敏)

【组织学习活动形式多样】 中共中央颁发了《关于进一步加强中国共产党领导的多党合作和政治协商制度建设的意见》。这是我国政治生活中特别是统一战线和多党合作中的一件大事。根据盟市委的指示精神，丰台区工委以多种形式组织盟员认真学习这个纲领性的文件。4月25日—28日，工委委员和支部委员参加区统战部组织的党派中青年骨干学习班。7月10—12日，部分盟员参加了民盟北京市委举办了中共中央多党合作新文件学习班，听取了市委统战部副部长李卫东所做的多党合作新文件学习的辅导报告；7月14—17日，区工委举办暑期学习班，学习中共中央多党合作新文件，并组织赴山西学习考察。参加学习班的人员包括工委委员、支部委员、后备干部、盟员中的政协委员、人大代表、政府特约人员，工委还特别邀请了在调研工作、信息工作、盟讯编辑方面表现突出的盟员参加。

(张桂敏)

【开展参观教育活动】 7月27日，组织全体盟员参观《伟大胜利—纪念中国人民抗日战争暨世界反法西斯战争胜利60周年大型主题展览》57名盟员冒雨参加活动。8月17日，部分盟员到民盟市委听取《纪念抗日战争胜利60周年—北平8年》的报告。通过爱国主义和革命传统教育，增强盟员参政兴国的责任感 。

(张桂敏)

【召开20周年纪念大会】 12月11日，召开民盟成立20周年纪念大会。区委书记王子生、区政协常务副主席鲍顺新、区委常委、统战部部长吕跃进、副部长李一到会祝贺。王子生介绍了丰台区的“十一五规划”情况，并希望民盟进一步加强自身建设，提高整体素质，提高参政议政的能力和水平，共同努力，为丰台区实施“十一五规划”建言献策。民盟北京市委常务副主委朱尔澄、秘书长王纪选、组织部部长严为、副部长刘萍、宣传部长邹玉芳、各兄弟区委、区工委代表及各民主党派代表出席了大会。

(张桂敏)

民建丰台工委

【概　况】 民建丰台区工作委员会共有会员297名，平均年龄45.6岁，同比下降4.4岁，大专以上学历215人，同比增长9.7%，研究生以上学历19人，同比增长26.3%，高级职称38人，同比增长10.5%，中级职称117人，同比增长9.4%，初级职称14人，同比增长7.1%。市人大代表1人，区政协副主席1人，区政协委员10人，民建市委委员3人，市青联委员(常委)1人，区青联委员(常委)7人，区妇联委员1人，区特约监察员8人。全年入会19人，发展率6.9%，平均年龄43岁；大专大学学历16人，同比增长31%，研究生以上学历3人，同比增长100%；高级职称1人，同比持平，中级以上职称9人，同比增长66.6%。全年转入8人，平均年龄38岁；研究生3人；中级职称3人，高级职称2人。净增人数23人，净增率8.3%。全年共召开主任会、主任扩大会14次，工委会、工委扩大会6次。

(张　杨)

【参政议政民主监督形式多样】 年初，在区政协七届二次会议上，提出《深入研究物流状况 促进物流发展 》提案。康建辉委员《关于规范停车场和停车位收费问题的建议案》被评为优秀提案；7月8日，区政协主席初建华，副主席周大春，区工委孙敏奇参加工委与区政协、区城乡和管理办公室召开情况通报会，区环保局有关负责人就环境保护与生态建设情况进行了通报；7月11日，区委统战部、区政协有关负责人参加了区商委提案答复会，区商务局局长、副局长参加，区商务局针对工委在政协全会上的提案做了“丰台政协七届二次会议第5号提案办理报告”；区工委领导应邀到区委统战部、区政协和区司法局分别对开展的保持共产党员先进性教育活动发表了意见；在区民主监督工作研讨会上，王虹副主任代表民建工委做《发挥党派优势，实践民主监督的几点体会》获得与会者的一致好评；区工委副主任王虹、马弘毅，会员王德文参加区委统战部召开的“丰台区民主党派工作研讨会”，王德文代表工委向统战部做了汇报；工委副主任王虹，委员王燕明、康建辉，区政协常委王德文参加了丰台政协召开的“丰台区环保与生态环境研讨会”，王德文代表工委发言。工委全年共参加区委、区政协、区委统战部、报告会、研讨会计70多人次，同区政协共同对区中小企业的发展、物流、城乡二元体制进行了调研，有三篇文章被区《咨议建言》集发表。

（张 杨）

【表彰先进支部个人】 在庆祝中国民主建国会成立六十周年之际，民建丰台工委向民建市委推荐综合三支部为优秀支部；孙敏奇、王德文、顾群、李奇等为先进个人。

（张 杨）

【积极推荐后备干部】 年内共向民建北京市委和区委统战部推荐后备干部、中青年骨干会员30余人次，建立后备人才梯队，为青年骨干会员的培养创造了条件。

（张 杨）

【为会员解决实际困难】 春节期间，民建市委秘书长李申虹，区委统战部、区工委有关负责人，分别走访了王泽亭等4名老会员。全年共慰问送温暖80余人次，解决了2名老会员遗孀生活困难补助和1名会员家属医药费报销问题。

（张 杨）

【组织活动丰富多彩】 6月17日，为纪念中国人民抗日战争暨世界反法西斯战争胜利60周年，组织全体会员参观中国人民抗日战争纪念馆大型主题展览，在庆祝民建成立60周年活动中，举办了“实创电梯杯桥牌邀请赛”；组织全体会员参观了北京市规划设计展，世界花卉大观园和迎三八妇女会员茶话会等系列活动。

（张 杨）

【工委专题片在“政协视窗”播出】 年内，区电视中心安排了专题采访，对区工委的工作、取得的成绩录制了专题片。主任孙敏奇接受了专题采访。此片在“政协视窗”中播出。

（张 杨）

【为《北京民建》投稿】 年内为《北京民建》报送信息30余件，区工委被民建市委宣传处评为2004年先进集体二等奖。

（张 杨）

民进丰台区工委

【概 况】 年内，学习贯彻《关于民主党派组织发展若干问题座谈会纪要》，做好组织建设、发展工作、后备干部培养工作，基层支部工作条例，推进基层支部工作，开展特色支部活动评比。加强党派的思想建设，学习中共十六届四中全会精神、中共中央关于坚持和完善中国共产党的多党合作和政治协商等文件精神。完善制度建设和民主党派工作机制；建立组织信息管理系统数据库录入。开展纪念民进成立60周年、抗日战争胜利60周年等活动。共召开工委扩大会议4次，主任工作会议2次，举办学习班2次。共发展会员24名，全区共有会员251名。2月，在民进市委学习传达北京市“两会‘会议上，民进区工委17名会员受到表彰。桥南支部、桥北支部、蒲黄榆支部获得先进集体荣誉。

（范寿春）

【举办党外干部培训班】 4月15日，组织各支部成员到民进中央参加了民进中央传达学习 中共中央《关于进一步加强中国共产党领导的多党合作和政治协商制度的意见》报告会。下旬，工委委员及部分骨干参加了区委统战部、组织部举办的党外干部培训班。

(范寿春)

【举办暑期学习班】 8月,举办了2005年暑期新会员培训班。传达学习了中央五号文件和北京市委九号文件的有关精神。结合新时期对民主党派的要求及肩负的历史责任向大家提出了努力的方向。对参会人员进行了会章会史及中央有关文件的学习。要求新入会的会员在做好本职工作的同时,积极参加党派的活动,认真学习,关心政治,积极参政议政。同时回顾了丰台区民进组织的20年发展史。介绍了民进组织的发展情况以及北京市各区成员的组成情况。

(范寿春)

【开展救助贫困儿童捐款活动】 6月,民进北京市委会响应北京市红十字会2005年在全市范围内开展"博爱在京城"大型募捐救助系列活动,民进丰台区委组织会员开展了捐款活动,共捐款2130元。

(范寿春)

【参政议政】 年内,接到会员个人提案71件,69人参与。经研究,《关于加速建立节水型城区的建议》、《对发挥区位资源优势,加快经济发展的建议》和《关于新建小区教育配套设施应归还教育部门使用的建议》作为党派在政协七届三次会议上的提案,《对发挥区位资源优势,加快经济发展的建议》作为政协会议上的大会发言。

(范寿春)

【开展庆祝成立60周年系列活动】 为了庆祝中国民主促进会成立60周年,工委代表全区二百多名会员,将李桂林、刘志良两位精心绘制的尺二山水国画作品和刻制的"庆祝中国民主促进会成立60周年"字样的篆刻作品,委托民进北京市委转赠民进中央。9月17日,民进北京市委"庆祝抗日战争胜利暨中国民主促进会建立60周年文艺演出"在中央音乐学院音乐厅隆重举行。区工委荣获"庆祝中国人民抗日战争胜利60周年革命歌曲大家唱"——优秀组织奖。

(范寿春)

农工丰台区工委

【概　况】 丰台区工委设有党支部9个,党员186名。其中男81名,女105名。退休党员80名。工委主任1名、副主任3名、委员3名。党员中大专以上学历有167名,占党员总数89.8%;中级职称73名,占39.2%,高级职称有112名,占60.2%;有北京市政协委员2名,区政协委员4名,其中区政协副主席1名、区政协常委1名,区人大常委1名,区政府特邀监察员3名,区机关效能监督员3名,被区政府聘为"十一五"规划编制工作顾问3名;北京市药监局丰台分局监督员2名;北京市二中院人民陪审员1名。成立了参政议政委员会、社会服务委员会、组织建设委员会。

(朱桂荣)

【参政议政】 年内开展了《关于北京市社区卫生服务现状调查与对策研究》、《关于加快丰台区都市型农业的调研》,高彦彬主任参加了农工党北京市委关于《统筹城乡发展中心医疗保障问题研究》重点课题调研;区工委向区政协第七届第二次会议提交党派提案3份,《关于加快丰台区新型农村合作医疗工作的建议》、《关于解决我区农贸市场创卫难点问题的建议》、《关于本市及我区政法系统干警健康状况的建议》,其中前2个提案获年度党派优秀提案奖。个人提交提案3份为孙力副主任提交的《建议加强菜户营桥下的交通管理》及《建议区政府做好少儿互助金推广工作增加覆盖率》,郭春生副主任提交的《关于加强公共场所健身器材维护和保养的建议》,其中《建议区政府做好少儿互助金推广工作增加覆盖率》获年度委员优秀提案奖;高彦彬主任向区十三届人大第二次会议提交的《关于加强丰台区生态健康建设的建议》。

(朱桂荣)

【参加政治协商会】 参加了区委、区政府召开的各民主党派、工商联负责人、无党派代表人士政治协商会，就《北京市丰台区国民经济和社会发展第十一五规划纲要》发表意见，在建设生态宜居区、发展生物医药学科技产业、发展旅游业、发展循环经济、建设节约型新城区、都市型农业发展、加强卫生服务工作、政府职能转变方面提出了建议。

（朱桂荣）

【参加先进性教育征求意见会】 年内，参加了区委常委会、区政府、区政协、区委统战部党组在进行保持共产党员先进性教育活动中召开的征求意见会议。从“十一五”规划、整治环境、发展文化旅游业、构建和谐社会、进一步发挥民主党派参政议政及对开展调研给予指导等方面提出了一些建设性意见。

（朱桂荣）

【组织理论学习 】 组织28人（次）参加市委统战部举办的各民主党派区级组织负责人贯彻落实《中共中央关于进一步加强中国共产党领导的多党合作和政治协商制度建设的意见》学习班、农工市委举办的中青年骨干党员学习班、信息工作培训班，提高调研提案工作经验交流培训班、区委组织部统战部举办的党外干部培训班、区政协、区委统战部组织的领导干部学习班、暑期学习班等。50人次参加区工委举办的理论学习及支部委员以上干部“如何做好基层党支部工作”培训班，为更好地开展基层支部工作起到了推动作用。

（朱桂荣）

【召开区工委会议】 年内召开了 工委会议3次及工委扩大会议9次。组织学习了《中共中央关于进一步加强中国共产党领导的多党合作和政治协商制度建设的意见》、中国农工民主党中央“关于认真学习、宣传、贯彻《中共中央关于进一步加强中国共产党领导的多党合作和政治协商制度建设的意见》的通知”，传达了中国农工民主党中央委员会办公厅《关于印发中国农工民主党党费交纳标准、管理和使用的规定》等三个文件的通知和各民主党派《关于进一步做好民主党派组织发展工作座谈会纪要》。

（朱桂荣）

【举办国际科学与和平周活动】 11月5日，举办了以“构建和谐社会、维护世界和平”为主题的第十七届“国际科学与和平周”活动。开幕式在中国人民抗日战争纪念馆前广场举行。“国际科学与和平周”中国组委会、农工党中央宣传部、农工党北京市委、中国初级卫生保健基金会、丰台区政协、丰台区委统战部、农工党丰台区工委等市、区领导出席了开幕式，并向在抗日战争中英勇牺牲的烈士敬献了花篮。开幕式上进行了文艺演出、健身及现场书画表演；区工委组织医务人员开展了义诊、健康咨询、防病宣传，发放健康咨询报等各种宣传材料500余份。区工委获得“国际科学与和平周”中国组委会荣誉证书。有近500余人参加了开幕式活动。区工委组织党员分别为卢沟桥街道七个社区居民进行七天的健康防病知识讲座，400多居民参加了活动。

（朱桂荣）

【开展科技文化卫生“三下乡”活动】 年内组织党员与区计生委、区文委、区卫生局等单位到区葆苔村进行科技、文化、卫生“三下乡”。开展了卫生咨询、医疗义诊，近100名群众参加了活动。

（朱桂荣）

【组织义务植树活动】 年内，组织党员到区北宫森林公园参加义务植树活动。为绿化首都，美化家园，还北京一片蓝天贡献了自己的力量。

（朱桂荣）

【开展扶贫助学活动】 年内，与农工党北京市妇委会、农工党北京市青年委员会共同到石景山区“黄庄学校”（外来人口孩子学校）开展一次“扶贫助学”活动。捐赠人民币400余元及各类物品904件。其中书刊291册、文具271件、衣被169件、教学用投影仪7台、投影用幕布7块、球拍、跳绳等体育用品29件、其他用品130件。

(朱桂荣)

【首都医科大学支部换届工作】 4月6日,根据中国农工民主党北京市委员会“关于同意首都医科大学支部换届的批复”的精神,首都医科大学支部按照中国农工民主党章程的规定和市委会基层组织换届程序的要求,选出了由刘志成、王美丽、邵萍组成的新一届支部委员会。

(朱桂荣)

九三学社丰台区工委

【概 况】 九三学社丰台区工委在九三学社北京市委和区委的领导下,在区委统战部的具体指导下,紧紧围绕丰台区的“十一五”规划、构建社会主义和谐社会、建设现代化新城区,积极建言献策;以学习中共中央《关于进一步加强中国共产党领导的多党合作和政治协商制度建设的意见》精神为指导,努力加强自身建设;充分发挥党派专家的专业优势,继续做好社会服务工作。全年共出版《丰台九三社讯》7期。年度共发展新社员5名。年底,九三学社区工委共有社员145名。

(耿秀梅 程留恩)

【思想建设】 组织社员认真学习了《中共中央进一步加强中国共产党领导的多党合作和政治协商制度建设的意见》(中央5号文件)和中共北京市委关于贯彻落实中央5号文件的实施意见,并召开了专门研讨会,通过学习使广大社员进一步增强坚持和维护中国共产党领导的多党合作制度的自觉性,深化对参政党性质、地位和历史使命的认识,为巩固和发展同共产党亲密合作奠定坚实的思想基础。认真学习了中共十六届三中、四中全会精神,结合学习执政党执政能力建设,不断提高参政党政治把握能力、参政议政能力、组织领导能力和合作共事能力。为纪念九三学社成立60周年和庆祝抗日战争胜利60周年,9月3日组织全体社员参观了卢沟桥抗日战争纪念馆、抗战雕塑园和卢沟桥,使社员受了一次深刻的爱国主义教育。为使九三学社成员深刻理解和把握构建社会主义和谐社会的丰富内涵,更好地为构建和谐社会发挥作用,在学苑出版社举办了传统文化报告会,由九三学社中央副主席、中华文化学院院长、北京大学书法艺术研究所所长、北京大学金开诚教授作了题目为《中和中庸新释》的报告。

(耿秀梅 程留恩)

【组织建设】 以庆祝九三学社成立60周年和社市委开展的“创优争先”活动为契机,开展了加强组织建设的系列活动。首都医科大学支社主委陈哲生被社中央授予优秀社员称号。在组织发展工作中,强调坚持以巩固为主,质量第一的原则,全年共发展社员5名。完成了首都医科大学支社的换届工作。

(耿秀梅 程留恩)

【参政议政】 参加了中共丰台区委举办的保持共产党员先进性教育座谈会,并为此专门召开了工委扩大会,征求广大社员的意见和建议,进行了多次调研和讨论,将形成的几点意见和建议在座谈会上进行了陈述。围绕丰台区“十一五”规划及各专项分规划的制定建言献策,有9名社员被区政府聘为“十一五”规划顾问,有3名社员被聘为顾问专家组成员。在区委、区政府召开的“十一五”规划的两次协商会上,区工委提出的建议大部分被采纳。组织社员参加了区政协关于花卉产业、河西地区农业结构调整的调研,并拟写了有关文章。参政议政部组织有关社员对科技园区进行了调研,就社区文化建设对区文化委进行了调研,就投融资体制改革中政府投资公益性项目实施“代建制”进行了调研,形成了调研报告。组织社员参加了社市委组织的关于城乡结合部管理问题的调研。在区政协七届二次全会上就《“产学研合作”是科教兴区的重要举措》进行了大会发言，提交党派提案2份：《关于深化政务公开、提高执政能力的建议》（获优提案）和《关于丰台区创建全国卫生城市的几点建议》，九三学社社员个人提案16份（获优秀提案1份）。与九三学社中央经济委员会、九三学社朝阳区委、九三学社西城区委共同发起举办“九三学社经济论坛”，并做了“我国应理性面对税收国际竞争的挑战”的主题发言。

（耿秀梅 程留恩）

【参与民主监督】 九三学社界别的区人大代表、政协委员通过视察、考察、座谈会、通报会等形式，认真履行了民主监督的职能。参加了区政协召开的民主监督研讨会，为保证研讨会的质量，区工委专门召开民主监督研讨会，并撰写出文章“对参政党民主监督问题的几点认识”。九三学社界别的市级政府特约监察员参加了北京市的政风评议、行风建设、首都文明行业考评等工作。区级政府特约监察员参加了丰台区政府效能建设以及政府工作考评。区法院特约陪审员以及区检察院特约检察员均履行了各自的职责。

（耿秀梅 程留恩）

【组织科技周系列活动】 年内，以“提倡健康新方式，科技以人为本，全面建设小康，构建社会主义和谐社会”为主题，与科技部、卫生部合作承办了2005年科技周丰台分会场系列活动，组织了近百名北京市各大医院的九三学社界的专家在莲花池公园为广大居民开展义诊、咨询、现场健康互动及科学健身游园等活动。积极响应社市委组织的“关爱弱势群体真诚呼唤行动计划”的活动：中医药大学东方医院支社的医务工作者到丰台区某建筑工地为400多名民工进行了义诊与医疗咨询；为丰台康华小学的学生进行了健康知识科普讲座。针对国内频繁发生的乙肝歧视问题，进行了对患者、医学专家的走访和调查，邀请了国内20多名包括一名院士在内的知名传染病专家，召开了“减少乙肝歧视，构建和谐社会”座谈会。

（耿秀梅 程留恩）

群众团体

丰台区总工会

【概 况】 是年，是丰台区总工会第十届委员会任期的第一年，全区各级工会坚持以“三个代表”重要思想为指导，深入学习贯彻党的十六届四中、五中全会精神，在区委和市总工会的领导下，在区政府和社会各界的大力支持下，各级工会组织和广大工会干部，紧密围绕区委、区政府的中心工作，注重提高服务工作的质量和效果，开创了工会工作的新局面。丰台区总工会现有基层组织1765个，会员73875人，专职工会工作人员111人，兼职工会工作人员3162人。

（杨学温）

【加强工会自身建设】 年内，坚持改进工作作风，深入调查研究，了解和掌握一线工作资料，建立和完善了各项规章制度19项，汇编出刊《工会情况》30期，举办各类培训班10次，培训干部814人，有效地增强了工会干部的服务意识，提高了履行职责的能力，创新意识明显加强。

（杨学温）

【树正气弘扬劳模精神】 年内，是五年一次劳模评选年，制作宣传板块40余副，利用各种宣传媒体，宣传劳模事迹，弘扬劳模精神，营造一个学先进赶先进的良好氛围。加大对家庭生活困难劳模的扶持力度，为65名困难劳模发放慰问金、补助金、帮扶金351600元。依据市总工会《关于劳动模范、先进工作者奖励办法的通知》精神，调整了劳模津贴标准，全国劳模津贴由每月100元调整为每月200元;市级劳模津贴由每月80元调整为每月150元。分期分批组织了新老劳模疗养和部分劳模体检。

(杨学温)

【开展经济技术创新活动】 年内,认真组织实施了以"增强职工素质、提高企业效益、创建和谐社会、促进经济发展"为主题的"经济技术创新"活动,与区劳动和社会保障局共同组织开展了劳动技能大赛,有效的提高了职工业务技能,促进了企业发展。在经济技术创新活动中,广大职工共提出合理化建议1200条,被采纳实施680条,创效3364万余元。实现技术革新、技术攻关56项,创效1238.5万元,双增双节48项,创效967.3万元。

(杨学温)

【帮扶困难职工】 年内,各级工会组织把帮扶困难职工工作做深、做细、做实。两节期间全区工会系统共筹措资金294万元,走访慰问困难职工家庭3100户(其中在档特困职工618户、困难劳模65位);指导帮助284户困难职工纳入政府低保,把116户特困职工作为工会帮扶的重点,加大了帮扶力度,完善了困难职工档案;为解决下岗失业人员再就业,与区劳动和社会保障局共同举办了"民营企业招聘周"活动,提供了800多个工作岗位,其中606人有了工作意向;新增加在职职工重大疾病医疗互助保险,保费达24.4万元,投保1232份,女工安康保险保费达52.7万元,投保17582份。女工委员会为全区60名特困单亲女工办理了"特殊疾病互助合作保险",出资1万元帮助5名困难职工子女就学,慰问特殊困难女工15户。全年各项保险理赔69.3万元,理赔人数267人,职工安康保险储金总额达4425万元,在职职工住院医疗互助保险费达25.6万元,覆盖职工6629人。

(杨学温)

【协调稳定关系创建和谐社会区】 年内,按照各级党委构建和谐村镇、和谐社区的工作要求,充分发挥三方协商机制的作用,在16个街道已建制的基础上,又在5个乡镇建立了三方协商工作机构。组织基层参加了市总工会举办的《北京市集体合同条例》知识竞赛活动,通过街、乡、镇工会干部的共同努力,新签集体合同37份,到期合同续签82份,全区企业共签订集体合同1701份。并提出要特别关注劳动关系纠纷的高发点和高发期,上下联动,形成合力,及时协调、稳步发展,把矛盾化解在基层,有效地避免和减少群体上访事件。

(杨学温)

【加强组织建设】 年内,新建工会44家,新增会员3152人,全区共有基层工会组织1765家,会员73875人,覆盖职工83306人,其中,外来务工人员7286人,会员3185人。为了加强街道、乡镇工会工作力量,配备了由14人组成的街、乡工会助理员队伍,并经过培训上岗。抓"职工之家"、"职工小家"建设,开展"双爱双评"活动,取得了成效,十家单位被评为合格"职工之家",一家事业单位被评为全国模范"职工小家"。

(杨学温)

【积极推进厂务公开行政主体到位】 年内,按照北京市厂务公开协调小组的工作要求,重点抓了厂务公开"行政主体到位"和"两书一查"制度的落实。以"党委统一领导、行政主体到位、工会积极配合、纪委监督检查、职工积极参与"的工作原则,重新调整了丰台区厂务公开协调小组成员单位;以提高公有制企事业单位厂务公开质量、非公企业厂务公开建制率为重点,推进厂务公开工作向纵深发展。召开厂务公开民主管理经验交流会,有效的推动全区厂务公开工作的全面建设。

(杨学温)

【启动实施首都职工素质教育工程】 2005年,是丰台区首都职工素质教育工程启动的第一年，区总工会与丰台区劳动和社会保障局、中央广播电视大学丰台分校共同组织了首期262人参加的通用能力培训班。同时，就学员的学习内容、学习方法、学习效果进行了跟踪调查，及时总结经验，为下期培训工作奠定基础。

（杨学温）

共青团北京市丰台区委员会

【概　况】　共青团北京市丰台区委员会（以下简称丰台团区委）是负责全区团员青年教育、管理和服务的群众性团体。团区委坚持以区九次党代会精神为指导，认真贯彻落实区十次团代会工作任务，主动适应区经济、社会快速发展对共青团工作提出的新要求，以“打造一流的青春团队，创造一流的工作业绩”为目标，围绕“塑造一种精神，建设两型组织，促进三个发展”的总体思路，通过“抓建设，夯实基础；抓特点，打造品牌；抓创新，突破难点；抓宣传，扩大影响”的具体措施，在工作思路、工作方式、自身建设上创新，团结带领全区广大团员青年在现代化新城区建设中发挥作用。开展了丰台区社区青少年远离毒品行动计划启动仪式。年内，丰台区共有14岁至35岁青年104081人，团员22139人，团支部1269个，团总支95个，基层团（工）委85个。

（刘萌萌）

【保持共产党员先进性教育活动】　年内，按照中央、市委和区先进性教育活动领导小组的统一部署和安排，团区委积极开展了以实践“三个代表”重要思想为主要内容的保持共产党员先进性教育活动。活动历时六个月，主要包括学习动员、分析评议和整改提高三个阶段。在学习活动中，团区委建立了学习制度、谈心制度、评议制度，落实了群众监督评价制度，健全了机关党支部民主生活会和组织生活会制度。开展了“三个代表”重要思想的集中学习，结合共青团工作实际和每个党员的自身状况，对照《党章》，深入探讨和制定了新时期共产党员的先进性标准，查找了自身存在的突出问题，制定和落实了整改方案。积极参与了全区“保持共产党员先进性万人入户送安全”教育实践活动；参加了“清洁环境卫生、消除安全隐患、服务人民群众、迎接全国两会”主题党日活动；进一步提高了党员素质、加强了基础建设、服务了团员青年、促进了各项工作的开展。

（刘萌萌）

【增强团员意识主题教育活动】　年内，在全市率先开展了增强团员意识主题教育活动，成立了由团区委书记徐颖任组长、三位副书记为成员的领导机构。活动包括学习阶段和总结提高阶段，建立了学习制度、谈心制度，落实了领导干部联系点制度、群众监督评价制度。为丰富学习手段，先后组织开展了“公务人员进社区”、“我为团旗添色彩”、“青春迎奥运、团徽耀京城”、“真情助困进万家”等主题实践活动，以“新北京、新奥运，新形象、新贡献”为主题，开展讨论交流，引导团员青年在实践中增强意识、增长才干，增强广大团员对共青团组织的归属感和向心力。

（刘萌萌）

【非公经济组织团建】　年内，积极帮助圣火暖通公司、道丰物业公司等单位建立了团组织。圣火暖通公司团委被团市委确定为基层联系点；南苑乡大红门商贸城团总支被团中央等八部委评为“进城务工青年先进集体”，右安门街道团工委创建了“社区党建1+1”的模式，即该街道中有12个社区居委会党委与本社区内的12家非公经济组织签订了《党建带团建协议书》；利用大学生暑期社会实践活动，完成了对高新技术产业和民营企业中青年状况的调研，在此基础上制定了丰台园区非公经济组织团建工作计划。

（刘萌萌）

【青年志愿者活动】　年内，结合区域实际情况，在“五一”黄金周期间以“青春微笑，和谐丰台”为主题，围绕文明礼仪和志愿服务两大主题，开展了一系列主题鲜明、形式新颖的活动，用青春的微笑，优质的服务，传播文明礼仪，促进区域和谐社会建设。与首都经济贸易大学团委联合开展了“志愿丰台，共同发展”大学生社区志愿服务活动，组建了大学生暑期社会实践团到丰台区的13个街道办事处和乡政府，开展了为期三周的志愿服务，切实帮助基层开展工作。

(刘萌萌)

【失足青少年帮教活动】 1月25日，与区综治办、司法局共同发起“相约明天 共创未来”失足青少年帮教活动在市未管所举行。区委常委、常务副区长闫小彦及团区委、区综治办、发改委、司法局、公安分局、检察院、法院、教委和劳动局的领导同志参加了活动。

(刘萌萌)

【区青联三届二次全会】 1月27日，区青联三届二次全会暨新春团拜会在圣地苑宾馆召开。市青联秘书长余俊生，区政协主席初建华，区委副书记刘云广，区委常委、宣传部部长王苏维，区委常委、统战部部长吕跃进，副区长吕仕杰，区政协副主席周大春出席了会议。区青联主席徐颖代表区青联三届委员会常委会作了《做贡献 求活跃 促发展 扎实推进三届青联工作》的工作报告。

(刘萌萌)

【共青团丰台区十届二次全委(扩大)会议】 3月18日，共青团丰台区十届二次全委(扩大)会议在卫生局六层报告厅召开。团市委社区工作部部长姜泽廷出席了会议。团区委副书记贾丽君代表十届委员会对2004年全区共青团工作进行了总结。团区委书记徐颖结合团市委十一届七次全委(扩大)会、丰台区十次团代会精神以及保持共产党员先进性教育活动的总体安排，对2005年团的工作做了部署。

(刘萌萌)

【“爱·丰台”公益活动】 4月至12月，与区青联联合开展了“爱·丰台”系列公益活动。与中国扶贫网、区教委共同主办“手挽手”扶贫书屋活动暨“爱·丰台”公益活动启动仪式。团市委统战部部长、市青联秘书长余俊生，区委副书记刘云广及中央和国家二十余个部委扶贫部门的负责同志出席仪式；联合丰台区人才服务中心共同举办了丰台区青年人才专场招聘会，提供岗位60余个，来自全区21个街乡及部分驻区高校的应届毕业生共300余名青年参加了招聘活动；与圣火企业共同举办了“爱·丰台”公益活动，先后捐建王佐学校电脑教室、捐助50名贫困中小学生和资助3名大学新生，区青联委员、圣火企业董事长王丰代表企业先后捐资捐物13万余元，帮助部分特殊困难群体解决了实际困难。

(刘萌萌)

【青少年法制节】 5月至11月，举办了丰台区青少年法制节系列活动。通过开展法律小品大赛、法律知识竞赛、模拟法庭竞赛、“我给失足青年写封信”征文等活动，充分调动青少年的积极性和创造性，以喜闻乐见的形式向青少年渗透法律知识教育，使广大青少年在丰富的实践中学到了法律知识，在热情的参与中树立了法律观念，不断增强自身学法、知法、守法、用法的意识，提高自我保护和合法维权的意识和能力。

(刘萌萌)

【青春爱心行动】 8月，积极做好“金龙鱼奖学金”、“明德奖学金”等奖学金的发放工作，共发放金龙鱼奖学金总额为36000元，郭公庄小学、小屯小学、樊家村小学、黄土岗小学中的120名打工子弟受到捐助；明德奖学金总额为72200元，全区172名家庭贫困、学习成绩优异的中小学生获得资助；“中南海爱心基金”15000元，5名贫困大学生受助；“学子阳光助学金”27000元，9名贫困大学生受助。

(刘萌萌)

【青年人才工作】 8月至12月，团区委开办了丰台区第二期团校，共有29名优秀团员青年参加了学习。团校聘请了6位教授和2位处级干部作为团校教师,采取研究式、开放式教学和辅导员制相结合的培训方式,为团校学员共进行了八次集中授课,着力提高学员的学习能力、调研能力及实践能力。并通过组织拓展训练、演讲与口才训练,进一步培养了学员的信任、勇气、超越自我等人格要素和开拓创新、沟通协作的能力。

(刘萌萌)

【青少年文化节】 9月至12月,与区青联、区广播电视中心共同举办了以“展现青春风采,建设和谐丰台”为主题的第四届丰台青少年文化节,先后开展了“盛世源达杯”丰台青年足球邀请赛、“集美杯”青少年三人篮球赛、青年歌手大赛以及FLASH大赛等四项活动。文化节采取社会化运作的方式,10家单位成为合作伙伴,共筹集资金和物品35万元;采取专业化操作的方式,文化节形成了“共同合作、各负其责”的工作模式;采取区域化合作的方式,积极邀请驻区中央、市属单位的青少年参与文化节;采取品牌化经营的方式,坚持办事业的思路,将文化节作为一个长期项目,扎实、细致、规范、有序的操作执行,促进文化节的可持续发展。

(刘萌萌)

【社区青少年法律学校】 11月16日,联合区综治办、司法局在丰台街道西四环南路63号院举行社区青少年法律学校建设启动仪式。此举标志着我区创建社区青少年法律学校活动正式启动。区综治办主任姚建国对我区开展社区青少年法律学校建设进行了动员和部署,区委副书记、政法委书记阎满成在启动仪式上作了讲话。

(刘萌萌)

【迎接市级领导考察工作】 7月14日,团市委副书记李先忠,权益部部长张丽红对丰台区社区闲散青少年管理工作进行了调研;12月13日,市人大内司委组织市人大常委会委员、市人大代表等检查丰台区《北京市未成年人保护条例》贯彻落实情况专题汇报会隆重举行。市人大内务司法委员会主任郑刚,共青团北京市委书记关成华、副书记李先忠,丰台区政府副区长吕仕杰及市未委会各成员单位等多位领导出席了会议。

(刘萌萌)

丰台区妇女联合会

【概　况】 年内,丰台区妇联坚持以邓小平理论和“三个代表”重要思想为指导,认真贯彻党的十六届四中、五中全会精神,围绕区委、区政府的中心工作,以加强妇女能力建设为主线,在做好妇联三大主体活动的同时,重点做好妇女再就业工作、创建零家庭暴力社区工作、未成年人思想道德建设工作和宣传工作,带领广大妇女积极投身丰台区经济建设和社会发展。全区83个党政机关、事业单位成立了妇委会组织。

(陈海燕)

【开展特色活动】 年内,全区妇联系统“两节”期间走访慰问了特困户、失业妇女、单亲困难户、军烈属、残疾人,发动巾帼志愿者、居委会干部等600余人;义务服务2100多户;做好事、实事8000件。“三八”期间,与区委组织部共同举办“丰台区女领导干部‘庆三八’保持党员先进性教育座谈会”;组织以“庆三八、讲文明、讲礼仪、迎奥运”为主题的妇女健身风采展示活动,来自全区基层妇联组织的16个健身队近300名妇女参加了比赛;举办“庆三八北京巾帼杯”门球邀请赛,来自全市近40个队的420人参加了比赛。“六一”活动丰富多彩。与市妇联共同开展了“同在蓝天下,与首都文明同行来京务工人员子女庆‘六一’游园活动”,来自全市近400名来京务工人员子女到世界公园进行了游览;与区体育局、计生委共同组织了庆“六一”家庭趣味运动会,有19个街乡(镇)的近百户家庭参加了比赛;与团区委共同举办了“丰台区首届青少年法制节”法律小品大赛。“三八”、“六一”期间,全区各级妇联组织慰问贫困母亲和残疾儿童500人,慰问来京务工人员儿童1109人,为他们送去慰问款27000元。开展“美德在农家”活动,开设了家家学、安康进农家流动课堂,邀请三八妇乐公司教授为基层妇女进行了60多场健康讲座,受益妇女达5000人以上。召开丰台区2004－2005年“学习信息化知识,万人网上行”能手家庭暨第五届五好文明家庭表彰会,对全区94户“五好文明家庭”进行表彰。

(陈海燕)

【“双学双比”活动新颖独特】 召开区“双学双比”工作会暨“双学双比”先进集体和先进个人表彰会,对先进集体、生产经营女能手和农家女致富带头人进行表彰,并对受表彰者给予重奖。积极为农村女能人经济发展搭建平台,报送了5个市级“妇”字号基地,经过北京市有关部门检查全部合格。8名女企业家被评为“北京市商海女能人”,其中侨园饭店总经理吴续和经过演讲比赛获得“商海巾英”称号。在北京市“京都巧娘”作品展示会上,6位姐妹被评为“京都巧娘”称号;在全区农村妇女中开展“一、十、百、千”活动。区、乡(镇)妇联组织为256名农村妇女推荐就业岗位,使她们实现了转岗就业。基层妇联组织积极开展农村富余女劳动力的培训工作,花乡、王佐和长辛店等乡镇妇联针对农村妇女需要开设了商品营业员、物业管理和家政服务等各类技能培训班21期,培训人数1805人。丰台区“妇”字号基地“绿山谷芽菜种植基地”免费为残疾人举办芽菜种植培训班2期,培训人数90人次,安置了18名残疾妇女就业。

(陈海燕)

【培训工作取得新成效】 与区委组织部共同举办了处级女领导干部讲座,讲授了“女性领导科学与艺术”、“马克思主义妇女观”和“公众形象与社交礼仪”等知识。与区党校联合举办“男女平等”基本国策的学习班,加大对新任处级干部和后备干部的培训。同时,注重加强对基层妇联干部的培训。举办基层妇联干部业务培训班,召开小型研讨会和妇联干部工作交流会。全年共举办各类妇女干部培训班15期,培训人数500余人次。

(陈海燕)

【提供法律服务】 年内,接待来信来访150件,结案率为100%。在丰台法院及基层法庭中成立了“丰台区妇女维权和议庭”,凡是涉及到妇女的案件可以在和议庭解决。区法援中心降低法律援助门槛,采取措施帮助受害妇女。

(陈海燕)

【再就业工作】 区妇联召开丰台区妇女创业与再就业工作会,制定《丰台区妇女再就业的工作意见》,对再就业先进集体、先进个人和再就业明星进行了表彰。为了解全区失业失地妇女状况,进行了1000多份问卷调查,并根据调查情况制定了2005年妇女再就业培训计划。

(陈海燕)

【妇儿工委工作】 制定了“十一五”妇女儿童规划编制意见(草案)。与区委宣传部、区计生委、区民政局、区司法局、区卫生局、区残联等成员单位开展了婚前医学检查宣传咨询活动。全区设立中心宣传咨询点1个、各街乡(镇)和社区、村设立宣传咨询分站112个、悬挂横幅100余条、展版60余块、黑板报137块、宣传材料19250份、宣传品3万份,咨询和义诊受益群众达万人。认真开展未成年人思想道德建设。在10个街道的社区设立安康计划宣传栏近400个。组织开展各种适合未成年人参加的亲子实践活动,使家长和孩子在活动中共同提高。继续发挥区家教讲师团的作用,在50个社区建立了50个“母亲课堂”,以“为国教子,以德育人”为主题,对5万母亲进行家教知识的宣传。召开了第五届家教研究会换届大会,成立了新一届家教研究分会领导班子。全区共开办母亲课堂125

次，受教育母亲达3838人次；开办家教、科普讲座200场；组织演讲会故事会45场、亲子活动50次、运动会54场、文艺汇演100场。

（陈海燕）

丰台区工商业联合会

【概　况】 年内，区工商联紧紧围绕丰台区的中心工作，以开展创建精神文明单位活动为载体，以执行贯彻《国务院关于鼓励支持和引导个体私营等非公有制经济发展的若干意见》为动力，以构建和谐企业为目的，充分发挥工商联组织的统战性、经济性、民间性作用，认真履行党和政府赋予工商联的各项职能，扎实开展对非公有制经济人士的思想政治工作，完成了全年各项工作目标。全年，累计新老会员1175家，丰台工商联第七届执行委员会委员74人（非公经济代表人士61人）。有32家会员单位被首都文明办、区文明办和市工商联系统评为精神文明单位，其中，被首都文明办评为精神文明单位的有3家。丰台工商联获得区文明办颁发的“优秀组织奖”。丰台区非公经济代表人士有1人获“全国劳动模范”称号，有2人获“北京市劳动模范”称号。在参加市、区开展的各种表彰活动中，2家被市工商联评为“就业先进企业”，5家被市工商联评为“优秀内报内刊会员企业”。王建亚、王金福2人当选市工商联“企业文化建设委员会”委员。6家企业荣获市工商联系统质量先进会员企业和纳税先进企业称号。

（杨士广）

【发展新会员壮大骨干队伍】 年内，新发展高新技术型、生产型、规模大的企业25家（注册奖金1000万元以上的有5家），为340名原工商业者和遗孀办理了审批手续。在节日走访慰问活动中，发放慰问金和困补金9万元，看望老工商业者80多人。新增补、替补丰台工商联第七届执行委员会委员10人、常委3人。本届非公经济代表人士骨干队伍61人。

（杨士广）

【开展调查研究参政议政活动】 年内，充分发挥区人大、政协委员和特约监察人员的积极作用，积极组织参与丰台区十一五规划的各项调研活动；对区经济、城建、文教等专项调研进行了参与，提出了许多建设性意见和建议；积极参加区经委考评办对全区58个部门的考评；在区政府七届一次会议上，提交团体提案1件，个人提案19件，丰台工商联递交的《关于大力宣传非公经济》的团体提案被市联评为团体提案一等奖。是年，走访调研会员企业50余家，非公人士150多人次，

（杨士广）

【完善服务职能拓宽服务领域】 年内，为会员企业法律咨询360余人次、合同把关70余份、代办执照4份；接办案件26起，结案率100%，胜诉率90%以上，为企业挽回经济损失60多万元；为企业培训法律知识讲座8场，培训人员500多人，委托院校为企业会员培训首期中国职业经理人中级班46人，全部毕业；培训在职会计人员152人；在《北京日报》、《新丰台报》和电视媒体宣传会员企业20余家；为天路通等科技企业搭桥申报并获支持资金120万元；组织40家企业参加劳动局组织的再就业招聘会。

（杨士广）

【商会往来】 年内，工商联在与河北省石家庄市、浙江省温州地区、黑龙江省大兴安岭地区、湖南省张家界市、广州市黄埔区等工商联组织保持商会往来的基础上，于11月21日又与内蒙古鄂尔多斯市工商联双方达成协议并建立了友好商会关系。

（杨士广）

【光彩事业蓬勃发展】 年内，广大会员为印度洋海啸灾区捐款20余万元；北京高娃钢琴幼儿园，向吉林蒙古族学校捐款捐物折合人民币100多万元，同时又向北京利智康复中

心捐款;北京妮森服务有限公司和天路通有限公司向丰台区培智中心捐款捐物;金杯汽车修理厂向北京利智康复中心和湖北省新化县小学捐款;铭维成公司向西藏纳曲地区和北京房山云居寺捐款;勤兴汽车修理公司向社区捐赠价值1万多元的桌椅;圣火集团向王佐学校捐献一套多媒体教育设备;为辖区内部分农村和社区百名无力医治的白内障患者捐款11万多元,由阜仁医院组织力量,为患者实施了成功的手术。是年,会员企业在光彩事业活动中共捐款捐物折合人民币300多万元,受到社会各界的好评。

(杨士广)

【举行工商联大厦入驻仪式】 6月26日,举行非公有制企业入驻工商联大厦仪式。全国工商联副主席孙晓华,市委统战部副部长李卫东,市工商联党组书记宁长庆,市工商联副会长吴杰、李燕平、王克林,丰台区委书记王子生及有关领导、企业集团参加了庆典活动。入驻大厦的68家企业代表和社会各界人士共300多人到会。

(杨士广)

【召开工商联执委会】 3月31日,丰台区工商联召开七届六次执委会,50名执委、常委及骨干会员参加了会议。会议由区联秘书长隋军主持。会议审议通过了七届五次会议以来的工作报告,对2004年度工作进行了总结,安排了2005的度工作;审议通过了2004年度会员费收支及使用管理的报告;表决通过了新增非执委人员10名、常委人员3名。9月5日,召开七届七次执委会,54名执委、常委参加了会议,会议由王宝军主持。会议宣读了区委组织部关于工商联党组书记的任免决定和常务副会长提名的通知。根据丰组干字〔2005〕32号文件,任命孙延明同志为丰台工商联党组书记、邓适宁同志因到年龄免去党组书记职务。会议根据丰组干字〔2005〕32号文件精神,选举并通过了孙延明同志为丰台工商联执委、常委、常务副会长,免去了邓适宁同志执委、常委、常务副会长职务。

(杨士广)

丰台区归国华侨联合会

【概　况】 年内,丰台区侨联紧紧围绕区委、区政府的中心工作,积极主动参与政治协商和民主监督活动。把握经济走势,参与区经济合作与发展年会,加深对区域经济的了解,开拓工作思路,为区经济协调发展和社会稳定出谋划策。充分发挥侨联的整体优势,加强侨联领导班子的自身建设,提高整体素质,全面地推进了丰台侨联各项工作的开展。是年,方庄地区侨联被北京市侨联评为"先进街道侨联组织"。

(谢焕明)

【开展有益活动凝聚侨心】 年内,借中国传统节日之机走访、慰问了前几届侨联的老领导以及部分有名望的老归侨,送去了节日慰问品,并利用春节团拜会的机会,向老归侨们拜年,表达良好的祝愿。陪同市侨联领导看望了在印尼海啸中失去亲人的老归侨李锦梅女士。为了丰富老归侨们的业余生活,组织老归侨进行北京风景一日游活动,国庆节期间,组织老归侨乘车观光北京的夜景,乘船游览昆运河。方庄地区侨联还利用侨联成立三周年之际,举办了"迎国庆,庆中秋暨庆祝方庄侨联成立三周年联欢会",北京市侨联副主席兼秘书长邱国武来到街道与二百多名归侨侨眷一起参加了联欢会。

(谢焕明)

【组织英语培训班】 为迎接2008年北京奥运会,更好地满足广大归侨侨眷学习外语的要求,3月份,方庄地区侨联组织了第二期英语培训班。参加培训的华侨年龄最大的76岁、最小的18岁。

(谢焕明)

【内引外联促进侨务工作开展】 年内,区侨联与丰台区实验学校共同组织了美国华裔子女夏令营活动，进一步加强了美国华裔子女对祖国文化的学习和了解，提高他们的爱国热情；分别与辽宁葫芦岛市侨联、广东省侨联、广州市侨联以及东莞、深圳市侨联的同仁们进行了友好往来和座谈，与香港的有关社团及企业家进行了交流和座谈并参加了在香港举行的"亚太地区反法西斯胜利六十周年"庆祝大会。

（谢焕明）

【加强自身建设提高服务意识】　是年，是区侨联换届后的第一年，在丰台区第四次归侨侨眷代表大会召开后不久，及时对新一届委员会委员组织了为期两天的培训，系统地学习了中国侨联章程、归侨侨眷权益保护法，老委员向新委员介绍了丰台区侨联的基本情况以及丰台区侨情，制定了相应的委员会制度和全年的工作计划。及时召开侨联主席办公会和侨联委员会，总结工作情况，布置工作计划，使所有委员都能够按照计划，有条不紊地开展工作。

（谢焕明）

【增强法制意识加大宣传力度】　为了更好地贯彻《归侨侨眷权益保护法》，保护归侨侨眷的合法权益，及时解决在归侨侨眷中出现的有关法律问题，经侨联主席办公会和侨联委员会研究决定，聘请了北京市中孚律师事务所律师李东伟为侨联正式法律顾问。为广大归侨侨眷提供免费法律咨询和帮助。为加强归侨侨眷权益保护法的宣传力度，让广大归侨侨眷了解相应的政策和法律常识，区侨联制作了网站，并利用丰台电视台政协之窗广泛开展宣传，起到了良好的社会效应。

（谢焕明）

政权　政协

北京市丰台区人民代表大会常务委员会

【概　况】 年内,区第十三届人大常委会共召开6次常委会会议,听取并审议了21项议题,作出3项决议、决定;依法任免国家机关工作人员44人次,任命人民陪审员3名;对区政府副区长罗洁、区卫生局局长张扬进行了会议述职评议,并首次对20名政府组成人员和8名“两院”行政副职年度履职情况进行了书面述职评议;召开9次常委会主任会议,听取了区政府5项工作情况的报告。围绕常委会会议、主任会议审议议题组织代表视察、检查42次,参加代表453人次;接待群众来访291人次,办理人民群众来信135件。

(闫　卉)

【区第十三届人大第二次会议】 1月8日至1月11日,区第十三届人民代表大会第二次会议在京丰宾馆举行,252名代表出席了会议。会议听取并审议了区长张大力关于丰台区人民政府的工作报告,审议了区发展和改革委员会主任何燕卿关于丰台区2004年国民经济和社会发展计划执行情况与2005年国民经济和社会发展计划草案的报告、区财政局局长孔令斌关于丰台区2004年财政预算执行情况和2005年财政预算草案的报告;听取并审议了区第十三届人大常委会主任杜瑞琴关于丰台区人民代表大会常务委员会的工作报告、区人民法院院长董华关于丰台区人民法院的工作报告、区人民检察院检察长蔡柏林关于丰台区人民检察院的工作报告;并对上述报告作出了决议。审查并批准了丰台区2004国民经济和社会发展计划执行情况与2005年国民经济和社会发展计划;审查并批准了丰台区2004年财政预算执行情况和2005年财政预算。大会收到代表议案41件,其中第1号至第9号有关道路建设和水系治理方面的9件议案,合并立为“关于加快丰台区道路系统建设和水系治理的议案”,其它32件议案转作建议、批评和意见办理。大会期间,收到代表提出的建议、批评和意见316件。两项合计共348件。

(闫　卉)

【常委会第九次会议】 3月31日召开。会议共进行了三项议程:决定了人事任免事项;审议通过了区人大常委会对区政府副区长罗洁、区卫生局局长张扬进行述职评议的安排意见;审议通过了区人民代表大会常务委员会议事规则及有关规章制度;讨论了区人民代表大会议事规则,决定提请区第十三届人大三次会议审议。

(闫　卉)

【常委会第十次会议】 5月31日召开。会议共进行了两项议程:听取并审议了区政府关于丰台区2004年财政决算(草案)的报告,听取并审议了区政府审计机关关于对丰台区2004年财政预算执行情况和其它财政收支审计工作的报告，审查并批准了丰台区2004年财政决算；听取并审议了区政府关于城市管理综合执法组织依法行政情况的报告。

（闫　卉）

【常委会第十一次会议】　7月28日召开。会议共进行了四项议程：听取并审议了区政府关于丰台区2005年国民经济和社会发展计划上半年执行情况的报告，听取并审议了区政府关于丰台区2005年财政预算上半年执行情况的报告；听取并审议了区政府关于贯彻执行《北京市区县政府全面实施素质教育评价方案》情况的报告；听取了区政府副区长罗洁的述职报告并进行了评议；听取了区卫生局局长张扬的述职报告并进行了评议。

（闫　卉）

【常委会第十二次会议】　9月27日召开。会议共进行了五项议程：听取并审议了区政府关于"加快丰台区道路系统建设和水系治理"议案办理情况的报告；听取并审议了区政府关于贯彻实施《中华人民共和国行政许可法》情况的报告；听取并审议了区法院关于法官队伍建设情况的报告；听取并审议了区检察院关于预防职务犯罪网络建设及工作情况的报告；决定了人事任免事项。

（闫　卉）

【常委会第十三次会议】　11月30日召开。会议共进行了三项议程：听取并审议了区政府关于区第十三届人大二次会议代表建议、批评和意见办理情况的报告，区人大常委会关于区第十三届人大二次会议代表建议、批评和意见督办工作情况的报告；听取了区纪委、监察局关于2005年全区党风廉政建设和反腐败斗争工作情况的通报；决定了人事任免事项。

（闫　卉）

【常委会第十四次会议】　12月15日召开。会议共进行了四项议程：对《关于丰台区2005年国民经济和社会发展计划执行情况与2006年国民经济和社会发展计划草案的报告》和《关于丰台区2005年财政预算执行情况和2006年财政预算草案的报告》进行了初审；决定了区第十三届人民代表大会第三次会议的有关事项；讨论通过了区第十三届人大常委会向区第十三届人民代表大会第三次会议的工作报告，决定进一步修改后提请区第十三届人大三次会议审议；讨论了《北京市丰台区第十三届人民代表大会常务委员会2006年工作要点（草案）》。

（闫　卉）

【督办代表建议】　年内，召开办理建议工作会议，向"一府两院"交付办理任务，提出具体要求并加强督办；建议办复后，逐件审查办理报告，发函征询代表意见。区第十三届人大二次会议期间，代表共提出建议348件，均按规定期限办理完毕。闭会期间代表提出建议38件，办复30件。

（闫　卉）

【认真开展法律监督】　年内，坚持围绕中心、服务大局、突出重点、讲求实效的原则，继续将改革发展中的重大问题、法律法规实施中的难点问题和关系人民群众切身利益的热点问题作为执法检查的重点，组织视察检查了行政许可法、食品卫生法、教育法、水污染防治法、市容环境卫生条例、安全生产条例等法律法规的贯彻实施情况。采取视察检查前学法、召开座谈会征求意见、明查暗访、实地视察等方式，深入了解情况，共提出76条意见和建议。听取了区法院法官队伍建设、区检察院预防职务犯罪网络建设、区公安分局基层派出所建设情况的报告，提出了改进工作的建议；坚持每季度组织代表旁听法院案件审理制度，加大对申诉案件的督办力度，促进了司法机关公正司法，年内共组织旁听活动4次，57位代表参加。积极参加了市人大常委会关于《公证法》、《妇女权益保障法》等5部法律法规的修改和讨论。

（闫　卉）

【加强工作监督】　年内，常委会把深入调研、提出高质量的建议作为加大监督力度的着力点。重点监督本年度国民经济、社会发展计划和财政预算执行情况,促进区政府完成区第十三届人大二次会议确定的各项目标和任务;认真做好区2006年计划和预算的初审工作,使财政支出结构更加优化;积极参与、监督区"十一五"规划编制工作;关注丰台科技园区建设,组织市、区代表视察,为园区发展献计献策;加强对重点工程、城市基础设施建设、危旧房和"城中村"改造、城市管理、公共卫生体系建设、义务教育等工作的监督,推动了政府各项工作。

(闫　卉)

【组织代表活动】　年内,认真落实区人大常委会组成人员联系代表、代表联系选民制度。坚持邀请代表列席人大常委会会议、组织代表旁听法院公开审理案件、推荐代表担任各类监督员等制度。采取常委会集中培训与人大街工委、代表联组培训相结合的方式,组织代表认真学习宪法、组织法、代表法、反分裂国家法等法律法规,学习党中央和市、区重要文件精神。适时组织专题学习辅导,举办经济形势和"十一五"规划编制情况报告会,畅通代表知情知政渠道。推广代表公示和代表接待日的经验,全区16个人大街工委、航天一院代表联组均建立了代表公示和代表接待日制度,全年共接待选民4931人次,收集群众反映问题的672件,解决395件。组织代表视察、检查共提出254条意见和建议。

(闫　卉)

北京市
丰台区人民政府

【概　况】　年内,全区人民全面贯彻落实党的十六大,牢固树立和落实科学发展观,巩固共产党员先进性教育活动成果,围绕"一五五"总体发展思路,全面完成了各项工作任务。

国民经济持续快速健康发展。地区生产总值全年完成373亿元,年均可比增长12.6%。财政收入达到18亿元,可比增长20%。一、二、三产占地区生产总值的比重调整为0.2%、34.3%、65.5%。

引进高新技术企业1628户。房地产、商贸物流、旅游等第三产业发展迅速,服装、建材、图书、花卉等商贸物流业快速发展,特色旅游区有了新发展。一批工业企业通过结构调整、资产重组、技术改造,取得新的效益。淘汰了能耗大、污染重的工业企业。非公经济成为区域经济的重要组成部分,非公企业达到2万多家,增幅达185.7%。引进了跨国公司和有实力的股份公司入区发展,共新增注册资本总额220亿元,年均增长8.2%,千万元以上企业508家,年均增长9%。实际利用外资1.72亿美元,完成"十五"计划的172%。举办了丰台区经济合作与发展年会,参加了科博会、京港洽谈会等招商推介活动。

城市面貌显著变化。抓住制约丰台发展的薄弱环节,以基础设施建设为突破口,加快推进城市建设,城市面貌大大改观。

调整了区城市空间规划,制定了对未建成区、改造区的规划和道路发展、土地利用、生态环境等专项规划;加强了重点地区、新开发地区和重点道路两侧的规划;调整项目结构,增加了公建项目。打通城市主干道,修建快速路,建成了五环路、南苑路、京开路、马家堡西路等10条主要道路,共36公里。大修改造便民路180条。完成了凉水河、马草河、旱河、小龙河、水衙沟等5条河流的截污治理。建成了卢沟桥、吴家村污水处理厂。科技园区开复工面积176万平方米,竣工140万平方米。丽泽商务区丽泽大厦一期B、C座已竣工,建成了中盐大厦、中色大厦、兴丰大厦,西客站南广场商贸区西区初具规模。大红门服装商贸区服装城三期投入使用,福成布艺大厦开工建设。建成了宛平广场和卢沟桥文化广场。改造了右外、丰台镇、樊家村等地区的危旧房14片,实现开工面积215万平方米,竣工147万平方米。动迁居民1万多户,安置居民8789户。绿化隔离地区28个村开复工面积713万平方米,竣工544万平方米,安置农民上楼近1万户。

城市管理水平全面提升。整治了右外东庄等地区的22个“城中村”。拆除违法建设800万平方米。治理改造老旧小区86个。推进环境卫生城乡一体化管理,四环路以内农村地区的垃圾清运、主要道路两侧绿地保洁基本实现了专业化管理。清理规范了户外广告。强化了流动人口、地下空间、出租房屋的管理。实现城市绿化1883公顷,城市绿化覆盖率达到43%以上,人均绿地70.8平方米。农村实现林木绿化4019公顷,林木覆盖率达到36.6%,其中绿化隔离地区完成绿化2815公顷。建成了青龙湖公园、北宫森林公园等80多处园林绿地。城区、平原、山区三道绿色生态屏障基本形成。严格控制大气污染,加大对污染源、污染企业的治理,改造锅炉1124台,关闭了所有非煤矿山企业。建立健全了区突发公共事件应急领导机构和应急处置机制,制定了总体应急预案及29项专项预案。调整增加了社区,完善了服务功能,改善了服务环境。社区便民、利民项目达到56项。街道全部设立了“一站式”办事服务大厅。推进城市网格化管理,成立了城市管理监督指挥中心。

农村城市化进程进一步加快。统筹城乡发展,努力推进河东城市化、河西城镇化建设。建立了农村地区的发展机制。解决了农村4.65万人安全饮水问题。形成了以生态农业、观光农业、设施农业和精品农业为载体的现代都市农业。花卉产业成为现代农业的支柱产业。建成了花卉大观园、盛芳园草花基地、南宫高效农业园,完成了18家农业标准化生产基地建设。完成了56个村社区股份合作制改革。启动了乡级集体资产产权制度改革。完成了老庄子乡撤乡并街、成寿寺村和精图村撤村建社区工作。完成了11.3万亩土地确权工作。培训农村劳动力5万余人次。解决了6756名农转工自谋职业者的社会保险问题。完善了农村医疗卫生体系,建立了新型农村合作医疗制度和农村特困人员医疗救助制度。

人民生活达到新的水平。城镇居民人均可支配收入达到15660元,年均增长11%。农民人均纯收入8994元,年均增长9%。共开发社区就业岗位7.9万个。城镇登记失业率控制在3%以内,城镇登记失业人员再就业率达到65%。养老、医疗、失业、工伤保险各项基金累计收缴20亿元,征缴率均在95%以上。建立和完善了城市特困人员住房、就业和医疗救助体系,解决了城市低收入人群就医难问题。办理关系群众切身利益的实事200件。解决了36.7万人的饮用水问题。新发展天然气用户2.1万户。新开通公交线路59条。为96条道路安装了路灯。改造无障碍设施2500多处。新改建公厕867座,新建垃圾楼30座,垃圾房951座。做好人民内部矛盾、纠纷的排查调处工作,共办理群众来信、来访1.3万件,便民电话5.8万个。

社会事业全面进步。发展经济的同时,加强对社会公益事业的投入,实现了经济社会的协调发展。实施国家、市级“火炬计划”35项,“星火计划”29项,国家重点新产品计划6项,市级科技计划项目28项。完成了花乡城郊型星火技术密集区建设项目。完成丰台科技馆改造。建设科普教育基地17个,科普型社区7个。开展了科技下乡活动。调整合并67所学校和机构,新建和改扩建12所中小学,37所乡管校交由教委统一管理。北京十二中和北京十中成为北京市高中示范校。基本实现了“校校通”。解决了流动人口子女入学问题。初步形成了以社区学院为龙头的社区教育网络。构建了区、街(乡镇)、社区(村)三级文化网络。新建和改造了图书馆、青少年图书馆、影剧院、工人俱乐部等文化设施。修缮了国家级重点文物宛平城,完成了金中都遗迹、二七革命遗址、留法勤工俭学旧址等市级文物修缮工程。建立健全了公共卫生突发事件防控体系,取得了抗击非典和防控高致病性禽流感的胜利。整合医疗资源,原丰台区医院与北京铁路分局中心医院合并成立了新的丰台医院。建成了由社区卫生服务中心、社区卫生服务站和诊所构成的社区卫生服务网络。开展了全国首个药品放心区创建活动。举办了全民运动会等一系列大型体育赛事。所有街乡镇均配建了健身工程。完成了丰台体育中心体育场的改造和丰台体校教学综合楼建设。计划生育率平均为98.4%,人口出生率控制在4.52‰以下。

精神文明建设和民主法制建设。开展了社会公德、职业道德和家庭美德教育。构建了学校、家庭和社区"三位一体"的未成年教育网络。开展文明街道、乡镇和文明社区、村等创建活动。加强了国防教育和军警民共建活动,深入开展教育拥军和文化拥军,连续三次获得"全国双拥模范城"称号。认真执行人大决议,坚持重大事项报告制度并自觉接受监督,共办理各级人大代表建议1913件。坚持重大问题和政协、民主党派协商制度,办理各级政协委员提案718件。全面推进依法行政。完成了"四五"普法工作。开展创建民主法治示范区活动。对重点工程项目和基本建设实施阳光工程。坚定不移地开展与法轮功"邪教"组织的斗争。加强节日和重大活动的组织和安全保障。加强了社会治安综合治理,开展专项治理活动,严惩犯罪分子,为经济和社会发展创造了良好的环境,维护了人民群众的生命财产安全。

(宁定辉)

重　要　活　动

【科技总部新区发展战略金融峰会】 1月18日,丰台区举办"科技总部新区发展战略金融峰会"。40多家中外金融机构和30多家大型企业的负责人参加了峰会。区长张大力正式对外宣布,将在全区建设面积30平方公里的科技总部新区。副区长汪洪出席了会议。

(宁定辉)

【区行政投诉中心成立】 1月31日,区行政投诉中心正式揭牌成立。市纪委领导张厚、王荣军,区领导张大力、陈继平、闫小彦、张寿松、鲍顺新出席了揭牌仪式。

(宁定辉)

【王岐山到区调研】 4月23日,市长王岐山到丰台区调研,检查了分钟寺家世界超市、草桥300路公交总站、世界公园和北京电力公司输电专业应急抢修队等单位的安全生产、市场供应和食品安全工作情况。副市长吉林、陆昊,市政府秘书长刘晓晨,区委书记王子生、区长张大力陪同检查。

(宁定辉)

【市联合检查组听取汇报】 5月12日,市联合检查组对区严查"小金库"问题自查工作情况进行检查。区长张大力对全区严查"小金库"问题所做的工作及今后工作思路进行了汇报。

(宁定辉)

【全面部署防疫工作】 5月13日,区长张大力主持召开紧急会议,传达当日上午市防疫紧急会议精神,对全区防疫工作进行动员和部署。副区长李昌安及乡镇党政一把手、区有关部门主管领导参加了会议。

(宁定辉)

【李长春视察丰台】 7月1日,中央政治局常委李长春视察"七·七"纪念活动准备情况。中央有关部委的领导,市长王岐山、市委副书记龙新民,区委书记王子生、区长张大力、区委常委、区委宣传部部长王苏维陪同视察。

(宁定辉)

【市爱卫会考核创卫工作】 8月22日,北京市爱卫会考核丰台区创卫工作汇报会召开。

区委书记王子生、区长张大力代表等区领导出席汇报会。

（宁定辉）

【市发改委调研】 9月19日，市发改委主任丁向阳带队到丰台区调研。考察了张仪村路、宛平广场、丰北路及万寿路南延，听取了全年主要道路建设情况及计划新开工项目有关情况的汇报。区委书记王子生，区长张大力，区委常委、区委办主任李明圣，副区长罗洁陪同调研。

（宁定辉）

经济体制改革工作

【概　况】 丰台区人民政府国有资产监督管理委员会成立于2004年6月，9月27日正式挂牌，为区政府的特设机构，内设办公室和4个业务科（改革发展科、企业负责人管理科、资产监督管理科、业绩考核科），共有行政编制23人。成立时，接收直接监管企业15户，指导监管企业3户，对丰台区城市企业管理服务中心、中关村科技园区丰台园下属管理和区属事业单位兴办的国有、国有控（参）股企业的国有资产进行间接监管。共监管一级企业87户（国有直接监管企业21户，国有间接监管企业55户，集体企业11户）。资产总额103.76亿元，所有者权益总额26.60亿元，国有资产总量23.50亿元。企业从业人员7467人，在职职工6602人，离退休人员13338人。年内，全区国有、集体企业收入132686.16万元，实现利润总额3679.98万元，上缴各项税金9421.45万元。对企业上报的关于担保、资产处置、重大项目投资、国有股份置换、土地转让等在内重大事项进行了备案和审批工作。

（金其俊）

【制定出台监管制度】 3月，为切实履行出资人职责，维护所有者权益，落实国有资产保值增值责任，制定出台了《关于国有及国有控股企业重大事项报告制度的暂行规定》、《丰台区企业国有产权转让管理暂行办法》、丰台区国有及国有控股企业负责人经营业绩考核暂行办法》和《丰台区企业财务决算审计工作规则》4个管理办法。

（金其俊）

【核准企业负责人年度薪酬】 4月，对直接监管和指导监管的11家企业主要负责人2004年度薪酬进行核准审批，对薪酬兑现工作进行了检查。

（金其俊）

【开展改革发展大讨论活动】 4月下旬至5月底，在企业领导班子中深入开展了以“树立和落实科学发展观，促进企业改革和发展”为主题的大讨论活动，重点把落实科学发展观贯穿于企业的发展战略、改革思路、结构调整和经营管理之中，促进企业领导班子进一步统一思想，理清改革发展思路，为推进企业改革发展和加强管理提供了思想动力。

（金其俊）

【召开划转企业负责人座谈会】 6月23日，召开了25户划转企业负责人座谈会，印发了企业基本情况调查表。会上宣布了《中共丰台区委组织部关于区城企中心工贸所属企业党组织隶属管理的通知》，区委副书记刘云广同志到会并讲话。

（金其俊）

【北京医用离心机厂关闭清算】 7月，为落实北京市和丰台区政府整治“城中村”的工作部署，平稳妥善地做好了北京离心机厂的关闭停产及清算工作，对该企业的资产进行了拍卖。对在册172名职工全部解除劳动合同并给予经济补偿金，将212名退休职工全部划转到区兴源粮油贸易总公司管理。

（金其俊）

【组织企业财务人员培训】 7月25日—26日、8月3日—4日，与丰台区财政局联合举办了2期区国资委监管企业财务人员继续教育培训班，围绕着《企业会计制度》《合并会计报表的编制》以及《违反财政法规处罚条例》等内容,近600名企业财务人员参加了培训。

(金其俊)

【划转企业隶属管理关系调整】 12月,对部分尚不具备改制条件的划转企业隶属管理关系进行了调整,将丰台、右安门、长辛店工商联联合总公司交北京博兰特食品工贸集团托管,将永盛太平桥综合市场中心、阳春公共存车管理处和新村工商联联合总公司交京都公司托管。对6户企业党组织进行了调整,撤销了3个企业党支部,变更了3个企业党组织隶属关系。

(金其俊)

【开展企业清产核资工作】 为摸清国有资产家底,真实反映企业的资产、财务和经营状况,全面核实企业资产、负债和权益等情况,对95户区属企业进行了清产核资工作,年内,已完成清产核资报表的收集、汇总和初审工作,正在开展企业清产核资损失核实审核确认工作。

(金其俊)

【建立企业产权登记和变动报告制度】 年内,按照"充分准备、搞好培训、严格审核、把握政策、理顺关系、据实登记"的总体要求,建立了产权登记与产权变动报告制度,并完成了140户企业产权登记审核工作。

(金其俊)

【对企业经营业绩评价】 年内,围绕企业财务状况、资产营运状况、企业偿债能力、企业发展能力四个方面,对115户监管企业2004年度企业经营效绩进行了基本评价。

(金其俊)

【加强企业财务监管】 年内,完成了2004年企业各类决算、2005年度决算的准备工作和企业财务月度快报的统计、汇总和分析工作,完成了115户企业《2004年度国有资产统计汇总报表》和《2004年度企业财务汇总报表》的编制工作,一次性通过市国资委决算审核组的审核,被市国资委评为"北京市国资统计工作优秀单位"和"北京市企业快报工作优秀单位"。

(金其俊)

【组织企业开展保持共产党员先进性教育】 7－10月对所属43个企业党组织开展了以实践"三个代表"重要思想为主要内容的保持共产党员先进性教育活动。1981名党员参加了教育活动,覆盖面达99.85%。通过抓理论学习、党性分析和突出问题的整改,党员素质得到了进一步提高,党组织建设得到了进一步加强,职工合法权益得到了较好的维护。

(金其俊)

【企业党建】 年内,完成了对企业领导班子的考核,对部分企业领导班子进行了调整,完成了7个企业党组织换届工作。研究制定了《关于进一步加强企业经营管理人员教育培训的实施意见》,举办了企业党务工作培训班。在建党84周年之际,开展了企业系统优秀共产员和先进基层党组织评选表彰活动。全面推行了党务公开工作。狠抓了企业领导人员廉洁从业的教育和重点案件的查处,加强了企业党风廉政建设。

(金其俊)

法　制　工　作

【概　况】 政府法制工作,在区委、区政府的正确领导下,认真贯彻落实《国务院办公厅关于推行行政执法责任制的若干意见》和《北京市人民政府关于全面推进依法行政的实施意见》,积极推进全区依法行政工作不断深入开展,努力为区域经济建设、城市管理、优化发展环境服务。

(吴亚梅)

【全面推进依法行政】 年内,召开了全区推进依法行政工作会议,制定了《丰台区人民政府关于全面推进依法行政的实施意见》和《任务分解方案》,对全区全面推进依法行政工作进行了安排部署。成立了推进依法行政工作领导小组,领导小组办公室设在区政府法制办。

（吴亚梅）

【开展行政许可法监督检查】　年内，制定检查方案，印发了《丰台区关于落实行政许可法情况开展监督检查工作的通知》。法制办主任董化斌就《行政许可法》贯彻实施情况向区人大进行了汇报，区人大对部分单位贯彻实施《行政许可法》的情况进行了座谈和视察，对落实情况给予高度评价。

（吴亚梅）

【审核规范性文件】　年内，共审定以区政府名义下发的行政措施13件。承办市法规规章征求意见26件，提出修改建议155条。

（吴亚梅）

【行政复议】　年内，共受理行政复议案件27件，结案24件，待审3件。接待复议咨询80件次。代理区政府参加行政诉讼11件，代理区政府参加市政府行政复议6件。

（吴亚梅）

【重大行政处罚案件审批】　年内，依法审核区政府决定强制拆迁案件11件，作出强迁决定4件。依法审批强制拆除违法建设33件，共计20814.14平方米。审核非法砍伐树木案3件，罚款金额50,540元。

（吴亚梅）

【行政处罚统计月报】　年内，加强了对行政执法部门行政处罚监督，全区共查处违法、违章案件1064937起（次），其中罚款958577起（次），罚款金额120031495.1元。

（吴亚梅）

【发放法制宣传材料】　年内，进一步加大政策法规宣传力度，将市政府发布的法规规章及时发送到索取点，全年共发放文本文件6000余份，发放法规规章学习资料1500余份。

（吴亚梅）

人　事　管　理

【概　况】　丰台区人事局（编委办）是区政府综合管理全区人事人才工作的职能部门。全年坚持以邓小平理论和“三个代表”重要思想为指导，全面贯彻全国人才工作会议、北京市人事工作会议以及区委九届七次全会要求，紧紧围绕全区经济建设和社会发展大局这个中心，大力实施人才强区战略，在深化行政体制改革、强化公务员队伍管理、加强人才引进与服务、规范工资管理、推进事业单位改革、加强机关效能建设、保持共产党员先进性教育等工作中，均取得了显著成绩，为现代化新城区建设提供了坚强有力的人事人才保障。在全区“考评政府部门、争创优质服务”活动中，受到区委、区政府表彰。人事局（编委办）被评为市级爱国卫生先进单位，北京市军转安置先进单位，市人事系统先进集体，丰台区人大议案、政协提案办理先进单位，丰台区全面落实素质教育职责先进单位，丰台区“四五”普法工作先进集体，丰台区保密工作先进集体，党支部被评为区委系统先进基层党组织，人才服务中心被评为北京市优秀人才服务机构。1人被评为2005年度北京市人事系统先进个人，1人被评为北京市先进军转安置工作者，1人被评为北京市爱国卫生先进个人，4人被评为区级先进个人。

（饶玉祥）

【政府机构改革调整】　年内，进一步转变政府职能，深化行政管理体制改革。撤销区水利局，组建水务局，重新核定了水务局行政管理职责，调整后水务局和市政管委的“三定”方案，实现了水资源的集中统一管理；完成区红十字会、区外事办独立设置的组建工作；完成区国土资源和房屋管理体制改革工作，实现了国土资源的垂直管理；加强对知识产权的管理和保护，在区科委加挂知识产权局牌子，明确知识产权管理和保护职责；搭建区级城市管理信息平台，完成了区城市管理监督指挥中心的组建工作；成立区突发公共事件应急委员会办公室，负责组织、协调、指导、检查本区内突发公共事件的预防和应对工作；

撤销老庄子乡,将老庄子乡原承担的农业管理职能、人员编制和事业单位划入宛平地区办事处。全年全区机构调整共涉及16个部门,职能调整16项。

(饶玉祥)

【机构编制调整】 年内,结合2004年度接收安置军队转业干部工作,为39家行政单位核增行政编制52名,为区城管大队核增行政执法专项编制17名,为区属全额拨款事业单位核增全额拨款事业编制54名,为区卫生局所属疾病控制中心核增差额拨款事业编制1名。

(饶玉祥)

【事业单位法人年度检查登记】 年内,对事业单位进行年检登记,全年共办理事业单位年检635家,合格率为100%,设立(备案)登记8项、变更142项、注销登记87项。

(饶玉祥)

【科级以下公务员年度考核】 3月,全区科级及以下公务员年度考核工作全部结束。全区党政群机关科级以下公务员、工勤人员、纳入规范管理单位人员共2863人参加年度考核,其中评定优秀等次449人,称职等次2350人,基本称职等次2人,不称职1人。588人受到奖励,其中嘉奖505人,记三等功70人,记二等功13人。

(饶玉祥)

【科级干部竞争上岗】 年内,大力推行科级领导干部竞争上岗工作。共有24个单位342人参加了21个正科级、76个副科级职位的竞争。在分系统召开座谈会,充分听取意见与建议的基础上,实行党政机关科级干部竞争上岗统一笔试,两次组织了19个单位395人参加的统一笔试,进一步规范和完善了竞争上岗机制。

(饶玉祥)

【公开招考公务员】 年内,坚持"凡进必考"原则,严把公务员"进口"关。按照公开、平等、竞争、择优的原则,采取面向应届毕业生、面向社会及全市在职公务员公开招考的方式,分两次对核定的29个单位65个职位进行了统一招考,1100多名应届毕业生、300多名社会在职人员报名参与竞争,最终有26名应届毕业生和19名社会在职人员被24个用人单位录用。

(饶玉祥)

【面试考官培训】 年内,实行面试考官资格管理制度,提高面试工作水平。区属41个党政机关,64名主管人事工作领导及相关人员参加首次面试考官培训并取得面试考官资格证书,丰台区有了第一支专业化面试考官队伍。有35名考官在全区科级领导干部竞争上岗、面向社会公招公务员和事业单位公开招聘工作中持证上岗。

(饶玉祥)

【公务员培训】 年内,大规模开展公务员培训工作,提高公务员队伍的履职能力。组织开展丰台区公务员学法用法、依法行政和人事系统"四五"普法考试,全区3219人参加并通过了考试; 478名公务员参加"讲英语"培训,455人通过考试并获合格证书;《公务员法》颁布后,组织全区各机关单位主管人事工作的领导以及组织、人事干部160余人参加公务员法培训;按照市、区统一部署,举办86名公务员参加的丰台区公务员职业礼仪骨干培训班,有力促进了全区公务员文明素质的提高;将小组讨论、主题演讲、野外拓展训练等内容充实到公务员初任培训中,增强培训的针对性和实用性,提高了公务员队伍的岗位适应能力,29名公务员参加了培训;举办科级干部任职培训班两期,100名科级干部参加了培训。

(饶玉祥)

【军转干部培训】 年内,分两批组织军转干部培训,187人参加。培训分为专业知识培训、适应性培训,内容包括政治理论与公务员基础知识、公共管理与依法行政、区情教育三个单元。丰富培训方式,增加国际形势介绍、新老军转干部座谈交流等内容。加大学员研讨、班级活动比例,进一步增强了机关公文写作、电子政务课程的针对性。

(饶玉祥)

【军转干部安置】 年内,采取考试和双向选择等办法,及时确定军转干部占用编制数及具体岗位,克服全区各级机关、事业单位编制基本饱和,军转安置渠道和岗位有限等困难,共安置军转干部315人,接收自主择业军转干部106人。

(饶玉祥)

【军转干部日常管理】 年内,为170人核定退役金,根据实际情况及时更新网上求职信息,为招聘单位推荐自主择业军转干部40余人次,成功举办"庆八一、丰台区自主择业军转干部座谈会"。联合区信访办召开相关部门会议,部署对企业军转干部的调查,完成了244人的建库工作。

(饶玉祥)

【人才引进、管理与服务】 年内,紧紧围绕区域经济发展大局,加大人才引进、管理与服务力度,全年共为345人办理《北京市工作居住证》,为77人办理续签手续;引进各类高级管理和专业人才64人,其中区属单位12人,高新技术企业52人,办理配偶随迁17人;办理各类毕业生接收手续776人(不含教育系统),其中北京生源458人,非北京生源318人,博士生1人,硕士生213人,本科生483人;区内调剂干部46人,调入干部470人,区内调剂工人23人,调入工人75人(含退役军人5人);调出区外干部29人,工人1人;办理公务员录用手续156人,调任4人。

(饶玉祥)

【人才服务中心和人才市场建设】 年内共办理企业立户110家,接收档案3567份,调出档案1759份,现存档案14475份,比去年同期增长1871份,增长率为14.9%;办理招工34人,办理集体落户328人,为应届毕业生签订协议书740份;办理毕业生转正定级421人次;出具存档证明等1980余份;开具落户介绍信150余份;为存档人员办理生育服务证201册;办理转正定级421人次;办理养老统筹保险1560余人次,基本医疗保险3370人次,住房公积金1660余人次,为56人办理购房提款业务;为存档人员做工龄审定1128份,办理退休手续45人次。举办综合类招聘会149场;举办公务员、大学毕业生、流动青年、流动党员等15场专场招聘会,参加招聘单位2679家次,提供就业岗位31270余个,参会求职个人47460余人次;全年收集个人求职登记表4626份,现场登记招聘信息896条,开展就业推荐223人次。

(饶玉祥)

【人事争议仲裁】 上半年,召开丰台区人事争议仲裁委员会第一次会议,正式聘用并培训14名仲裁员,为仲裁委进入法定仲裁程序奠定基础。全年共受理10起人事争议仲裁案件,正式受理调解3起,出具不予受理通知书5起,在调查中2起。

(饶玉祥)

【事业单位年度考核、奖励】 4月,完成事业单位2004年度考核备案工作。全区500个事业单位实有人员19887人,未参加考核215人,参加考核19657人。考核中被确定为优秀待2847人,合格16600人,基本合格9人,不合格25人,未定等次170人。

(饶玉祥)

【专业技术人员职称管理】 年内,完成2004年度754名专业技术人员职称备案工作,其中27个系列共549人,乡企系列205人;完成2005年度职称评审工作,教育系统参加评审598人,合格477,乡企系列参加评审276人,合格231人;圆满完成全国职称外语、中级会计资格、计算机模块等考试的组织实施工作,涉及考生约1万2千余人。

(饶玉祥)

【驻区杰出专业技术人才服务】 春节前夕,局领导带队,走访慰问对丰台区有突出贡献专家、享受政府津贴专家、留学归国、全国模范教师及市区级学科带头人；为优秀项目申请专项资助，全年丰台区共推荐2个项目申报市委组织部提供的“优秀人才培养专项经费资助”；建设市高级专家数据库及信息维护，在库专家84人，其中教委系统6人、卫生系统67人、林业局6人、区直4人，非公经济组织1人。

(饶玉祥)

【事业单位首次公开招聘】 11月，丰台区事业单位补充工作人员首次公开招聘工作圆满完成。参加本次招聘的事业单位共10个，设置招聘工作岗位24个，共有171名符合报名条件的考生参加了笔试。经过笔试、面试、体检、考察等环节，最后确定公招人选18人。本次公开招聘工作畅通了吸引、选拔、任用人才的渠道。

(饶玉祥)

【工资福利管理】 年初，完成2004年机关、事业单位工作人员正常晋升工资档次和机关公务员正常晋升级别工资工作。全区5206名工作人员晋升了工资，人均月增资41.50元，其中事业单位4023人，人均月增资43.37元。

(饶玉祥)

【奖金审核管理】 年内，机关、事业单位工作人员发放年终一次性奖金(第十三个月奖金工资)，全区共有22663人(含垂直管理单位)，奖金总额为3702万元，人均约1630元。全区共有6703人(含调出和年中退休人员，不含公安分局暂未确定考核结果的87人)享受了督查考核奖金，奖金总额约为5560万元。

(饶玉祥)

【组织退休人员娱乐活动】 春节前，局领导带队，开展为困难退休职工“送温暖”活动，并组织部分退休人员到北京展览馆欣赏大型音乐演出《火一样的羞涩》；春节期间组织100名退休人员在中山公园音乐堂欣赏《美丽的草原我的家》新春贺岁合唱音乐会；重阳节组织区属约140名科级以下退休人员游览花乡世界花卉大观园。

(饶玉祥)

【全面加强机关效能建设】 年内，认真贯彻落实区政府《关于加强行政机关效能建设的意见》，制定并严格执行《丰台区人事局关于加强机关效能建设的实施方案》。深化政务公开，通过设立政务公开栏、便民服务卡等措施，将群众关心的115项有关机构设置、人事政策和服务事项等以网络形式向社会公开；推进全程办事代理制，加大网上服务力度，在纳入全程代理的项目中，全年局机关共受理486项，满意率为100%；加强制度建设，建立健全首问负责制、限时办结制、服务承诺制、接待群众礼仪规范等，落实打卡、挂牌上岗等规定；完善监督制约机制，坚持定期召开社会监督员座谈会，做好网上意见箱，主动征求服务对象和社会各界的意见。在“考评政府部门、争创优质服务”活动中，区人事局(编办)连续五次受到区政府表彰。

(饶玉祥)

民族宗教工作

【概　况】 全年民族宗教工作以“共同团结奋斗，共同繁荣发展”为宗旨，开展宣传培训、依法行政和安全防范工作，协助有关部门落实长辛店天主教堂宗教房产。共办理变更恢复民族成份149份；办结民族宗教界人大代表和政协委员提出的涉及民族、宗教问题的建议和提案4件；对全区187个清真饮副食网点进行摸底调查；对3处宗教活动场所进行安全检查；制定三级管理网络，建立两级民族宗教工作责任制；撰写调研3篇；信息30篇，处理突发事件5件。

(李小月　马艳辉)

【建立健全三级网络】 年内，制定了两级民族宗教工作责任制实施草案，包括《关于明确我区基层宗教工作职责的意见》、《丰台区街道、乡镇民族宗教工作责任书》及《丰台区街道、乡镇民族宗教工作责任书考核标准》,由各街道、乡镇一把手负总责,分管民族宗教工作的党政副职领导,社区党委书记、村委会党总支书记分别作为主抓此项工作的两级责任人,落实办事机构和工作人员。

(李小月 马艳辉)

【召开全区三级网络工作会】 年内,由丰台区委副书记、民族宗教工作领导小组组长刘云广与各街道、乡镇一把手签订《丰台区民族宗教工作责任书》,在此基础上,各街道、乡镇一把手分别与社区党委书记、村委会党总支书记签订责任书,形成网络化的管理模式。

(李小月 马艳辉)

【开展《宗教事务条例》培训】 年内,分别组织基层民族宗教领导干部及宗教教职人员85人次集中学习,进一步明确工作要求和标准,提高工作人员依法办事的能力。

(李小月 马艳辉)

【办理政协委员重点提案】 年内,成立了提案办理组织机构,对委员提出的4件重点提案及时进行答复,并予以协调解决。

(李小月 马艳辉)

【宗教场所安全大检查】 1月26日,区民宗侨办会同区委统战部对丰台区三所宗教活动场所的消防设施、用电用水进行安全检查,将安全隐患消灭在萌芽状态。

(李小月 马艳辉)

【完成区基督教换届工作】 8月3日,丰台区召开基督教第二次代表大会,选举产生丰台区基督教三自爱国运动委员会及领导成员。

(李小月 马艳辉)

【深入基层开展调查研究】 年内,会同区政协民族宗教和港澳台侨委员会就丰台区少数民族聚居地区社区建设情况进行调研,制定调研计划和调研提纲,成立调研组,确定调研范围,深入社区发放统计调查表及问卷,形成调研文章。

(李小月 马艳辉)

【为信教群众办实事】 年内,丰台清真寺修缮完工后,与正阳小区开发公司协商解决了市政配套设施包括燃气、供暖、污水处理等问题,满足信教群众过宗教生活的需求。

(李小月 马艳辉)

侨 务 工 作

【概 况】 侨务工作坚持"以人为本,为侨服务"的宗旨,从建设社会主义和谐社会的高度,全面落实党和国家的侨务政策,依法维护侨益,服务侨胞,开展社会公益活动,走访侨资企业,解决疑难纠纷,深化华文教育工作,走访慰问了50余户归侨侨眷;为5户困侨送去了补助费3000余元;接待和办理归侨侨眷身份确认、归国华侨证、华侨、港澳和外籍华人子女来京接受中小学义务教育审批等20余人次;向市侨办报送信息40条,将侨务工作引向深入。

(蔡苏惠 洪 鑫)

【引荐侨商】 年内,为促进属地侨资企业发展,不定期走访了北京久盟经贸有限责任公司、裕景集团(中国)有限公司等5家侨资企业,鼓励侨商为丰台区发展献计献策;热情接待了法国"中国和平统一促进会"秘书长、法国SOPRA软件咨询公司中国事务专员庄丹泽、香港时达国际投资公司董事总经理路荣昕夫妇等,向他们介绍了丰台区的发展,参观了总部基地,国际花卉大观园等项目。

(蔡苏惠 洪 鑫)

【开展社会公益活动】 年内,组织丰台区侨界人士开展"桑梓情、赤子心"主题征文活动;支持方庄侨界志愿者在社区开展"迎奥运、学英语""学电脑"等公益活动;为78岁的侨眷陈凤仙老师办理了捐资扶助贫困学生的有关事项。

(蔡苏惠 洪 鑫)

【联络海外华人开展华文教育】 年内,继续与英国伦敦普通话简体字学校、马来西亚育才学校、悉尼圣保罗文法学校、西班牙欧洲青年报等华文学校和华文媒体保持密切联系。李小月主任出访澳新期间,参观考察了悉尼圣保罗文法学校。介绍了丰台区和丰台五小的情况,双方就华文教育、举办夏令营活动等专题进行了交流,并赠送了教材、介绍北京和中国民俗文化的光盘、风筝、剪纸、明信片等。同时与上述华文学校一起开展了“华裔子女夏令营活动”的问卷调查,撰写调研报告。

(蔡苏惠 洪 鑫)

对 外 事 务

【概 况】 丰台区政府外事办公室按照区委、区政府的总体工作要求,结合本区外事工作的实际情况,积极发挥外事工作的窗口服务作用,以促进本区经济建设和扩大对外宣传力度为中心,围绕因公出国(境)、外事接待、国际文化交流与合作和发展国际友好城市关系几项工作,重点突出服务和管理两大职能作用。年内共办理97批200人次的因公出国(境)手续。其中,随北京市团组出访66批88人次,占出访总批次的68%;随国家团组出访13批13人次,占出访总批次13.4%;由区政府组团出访18批99人次,占出访总批次的18.6%,共涉及24个国家和地区。出访任务涉及友好访问和文化、教育、医疗等方面的考察,学习借鉴国外在城市规划、高新技术产业、金融服务业、社区管理、公务员培训等方面的先进经验,均取得了良好的效果。全区重点涉外单位(世界公园、法院、王佐镇、方庄街道、宛平旅游区)共接待外宾32000人次,接待人数比2004年增加了52%。

(高 瑞)

【举办玩转非洲欢乐周开幕式】 4月26日,世界公园在非洲景区举办了“玩转非洲”欢乐周开幕式。积极协调市外办,邀请埃及、埃塞俄比亚、坦桑尼亚、肯尼亚、津巴布韦等国家的驻华使节参加了此次活动的开幕式,并对世界公园在组织、邀请等方面进行了指导,活动取得了圆满成功。

(高 瑞)

【接待各国使者友好交流】 7月22日,圭亚那总理夫人一行6人来到花乡,参观盛芳园花卉种植基地;9月21日,非洲吉布提总理迪莱塔夫妇一行30余人到区世界公园参观;9月24日,日本果树种苗业主协会考察团一行20人参观了花乡新发地农产品批发市场;驻华科技外交官科技考察活动在区世界花卉大观园举行,38名驻华科技外交官参加了活动;10月24日,联合国秘书长特使纳菲斯.萨迪克博士参观考察了区疾病预防控制中心的艾滋病防治工作;10月24日,由中联部接待的孟加拉左冀政党联名代表团一行10余人,到王佐镇南宫考察农业建设情况;11月12日,朝鲜环境保护专家就“国际可持续发展能力建设”到区环保局参观学习和交流。

(高 瑞)

【举办丰台人唱外语歌曲大奖赛】 9月,为迎接2008年奥运会,提高全区市民的外语水平,树立北京市民文明开放的新形象,创造良好的语言氛围,在丰台影剧院举办了第三届世界公园杯“丰台人唱外语歌曲大奖赛”,共有86名选手报名参加,年龄最小的只有5岁。共评出一等奖3名,二等奖7名,三等奖10名。此次比赛,提高了市民学习外语、用外语的热情和兴趣。

(高 瑞)

【开通英语信息平台】 年内,利用区政府的信息网络平台,在区政府网上开通了“丰台区英语标识信息平台”、“迎奥运,一千天学说一千句英语”专栏。积极组织人员参加“北京市民讲外语活动”系列活动,“第四届市民生活英语电视大赛”、“五一外语活动周”、“十一外语游园会”等活动。

(高 瑞)

【开展英语进万家活动】 作为全区文明礼仪宣传教育实践活动成员单位，同区有关单位共同开展了“迎奥运、学文明礼仪、英语进万家”活动。为200名机关干部进行了涉外礼仪培训，在全区范围内发放《北京市民讲英语手册》4000多本，利用社区学校、英语角等场所为广大市民提供学习和交流的机会。

（高 瑞）

【举办系列少儿学英语活动】 年内，协调教育系统开展系列学外语活动。举办了丰台区第二届“剑桥少儿英语”口语大赛、英语夏令营、“丰台区中小学生第八届新星杯英语词汇游戏大赛”、“中小学生科技英语创意大赛”等，参加人数达1万多人。

（高 瑞）

【与葛饰区友好互访】 4月，为纪念丰台区与日本东京都葛饰区友好交流20周年，葛饰区日中友好协会代表团一行14人对丰台区进行了友好访问，并在世界公园共同植下了象征两区友谊的樱花树。7月，丰台区青少年民乐演奏团赴东京都葛饰区进行了友好访问。11月，丰台区政府友好访问团对日本葛饰区进行了回访，并取得了圆满成功。

（高 瑞）

【开展江东区交往10周年纪念活动】 10月，为纪念丰台区与韩国首尔市江东区友好交往10周年，江东区妇女代表团对我区进行了友好访问，并举办了富有朝鲜民族特色的“泡菜节”活动。活动期间，江东区妇女代表传授给丰台区民代表韩国泡菜、大酱汤的制作方法，与区民共同包饺子。双方代表对两国人民的饮食习惯及制作方法进行了交流，增强了相互的了解，加深了两区人民的友谊。11月，丰台区政府友好访问团对韩国首尔市江东区进行了友好回访。

（高 瑞）

【中匈友好公社交往】 丰台区花乡与匈牙利贝尔卡道乡是1960年4月经国务院外办批准建立的12个友好社之一（中匈友好人民公社），也是至今唯一保持友好关系的公社。2005年是两乡结为友好社45周年，受贝尔卡道乡乡长的邀请，9月，花乡代表团到该乡访问，受到了热情款待，双方就在更多领域开展交流与合作达成了共识。

（高 瑞）

档 案 工 作

【概 况】 年内，全区档案工作以中央、市委和区委部署的保持共产党员先进性教育活动为契机和动力，紧紧围绕全区经济建设和社会发展全面加强档案法制建设、信息化建设和档案基础业务建设。振奋精神、开拓创新；面向基层、服务社会，全面提升档案工作水平。加强全区办公系统应用以及文件材料的归档，并向区属各单位下发了《通用办公系统应用后做好文件材料归档工作的通知》。汇编了《北京市丰台区中小学简介》及《北京市常用房地产法规选编》编研材料。全区各级档案部门共接待利用者3万人次，利用档案5.6万卷（件）。在北京市档案系统“十五”期间的档案行政执法检查和档案馆认定工作中，区档案局（馆）荣获2004—2005年度北京市档案系统先进集体、2004—2005年度北京市档案行政执法先进单位、2004—2005年度北京市优秀档案馆。

（李 秀）

【档案法制建设】 年内，继续对新聘任的26名档案执法联络员进行培训。并在全区范围内开展了多种形式的档案法律、法规的学习和宣传活动，向区属各单位下发了《档案违法案例选编》270册；深入到基层单位宣讲《档案法》，640人接受了档案法规培训，加强了全区档案法制建设。

（李 秀）

【网上档案信息化建设】 年内，区档案局（馆）新增富士通高速扫描仪，开展了档案原文扫描工作，全年共录入了各类档案目录数据3万余条,档案原文扫描1千余页。将已接收的1990—1997年档案文件级目录及部分1973—1975年开放档案文件级目录38.8万余条导入档案馆“世纪科怡”档案管理数据库。对局(馆)网站进行第三次更新改版,添加了新颖的图片和FLASH动画,在新增的开放档案检索模块,上网开放档案目录6.8万余条,原文667页,并将编制的《卢沟桥史话》和《丰台区乡镇档案工作纪实》2个展览、72个页面放到网上,丰富充实了档案信息网站建设和内容。

(李　秀)

【召开档案工作会议】 3月17日,召开丰台区档案工作会议。全区105个立档单位分管档案工作的领导、办公室主任及档案员参加了会议。会议总结和布置了全区档案工作,对重视档案工作的10名领导,15个先进单位,35名先进个人进行了表彰。会议由区长助理、区政府办公室主任于长辉主持,档案局局长张渝生做工作报告,市档案局副局长姜之茂,区委常委、区委办公室主任李明圣在会上讲话,区人大副主任苗华、区政协常务副主席鲍顺新参加会议。

(李　秀)

【举办上岗培训班】 6月27—29日,举办丰台区2005年档案人员上岗培训班,系统地学习了档案法律法规、职业道德、文书、会计、科技、声像档案等基本知识。来自全区局处和基层单位的185名档案工作人员参加了培训,176人取得了合格证书。

(李　秀)

【档案行政执法检查】 年内,区档案局与区法制办联合制发了《关于进行档案行政执法检查的通知》,并于8月8—9月31日,对区属处级单位档案工作进行了行政执法检查和2004年度档案案卷质量验收工作。

(李　秀)

【档案达标升级】 年内,通过考核验收丰台区城市管理监察大队晋升为档案管理工作市二级单位;卢沟桥乡东管头村、三路居村、靛厂村、郑常庄村、大瓦窑村、张仪村晋升为丰台区农村档案工作优秀村。

(李　秀)

【档案收集】 年内,下发了接收1997年前室藏档案和各街、乡档案室藏婚姻档案的通知,共接收了24个全宗单位8230卷(件)档案,56601条目录数据。并征集到反映丰台区发展情况的图书资料420册、照片580余张、光盘9张。

(李　秀)

【档案鉴定】 年内,完成了档案馆藏1953—1955年到期档案鉴定工作。共涉及全宗188卷1940件,经过鉴定审查、征求立档单位同意,确定销毁档案59件。并完成了对区档案馆保存的区机关事务管理处1971年—1984年会计档案(凭证)的鉴定工作。

(李　秀)

【档案馆库建设】 年内,加强了馆库建设,添置了档案柜等必要的档案设备,对各门类载体的档案照片、光盘、实物、磁盘实行了专库管理。增加了爱国主义教育基地展室和档案阅览室。

(李　秀)

【发挥教育基地作用】 6月30日,《卢沟桥史话》展首次对外展出,汪洪副区长及机关部分工作人员参加了首展。7月31日—8月22日,在宛平广场举办《保持共产党员先进性教育展览》,区委常委、组织部长杨逸铮、宛平地区办事处书记王京及街道社区的党员参观了首展,展出期间共有3万余人参观了展览。

(李　秀)

【举办夏令营】 9月22日,举办第四届“档案馆一日游”夏令营活动,首师大丽泽中学初一年级的部分师生参加了此次活动,师生们参观了《卢沟桥史话》等展览,观摩了档案馆计算机检索系统。

(李　秀)

地方志工作

【概　况】 丰台区地方志办公室是区政府负责地方志工作的机构，主管本行政区域的地方志工作，主要职责是：组织、指导、督促和检查地方志工作；拟定地方志工作规划和编纂方案；组织编纂地方志书、地方综合年鉴；搜集、保存地方志文献和资料，组织整理旧志，推动方志理论研究；组织开发利用地方志资源。年内，认真贯彻北京市开展第二轮修志工作会议精神，在做好各项准备工作的同时有效地开展业务工作，完成2005年《北京丰台年鉴》的编纂出版工作；《丰台区情》资料的收集、撰写、报送工作及《北京胡同志》丰台胡同部分内容的核实、调整、校对工作。

（李庆荣）

【丰台区情如期上报】 根据北京市地方志办公室的要求，撰稿人经过资料的收集、筛选、加工、整理《丰台区情》初稿撰写完成，3月上报区政府主要领导审阅，根据区领导意见，又做了进一步的核实修改后上报市地方志办公室。《丰台区情》全文5000多字配有图片4幅，客观真实的反映了丰台区政治、经济、社会及各行业情况。

（李庆荣）

【北京丰台年鉴出版】 在全区各单位的大力支持下，经过编辑人员的不懈努力，12月《北京丰台年鉴》2005年卷正式出版。全书共设20个一级栏目，107个二级栏目，二级栏目下设分目和条目，彩页16面、图片94幅、全文60多万字，精装16开本，比较全面地反映了丰台区各条战线的重要情况信息。

（李庆荣）

机关事务管理工作

【概　况】 机关事务管理处以共产党员先进性教育活动为契机，坚持改革创新的工作思路，在做好会议服务、安全保卫、医疗保健、餐饮服务、话务通讯、交通机要、水电气暖等日常后勤服务工作的同时，不断提高服务质量、服务水平和工作效益、工作方法，立足管理科学化、制度化和工作规范化的整体目标。为了加强国有资产的管理，保证国有资产不流失，建立健全固定资产管理制度，设专科、专人对5个机关办公区固定资产进行全面清理；全面修订服务标准，规范服务行为，强化服务员管理，建立了例会制度；加强对保洁工作的检查，提高保洁能力，建立检查问题登记制度；追求一流服务，提高整体素质。做到大院管理讲品位、会议服务讲规范、餐饮服务讲品质、维修服务讲效率、物业管理讲优质、保安服务讲安全、洗理服务讲卫生、车辆服务讲保障、督促检查讲实效。对食堂硬件设施及后厨设备进行改造，建立健全了食品加工操作制度，规范了工作流程，促使机关大院和幼儿园食堂被北京市卫生局卫生监督所授予北京市餐饮行业分级量化管理A级单位；每座办公楼大厅张贴“今日会议”通知；对服务员进行文明礼貌、仪容、仪表方面的集中培训，做到微笑服务；在机关办公区1号、2号、3号楼增设了擦皮鞋机；机关服务中心增加了洗车业务。

（曹　葳）

【清查固定资产】 年内，为加强固定资产管理，先后出台了《丰台区委、区政府机关固定资产管理办法》、《丰台区委、区政府机关固定资产管理办法实施细则》、《丰台区政府办公区固定资产清查方案》、办法制度等，对防止固定资产的流失起到了有效的防范作用。通过对区委、区政府办公区、南院联合办公区、文化中心大楼、丰北路75号院办公区、机关幼儿园等5个办公区的固定资产进行深入细致的清查，总资产比清查前的4896万元增加了3.64倍，达到1.78亿元（机关院内约1.33亿元，三个园所约450万元）。

（曹　葳）

【改善办公区基础设施】 年内,为节能降耗,投资37万元改造区政府机关办公区直燃机房,并安装了“乐普四方智能节电设备”和节能灯具,节电率达40%,同比节电率15%,节水率达15%,节气率达到3%;对机关大院进行了近千米的房屋粉刷修缮、丰北路75号院围墙拆迁、南院管理所进行了房屋粉刷923平方米、南院管理所上下水网改造460米、南院管理所路面铺设5300平方米、南院管理所的茶炉房进行拆建改造、文化中心大楼13层水电梯机房186平方米的窗户更换成塑钢窗和铺设607.6平米地面,停车场600平方米的地面进行了硬化、保安室534.9平方米进行了粉刷,购置了复印机等部分办公设备。对机关幼儿园的音乐教室、活动室、传达室进行了彻底改造,为幼儿提供了更好的学习和生活环境。

(曹　葳)

【安防措施确保各方安全】 年内,加大治安、消防、上访三个工作重点,采取有力措施,重新制订了《关于加强机关大院安全保卫工作的意见》,落实责任,抓好人防,设好技防,管好消防。加强了保安人员的培训,提高了保安人员的防暴防恐防突发性事件的应变能力和应急处置能力,使大院安全防范工作得到进一步巩固提高。严格管理,确保了机关办公区的安全。

(曹　葳)

政协北京市丰台区委员会

【概　况】 全年区政协常委会以邓小平理论和“三个代表”重要思想为指导,在中共丰台区委的领导下,牢牢把握团结、民主两大主题,组织各界委员,围绕中心、服务大局,认真履行政治协商、民主监督、参政议政职能。第七届委员会共有委员229名,常务委员39名。年内与区广播电视中心共同拍摄播出宣传人民政协事业、宣传区政协的总体工作和履行职能的重要活动,介绍各党派、各参加单位的情况和委员事迹的系列专题电视片《政协视窗》22集。

(程宇劲)

【七届二次会议】 1月7日至14日在京丰宾馆召开。210名委员参加,常务副主席鲍顺新主持开幕式,区政协主席初建华致开幕词。会议分别听取并审议了副主席胡燕、孙敏奇代表七届委员会常务委员会所作的工作报告和关于提案工作情况的报告,听取并讨论了区长张大力所作的政府工作报告及其他报告;召开了“建设首都西南物流中心”和“现代化新城区建设”专题座谈会;召开了表彰2004年度优秀提案暨发挥委员主体作用交流大会,表彰了18件优秀提案,3名委员在交流会上发言;通过了大会决议,副主席周大春致闭幕词。市政协副主席黄承祥出席开幕式。区委书记王子生出席开幕式并讲话。区长张大力以及区委、区人大、区政府和区纪律检查委员会、区法院、检察院的主要领导出席了开幕式和闭幕式。

(程宇劲)

【第5次常委会议】 1月10日在京丰宾馆召开,初建华主持。听取区政协七届二次会议进展情况汇报,决定于10日如期闭幕;审议通过提案委员会七届二次会议提案审查情况报告(讨论稿),并决定向全体会议报告;审议通过区政协七届二次会议决议(草案),并决定提交全体会议审议。

(程宇劲)

【第6次常委会议】 2月24日召开,鲍顺新主持。传达市政协10届3次会议精神;审议通过《政协北京市丰台区第七届委员会常务委员会2005年工作要点》;决定撤销对外联络委员会;社会法制和民族宗教委员会改为社会法制委员会；成立民族宗教和港澳台侨委员会。

（程宇劲）

【第7次常委会议】 7月15日召开，初建华主持。审议通过了《政协丰台区第七届委员会财政预算民主监督小组履职的暂行办法》；修订了《政协北京市丰台区委员会关于推荐区政协委员担任特约工作人员的办法》；通报了区委修订《中共丰台区委关于办理政协建议案的办法》的情况；通报安排暑期学习班事宜。

（程宇劲）

【第8次常委会议】 9月14日召开，初建华主持。修改了《政协北京市丰台区委员会提案工作条例》；决定召开人民政协理论与实践研讨会；通报中秋、国庆活动安排；任命杨德山为区政协城乡建设和管理办公室主任、城乡建设和管理委员会（特邀）主任、民族宗教和港澳台侨委员会（特邀）主任。

（程宇劲）

【第9次常委会议】 11月11日召开，鲍顺新主持。听取了区农委主任刘宇关于二元体制改革情况的通报；通报了区政协关于学习中共十六届五中全会精神的通知；通过2006年1月8日—11日召开七届三次会议的决定；任命张扬为区政协经济科技办公室副主任、经济科技委员会（特邀）副主任、社会法制委员会（特邀）副主任。

（程宇劲）

【第10次常委会议】 12月9日召开，初建华主持。听取区政协七届三次会议筹备情况的汇报；通过区政协常委会工作报告（草案）、关于提案工作情况的报告（草案），确定了报告人；通过了区政协七届三次会议议程（草案）和日程、主席团执行主席分工、七届三次会议列席人员名单；通报了委员分组召集人名单。

（程宇劲）

【第11次常委会议】 12月29日召开，初建华主持。听取了区委办公室、区政府办公室关于办理2005年区政协提案情况的通报；审议通过了区政协财政工作民主监督小组《对丰台区2005年财政预算执行情况和2006年财政预算草案的建议》，决定作为七届三次会议文件；接受中共丰台区委和各民主党派、人民团体联合建议书，增补杨德山等15人为区政协委员。

（程宇劲）

【提案委员会工作】 年内，共收到提案158件，经审查立案150件（党派、团体提案15件，委员提案135件）其中城市建设和管理方面的101件、经济科技方面19件、教育、文化、卫生方面的15件，统战、政协工作方面的5件，其他方面的10件，对未立案的提案转作信息、人民来信处理；确定了19件重点提案，分别由主席、副主席、秘书长和各专门委员会督办；举办了提案工作人员培训班，实现了网上提出、网上查询提案。年内提案全部办复，涉及问题得到解决和改进的136件，占提案总数90.7%，因受政策、法规等方面因素限制未能解决，承办单位已向提案者解释清楚的14件，占9.3%。

（程宇劲）

【学习委员会工作】 年内共开展各种活动18次，400多人次参加，形成通讯、简讯、信息，提出意见和建议30余条。组织全委报告会学习中央[2005]5号文件精神，请国务院台湾问题研究所所长助理朱卫东结合学习《反分裂国家法》，介绍台湾形势和我国在和平统一祖国方面的政策，请区发改委领导通报“十一五”规划编制情况；以“纪念抗日战争暨世界反法西斯战争胜利60周年”为主题召开庆中秋、迎国庆联谊座谈会，参观了北京市城市建设规划展览，考察全区学习型城区建设。

（程宇劲）

【教文卫体委员会工作】 年内组织开展各种活动34次，336人次参加。形成通讯、信息、议政文章51篇，各种意见和建议165条。参与全区“十一五”人口发展与调控、卫生发展、文化事业与文化产业发展、社会事业与公共服务发展、教育发展、体育发展等7个规划的编制工作,建言献策;追踪视察区政府办理落实“打造特色文化品牌”建议的情况,请区文委通报“发掘区域文化资源”、整合区域资源打造卢沟品牌情况,参加了2005卢沟文化节开幕式及“发展文化产业,打造文化品牌”文化论坛;视察药品放心区创建、区广播电视事业发展、建设及制度改革情况,提出意见和建议;开展了《关于今后在新建小区内建设群众文化活动场地的建议》和《关于加强中小学生意外逃生、自救知识培训的建议》重点提案的督办,促成了红十字会与教委达成对中小学生意外逃生自救知识培训协定。

(程宇劲)

【文史资料委员会工作】 年内,编辑完成了《北京市文史资料精选·丰台卷》,正文104篇35万字,附36幅照片;编辑出版了58篇26万余字的记述航天人和航天创业精神的《文史资料选编》第十集并召开出版座谈会,向全区中小学、青联及有关单位赠书;召开文史工作会议,培训文史委员及文史资料征集员,开展了“名人与卢沟桥保护”文史资料征集,走访了国家建设部顾问、规划师、文物专家郑孝燮老先生、文化艺术出版社编审、中国文化画报执行主编范贻光先生和国家文物局古建筑专家组组长、中国文物学会会长、北京市文物保护协会顾问罗哲文先生,就卢沟桥保护、申报世界文化遗产及打造丰台文化品牌等问题听取专家们的意见、建议。

(程宇劲)

【经济科技委员会工作】 年内开展22次活动,320人次参加,向有关部门提出70多条意见和建议。委员、民主党派成员组成顾问组参与丰台区“十一五”规划中12个专项规划的制定,就“农村经济结构调整规划”(讨论稿)举办规划思路研讨会、协商会;追踪调查区政府办理落实“关于优化政府为企业服务环境”的情况,听取通报,召开“改进为企业服务”意见征询会;视察区“全程办事代理制”、丰台科技园区国际科技企业服务中心、玉泉营花卉市场、大红门服装商业街、花乡白盆窑仓储、花卉物流企业、驻区物流企业北京外运陆运公司和王佐、长辛店两镇制定“十一五”规划和经济发展情况;举办了北京市商务工作发展情况报告会、第四届企业家联谊会;编辑印发了39篇18万余字的第12期《咨议建言集》;组建了区政协财政工作民主监督小组开展专项民主监督,制定了区政协《关于财政民主监督工作的暂行办法》,对区财政局2005年财政预算执行和2006年财政预算草案的报告向区委、区政府提出了意见和建议。

(程宇劲)

【社会法制委员会工作】 年内开展14次活动,160人次参加,向政府和有关部门提出50多条意见和建议。组成顾问组参与劳动就业、社会保障和社区建设等专项规划的制定,共提出30多条意见建议;追踪调查区政府落实“优化法治环境建议”的情况,听取落实意见建议的情况通报,进行座谈;视察了北京市女子劳教所、丰台区看守所和治安拘留所;向区政府17个部门和单位推荐了62位政协委员担任特约监督员。

(程宇劲)

【城乡建设和管理委员会工作】 年内,组织委员参与区“十一五”规划8项课题的编制工作,召开情况通报会、专题座谈会、征求意见会、课题协商会和专家评审会,开展系列考察等活动11次,146人次参加,提出了84条意见和建议;结合《环境建设规划》、《生态示范区建设规划》和《水资源保护与开发利用规划》课题研究,听取有关部门的情况通报,考察了整治“城中村”、创建全国生态示范区、长辛店大灰厂的“非煤矿山”对环境建设的破坏和王佐镇建设情况及水衙沟、小龙河、旱河、马草河的治理工作,提出意见和建议;追踪调查“区政协常委会关于推进丰台区城乡二元管理体制改革的政治协商意见”的落实；督办重点提案《关于加强公共绿地建设的提案》，赴房山区开展交流联谊活动，到马家堡街道调研2次，并参加街道建设和谐社区的活动。

（程宇劲）

【民族宗教和港澳台侨委员会工作】 年内，召开学习胡锦涛总书记“关于新形势下发展两岸关系的四点意见”专题座谈会，参加“台情侨情通报会”，请市台办主任林克庆、市侨办主任乔卫到会通报情况；参与市政协民宗委关于“构建和谐社会，北京市少数民族聚居地区社区建设情况调研计划”的调研，形成了“丰台区少数民族聚居地区社区建设情况的调研报告”，提出了5条意见和建议；认领督办重点提案《关于培训提高全区宗教教职人员素质的建议》；视察了丰台总部基地及IBI国际企业孵化中心，参观了奥运游泳场馆捐资共建工作展室及在建场馆；组织委员参加民族宗教、侨务法规政策培训会议。

（程宇劲）

【政治协商会议】 12月9日召开，就《北京市丰台区国民经济和社会发展第十一个五年规划纲要》（政治协商稿）进行政治协商，初建华主持会议，张大力、陈继平、闫小彦、李明圣、吕跃进、鲍顺新、胡燕、于雪鹰、乔世红、于鸷隆、何燕卿，政协常委，各民主党派、工商联负责人等60余人参加。闫小彦介绍了区“十一五规划纲要”的起草情况，有关民主党派、工商联负责人，部分政协常委等就经济社会发展等方面发表了40余条协商意见，张大力、初建华分别讲话。

（程宇劲）

【人民政协民主监督理论与实践研讨会】 11月22日召开，鲍顺新主持。王子生、初建华、吕跃进、鲍顺新、胡燕、于雪鹰、孙敏奇、乔世红，区政协委员，区各民主党派、工商联负责人，区有关街道、乡（镇）、单位负责统战工作的有关领导和同志等150余人参加会议。部分民主党派、工商联负责人、政协委员在研讨会上进行发言，王子生、初建华分别讲话。研讨会共征集文章34篇，会后汇集成册。

（程宇劲）

【举办暑期学习班】 8月2日至10日举行。区政协领导和常委，各民主党派、人民团体负责人，各族各界代表人士、机关干部参加了学习。听取了市委统战部副部长李卫东关于学习《中共中央关于进一步加强中国共产党领导的多党合作和政治协商制度建设的意见》的报告；区委副书记刘云广，副区长吕仕杰，区纪检委副书记、监察局局长宋铁健分别通报了全区开展保持共产党员先进性教育活动、上半年工作和下半年主要工作安排、党风廉政建设和反腐败工作情况。座谈中与会人员就建立长效机制巩固和深化先进性教育成果、制定好“十一五”规划、创建国家卫生区、传染病防治、饮食安全工作、改善区基础设施状况、发展房地产、推动科技园区经济增长方式转变、加强流动人口管理等方面提出了意见和建议；听取了中央党校教授秦刚关于构建社会主义和谐社会的辅导报告，召开了党派联席会，会后赴延安考察。

（程宇劲）

【建设区政协网站】 年内，利用网站宣传政协基本知识、发布区政协工作信息，网上咨议建言集、征集文史资料、提交提案、反映社情民意、介绍委员风采和党派界别，党务公开、征求意见、交流学习体会，发布政协工作通讯、短讯通知、设立了文化论坛。试运行期间网站点击次数3万多人，发布文章700余篇，论坛的总发贴量8000余篇。

（程宇劲）

政法 军事

政 法

【概 况】 年内,全面推进政法维稳各项工作,开展了3次大排查工作,共排查出各类矛盾纠纷445件,其中市区重点矛盾57件。成功调处各类矛盾纠纷7434件,调解成功率98%,防止矛盾激化42起,防止群体性上访53件。积极探索人民调解工作新模式,在12个派出所建立了治安、民间纠纷调解联合接待室。依法处置了秦皇岛3540工厂300余名职工进京群体访等19起群体性事件,维护群众合法权益,使一批群众关注的热点问题得以顺利解决。开展"震邪"、"春晖"等专项行动,抓获法轮功人员73人,捣毁法轮功窝点11个,查缴用于制作法轮功宣传品器材14套。针对涉"九评"法轮功人员的新特点,采取以转促挖的方法,举办集中封闭学习班36期,深挖重要线索91条,对入班的76名法轮功人员全部予以转化。对涉嫌法轮功问题25名党员依据有关规定给予了组织处理和纪律处分。通过"四个切入"工作机制,开展对驻区部队、干休所以及流动人口的摸排工作,共摸排出不放心人员43名,消除了不安定隐患。采取回炉式教育,实施阳光工程,不断巩固转化成果,全区已转化人员的反复率低于1%。开展创建"四无"街乡镇、社区(村)活动,98%的街乡镇、社区(村)达到了"四无"标准。有251个社区建立了综治委。

(马劲忠)

【加大对治安突出问题整治力度】 年内,深入开展清理"七黑"专项行动和"规范行业场所经营行为,整治社会环境秩序"百日专项行动,组织工商、城管等部门开展联合整治32次,清理七类行业场所1627家,加强了对行业场所的管控力度。加强对治安重点地区整治,以木樨园龙湫市场周边、六里桥周边等2处市级重点地区和花乡旧机动车交易市场周边等5处区级重点地区整治为龙头。加大对突出治安问题的整治,针对群众反映强烈的卖淫嫖娼、赌博、散发"小广告"、非法验车人员等突出治安问题,组织开展打击行动。共抓获各类违法犯罪人员1348人,打掉各类窝点101个,收缴各类假证2715件,没收小广告2.6万张。

(马劲忠)

【加强社会治安打防控体系建设】 在对全区发案规律和特点进行深入研究的基础上,确定了"9区10线34点"重点部位,明确了"合成作战"、"区域联动"、"属地单元防控"等3种适合不同地区的打防工作模式。建立并完善"六有"工作机制,实现警力精确投放,进一步增强了对社会面的巡逻防控能力。开展的"夜鹰行动"和"绿色行动"取得明显成效,

"110"刑事警情大幅下降。深入开展以34个高发案部位为重点的"攻占高地"行动、以流动人口聚居地区为重点的"铲压"专项行动及8个高发案派出所为重点的"压发案"专项行动,调整警力,细化措施,重点防控。强化社区警务工作制度建设,研究制定了警情通报制度、社区案件倒查制度等9项基础工作制度,对民警工作实行量化管理。

(马劲忠)

【加强对流动人口和出租房屋管理】 强化基层防控作用,在丰台街道东大街社区开展的门店联保试点工作取得明显成效,街面恶性案件得到有效遏制,居民对社区治安满意率达到95%以上。加大查处违规出租房主力度,对马家堡地区、丰台镇地区的19户违规出租房主进行了处罚,提高了房主的责任意识,促进了房屋租赁市场的健康发展。紧密结合创卫工作,在警民联手深入调查摸底的基础上,开展了清理整治流动人口聚居区活动,重点对马家堡三期地区、蒋家坟地区、卢沟桥西局村等地进行了重点整治,共拆除违法建设32万平方米。以人为本,加强对流动人口的教育、培训,在公共教育、劳动用工、子女入学等方面,不断提高服务质量,依法维护了流动人口的合法权益。

(马劲忠)

【加强基层群防群治队伍建设】 年内,加强社区治安巡逻志愿者协会及其分会建设工作,加大资金投入,建立了相关工作制度;抓住6个乡镇治安联防队更名为治安巡防队的契机,进一步加强管理,对巡防队员实行统一管理、统一培训、统一持证上岗;启动了街道系统专职巡防队建设,第一支街道专职治安巡防队—云岗街道治安巡防队的成立,标志着丰台区在探索街道社区群防群治方面已迈出了可喜的一步;加大对基层干部的培训力度,区综治办、流管办联合举办了"综治流管工作培训班",对各街乡镇主管领导和综治(流管)办主任进行了综合培训,各街乡镇对社区、村的综治(治保)干部、巡防队员、协管员进行了业务培训,提高其工作水平。是年,社区村治安巡逻志愿者已发展到12067人。

(马劲忠)

【深入开展平安创建活动】 年内,不断整合社会资源,拓宽平安创建领域,积极推进平安示范学校、平安单位、平安商市场、平安旅游景点的创建工作。南苑街道诚苑社区、花乡榆树庄等68个社区、村被命名为"丰台区平安社区、平安村"并进行了挂牌。

(马劲忠)

【维护和保障群众合法权益】 强化检察监督职能,开展了立案监督、侦查监督、审判监督,切实维护了诉讼参与人的合法权益。加强监所专项检察,突出对减刑、假释、保外就医等刑罚变更程序的监督,切实保障当事人和在押人犯的合法权益。依法稳妥地审结了婚姻家庭、继承、买卖、租赁、票据、股权等民商案件22351件,解决诉讼标的14.8亿元。本着定纷止争的司法精神,最大限度地运用调解手段,使北京建达国际拍卖有限公司与北京普天康医疗设备技术开发有限公司拍卖纠纷案等10570件民事纠纷在当事人平等、自愿的条件下,依法达成了调解。完善执行机制,创新执行方法,深化执行权运行机制,切实加大执行工作力度,依法成功执行了拆除丽泽苑宾馆违法建设案等多起执行大案、要案和难案,维护当事人的合法权益。共执结案件8670件,执结标的额为7.4亿元。

(马劲忠)

【创新法律服务工作】 年内,完善律师参与区领导信访接待机制,成立政府法律顾问团,为政府依法决策、依法行政提供参谋。成立了全市第一家基层法律服务者协会,开展创建"六个一"法律服务示范社区活动,使法律服务得以进一步规范和拓展。强化对公证质量的大检查,全年共办理各类公证事项5630件。法制宣传工作紧紧围绕"四五"普法规划,把农村作为普法重点,普法讲师团在农村举办了 162 场法制专题讲座,听众 15000 余人,增强了群众的法律意识。

(马劲忠)

【复退军人分流劝返工作】 4 月 13 日,各部门工作人员发扬连续作战精神,对串联来京上访的 956 名复退军人在丰台体育中心被全部分流、劝返,有效地维护了社会稳定,遏制了群体上访事件的恶性发展。

(马劲忠)

【召开打击流氓恶势力公捕大会】 9 月 9 日,在丰台体育中心藤球馆组织召开"丰台区严厉打击流氓恶势力宣判逮捕大会",王涛、佟海峰等 30 名涉嫌杀人、抢劫、伤害、敲诈勒索、寻衅滋事的犯罪嫌疑人被依法执行逮捕。区委政法委常务副书记杨永华主持大会,区委副书记、政法委书记阎满成到会并讲话,各民主党派代表 30 人旁听会议,领导和员工 400 余人参加了大会。

(马劲忠)

【举行"禁毒承诺启动仪式"】 10 月 26 日,区禁毒委员会举行"丰台区歌舞娱乐场所禁毒承诺启动仪式"。会议由区禁毒委副主任、区委政法委常务副书记杨永华主持,区委常委、区委办公室主任李明圣到会并讲话。

(马劲忠)

【开展向困难群众送温暖活动】 12 月 31 日,区政法系统积极响应中央和市委"关于向困难群众送温暖、献爱心"的号召,全体党员干部向灾区、困难地区捐款 65084 元,捐献衣被 1542 件。

(马劲忠)

公　　安

【概　况】 年内,丰台分局围绕市局党委提出的"整体防控、精确指导、精确打击"的工作思路,以"竭力净化社会面,构筑安全屏障,服务首都中心,打造平安丰台"为基本工作定位,以"固本强基,守土有责,打防并举,防中带打"为基本指导思想,以深化"四张网"建设为依托,大力加强对各类刑事犯罪的打击力度和对社会面的控制力度,全面加强队伍规范化建设,有力地维护了全区的政治稳定和社会安定。年内,共接处"110"报警 168501 件,较上年上升 51.9%;接待群众来访 286 人次,受理群众来信 610 件;共破获各类刑事案件 6197 起(经济案件破获 684 起,挽救经济损失 603.6 万元);破获各类毒品案件 97 起,收缴各类毒品 5659 克,冰毒 1087 片,摇头丸 968 粒;抓获各类违法犯罪嫌疑人 8619 名,打掉各类犯罪团伙 371 个;捣毁法轮功窝点 6 个,抓获法轮功人员 51 人,收缴宣传品 6336 份,破获法轮功案件 30 起;共查处治安案件 70126 起,查处违法人员 86044 人;处置群体访 241 批次,5107 人次,处置群体性事件 207 件,涉及 9500 余人次;对上访人员集中劝返和日常分流 21 次,共出动警力 1416 人次,劝返上访人员 1532 人次;在社会治安秩序综合整治中,出动警力 1985 人次,整顿治安乱点 136 次,取缔无照摊贩 278 次,抓获卖淫嫖娼人员和赌博人员 1109 人;加强警务督察真督实察力度,共出动督察警力 1860 人次,参加专项督察 61 项,发督察建议书和督察通知书 15 件。

(张广慧　郭凤华)

【举办先进典型事迹报告会】 6 月 24 日,丰举办了"人民卫士,时代先锋"先进典型事迹报告会。市局党委书记马振川和丰台区委领导出席了报告会,局属各单位双正职和民警代表共 1200 余人共同观看了报告会。报告会以事迹展演的形式,多角度、全方位地展现了分局 8 名民警的先进事迹。

(张广慧　郭凤华)

【举行警务车辆授车仪式】 2 月 7 日上午 9 点,在机关大院举行了警务车辆新车授车仪式,将区委、区政府购买的 60 辆警用车辆配发到 30 多个基层单位。

(张广慧　郭凤华)

【治安纠纷调解联合接待室授牌】 4月14日，丰台区建立治安、民间纠纷调解联合接待室授牌仪式在丰台分局举行。市司法局副局长王友江、区政法委书记阎满成、司法局局长李秀英，公安分局副局长史卫民及区司法局聘请的人民调解员100余人参加了授牌仪式。与会领导向12个年处理民间纠纷达到1000件以上的派出所授牌，并向人民调解员颁发了聘书。

（张广慧　郭凤华）

【组建重案三队制定长效工作机制】 年内，抽调精干警力，组建了刑侦支队重案三队，将主管命案的副支队长增加为3名，出台了《丰台分局关于建立侦破命案工作长效机制的工作意见》。设立了命案侦破奖励基金，极大地提高了全局对命案侦破工作的重视程度。

（张广慧　郭凤华）

【国务院、公安部、市局领导到分局调研】 6月2日上午，国务院研究室司长张大平、朱幼棣，公安部办公厅副主任黄占美、研究室副处长杨长春，市局办公室主任王益春、副主任张亚臣、信访处处长刘禹锡等领导，对丰台分局落实中央信访条例、集中处理群众信访工作进行调研。对丰台分局集中处理群众信访问题工作措施的落实情况进行了实地检查，回访了两名信访群众。

（张广慧　郭凤华）

【完成《同一首歌》演唱会安保工作】 9月6日晚19时，卢沟桥广场举行了由政协全国委员会主办的《同一首歌》纪念抗日战争暨世界反法西斯胜利60周年演唱会，政协副主席周铁农、张怀西参加了此次活动。现场观众2800多人，演职员约200余人。为确保活动安全、有序，共部署民警、武警官兵及保安等各种安全保卫力量1200余人。

（张广慧　郭凤华）

【完成2005中国网球公开赛安保工作】 9月25日至10月10日，党和国家领导人贾庆林、李瑞环、贺国强以及北京市委、市政府领导刘淇、王岐山观看了中国网球公开赛比赛，并为获奖运动员颁奖。为期16天的中国网球公开赛共进行280场比赛，累计接待观众5万余人次，机动车辆3126台次。丰台分局共部署一级警卫7次，二级警卫3次，共出动警力1058人次，确保了比赛期间赛场秩序良好。

（张广慧　郭凤华）

【精心组织开展集中劝返工作】 11月17日至11月19日，丰台分局组织各种力量对外地滞留在京的上访人员较为集中的右外东庄、花园村开展集中劝返行动，共集中劝返535人，有效净化了首都社会环境。此次劝返行动，共出动各种力量250人。确保了一方平安。

（张广慧　郭凤华）

【开展“抓典型树标兵”活动】 12月23日，举办2005年度先进个人和先进集体颁奖大会。对评选出的70名十大“勇挑重担，攻坚克难的优秀侦查民警”、十大“刚正不阿，秉公执法的优秀治安民警 ”、十大“管教结合，确保安全的优秀监管民警”、十大“慧眼识贼，扶危救困的优秀巡逻民警”、十大“热情服务，工作高效的优秀内勤民警”、十大“服务基层，尽职尽责的优秀机关民警”、十大“扎根社区，服务百姓的优秀社区民警”和从中选出的7名“杨秀奇式标兵民警”以及10名“严于律己、善于管理的优秀领导干部”和5个“队伍一流、业绩一流的先进集体”给予隆重表彰。

（张广慧　郭凤华）

【完成大型主题展览安保任务】 年内，中央宣传部在中国人民抗日战争纪念馆举办为期62天的以“纪念反法西斯胜利60周年”为主题的大型展览活动。期间，共接待群众80余万人次（其中，政治局常委9人，中央领导140余人次，海外同胞1万余人次），专场18次。成立了以局长孙钫任总指挥、副局长贾福清、田爱军、郑坚、政治处主任刘亚东任副总指挥的安全保卫工作领导小组。出动治安、国保、内保、消防、卢沟桥派出所等警力620人次。圆满完成了展览活动的安保工作。

(张广慧　郭凤华)

【转变指挥中心职能】 制定《北京市公安局丰台分局关于进一步加强勤务指挥工作,推进社会治安防控整体防控建设实施方案》,进一步明确指挥中心先期指挥、警情监测、协调勤务、信息管理、检查监督等五大工作职能。建立警情判研制度,从警情发生的类型、时间、部位、侵害对象、作案手段等多方面对警情进行分析判研,坚持日监测、旬(周)累计、月分析,并以《昨日勤务》、《值班信息》的方式将结果进行刊发,及时对高发派出所发《警情警示通知单》。

(张广慧　郭凤华)

【加大预审深挖工作力度】 年内,加大预审深挖工作力度,在以多发性侵财案件为重点的深挖破案专项行动中共破案397起。在夏季治安整治深挖破案专项行动中破案218起,取得了显著效果。

(张广慧　郭凤华)

【巡逻防控网络建设】 年内,由七种巡逻力量、三级运行、三个等级、三种巡逻方式、点线面结合的巡逻网基本成型运转。为特种行业建立的12个系统的48项数据,实现了日常录入监测制度。完成了警务地理信息系统建设、800兆数字电台转网、全面铺开图像监控整合建设等工作。在全区范围内初步建立起了刑事警情动态监测、巡逻力量同步调整、重点区域分类指导检查的工作机制。依据辖区“9区、10线、34点”警情高发地段的情况,调整完善了35辆巡逻车24小时巡逻、21辆巡逻车的弹性巡逻方案。

(张广慧　郭凤华)

【监所管理手段更富人性化】 年内,看守所创造性地开展工作,对在押人员实行人性化管理,保障在押人员的合法权益,高度重视在押人员的生命健康权。医务人员共巡诊500余次,为在押人员诊治近6200人次,发药18000余人次,监区消毒60余次。投入了较大人力和财力,统一更换押犯使用的被褥1100余套。进行重大节日和安全教育48次,个别谈话近7万人次。

(张广慧　郭凤华)

【重新调整内保管辖单位】 年内,在调查研究的基础上,按照调整规范内保单位工作管辖的”五个原则”,将74个加油气站、6个大中型商场、11个写字楼93个金融、邮政储蓄网点等单位纳入管理。对原列管的单位也做出相应调整,使列管单位总数达到600多个。

(张广慧　郭凤华)

【制定落实党风廉政建设新机制】 年内,制定了《党风廉政建设责任书》、《丰台分局党风廉政建设责任制考评办法》、《丰台分局关于对信访案件实施倒查和过错责任追究处理办法》和《丰台分局纪律检查委员会关于人民警察执法过错责任追究处理办法》,在全体民警中组织播放公安部纪委摄制的2部警示教育片。开展《廉政文艺作品征集》活动,共征集廉政诗歌、短信、快板书、歌曲等20件。

(张广慧　郭凤华)

【开展重点地区治安整治】 年内,按照《21处治安重点地区整治工作方案》,以木樨园龙湫市场周边、六里桥周边等2处市级重点地区和花乡旧机动车交易市场周边等5处区级重点地区的治安秩序整治为龙头,大力开展社会治安秩序综合治理工作。共出动警力1985人次,整顿治安乱点136次,取缔无照商、摊贩278次,查处和教育各类违法人员2473人。其中治安拘留51人,刑事拘留21人。抓获“新疆小扒手”23人,强制救助86人。收缴各类管制刀具108把。

(张广慧　郭凤华)

案例举要

【夏家胡同抢劫杀人案】 4月29日21时许,丰台区南三环夏家胡同过街天桥下发生一起杀人案。刑侦支队经认定,死者为秦某某

(男,1985年10月11日出生,北京人,首都经贸大学学生)。经会同刑侦总队、市局行动技术处开展工作,于5月3日、5月5日,将犯罪嫌疑人艾某某(男,1986年2月1日出生,新疆人)、古某某(男,1965年2月1日出生,新疆人)、库某某(男,1982年1月2日出生,新疆人)抓获。三人供认,在事发地行窃时,被秦某某发现,遂用随身携带的双刃匕首将秦某某捅死的犯罪事实。北京市第二中级人民法院对本案正在审理过程中。

(张广慧　郭凤华)

【破获一起杀人案】　1月17日16时50分,刑侦支队接邓某某(男,37岁,北京市北汽五分公司出租司机)报案称:在丰台区华凯花园西侧马路一辆银灰色2000型桑塔纳轿车里,一名男子正用绳子勒司机的脖子。民警迅速赶到现场,当场将犯罪嫌疑人闫某某(男,1964年2月8日出生,河北人)抓获。经认定,司机车某某(男,1971年4月14日出生,河北人)已经窒息死亡。经审查,闫供认:因其与车某某有经济纠纷,多次向车某某要钱未果,遂将车某某勒死的犯罪事实。8月北京市第二中级人法院以故意杀人罪依法叛处闫某某死刑。

(张广慧　郭凤华)

【特大贩卖毒品案】　2005年1月27日,缉毒队经过历时三个多月的监控和跟踪,在市局刑侦总队缉毒队配合下,将外出贩卖毒品的单某某(男,1965年12月2日出生,北京市东城区人)抓获,当场从其身上缴获5包毒品海洛因,后在其暂住地将犯罪嫌疑人黄某某(男,1974年7月10日出生,汉族,天津市人)抓获,同时起获毒品海洛因34包,计321.3克,以及称量毒品用的电子称等工具。经审查,黄某某是吸毒者被强制戒毒,单对贩卖毒品的犯罪事实供认不讳,现已被起诉到北京市检察院第二分院。

(张广慧　郭凤华)

【歌厅小姐被害案】　5月22日凌晨,刑侦支队在接到西四环南路63号院8号楼公厕门前有一尸体的报警后,立即会同刑侦总队刑技处和大案支队迅速展开工作,经多方堵截,蹲守,于25日上午在海淀区魏公村将犯罪嫌疑人闫某某(男,1986年4月3日出生,黑龙江人,2003年12月入伍)抓获。经审查,交待了犯罪事实。22日凌晨,闫看到死者李某某(女,1981年12月19日出生,河南人,岳各庄玉明珠国际商务会馆歌厅小姐,暂住在63号院三楼5-5-14号)深夜归来,即上前搭话并在公厕内与李发生性关系,李索要80元嫖资闫不给,就扬言到部队告闫,闫情急之下用李的牛仔裤将其勒死的犯罪事实。闫某某被移交北京卫戍区警卫一师保卫部。

(张广慧　郭凤华)

【外交部退休干部被杀案】　7月16日23时50分,姜某某(男,1935年11月21日出生,外交部礼宾司退休干部,住芳城园一区10-2-1504室)和其妻于某某(女,1942年7月14日出生,退休后任龙潭湖某公司副总经理)二人在家中被害。丰台分局在市局有关单位的配合下,于7月17日,将犯罪嫌疑人岳某某(男,1966年4月5日出生,河南安阳人,暂住芳星园三区12-208室)抓获。经审讯,岳交待向事主借过款,7月14日21时许,窜至事主家中,在强行取得借款凭证未果的情况下,遂捂住姜的脸致其窒息死亡,又将刚进屋的于掐死,后打开燃气欲造成爆炸事故逃离现场的犯罪事实。岳某某已被起诉到北京市检察院第二分院。

(张广慧　郭凤华)

【特大运输毒品案】　6月19日,丰台分局缉毒队会同市局刑侦总队缉毒支队,在市局行动技术处的大力协助下,成功破获一起特大运输毒品案,抓获犯罪嫌疑人2名,收缴毒品海洛因2011.88克。

(张广慧　郭凤华)

检　　察

【概　况】 年内,检察院紧紧围绕“强化法律监督、维护公平正义”的工作主题,按照“队伍专业化、执法规范化、管理科学化”的工作目标,大力加强法律监督能力建设,不断提升检察工作水平,为促进首都和丰台区的和谐发展发挥了重要的职能作用。是年,共受理审查逮捕案件1838件2558人,与去年同比分别下降了21.22%、26.19%;批准(决定)逮捕1475件2035人,同比分别下降了21.63%、23.64%;起诉案件2039件2664人,同比分别下降了10.84%、13.06%;提起公诉1803件2345人,同比分别下降了7.99%、7.76%;依法不批准逮捕310件468人;依法不起诉31件32人;自侦案件举报线索118件(贪污贿赂类108件,渎职侵权类10件);立案侦查30件(贪污贿赂案25件,渎职侵权类5件);查办贪污数额在5万元以上、挪用公款数额在10万元以上的大案18件,100万元-300万元的大案5件,处级以上要案8件(副局级2人);通知公安机关立案6件7人;追加逮捕18件31人;追加遗漏犯罪事实80余起追诉遗漏犯罪嫌疑人21人;纠正侦查机关、审判机关违反程序5次;抗诉1件1人(法院已改判);受理民事行政申诉案件70件(审结38件,建议抗诉1件,提请抗诉1件);受理群众来信227件;接待来访244件;办理初查、刑事申诉、刑事赔偿等类案件107件。共有5件案件接受监督,人民监督员一致同意该院的处理决定。共受理协助外省市检察机关侦查案件29件。通过办案挽回经济损失1300多万元。连续六年被高检院评为“全国检察机关文明接待室”,被高检院评为“不起诉案件专项复查活动先进集体”,荣获“北京市模范集体称号”、“北京市检察机关先进检察院”,被授予2004年度“首都文明单位标兵”称号,渎职侵权检察处被评为“北京市检察机关严肃查办国家机关工作人员利用职权侵犯人权犯罪案件专项活动先进集体”,被丰台区评为“社区矫正工作先进集体”。

(闫俊瑛　邓洪涛)

【建立“三个第一”工作法】 6月至11月,开展了“规范执法行为、促进执法公正”专项整改活动,共查出工作中存在的接待来人来访态度冷漠、推诿搪塞等10个问题,针对这一现象,建立了“三个第一”工作法,要求干警在第一时间回应举报人、第一时间告知被害人、第一地点接待来访者。

(邓洪涛)

【扎实推进职务犯罪预防工作】 年内,围绕关系国计民生的财政、金融、建筑、教育、卫生、司法、国有企业七大行业,开展个案预防1次、召开不同行业座谈会5次、讲法制课12次。编辑《职务犯罪预防动态》10期、《预防犯罪论坛》2期。制作了印有52种职务犯罪案例图画、立案标准的相关法律解释的笔记本2000册,发送到全区600余名处级以上领导干部和部分执法人员手中,被誉为“引导权力正确行使的保健手册”。

(邓洪涛)

【全面强化刑事检察监督】 年内,共受理立案监督案件31件,发出要求说明不立案理由通知书31个。追加逮捕18件31人,追诉遗漏犯罪嫌疑人21人,追加遗漏犯罪事实80余起,依法不批准逮捕295件425人,不起诉31件32人。监所检案监督共驻所检案212天,开展各项职能检案296次,提出口头检案建议23次,开展了对监外执行罪犯的回访考案和积极参与社区矫正工作。

(闫俊瑛)

【开展“五个一”举报宣传周活动】 6月20至26日,开展“五个一”举报宣传周活动。即奖励一批举报有功单位、检察长走上区电视台进行一次专题讲座、到中华书局讲一堂法制课、深入企业开展一次专题研讨、精选96张警示教育图片登录国际互联网进行一次社会预防，促进了检察工作的开展。

（闫俊瑛）

【成立查办医卫系统职务犯罪专案组】 认真落实高检、市院提出的“系统抓、抓系统”的指示精神，针对丰台区医疗卫生系统职务犯罪线索较多的状况，在全市反贪系统率先成立了查办医疗卫生系统职务犯罪专案组，并确定了重点案件和主攻方向。建立了医疗卫生系统职务犯罪预测预警机制，设置了四项预测分析数据，并参照职务犯罪的立案标准设立了警戒线。该机制已在丰台区的一家医院试行，为医院遏制医药回扣现象提供了有力依据，这在全市尚属首创。

（闫俊瑛）

【成立代表委员联络室】 年内，成立代表委员联络室，主要负责人民监督员、特约监督员工作以及其它有关代表委员联络、监督等工作。先后多次召开座谈会，诚邀人大代表、政协委员、人民监督员、特级监督员到会，并认真听取其意见和建议。

（闫俊瑛）

【监制预防职务犯罪公益广告】 年内，为引导全社会公民积极参与反腐败斗争，促进职务犯罪预防工作社会化进程，与丰台区国家机关职务犯罪预防领导小组共同监制预防职务犯罪大型公益广告牌，并树立在丰台区花乡路与京良路的交叉路口，牌上公布了向检察院举报的电话。

（邓洪涛）

【立法建议被高检采纳】 年内，由主管副检察长尚保华、民行检察处处长陈宝珍、副处长王丹峰合作并发表于《人民检察》（2005 年第 9 期）的《影响不大而不予抗诉辨析》一文，对高检院制定的《人民检察院民事行政抗诉案件办案规则》（征求意见稿）第二十六条第（一）款第（四）项、第（五）项规定的内容进行了理性检讨，并提出了删除上述规定等的立法建议。该建议被高检《办案规则（修改稿）》悉数采纳。

（闫俊瑛　王丹峰）

【自侦案提讯全程录像】 年内，在办公区南楼建立了相对封闭的警务区，设立提讯室、讯问室、医务室，并在室内安装了监控设备，对所有查办的自侦案件，实现了提讯过程全程录像，有力地防止了刑讯逼供的现象，促进了公正执法。

（闫俊瑛）

【取消公安撤回提捕做法】 年内，针对公安撤回提捕案件存在超期羁押隐患，不利于维护公民的人身自由权利，率先在全市侦查监督系统逐步减少直至完全取消这一做法，对此类案件依法做出不批准逮捕决定，并视情况提出继续补充侦查的意见，进一步规范了执法行为。

（闫俊瑛）

审　　判

【概　况】 年内，丰台法院认真落实区委九届五次全会、区第十三届人民代表大会第二次会议决议和全市法院院长会议精神，努力抓好法院的审判业务、干警队伍和物质基础建设，司法能力和司法水平得到全面提升。全年新收各类案件 33102 件（不含旧存 881 件），比上年增加 1763 件，上升 5.6%；审结各类案件 33130 件，比上年增加 2279 件，上升 7.4%；未结案 853 件，比上年减少 28 件；结案率 97.5%。审判人员人均结案数和全院人员人均结案数，均位居全市法院前列。无超审限案件，案件质量进一步提高。被评为全国法院系统执行工作先进集体、全国法院系统思想宣传工作先进单位、“首都先进法院”、首都精神文明先进单位。刑事审判庭被评为“北京市模范集体”。未成年人案件审判庭连续四年被共青团市委评为“青年文明号”，是年，被评为全国法院系统“全国青年文明号”集体。执行庭被市高院授予集体一等功。右安门人民法庭被授予集体二等功。曹西林被授予“全国人民法庭优秀法官”称号。

人民陪审员马浩被中央社会治安综合治理委员会授予“全国预防青少年违法犯罪工作先进个人”称号。

（罗红斌）

【依法打击刑事犯罪】 年内,以维护社会稳定为首要任务,依法严惩各类严重危害社会治安的犯罪。受理各类刑事犯罪案件1797件2427人,比上年减少23件36人,分别下降1.3%和1.5%。审结1799件2431人,比上年减少16件27人,分别下降0.9%和1.1%。其中,严惩杀人、抢劫、故意伤害等各种严重暴力犯罪和抢夺、盗窃等严重影响人民群众安全感的多发性犯罪1312件1819人,严厉打击黄、赌、毒等严重妨害社会管理秩序的犯罪310件378人,从严惩处生产、销售伪劣产品、金融诈骗等破坏社会主义市场经济秩序犯罪30件41人,严惩与严重经济犯罪相关联的国家工作人员贪污、受贿、挪用公款以及玩忽职守等犯罪20件23人。为国家、集体和公民挽回经济损失837万元。

（罗红斌）

【努力化解民事纠纷】 年内,共受理各类民商事纠纷案件22351件,比上年增加1750件,上升8.5%。审结22380件,比上年增加2224件,上升11%。解决诉讼标的14.8亿元。审结婚姻家庭、继承、人身和财产侵权损害赔偿等各类民事案件5851件。审结买卖、运输、租赁等各类合同纠纷案件16134件。审结票据、证券、股权等其他各类经济纠纷案件81件。共调解(撤诉)各类民事纠纷10570件,占民事案件的47.2%。依法妥善审理了412起群体性纠纷案件,防止了矛盾激化,有效地维护了社会正常秩序。

（罗红斌）

【做好行政审判工作】 年内,新收行政诉讼案件117件,审结116件,未结6件。其中,判决维持22件,判决确认违法或无效4件,判决驳回诉讼请求12件,判决全部撤销3件,裁定驳回起诉20件,被告改变原具体行政行为原告撤诉6件,原告主动撤诉42件,其它7件。上诉62件,已审结55件,均维持了原判。

（罗红斌）

【继续加大执行力度】 年内,受理执行案件8670件,比上年增加136件,上升1.6%。执结8670件,比上年增加180件,上升2.1%。执结标的额7.4亿元。其中,成功地执结了强制拆除丽泽苑宾馆违法建筑等多起重大疑难案件,维护了申请人的合法权益和国家法律的权威。

（罗红斌）

【加强信访立案和审判监督】 年内,加大诉外调解和协调力度,对更适合在诉外解决、不宜进入司法程序的矛盾纠纷积极发挥调解、协调职能,帮助群众解决实际困难,维护社会和谐稳定。接待群众来信来访55880件次。假日立案39个工作日,接待当事人67人。办结信访挂帐案件4件。坚持有错必究原则,共受理申诉案件143件,结案143件,进入再审程序20件,审结18件。

（罗红斌）

【积极参与综合治理】 年内,立足审判,延伸服务,积极参与社会治安综合治理,并形成长效机制。为南苑乡槐房村100余名村干部讲法制课;针对社会各界关注的热点、难点问题之一的医疗事故纠纷,专门给丰台医院数百名医务人员上专题法制课;参加“法律援助——诊所式法律教育”活动;以“诉外纠纷解决机制的探讨”为主题,对全区40余名司法所所长进行了专题培训,有效地加强了对人民调解工作的指导。

（罗红斌）

【规范执法行为,促进执法公正】 年内,按照中央政法委和上级法院的部署,认真开展“规范执法行为,促进执法公正”专项整改活动,成立领导小组和办公室,制定专项整改活动实施意见,召开动员部署大会。在整改工作中,各审判庭对上年以来审结的案件认真的进行了自查。针对发现的问题，确定了专项整改的重点，补充和完善了审判责任、办案公开和责任追究制度。

（罗红斌）

【成立妇女维权合议庭、执行组】 年内，在刑事审判庭、民事审判一庭、执行庭、各派出法庭分别成立维护妇女合法权益合议庭、执行组。主要受理对妇女权益发生特殊侵害的案件。为维护妇女合法权益，合议庭在审判过程中将向当事人宣传法律知识，让广大妇女学会运用法律武器来保障自己的合法权益。

（罗红斌）

【人民陪审员参与审理离婚案件】 年内，卢沟桥法庭开庭审理了一起离婚诉讼案件。特别安排了对妇女、婚姻家庭问题有着丰富经验的区妇联副主席王俊凤和马浩两位陪审员参加合议庭。这是自5月1日全国人大常委会通过的《关于完善人民陪审员制度的决定》实施以来，第一起由当事人申请，经人民法院批准，有人民陪审员参加的合议庭审理的民事案件。

（罗红斌）

【成为法学学科实验基地】 年内，丰台法院与北京工商大学和首都医科大学分别签定合作协议，成为北京工商大学法学学科实验基地、首都医科大学卫生法学学科实习基地。院长董华、副院长蔡慧永、研究室主任王晓艳和其他五名资深法官被聘为客座教授。

案例举要

【首起认证合同纠纷案】 9月1日，丰台法院审结首起认证合同纠纷案。原告北京三星九千质量认证中心与被告北京惠程照明电器有限责任公司，于2000年8月15日签订了00－171号管理体系认证（审核）合同书。依据约定，原告已于2001年6月5日和2002年6月8日分别完成了第一次和第二次的监督审核。但是，被告始终拖欠1.8万元认证费用。故原告起诉要求被告支付拖欠的认证费，并承担违约金、查询费等费用。被告经法院合法传唤，无正当理由拒不出庭应诉。法院依法缺席审理，判决北京惠程照明电器有限责任公司于本判决生效之日起十日内给付北京三星九千质量认证中心欠款1.8万元，并偿付北京三星九千质量认证中心违约金5400元和赔偿北京三星九千质量认证中心损失费20元。一审宣判后，双方当事人均未提出上诉。

（罗红斌）

【首例盗窃国家机关证件案】 被告人王占国于2005年1月间，在本市丰台区六里桥、马官营等地，使用随身携带的螺丝刀，先后盗窃被害人张国学等人的机动车车牌共计33副，后以归还车牌为名，让车主给其牡丹卡上汇入人民币的手段，敲诈被害人的钱财，后被查获。被告人王占国无视国法，秘密窃取国家机关证件，其行为已构成盗窃国家机关证件罪。鉴于被告人王占国认罪态度较好，案发后能够坦白交待大部分犯罪事实，法院于2005年5月31日依法判决被告人王占国犯盗窃国家机关证件罪，判处有期徒刑二年。被告人王占国未上诉。

（罗红斌）

【首例伪造中奖福利彩票诈骗案】 2005年5月23日，被告人黄忠华以非法占有为目的，在丰台区芦井村118号，使用伪造的福利彩票双色球奖单，以中500万大奖兑奖需要人民币20万元手续费为由，骗取被害人张长锁人民币4万元。黄忠华因形迹可疑被盘问后，主动交代了所犯罪行，被查获。起获赃款人民币3.45万元已发还被害人。2005年9月8日，法院依法判决被告人黄忠华犯诈骗罪，判处有期徒刑一年六个月，并处罚金人民币2000元。继续追缴被告人黄忠华违法所得人民币5500元退赔被害人张长锁。一审宣判后，被告人不服提出上诉。北京市第二中级法院经审理后，于2005年11月3日依法驳回上诉，维持原判。

（罗红斌）

【拆除北京丽泽苑宾馆违法建设】 11月5日，丰台法院对违法建设的北京丽泽苑宾馆实行了强制执行拆除。北京市规划委员会于2005年8月13日作出《限期拆除决定书》，认定北京丽泽苑宾馆总面积4930.6平方米的建筑性质属违法建设。并于2005年10月24日向丰台法院申请强制执行。法院经审查认为，北京市规划委员会的强制执行申请符合法律规定，裁定对该宾馆实行强制执行拆除。因案情重大，被申请执行人对立情绪严重，煽动不明真相的员工阻止执行。为了控制局面，避免冲突和矛盾激化，法院组织了百余名执行法官和法警参加了执行行动。区委书记王子生、区委副书记兼政法委书记阎满城、副区长罗杰、政法委副书记杨永华和法院院长董华、副院长蔡慧永等有关领导亲临现场指挥，保证了拆除工作的顺利进行。

（罗红斌）

司　法　行　政

【概　况】 丰台区司法局设置8个职能科(室)和纪检组(监察科)，即办公室、政工科、法制科、法制宣传教育科(加挂丰台区依法治区领导小组办公室牌子)、基层工作科、法律援助工作指导科、公证律师管理科、社区矫正安置帮教工作科(加挂丰台区刑释解除劳教人员安置帮教工作领导小组办公室和社区矫正工作领导小组办公室牌子)、纪检组(监察科)。下设2个事业单位丰台区法律援助中心(加挂“148”法律服务牌子)和公证处，16个街道司法所和5个乡镇司法所，辖区内有50个律师事务所和19家法律服务所。同时还承担全区依法治区领导小组办公室、社区矫正领导小组办公室和安置帮教领导小组办公室的日常工作。年内，丰台区司法行政工作坚持“围绕中心、拓宽领域、强化能力、锐意创新”的原则，充分发挥了司法行政工作在促进全区经济社会发展和构建和谐社会中的法律保障、法律服务和法制宣传的职能作用。

（杨　婷）

【人民调解】 年内，坚持以建立治安、民间纠纷调解联合接待室工作为重点，促进人民调解工作整体水平提升的工作思路，充分发挥民调工作第一道防线的防护作用。各级调委会共调处矛盾纠纷7434件，成功率为98%，制止群体性上访53件，防止民事纠纷转化为刑事案件42件。

（杨　婷）

【社区矫正和安置帮教】 年内，坚持以“人本管理、个性教育”为原则，多种手段和渠道依法做好社区服刑人员和帮教对象的改造工作，切实有效地预防了重新犯罪。共接收社区服刑人员608名，刑释解教人员1279名，帮教率98.7%，重新犯罪率0.4%，安置率达97%。

（杨　婷）

【法制宣传与依法治理】 年内，以围绕“两个争创、两个创建、三个重点”的中心，积极推动法制宣传和依法治理工作在构建和谐社会中的作用。制定下发了《丰台区关于进一步加强领导干部学法的意见》、《关于加强不良青少年帮教工作措施》进一步明确了全区领导干部学法的指导思想、适用范围、学习内容、学法制度和保障措施；组织开展了“农村百场法制讲座”活动；举办了社区居委会、农村“两委”干部法律知识大赛、丰台区首届青少年法制节活动及“携手法治建设、构建和谐丰台”主题访谈活动。

（杨　婷）

【法律服务工作】 年内，积极开展法律服务工作。法援中心共办理案件419起；律师参与区领导信访接待上访群众196批1462人，其中集体访59批1013人；办理各类公证事项5630件。

（杨　婷）

【建立治安民间纠纷调解联合接待室】 4月14日，丰台区“治安、民间纠纷调解联合接待室设立暨调解员培训会”召开，为全区先期设立的12个治安、民间纠纷调解联合接待室授牌，为24名从基层选聘的退休人员颁发了“治安、民间纠纷调解联合接待室调解员”聘任书。与区公安分局联合制定了《关于建立治安行政调解与人民调解联动工作机制的实施意见》、《关于加强治安、民间纠纷调解联合接待室业务工作的指导意见》和《治安、民间纠纷调解联合接待室工作管理规定(试行)》。

（杨　婷）

【开展“双满意”评选活动】 6月至8月期间，在全区范围内开展了“群众满意的人民调解委员会(人民调解员)”活动，加大了对人民调解工作的宣传力度，推动了全区人民调解工作的深入开展。在全区人民调解工作经验交流暨表彰会上对评选出的11个群众满意的人民调解委员会、20名群众满意的人民调解员进行了表彰。

（杨　婷）

【成立阳光社区矫正服务中心】 3月31日，在东铁匠营街道成立全区首家街道级阳光社区矫正服务中心。中心在组织发动社会力量参与社区矫正、为社区服刑人员提供心理矫正、教育矫正、技能培训、临时性救助以及组织开展社区矫正宣传、培训、研究与交流活动等方面发挥了一定作用。

（杨　婷）

【开展法律援助共建活动】 9月16日，丰台区法律援助中心与区长辛店四中法律援助共建活动启动仪式在区长辛店四中举行。共建活动宗旨主要是配合学校，做好学生的思想教育工作，法律援助将给予问题青少年五项特别的关怀，进一步扩大法律援助的社会影响，切实维护好青少年的合法权益。

（杨　婷）

【农村残疾人法律援助接待室揭牌】 1月20日，全市首家农村残疾人法律援助接待室揭牌仪式在丰台王佐镇庄户村举行。每周三为接待日，由司法所和法律服务所工作人员通过法律咨询、代书、代理诉讼、非诉讼调解等形式为村里的残疾人提供无偿、便捷、优质的法律服务，依法维护他们的合法权益。

（杨　婷）

【成立全市首家法律服务者协会】 5月27日，丰台区法律服务者协会筹备暨成立大会召开。该协会是经北京市丰台区社会团体登记管理机关核准登记，以基层法律服务工作者为主体成立的社会团体法人。协会成立后，共同服务于全区社区矫正、人民调解、法制宣传、法律服务等各项工作。

（杨　婷）

【成立丰台区法律顾问团】 10月份，经区政府批准成立了法律顾问团，法律顾问团成员由8名律师和法学专家组成。主要通过会议工作制和委托办理制为区依法行政、依法决策提供专业法律服务。

（杨　婷）

【开展创建“民主法治示范社区”活动】 年内，在各街道广泛开展了“民主法治示范社区”创建活动。依据《全国“法律进社区”活动工作方案》精神，制定下发了《关于开展创建“民主法治示范社区”活动的通知》，明确了创建活动的目的、意义，制定了全区“民主法治示范社区”的八项基本标准。

（杨　婷）

案例举要

【“红天地”酒店与居民纠纷案】 “红天地”酒店坐落在海户西里南社区34号院内，东南北三幢住宅楼，居住着500多户居民，酒店距离最近的海户西里1号楼只有10米，酒店在经营过程中所产生的噪音、油烟、光线污染扰乱了周围居民的正常生活秩序，居民在多次与酒店沟通没能解决问题的情况下，5月中旬几位居民代表联系了受影响的居民200多人，准备到市区两级政府上访来解决问题。西罗园街道调委会了解到这一情况后，一方面平息群众的情绪，作好思想工作，劝阻准备上访的群众;另一方面要求居民不要干扰酒店的经营秩序。同时,与酒店的管理人员进行沟通。7月初,在街道调委会组织下,召开酒店负责人和居民代表第三次扰民问题调解会,并在区环保局、司法所的共同参与下,"红天地"酒店制定了11条整改措施,双方达成了共识,在调解协议书上签了字。酒店负责人表示要认真整改,并将每月15日、30日定为居民代表接待日,受理居民提出的各项意见和建议。

(杨 婷)

【建设自由市场纠纷案】 位于东铁营街道横七条小区东北角的闲置仓库,离小区3号楼仅有6米的距离。6月份,产权方北京木材公司委托物业公司将仓库出租给军地诚信公司拟改建为自由市场。工程施工过程中给居民的生活带来了影响,为此居民自发组织到施工现场,向军地诚信公司出具216户居民联名意见书,强烈要求承包商停建市场,办事处领导指派司法所人员代表街道调委会对此纠纷进行调解,并到达现场了解情况,安抚居民情绪,收集了居民对筹建自由市场的各类意见,并告知居民到施工现场阻止施工是一种违法行为,维护合法权益要通过正当的途径和合法的手续。先后三次在现场召开了由居民代表、物业公司、北京军地诚信公司参加的协调会。经过多方面分析协商,于8月下旬双方达成一致意见,军地诚信公司同意停建自由市场,并表示将依法履行法律程序,向有关部门申请改建为便民健身馆,以顺应社区居民的需求,此举赢得了居民的赞同。

(杨 婷)

社会治安综合治理

【概 况】 年内,丰台区社会治安综合治理基础工作纳入政府效能评估及农村"三级联创"重要考核内容,紧紧围绕首都综治委提出的综治"基层基础建设年"这一主题,认真贯彻落实首都综治委、市委组织部、市人事局、市编办、市财政局《关于进一步加强首都社会治安综合治理基层基础建设的意见》(以下简称首都《意见》),并制定了丰台区贯彻落实《意见》的意见(以下简称区《意见》),进一步明确了街道乡镇综治办的9条职责任务,配齐配强了街道(乡镇)综治委、综治办主任,综治委主任均由街道乡镇党政一把手担任,各街乡镇都设有综治办,其中单设12个,与其他科室合属办公10个,共有工作人员128人。制定了丰台区社会治安综合治理警示制度、督查督办规定、治安领导责任制若干规定,转发了首都综治委重大刑事案件责任倒查制度。区委副书记阎满成多次听取压发案工作汇报并作重要指示,通过治安形势分析、多部门合成作战、多警种联勤巡逻、加强综治基层基础工作等工作措施,有效改善了市级挂帐的8个高发案派出所和2处市级挂帐的治安重点整治地区治安秩序,全区刑事发案上升势头得到遏制,刑事发案率上升14.4%,增幅低于全市平均水平2个百分点。区综治办被评为2001—2004年首都社会治安综合治理先进集体、2001—2004年北京市地下空间安全管理工作先进集体和北京市2005年度计划生育先进集体。

(冯海涛)

【召开综治委全体(扩大)会】 3月8日,召开第一次综治委全体(扩大)会,区综治委委员、各街乡镇综治委主任、综治办主任参加了会议。区委副书记、区综治委主任阎满成提出要从构建社会主义和谐社会首善之区的高度,始终把夯实和强化基层基础工作作为综治主题。8月26日,召开第二次综治委全体(扩大)会。公安分局副局长贾福清报告了2005年上半年全区治安形势及下半年打防控对策;区统计局通报了上半年全市及全区群众安全感情况;区委政法委副书记、综治办主任姚建国汇报了上半年全区综治工作主要情况特别是存在的问题及下一步工作设想。

区信访办、区司法局进行了述职，与会人员进行了评议。12月30日，召开第三次综治委全体（扩大）会。区综治委成员单位区人民检察院、丰台工商分局进行了述职，全体参会人员进行了评议打分。

（冯海涛）

【开展平安建设】 组织协调丰台公安分局、区民政局、丰台工商分局、区商务局、区教委、团区委等部门，在全区广泛开展了“平安街道（乡镇）”、“平安社区（村）”、“平安单位”、“平安校园”、“平安商市场”、“平安旅游景区”建设活动，至年底，全区已有首都平安示范街道1个、首都平安示范社区村6个、首都平安示范学校3个、首都平安示范单位1个、首都平安示范商市场2个。丰台区平安街道4个、平安乡镇1个、平安社区123个、平安村21个、平安单位120个、平安校园50所、平安商场24个、平安市场38个、平安旅游景区3处，各项平安建设的指标均达到或超过了首都综治委的各项要求。在广泛征求意见的基础上，出台了《关于全面开展平安创建工作的实施意见》，指导全区“六创建一整合”工作，促进各项平安建设工作的深入开展。

（冯海涛）

【成立社区综治委】 1月20日，在卢沟桥街道召开社区综治委建设推广会，16个街道主管领导、综治办主任和6个乡镇的综治办主任及26个派出所主管所长参加会议。市委政法委秘书长、首都综治办副主任李万钧，区委副书记、综治委主任阎满成出席会议。至年底全区在251个社区均成立社会治安综合治理委员会，建立健全了主要工作制度和日常工作机制。

（冯海涛）

【加强群防群治队伍建设】 年内，加强治安巡逻志愿者协会建设，建立了治安志愿者工作章程和相关工作制度，区政府拨出专款17.2万元，全区发展治安巡逻志愿者已到12081人。各乡镇治安联防队统一更名为治安巡防队。农村治安巡防队有71支1642人。云岗、右安门、大红门等街道结合平安建设、重点整治等工作，组建了专门的治安巡防队。至年底，全区已整合群防群治力量33316人，其中，治保干部积极分子15756人，社区保安3512人，联防队员2317人，协管员814人，停车管理员789人，门前三包人员3413人。

（冯海涛）

【三处治安难点整治取得进展】 六里桥环岛周边外来务工人员聚集问题，右外东庄37户拆迁问题，木樨园环岛周边交通秩序乱，三轮车非法运营问题是丰台区需要首都综治委成员单位帮扶的三个治安难点，区综治办做了大量的协调工作，争取市有关部门在政策、资金等方面支持帮助尽快解决这些难题。6月10日，帮扶丰台区的市公安交通管理局、市劳动保障局、市公安局治安总队等有关人员一行8人莅临指导解决“六里桥东北角自发劳务市场问题”工作。8月15日，对大红门木樨园环岛及其周边地区进行集中突击整治，公安、工商、城管、交通、卫生等部门抽调人员组织120人的队伍参与综合整治。至年底，“六里桥”问题由副市长吉林牵头，已有初步解决意向，右外东庄37户仅剩6户未迁，木樨园环岛因交通设施改造，交通秩序得到明显改善。

（冯海涛）

【对右外东庄进行整治】 3月9日，组织流管办、公安分局、铁路分局、工商分局、城管监察大队、右安门街道办事处、南苑乡政府等部门135人，对东庄、花园地区集中进行整治。共检查上访人员居住的出租房屋73户，207间；发放宣传材料200份；劝离305人；集中劝返18人，拆除棚舍12个，查处非法经营5户，暂扣复印机1台，电脑1台。

（冯海涛）

【对纪家庙地区进行综合整治】 6月21日，集中对纪家庙地区进行综合整治。区领导刘云广、李昌安任指挥,区综治办牵头,区政府办、公安分局、城管监察大队、花乡政府、区农委、区法制办、区信访办、区流管办、国土分局、工商分局、规划分局、区卫生局等部门参加,为期20天的综合整治工作,共拆除违法建设4106间,34142平方米,劝离流动人口12050人。

(冯海涛)

【积极开展科技创安工作】 年内,对全区已有科技防范设施进行调查摸底,有机整合,逐步实现辖区各区域技防设施互联互通。推行机动车停放规范化管理,推广楼宇对讲、电视监控等先进的现代防范科技手段。并在5月15日,与丰台公安分局、云岗街道综治委共同主办"科技铸平安 同心创和谐"综治宣传月技防经验交流会。至年底,全区小区总数432个,其中科技创安达标小区266个,占总数的61.6%。

(冯海涛)

【开展整治社会环境秩序百日专项行动】 6月初,按照全市"规范行业场所经营行为整治社会环境秩序百日专项行动"整体安排,区委、区政府在全区范围内开展百日专项行动,成立了专项行动协调小组,区综治办主任姚建国任副组长,综治办专门抽调人员参与办公室工作。

(冯海涛)

【发放社区治安巡逻志愿者服装】 9月7日,区社区治安巡逻志愿者协会、丰台街道在丰台街道东幸福街社区联合举行了"社区治安巡逻志愿者服装发放仪式"。丰台区社区治安巡逻志愿者协会、丰台街道、丰台镇派出所的有关领导及各社区的治安巡逻志愿者代表50多人参加。

(冯海涛)

【成立区铁路护路联防工作领导小组】 10月10日,根据首都综治委的工作部署,区综治委决定成立丰台区铁路护路联防工作领导小组。区委常委、常务副区长、区综治委副主任闫小彦任组长。领导小组办公室设在区综治办,具体负责丰台区铁路护路联防工作。

(冯海涛)

【统一安装"社区治安警情公示栏"】 11月开始,全区251个社区统一安装"社区治安警情公示栏",社区"入室盗窃抢劫案件"、"盗窃机动车案件"、"其它刑事案件"在案件发生后48小时内在警情公示栏中公示,截止日期每天自动变化,发案数在年内累计计算。

(冯海涛)

【开展维护社会治安志愿者筑城行动】 11月12日,与区流管办、公安分局、团区委联合召开流动人口参与维护社会治安志愿者筑城行动工作部署会。各街乡镇综治、流管系统主管领导、团委书记及28个派出所主管所长参加了会议。12月28日,召开治安巡逻志愿者年会暨流动人口参与社会治安巡逻志愿者筑城行动启动仪式。协会会长、副会长,全区21个街道乡镇协会分会的负0责人;28个派出所主管所长和社区(村)治保会代表、流动人口志愿者代表共计130多人参加了大会。

(冯海涛)

防范邪教工作

【概　况】 年内,防范和处理邪教工作以创建"四无"街乡(镇)、社区(村)为工作目标,以反邪教警示教育群众读书活动为载体,以加强基层基础工作为着力点,狠抓各项工作措施的落实,有力的促进了基层基础工作发展。共组织宣传日活动234次,发放各类宣传品183917份,播放录像、电影883场,发放书籍、宣传册4万余册、反邪教知识答卷7万余份,组织各类座谈、研讨、讲座555次,收集征文上千篇,群众参与率达95%。举办集中封闭学习班36期,入班76人,全部成功转化,其中涉"九评"进班27人,深挖重要线索91条。共查获法轮功人员73人,其中抓获现行12

人，捣毁窝点11个，收缴宣传品8000余份，查获法轮功设备14台（套），打掉涉“九评”宣传品的窝点4处，全区95%以上的街乡（镇）、98%以上的社区（村）实现了“四无”。对25人依照有关具体规定给予了组织处理和纪律处分。开展的读书活动进社区（村）、警示教育深入人心活动被市委评为反邪教警示教育“好创意”奖。

（宋雪梅）

【立足实际创新摸排方法】 年内，紧密结合全区实际，对特殊群体采取新的摸排方法，收到良好效果。以“四个切入”开展了对全区范围内驻区部队、干休所以及流动人员的摸排工作，共摸排出区内不放心人员43名，涉及部队法轮功人员11名，查获外地法轮功人员8名。《从实际出发，开展新形势下的摸排工作》的经验在全市“6.09”会议上推广。

（宋雪梅）

【组织观看反邪教现代评剧】 年内，深化全区反邪教警示教育活动，1月6日下午，在西仓库礼堂组织各街乡（镇）干部、群众、部分中小学德育教师等1500余人观看了反邪教八场现代评剧《啼血杜鹃》。观看评剧后，各街乡（镇）纷纷组织群众进行座谈讨论，广大干部、群众普遍认为，该剧贴近生活，真实感人，发人深省。

（宋雪梅）

【有线电视光接点加装防护装置】 年内，为确保有线电视的安全播出，有效防止法轮功邪教组织的闹事破坏活动发生，投资8万多元，对全区679个有线电视光接点加装防护装置，实现人防和物防的结合，以缓解基层监控工作的压力。

（宋雪梅）

【发放反邪教图书】 2月3至4日，结合丰台区春节送温暖、办实事活动，为深化反邪教警示教育，向全区各街乡（镇）社区（村）发放了一万余本由区610办、市反邪教协会、东铁匠营街道编著的《科学生活 拥抱健康》一书，给广大群众送去科学健康的知识。

（宋雪梅）

【开展健身气功扩点推广工作】 年内，按照国家体育总局《关于健身气功活动办法的各项规定》的要求，配合区体育局积极稳妥地开展扩点推广由国家体育总局推广的易筋经、五禽戏、六字诀、八段锦四种健身气功工作，新增云岗街道、宛平街道、太平桥街道、东高地街道4处活动站点，并按照有关要求加强管理，登记注册的习练群众200余人，年龄从30多岁到70多岁不等。

（宋雪梅）

【抓好敏感期防范邪教工作】 4月26日，组织召开全区各街乡（镇）610办公室主任工作会议，会上，就对“5.1”节和“5.13”、浴佛节、“6.4”等敏感期的工作进行动员和部署，研究分析了“九评”出笼后，同法轮功邪教组织作斗争的形势，就严防法轮功闹事活动，查找了工作中的薄弱环节，提出了节日期间实现“四确保”的工作要求。

（宋雪梅）

【召开帮教人员座谈会】 6月23日，专门召开部分从事帮教工作的转化人员座谈会，对帮教人员进行了当前同法轮功邪教组织斗争的新形势教育，并对近期在已转化法轮功人员中流传的所谓“定位”邪说进行分析批判。

（宋雪梅）

【开展保密工作大检查】 8月2至10日，与区保密局联手，对全区610系统开展了保密工作大检查，并对部分街乡（镇）610办公室涉密载体的登记、保管、使用、流转、销毁的落实情况和涉密计算机、互联网专用计算机、内部局域网专用计算机的使用情况进行抽查。

（宋雪梅）

【召开第一次例会】 9月15日，与新组建的丰台安全分局建立了工作例会制度，并召开了第一次例会，边爱华主任向安全分局通报了丰台区同法轮功等邪教组织斗争的形势及当前工作的情况。安全分局主要领导汇报了安全部门在与法轮功等邪教组织斗争工作中的工作思路及设想。双方就情报信息资源共享等工作进行了沟通。

(宋雪梅)

【开展问卷调查工作】 12月8日至16日,受中央610办和国家统计局委托在全区开展问卷调查工作,这次调查的主要目的是配合"六年斗争总结"专项调研活动的开展,深入了解社会各界对同"法轮功"斗争和防范处理邪教工作的认识,准确把握当前社会心态,发现和研究解决一些深层次问题,进一步增强工作的主动性、针对性。丰台街道、卢沟桥街道、右安门街道、东铁匠营街道、云岗街道、长辛店镇、王佐镇、卢沟桥乡参加了此次问卷调查工作,共上交6000余份答卷。

(宋雪梅)

交　通　管　理

【概　况】 年内,以"内部从严治警、外部突出严格执法"为指导,全面加强道路交通管理,有力地保障了辖区道路交通的正常运行,维护了良好的交通秩序。共组织交通秩序专项整顿活动63次,组织与城管、治安等部门联合执法整治活动145次,集中夜查整顿51次。处罚各类违法行为1221781起,滞留证照346本,机动车1238辆,非机动车3206辆,拘留交通违法人员119人。是年,固定监测设备摄录交通违法行为108614起、数码相机摄录交通违法行为540430笔,摄像机拍摄录入56667笔,非现场执法已经占支队执法总量的50%以上。全年发生伤人以上交通事故370起,伤392人,亡85人,与去年同期相比,和伤亡人数分别减少455起、407人和23人,分别下降55.2%、51%和21.3%(去年同期发生伤人以上交通事故825起,伤799人,亡108人);执勤民警共快速处理各类交通事故45489起,与去年同期相比上升了25.5%(去年为36244起)。先后侦破了"10.29"贾连龙驾驶大货车轧死中学生案以及等多起交通肇事逃逸致人死亡案件。在管界发生的18起亡人交通肇事逃逸事故,已经侦破11起,破案率为61.1%。年内,组建的全市第一支交通安全队伍经验在全市推广。预防道路交通事故工作经验做法被市安办以"丰台区政府建管并举大力加强交通安全工作"为题(2005年第21期简报)在全市转发。对108辆私人大客车"户籍化"管理档案进行规范,档案范本在全市推广。自行设计制作的"关爱生命·安全出行——幼儿、小学生交通安全卡通漫画"被交管局采纳并在全市范围印发。

(吴葵付)

【法制工作情况】 年内,共接待群众来电、来访3156人次,其中咨询各类执法办案问题1798人次,均给当事人以满意答复;接待投诉复议类问题723人次,其中518件经工作当事人自动撤回复议申请,受理行政复议案件43件,受理行政执法纠错案74件;受理行政复议案件43件,其中维持35件,撤销8件,维持率为81.4%,撤销率为18.6%;因现场处罚复议案件18件,占复议案件总数41.9%,因非现场处罚复议案件25件,占复议案件总数58.1%。

(吴葵付)

【充分发挥科技手段作用】 年内,抽出专人每天对管界主要道路实施电视监控,全年指挥调度系统通过电视监控共发现各种路面突发情况4628件,比上年(2899)增加1729件,提高59.6%。利用GPS检查岗位1742岗次,调派岗位2109岗次。

(吴葵付)

【大力加强堵点治理】 年内,进一步完善报堵催办制度。充分利用"122"报堵信息进行精确指导,针对13处挂帐堵点,逐一调研制定疏堵措施,指挥调度室汇同交通科以及局有关部门对管界交通拥堵点段进行了实地考察,认真研究疏堵治堵方案,合理调整岗位设置,加强堵点工程改造。全年共召开堵点现场会31次,调整岗位19处,共制定治堵措施46条,已完成44条,未完成2条,有10处堵点的治理措施已全部完成,占堵点总数的71.4%。

(吴葵付)

【加强交通警卫工作】　年内,共加特勤423次,出动警力11151人次,其中一级勤务10次,出动警力1105人次;二级勤务135次,出动警力5704人次;三级勤务241次,出动警力4107人次;照顾勤务37次,出动警力235人次,完成了卢沟桥抗日战争纪念馆《伟大的胜利》、光彩网球中心等重大特勤保卫工作,确保了交通警卫工作的万无一失。

(吴葵付)

【开展交通安全宣传教育活动】　年内,在全区组织开展了多种特色形式的宣传教育活动。在165所中小学校10余万名中小学生中组织开展了“交通安全征文”和“交通安全绘画大赛”等活动。与区外管办联合,精选流动人员事故案例,编印了流动人员《交通安全手册》,发动700名外管协管员入户进行宣传。会同区文明办编辑印制了《社区交通文明手册》“百幅漫画说礼仪”宣传册等宣传品10万份,向社区、村进行了发放。在《新丰台》报上开辟了交通安全宣传专栏,印发副刊10多万份,印制各类宣传品100多万份。印制了“车让人、人让车、车让车”三让扇子10万个,卡通宣传招贴画6万份。结合交通安全宣传“五进”活动,与驻区商场联合,印制交通安全内容购物袋20多万个;与驻区汽车销售单位联合,印制“交通安全与小常识”小插册5万个,向驾驶员广泛发放。全年共向新闻媒体投发文字、照片、录像等新闻稿件近3000条。

(吴葵付)

【做好事故预防工作】　年内,通过对管界交通事故情况进行认真分析论证,针对西部地区交通基础设施差,交通标志标线薄弱的问题,协调有关部门在河西地区安装了10处监控设备,10处夜间警示灯,在25处无照明设施和照明条件差的危险路口、路段、窄桥、弯路粘贴反光标志,弥补了夜间道路照明设施的不足所带来的安全隐患,有效的遏制了夜间事故高发。对4条市属大修道路、18条区属大修路的交通设施进行勘察,研究确定标志、标线的完善工作。对管界内的中小学校门前的交通标志、标线进行了重新摸排。对山区公路的交通设施安装了10处交通警示灯,完善交通标志数十面。在管界内安装模拟监测仪31处。紧紧扣住管街24处重点路口,46条重点大街,以及京石路、京开路、五环路、丽泽路、广安路等重点路线,对非机动车、行人交通违法行为、机动车超速、超载、违法停车等重点违法行为进行持续不断的打击治理,完成了畅通工程、平安大道的创建工作。

(吴葵付)

【加强施工重点地段维护工作】　年内,确保丰北路改造、木樨园桥改造、地铁五号线、四号线、南中轴路等数十项大型工程施工期间的交通安全,专门与施工单位及局有关部门协调,联系成立了450余人的专业化安全协管队伍,对上岗人员进行了专业的培训。与此同时,支队与施工单位建立了“三个制度”,使全区2005年施工工程未发生重大的安全事故,把施工对道路交通的影响降低到了最低,确保了施工的正常进行。全年审批占路施工189起,纠正违法施工11起。

(吴葵付)

【强化日常秩序管理】　年内,在46条规范街、24个示范路口的基础上,每个值勤队推出一条精品街、一个精品路口,所占比例已达到30%以上。通过以狠抓路口遵章率、大街停车规范率,路口大街秩序得到明显好转。支队管界新增停车规范街11条、示范区1处。在建设和树立停车规范街、示范区的过程中,加强民警巡逻,利用交通协管员加大对路段内的管控力度,使得重点地区的违法停车发生率大幅下降,路面停车秩序逐步好转。

(吴葵付)

【三点治理工作见成效】 年内,全部完成了在局挂帐的马家楼桥、大井桥、张仪村北口(由局协调已列入下一步道路改造计划)的三处秩序乱点,及支队挂帐的岳各庄市场周边共计四处秩序乱点的工程改造 。

(吴葵付)

【组织重点违法行为专项整顿】 年内,对管界内6家长途客运站点周边的部分黑长途进行了拉网式的联合查处,共纠正各类违法行为40多起,其中查证属实的黑车5起,开展针对盗抢机动车违法行为专项打击,共计查获各类盗抢机动车8辆。联合公安分局、城管、武警等部门对以四环路郑常庄为主的管界内占路散发小广告、非法安装动力装置非机动车的集中打击,累计抓获占路散发小广告的违法人员20余人,查获处罚各类交通违法行为442起,滞留违法三轮车65辆,现场拆解非法动力装置32个,整顿工作在全市10余家新闻媒体上进行了报导。

(吴葵付)

军 事

人民武装

【概 况】 年内,按照卫戍区对团以上党委班子建设的要求和对人武部工作任务的部署,把贯彻“三个代表”重要思想和党在新时期先进性的基本要求贯彻年度工作的始终,本着“增强创新意识、提高创新能力、加大创新力度、谋求创新发展”的工作思想,下大力加强党委班子和人武部的全面建设,各项工作有了新的发展。探索出党管武装工作新路子,民兵队伍建设实现了新跨越,国防教育有了新突破,“三战”工作取得了新进展,训练工作有了新成效,创新研究有了新成果,征兵工作形成了新局面,武装部在全区的影响和地位又有新提高。是年,人武部再次被北京市人民政府、北京卫戍区评为先进单位,实现了六连冠。

(赵卫东)

【民兵组织整顿】 根据北京市“加快建立首都防空和维稳分队尽快形成战斗力”的要求,依据编制规定,结合全区民兵编组情况,适时调整民兵组织布局,科学进行编组。共有30个民兵组织进社区、12个民兵组织进外资企业、12个民兵组织进私营企业。基干民兵的比例由过去的45%提高到70%,专业技术兵对口率达到了38%。全区34个基层武装部和287个营连部按照规范化建设标准全部达标。

(赵卫东)

【民兵军事训练】 着眼未来首都防空作战和维护首都安全稳定的需要,采取“集中训练、分片设点、与部队挂钩”等方法,完成训练任务。3月份利用7天时间对全区50多名专武干部进行培训,并进行军事训练和考核;4月份采取与部队挂钩等形式,组织医疗救护分队、抗洪抢险分队、运输保障分队和车辆维修分队进行训练;6月份对民兵干部和专业分队进行实弹射击和考核评比;7月份,组织了南苑乡、花乡、长辛店镇、王佐镇、二七车辆厂、二七机车厂、三兴汽车厂102名高炮技术骨干,赴河北乐亭进行了为期一个月的集训和野营驻训,在实弹射击考核中成绩优秀,受到北京卫戍区通报表彰。

(赵卫东)

【民兵参治参建】 年内,共组织2万多名民兵积极投身于“三个文明”和重点项目建设,完成急难险重任务,民兵队伍成为推动全区经济发展和社会稳定的一支重要力量。4、5

月份先后组织卢沟桥乡、南苑乡、花乡、长辛店镇、方庄街道、太平桥街道、右安门街道、宛平街道2300多名民兵，担负北京国际马拉松赛事和大学生反日游行应急备勤任务；6月份抽调20多个街道1600多名民兵完成宛平城、抗日战争纪念馆改扩建和卫生整治任务；7月份组织600多名民兵参加国家组织的宛平广场落成典礼和纪念抗日战争胜利60周年主题活动，民兵饱满的精神状态和严整的军容军姿受到区委、区政府领导的高度赞扬。同时还发动民兵参加创建国家卫生区和首都文明区活动，动员1万余名民兵参加绿化美化和水源治理、管理农贸市场和繁华场所，以及参加巡逻放哨、堵卡清查打击犯罪，有力促进了丰台区城市建设和管理工作。

（赵卫东）

【武器装备管理】 根据民兵武器装备管理工作安排，4月份对民兵武器库管理人员进行了专业技能培训，5月份参加了卫戍区组织的武器装备管理集训。按照《民兵武器装备仓库规范化管理实细则》要求，对武器装备库的消防设施、避雷设施、围墙电网等基础设施进行了维护更新，落实了“设施配套、功能完备、布局合理、安全稳固”的标准要求。对所属的42门高炮分批运送卫戍区军械修理所进行了全面检修。10月份组织民兵修理分队对武器装备彻底进行了擦试保养，武器装备保持了良好技术状态。武器装备保障共动用高炮60门，枪支800余支，实弹射击消耗子弹10万余发，安全、顺利地完成各项战备训练保障任务，多次受到上级领导的高度赞扬，武器装备管理连续24年安全无事故。

（赵卫东）

【国防教育】 年内，创新开展了国防教育“五个一”系列活动，在丰台有线电视台开辟了一个“国防之声”、《新丰台》报开辟了一个“国防之窗”、在纪念抗战胜利60周年期间进行了一次“主题系列活动”、征兵期间开展了“一周集中宣传教育活动”、在一条街上进行了图片展。全年在解放军报、中国国防报等媒体共刊发稿件120余篇。在纪念《国防法》实施四周年、国防教育宣传周、征兵工作宣传之际，在全区设立50多个宣传点，出动宣传车50多辆，发放各种宣传材料10万多份，在群众中引起广泛影响，有力推动国防教育深入开展。

（赵卫东）

【征兵工作】 年内，在丰台区率先实行新兵网络化体检方法，进一步完善了心理测试、高校征集和征接新兵方式改革试点工作，高标准完成248名新兵征集任务。人武部与第四军医大学专家一起研究的新兵心理测试程序方法，在西安召开的“全国征兵心理检测总结座谈会”上，代表北京军区介绍了经验做法，受到总部领导机关和专家的高度评价。征兵工作“五个不间断”、政审工作“五步法”的做法被北京卫戍区转发并推广。

（赵卫东）

人　防　工　作

【概　况】 年内，丰台区人防工作以邓小平理论和“三个代表”重要思想为指导，以加快做好首都军事斗争人防各项准备工作为龙头，全面贯彻落实《北京市人民防空工程和普通地下室安全使用管理办法》（以下简称152号令）大力加强机关自身建设，在人防工程的建设与管理、指挥通信技术的拓展与更新、人防法制建设的健全与增强、人员素质和办公环境的提高与改善上取得明显成效，较好的完成了年度各项工作任务。

（崔爱国）

【指挥通信建设】 年内，先后新装防空警报器5台，更换防空警报器3台。按照市人防办的工作要求，对警报器遥控终端设备进行改造。使三环路内音响覆盖率达100%，四环路内音响覆盖面达100%，并完成了北京市指挥基础数据的统计工作。

（崔爱国）

【人防工程建设】 年内,参与验收认可人防工程139处,建筑面积292965平方米;物资库及车库34处,建筑面积174881平方米;接收公用人防工程89处,建筑面积192260平方米。与上年同比增长93.3%,其中,公用人防工程接收同比增长一倍多。

(崔爱国)

【早期人防工程回填】 是年,是全市三年早期工程治理的最后一年,按照全区的治理计划,先后投资54.45万元,对青塔、南苑、东高地等20处,面积4508平方米早期人防工程进行了报废回填,完成了早期工程的治理任务。

(崔爱国)

【优化工程使用环境】 在对人防工程加大治理力度的同时,注重在提高人防工程的使用标准和优化人防工程的使用环境上下功夫,积极引导人防工程使用人加大投入改善环境,使马家堡西里21号楼、嘉园二里29、31号楼、西马南里10、23号楼等一批人防工程从软件管理到硬件维护都得到了较大的提高。

(崔爱国)

【人防知识宣传】 为使人防知识进学校、进工厂、进农村、进社区、进家庭,年内,先后走访了上级有关单位,深入街道、社区和乡镇广泛征求意见,收集照片200多张及大量资料,制作宣传人防知识宣传展板7块,宣传人防工程开发利用专题展板6块。结合北京市《应急安全与人防知识》出版使用,对全区35所中学担负人防知识授课任务的49名教师进行了人民防空知识与应急安全知识的培训,下放人防知识新教材光盘135张。

(崔爱国)

【严格行政执法】 年内,深入学习贯彻《行政许可法》,并结合丰台区实际,制定了《人防行政执法简易程序处罚决定书》,在全市18个区(县)人防系统开辟了人防系统实施当场处罚的先例。是年,共处理违法违章案件81起,其中做出行政处罚46起,罚款64200元,责令改正35起,拍摄物证照片1200余张,其中,实施当场处罚9起,罚款1400元。人防办在18个区(县)人防系统率先聘请了常年的法律顾问,对恶意欠费的用户诉诸法律解决。

(崔爱国)

【提高执法效力】 年内,注重加强部门协作和联合执法,提高执法效力。先后与丰台区消防监督处和公安分局建立了联合执法协调机制,从而加大了人防工程协管力度。向区公安局、区消防监督处移交违法案件59件(移交公安局39处,消防20处),其中行政处罚25处,罚款15400元,停止使用1处,限期改正19处。

(崔爱国)

丰区交通战备办公室

【概　况】 丰台区交通战备办公室协调丰台区的交通战备工作;组织拟制并落实战时交通保障计划和重点目标的保障方案,建立和收集、整理、充实、更新交通战备资料档案;组织交通战备干部的培训;提高交通保障队伍的能力;开展交通战备科研和学术研究;加强交通战备经费管理;执行各种临时性交通战备任务。根据机构改革方案,2002年7月丰台区交通战备办公室工作职能,由丰台区人民防空办公室转移到丰台区市政管理委员会。人员组成为主任一名,专职副主任一名,专职干部一名,健全了机构,明确了职责,顺利完成了交接工作。交通战备办公室工作人员通过对移交档案资料的重新登记、整理、归类立卷,及各项法规和专业知识的强化学习,对交通战备工作有了全面的认识,为做好交通战备工作打下了基础,较好地完成了各项潜力调查、扫雪铲冰、道路积水等交通抢险任务。

(石金荣)

【为部队出行提供便利】　年内，对全区80多个团级以上驻区部队进行了调查，根据9个部队提出的道路改善要求，管委工程部门对2005－2007年市政工程维护计划进行了调整，并已完成91791部队、军事体育运动大队、总参第六十一研究所门前看杨路、射击场路、青塔西路道路改造及大修工程。

（石金荣）

消　防　工　作

【概　况】　根据经济和社会发展的变化，经公安部和北京市政府批准，北京市消防队实行“防消合一”，完善和整合了北京市的消防资源，对于加强消防工作落实和社会消防责任制、消防队伍建设、完善公共消防设施具有重要的现实意义和长远的历史意义。12月10日上午，北京市丰台区公安消防支队举行成立揭牌仪式，北京消防总队长赵子新、区委书记王子生为丰台区公安消防支队揭牌，丰台区委、区政府等有关领导出席揭牌仪式。公安消防支队机关设司令部、防火监督处、政治处、后勤处，下设7个中队（长辛店中队、五里店中队、丰台中队、西客站中队、大红门中队、右安门中队、方庄中队），编制员额424名。

（杨德副）

【召开消防安全培训会】　9月23日下午，在颐方园康体俱乐部举办了丰台区大中型娱乐场所消防责任人消防安全培训和观摩颐方园康体俱乐部举行的模拟灭火和应急疏散演练，有126人参加培训。活动结束后，消防监督处向参加培训的企业消防安全责任人发放市消防局制作的《消防安全进企业》宣传读本人手一册。

（杨　瑞）

【举行油库消防演习】　为了检验《丰台区危险化学品事故应急救助预案》的可行性，确保对危险化学品事故的有效控制。模拟在位于王佐镇的长辛店油库因自然灾害造成油罐泄漏引起火灾事故，进行了应急救援演练。参加此次演习的5个消防中队的80名战斗员，20余台消防车辆，在短短2、3分钟的时间内进入到演习区域—8号储油罐，60把水枪从不同的方向向往油罐上喷水。

（杨　瑞）

【召开火灾原因责任公开认定会】　年内，召开了火灾原因责任公开认定会，就太平桥小区29号楼306室在5月18日凌晨3时03分发生的火灾原因和火灾事故责任公开认定。这是丰台消防监督处全面推行阳光消防举措之一。北京市消防局防火部火查处李建林处长、相关单位负责人13人参加了公开认定会。

（杨　瑞）

【履行职能扑救火灾】　3月13日晚22时许，丰台区潘家庙村铁道口北的一家私人油库发生火灾，丰台支队会同有临支队共出动10个消防中队、47台消防车、200余名消防官兵前往扑救，于次日凌晨2时48分将大火彻底扑灭；4月23日11时09分，位于丰台区西四环南路52号一仓库发生火灾，丰台中队迅速出动四台消防车赶往火灾现场，经过消防官兵的英勇奋战，将大火扑灭；12月11日6时04分，丰台区广安门货场发生火灾，丰台支队动用多台消防车辆火速赶到火场，经过十个小时的英勇奋战，成功扑灭了这起突发火灾。

（杨　瑞）

【抢救病危老人】　6月25日清晨，一名老人在右安门外大街公交车站附近突然发病，晕倒在路边，形势十分危急。正在清整车辆器材的右安门消防中队官兵发现这一情况，立即伸出了援助之手，对老人进行了紧急救助，并积极联系120急救中心及老人的家属。在官兵及在场群众的共同努力下，老人终于化险为夷。中队官兵的行为得到了老人家属及在场群众的交口称赞，展现了首都消防官兵的良好素质。

（杨　瑞）

【外国友人参观右安门中队】 8月16日,加拿大友人罗伯特一行在北京市公安消防总队第三支队李跃生支队长的陪同下,来到右安门消防中队参观交流。罗伯特一行先后参观了中队官兵的内务设置、营区环境及车辆器材,并给予了高度评价。右安门消防中队作为北京市公安消防总队的对外开放中队,承担着接待外来人员参观任务。是年,共接待来访人员2000余人、开展消防培训及宣传80余次、发放消防宣传材料上万份,充分发挥了窗口中队的作用,展现了首都消防官兵的良好风貌。

(杨 瑞)

【抢救遇险少女】 9月4日傍晚,丰台区右安门地区一少女在护城河边玩耍,翻跃栏杆时,不慎大腿被护栏钢筋扎穿,情况十分危急。18时26分,北京市公安消防总队第三支队右安门中队接到指挥中心命令后,立即出动一部震后抢险救援车赶赴现场,经现场侦察,少女的大腿被钢筋扎穿。了解情况后,救援人员克服地形复杂,被困人员年幼等不利因素,灵活运用了高科技装备多功能剪切钳,迅速将少女解救,并送上救护车。事后,中央电视台、北京电视台、《北京青年报》等多家新闻媒体分别制作专题节目对右安门消防中队官兵英勇救人的事迹进行了报道。

(杨瑞 李健)

【开展医院消防安全大检查】 为认真吸取吉林辽源市中心医院特大火灾事故教训,确保丰台区所属医院的消防安全,丰台区公安消防支队组成8个安全检查小组,对全区内20家医院进行了突击性消防安全大检查。发现各类问题67件,当场解决62件,5件问题依法填发了《责令限期改正通知书》限期解决。通过这次检查,充分发动了各方面力量,调动了医院防火工作的积极性,确保了消防安全。

(王曦晖)

国 家 安 全

【概 况】 是年,北京市国家安全局丰台分局正式成立。该局将依据《国家安全法》促进并加强国家安全工作在丰台区的深入开展,对保障丰台区经济发展、构建和谐社会起到积极作用。

(曹 伟)

【召开市国家安全局丰台分局成立大会】 10月18日,召开了北京市国家安全局丰台分局成立大会。市国家安全局党委书记兼局长王崇勋、区委书记王子生到会表示祝贺,共同为北京市国家安全局丰台分局牌匾揭幕。区委、区政府及有关部委办、街道乡镇的主要负责同志出席会议。

(曹 伟)

农村经济和农业

农村经济

【概　况】 年内，加快城市化进程，在“坚持一个目标，把握两个趋向，明确三个关键点，强化四个突出，做好五项工作”的思路指导下，坚持城乡统筹，优化产业结构，深化各项改革，完善基础设施，促进社会稳定，狠抓工作落实。全年农民人均纯收入达到8994元，增长6%。农村经济总收入完成154.6亿元，较上年同期增长8%，实现利润总额15.2亿元，较上年同期增长13%，全年上交税金总额6亿元，较上年同期增长50%，农村集体资产总额年报数为207亿元，较上年同期增长14%，农村人均劳动所得为9222.8元，较去年同期增长6.1%。

（蔡昱恒）

【现代都市农业特色突出】 年内以观光农业、生态农业、设施农业、精品农业为载体的现代都市农业特色更加突出。花卉产业已成为丰台区现代农业的支柱产业。长辛店大枣产业基地建设取得新进展，在辛庄、太子峪等地新发展大枣种植面积300亩，嫁接特色品种白枣20万株。建成了花卉大观园、盛芳园草花基地、南宫高效农业园，完成了18家农业标准化生产基地建设。引进千万元以上的三产项目63个，总投资额达40亿元，新建绿色产业项目8个。

（蔡昱恒）

【完成粮食直补工作】 年内，北京市对近郊区粮食直补政策进行了调整，对丰台区没有下达粮食生产指导性计划，没有预拨粮食直补资金，但是丰台区还有一小部分地区农民在从事粮食生产，区政府共拿出60.3万元，兑现原享受市直补15815.9亩的直补资金。其中小麦种植面积2864.9亩，补贴农户4567户，补贴资金17.2万元；春玉米享受直补面积11828亩，补贴农户8719户，补贴资金41.4元；夏玉米享受补贴面积1123亩，补贴资金1.7万元。

（蔡昱恒）

【农业生产取得新突破】 全年果品产量327.1万公斤，产值940.7万元；设施果品产量1.5万公斤，产值27.4万元；果品采摘人数5.6万人，采摘量29万公斤，年收入378万元；在北宫森林公园内新建精品果树示范园100亩，栽植大樱桃200亩7230株；全区大枣高接换优2000亩20万株；修剪果树、灌水、打药、施肥共计4.8万亩；洛平设施精品园获得有机果品转换期证书；开展果树修剪、肥水管理、病虫害防治等技术培训16次，培训骨干960人。区域内9大花卉生产市场和52个生产企业，种植各类花卉2475亩，年产盆花706万盆，总产值9476万元，年销售量

1200万盆,销售额1.4亿元,创历年新高;在第六届中国博览会上荣获奖项27个。

(蔡昱恒)

【动物防疫工作取得新成绩】 严格落实市政府五项措施,采取上下联动、完善预案、宣传教育、集中收购等措施,防控禽流感。在群众中树立了禽流感"可防、可控、可治"的观念,实现了免疫率、消毒面、监测面三个100%。在禽流感防控期间,共收购家禽52063只,区域内56处活禽交易点全部停止,3个鸟市全部关闭,4个候鸟监测点均无异常,鸽子实现禁飞。春防期间,为全区1671头牛,3440只羊,9.5万只鸡,1万多头猪,5.4万只犬进行了规定项目的免疫,免疫密度达到100%。完成两次大规模集中消毒和灭鼠。发放禽流感疫苗24.5万毫升。

(蔡昱恒)

【全方位打造"花乡"品牌】 年内,花乡随北京展团参加第六届中国花卉博览会获得了26个奖项,在海内外获得了一定的知名度。占地630亩的"北京世界花卉大观园"绿色产业项目二期工程竣工并于1月16日正式开园,以其"揽天下奇花异草,聚世界经典园林"的美景吸引了众多中外观光旅游者,为都市农业闯出了新路子,推动了花乡花卉产业和花卉旅游观光业的发展。白盆窑村扩大了花卉市场的规模,加强了管理,盛芳园花卉种植基地引入了草花新优品种繁育示范项目。草桥花卉展厅在不断完善免费花卉门诊、网上花市的基础上,全年规模营销净化室内空气的植物绿箩、吊兰、常青藤等十余种室内绿植花卉,积蓄了企业后劲,使花卉业呈现好的形势。

(蔡昱恒)

【成功举办第三届大枣采摘节】 年内,长辛店镇种植大枣面积942亩,53000株,成活率85%,嫁接大枣82.5万株。长辛店第三届大枣采摘节期间共接待游人3万人次,较去年同期增长50%。全镇产出的30万公斤大枣全部售出,其中80%为采摘,共收入360万元,较去年同期增长80%。大枣采摘节还带动了瓜果、玉米、柴鸡蛋等农副产品的销售,增加了当地农民的收入。

(蔡昱恒)

【第三产业成为农村经济支柱】 年内丰台区农村第三产业实现营业收入99亿元,比"九五"末的50亿元增加49亿元,增长98%,年均增长14.6%。新建、改扩建了以玉泉营建材市场、大红门特色商业街、新发地农副产品批发市场等为代表的一批具有特色的专业市场。初步形成以红星美凯龙、家世界广场、东方家园等为代表的现代商贸业;以恋日家园等为代表的房地产业;以榆树庄图书物流中心、白盆窑图书物流中心、宛平货运中心等为代表的现代物流业;以北宫森林公园、青龙湖公园为代表的旅游业。花卉产业初步形成规模,草桥世界花卉大观园、盛芳园花卉种植基地、花乡花木集团、玉花园等企业迅速发展,集生产、观赏、租摆、绿化工程为一体的花卉产业链基本形成。同时狠抓了招商引资工作,全区农村实现项目总投资26.4亿元,实际到位资金25.6亿元,盘活存量土地1460亩,盘活闲置资产1.5亿元。

(蔡昱恒)

【南宫旅游景区被批准为国家4A级旅游景区】 王佐镇南宫旅游景区被国家旅游局批准为国家4A级旅游景区。南宫旅游景区占地1000亩,距市中心20余公里。2002年通过了ISO9001质量体系认证和ISO14001环境质量体系认证。2003年,确定为"北京市科普教育基地",2004年国家旅游局确定为首批"农业旅游示范点"。"京郊发展旅游业先进单位"和"京郊农业现代化先进农业标准化生产基地"。景区的特色是:集现代"三农"展示、和谐景区考察、地热温泉科普教育展示、温泉康体健身、休闲娱乐度假于一体,是北京市十大旅游线路具有特色的清洁能源开发、利用、展示的综合现代农业旅游新胜地。先后成功开采出两眼地热温泉井，按照“一次开发，梯次利用”的原则，实现了地热温泉的科学开发、合理利用，并得到地热专家的高度评价，南宫村也因此被誉为“中国地热第一村”，带动了旅游业的发展。

（蔡昱恒）

【乡镇企业健康发展】 年内，全区乡镇企业主要经济指标完成总收入97.2亿元，比上年同期79.3亿元增长22.5%；实现增加值23.2亿元，比上年同期19.6亿元增长18.5%，其中工业增加值5.2亿元，比上年同期4.4增长18.2%；利润总额5.2亿元，比上年同期5.3亿元下降2.3%；上缴税金4.6亿元，比上年同期2.5亿元增长80%。完成出口交货值2.3亿元，比上年同期1.96亿元增长17.2%。

（蔡昱恒）

【落实拆迁、关闭企业补偿政策】 根据市财政局、市绿总指经济发展组的工作安排，年内安排财政资金，继续用于对6个区绿化隔离地区内的拆迁、关停企业予以政策性补偿。截止到11月，已组织申报拆迁、关停企业家112，涉及企业固定资产净值42605.1万元。其中：卢沟桥乡80家企业、35808.2万元；花乡14家企业、3846.7万元；南苑乡18家企业、2950万元。全年22家企业获得市财政贷款贴息资金240万元。

（蔡昱恒）

【农村基础设施日趋完善】 抓住制约发展的薄弱环节，以基础设施建设为突破口，加快推进河东城市化、河西城镇化。新修了梅市口路、樊羊路二期、张太路等8条道路，达20余公里。完成了凉水河、马草河、小龙河等5条河流的截污治理，建成了卢沟桥、吴家村污水处理厂，改造“一户一表”5254户；旧村改造和新村建设累计完成开工面积673万平方米，搬迁安置9981户29347人；长辛店新区完成一期6万平方米的建设，张家坟全鑫园小区一期工程已正式开工；王佐镇启动了14万平方米生态园二期工程，全镇旧村改造实现开复工面积7.9万平方米。

（蔡昱恒）

【重点项目建设实现突破】 全区农村新建和在建1000万元以上的大项目7个以上，总投资达26.4亿元，其中，卢沟桥乡北方汽配城、纪家庙维多利亚娱乐城、大红门服装城等项目投资超亿元。积极推进绿色产业项目的实施，大井体育公园二期、新宫体育公园等8个绿色产业项目建成开业。长辛店镇产业基地和王佐张各庄产业基地的前期规划和项目包装工作稳步推进。年内全区安排支农资金2000万元，银农合作资金500万元，兑现直补资金60.3万元，支援困难村补助资金100万元，水利建设资金320万元，累计2980.3万元。

（蔡昱恒）

农业 林业

【农业概况】 全年蔬菜上市量22759吨；生猪出栏0.84万头、存栏0.61万头，奶牛存栏1166头、牛奶产量2909吨，蛋鸡存栏9.2万只、蛋产量813吨，成鱼捕捞量773吨。收获冬小麦2865亩，产量687吨，全部实现秸秆禁烧；收获玉米15038亩，秋播小麦1400亩，完成玉米保护性耕作10690亩，超额3690亩；完成生物覆盖1020亩。

（李永祥）

【绿色通道】 年内完成绿化造林7776亩，栽植各类树木52.8万株，播种草花100亩。其中，二道绿化6776亩，荒山爆破造林1000亩，道路绿化10公里，彩叶工程1000亩，播草盖沙1000亩。共组织大型义务植树活动14次，参加植树上万人，植树新增面积1400

亩,抚育林地100亩,清理绿地1.3万平方米。

(高胜印)

【北宫森林公园生态示范区】 北宫山庄和茗盛楼两组8580平方米建筑完成主体结构,正进行配套建设施工和室内装修;1眼800米的深水井竣工投入使用;1条2.5公里盘山路已通车;2条600延长米的登山路建成供游人使用;园内330亩山体恢复、铺草盖沙、垃圾场改造、草花播种已显现效果;芳泽溪、桦林沟、杏花村等5个景区已形成园林景观;新增优质树种21个35922株,野生花卉10余种2万余平方米。申报国家级森林公园初审通过。原翻建项目手续进展顺利,已免费接待游客10余万人次。

(高胜印)

【山区绿化生态屏障建设】 年内做好二道绿化、"五河十路"绿色通道绿化的林木养护管理。完成三次严防危险性林木病虫害普查,普查面积近12万亩,林木711.6万株。完成有害生物普查工作,调查面积10.11万亩,调查病害50种、害虫300余种。进行种苗产地检疫363.8万株,增加病虫害防治测报点68处,飞机防作面积6.2万亩、地面防作7.62万亩,全区出圃苗木828.7万株,外购苗木10万株,造林绿化苗木自给率达到80%。404名管护人员经培训于7月1日全部上岗。采取松土扩堰、割灌除草、林地清理等方式,抚育山区生态林24212.9亩。

(高胜印)

【果树产业】 年内果品产量327.1万公斤,产值940.7万元;设施果品产量1.5万公斤,产值27.4万元;果品采摘人数5.6万人,采摘量29万公斤,年收入378万元;在北宫森林公园内新建精品果树示范园100亩,栽植大樱桃200亩7230株;全区大枣高接换优2000亩20万株;修剪果树、灌水、打药、施肥共计4.8万亩;洛平设施精品园获得有机果品转换期证书;开展果树修剪、肥水管理、病虫害防治等技术培训16次,培训骨干960人。

(鲍海福)

【花卉产业】 区域内9大花卉生产市场和52个生产企业,种植各类花卉2475亩,年产盆花706万盆,总产值9476万元,年销售量1200万盆,销售额1.4亿元,创历年新高;在第六届中国博览会上荣获奖项27个。

(鲍海福)

【森林资源管理】 完成全区142株古树名木的养护管理工作。为陕京天然气吕村管线引出工程和北京铁路段西黄线工程提供各项审批服务保障,有效保证了重点工程的顺利开工。

(鲍海福)

【"十五"森林资源二类调查工作】 完成"十五"森林资源二类调查工作,调查面积30587公顷,全区林木绿化面积11181.6公顷,林木绿化率36.56%。加大林木采伐联合检查力度,有效制止了破坏林地现象的发生,顺利通过市局验收。

(高胜印)

【森林防火工作】 年内签定各类责任书430份,召开防火会议10余次,专项检查20余次。开设防火道29条14.2万延长米,清理林地内可燃物18390亩,清理坟头2600座;购买对讲机40部,割灌机、风力灭火机20台,扫帚、铁锹等工具750把,消防水带50盘,开花高压水枪12支,消防服30套。通过电视、广播,深入乡、村、学校等方式进行宣传,发放宣传单5000余份,压坟头宣传资料3000余份,张贴标语1300条,录制录音带10盘,制作专题片1部,有效地促进防火工作的落实。防火期间,民警全部停休,轮流对4万亩林地和近8000个散坟进行重点巡逻检查,加大重点区域、地段、林地的管控力度;指挥中心、了望塔实施昼夜24小时监控,确保及时发现、及时报告;防火戒严期间,增派32名机关干部、抽调10名部队战士守路口、看散坟,协助护林员死看死守。年度全区共发生火情42起,均得到了及时扑灭,未造成大的经济损失;已连续五年被评为市森林防火工作先进区县。

(鲍海福)

【林业执法工作】 年内接到林业报警81起,查办案件19起。处罚单位14起,个人3起,治安警告1起,做出行政处罚17起,罚款68458.8元。农业行政处罚14起,罚款23542元。组织各乡镇、有林单位开展打击破坏森林资源专项行动,出动人员400余人次,车辆41台次,检查区域、地点16个,查处林业案件6起。按照全区部署,集中对第一道隔离地区内的私搭乱建、侵占林地等违法行为进行专项整治,共出动人员922人次,车辆150余台次,清理违法建房1336间12158平方米,清出流动人员2687人,恢复林地40245平方米。对机关和基层11个执法部门的69名执法人员进行法制培训,签定行政执法责任书、保证书80份;结合"3·15"活动,组织35名法制人员在新发地农贸市场开展宣传活动,接待群众400多人次,发放宣传材料5000余份;全年共受理行政审批事项416件,办结391件,办结率94%,群众满意率100%。"四五"普法圆满完成,五年共开展法律法规培训98次,主题宣传52次,发放宣传材料20.5万份,组织执法检查513次,行政处罚330起,罚款1237047元。

(黄朝明)

农村经济管理

【概　况】 全年,紧紧围绕区委区政府的中心工作,认真贯彻区城市化工作会议精神,以党员先进性教育活动为契机,转变工作作风,提高服务水平,开展了农村社区股份制改造、农村管理信息化、农民负担监督管理、农村矛盾排查、农村例行审计、农经统计分析和农经干部培训等工作,完成了市、区领导交办的各项工作任务。

(夏全书)

【农村经济重要指标】 年内,全区农村经济总收入完成159.6亿元,较上年同期增加16.6亿元,同比增长11.6%(其中,主营业务收入完成154.6亿元,较去年同期增加17.7亿元,同比增长12.9%);实现利润总额15.2亿元,较上年同期增加1.7亿元,同比增长12.6%;实现税金总额为60309万元,较上年同期增加20160万元,同比增长50%;农村集体资产总额年报数为208亿元,较上年同期增加25亿元,同比增长13.7%,其中农村集体资产净额为87.8亿元,较上年同期增加7.4亿元,同比增长9.2%;农村经济劳动所得总额为139548万元,较上年同期增加6365万元,同比增长4.8%。

(夏全书)

【农村劳动力分布情况】 年内全区农村劳动力总人数为88420人,其中:就业人员80855人,占91.4%;待业人员7565人,占8.6%。在就业人员中,在集体经济就业的61398人,占75.9%;在非公经济就业的19457人,占24.1%。

(夏全书)

【农村社区股份制改造】 年内,配合区农委,共完成了长辛店镇张各庄村、东河沿村,卢沟桥小井村、太平桥村,南苑乡时村,老庄子乡永合庄、北天堂、老庄子等14个村的农村社区股份制改革工作。至此,全区71个行政村中已有56个村完成了农村社区股份制改革工作,占全区的78.9%。

(夏全书)

【转非人员资产处置工作】 年内,完成了马家堡村7个队共2368名转非人员的资产处置工作,占应分配人数的90.24%;领取金额

83466286.86元,占应分配金额的88.59%。

(夏全书)

【农村管理信息化工作】　年内,全区共投入117.5万元资金,搭建农村管理信息化平台。共开办农村管理信息化软件培训班3期,共培训农村管理信息化工作人员322人。共有1016人对各项数据进行了采集,入户调查了53793户,收集人口、家庭、劳动力信息456万条,其它数据68万条,并全部录入系统。已建立起农村人口、劳动力、农村土地承包、财务与资产、农民收入、财政转移支付资金情况等六项基本数据,全面实现市、区、乡镇三级网络传输,在农村信息化基础设施建设、信息的网络传输、建立和完善农村六项基本数据库、培养农村信息化人员等方面取得了阶段性成果。

(夏全书)

【农村经管人员培训】　年内,共开办会计证继续教育培训班14期,每期4天,共计培训会计人员4087人。开办专业技术职称管理培训班1期,共授课12天,培训会计专业职称62人,经济专业职称2人,其中:中级职称27人,初级职称37人,7人参加了高级会计师的评定。开办村合作经济组织新会计制度培训班1期,共培训各乡镇会计人员117名。

(夏全书)

【农村集体资产年检工作】　年内,完成了2004年农村集体资产的年检工作。截止到2004年12月31日,丰台区农村集体资产总额为183亿元,比上年同期增加28亿元,同比增长18%;所有者权益为80.4亿元,比去年同期增加2.3亿元,同比增长2.9%;集体净资产(集体资本及其所享有的权益)65亿元,同比减少2.9亿元,下降4.28%。

(夏全书)

【产权证管理工作】　按照有关文件要求,完成了全区6个乡的《产权证》年检工作,共年检了342家单位的《产权证》,其中:换证209家、变更22家(包括变更单位名称、法人、地址、占用土地面积)、新办证3家;另外,对不符合办证要求(如所有者权益为负数)或应村级要求不再年检的38家企业的《产权证》进行了注销。

(夏全书)

【信访接待工作】　全年共接待上访群众21批150余人次。上访反映的问题涉及资产处置问题9批、土地确权承包问题5件、财务公开2件、改制工作2批。针对群众反映的问题和部分信访材料,对有关信访件转到乡镇政府,对部分信访件进行了宣传解释,还有些问题进行了深入调查,写出答复意见:《关于对东铁营村1、4、7、8队转居转工人员代表提出问题的答复》、《关于对中国戏曲学院征占万泉寺村土地补偿款核实结果的批复》、《对马家堡转非转工代表所提问题的答复》、《马家堡七队问题答复》、《康庄生产队资产核实说明》。

(夏全书)

【土地确权及合同管理调查】　年内,将王佐镇庄户村296个农户已确权确地的1423亩土地,按照法定程序流转,调整为确权确利。并按市站要求,结合区农村推进农户土地承包经营权确权和流转的后续完善工作,于8、9月开展了对土地确权后土地流转土地承包及合同管理情况检查工作。

(夏全书)

水　务

【概　况】　是年,区水务局以水利转水务为契机,坚持科学发展观,配合全区创卫、创文明城区的首要工作,把为老百姓办实事、办好事,做好"人民满意的放心工程"作为全局的重要工作来抓,圆满地完成全年各项工作任务。

（王 屹）

【区水务局正式挂牌成立】 年内，根据市委、市政府的指示精神，经北京市编办批准，丰台区委、区政府决定撤销丰台区水利局，组建丰台区水务局，以加强对全区水资源的统一管理。将原区水利局承担的全部水行政职责、原由区市政管委承担的管理城市供水、节水等全部水行政职责，交由区水务局承担。7月2日，丰台区水务局正式挂牌成立。

（王 屹）

【十一五规划】 在全区全面开展了区域供水、排水等各项基础数据的调研，经过充分调研、论证，编制出丰台区"十一五"水务建设规划。

（王 屹）

【凉水河干流综合整治工程占地拆迁工作】 凉水河治理工程被列为丰台区是年为群众办的40件实事之一。为按时完成治理工程，配合市水务局开展征地拆迁工作。凉水河干流综合整治工程（丰台段）一期工程占地拆迁工作于6月15日全部结束，共完成各类建筑的拆迁7716.8平方米，移植（伐）树木1583株、草坪1375平方米，拆除厕所、存车和洗车点等违章建筑27处。

（王 屹）

【南水北调丰台段征地拆迁工作】 南水北调在丰台区境内总长度为14.86公里，需征地51亩，临时占地1679.6亩，拆迁建筑7.13万平方米，搬迁企、事业单位24个。按市里要求，负责丰台区境内的征地拆迁和施工配合工作，成立了南水北调拆迁领导小组，编制了《丰台区征地拆迁补偿安置方案》，全面启动了工程建设的征地拆迁工作。

（王 屹）

【马草河马家堡橡胶坝工程】 马草河马家堡橡胶坝工程是丰台区管理的河道上建设的第一座橡胶坝，位于马家堡西路桥西侧，长18米，蓄水最深处可达2.5米。工程于10月底正式开工建设，12月25日全部完工。

（王 屹）

【丰台区王佐镇农业节水灌溉工程】 王佐镇农业节水灌溉工程是是年市政府55件实事之一，也是丰台区是年重点建设项目之一。该工程是依据王佐镇镇域规划和农业结构调整及用地功能，按照不同种植结构确定相应的灌溉模式，采取微灌、固定式喷灌、半固定式喷灌及管灌的形式，铺设主支管道引水至田间，安装各类给水栓及灌溉喷头，并以一户一表的形式控制灌溉用水，以实现农业节水灌溉预期目的。工程建设任务6150亩，分布于王佐镇域内南宫村、庄户村、怪村、魏各庄、西王佐、沙锅村六个中心村。该工程的完建提高了王佐镇镇域土地利用率。

（王 屹）

【一户一表改造工程】 年内，对长辛店镇（3444户）、南苑镇（1810户）的房管局直管公房进行了一户一表改造，共计5254户，工程总造价826万元。工程改造内容为院内总表以后户线改造及每户水表安装，以达到计量用水、节约用水目的。工程于4月开工，10月底全部完成。

（王 屹）

【农村自来水并网工程】 为解决卢沟桥、花乡、南苑乡32个村86354人饮用水质差的问题，计划从是年起，用三年时间完成5万人饮用水质改善工作。年内解决了张仪村、看丹、岳各庄、大瓦窑、小屯、新宫6个村1.8万人饮用水问题。

（王 屹）

【河西污水处理厂建设】 河西污水处理厂建设前期工作于年初开始，成立了"丰台区河西污水处理厂前期工作小组"，完成了河西地区现状用水和排污量调查，配合市排水集团规划部完成了王佐镇、长辛店镇规划情况调查。

（王 屹）

【水资源管理】 实行水资源基础数据月统月报，掌握准确的水资源信息。全年共更新机井27眼,发放取水许可证80余套。在节水管理工作方面,将5月份作为全区节水月,向社区、家庭推广节水器具的使用。为纪念第十二届"世界水日"和第十七届"中国水周",与凉水河管理处联合开展了大型室外宣传活动。启动世界公园污水处理及中水公厕回用工程,年节水近2万吨,工程于10月底建成。为加强农村地区取用水计量管理和计划管理,6个乡镇72个行政村全部确定水务协管员,完善了机井水表用水月统月报制度。

(王 屹)

【生态环境建设】 完成了水衙沟的绿化建设和永定路南延桥拦河闸以上的生态水景;完成了河西地区蟒牛河生态集雨工程,通过拦蓄地表水,改善了河西地区的山坡灌溉和生态环境,长辛店2300多亩梨枣有了生态水源;继续实施永定河右堤绿化压尘工程,绿化面积300亩;为以整洁的水系环境争创国家卫生区,保证汛期河道防汛安全,治理了全区河道周边环境,配备了30人的河道保洁队,对马草河、小龙河等重点河道、重点河段进行维护管理。

(王 屹)

【防汛安全】 召开防汛工作会,区长张大力、副区长李昌安亲临会场部署防汛工作,并与各街道、乡镇行政一把手签订了《2005年防汛安全责任书》。以永定河防汛为重点,做好了河道除险筑堤工作,为永定河安全度汛创造了条件。全区各级防汛部门同心协力,保证了安全度汛,没有出现安全事故。加强了城市防汛部署,特别及时排除了主要道路和小区积水,及时解决居民房屋漏雨问题,确保人民群众生命财产安全,确保丰台区安全度汛。做好汛期蓄水准备,加强雨洪管理,提出防汛新思路。

(王 屹)

【水政执法】 进一步加大水政执法的力度,特别是进一步加大永定河砂石禁采执法力度,依法治水、依法管水,严查非法打井和非法洗车。全年共查处各类水事案件83起,其中立案查处42起,现场处理、责令改正41起,罚款总额20多万元。同时,加强水政执法建设的各项制度建设,加强水政执法规范化,在全区执法案卷评比中,取得较好成绩。

(王 屹)

气 象

【概 况】 年内认真落实中国气象局"科技兴气象"、"人才强局"、"拓展领域"三大战略,完成各项气象业务工作。年度地面观测业务质量继续保持A级,气象服务工作在北京市气象局对各区、县气象局考核中名列第一。负责区域内的防御雷电灾害的检查,建筑物避雷装置安全检测、验收和施放升空气球的审批工作。对气象站观测场进行全面改造,更新部分仪器;扩充自动气象站网;逐步完善"丰台决策气象服务系统"。年度继续保持"首都文明单位"、"首都绿化美化花园式单位"、"丰台区文明单位"称号。

(王淑丽 刘海悦)

【气候评价】 年度气候特点:气温偏高,降水偏少,灾害性天气不多。年平均气温为13.1℃,比常年(12.1℃)偏高1.0℃,年极端最高气温为39.1℃(7月5日),年极端最低气温为-13.1℃(1月1日)。全年除2月、12月平均气温比常年偏低,其他各月月平均气温均比常年偏高,且年月平均气温有两个极端现象:2月平均气温比常年偏低2.1℃,而7月比常年偏高2.1℃。年度降水量为415.1毫米,比常年(567.0毫米)偏少27%。全年仅2月、5月和6月份降水量比常年同期偏多外,其他各月降水量均比常年偏少,尤其是7月、8月主汛期期间,降水明显偏少。气温上升，降水减少的趋势仍在继续。

（王战胜）

【灾害性天气】 5月31日、6月7日出现冰雹天气，其中5月31日的雷雨冰雹过程造成上百辆汽车被破坏。7月23日和8月3日出现暴雨天气，日降水量分别达到68.2毫米和51.2毫米，在气象站登记的有8起车辆进水事故。雷电灾害发生较多，4－9月在卢沟桥、榆树庄、靛厂、菜户营、花乡纷庄、岳各庄等地区出现多起电话机、电视机、电冰箱、计算机、电梯、程控交换机、印刷机、光缆等家用电器及办公设备被击坏的雷电灾害事故。

（王淑丽　刘海悦）

【气象业务与现代化建设】 10月对气象站观测场进行全面改造，更换部分仪器，安装七要素自动气象站，观测环境焕然一新。在上年建成3个自动气象站的基础上，又新建云岗中学、新发地公园2个自动气象站；改建了丽泽桥和局本站2个自动气象站。形成由7个站组成的丰台区自动气象站网，完善了“丰台区决策气象服务系统”。丰台区自动气象站在全市区、县中率先采用CDMA无线通讯方式，加密气息资料可每5分钟调取，区领导及有关部门能及时、准确的掌握气象信息，为指挥防灾减灾创造了条件。

（王淑丽　刘海悦）

【气象服务】 年初为全国“两会”代表驻区所在地京丰宾馆提供及时的气象服务；4月积极配合丰台区发改委制定“十一·五”规划的工作，提供地区大量的气象资料及气候分析服务；作为区政府多项预案的成员单位，积极做好预案演练中的气象服务工作。全年汛期出现9次重大和较大天气工程，通过决策气象服务系统、传真、电话、短信等形式进行气象服务141人次以上；9次以天气预警的形式向区政府等有关单位发布天气警报。

（王淑丽　刘海悦）

【防雷检测】 认真履行《气象法》赋予的防雷减灾行政管理职责，严格执行《北京市人民政府令(第102号)》及《北京市丰台区防雷减灾管理办法》，加强防御雷电灾害检查，做好全区的防雷减灾工作。年内检测、验收共300多个单位，被北京市气象局授予“2005年度防雷检测先进单位”。

（王淑丽　刘海悦）

【气象科普】 年内重视气象科普工作，积极参加丰台区组织的各类宣传活动。12月丰台区气象站被丰台政府确定为丰台区科普教育基地，专业技术人员先后到学校和区科普馆进行气象科普讲座；3月23日世界气象日对外开放，共接待400余名学生和社区居民参观。

（王淑丽　刘海悦）

工 业

区属工业

【概 述】 年内,在区委区政府的领导下,全区工业工作以邓小平理论和“三个代表”重要思想为指导,贯彻落实科学发展观,经过不懈努力,取得了良好成绩。全年地区生产总值达到373亿元,工业经济总量保持稳定增长的良好态势,工业经济结构继续优化。全区规模以上工业企业共634家,从业人员84118人,完成现价工业总产值272.1亿元,占全部工业企业实现产值的95%,同比增长11%;完成工业增加值90.2亿元,同比增长17.1%;实现主营业务收入280.3亿元,同比增长15.3%;实现利税21.5亿元,同比增长11.7%。全年累计实现工业产值超亿元的企业已达43家,比去年减少6家,全年实现产值168.8亿元,占规模以上企业实现产值总量的62%。驻区中央、市属企业对区域经济增长的贡献明显。全年实现现价工业总产值149.7亿元,同比增长14.4%,高于全区平均增速3.4个百分点,对全区工业增长的贡献率达69.5%。区级及区级以下工业全年完成工业总产值122.4亿元,同比增长7.3%。工业结构进一步优化,主导行业的支撑作用日益明显。2005年全区六大主导工业行业累计实现产值155.3亿元,占全部工业实现产值的57.1%,其中:交通设备制造业实现产值47.5亿元,占全部工业产值的17.5%,通用设备制造业实现产值25.9亿元,占全部工业产值的9.5%,电气机械及器材制造业产值26.9亿元,占全部工业产值的9.9%,专用设备制造业产值28.6亿元,占全部工业产值的10.5%,非金属矿物制品业产值17.7亿元,占全部工业产值的6.5%,化学原料及化学制品业产值8.7亿元,占全部工业产值的3.2%,加工和制造业实现产值10.5亿元,占全部工业产值的3.9%。进一步加强对驻区中央、市属企业的服务力度。召开驻区中央、市属企业座谈会,积极拟订了《丰台区关于为驻区中央、市属企业提供良好服务促进全区经济发展的意见》,建立了《丰台区关于区级领导与区重点企业联系制度的实施办法》。高度重视传统产业向高新技术产业转化工作,拟订了《丰台区加快传统工业向高新技术产业转化的实施意见》。

(姚传敬 薛俊玲 郝祺君)

【2005丰台经济合作与发展年会】 11月9日—10日,2005丰台经济合作与发展年会在北京中成天坛假日酒店举行。国家有关部委、市政府及有关委办局领导、世界500强及跨国公司代表、外国驻京使馆商务参赞及商会代表、国内外投资机构和企业代表近千名来宾参加。本次年会是丰台区首次独立举办的大型综合性经济活动,开启了丰台经济活

动品牌。年会由开幕式暨主题报告会、丰台商务地产投资论坛、丰台物流展示推介会、丰台经济型酒店合作研讨会及丰台经济新形象展等活动组成。

（张京徽　郝祺君）

【招商引资】 年内新增注册资本总额55亿元，增长12％，千万元以上企业121家，增长0.8％。全区新批外资项目43个，比上年增加9个。合同利用外资1.5万美元，实际利用外资6884.2万美元，同比增长86.1％和90.1％，达到历年来最好水平。三资企业实现销售（营业）收入145亿元，比上年增长15％；实交税金及附加10亿元，增长10％；实现工业产值88亿元，同比增长9％。区域进出口总21.17亿元，比上年增长40.1％。

（张京徽　郝祺君）

【"十一五"工业规划编制】 年内，开展《丰台区"十一五"工业发展规划》的编制工作。在对辖区内工业企业进行实地调研的基础上，摸清了丰台区工业发展基本情况，提出"十一五"期间，丰台区工业发展要以邓小平理论和"三个代表"重要思想为指导，以科学发展观为统领，以实施北京市城市总体规划为契机，以高新技术为引擎，以装备制造业为支撑，以都市工业为重要补充，通过提高创新能力，转变增长方式，调整产业结构，优化空间布局，提升工业整体竞争力，实现丰台工业的可持续发展与城市化进程、城市功能拓展区定位的协调统一。

（姜新华）

【电力隐患整治】 从6月起，全区开展高压线下隐患整治工作，通过成立丰台区高压线路电力隐患整治领导小组、制定整治工作方案、区委区政府主要领导亲自带队检查、召开全区整治工作会议和相关督查工作的落实，完成了7处电力隐患的整治。

（姜新华）

【夏季电力需求侧管理】 按照"总量平衡、多措并举、有序管理、提倡节约"的原则，积极开展夏季电力需求侧管理工作。7月1日－8月31日，共安排区域内240户非连续生产型企业职工轮流周休和停工休假，平均每日减少负荷8000千瓦左右，共节约电量310万千瓦时；7月21日、8月15日2次执行紧急避峰方案，每次执行14户，每次减少负荷约2万千瓦，节约电量15万千瓦时，共节约电量30万千瓦时；7月21日、8月15日2次执行负控方案，负控时间3小时，执行户数24户。在北京市政府2005年迎峰度夏需求侧管理工作总结表彰会上，再次被评为先进区。

（姚传敬）

【技术改造】 年内，全区技术改造项目10项，计划总投资1.03亿元，同比增长了19.8％。其中，印刷行业技术改造项目8项，计划投资额0.9亿元，占总投资额的87.4％。

（姚传敬）

【资源综合利用】 全区共有资源综合利用企业29家，其中新通过认证企业3家。全年共消化尾矿石157.2万吨，粉煤灰73.97万吨，钢渣60.7万吨，建筑垃圾40.77万吨，煤矸石9.4万吨，炉渣1.58万吨，废旧聚苯颗粒212吨，废聚氨酯199吨，废聚苯乙烯723吨。实现产值1.5亿元，利润5903万元，减免增值税5947万元，减免所得税633万元。

（郝祺君）

【关闭戒台寺周边采石企业】 年内，根据市、区政府的有关指示精神，围绕树立科学发展观，改善环境质量，加大产业结构调整力度，建设"生态宜居区"的工作思路，认真开展了戒台寺周边采石企业的关闭工作。通过各方协调努力，丰台区永定河以西地区，长辛店、王佐两镇域内8家采石企业全部关闭。

（姜新华　郝祺君）

【非公经济发展】 全区共有中小企业22730家，占全部企业总数的95.8％，企业资产总额1432.1亿元，占全部资产的36.9％，从业人员449550人，占全部企业总人数的76.8％，实现销售收入894.6亿元，占全部企业实现销售收入的63.3%。中小企业和非公经济的发展呈现出了健康良好的发展态势,并已成为区域经济的重要组成部分。

(姚传敬 郝祺君)

【中小和非公企业融资担保工作】 年内,丰台区技术创新与生产力促进中心贷款担保工作成绩显著。截至12月31日,接待担保咨询80余家企业(次),受理担保项目32个,金额4240万元,批准担保项目28个,实际放贷项目24个,放贷金额2200万元。在保项目21个,金额1950万元,追偿回款9.16万元。

(姚传敬 郝祺君)

北京丰印诚科技发展有限公司

【概 况】 是年公司继续深化企业改革,创新发展思路。从改革发展稳定的大局出发,积极稳妥地推进下属企业改制工作。完成企业改制1家。同时,新成立2家子公司。公司下辖5家子公司,业务范围不断拓展,涉及行业主要为印刷业、商业、服务业和文化传媒业等。

(朱云霞)

【北京佳和丽科技有限公司成立】 4月,公司转变经营方式,由单一的传统工业向现代服务业发展,成立子公司北京佳和丽科技有限公司。该公司由北京丰印诚科技发展有限公司等四方共同出资,注册资本200万元,是一家专业的美容特许加盟连锁机构。公司成立后,引进了瑞士君芙蓉国际美容品牌,为投资者提供整店建设一站式加盟连锁服务。公司已初具规模,显现成效。

(朱云霞)

【北京广雅文丰文化传媒有限公司成立】 6月,公司继续拓宽业务领域,向文化产业发展,成立了子公司北京广雅文丰文化传媒有限公司。该公司由北京丰印诚科技发展有限公司等五方共同出资,注册资本200万元,主要经营图书、电子出版物批发零售等业务。

(朱云霞)

【北京丰印诚百货供应站改制】 5月,公司对下属企业北京丰印诚百货供应站进一步改制,由股份合作制改制为有限责任公司,改制后企业名称为北京丰印诚百货有限公司。主要经营百货、针纺织品、五金、交电等业务。

(朱云霞)

【北京丰印诚印务有限公司迁址】 11月28日—12月5日北京丰印诚印务有限公司迁址至丰台区杜家坎7号院。原地址与北京裕发东瑞房地产开发有限公司合作开发建楼。

(朱云霞)

【表彰先进】 6月,评选出3名年度明星员工薛洪德、张志强、刘天瑞并进行了表彰,薛洪德还被市、区工会评为北京市劳动模范。

(朱云霞)

【开展保持共产党员先进性教育活动】 7月中旬至11月10日,公司开展了保持共产党员先进性教育活动。召开了全国劳模李素丽先进事迹报告会,公司优秀共产党员——北京市劳动模范薛洪德先进事迹报告会,党委书记做了题为《学好党章,加强共产党员修养,保持共产党员先进性》的党课教育,开展了以"缅怀革命先烈、坚定理想信念"为主题的党日活动——参观天津平津战役纪念馆,组织公司3名离休老党员分别代表抗战时期、解放时期、建国时期的优秀共产党员为大家作典型引路发言等。公司共有85名党员参加了教育活动,通过学习动员、分析评议、整改提高3个阶段,使广大党员深受教育,达到了先进性教育活动的目标要求。

(朱云霞)

中央市属工业

【三兴汽车厂生产创历史最好水平】 北京三

兴汽车厂全面超额完成了年度各项经济技术指标，销售收入达到2.78亿元，实现利润1100万元，在职职工收入达到了2.3万元，实现了历史性的突破。在生产经营活动中遵纪守法、守合同讲信用，被北京市工商行政管理局公示为“2005年度守信企业”。

（马同立　温玉春）

【三兴汽车厂三捧“安康杯”】 北京三兴汽车厂高度重视安全生产，把搞好安全生产工作做为维护企业安全稳定的大事来抓，广泛深入地发动广大职工参与北京市总工会和北京市安全生产监督管理局在全市企事业单位中开展的群众性“安康杯”竞赛活动，连续三年未出现重大工伤、财产事故，取得突出成绩。2005年又获北京市安全生产竞赛最高荣誉“安康杯”，这是该厂自2003年获得该项荣誉后的第三次捧杯。

（马同立　温玉春）

【三兴品牌加大拓展国际市场力度】 年内，三兴汽车厂加快走向国际市场的步伐。全年连续完成几批出口订单，其中出口朝鲜、苏丹、越南等国自卸车35台、水车9台、运油罐160台，完成销售收入140万元。

（马同立　温玉春）

【三兴汽车厂以人为本和谐发展】 北京三兴汽车厂工会坚持以人为本，5月为包括离退休职工在内的1200余名职工进行了一次全面体检。为144名女职工建立了安康互助保险；为职工新建立了“补充医疗保险”、“在职职工互助合作医疗保险”保资40余万元，累计赔付金额30余万元。有效帮助病困职工解决了困难。

（马同立　温玉春）

【参加市第五届全民健身体育节开幕式】 5月，组织三兴汽车厂200余名职工代表丰台区参加全国性的“纪念《全民健身纲要》颁布十周年暨国际体育运动年”全国亿万群众健步走暨北京市第五届全民健身体育节开幕式活动，在开幕式上进行《沙罐舞》集体表演，向世界展示北京人民健康姿态。

（马同立　温玉春）

【越南代表团对京丰公司进行交流访问】 4月11日，越南电力工业工会代表团一行5人，在北京市总工会有关领导及京能集团工会主席郑铁男等陪同下，对北京京丰热电有限责任公司进行了友好交流访问。由于越南代表团来访旨在了解电力企业在转制过程中采用的模式及取得的经验，双方在友好的气氛中相互介绍了北京和越南的电力工业概况，并就电力企业转制工作及工会在电力企业中所发挥的作用等问题进行了详细的交流，随后代表团成员参观了生产现场。

（秦玉彩）

【创建学习型企业 走人才强企之路】 6月15日，京丰公司作为丰台区创建学习型城区中的企业代表接受了北京市评估团的检查。评估团对京丰公司浓厚的学习氛围，健全完善的培训机制，丰富有效的学习平台给予了充分肯定。同年，京丰公司被丰台区授予创建学习型城区最佳贡献奖。

（秦玉彩）

【京丰燃气公司一号机组完成168试运】 11月29日15时18分，北京第一台以天然气为燃料的发电机组——京丰燃气公司40万千瓦天然气蒸汽联合循环发电机组一次性顺利通过连续168小时满负荷试运行。该台机组为京丰燃气公司一期工程一号机组，工程于2004年3月18日开工建设，2005年10月3日燃机首次点火，10月20日实现首次并网一次成功，11月8日第一次带满负荷试运。在燃机燃烧调整完成后，11月22日，机组高质量进入连续168小时满负荷试运行期间，机组平均负荷率、热控自动装置投入率、保护投入率、仪表投入率均达到100%。

（秦玉彩）

【团委工作取得显著成效】 年内，京丰公司团委全面开展了增强共青团员意识主题教育活动，重点探索青年号、队、手的培养选拔，调动广大团员青年的创造性和积极性,各项工作取得了长足发展,2005 年汽机本体班荣获“北京市青年文明号”荣誉称号。

(秦玉彩)

【向印度洋海啸受灾国捐款献爱心】 1月5日,首都航天机械公司召开紧急会议传达上级精神,动员全体员工向印度洋海啸受灾国人民捐款献爱心。全公司共捐款 22 万元。

(向彩霞)

【档案工作通过国家一级单位复查】 1月19日,中国航天科技集团档案馆主任肖俊、中国运载火箭技术研究院领导和专家组成的 10 人复查组,对首都航天机械公司档案工作目标管理进行复查。复查组依照国家档案局《企业档案工作目标管理办法》和航天科技集团公司有关等级标准及复查要求,通过听取汇报、分组检查、评议等程序和全面细致的检查,认为公司档案工作符合国家一级单位的标准要求,复查顺利通过。

(向彩霞)

【召开现场会研讨生活区绿化方案】 3月2日,首都航天机械公司召开现场会研讨东高地、三角地生活区绿化方案。会议由副总经理李思光主持,总经理助理孟凡新等领导参加了会议。与会人员现场察看了三角地和东高地生活区的绿化现状,并对全年的绿化方案进行了详细的研讨。

(向彩霞)

【举办国家安全与反奸防谍教育讲座】 3月31日,首都航天机械公司举办了“国家安全与反奸防谍”形势教育讲座。讲座特邀北京市国家安全局八处副处长高蜀平,对公司中层以上领导干部及重点涉密人员 231 人进行了一次国家安全与反奸防谍工作的形势教育。

(向彩霞)

【获市国防工业职工技协先进称号】 5月25日上午,北京市国防工业工会、北京市国防工业职工技协召开工作会议,做出了表彰北京国防“科技标兵”、“技术标兵”的决定。北京市国防工业工会、北京市国防工业职工技术协会决定授予首都航天机械公司北京市国防工业职工技协先进集体称号。公司副总工程师孙忠绍等三位同志荣获科技标兵称号;高级技师胡建新,特级技师黎银茂二位同志荣获技术标兵称号。

(向彩霞)

【通过“模范职工之家”验收】 5月30日,首都航天机械公司创建省部级“模范职工之家”工作,顺利通过中国国防邮电工会的正式验收,顺利成为省部级“模范职工之家”。验收组经过讨论认为,首都航天机械公司创建“模范职工之家”工作扎实有效,领导重视,认识到位,措施有力,员工认可率高。验收组一致同意首都航天机械公司通过验收。

(向彩霞)

【公司恢复领导接待日制度】 6月14日,首都航天机械公司恢复了领导接待日制度,第一天就接待了 6 名员工。新的领导接待日时间定为每月的 14 日和 28 日下午 2 点至 5 点。考虑到离退休老同志出行不方便,接待地点定为东高地文化园。

(向彩霞)

【第十一届市工业职业技能竞赛结束】 6月9日上午,第十一届北京市工业职业技能竞赛总结表彰会在北京工人俱乐部礼堂举行。首都航天机械公司员工卢成林、孙苏彬、卜其军三人披红挂彩出席了表彰会。卢成林夺得车工工种竞赛的第一名,卜其军获 CAD 比赛的第一名,孙苏彬获铣工工种竞赛的第一名。

(向彩霞)

【两院院士参观航天科技成果】 10月26日,两院资深老院士一行 44 人在中国运载火箭技术研究院院长吴燕生、党委书记兼副院长梁小虹的陪同下,到首都航天机械公司参观航天科技成果。在听完运载火箭的基本情况介绍后,参观了厂房内陈列的氢氧发动机、SOC 芯片、陶瓷天线罩等航天高科技成果展示。

（向彩霞）

【工业焊接自动化技术研究应用中心揭牌】 11月10日，国防科技工业焊接自动化技术研究应用中心应用依托单位揭牌仪式在首都航天机械公司隆重举行。首都航天机械公司成为焊接自动化技术研究应用中心依托单位和精密铸造技术研究应用中心的主要联合单位，于9月14日获得焊接自动化技术研究应用中心应用依托单位的牌匾。国防科工委将首都航天机械公司列为首批研究与应用中心，是对首都航天机械公司焊接技术优势的肯定。

（向彩霞）

【成功发射亚太六号卫星】 4月12日20时在西昌卫星发射中心长征三号乙捆绑式运载火箭点火起飞，26分钟后星箭分离，成功地将法国阿尔卡特空间公司制造的亚太六号通信卫星送入太空，发射获得圆满成功。这是长征系列火箭自1999年以来首次进行的国际商业卫星发射。

（向彩霞）

【成功发射返回式科学与技术试验卫星】 7月5日至8月2日，长征二号丙遥十三火箭在酒泉卫星发射中心进行靶场飞行试验。8月2日15时30分，长征二号丙遥十三火箭成功地将中国第21颗返回式科学与技术试验卫星送入太空，发射获得圆满成功。此次发射是长征系列运载火箭第86次飞行，是自1996年10月以来第44次获得成功，也是长征二号丙火箭执行发射任务连续第27次发射成功。

（向彩霞）

【成功发射神舟六号载人飞船】 8月6日至10月12日，长征二号F遥六火箭在酒泉卫星发射中心执行靶场飞行任务。10月12日9时整，长征二号F遥六火箭成功地将载有费俊龙、聂海胜两位航天员的神舟六号送入太空，583秒后，船箭分离，飞船入轨。10月12日至17日，神舟六号成功进行了“多人多天”的载人航天飞行。

（向彩霞）

【二七车辆厂销售收入首次突破13亿】 中国南车集团北京二七车辆厂隶属于中国南方机车车辆工业集团公司，为国内铁路货运平车、平车——集装箱两用车和特种平车的制造基地。具备年新造铁路货车3500辆、修理铁路货车4000辆、生产各种铸件1万吨的能力，同时拥有年产ST型缓冲器4万套、MT－3型缓冲器2万套、交叉支撑装置2万份、轴承保持器44万件的配件生产能力。年末，工厂在册人数4603人，其中具有高级专业技术职称107人，中级专业技术职称342人。设置行政部室15个，党群部门5个，生产车间13个，文教卫生单位2个，控股合资企业3个，厂办集体企业1个。工厂固定资产合计2.9亿元，占地面积98.9万平方米，其中生产用地70.2万平方米，房屋建筑44.6万平方米。有各类机械动力设备2122台，其中主要生产设备1655台；设备完好率99%。全年实现销售收入13.18亿元，创历史最好水平，利润总额5305万元，税金4871万元，超额完成集团公司下达的经济指标，获北京市地方税务局纳税信誉A级企业称号，被国家税务局认定为纳税信用A级企业。工业总产值劳动生产率354494元/人，在岗职工年平均工资29192元/人。万元产值综合能耗0.27吨标准煤。自1月份开始，将质量管理体系、环境管理体系及职业健康安全管理体系进行整合，建立综合管理体系，11月份通过北京新世纪认证有限公司的监督审核。

（刘长启　冯　丹）

【技术创新成绩突出】 年内，二七车辆厂70吨级通用敞车、NX70共用车、C80A型敞车、C80B型敞车、KM70型漏斗车、载重61t集装箱平车、70t级3×20ft集装箱平车共7个品种新车型通过部级技术审查或生产质量认证；三层运输汽车专用车和运输大吨位预制梁专用车完成前期的设计工作，已具备样机试制条件;X2H、X2K型双层集装箱车通过铁道部提速试验。X6A、X6B等四种车型配装转K2型转向架提速改造通过部级技术审查,已达批产。在铁道部立项的液气缓冲器已完成试制和组装;ADI磨耗板、13号车钩钩尾销通过部级生产质量认证;完成13A型E级钢钩尾框试制;采用铁型覆砂新工艺,提高了斜楔的生产效率和质量。自行研制的转向架微控压吨检测机4月份通过铁道部技术评审。协助联营厂进行了转K2摇枕侧架的铸造生产工艺、工装、非标设备设计,编制了相关的工艺文件,建立了较完善的质量保证体系,顺利通过了部级生产质量认证;生产能力快速提升,满足了工厂大件需求。《X2H(X2K)型双层集装箱车》项目获中国铁道学会科学技术二等奖,《组合式制动梁工艺装备图纸技术转让》、《C80型铝合金运煤敞车技术转让》项目获北京市科学技术协会"金桥工程"项目三等奖,《组合式制动梁量具》项目获南车集团科学技术三等奖。

(刘长启　冯　丹)

【产品质量稳步提高】 二七车辆厂新造货车一次交验合格率93%,检修货车一次交验合格率91%,新造、检修货车批量返厂率均为零,出厂货车无重大、大责任行车事故。在6月份铁道部组织的转K2摇枕、侧架检查中,取得了第一名的好成绩;工厂生产的ADI斜楔、侧架立柱磨耗板、组合式制动梁、交叉支撑组成在本年度铁道部组织的质量抽查中全部合格。全面加强质量管理工作,出台了《质量监督抽查试行办法》、《产品质量责任追溯试行办法》等相应管理制度;11月份通过综合管理体系的外部审核;加强了厂内质量监督抽查和产品实物质量检查工作;编制、修订和落实检查工艺,对关键工序及关键部件进行重点检查;贯彻落实质量标准和工艺文件,严格控制从原材料入厂到整机落成全过程的产品质量。售后服务工作针对铁路运输体制改革新情况,推行"区域管理、分片负责"的售后服务管理制度,有针对性地对重点路局、车辆段等进行走访;加强了对大秦线C76、C80、C70、C64K型运煤货车的质量跟踪力度,及时处理故障,保证车辆运行安全。

(刘长启　冯　丹)

【企业管理扎实有效】 二七车辆厂加强了成本费用管理。根据新造车小批量、多品种的特点,及时制定下发成本考核指标;为降低检修车成本,有关部门积极组织旧配件的置换工作,减少新品投用,缓解了机加工能力不足的压力,同时进一步加强监拆力度,做好旧配件的回收与利用,全年降低检修成本150万元;可控费用比计划降低130万元;回收有色金属25吨;节约钢材81吨;全年拆报废车30辆,半成品利旧价值226万元,修旧利废总价值达1246万元,同比增长19%;物资回收代用435万元,同比增长96%。财务管理加大了对应收账款的清理回收力度,及时实现货币回笼,不断提高资金使用效率;建立健全成本内控制度,严格按计划及规定的审批手续控制费用支出;充分挖掘内部潜力,增收节支,努力降低产品成本和费用;发挥资金结算中心作用,合理调配资金,节约利息费用,全年财务费用比去年降低了436万元。加强审计监督,完成财务收支、离任及经济责任、财务专项审计13个,完成基建及专项费用工程审计397项,审减金额262.58万元;完成物资采购合同审计1008项,直付请款报销价格审计541项,节约资金65.6万元。物资部门加强了对物资采购和价格的管理,实行事先指导、事中审核、事后监督的方式,保证了全年各项生产用物资的供应;完成了合同要求的配件外发任务。全年节约用煤231吨,节水8.1万吨,节电22万千瓦时,超额完成节能指标。锅炉房电机变频改造完成后,年节电40%;扩大中水使用面,年节约新水8万吨;制定了三项能源使用的管理制度,进一步规范了能源的合理使用。根据集团公司要求,编制了《中国南车集团北京二七车辆厂流程概览》及相应工作流程图，提高了管理工作的规范性；制定了管理创新成果的奖励办法，13个管理创新项目签订了合同。为加强防范工作，投资150万元建设厂区监控系统。为全面提升企业形象，实现“成为南车集团在北京的窗口企业”目标，现场管理工作除加大对违章违纪的巡查考核外，进一步完善了相关制度，出台了管理措施，采用经济责任制等手段将责任落实到工作岗位。全年发生轻伤事故21件，伤21人，轻伤事故频率4.6‰；重伤事故零；死亡事故1件，死亡1人，死亡事故频率0.21‰；未发生重大火灾，发生起火事故3起。信息化建设不断完善。HMIS、AEI、YMIS系统运行已基本稳定；完成K3系统的管理维护及二次开发工作，95%以上的物料进、销、存都纳入了K3系统的管理；完成了BI项目的管理驾驶舱、财务、物耗及仓存主题的设计与开发；完成了OA系统、人力资源系统的管理和维护工作；工厂网站及电子商务正式投入使用。

（刘长启 冯 丹）

【企业改革不断深化】 认真落实减员增效措施，全年净减员79人，完成集团公司下达的减员指标；调整了员工最低保障工资、年功工资标准和岗位工资基额，有效发挥工资分配的激励和调节作用；及时有效地开展人力资源调配，引进各类专业人才，开展专业技术职务和技师评聘，优化人力资源结构；逐步规范临时用工管理，加大使用力度；以企业需求为导向，加强岗位培训，提高员工综合素质和业务技能。开办一级培训班48期，总培训2057人次；组织开办二级培训班71期，培训5416人次。稳步推进改制分流工作，完成第二批三个单位：北京丰华实机械有限公司、北京宏业科工贸公司、北京长辆物业管理中心的改制工作，工厂主辅分离辅业改制工作已基本完成。工厂学校移交地方工作，已上报待审批。厂医院产权转让已完成资产、土地评估并制定了产权转让方案，12月19日在北京产权交易所挂牌上市。

（刘长启 冯 丹）

【市场营销连创佳绩】 二七车辆厂积极推进“三位一体”的营销理念，认真分析市场，严格控制程序，精心制作、细致把关，取得了市场营销工作的历史性突破。完成6次6个品种的新造车项目投标，2次4个品种的检修车项目投标，6次7个品种的配件项目投标，成果辉煌。积极开拓工矿企业自备车市场，先后与神华集团、宣钢公司、中铁联合物流公司签订了供货合同。积极参与国际竞标和对外合作交流工作，先后与伊朗、澳大利亚、泰国、越南、美国、法国等国家进行了广泛的技术、商务交流；先后参加了肯尼亚、伊朗、泰国及澳大利亚国际招标项目的投标工作；完成了美国连接杆项目的进口工作。

（刘长启 冯 丹）

【二七车辆厂“十五”成绩辉煌】 “十五”期间，是自建厂以来最重要的发展阶段。坚持“外争市场、内严管理，以人为本、科技兴厂”的方针，抓住铁路五次大提速和跨越式发展的机遇，较好地完成了集团公司下达的各项指标，年销售收入超过13亿元，是2000年的2.43倍。五年工厂累计新造货车10191辆，是“九五”的1.11倍；检修货车21749辆；铸件43587吨，同比增长10%，其中铸钢件42067吨，同比增长13.7%；销售收入40.6亿元，是“九五”的1.68倍。在技术改造中共投资20313万元，购置设备930台项，新建10条货车检修工艺线和7条新造车生产线。先后自行研制开发了39项新产品，其中有2项产品获铁道学会科技进步奖，6项产品获北京市金桥工程奖。基础管理水平有较大提升。综合管理体系及测量管理体系通过认证，新造货车一等品率始终保持100%，出厂货车未发生过重大、大责任行车事故，全员劳动生产率为2000年3.24倍，设备管理工作连续5年获全国设备管理优秀单位称号。企业改革稳步推进。基本完成辅业改制分流工作。员工生活水平显著提高。2005年员工年平均工资比2000年翻了一番。工厂保持了思想政治工作优秀单位称号,被北京市命名为花园式工厂,职工体育工作被评为北京市先进单位,厂工会保持了全国模范职工之家称号。

(刘长启　冯　丹)

【二七机床厂与大连机车整合重组】 是年,中国北车集团北京二七机车厂有机械动力设备3000余台(套),占地面积104.3万平方米,厂房建筑面积22万平方米,拥有固定资产原值5.5亿元。员工总数为4383人,其中具有高级专业技术职称153人,中级职称301人。工厂下设12部1室1中心、13个生产车间(分厂)、9个公司,医院学校各一所,工厂设有7个党群部门。全年完成新造机车148台,完成大修机车78台。实现销售收入8.02亿元(税后),实现利润866万元。未发生重大工伤、火灾等事故,被丰台区评为"2005年度安全生产工作先进单位"。获得"北京市企业文化优秀奖"。东风7E型内燃机车获中国铁道学会2005年度科学技术奖。全面完成了集团公司下达的效绩目标责任指标和重点工作目标,被评为优秀企业。年内,完成铁道部招标东风7G型机车70台、青藏调车机车2台、路外机车61台、出口越南机车2台、出口刚果(布)CKD8G型机车1台、出口古巴东风7G-C型机车12台,总计148台,同比降低3.27%;完成大修机车78台,同比增长11.43%。总计实现销售收入8.02亿元(税后),同比增长13.92%。实现利润866万元,同比增长26.06%。按工业总产值计算的现价劳动生产率达到人年均18.1万元。12月15日,中国北车集团公司决定二七机床厂和大连机车车辆有限责任公司业务整合资产重组。

(胡跃平　姚春立)

【改革改制】 年内,二七机床厂根据集团公司的要求,向集团公司报送了与大连机辆公司进行企业重组的建议方案。补充制定了《主辅分离辅业改制分流工作推进计划》。长铁运输公司、宏铁工贸公司两个单位在年底前完成了改制后的新公司工商注册、挂牌。分离企业办社会职能工作取得了重要进展。上报的第三批改制单位已做好前期准备工作。液化气站已正式移交地方,铁路学校正待地方接收,技工学校完成了事业单位法人注册登记,并被评审批准为北京市重点技校。重新修订了《热处理分厂、锻造分厂资产经营责任制实施办法》,制定并实施了《动能公司成本效益责任中心管理办法》。通过对部分劳动合同到期员工终止劳动合同及其它途径实现减员286人;在实施主辅分离过程中通过转变身份和其它途径实现减员211人;通过分离企业办社会职能实现减员150人,以上三种途径总计实现减员647人。录用大中专毕业生82人;招聘工程技术人员38人;510名员工通过了劳动技能鉴定,其中28人取得高中级技师资格证书,33人取得高级工资格证书。制定了《专家、技术主审考核与绩效评价管理办法》和《操作岗位技师管理办法》。举办了技术和管理论文征集、会计大赛等活动。

(胡跃平　姚春立)

【新产品开发】 年内,二七机床厂完善了调车机车型谱。对出口古巴的东风7G-C型机车进行了设计改进,并通过了铁道部组织的技术评审,已交付古巴。出口刚果(布)CK6E型电传动窄轨机车制造完成。研制完成青藏铁路格拉段配属的适合在青藏高原恶劣自然环境和高海拔条件下运用的调车机车。开展了出口安哥拉机车的设计。完成模块化液力传动工矿调车机车的施工设计。完成装12V280柴油机调车机车的施工设计及16V280柴油机的全部性能试验。完成内燃动车组技术设计。完成地铁转向架试制,地铁转向架的数字化加工项目通过北京市科委验收。完成东风7G型机车遥控装置样机、电子调速器试验,实现了饮水机、中冷器装车。

(胡跃平　姚春立)

【市场营销及售后服务】　年内，二七机床厂厂生产的内燃机车在全国调车机车市场拥有量达50%以上，路内机车市场已覆盖包括新组建的青藏铁路公司在内的全部18个铁路局，及路外石化、煤炭、冶金、电力等行业100多家大型企业，工厂出口到古巴的东风7G-C型机车 是中国铁路机车首批出口到拉丁美洲国家。工厂首次出口到非洲大陆刚果（布）的CK6E型电传动窄轨机车也已经顺利交车。已研制完成适合在青藏高原恶劣自然环境和高海拔条件下运用的调车机车，该机车是配属在青藏铁路格拉段的唯一国产机车。针对18个铁路局，及路外石化、煤炭、冶金、电力等行业100多家大型企业，共派出售后服务人员486人次。全年共处理电话信息688件，落实工厂质量目标中“机车到段只整备不整修即可上线投入使用”，顾客综合满意率87.09%，走访重点顾客，了解新造机车和大修机车运用情况。

（胡跃平　姚春立）

【质量工作】　年内，二七机床厂开展了创建安全质量标准化一级企业工作。制定实施了《2005年质量攀升计划》，全面开展了专题质量活动。进行工艺普查和工艺完善，完成的274份工艺文件。逐项编制焊接作业工艺规程。组织了有153名电焊工参加的技术比赛，并在相关单位制作了焊缝实物质量标准件，作为检查验收产品的标准。制定了保证管路清洁度的多项制度措施。制定了《提高古巴、青藏机车柴油机运用可靠性技术改进措施计划》。各生产单位普遍实行了“作业记名制”，严格考核。依相关办法进行了对刚果机车、青藏机车的质量控制。建立了东风7系列机车质量评价标准，汇总了质量卡控项点。质量保证体系通过了第二次复评。制定了《外购外协件监造管理办法》，加强了入厂检验，组织了首次机车外购件质量展示会。制定了《大修机车质量改进方案》，调动全厂各部门力量投入大修机车的质量改进工作。大修机车车体检修厂房投入使用。在铁道部大修工作综合评价中，工厂的排名第8位。

（胡跃平　姚春立）

【市木材厂实现工作重心转移】　是年，根据集团公司发展规划，北京木材厂制定了“做强、做大木门产业，3到5年内实现销售收入1亿元”中期发展目标。结合经营思路的调整，成功实现了工作重心的转移，初步实现了“明确方向 创新经营求发展 锐意进取 实现工作新突破”的工作要求。经营活动现金流入量9127万元，为年计划的103.7%；利润完成137万元，为年计划的114.2%；上缴资金320万元，为年计划的100%；净资产收益率1.24%，为年计划的122.8%；流动资产周转率1.74次/年，为年计划的116%；主营业务收入完成8003万元，为年计划的106.7%；人均收入21015元/人·年，同比增加8%；应收帐款控制额1187万元，其中两年以上应收帐款比率14.2%，均完成指标；千人负伤率：4.2‰，低于10‰的控制指标。

（邓雅君）

【建成辊涂油漆生产线】　市木材厂在资金异常紧张的情况下投资200余万元，为装饰材料分厂购置了木门加工中心、直线封边机等设备，建成了一条辊涂油漆生产线。大大提高了加工精度和生产效率，为实现散件化生产和便捷安装创造了条件。同时投入500余万元的流动资金，为分厂正常的生产经营提供了保证。

（邓雅君）

【加大对重点工程公关力度】　年内，市木材厂加大了对重点工程的公关力度，签订了“723”工程、北京医院、“863”工程、中央文献室办公楼、中纪委、奥体运动员公寓等十几个重点和有影响力的合同，百万元以上的工程订货额达到了1806万元，比2004年同期增长41%。积极争取国际订单，成功的与北京建工集团和中国成套设备进出口公司合作，为援助项目多哥总统府和中非体育场提供木门，合同标的额70余万元。

(邓雅君)

【全面代理合资公司地板销售】　2005年是北木销售中心全面代理合资公司地板销售的第一年，通过采取强化内部管理、充分利用代理优惠政策、多种手段促进销售等措施，取得了近年来最好的经营业绩，全年销售地板45万平方米，实现销售收入1942万元，同比增加129.3%，实现利润33.9万元，同比增加77.9万元。

(邓雅君)

【市木材厂加快调整改造步伐】　市木材厂投资140万元进行了中心变电室增容改造工作，同时克服重重困难，投资500余万元新建了临时电站，满足了柯诺公司扩产改造和新建项目的用电需求。合资公司热力中心于9月20日正式投入使用后，北木立即进行了35吨锅炉及其附属设备、厂房的拆除工作，在一个多月的时间内实现了三通一平，为G组团的开发做好了前期准备。进一步深化改革，减轻企业负担。根据政府部门的安排，将退休人员分期分批地转到街道社保所报销医疗费用，已转走1368人，占应转人数的67%，初步实现了退休人员医疗保险社会化管理。采取多种形式做好人员分流工作，全年累计减员60人，顺利完成了人员分流工作。

(邓雅君)

【对建欣苑小区供暖系统进行改造】　市木材厂投资180余万元对建欣苑小区供暖系统进行了改造，通过采取自动气候补偿管理系统、烟气余热回收等节能措施，有效的减少了天然气、水、电等能源消耗。全年节能30%以上，单位供暖运行成本控制在15元以内。年内又对管网进行了维修，补水量较去年同期下降了80%以上，一个供暖期仅水费节约近5万元，每平方米的采暖面积运行成本控制在18元以内。西马场7.5万m2自管家属区，已经完全实现社会化管理，从2005年开始只需支付30多万元即可解决供暖问题，年节约支出百万元以上。年综合节电2万元左右。全年厂公共用电量降低6%。

(邓雅君)

【改造区域农贸市场环境】　为降低农贸市场对小区居民的噪音干扰，投资1.1万元对农贸市场进行改造，从而保证了市场和小区居民的正常经营和生活。投资8.8万元为小区安装了技防设施，为创造安全稳定的生活环境奠定了基础。

(邓雅君)

【常年开展“送温暖”活动】　市木材厂坚持常年开展“送温暖”活动，是年探望生病职工、补助困难职工308人次，金额3.7万元。帮助家庭有困难的职工办理“低保”，年内累计办理35人。全年四次组织职工参加“职工互助保险”投保，投保金额167万余元。出资1.4万元为在职职工352人入了住院保险。再次为职工争取到医疗救助2万余元。为生活有困难的劳动模范14人争取了市总医疗救助款4.5万元。第一次为全厂职工进行了体检，同时对女工进行了防癌普查。为职工发生日贺卡508份，为离休干部发生日礼物17份。为女满55周岁，男满60周岁的退休职工发放了独生子女奖励费7.9万元，对考入大学的职工子女给予奖励1.1万元。

(邓雅君)

【强化管理节能降耗】　北京北方车辆集团有限公司全年销售收入突破15亿元，电购入量为3033万度、水购入量为45.5万吨、煤购入量为21820吨，分别比2001年度减少89万度、196.5万吨、7747吨。“十五”期间，电消耗平均每年减少27.4万度，水消耗平均每年减少85.5万吨，煤消耗平均每年减少1380吨。

(俞留章)

【北方车辆经济总量呈跨越式提升】　年内，北京北方车辆集团有限公司销售收入一举突破15亿元大关，人均销售收入达到36万元，利润1221万元。销售收入比2004年增加

48%，利润比 2004 年增长 46.2%，胜利实现了北方车辆跨越发展”三步走”战略的第一步目标，以优异的成绩为“十五”画上了圆满的句号，企业整体实力显著增强，为”十一五”继续实现跨越式发展奠定了坚实的基础。

（俞留章）

【保持共产党员先进性教育】 北京北方车辆集团有限公司从 7 月 14 日开始在公司 44 个基层党总支、支部，1800 名共产党员中开展了保持共产党员先进性教育活动，经过三个多月坚持不懈地努力，圆满完成了先进性教育活动的各项任务，初步达到了“提高党员素质，加强基层组织，服务职工群众，促进各项工作”的目标要求。

（俞留章）

【市劳动模范张宝起做事迹报告】 4 月 26 日，由北京市国防工会、国防工办联合举办的“北京市国防工业系统劳模事迹报告会”在北京华北光学仪器有限公司召开。北京北方车辆集团有限公司总经理张宝起作为被北京市国防工业系统推荐的北京市劳动模范在大会上做了事迹报告。

（俞留章）

【北方车辆被评为市学习型组织标兵单位】 北京市“争创”活动领导小组于 7 月起开展了“北京市学习型组织标兵单位和知识型企业标兵”的评选表彰工作。北京北方车辆集团有限公司接到相关文件后，积极组织评选工作，由于集团公司准备充分、材料翔实，最终从全市 30000 余家单位中脱颖而出，被北京市“争创”活动评审委员会评为“北京市学习型组织标兵单位”。（俞留章）

【启动困难职工帮扶救助基金】 6 月 13 日，北京北方车辆集团有限公司举行了“公司困难职工帮扶救助基金捐款活动”，标志着公司“困难职工帮扶救助基金”活动正式启动。

（俞留章）

商贸　服务业

商业贸易

【概　况】 是年,丰台区商贸业发展迅速,规模不断扩大。大型商业设施建设加快,新增5000平方米以上大型商业设施15家,总建筑面积42万平方米。新型业态不断出现,连锁经营比重提高,新增各类便民服务网点80余家。国内外著名商业企业入区经营,消费品市场规模扩大。社会消费品零售额总量上升,累计达291亿元,按可比口径增长5.5%。

(王宏崑　宋　莉)

【编制“十一五”发展规划】 在对9个中央、市属单位,10余个街道、乡镇,部分企业和重点地区走访调研基础上,结合第一次全国经济普查,对商业服务业和物流企业的数量、经营情况等基础数据进行收集、整理和综合分析,完成商贸业、物流业“十一五”发展规划编制工作。

(王宏崑　宋　莉)

【扶持企业发展】 对区域内重点物流企业、总部注册在丰台区的大型连锁商业企业和便民工程给予重点扶持,优先提供各类资源信息和服务,共争取市商业流通发展资金及专项资金支持1364.81万元。

(王宏崑　宋　莉)

【依法办理行政审批和服务事项】 年内办理行政审批事项1件,服务类事项101件。完成辖区内成品油零售企业经营资质年度初审78家,受理企业变更18家、新建加油站2家。完成1家新设立典当行的初审、2家典当行股东、经营地址变更的核准工作。审批粮食收购企业1家,发放了粮食收购许可证。

(王宏崑　宋　莉)

【开展全区粮食统计监测】 组织区域内粮食收购、储存、运输、生产、加工、批发、零售、进出口企业学习国务院《粮食流通管理条例》。建立粮食经营、转化用粮以及粮食批发、零售企业(含连锁超市)的定期报表制度,确定粮食统计对象30家,制发各类报表15种。同时建立了粮食流通监督检查行政执法队伍。

(王宏崑　宋　莉)

【建立健全市场监测体系】 建立商业服务业快速反应、预警系统,督促网员单位定期报送生活必需品和重要商品供求、价格信息,对市场运行规模、质量、消费结构、重要商品供求和价格等方面进行监测,为科学决策提供依据。

(王宏崑　宋　莉)

【推进便民服务工作】 积极与街道、社区和蔬菜配送中心联系,发展符合标准的社区便民配送菜店5家。对7家政府扶持的便民浴池,进行装修、改造,改善洗浴条件。对首联丽泽购物广场、迪斯康特品牌折扣广场、亿客隆超市、东新百购物中心、华普超市西罗园店等5家大、中型商业场所进行无障碍设施改造。

（王宏崑　宋　莉）

【推进刷卡无障碍工程】　根据大型专业、综合市场经营特点，采取市场统一安装与商户单独安装 POS 机相结合方式，蓝景丽家丽泽家居建材中心、玉泉营建材装饰市场有限公司、木樨园家居建材市场等家居建材市场 3 家市场均按标准完成了相关项目建设，共 784 户商户实现了刷卡消费无障碍，占全市商业企业新增户数的 12.9%。全区银行卡特约商户达 4700 多户。

（王宏崑　宋　莉）

【加强行业监管 维护流通秩序】　贯彻落实商业零售企业促销行为、商业零售企业进货交易行为、商场超市安全管理、餐饮业安全管理等四项规范，维护流通领域经济秩序。

（王宏崑　宋　莉）

【加强安全生产检查】　做好辖区内商业企业公共安全、公共卫生安全、消防安全的宣传、教育、培训、检查工作，协调区委、区政府有关部门，对商（市）场、餐饮企业、非星级宾馆、浴池、加油站、典当行等商业场所进行安全检查，对存在隐患的企业限期整改。

（王宏崑　宋　莉）

【加大食品安全检查力度】　配合区食品办等部门对冬季酒类、粮食、盐类、禽类市场和苏丹红色素超标食品进行专项检查。完成了北京市政府食品放心工程综合评价。

（王宏崑　宋　莉）

【维护商业企业安全稳定】　做好重点矛盾排查工作，全年应对处理各类商业纠纷、安全问题等突发事件 20 多次，维护了商业市场安全稳定。

（王宏崑　宋　莉）

【加强生猪屠宰市场管理】　年初关闭了丰台区最后一家定点屠宰厂，全年共查处私屠乱宰 4 次，取缔 1 个私屠乱宰点。

（王宏崑　宋　莉）

【规范典当行业发展】　按照《典当管理办法》，对区域内 3 家典当企业进行检查和宣传，对金马典当行违规经营问题进行通报，并向有关司法机关回复司法建议书。

（王宏崑　宋　莉）

北京市赛欧工贸有限公司

【概　况】　至年底，北京市赛欧工贸有限公司全系统共有在职职工 359 人，退休退职人员 1896 人（其中退休 1777 人，退职 119 人）。下属七个基层单位，公司机关设置三部一室。全年主营业务收入完成 3392.5 万元，同比增长 22.73%；实现利润 1135.94 万元，同比增加 43.92%；职工人均收入 18224 元，同比增加 18.44%，企业经济效益创出历史新高。实现了企业增效，职工增收的目标。中心党委以党建促进经济发展，开展了保持共产党员先进性教育活动，发挥了各基层党支部和党员的先锋模范作用。工会组织关心职工生活，积极维护职工的合法权益。企业三个文明建设进一步加强。全年安全生产无事故。计划生育、献血工作连年保持先进单位。档案工作继续保持市一级单位的称号。

（刘志荟）

【扶贫济困送温暖活动】　1 月 27 日，公司和基层党政领导及工会干部带队，共走访慰问退休干部 47 人、特困及长期患病职工 30 余人，看望了两位高龄老人和六位劳动模范。为 1822 名退休人员发放了慰问款 36.44 万元。全系统共发放慰问品、慰问金合计金额 44.6 万元。为印度洋地区地震、海啸的灾民，积极募捐，共捐款 2488.5 元。为贫困母亲献出一份爱心，共计捐款 1232 元。参加扶贫济困送温暖“募捐月”活动，机关 25 名工作人员共计捐款 860 元，募捐衣物 69 件。为积极响应市供销总社工会关于开展“献手足情，暖职工心”活动的号召，全公司积极参与，共筹款 3500 元。

（刘志荟）

【赛欧科园入驻企业获奖】 赛欧科园入驻企业北京奇源益德药物研究所研制的“中药新药清开灵注射剂冻干粉针”获得第八届北京市技术市场金桥奖一等奖。

(刘志荟)

【CEO联谊俱乐部成立】 1月27日,在赛欧孵化广场举办了新春联谊会暨CEO联谊俱乐部成立会。通过这次联谊会,使各公司之间增加了横向的交流和沟通,整合了孵化广场入孵企业的各种资源。

(刘志荟)

【丰台区烟花爆竹经营网点布建工作】 2月1日,由公司承担的2005年丰台区烟花爆竹经营网点布建工作结束。共有32个经营网点经区安监局危险物品管理科审核批准,领取了《北京市烟花爆竹经营许可证》。

(刘志荟)

【被中国农行认定为AA级信用企业】 6月15日,连续三年被中国农业银行北京市分行评为AA级信用企业。不仅提高了企业的信誉度,还在贷款额度和利率上享受优惠政策。

(刘志荟)

【划归市供销合作总社垂直管理】 根据市国资委(京国资文【2004】 32号)《关于取消朝阳海淀丰台石景山供销合作社建制,进一步深化本市供销合作社体制改革的请示》、市委组织部(京组通[2005]27号《关于朝阳等四个区供销社党委工作实行垂直管理的通知》)和市供销合作总社(京供发[2005]62号)《关于朝海丰石四供销社管理体制改革的决定》)文件精神,撤销四区供销社建制,自6月30日起正式由市供销合作总社(以下简称市社)党委垂直管理,四区社社有资产由市社持有,市社对四区供销社行使出资人权利。

(刘志荟)

【孵化网络技术服务中心正式揭牌】 9月14日 落户于北京赛欧科园科技孵化中心赛欧创业孵化广场的“中关村丰台园孵化网络技术服务中心”正式揭牌,并投入使用。与此同时,中关村留学人员精品项目推介会在赛欧孵化广场成功举办。数家科技企业向参会的国内外人士展示了最新的科技成果。

(刘志荟)

【积极救助患病职工】 9月15日,党委副书记、工会主席王希全来到了身患白血病的特困职工李如海家中探望,代表企业送去了慰问品和500元的慰问金。经公司领导研究决定,为李如海每月发放困难补助300元。11月14日 在中心党委先进性教育总结大会正式开始之前,开展了为李如海募捐的活动,共计捐款5800元。

(刘志荟)

【南非科技代表团参观访问】 9月20日,由南非科技部部长率领的南非科技代表团一行12人,在国家科技部有关负责人和南非驻华使馆官员的陪同下,参观访问了赛欧孵化广场。

(刘志荟)

【“异性混合复合材料项目”交流会】 11月9日上午 ,孵化中心入孵企业北京蓝恒鑫技术有限公司在赛欧科园的积极协助下,成功举办了“异性混合复合材料项目”拓展交流会。中关村科技园区产业发展促进处处长邵顺畅、朝阳区环保垃圾处理中心主任、开封市发改委主任、ICPC国际合作促进中心中国办主任卢红及合作企业的领导参加了此次会议。

(刘志荟)

【孵化基地享受财政专项资金支持】 11月,北京赛欧科园科技孵化中心享受返还基地资金411.37万元,其中:基地内享受政策的企业36家,获得资金支持160.59万元,中心自身获得资金支持250.78万元(只能用于孵化基地建设)。2002年至2004年三年内孵化基地累计获得专项资金806.36万元,其中:累计享受专项资金的企业90家,获得专项资金支持373.57万元,中心自身累计获得资金支持432.79万元。

(刘志荟)

【通过质量体系认证】　12月23日，赛欧孵化中心获得了由北京市新世纪认证有限公司颁发的ISO9001:2000质量体系认证证书，标志着孵化中心管理水平迈上了一个新台阶。

（刘志荟）

裕丰投资经营公司

【概　况】　北京市裕丰投资经营公司有职工28人，退休职工6人。公司设有财务部、人力资源部、办公室、市场开发部、经营管理部、投资管理部等六个部室。是年公司加强对国有资产的管理，营业收入完成1479万元，实现利润391万元，超额完成了全年的经济指标和考核指标。在往年工作的基础上，共签订了房屋租赁合同40件，办理了土地证8件，为职工或个人办理房改售房产权证12件。为丰台区的经济发展做出了应有的贡献。

（温　瑢）

【认真做好党总支换届选举工作】　按照区国资委党委的统一安排，在第二届党总支届期已满的同时，公司完成了换届选举工作，选举许庆丰为党总支书记。

（温　瑢）

【引进人才促进企业健康发展】　根据发展需要，积极招聘、引进人才，年初在网上公开发布了招聘信息，经过公平、透明的招聘过程，最终录用了两名应届本科毕业生和一名硕士研究生，改善了原有的人员结构和知识结构。

（温　瑢）

【进行较大范围干部岗位轮岗】　6月，进行了内部大范围的干部岗位轮岗工作，轮岗人员积极学习，努力工作，较好地胜任了本职工作。

（温　瑢）

博兰特食品工贸集团

【概　况】　北京博兰特食品工贸集团于1995年6月成立，是区属国有企业单位。有自然网点213个，总建筑面积137300平方米，营业面积127025平方米。在册职工420人，离退休职工2741人。集团所属9个商贸中心，3个参股企业，是相对的经营单位，具有法人资格，享有法人权利。3个改制单位与集团无隶属关系。中层以上领导干部和重要岗位一律实行聘任制。4月12日，区国资委党委对集团领导班子进行调整，干部交流3名，保留待遇1名，均已报区委组织部、区国资委备案。实行全员劳动合同制，按照《劳动法》保护员工的合法权益。10月下旬，集团班子起草、讨论，制定了《博兰特集团近期发展规划》。全年集团资产收益计划2262万元，实际完成资产收益2290万元，比2004年2039万元增加251万元，同比增收12.31%；实现利润215万元，比2004年106万元增加109万元，同比增加102.83%；上交国家各种税金352万元，比去年271万元增加81万元；国有资产保值增值率实现101.64%，比2004年100.2%增加1.44个百分点。

（董秀兰）

【生产经营】　年内，加大了资产开发和基本建设力度，开发闲置面积3824平方米，投入资金对老旧房产进行了基建维修，桥北房产、购销四处拆迁，还建3200平米建筑。万里储运公司看丹路29号院，拆旧房265平米，新建1053平米。东高地商贸中心与航天部三院置换1200平米。南苑商贸中心新建仓储工程286平米。颁发了《关于加强集团规范化管理和有关制度建设的意见》，从总部到各基层单位制定、完善了管理制度，明确岗位责任制。加大了对资产和资产租赁合同的审批、核对及档案保管工作。按照新制定的《博兰特集团关于企业经济合同文本管理的有关规定》，从集团总部到各基层单位对各种资产资料进行了整理并分类建档。

（董秀兰）

【安全生产】　认真贯彻落实《安全生产法》和《北京市安全生产条例》，下发了《博兰特集团

2005年安全生产工作意见》和《关于安全工作百分评比验收的暂行办法》。所属单位与承租方签订六类责任书469套、防止煤气中毒责任书278分。集团投入资金购置和更换灭消防器材等。集团领导8次带队现场办公落实安全生产、防火等工作,经检查和验收评比,所属9个单位和总部,评出100分3个,评出99分、98分的共7个,整体防范措施良好。确保了不发生重大责任安全事故。

(董秀兰)

【财务审计】 以财务管理为中心,资金管理为主线,合理安排资金,将所属部分商贸中心近千万元的资金集中管理,预先为集团几个开发项目提供了资金支持,发挥了资金的集中效应,资金年收益额同比增加了11万元。解决了原博浪集团所属长辛店百货改制期间所欠1464万元税款和滞纳金问题,为企业发展排除了隐患。对所属9个基层单位2次内审,同时开展了一次对租赁合同的专项审计。特别是在开展经济效益内部审计方面有了新的突破,财务审计部配合资产经营部对基建施工预算控制审核采取了新办法,总体费率同比下降了3个百分点,年节约费用近10万元。由于内审工作不断创新,集团被评为北京市内部审计先进单位。

(董秀兰)

【为职工办实事】 由企业补充医疗保险金,为244名符合条件的患病职工报销了医药费28.7万元,为13名符合条件的职工进行了特殊工种的认定,对集团446名在册干部职工核定了四项保险基数和住房公积金基数,努力做好职工防暑降温和老干部管理工作。认真落实集团《关于终止或续签劳动合同的意见》,对劳动合同到期的165人,终止劳动合同2人,续签劳动合同163人。春节、"七一"开展了为困难党员、困难职工"送温暖"活动,走访慰问职工169人,送慰问款45700元,为收入偏低的4名劳模送去了8000元慰问补助金。

(董秀兰)

【开展党员先进性教育】 从7月25日开始到11月上旬,认真开展了党员先进性教育活动。集团党委加强领导,落实责任,精心组织,周密安排,深入动员,分类指导,各基层党支部利用墙报、板报,组织参观、收看录像等形式开展宣传教育活动,较好地完成了各阶段任务。学习、受教育面达到了100%。集团对143名党员进行了评议和反馈。11月初开展了群众满意度测评,参加测评的172人,其中151人满意,21人比较满意。开展"回头看"活动,集团制定了13项整改措施,与建立长效机制联系起来,为企业改革发展稳定和加强党建工作奠定了基础。

(董秀兰)

【等级化管理】 完善修订了《关于完善对基层党支部等级化管理的意见(试行)》,印发了《博兰特集团党支部等级化管理应用手册》,提出了质量方面的要求。坚持一年两次对基层单位班子和党支部的考核,全年发展党员2名,预备党员转正6名,入党积极分子11名。

(董秀兰)

【党风廉政】 认真落实党风廉政建设责任制,层层签订了党风廉政责任书,将中纪委五次全会提出的"五条规定",纳入党风廉政建设责任制的重点内容,10月在集团范围内进行了一次自查。未发生责任追究事件。落实了"三重一大"和党务公开制度。收受受理信访47件,达70余人次。对群众反映的问题,实事求是的办理,对不能解决的按照政策规定给予了解释,确保集团的稳定。

(董秀兰)

【完成国资委交办工作】 根据丰国资发[2005]32、38号关于"将北京市丰台区工商联合总公司、北京市丰台区右安门工商联合总公司、北京市丰台区长辛店工商联合总公司划归北京博兰特食品工贸集团管理"的通知精神。经集团党政班子2005年12月2日研究决定,集团领导牵头,按地域由所属商贸中心负责组织了接收工作,隶属关系调整后,集团任(聘)干部2名。完成了区国资委交办的离心机厂解体工作和派工作组、调查组进驻双菱公司解决国有资产流失所做的工作。

（董秀兰）

区物资回收公司

【概　况】 是年,丰台区物资回收公司按照“以质环为主旨提升管理、以扩充为目标做活经营、以人才为重点积聚实力”的工作方针,实现年创利5.5万元,增幅为103.7%。职工收入提高10%以上,达到人/月平均1593元。通过清产核资进一步消化历史遗留问题,加强了财务管理、固定资产管理和商品销售管理,偿还银行贷款70万元。在职工思想教育上,以劳模、优秀党员、优秀职工为典型,树立企业形象,年内有三名同志加入党组织。

（程慧玲　任玉男）

【召开全年经济工作会】 2月20日,丰台区物资回收公司召开了2005年经济工作会。公司领导及中层以上干部23人参加。党委书记江新德主持会议,总经理王又强做了“生存,发展,让企业在平稳前进从不断提高”,即2004年工作总结及2005年工作要点的报告。签定三个责任书:①总公司与各经营单位、部室签定“经营管理目标责任书”;②签定“党建工作、思想政治工作、党风廉政建设工作责任书”;③总公司与各经营单位、部室签定“安全责任书”。

（程慧玲　任玉男）

【表彰质环体系认证先进集体和个人】 3月10日下午,召开表彰大会,对在ISO9001/14001管理体系筹备工作中做出成绩的先进集体和李春艳、程慧玲、申富山同志进行了表彰。

（程慧玲　任玉男）

【汪洪副区长来公司调研】 6月21日,副区长汪洪、区国资委主任黄东有等五位领导前来公司调研丰台区再生资源回收市场的管理,配合全区百日“创卫”活动,整顿回收行业非法经营、脏乱无序、违法收赃等问题。6月22日、23日两天下午公司召开会议。认真贯彻区领导讲话精神,配合丰台区“创卫”工作,规范回收行业,讨论了在全区建设再生资源三级网络、物资集散市场规划、网络的体制、网络的管理等规划和管理体制问题。并形成会议纪要上报区国资委。

（程慧玲　任玉男）

【召开党委换届会议】 经区国资委审批,7月14日召开换届选举全体党员大会。王又强代表党委作了《以科学的发展观为指针,承前启后,继往开来,把企业的经营能力和管理水平提升到一个新的水平》;于淑芳代表纪委作了《围绕企业中心工作,发挥纪委职能作用,为企业改革发展服务》;程慧玲作了《关于党费收缴、使用、管理情况的报告》。大会选举产生了新一届党委班子成员和新一届纪委班子成员。新一届党委、纪委分别召开了党委第一次会议和纪委第一次会议。并选举产生了党委书记王又强、党委副书记于淑芳;纪委第一次会议选举产生了纪委书记于淑芳。

（程慧玲　任玉男）

兴源粮贸总公司

【概　况】 丰台区兴源粮油贸易总公司全年实现利润100.59万元,上缴税金145万元。公司下设业务部、财审部、组宣部、工会、办公室、安全生产部,有六个基层单位和一个与园区合作企业(北京聚兴创业科技企业孵化有限公司),年末职工总数为468人,其中在岗239人,非在岗229人。共有离休人员17名,退休人员1468名。

（许占海）

【调整职工住房公积金决议】 5月20日,总公司第六届职工代表大会第十六次会议,在工人俱乐部召开,讨论并通过了调整职工住房公积金由原来8%调整为10%。

(许占海)

【保持共产党员先进性教育活动】 有107名党员参加保持共产党员先进性教育活动,自7月下旬至11月下旬,分三个阶段进行,召开了专题民主生活会,制定了《整改方案》,本着边整边改的精神,认真进行整改,建立了长效机制。编印了《各项管理工作制度汇编》。8月,为配合保持共产党员先进性教育活动,组织全体党员到革命圣地延安进行革命传统教育,参观了延安革命纪念馆,杨家岭、枣园等地,共有77人参加。

(许占海)

【接收医用离心机械厂退休职工】 北京医药离心机械厂停产清算,经国资委决定,2005年11月1日起将该厂213名退休职工划转给兴源粮油贸易总公司管理,退休职工管理费用按有关政策并划转。

(许占海)

【葆台饲料厂拆迁工作】 11月24日,由副区长李昌安主持召开花乡葆台新村建设用地内原粮食局宝台饲料厂拆迁专题会议。会后由区绿指以2005年11号文件下发了会议纪要,纪要中明确了补偿办法。

(许占海)

【粮店拆迁工作】 年内,结合城乡环境改造,先后对樊家村粮店、新发地粮店、丰台第八粮店、西仓库第三粮店、王佐粮店进行拆迁。同时,对三路居老粮店、果园粮店放弃产权。

(许占海)

北京市丰台区烟草专卖局(公司)

【概　况】 公司为自主经营、独立核算、自负盈亏的卷烟经营企业。全年实现销售收入67386万元,同比增长20%;实现利税10280万元,同比增长67%,首次突破1亿元,丰台烟草的企业效益达到了历史最好水平。

(任晓明)

【全面实现明码标价】 4月在卷烟零售户中全面推广卷烟零售明码标价工作,截至5月底,价签发放率和摆放率达到了100%。10月底,按照“批零互动、按需供货”的营销模式,全面实现了批零互动、协议订单销售。

(任晓明)

【配送中心上划】 1月,丰台区公司的配送中心上划到京烟物流中心工作顺利完成。

(任晓明)

【丰联公司上划】 4月,北京丰联众合卷烟零售有限责任公司上划到北京京烟工贸有限公司工作顺利完成。

(任晓明)

【烟草专卖管理】 年内累计出动执法检查11480人次,共查获各类案件66起,其中涉案金额在5万元以上大案28起,查获违法卷烟2989万支,实现罚没收入71.3万元;判刑卷烟违法分子3人,其中对2004年“9.1”假烟大案主犯的判刑高达有期徒刑14年,罚金500万元。

(任晓明)

【迁入新址】 购买了新办公楼,位于丰台区南四环西路总部基地188号。12月20日,全体职工搬入新址办公。

(任晓明)

【聘任社会监督员】 1月14日,举行丰台区烟草专卖局行政执法社会监督员首期聘任仪式。社会监督员由丰台区人大、政协、法制办、纪委、城管、工商、公安及卷烟零售户代表共16人组成。

(任晓明)

【成立卷烟零售户协会】 4月7日,召开丰台区卷烟零售户协会成立大会,协会由丰台烟草公司自愿发起成立,是核准登记的非赢利性社会团体法人。李宝珍担任会长,协会由全区60家卷烟零售户组成。

(任晓明)

外 经 外 贸

【概　况】 年内,丰台区共实现进出口总额21.2亿美元,同比增长40.1%,名列北京市各区县第六位。其中:进口16.59亿美元,同比增加4.9亿美元,增长41.6%;出口4.58亿美元,同比增加1.2亿美元,增长35.1%。重点企业所占份额较大。全区321家进口企业中排名前20位的进口企业实现进口额15.1亿美元,占全区进口总额的91%;227家出口企业中排名前20位的企业共实现出口额3.5亿美元,占76%。

（张京徽　刘炜）

【加工贸易】 是年,外商投资企业开展加工贸易23票,进出口贸易额791万美元。其中进口额274万美元,占加工贸易总额的35%,出口总额517万美元,占加工贸易总额的65%。出口产品销往日本、美国和欧盟等国家和地区。

（张京徽　刘炜）

【企业申请进出口经营权踊跃】 年内,丰台区新获得进出口经营权的内资企业共有165家,同比2004年(155家企业)增长5%。截止到2005年底,丰台区共有440家内资企业申请并获得了进出口经营权。

（张京徽　刘炜）

【对外商务交流活跃】 是年,丰台区企业共邀请外商来华35批次,受邀人数50人,邀请批次和人数同比2004年均上涨150%。共计15个国家的商务人士来丰台区访问;其中:欧洲国家6个,受邀来访18人;亚洲国家5个,受邀来访16人;北美洲国家2个,受邀来访13人;非洲国家1个,受邀来访2人;大洋洲国家1个,受邀来访1人。排名前三位的受邀国家分别是:美国受邀11人、俄罗斯受邀10人、韩国受邀6人,占全部受邀人数的54%。

（张京徽　刘炜）

【涉外税收】 年内,丰台区外资企业共实现涉外税收5.6亿元,同比增长9.2%,占全区全年税收总额的9.6%。其中,涉外国税实现税收3.3亿元,同比去年增长8.4%;涉外地税实现税收2.3亿元,比去年同期增长10.3%。

（张京徽　刘炜）

【涉外区级税收】 是年,全区涉外区级收入1.83亿元,增收1288万元,占全区年财政收入的10.2%。其中:国税涉外区级收入9805万元,占54%;地税涉外区级收入8487万元,占46%。对区域税收贡献排名前三位的税种分别是:增值税、营业税和所得税,三项税收共完成1.06亿元,占全部涉外区级收入的85%。其中:增值税3154万元,占35%;营业税5875万元,占31%;所得税1652万元,占19%。

（张京徽　刘炜）

【吸收外资创历史最高水平】 年内新批和引进外商投资项目总投资额3.5亿美元,合同外资1.5亿美元,实际利用外资6800万美元,同比分别增长1.8倍、86%和90%,创1986年丰台区开展吸收外资工作二十年来历史最高水平。

（陈　涛　陈华芳）

【举办“大红门—北京时装之都”推介活动】 3月,利用“2005北京时装之都系列活动”平台,举办了“丰台区建设大红门—北京时装之都商贸展示区重点项目暨北京国际轻纺城启动授牌仪式”,介绍了大红门商圈的发展现状与前景,提出了逐步确立大红门在北京“时装之都”整体构架中商贸展示区地位的战略构想。

（陈　涛　陈华芳）

【举办“2005丰台经济合作与发展年会”】 丰台区首次自行举办的大型经贸活动“2005丰台经济合作与发展年会”于11月9－10日在北京丰台隆重举行。年会以“丰台——缔造未来新城”为主题,举办了主题报告会、丰台商务地产投资论坛、丰台物流展示推介会、丰台经济型酒店合作研讨会、丰台新形象展等活动,介绍了经济发展总体思路、发展规划和重点合作项目,为各界人士在丰台区谋求新的发展搭建了交流平台,创造了合作机会。在开幕式上,张大力区长作了题为《与丰台一起成长》的主题报告,国家有关部委、北京市政府领导、世界500强和跨国公司高层代表、经济学家、国内外著名企业代表等近千名国内外来宾参加了各项活动。北京电视台、北京日报、北京青年报、北京晚报、法制晚报等30家新闻媒体记者到会采访。

(陈 涛 陈华芳)

【开展商务资源调研】 4-8月,对六里桥地区及卢沟桥乡在建、拟建经营公建项目及产业用地进行了实地走访调研,摸清了该地区宾馆饭店、写字楼、大型商业设施和餐饮业基本情况,完成了该地区商务资源的分析整理,撰写了《六里桥商圈现状分析及发展设想》报告,为策划、推介该商圈奠定了基础。

(陈 涛 陈华芳)

【编制“十一五”发展规划】 确立了“十一五”时期丰台区招商引资及外经外贸发展目标、发展重点和主要任务,提出了具体的对策措施。

(陈 涛 陈华芳)

服 务 业

丰台区修理公司

【概 况】 年内,修理公司按年初公司工作会议制定的工作目标、任务开展工作。加强了对考核目标管理、完善各项制度,资产运营成绩显著,保证了企业平稳发展。全年实现利润13801元,继续清理偿还历史债务50.3万元。同时,按市、区要求,加强消防安全工作,落实安全生产责任制,实现了全年安全事故零指标,献血工作连年保持先进单位,各项社会工作圆满完成。

(吴淑红)

【加强资产运营管理】 为了提高企业资产运营和效益,中勤公司在地理位置偏僻,厂房陈旧,环境较差的情况下。年内,通过公司多方运做,使之租赁,盘活了资产。共计改造车间2000余平方米,供水、供电设施全部改造,改变了厂容、厂貌,使企业资产保值、增值。

(吴淑红)

【劳动保障工作】 是年,公司依据《劳动法》、《劳动合同法》,继续对挂靠、合同到期人员的档案进行了清理,对38名同志的劳动关系进行了调整(其中退休27人,分流9人,其它2人)。同时,为推进退休职工医药费报销社会化管理,转入社区131人,方便了退休职工就近报销药费问题。

(吴淑红)

【档案制度健全】 年内,公司在档案管理硬件设施不断完善的同时,档案管理制度进一步健全,重新制定档案管理制度7大项,有效地促进公司档案工作更加向科学化、规范化发展。

(吴淑红)

【做好安全稳定工作】 年初,与各基层单位和公司直管网点签定了“双保责任书”,各基层单位与租赁方也签定了有关责任书。年内,公司领导亲自带队组织检查13次,对3处存在隐患单位发出限期整改通知,最终达到整改要求。同时,在保稳定工作中,妥善处理了企业利益再分配问题,及时排解内部矛盾,全年未发生上访事件。

(吴淑红)

北京天旭饮食服务公司

【概 况】 北京天旭饮食服务公司共有网点

28个,总面积23054平方米,自营企业3个,经营餐饮、美容美发、摄影等项目。年营业收入811.88万元,比上年增长10.85%,实现利润6.43万元,比上年增长78.12%,缴纳各种税金67.31万元,比上年增长17.61%,年末职工总数172人,其中在岗职工75人。离退休人员359人,其中离休干部9人。

(唐惠玲)

【加强企业管理】 从建立长效机制入手,建立、补充和调整完善了财务管理权限和审批程序、内部审计监督制度、银行存款和支票的管理规定、现金管理制度、发票使用和保管制度、出租网点管理办法,每年两次对基层执行财务法规和制度情况进行检查,督促企业严格执行盘点和进出库手续制度,使企业管理工作得到加强。

(唐惠玲)

【做好劳动合同续签工作】 以维护职工合法权益和确保企业稳定为出发点,做好劳动合同管理工作。在年内合同届满的109人当中,续签劳动合同105人、终止劳动合同4人,续签率达96.33%。

(唐惠玲)

【关心职工生活】 健全和完善困难职工档案,按政策、及时足额发放待岗职工基本生活费,全年共拿出资金1.67万元,补助困难职工33户,为176名职工投保了安康互助补充医疗保险,用于职工宿舍维修和设备更换的投资共计60.68万元。

(唐惠玲)

北京市京都公司

【概 况】 北京市京都公司隶属丰台区国资委,国有企业,正处级编制。公司机关设有公司办公室、党务劳资人事科、财务科、市场科、工程科5个科室,经济实体有京都休闲俱乐部、永盛太平桥综合市场、恒兴汽车修理厂、京都汽车配件门市部等。公司主营业务为房屋租赁,百货、建材、汽配销售,信息咨询,停车服务。还做一些外围工程。有职工39人。

(臧玲芬)

【振兴企业 走出困境】 由于多种因素,造成京都公司经济效益连续亏损,陷入企业发展的困境。3月,在国资委组织开展的"树立和落实科学发展观促进企业改革和发展"主题讨论活动中,从领导干部到职工群众,结合实际分析经济形势和企业现状,集体给企业"号脉"。找准了企业生存的主要问题,明确了企业改革的目标方向,统一了思想认识,坚定了走出困境的决心,共同制定出"振奋精神、团结一致、走出困境"的实践主题和4条有力措施。经过努力,全年经济工作实现了走出困境目标。2004年公司利润是-37万,2005年完成了扭亏为盈,利润为1万元。

(臧玲芬)

【扩大业务范围】 12月3日,区国资委领导到公司宣布丰国资(2005)32号文,将丰台区永盛太平桥综合市场、新村工商联合总公司、阳春公共存车管理处3个单位由京都公司统一管理,合署办公,使公司从人员、经营管理范围、经济技术含量均有所扩大。

(臧玲芬)

【开展共产党员先进性教育】 下半年,公司支部以开展共产党员先进性教育为契机,带领群众振奋精神,勇于实践,使公司经济工作有了可喜成绩。完成了三环路外立面粉刷约5万平方米;三环路卫生间改造5座;小区环境绿化改造2个;盘活了资产。通过先进性教育活动,新建和修订各种制度8项。

(臧玲芬)

丰台区饮食服务旅店行业协会

【概 况】 是年,丰台区饮食服务旅店行业协会共有会员单位2482户。涉及餐饮、旅店、美发美容、洗浴、照相、洗染6个行业的企业或个体经营者,其中,国家特级酒家20户,一级酒家24户；北京市特级旅店25户，一级旅店9户，二级旅店8户；北京市美发美容特级店35户，一级店27户、二级店30户、达标店465户。

(贺培云　徐和平)

【安全警示牌】 2月初到5月底，根据北京市旅游局、北京市商务局、北京市公安局和北京市旅店行业协会的联合安排，对丰台区306户旅店网点进行调查，并完成安全警示牌的悬挂工作。

(贺培云　徐和平)

【安全员培训】 遵照北京市商务局京商办字【2005】4号文件和的通知精神，与丰台区消防管理部门和安监局联合，对全区餐饮业和洗浴业会员单位的专、兼职安全管理人员分别进行《北京市餐饮业安全管理规范》和《北京市洗浴业安全管理规范》的学习和消防安全知识培训，并向考试合格人员颁发“安全管理人员培训证”。

(贺培云　徐和平)

【特级酒家评审、年检】 推荐丰台区红泥大酒店、南国水乡美食广场、碧中海国际商务会馆、天贵食府、洋桥大厦、东方名都美食城、眉州东坡酒楼7家企业参加“贯彻国家级酒家酒店等级标准培训班”培训，并帮助这些企业完成了《质量手册》的编写和申报国家级酒家相关文案资料的准备。经全国酒家酒店等级评定委员会评审，红泥大酒店、南国水乡美食广场、眉州东坡酒楼、碧中海国际商务会馆餐饮部4家企业顺利通过，成为“国家特级酒家”。同时，根据全国酒家酒店等级评定委员会通知，组织全区特级、一级企业参加年检并全部顺利通过。

(贺培云　徐和平)

【中级技能培训】 组织天贵食府、南国水乡、东方名都等餐饮企业的46名服务员参加中级技能培训和考核，并取得了由劳动和社会保障部门颁发的中级《职业资格》证书。

(贺培云　徐和平)

【经济型酒店讲座研讨班】 5月8、9日，举办了有60名旅店经理参加的“经济型酒店讲座研讨班”。邀请知名经济型酒店“如家”连锁机构的专家就经济型酒店的产生、发展及趋势的中心议题进行了专题讲座和现场答疑。

(贺培云　徐和平)

【美发美容行业发展研讨会】 3月22、23日和5月19日，协会美发美容专业委员会两次组织200余家美发美容企业召开行业发展研讨会。诚天志俱乐部、皇家美发学校、江南名剪、东方名剪和香港宝姿美容美发连锁机构的老总分别做专题演讲，推动了行业建设和发展。

(贺培云　徐和平)

【“东方名剪”杯发型化妆大赛】 6月10日，组织全区美发美容业56名选手参加北京市“东方名剪”杯第十九届发型化妆大赛，并取得了1金、4银、4铜、10优秀的可喜成绩，协会荣获优秀组织奖。大赛由协会会员企业东方名剪美容美发公司独家赞助，丰台区参赛选手占全市参赛选手总数的四分之一。

(贺培云　徐和平)

【推荐上报优秀人才】 组织全区美发美容企业优秀人才参加“2005年北京市美发美容业‘优秀企业家’、‘创业明星’和美容美发名师、大师”的推荐、上报活动。经北京市美发美容行业协会评审，丰台区东方名剪美容美发公司总经理卢连德被评为“优秀企业家”，诚天志俱乐部总经理杨丽、白天鹅美容美发公司总经理赵天柱、香港宝姿美容美发公司总经理谷荣辉被评为“创业明星”，青塔丽莎美发厅经理邓宝泉等5人分别被评为美发、美容名师。

(贺培云　徐和平)

【中国沐浴专业委员会成立大会】 9月15日，中国商业联合会沐浴专业委员会成立大会在北京人民大会堂举行，丰台区饮食服务旅店行业协会秘书长贺培云女士当选中国沐浴专业委员会副秘书长，区协会会员单位碧中海国际商务会馆、玉明珠国际商务会馆、上海海阔天空北京分公司当选为中国沐浴专业委员会理事单位。

（贺培云　徐和平）

【电子商务】 与“任我行网”合作，建立协会网站，并积极向会员企业推介电子商务，免费为会员企业送网店和建网站，举办网络知识讲座和网络技术人员培训。天天渔港、碧中海国际商务会馆等数十家会员企业建起了自己的网站，近百户企业的免费网店已经建好。

（贺培云　徐和平）

【食品安全】 接受区商务局的委托，积极参加政府部门组织的对全区餐饮业食品安全（重点是苏丹红一号）和预防禽流感的检查。

（贺培云　徐和平）

【清真餐饮市场调查】 接受区商务局的委托，对全区清真餐饮市场开展调查并以调查报告的形式对全区清真餐饮市场的现状、问题、分析作了描述，为区商务局领导提供准确信息。

（贺培云　徐和平）

【安全生产大检查】 积极参加由区安全生产监督管理局、区商务局、区消防部等部门联合对全区非星级宾馆、饭店进行的安全生产大检查，对在检查中发现的问题，协会积极组织有关单位进行整改并进行相关培训。

（贺培云　徐和平）

【举办丰台经济型酒店合作研讨会】 11月9—10日，由中国商业联合会、中国物流与采购联合会、北京市商务局和北京市丰台区人民政府联合主办，以“欣欣丰台，超越未来”为主题的“2005年丰台经济合作与发展年会”举行。其中“丰台经济型酒店合作研讨会”专场活动由协会负责具体承办。

（贺培云　徐和平）

丰台区维修服务行业协会

【概　况】 年内，区维修服务行业协会有会员单位113户。制定了“与时俱进、开拓创新、规范自律、克服困难、求真务实、促进发展”的宗旨和工作目标，并按年度工作计划开展活动，以技术合格、规范经营、平等竞争、有序发展为前提，为98个会员单位核发了《专业资格证》；将维修行业十七大类，683项行业收费指导价目表发给每个会员单位，向社会公示；按国家等级标准评定了一个特级户、两个一级户。

（梁生荣）

【协会换届工作】 按照协会章程的规定，4月13日召开了协会第四届会员代表大会，总结了第三届理事会前五年的工作，改选了理事会、监事会和领导班子成员，确定了第四届理事会工作目标及2005年工作计划。

（梁生荣）

【技术培训】 为提高会员技术水平、适应社会科技发展和新的消费需求，年内培训了92人，分别取得了劳动部中、高级及技师《职业资格证书》。

（梁生荣）

【诚信体系建设】 经协会受理、审核、验收评分，向市工商局推荐2005年度“守信企业”6家，市工商局已向社会公示。

（梁生荣）

【创建和谐社会开展社区服务】 协会制定了《社区维修服务自律守则》和《维修人员上门服务规范》并将26个会员单位服务项目和服务电话，在区商务局网站上公示，以向社区居民提供方便、放心的服务，受到消费者好评。

（梁生荣）

物　流　业

【概　况】 丰台区地处北京西南部，与八个区接壤，具有东西狭长的地域特点。京津塘、京开、京石三条高速公路，104、105、106、107四条国道与市区二环、三环、四环、五环路形成的网格状、放射型交通路网,使丰台具备向周边地区进行商品集散和辐射的条件。是年,全区有仓库面积120万平方米,仓库容量440万立方米,分别占全市的9%和10%,居第2位和第4位。其中,十万平方米以上仓库区3处。区域内经营的公路货运场站4个,汉龙、宛平货运服务中心成为全市提供公路货物配载及相关服务的主要货运交易场所,200余家货运代理、运输机构进驻经营。铁路货场主要有大红门、丰台、长辛店、丰台西等,货场面积33万平方米。以上场站承载了全市55%的货流量。区域企业共有铁路专用线53条,占全市的14%。坐落于五里店地区的丰台口岸是北京市三个口岸之一。物流企业国有、集体、民营多元主体的格局基本形成。企业规模和服务能力有所提高,中铁特货运输有限公司入选"中国物流百强企业",年经营收入超过亿元。截止2004年底,全区有主营物流业务的法人企业近600家,实现经营收入26亿元,纳税额1亿元,增加值约占全区GDP的3.5%。

(王宏崑　宋　莉)

【区域物流产业分布】 区域物流业在总量规模取得较大发展的同时,逐渐形成了以西南图书物流中心、白盆窑物流中心和葆台图书仓储库等为代表的图书物流、以玉泉营、大红门地区5处大型冷藏设施为主的冷链物流、以北京怡合汽车物流有限公司、中铁二七储运有限公司、安吉天地汽车物流华北库运营为开端的汽车及零配件物流、依托新发地等大型农产品批发市场和农产品配送体系形成的农产品物流、以全区40余家药品批发企业为代表的医药物流和以大红门地区为主的服装物流等六类商品专业物流。从整体上看,全区物流产业取得一定发展,但依然存在着资源分散,传统物流企业规模偏小;物流功能相对单一,技术水平和标准化、信息化程度偏低;经营主体的运行机制还不能适应现代物流发展的需要等方面的问题。

(王宏崑　宋　莉)

【确立丰台区物流业地位】 "十一五"期间,城区功能定位和交通格局确立了丰台区物流业在全市整体产业布局和物流体系中的地位与作用。区域经济社会稳步发展,为物流业发展创造新的空间奠定了区域物流业持续发展的基础。同时,与北京举办奥运会对物流服务的需求相适应,丰台区将加快构建现代物流体系的步伐,带动全区物流业整体水平的提升。丰台区物流业的发展将以降低社会流通成本、提高经济运行质量和效率为目标,以发展专业、特色物流为重点,以整合物流资源和加快物流基础设施建设为着力点,以引进和培育现代大型物流企业为途径,形成"布局相对集中、空间规模适度、服务功能配套"的发展格局。进一步发挥物流业的服务和促进作用,推动区域经济协调持续发展。

(王宏崑　宋　莉)

北京西南物流中心

【概　况】 北京西南物流中心成立于2000年9月,注册资金5000万,隶属花乡榆树庄农工商公司,占地500亩,建筑面积22万平方米,入驻出版社200余家,年图书交易额100个亿,已成为全国最大的图书物流基地,得到业内同行的认可。

(祖世海)

【市场定位】 北京西南物流中心因地制宜,定位图书物流,并不断延伸服务,已具备"仓储、物流配送、网络信息、采集、批发、流通加工"等六大功能。整合铁路、公路、航空、邮政社会资源、形成了覆盖全国的网络配送体系,实现了地市级以上城市的门对门服务,为客户提供安全、准确、快捷、方便,周到的服务。

(祖世海)

【经营管理】 北京西南物流中心2005年收入6838万元,实现增加值3141万元,利润1900万元。公司领导坚持理念创新,增加忧患意识,依照ISO9001与ISO14001质量环境标准,加强企业管理,2005 年被北京市政府评为科技创新一等奖、北京市模范集体、守信企业等称号和丰台区文明单位。

(祖世海)

【延伸服务】 年内,为延伸企业链,北京西南物流中心开发了大中专院校图书馆和社会图书馆的配书业务,有样书 8 万余册,已同全国 300 多家客户建立了稳定的业务往来。开业当年销售额就超过 1000 万元。

(祖世海)

【领导调研】 8 月 17 日,中共北京市委副书记强卫在北京西南物流中心参加了榆树庄村党总支的保持共产党员先进性教育活动大讨论,并进行了即席发言。中共北京市委副书记杜德印,北京市政协副主席黄承祥,北京市副市长牛有成、陆浩先后到北京西南物流中心调研。

(祖世海)

旅　　游

【概　述】 是年全区旅游饭店、景区景点共接待游人 750 万人次,旅游收入 4.9 亿元;同比增长 7.1% 和 14%。其中,春节黄金周期间全区景点接待游人 26.6 万人次,旅游收入 212.1 万元;"五一"黄金周期间全区景点、饭店共接待游客 25.2 万人次,旅游收入 1146 万元;"十一"黄金周期间,全区旅游企业共接待人次 26.4 万人,旅游收入 1094.9 万元。全年的旅游形势良好,接待人次和经营收入都达到历史最高点。"卢沟晓月中秋庙会"活动获市旅游局举办的"2005 年北京旅游活动与宣传品"大赛三等奖;建银大厦、冠京饭店、莲花池公园等三个单位获"北京市百日安全竞赛"活动先进单位称号。

(李颖全)

【开展百日安全活动】 年内,在北京市旅游局组织的旅游企业"百日安全"活动中,区旅游局先后组织了辖区旅游企业安保工作负责人的联组互查和旅游安全知识答卷等活动;及时有效处理旅游投诉共 21 件。

(李颖全)

【制定旅游发展十一五规划】 抓住"奥运会"和"基础年"的契机,发挥自身商贸、旅游、招商引资协同的优势,深入开展调研,在完成《丰台区旅游业发展研究》调研报告的基础上,制定了《丰台区旅游业发展"十一五"规划》。

(李颖全)

【开发旅游项目 完善景区建设】 是年,王佐南宫村 4A 级旅游景区于 10 月通过国家旅游局评定,12 月被国家旅游局全国旅游景区质量评定委员会正式批准为国家 4A 级旅游景区;北宫森林公园于 12 月被国家林业局正式批准为国家级森林公园;宛平城内 6 月底完成 640 米(仿古石板路)宛平大街和两侧 1.2 万平方米明清风格街面房的改造,建设从城到桥 200 米仿古石板路,完成卢沟桥桥头 2 万平米广场和抗战馆前 1 万平方米广场的建设;莲花池公园新建 200 平方米荷花文化展室、2000 平方米荷花种植池、道路铺装 2000 平方米、草坪绿化改造 60000 平方米;世界花卉大观园不断完善景区各类接待服务设施,积极筹备参加 4A 级旅游景区的评定工作;万芳亭公园筹建网球馆,进一步丰富体育公园的活动项目。

(李颖全)

【组织多种活动 促进旅游发展】 先后举办了"世界公园 2005 非洲零距离"、"首届卢沟晓月中秋庙会"、"第五届莲花池庙会"、"全国第十九届荷花展"、"长辛店第三届大枣采摘节"、"世界花卉大观园摄影大赛"、"青龙湖风筝节"、"南宫地热科普节"等多种内容丰富的旅游活动,影响力日益扩大,为打造和宣传丰台区的旅游形象,培育新兴的旅游市场奠定了良好的客源基础。

（李颖全）

世 界 公 园

【概　况】 是年,世界公园为了企业的生存发展,在现有组织机构和体制基本不变的前提下,实行改革试点。年内,在领导班子的带领下,经过全体干部职工的共同努力,完成了年初制定的经济目标:共接待游客近84万人次,比2004年增加了5%,门票收入增加了1%,综合收入为5000万元,在几年来游客接待量逐年下降、经济收入减少的情况下实现了经济增长,是继1994年以来头一次实现人数、收入双增长。改革措施的出台和实施,带动了全园的各项工作,在市旅游局对全市28家景区测评工作中公园获得了第三的好成绩。

（张红梅）

【王岐山市长到公园检查工作】 4月23日上午,北京市市长王岐山在吉林、陆昊副市长、刘晓晨秘书长等市区有关单位领导的陪同下莅临世界公园检查工作,王岐山市长听取了世界公园领导就公园基本情况及“五一”黄金周各项准备工作汇报,查看了旅游景点和设施的安全及环境布置等工作,对公园优美的环境、优良的旅游秩序等各项工作表示肯定。

（张红梅）

【举行“玩转非洲”欢乐周开幕式】 4月26日在公园非洲景区隆重举行了“玩转非洲”欢乐周开幕式。阿拉伯埃及共和国大使、埃塞俄比亚联邦共和国代办、坦桑尼亚联合共和国公使、肯尼亚共和国参赞、津巴布韦共和国等国家的外国使节、北京市外事办公室副主任李洪海、中国人民对外友协中非友协副会长王运泽、丰台区政协主席初建华、丰台区人民政府区长助理于鸷龙、世界公园总经理马福江和20余家媒体记者一同参加了开幕式。非洲国家艺人现场进行了表演。

（张红梅）

【艺术团重新编排歌舞节目】 为了庆祝艺术团建团十周年同时配合公园“五一”黄金周“玩转非洲”活动,艺术团重新编排了一台名为“跨越五洲的握手”大型歌舞节目,并制作了“十周年照片回顾展”,用丰富的照片文字资料展现了艺术团的成长过程。

（张红梅）

【“五一”接待游人大幅增长】 “五一”黄金周期间公园共接待游人11余万人,游客接待量较去年同期增长42%。餐饮、游览、娱乐运营项目同比增长50%。

（张红梅）

【启动污水处理及中水公厕回用工程】 5月25日,在世界公园举行了污水处理及中水回用工程签字和开工仪式。办公区废水处理后主要用于公园人工湖的补水,厕所废水处理后用于冲厕。投入使用后的设备日处理污水能力达到50吨。年节约用水可达到2万吨。

（张红梅）

【来京务工人员子女欢度“六一”】 5月29日,丰台区庆“六一”来京务工人员子女“同在蓝天下,与首都文明同行”游览世界公园活动在公园举行,有400余名来京务工人员子女及老师代表欢聚在公园庆祝“六一”节,市妇联副主席李彦梅、区妇联主席刘蓉蓉讲话,并向孩子们赠送了节日礼物。少先队员代表发言向到会领导敬献了红领巾。参加这次活动的还有区领导刘云广、闫傲霜、周大春及市区妇联有关领导。

（张红梅）

【聋哑孩子免费游园】 5月30日,60余名正在进行康复治疗的聋哑孩子和他们的老师来到了公园。在游园过程中为孩子们提供了免费的导游和全程陪同服务,并观看艺术团演出时。

（张红梅）

【保安员勇救落水游客】 6月24日下午13:

00左右，外地来京旅游的母女两人在世界公园悉尼歌剧院附近游玩，小女孩在湖边喂鱼时，不小心滑入湖里，两人在水中不停地扑腾着，并挣扎着喊“救命”。丰台保安公司驻世界公园保安中队保安员史瑞丰、王辉正在南二岗执勤，听到呼救声后，飞速跑到出事地点，来不及退掉制服，奋不顾身跳入湖中，经过十分多钟的努力，终于将母女俩人救上岸，发现母亲头部受伤，立即将二人送到医务室治疗，得到了游客和受救游客的普遍赞扬。

（张红梅）

【“奥运主题曲”在公园奏响】　7月15日下午，由市旅游局组织的美国、俄罗斯、澳门、香港、巴哈马等7个国家和地区300余名青少年演出团在世界公园开展了“共同奏响奥运主题曲”活动。演出时间40分钟，内容分行进表演和舞台表演两部分。该活动是利用奥运品牌，大力宣传北京旅游新产品、新形象所组织的系列活动之一，已经被列入北京奥林匹克文化节的重要内容。

（张红梅）

【英国使馆推介会在公园举行】　7月20日，英国使馆文化处、新闻处、英国旅游局北京代表处联合举办了欢迎中国赴英自费旅游首发团仪式和新闻记者会。活动在世界公园伦敦塔桥前广场举行。英国驻华大使致欢迎词，向首发团成员赠送英航飞机模型，并解答了记者关于伦敦地铁爆炸案和游客安全等问题的提问。出席仪式的有英国使馆外交官员，中国国际旅行社等三大社代表和英国天空电视台、CCTV等新闻媒体代表150人。

（张红梅）

【顺利通过档案检查】　8月11日，区档案局对公园2004年度档案归档工作进行了检查。2004年度公园档案文件共314件，其中永久23件，长期127件，短期164件，会计档案共115件，其中会计账簿19册、会计报表4本，凭证86本，工资表6册，实物档案15件，照片档案75张，当年借阅档案共68人次，366卷（件）次。顺利通过了档案检查。

（张红梅）

【在全市旅游景点测评中名列第三】　年内，北京市旅游局公布了“十一”前对北京地区部分旅游区（点）的测评结果。检查以国内外旅游者集中的热点旅游区（点），经国家旅游局、市旅游局批准的被评为1A－4A级旅游区（点）为主要受评单位。测评在颐和园、香山、天坛、故宫等涵盖城郊12个区县的28家旅游景点中开展，世界公园以总分低于第二名植物园0.1分的微小差距荣获第三名。

（张红梅）

高新技术产业

中关村
科技园区丰台园

【概　况】 年内,丰台园围绕聚集要素实现可持续发展的工作思路,不断改善企业发展环境,促进各项经济指标稳步增长, 全年实现技工贸总收入600亿元,同比增长32.2%。工业总产值148亿元,同比增长14.4%。出口创汇3.78亿美元,同比增长57.6%。上缴税费15亿元,同比增长24.4%。留区财政3.06亿元,同比增长27.5%,占区财政收入的17%;经济运行质量不断提高,入园企业人均技工贸总收入80万元,人均工业总产值20.24万元,人均创造税费2.1万元,同比分别增长25%、11.2%和23.5%;产业集群效应逐步显现,形成的电子信息、先进制造、生物医药、新材料四大产业群,实现技工贸总收入占到经济总量的75%。规模企业增加,技工贸总收入5000万元以上企业达到135家,其中1-10亿元企业67家,10亿元以上企业13家;入园企业质量提升,引进企业345家,注册资金60亿元(含增资),同比增长93%,平均每家企业注册资金近1700万元,有力地推进了现有产业扩张,为园区增强了发展后劲;建设项目如期开复工,建设项目开复工面积72.96万平方米,竣工面积33.09万平方米,其中产业基地一期开复工面积35.17万平方米,竣工面积6.38万平方米,产业基地二期开复工面积37.79万平方米,竣工面积26.71万平方米。

(叶福果)

【加快营造总部配套环境】 抓好产业基地二期道路建设后续工作,完成道路铺油和部分道路施工,11条市政道路中,有9条市政道路和十条道路综合管线全线贯通;供电工程提前竣工,六圈110KV变电站于6月建成,提前一年具备发电条件。新建排水能力2800m3/n的排水站一座,保证了基地二期雨水排放的畅通;绿化景观初显成效,实施设计方案先期论证和严格招投标程序,全力组织"春季攻略"的绿化大战,完成了三条近8万平方米道路两侧的绿化任务,种植各类树木4237棵、各类花灌木6617平方米、铺植草坪5.64万平方米,安装草坪灯158盏、树池射灯85套、高压柱灯74套,还为各条道路铺装花岗岩步道面砖4万平方米;园区商务圈初步构架,总部基地建成区,商务中心开办了超市和咖啡厅,用于高档商务社交及餐饮场所的19个总部会所陆续建成和招商,拥有1200平方米总部大讲堂接待了一系列大型会议,总部基地建筑群中的星级总部小酒店已基本建成,总建筑面积12万平方米的高级商务区——北京南城第一个五星级酒店进入了深化设计阶段;总部基地周边地区,商业一条街上的8000平方米综合楼已报竣,春光四季大厦引进了知名的泰和百货,产业基地二期35.4万平方米的公建区已成功挂牌,将建成集会议会所、大型商业购物中心、五星级酒店和公寓式酒店的大型商务、商业设施。

(叶福果)

【总部基地建设初具规模】 年内,开复工和竣工26.71万平方米。绿化工程完成80%,物业管理已进入逐步完善阶段;总部企业招商取得进展,引入企业50家,总签约户达到112家,签约面积39.5万平方米。在签约企业中,总部型企业82家,已入园企业43家,正在跟踪有意向入园企业39家。

(叶福果)

【自主创新取得重大进步】 充分利用中关村政策的导向,年内入园企业研发投入30亿元,占技工贸总收入的5%,同比增长87.5%;自主创新技术和产品增多,获得国家火炬计划、市区科学进步奖、重点新产品项目69项。申请专利280项,其中发明专利达到230项,有20多家企业获得专利试点企业资格。在"2005年东北亚高新技术博览会"上,北京得贝兴车辆安全科技有限公司研发的汽车防追尾仪项目,成为科技部选出的35个精品之一,并荣获"第十五届全国发明博览金奖"。中牧股份有限公司研发的液氮马立克化病疫苗CV1988、禽流感灭活疫苗,也获得了各界的广泛关注;做好技术合同登记管理,有效发挥创新源头的辐射作用,技术合同成交额完成63亿元,同比增长2.6倍,居中关村"一区七园"第二位,被列入"北京技术交易最活跃地区"。

(叶福果)

【服务企业环境不断改善】 树立"服务第一"观念,开展绿色服务。对大中型企业,在开通"入园服务"和"支撑保障"两个直通车的基础上,重点拓宽投融资渠道,全年有228家企业被列入"瞪羚计划"企业,实现融资5000万元,促进了企业快速发展;不断完善中介服务体系,新引进会计师、财务、保险服务企业5家,累计达到九大类、29家服务机构;对科技型中小企业,继续坚持"5+2"孵化新模式的同时,联合相关单位,全力打造丰台园孵化网络技术服务平台,建立了由技术服务中心、生物实验中心和培训中心组成的综合性技术服务中心;北京IBI还被科技部选定为中国科技孵化器国际培训基地,接待了来自巴基斯坦的学员实习,为国际培训方面发挥了示范作用;加强人才服务,为企业引进各类人才2012人,接收高校毕业生438人,其中研究生113人。强化园区IS014001环境管理体系运行及持续改进,加大城市化管理、交通管理、治安管理、生产安全管理、环境绿化管理力度,促进了基地区域环境管理目标的实现;与园区城管等部门配合,以"创卫"为目标,对园区周边环境进行整治,拆除了王庄子违章建筑,铺设步道、设置道路中心隔离防护栏等,得到国家卫生专家的赞扬;做好园区服务工作,在水、电、气、热、保洁、物业、用餐、绿化等方面,保障了入园企业的工作与生活。

(叶福果)

中国铁通集团有限公司北京南区分公司

【概　况】 公司成立至今,在丰台地区发展5年,日渐形成了今天的发展规模。目前在丰台已经建设交换局点75个,累计容量110610线,发展固定电话用户80002户,装机率已经达到72.3%,其中办公住宅43713户、预付费电话3265户、等效中继线3497户,201电话18747户、公话10330户。宽带用户方面:累计容量是18330户,实际发展用户数12647户。

(白三庆)

【运营收入攀新高】 经营收入全年累计实现6723.75万元,同比增长90.36%,接近翻番,圆满完成分公司下达的调整指标。

(白三庆)

【业务发展创新绩】 年内,固话装机净增39597台,增长47.93%,在网用户总数达到了74942台;ADSL装机净增8310台,同比增长42.03%。开通来显用户数达15652户,其它新业务共完成了8项,如彩铃、一号通、800、95105、IP视讯等,累计用户达6250户,其中6项新业务实现了历史上零的突破。

(白三庆)

【品牌形象得到彰显】 自迁入总部基地新址后,100多家入住企业中铁通用户达到40家,新建科兴路营业厅、临泓路营业厅、良乡路营业厅,营业厅达到5个,银行代收费网点分布全区各个角落,客户服务硬件体系化、规模化。客户投诉率较去年减少了20个百分点,消灭了一类以上责任投诉,在民主评议行风活动中得到上级好评,全年获得各类用户锦旗5面,"大树"理论深入人心。

(白三庆)

【员工培训有成效】 年内,共举办各类培训班12期,共611人次。在北京分公司举办的2005年度交换、传输、光电缆维护人员技术比武中,传输比武获第三名,光缆接续比武获第三名。

(白三庆)

【企业文化氛围浓】 年内,积极开展各种形式的文化活动,活跃氛围,寓教于乐。开展了"树形象、展风采、做贡献"征文演讲活动,开展了合理化建议、企业精神、广告语征集活动;在文化艺术节活动中征文20余篇,作品征集10余件,文艺节目20余个。开展了工间操、足球、羽毛球、跳绳、拔河等群众性文体活动。开展了送"温暖"活动,为施工现场、市场营销一线送矿泉水、西瓜等清凉饮料,缓解暑热。为支局、营业厅、机械值班室按情况配备了电冰箱、洗衣机、微波炉等,改善员工生活设施;走访慰问困难及生病住院员工,为员工办理了安康储蓄保险、安康女工保险、医疗互助补充保险等,促进了南区的各项工作的开展。

(常家玲)

综合经济管理

发展改革综合管理工作

【丰台区"十一五"规划编制工作】 "十一五"规划是十六届三中全会明确提出科学发展观、丰台区被明确为城市功能拓展区定位后的第一个五年规划。因此,"十一五"规划编制工作是全区2005年的一项重要工作和中心工作。在整个规划编制阶段,为确保规划编制的科学性和民主性,主要采取了以下几项措施:①加强领导,建立健全组织机构。成立了以区委书记王子生为组长的规划编制工作领导小组,同时还成立了由38位人大代表组成规划编制监督组,以及由128位政协委员组成规划编制顾问组。建立了区领导集体研究讨论机制和部门协调联系机制。②加强业务培训,营造规划编制良好氛围。为保证全区上下思想统一,提高规划编制的水平和质量,先后邀请北京市发改委、北京市经济研究所等领导和专家,就"十一五"规划编制的宏观背景、总体思路等方面进行了专题讲座。培训人数达200多人次。③建立健全了规划编制工作机制。先后制定了《关于进一步加强"十一五"规划编制工作的实施意见》、《丰台区"十一五"〈规划纲要〉工作编制实施方案》,按照综合规划、重点专项规划和一般专项规划的分类,确定了一个《规划纲要》和40个专项规划的规划体系。④集思广益,开展广泛征求意见工作。组织召开了形式多样的征求意见、课题评审和规划论证等会议,广泛征求各级领导、人大代表、政协委员和专家学者,各委办局及街乡(镇)的意见和建议。同时还充分利用网络媒介平台的作用,将《规划纲要》通过丰台区政府网、丰台新闻网、丰台发改委网站刊登,进一步广泛征求社会各界的意见,各种途径征求意见达2144人次。截至12月31日,40个专项规划已经有38个完成起草工作,其中,20个专项规划已经区长办公会讨论通过,14个专项规划已经区委常委会议讨论通过;《规划纲要》已经区政府第21次常务会和第114次区长办公会审议通过。12月29日,中共丰台区第九届委员会第七次全体会议审议通过了《规划纲要》。

(韩 伟 陈祥兵 王书芳)

【加大招商引资政策与兑现】 为进一步优化发展环境,加强丰台区税源建设,加快区域经济持续健康发展,起草了《丰台区加强税源建设工作的意见》,并以丰政发〔2005〕29号文件下发到各街、乡(镇),委、办、局以及区属单位。以政府名义起草了《丰台区对突出贡献企业的奖励办法》、《关于促进中关村科技园区丰台园发展的实施办法》两个奖励政策,并经2005年第124次区长专题会议讨论通过。年内,完成了园区政策兑现工作;完成了对北京银建事业股份有限公司的奖励兑现工作;完成了对街、乡(镇)财政分成奖励的返还工作。

(韩 伟 陈祥兵 王书芳)

【加强经济监测工作】 为做好区域经济运行监测、分析和预测工作,提高政府调节经济运行的水平和能力,保持区域经济的平稳较快发展,起草了《丰台区经济形势分析工作意见》,并经2005年第86次区长办公会讨论通过。积极协调丰台区国税局、地税局和财政局,严格落实丰台区财政收入旬报分析制度。

(韩 伟 陈祥兵 王书芳)

【建立政府投资新型管理机制】 制定了《丰台区关于加强政府投资建设项目管理的实施意见(试行)》,建立投资项目库,引导政府投资方向,规范对政府投资建设项目的管理。加强项目监管,严格资金拨付程序。对市发改委补助资金规范了拨付程序,出具项目拨款单、安排资金,由财政部门拨付项目单位并按规定使用,严格了资金管理;对市发改委补助资金项目的进展情况实行月报制,以便能够及时、全面地了解项目进展和资金使用情况。规范行政许可各项流程,认真办理行政许可事项。年内,共受理各类行政许可事项219件,其中:审核、审批立项项目72件,审核上报建设任务47件,商品房结转38件,减免防洪费及城市基础设施建设费等其它项目62件。

(郎印辉 王 巍)

【召开政府投资体制改革工作会】 4月13日,组织召开全区政府投资体制改革工作会,常务副区长闫小彦,区长助理、区政府办公室主任于鹫隆出席会议。闫小彦常务副区长作重要讲话,要求全区认真贯彻落实《丰台区关于加强政府投资建设项目管理的实施意见(试行)》。

(郎印辉 王 巍)

【举办政府投资改革与管理专题讲座】 7月8日,举办由市发改委宋宇委员主讲的全区政府投资改革与管理专题讲座。区委中心组以及各部、委、办、局,全区21个街道、乡镇的党政领导、区属企业共计100余人参加了讲座,认真学习了国务院和北京市投资体制改革的方向和政策,此次讲座在全区产生广泛影响。

(郎印辉 王 巍)

【市发改委丁向阳主任到丰台调研】 9月19日,市发改委丁向阳主任带领相关处室负责人到丰台区调研基础设施建设情况,区委书记王子生、区长张大力陪同参加了此次调研。会上,发改委何燕卿主任汇报了丰台区2005、2006年的重点建设项目。会后,市发改委决定给予丰台区市政府资金支持3.2亿元。

(郎印辉 王 巍)

【公益性政府投资项目推行代建制管理】 对政府投资占项目总投资60%以上的公益性建设项目推行代建制。年内,全区有三个政府投资项目实行了代建制,分别是2008奥运会丰台垒球场工程、水衙沟治理(二期)工程以及长辛店医院门诊楼病房楼改扩建工程。9月30日,发改委作为委托人分别与代建单位、使用单位签订了委托代建合同,加强对政府投资项目的服务与监管。

(郎印辉 王 巍)

【拓宽融资渠道 加大政银合作】 12月13日,丰台区与国家开发银行营业部举行签订开发性金融合作协议签字仪式,区长张大力、区委副书记阎满成、常务副区长闫小彦、人大常委会副主任刘树玉、政协常务副主席鲍顺新以及国家开发银行营业部总经理朱裕峰、副总经理贾晓军等相关部门领导出席了签字仪式。丰台区此次被国家开发银行评为2A信用等级,获得授信额度60亿元人民币。2005年成功贷款6.325亿元。开发性金融合作协议的签订,标志着丰台区与国家开发银行开发性金融合作正式开始。

(郎印辉 王 巍)

【积极筹措资金 推进项目建设】 年内,积极筹措资金,争取市发改委资金支持共计41765

万元,涉及31个项目。其中,市政道路建设资金31952万元,危改小区市政基础设施建设资金2900万元,社会事业建设资金2655万元,环境资源保护建设资金2669.8万元,产业发展资金1088万元,其他项目资金500万元。为重点区域和重点项目建设提供了保障。

（郎印辉　王　巍）

【价格和收费管理工作】 圆满完成了两会期间、禽流感期、节日前后、水调价、成品油购销价格、药品出厂价格等监测任务。出动监测人员近500人次,涉及监测点120余个,监测品种300余种,撰写价格信息300余条;对全区598个单位建立收费管理台账,全年完成收费许可证变更、增项102家,撤销3家,新办4家,审核医疗单位新建改建床位费收费标准10家,审核教育收费公示18家,核查学生住宿费收费标准5家;规范企业收费行为,核准停车场收费106家,变更停车场收费38家,民办学校收费备案124家,解答各类价格政策500余人次,接待来访50余起,化解矛盾20余起,为企事业单位提供政策文件400余份,为抵制各种乱收费行为,改善丰台区的投资环境提供政策依据,受到企业欢迎;完成了卢沟桥、鹰山嘴森林公园、青龙湖公园门票价格的调整工作;开展调研,对全区教育收费执行情况、停车场收费情况、物业小区收费进行了专题调研,撰写了《丰台区教育收费情况调查报告》、《丰台区停车场问题的成因与分析》、《丰台区普通居住小区物业管理服务收费标准执行情况的调查报告》。

（梁艳玲）

【涉案物品价格评估】 年内价格认证工作取得新的进展,全年为公检法司进行涉案物品评估案件2615件,评估金额达2133.15万元。

（竺文成）

【价格举报办理情况】 全年共接待各类咨询、投诉519件,其中来信38件,来电457件,来访20件,市、区有关部门转办24件,均在规定时间办结完毕。投诉热点问题仍集中在停车场、物业等方面。停车场咨询、投诉203件,占总数的39%;物业咨询、投诉163件,占总数的31%;药品及医疗收费咨询、投诉46件,教育咨询、投诉15件。全年立案6件,结案6件,结案率100%,罚款11200元,没收款90.58元,退款58100元,罚没退合计金额69390.58元。

（陈　健）

【推进政府企业服务大厅建设】 年内,优化审批事项,调整确定窗口服务内容,引入审批事项由原来的75项增加到90项,以科建制入驻的窗口单位达4家,能在大厅实现受理、审批、发证一站式服务的单位由原来的1家发展为7家。年内,共接待各类办事人员290259人次,比上年同期增加260762人次,增长11.3%,日接待1416人次;受理审批申请96179件,比上年同期减少1874件,不到2%,日均申请469件;完成审批申请81737件,比上年同期增加23298件,增长39.9%,办结率85%,比上年同期提高25个百分点,日均办结399件。新办企业在工商注册(不含个体工商户)7647家,比上年同期的6664家,增加983家,增长14.8%,日均注册38家。为促进区域发展,打造诚信、高效、便民的政府形象发挥了积极作用,受到了群众广泛好评。

（姚怀玉　黄迎春）

安全生产监督管理

【概　况】 年内,全区安全生产工作在区委、区政府的领导下,在市安委会和市安监局的具体指导下,坚持以人为本的科学发展观和“安全第一、预防为主、综合治理”的方针,紧紧围绕贯彻实施《安全生产法》、《北京市安全生产条例》和十七个行业管理规范这一主线,从安全生产基层和基础工作入手,狠抓长效机制建设,强化监督检查、强化隐患整改、强化事故处理、强化宣传教育培训,安全生产形势保持平稳好转的势头,全年未发生重特大生产安全事故。

(李雪松)

【事故情况】 年内,全区共发生安全事故1329起,其中死亡事故120起,死亡125人,占全年控制指标147人的85%。与去年同期(死亡事故129起,死亡142人)对比,死亡事故起数减少9起,下降了6.97%;死亡人数减少17人,下降了11.97%。交通安全事故438起,其中死亡事故100起,死亡104人,占年度控制指标129人的80.62%。与去年同期(死亡事故114起,死亡126人)对比,死亡事故起数减少14起、死亡人数减少22人,分别下降了12.3%和20.6%。火灾事故871起,直接经济损失762355元,火灾死亡事故6起6人,占今年控制指标4人的150%。与去年同期(4起死4人)对比,火灾损失增加248083元,上升172.4%;火灾起数增加431起,上升97%;死亡人数增加2人,上升50%。生产安全伤亡事故16起,死亡事故14起15人,重伤事故2起2人。亡人占年度控制指标14人的107.1%。与去年同期(死亡事故10起,死亡12人)对比,事故起数多4起,死亡人数增加3人,上升25%。

(李雪松)

【建立安全生产管理长效机制】 针对丰台区城乡交叉的情况,出台了《丰台区街乡镇安全生产属地管理管辖范围划分意见》,使安全管理工作做到了责任清,界线明。对管辖范围存在争议地域提出产权、征用和兜底原则,解决安全监管范围问题。制订下发了《生产安全事故隐患排查治理办法》,建立了事故隐患管理、排查、报告、整改、重大隐患挂销账、隐患治理联席会等制度,解决安全监管效果问题。制定《安全生产工作综合考核办法》,明确了安全生产监管责任,将安全生产目标管理进行量化考核,把履行属地、行业监管责任纳入区政府效能建设考核内容。安委会各成员单位、各街乡镇也根据具体情况,制定了一系列办法与规定。丰台交通支队建立了《预防道路交通事故工作制度》、《专业运输单位不良信息通报制度》等十多项工作制度,马家堡街道制定了安全生产责任制和“条块结合”的安全管理长效机制。6月初,区政府编制办公室,专门下发文件,明确了街乡镇安全生产管理机构人员和职责,使丰台区安全生产监管体系和监管责任制基本形成。

(李雪松)

【全面落实安全生产责任制】 按照区政府制定下发的《丰台区政府工作部门安全监管(管理)职责》和《丰台区街道(地区)办事处、乡镇政府安全管理职责》,年初,区政府与各委办局、各街乡镇逐一签订了《2005年安全生产目标管理责任书》,把安全生产工作责任逐级落实。各委办局、各街乡镇也与下属单位层层签订。卢沟桥乡、长辛店街道、长辛店镇、科技园区在签订责任书的同时,还对高危生产行业采取了严厉的安全管理措施。全区基本形成了“横向到边,纵向到底”的安全生产责任网络。

(李雪松)

【广泛开展法律法规宣传培训】 年初,区政府常务会安排《北京市安全生产条例》作为全年学习法律知识第一讲,各街乡镇、委办局一把手参加了学习。13个规范颁布后,全区立即组织了为期三天的由街乡镇主管领导、科长参加的集中培训。常务副区长闫小彦亲自到会动员。区安监局重点抓了农村总公司、专业公司和公办企业负责安全生产工作的领导及具体负责人的培训、特种作业人员的考核培训、重大危险源及危险化学从业单位的培训。丰台管理处、区文委、区建委、右安门街道、王佐镇、花乡、和义街道紧密联系实际,有针对性地组织辖区或分管领域生产经营单位负责人培训。区安监局还将13个规范,印成合订本,并印制有插图的单项规范拆页下发到各有关生产经营单位。6月份的“安全生产月”活动中,在玉泉营居然之家广场,举办了安全生产咨询日活动,全区17个行业安全监管执法(主管)部门、30家大型商市场、30家建筑施工企业及航天三院、二七车辆厂等中央直属企业在现场开展宣传咨询活动。区消防监督处抓了消防宣传进农村、进学校、进社区、进企业的典型进行推广,并组织了多种形式的宣传活动,共印发各种宣传材料6万册。区交通支队印制《交通安全法》宣传挂历1600多个,制作有交通安全法主要条款内容的一次性饮水杯20万个,交通安全内容购物袋5万个;制作了100套“关爱生命、安全出行”交通事故挂图,4600块事故展板,翻录了8000多张事故光盘,组织播放宣传教育光盘6300多场次。9月1日,区人大常委会在专门听取了《丰台区人民政府贯彻落实北京市安全生产条例情况报告》的基础上,还进行了执法检查,对全区贯彻落实《条例》给予充分肯定。

(李雪松)

【狠抓安全隐患排查治理】 全区开展了五次大规模地专项安全隐患排查工作。1月6日以濠镜歌舞厅火灾事故为教训,展开人员密集娱乐场所的安全隐患检查整改工作,共排查整改隐患50多项。春节前后组织参加第一批先进性教育活动的60多个单位开展“万人入户送安全”主题实践活动。排查整改隐患1000多个。以3月14日新发地油罐火灾为例,开展危险物品和出租房屋隐患排查工作。排查出较大隐患26项,已全部整改。11月份全区开展防火、防煤气中毒和冬季安全生产隐患整改活动。在元旦之前开展的“两节”、“两会”的安全生产隐患整改活动。在市里挂账的13项隐患,其中生产安全4项,已整改3项;对已整改完毕的隐患逐一进行验收备案;对未完成整改的隐患采取了安全防范措施,并抓紧整改。全年共办理群众举报的隐患26件,对检查中指出隐患整改不到位的生产经营单位共处罚16次,处罚金额40万元。

(李雪松)

【依法严厉查处生产安全事故】 全区共处理死伤事故19起,死亡事故14起。对每一起事故,都把事故单位上级领导及相关人员召集到现场,认真分析,促使事故单位牢记教训。①落实“四不放过”原则:对事故的原因没有查清不放过,责任人员没有受到处理不放过,整改措施没有落实不放过,有关人员没有受到教育不放过;②坚持“四罚”原则:出事必罚,从严处罚,有责要罚,以责论罚;③建立“四通”机制:与公安分局、检察院、监察局、劳动社会保障局建立沟通、协调、移送和联动机制;④强化“四方”监督:媒体曝光、群众举报、当事人(受害人家庭)投诉、事故单位反映。通过这四个方面的监督,使每一起事故的处理,环环相扣,层层把关,相互制约,既防止迟报漏报,又能够依法受到严肃、公平的处理。年内,区安监局对事故的处罚金额已超60万元。

(李雪松)

【组织开展七项专项整治】 ①在2005年春节前,依法审批了32个烟花爆竹经营销售单位,多次进行了现场检查与整治,确保了烟花爆竹销售安全。②协助市安监局对首钢建材化工厂露天开采企业(造成戒台寺地基下下滑)下达了停产强制措施决定书;为了彻底消除开采作业中的安全隐患和对环境的影响,对8家非煤矿山停止了露天开采作业。已有7家地热开采企业、1家矿泉水企业及3家地质勘探单位等11家单位取得了市安监局核发的非煤矿山安全生产许可证,有2家材料市安监局正在审理中,有1家地热开采企业目前未被丰台区受理。③对108家加油、加气站逐个检查整治,对有隐患限期不改的单位进行了严厉处罚。在市安监局支持下,对京铁诚信加油站一次罚款10多万元。还审查办理危险化学品经营许可证168家,其中直接审批办乙类证47个。④区公安分局与区安监局,联合开展了危险物品专项整治;重点对全区27家危险化学品从业单位、25家气体经营单位、加油站进行了抽查,查出事故隐患26条,对存在问题的11家单位进行了处罚。⑤区商务局与区安监局对全区357家非星级宾馆进行专项整治,其中区安监局抽查28家、各街乡镇对所辖区域的非星级宾馆进行拉网式的普查,共发现问题147项,当场整改145项。⑥对110家歌厅、90家网吧和16家游艺厅、2家电影院进行了专项整治。⑦对全区人防地下空间进行了一次拉网式的检查,重点整治了地下空间出租、储存和消防安全。

(李雪松)

【加强应急救援体系建设】 对应急救援体系建设,补充和修订了《丰台区生产安全事故应急救援预案》和《丰台区危险化学品事故应急救援预案》,对全区各部门和企业的抢险救援队伍进行逐步整合。组织了区级应急救援演练。6月8日,在长辛店油库组织了大规模的危险化学品事故应急救援预案演练,参加演练单位22家,消防三支队出动了四个中队、一个指挥所和23辆消防车。加大企业应急救援体系的工作的指导力度。区政府与各委办局、街乡镇通过会议、通知和文件督促各企业建立健全应急救援预案,并充分发挥街乡镇的属地管理作用,督促所辖区内企业加强对应急救援预案的演练。年内,全区进行各类应急救援演习1000多次。

(李雪松)

【加强对重要时期安全监管】 年内,区委、区政府周密部署了元旦、春节、“两会”、“五一”、“十一”和“五中全会”期间的安全生产工作;印发了做好重大节日、重大活动和重要时期安全生产工作的通知,制定了安全生产检查方案,严格落实各项安全防范措施,反复进行督促检查,区四大家领导先后7次,分别带队开展安全大检查工作。在重大节日、重大活动、重要时期共出动安监检查人员2587人次、消防警力618人次、消防车30辆次现场执勤,确保了元旦、春节、两会、五一、十一等重大节日及纪念中国人民抗日战争暨世界反法西斯战争胜利60周年、《同一首歌》大型演唱会、卢沟桥旅游文化节以及中国网球公开赛等多个大型群众性活动的安全。

(李雪松)

【建立健全安全生产数据库】 按照市政府提出2005年是安全生产工作抓基础,打基础的要求,认真开展安全生产基础数据调查,做到职责清、情况明、数字准。经过三次调研,与区统计局核实,全区共有生产经营单位20682家,从业人数为202347人(不含驻区中央企业10万余人)。主要有制造业3066家、房地产654家、信息软件业550家、建筑业600家、批发和零售业7190家、租赁业2304家、住宿餐饮803家、交通运输业700家、技术服务与地质勘查业1633家、文化娱乐业311家,其他2871家;驻区中央企业59家,其中工业企业9家、建筑业11家、科研单位10家、出版业7家,其他行业如宾馆、工程机械、铁路、电力、通信等企业22家。从8月6日开始对全区重大危险源生产经营单位进行了普查登记。已有165家单位进行了申报,其中126家被确定。其中生产场所重大危险源13家单位13个生产单元、贮罐区(贮罐)重大危险源112家单位485个罐、库区(库),其他重大危险源1家单位8个单元。通过对建立数据库,为日常监管和应急救援打下了基础。

(李雪松)

【狠抓烟花爆竹安全监管工作】 北京市烟花爆竹“禁改限”后,烟花爆竹的安全监管成为第四季度的工作中的重中之重。11月28日,区政府召开117次区长办公会,对烟花爆竹安全管理进行了专题研究,制定了《丰台区关于贯彻落实北京市烟花爆竹安全管理规定暨2006年元旦春节烟花爆竹安全管理工作的实施方案》下发全区。区领导亲自带领公安分局、安监局、工商分局、城管大队、烟花办对21个街乡镇进行了逐一走访。区烟花办、区安监局、区广电中心联合各街乡镇广泛开展了以区域内居民、村民和流动人口为对象的烟花爆竹安全管理的宣传教育工作，印制宣传品6万多份，每天在丰台有线滚动20秒公益广告7次。区教委、区建委还在中小学生和建筑工地开展了烟花爆竹安全教育。区烟花办结合全区的实际，提前动手，摸清辖区居民的分布情况，确定销售点的数量和位置，即布设多少，布设在什么位置，区安监局委托有资质的中介机构对全区烟花爆竹网点从业人员进行了相关业务知识的培训和考试，各项申报、审批工作有条不紊。全区的烟花爆竹安全管理未发生问题。

（李雪松）

【强化消防监督执法】 年内，结合全区消防安全现状，先后组织开展了商场、市场消防安全专项治理、危险化学品夏季安全治理、娱乐场所专项整治、流动人口聚集地和七黑场所治理、校园及周边消防安全治理、地下空间和出租房屋消防安全清理整治、农贸市场小商品市场专项治理等7个方面的消防安全专项大检查工作。共检查单位2505个，发现问题2884件，当场解决2188件，下发各类法律文书近3000份，消防执法1122起，其中警告650起；处罚472起，金额约165万元；责令停止施工4起；责令停止使用8起；责令停业整改1起，采取行政强制措施局部停止使用7个单位。另外，利用社会媒体等资源，扩大消防宣传面，主要对社区居民，特别是孤寡老人、婴幼儿等弱势群体的安全宣传加大力度，常年进行宣传；在辖区范围内，开展以61号令为主要内容的消防知识竞赛，对单位消防安全责任人、消防安全管理人加大防火、灭火知识培训；狠抓基层领导消防知识培训，不断提高街道、乡镇、社区、村委会等基层主管消防工作领导的消防安全素质，全面推动消防宣传“四进（农村、社区、学校、工厂）”工作，以适应社会发展的需要。

（李雪松）

【全力压减交通安全事故】 年内，交通安全工作紧紧“围绕压减交通违法行为、预防交通事故”这一中心工作，取得了较好的成绩。在开展交通安全宣传“五进”活动成效显著。丰台支队代表北京市被公安部评为全国交通安全宣传“五进（社区、家庭、工厂、农村、学校）”先进单位。在“春运”交通安全保卫工作中，针对驻区长途客运站点密集，运营车辆多的特点，早做动员，严密部署，行驶总里程累计达到2332万多公里，未出现重、特大交通事故，确保了春运安全。在全市“交通文明伴我行—新法连着你我他”演讲大赛活动中，最终取得决赛第三名好成绩。在全市集中开展为期40天交通秩序集中整治行动中，宣传发动社会单位群众上路协助维护交通秩序工作成效显著，全市排名第一。交通安全新闻宣传报道成绩突出。另外在预防道路交通事故工作上卓有成效。建立了《交通安全联席会议制度》等十多项工作制度，初步构建了依托政府，各职能部门参与的整体防控体系。首创了重大交通事故五方到场勘查制度。不等不靠，认真分析管界事故特点，克服困难，积极采取行动，向交通语言和设施要效益。自筹资金6万元，在西部地区安装了10处模拟监控器，10处夜间警示灯，25处无照明设施和照明条件差的危险路口、路段、窄桥、弯路粘贴了反光胶条，此项工作受到道路周边单位、村民一致好评。

（李雪松）

【加大食品安全整治工作】 年内，共组织开展了35次联合检查，7次全区范围的专项整治即：冬季食品安全专项整治、盐业市场秩序整顿、“两节”食品安全专项检查、“两会”食品安全专项检查、“五一”食品安全专项检查、夏季食品安全专项整治、“十一”两节食品安全专项整治。在专项整治活动中,全区出动执法人员1.5万余人次、执法车辆2704车次、针对食品查处无照经营5057户、取缔无照游商2183起、检查各类餐饮业2612户、处罚金额16万余元。

(李雪松)

【制订安全生产“十一五”规划】 根据“新北京、新奥运”战略要求,制定了《丰台区“十一五”时期安全生产发展规划》,提出2006—2010年全区安全生产的指导思想、基本方针、目标、主要任务、保障措施、重点项目(工程)和2010年的阶段性目标,指导丰台区未来五年的安全生产工作。

(李雪松)

统 计 工 作

【概　况】 丰台区统计局作为区政府主管丰台区社会发展和国民经济核算的职能部门。是年,紧紧围绕全区“一五五”发展思路和市政府统计系统“一二三一”总体部署与“改革、转型、提速”的总要求,以开展保持共产党员先进性教育为契机,以为区域经济发展提供优质服务为根本,加强基层基础工作,加强统计执法检查和信息化建设,不断提高统计数据质量。通过对全区国民经济各行业运行情况的统计监测,2005年统计年报结果显示:全区实现地区生产总值372.7亿元,增长12.5%;完成全社会固定资产投资132.6亿元,增长3.4%;社会消费品零售额291.4亿元,可比增长5.5%;城市居民人均可支配收入15795元,增长13.5%;农村居民人均纯收入8995元,增长6.1%。丰台区的经济建设和人民生活保持了持续、健康、稳步发展。在全年工作中,局领导班子带领全体人员,在完成国家和市、区各项日常工作任务的基础上,全面完成了丰台区第一次全国经济普查、全国1%人口抽样调查、北京市居民一日出行调查、配合区纪检委、区监察局对全区41个委办局16个街道开展了效能建设民意测评、对21个街乡镇领导班子开展了行政效能满意度调查等30多项调查任务。丰台区第一次全国经济普查办公室被评为全国和北京市先进集体,“2004—2005年度中国信息报统计宣传工作”先进单位,“首都精神文明单位”,获北京市统计系统执法工作二等奖、首届“统计文化节”优秀组织奖,“四五”普法教育、信息和调研工作区级先进单位,全年有9项工作取得突破性新进展。

(赵国红)

【第一次全国经济普查】 经过各级普查机构和全区5239名普查人员的辛勤工作,圆满完成了丰台区第一次全国经济普查数据填报、审核、录入、汇总上报工作,主要数据公报第一、二、三号已向全区发布,《新丰台》报刊进行了专题登载。通过普查,全面掌握了全区第二、第三产业的发展规模、结构和效益状况,为研究制定丰台区“十一五”规划、提高各级政府的决策和管理水平、促进国民经济健康发展提供了重要依据。普查结果显示,2004年末,全区共有从事第二、第三产业的法人单位、产业活动单位及个体经营户90042个,其中法人单位21058个,法人单位所属的产业活动单位2762个,个体经营户66222个。在北京市普查办分别于2004年12月25日、2005年1月25日、6月8日进行的三次全面考核检查中,丰台区经济普查宣传、前期准备和登记填报三个阶段的工作均被给予满意评价,丰台区第一次全国经济普查办公室被评为全国和北京市先进集体。为进一步做好经济普查资料的开发利用工作,全局各业务科室撰写了21篇专题分析,并会同首都经济贸易大学、北京物资学院、区发改委、区商务局、区政策研究室等部门拟定研究课题30个，为进行经济普查资料的深度研究确定了方向。

（赵国红）

【全面提高统计数据质量】 紧紧围绕北京市统计局“数据质量年”主题，狠抓落实，做到“五到位、五加强”，以经济普查为契机，建立健全各项统计数据质量管理制度，制定了《丰台区政府统计系统统计数据质量责任事故追究制度》，加强对街道、乡镇和基层统计人员的业务指导和考核，同时，各业务科室严格按照北京市统计局数据报送规程，认真做好统计数据的审核和质量评估工作，全区统计数据质量进一步提高。

（赵国红）

【干部队伍建设迈出新步伐】 以保持共产党员先进性教育为契机，继续开展“三优、一创、二争先”活动。为落实北京市统计局巡查工作建议，经区政府同意，增配副局长1名，同时设立了总统计师和局长助理职位，充实了领导班子。坚持重政绩、重群众公认原则，提拔、轮换正副科级干部7名，发展新党员3名，新引进大学生2名。年末，全局77.5%的人员拥有大学本科以上学历，46.5%的人员拥有专业技术职称，其中班子4名处级领导干部全部取得高级职称，干部队伍的知识结构明显改善，人员素质不断提高。

（赵国红）

【全国1%人口抽样调查】 根据北京市统计局统一工作部署，成立了丰台区全国1%人口抽样调查领导小组和办公室。7月26日—8月20日，在新村街道办事处银地社区第三调查小区进行了市级调查试点工作，试点工作总结—《调查小区划分是1%人口抽样调查成败的关键—从试点看区域划分中的难点及对策》被国家统计局以简报形式发往全国其他省市进行推广，并刊登在国家统计局人口司网站上。加强宣传工作力度，开通了丰台区1%人口抽样调查网站，开展了宣传月、宣传周、宣传日活动，利用电视、报纸等新闻媒体和发送简报、信息等多种形式广泛进行宣传，动态报道全区1%人口抽样调查工作进展情况。此次调查以11月1日为时点，全区共登记21个街道、乡镇的131个调查小区住户12412户、常住人口30482人，经北京市统计局测算后确认，年末丰台区常住人口为156.8万人。

（赵国红）

【全员执法工作】 全面推进统计执法工作，不断加大执法力度。根据北京市统计局关于统计执法工作的要求，周密安排、统一部署、狠抓落实，通过建立每周例会和通报制度，及时掌握执法工作进度，改变了以往执法工作前松后紧的状况。4位局领导以身作则，亲自带队下户检查单位9家。聘请北京市统计局执法工作专家进行业务培训，全局和街道、乡镇执法人员执法水平进一步提高。全年共检查单位409家，立案106起，立案率25.9%，处罚金额4.8万元。在年终考评中，丰台区统计局获北京市统计系统执法工作二等奖。

（赵国红）

【信息化建设】 街道、乡镇和二级综合单位网上报送工作全面展开，至年底，工业、商业、建筑业、服务业、房地产业和劳动工资等6个专业的2000多家企业实现了网上报送，网报率达到90%以上，提高了统计上报的及时性，网上报送系统已由数据采集逐步向以采集为基础、集数据加工、处理、分析为一体的综合信息处理平台转化。配合北京市统计专网建设，加快街道、乡镇网络连通和安全防护工作，实现了全区各街道、乡镇统计机构和主要报送企业之间的网络办公。

（赵国红）

【充分发挥统计信息功能】 全年报送统计信息306条，被市、区采用118条；统计分析70篇，调研报告8篇。其中《丰台区非公经济发展研究》获北京市统计局统计分析和丰台区调研报告二等奖。配合丰台区“十一五”规划编制工作，为全区各部门和社会各界提供信息咨询服务300余次。完成了民建丰台区工委解刚、王虹委员“依法完善统计指标及方法的建议”的提案办理工作。

(赵国红)

【居民一日出行调查】 北京市居民一日出行调查是第三次全市交通综合调查的一项重要内容,包括居民一日出行、私人机动车一日出行、非集中居住的外来务工人员三个方面的内容。根据全市统一工作要求,区和街道办事处均设置了执行办公室,对抽调的348名调查员分4个班进行了业务培训,丰台区调查执行办公室下发了《居民一日出行调查日报制度》及补充通知,严格按照“右手原则、隔二抽一”的调查原则进行入户调查。此次调查涉及全区16个街道办事处、111个社区居委会的21万户共63万余人,抽取样本总量9000户,其中有车户2790户,外来人口户546户。12月27日,调查工作任务全面完成,受到北京市统计局好评。

(赵国红)

【街道统计体制改革试点】 在充分调研的基础上,经区政府同意制定了《丰台区统计机构体制改革实施方案》,拟从街道办事处划转出2名行政编制人员建立统计站,实行街道统计工作由区统计局的垂直管理。根据9月20日第103次区长办公会要求,10月中旬开始在东铁匠营、丰台镇、右安门、长辛店4个街道办事处进行了“撤科建站”试点工作,进一步探索适合丰台区情的统计体制改革之路。

(赵国红)

【统计培训工作】 按照全市统一部署,成立了统计从业资格认定办公室,认真开展从业资格认定工作,全年有462名学员参加了从业资格考试,合格率为64.5%,高于全市平均水平6个百分点,已办结统计资格认定298人。全年对街道、乡镇统计人员进行了3次大规模业务培训,并对全区范围内的500余名统计工作人员进行了持证上岗培训。

(赵国红)

【编制2004年丰台区基础数据】 根据市、区领导提出的“职责清、情况明、数字准、素质高”的要求,结合丰台区实际情况,组织实施了30余个委、办、局基础数据的收集、上报工作,编辑出版了《2004年丰台区主要经济和社会发展基础数据》,为区领导和政府各部门“全面掌握全区基础工作基本数据、摸清全区基本情况”提供了依据。

(赵国红)

【配合市统计局做好GDP核算改革】 根据国家统计局GDP下管一级的制度要求,为进一步增强GDP核算质量,切实提高统计数据的准确性,树立政府统计的权威性,北京市统计局正在逐步建立GDP集中发布与下算一级制度。为配合北京市统计局的核算改革,丰台区统计局积极做好地区GDP核算改进和专业数据质量评估工作,不断提高GDP数据及相关专业数据的准确程度和匹配程度,并应市统计局要求,抽调业务骨干参加全市GDP下算一级核算工作。

(赵国红)

【第二次全国农业普查正式启动】 根据国务院、北京市对第二次全国农业普查的部署精神,12月23日,区政府印发了《丰台区人民政府关于开展第二次全国农业普查的通知》,成立了由21个成员单位组成的丰台区第二次全国农业普查领导小组,副区长李昌安任组长,普查办公室设在统计局,具体负责全区农业普查的组织实施和协调工作。花乡的四合庄、黄土岗、樊家村被确定为国家级试点单位,花乡政府及三个村委会成立了试点领导小组和办公室,全区普查工作正式启动。

(赵国红)

【统计登记工作】 为全面掌握全区新注册单位情况,提高统计登记率,根据北京市统计局反馈的地方税务局新增企业纳税名录库,与区技术监督局密切合作,利用机读卡初步实现了信息共享,组织丰台区统计学会、区政府企业服务大厅和综合科人员通过电话通知、发送信件等形式，督促新增企业尽快办理统计注册登记，统计登记率明显提高。

（赵国红）

【承办《新丰台》每周看点栏目】 在丰台区委宣传部主办的“新丰台”报刊上开辟“每周看点—来自统计局的报告”专题栏目，动态反映全区经济发展情况，积极宣传全区建设成就，及时发布群众关心的热点新闻，全年共刊登各类统计信息48期。

（赵国红）

【配合“双创”工作开展民意调查】 6月—8月，为配合全区“双创”工作，开展了“创建卫生城区和文明区满意度和知晓率”调查，对全区范围内的企事业单位、住户和市场、车站等重点地区进行了8轮电话调查和实地调查，共调查单位9000余家、居民住户3000余户，群众对全区卫生状况的满意度由调查初期的67%上升为91%，对创建卫生城区的知晓率由44%上升到96%。

（赵国红）

【开展效能建设和行政效果民意测评】 配合区纪检委、区监察局对全区41个委办局、16个街道办事处开展了效能建设民意测评，配合区委组织部对21个街道、乡镇领导班子进行行政效果满意度调查，调查覆盖全区企业、事业单位和广大城乡居民，共发放调查问卷2000余份。

（赵国红）

劳动保障工作

【概　况】 丰台区劳动和社会保障局是区政府的重要职能部门，综合管理全区劳动和社会保障工作。全局内设机构21个，其中行政科室9个，下属事业单位12个。机关主要业务科室有劳动工资科、劳动争议仲裁科、就业培训科、劳动监察科、医疗保险科和社会保险科；事业单位主要有职业介绍服务中心、退休人员管理服务中心、社会保险基金管理中心、劳动监察大队、职业技术培训学校和职业技能鉴定所。全局共有干部职工215人，其中，行政编制45人，事业编制170人。连续六年被评为全市劳动保障系统出色完成任务的单位；连续五年在全区“考评政府部门、争创优质服务”活动中受到表彰和表扬。清理整顿劳动力市场秩序专项行动和农民工工资支付情况专项执法检查获得劳动保障部先进单位；办公室、职业介绍服务中心被评为2005年度“北京市劳动保障系统优质服务窗口”。年内，全区劳动保障部门按照落实科学发展观和构建社会主义和谐社会的要求，统筹城乡就业和社会保障，各项工作扎实推进。紧紧抓住开展保持共产党员先进性教育活动这一契机，努力为群众办好事、办实事，促进了区域经济社会的协调发展。

（郭斯萌）

【“两个确保”得到落实】 确保失业人员失业保险金和离退休职工养老金的按时足额发放。年内为12675人次的就业转失业人员发放失业保险金8533万元；为12.6万名企业离退休职工支付养老金14.8亿元，保证了失业人员和离退休人员的基本生活。

（郭斯萌）

【失业人员再就业】 全区城镇登记失业人员37106人，其中新增失业人员29107人，上年结转失业人员7999人。登记失业人员中实现就业的有21234人。年末实有失业人员14054人，城镇登记失业率为3.05%，低于3.5%的控制指标。

（郭斯萌）

【社区就业】 全区开发社区就业岗位13193个，安置失业人员10555人，完成全年开发10000个社区就业岗位，安置失业人员8000人任务指标的132%。发展服务型企业96

家,安置失业人员 1026 人。

(郭斯萌)

【就业困难群体再就业】 年内共有“4050”失业人员 11830 人,实现就业 7676 人,就业率为 65%;经认定的 1537 名就业困难人员实现公益性就业岗位托底安置。并与区财政局、民政局联合制定《促进城市低保就业服务对象就业机制暂行办法实施细则》。

(郭斯萌)

【职业介绍】 年内区职介机构共接待用人单位 3025 家,为 30449 名求职人员办理求职登记;举办招聘洽谈会 185 场,其中失业人员专场洽谈会 14 场;根据用人单位和求职者意愿进行职业介绍,推荐成功 20341 人,推荐成功率 62%。

(郭斯萌)

【城乡统筹就业】 实行求职登记、技能培训、职业介绍等就业服务制度,与区农委联合下发《丰台区加强农村富余劳动力就业工作意见》和《关于做好 2004－2010 年农村富余劳动力转移培训工作的意见》。实施“多帮一”伙伴牵手城乡就业计划,初步形成了农村劳动力转移就业网络运行服务体系。全年对 3676 名农村劳动力进行了职业技能培训;为 4014 人办理了求职登记,帮助 2520 人实现就业。

(郭斯萌)

【职业技能培训和鉴定】 认真落实“三年十万”培训计划,全年职业技能培训 4.1 万人。其中,在职职工培训 5310 人;各类人员持证上岗培训 8900 人;新生劳动力培训 4780 人;农村劳动力培训 3676 人;失业人员免费培训 18055 人,定岗培训率达到 79%,培训后再就业率达到 69%。全年为 13407 人进行职业技能鉴定,其中免费技能鉴定 10504 人。

(郭斯萌)

【街乡基础管理】 将农转居人员、城镇低保人员、残疾失业人员纳入失业登记和就业服务范围,为做实基础管理工作,建立了《就业登记情况台帐》,包括就业状况、掌握技能情况、年龄结构、学历及劳动合同签订情况;建立了城镇登记失业人员基础管理的数据会审、通报、考核制度;建立了街乡工作人员培训制度和监督检查制度,组织各类培训 27 期,牵头组织了全区职业指导师的资格培训工作。

(郭斯萌)

【社会保险扩面征缴】 建立社会保险扩面征缴长效机制,社会保险覆盖范围不断扩大。全区养老、医疗、失业、工伤、生育保险参保人数已分别达到 33.6 万人、39.6 万人、23.8 万人、19.6 万人和 13.6 万人;社会保险基金持续增收,共收缴五项社会保险基金 19.8 亿元,同比增长 44%。各项社会保险基金收缴率均达到 95%以上。

(郭斯萌)

【完善医疗保险制度】 全区参加基本医疗保险的企业中有 2678 家企业建立了补充医疗保险,涉及职工 32.8 万人,覆盖率为 95.2%。加大了政府医疗救助力度,对困难企业患大病的 126 名特困职工实施救助,救助金额 50 万元。加强定点医疗机构管理,进一步规范医疗行为,合理控制医药费用支出,保证基本医疗保险基金的收支平衡。全区 284 家单位的 3.35 万名享受公费医疗待遇的人员执行基本医疗保险的药品目录、诊疗项目目录和服务目录,同时其中的退休人员可以选择第二家定点医疗机构就医。

(郭斯萌)

【统筹城乡社会保障体系】 贯彻落实《关于本市建设征地农转工自谋职业人员社会保险有关问题的处理办法》,妥善解决了第二批 110 名农转工自谋职业人员补缴社会保险问题;配合有关部门完成了成寿寺村、精图村撤村建社区转工人员的就业和社会保障工作;积极向市有关部门反映,为妥善解决《北京市建设征地农转工人员安置办法》实施期间批准的征地项目,转工人员安置有关遗留问题奠定了基础;对王佐镇小城镇建设中农转非人员就业和社会保障问题进行了综合调研。按照《北京市农村社会养老保险制度建设指导意见》精神,着手制定《丰台区农村社会养老保险实施办法》。年内,全区共有1.98万人参加农村养老保险,收缴基金2214万元,为1098人支付养老金311万元。为逐步建立统筹城乡社会保障体系奠定了基础。

(郭斯萌)

【公费医疗管理】 全区共有284家单位的3.35万人享受公费医疗待遇,支出医药费8800万元,人均医药费支出2628元。

(郭斯萌)

【企业退休人员医药费社会化报销】 针对企业退休人员门诊医药费报销难的问题,实行就近到社保所报销,在各级领导的大力支持下,全系统克服困难,积极推进,实现了84212名退休职工选择在居住地社保所报销医药费,占全区参加医疗保险退休职工的60%。

(郭斯萌)

【退休审批和劳动鉴定】 年内,共审批职工退休8523人,其中正常退休3748人,提前病退460人,特殊工种提前退休4315人。为166人进行病退鉴定,完全丧失劳动能力149人;为1037人进行工伤认定;为527人进行工伤鉴定,其中474人达到等级。

(郭斯萌)

【社会保险基金管理】 五项社会保险基金累计支出20.9亿元,增幅23%。其中,为12.6万名离退休职工支付养老金14.8亿元;为12675人次的就业转失业人员支付失业保险金8533万元;为6475名工伤职工支付工伤保险待遇1720万元;为16.2万人次支付基本医疗保险金5.1亿元;为442人支付生育保险待遇180万元。

(郭斯萌)

【劳动合同制度监控】 年内区属企业共有1112名职工劳动合同届满。其中续订劳动合同965人,续订率为87%。54家企业初签集体合同,涉及职工3356人;16家企业续订集体合同,涉及职工2.1万人。

(郭斯萌)

【劳动争议案件处理】 受理劳动争议案件1315件,其中集体争议案件64件,涉及职工710人,劳动争议案件数和集体争议案件数同比分别增长62%和42%。劳动争议案件结案率100%。

(郭斯萌)

【劳动监察举报】 年内,共对4656家用人单位执行劳动法律、法规情况进行检查,涉及职工11.4万人,其中检查非公企业4365家,占检查单位总数的94%。纠正371家企业的违法行为;责令补签劳动合同5048份;督促企业为1425名劳动者补缴社会保险费63万元。查处群众举报违法案件3332件,涉及职工1.2万人,结案率99%。为7002名劳动者追回拖欠工资1940万元;为320名劳动者清退风险抵押金28.7万元;取缔非法职介189家。在全区开展“劳动用工规范一条街”工程,规范了19条街道的440家企业,涉及职工1.1万人,补签劳动合同1443份,补缴社会保险费30.8万元,追回拖欠工资2400元,补办职业资格证书203份。

(郭斯萌)

【来信来访、突发事件办理】 受理群众来信、来访、来电1.4万件。主要涉及劳动工资、养老保险、工伤保险问题,分别占受理总数的22%、17%、16%。处理突发事件342件,同比增长48%,涉及劳动者7727人,积极化解矛盾,维护了社会的稳定。

(郭斯萌)

【行风建设】 坚持“党风廉政、行风建设、效能建设”三位一体的工作机制。编制了《政务公开事项汇编》、《效能建设九项制度》等四套制度汇编,制定了《效能建设考核标准》、《行政监察检查制度》等五套考核管理办法。对群众来访、来电、来信举报认真记录,对局长信箱、政风在线坚持每天必查,并在规定的时限内予以答复。深化政务公开,重点对丰台劳动保障网首页进行了改版,开设了党员先进性教育活动专栏、党务公开、政务公开等8个版块,整合了政策法规专栏和许可审批事项。在全面推行"全程办事代理制"基础上,健全全程办事代理制度,强化对受理事项的监督检查。进一步加强劳动保障法制建设,依法行政意识不断增强,依法行政水平得到提高。是年,劳动监察科(大队)被国家劳动保障部评为"清理整顿非法职介专项活动先进单位"。全局连续七年被市劳动保障系统评为"出色完成任务的单位",连续六年在区委区政府考评政府部门、争创优质服务活动和效能建设考评中评为被表彰单位。

(郭斯萌)

工商行政管理工作

【概　况】 是年,分局以"三个代表"重要思想和中国共产党十六届四中、五中全会精神为指针,以加强基础工作、建设完善分局级执法平台为重点,以弘扬"两甘"精神为依托,全面贯彻落实市局和区委、区政府的各项工作部署。全局干部职工立足本职、无私奉献、积极进取、锐意创新,圆满地完成了各项工作任务。分局级执法平台建设初显成效,干部队伍综合素质和专业化水平显著提高,各项监管服务工作全面推进,在市工商行政管理系统综合考评中,被评为先进单位。方庄工商所、大红门工商所成为市局首批规范化管理达标工商所。辖区市场交易秩序明显好转,有形市场整体管理水平显著提升。7月份,市工商局在丰台分局召开现场会,新发地市场"抓住主体、客体两个准入环节,强化蔬菜质量安全监管"的经验在全市推广。在区"政风在线"反馈中,丰台区政府职能部门群众投诉和建议答复,工商分局的群众满意度为100%,在全区64个职能部门中排名第一。至年底,全区共有各类经济主体155779户,比上年增长14.99%。其中,内资企业36906户,比上年增长10.9%;注册资金617.5亿元,比上年增长11.89%。全年新开业内资企业6581户,内资企业总户数中注册资金1亿元以上的有88户。个体工商户共有114473户,全年新开业42990户,安置下岗职工7339人。

(谭志生)

【打击不正当竞争行为】 充分发挥区整顿规范市场经济秩序办公室的协调作用,加大对大要案的查处力度,严厉打击辖区内各类不正当竞争行为。分局在查办"北京阜外医院收受商业贿赂案"中,涉及到50家药品经营单位,年内,分局共查办医疗行业商业贿赂案件38起,有效遏制了行业违法行为的蔓延;重点打击了以"消费储值"等名义用高额回报为诱饵的商业欺诈行为;与企业携手开展"打假维权行动",在整顿成品油市场中,查办了"刘风华投机倒把案";发挥反传联盟作用,驱散非法传销讲座12起,办理传销案件6件,其中一件移交公安机关。打击传销工作已推进到社区和农村,全年共办理各类经济检查案件92起,罚没款总计525万元,为商家挽回经济损失500余万元。

(谭志生)

【构建科学高效分局级执法平台】 积极探索分局级执法平台建设,形成了以科学分析各业务部门和各政府职能部门信息为基础,以完善事权划分、合理配置执法资源为手段,以多个现代化系统的充分运用为支撑,以辖区责任考核的严格落实为保障的综合监管机制。监管思路由单一管理型逐步向综合履职型转变,监管方式由条块封闭型逐步向整合开放型转变,初步实现了"问题能发现、事态能控制、突发问题能解决”的目标。深化网格化监管，制定了《三级网格责任人工作规范》、《完善网格化监管实施办法》、《发现问题处理原则》等一系列规范性文件。充分发挥网格综合协调和调度指挥的优势，建立了政府各部门的联动机制；发挥基层政府和相关职能部门的作用，采用同级协调、上下级互动的原则，及时将有关问题移转相关部门，拓宽发现问题的途径，形成了齐抓共管的良好局面，极大地增强了对辖区市场秩序的控制能力。信用体系建设进一步完善，为分局级执法平台提供了强有力的监管手段。年内，区企业信用信息系统共有11个相关部门录入了数据，共计496543条，其中身份信息486592条，良好信息348条，提示信息1178条，警示信息8425条。本着“守信宽待，失信严查”的原则，在监管工作中发挥信用监管优势，对不同类级的企业采取不同的监管方法，促进了信用信息系统的进一步完善和应用。全年，共办理企业监督类案件2058件，罚没款409万元，取缔无照经营6288户，疏导办照1907户。

（谭志生）

【弘扬“两甘”精神】 以保持共产党员先进性教育活动为契机，加强党风廉政建设和工商文化建设，坚持把队伍建设当作基层工商事业发展的生命线，树立“以人为本”的管理理念，大力弘扬“甘当主力、甘当苦力”的首都工商精神，强化干部的教育管理，为基层执行能力的提升提供了强有力的精神保证。共组织开展各类教育培训55期，参训人员4240人次，组织了以“文明工商、礼仪丰台”为主题的文明礼仪知识竞赛，并在参加全市工商系统开展的文明礼仪比赛中，两名选手获得了第二名的好成绩。思想教育促进了各项业务工作的开展，年检验照实现了“零投诉”，登记窗口工作效率进一步提高，全年共收到表扬信120封，锦旗50面。

（谭志生）

【加大知识产权保护力度】 以国家工商总局开展的“知识产权保护年”为契机，协调区相关部门制订了《丰台区知识产权保护工作方案》，对全区保护知识产权工作进行总体部署；开展无假冒商品示范店企业经营交流活动，加强了对区自有商标专用权的保护，为其发展提供政策支持；建立由市场主办单位、商户、媒体、社区居民、商标权利人等参加的保护知识产权监督体系，加大对非法印制他人注册商标活动的查处力度；集中开展查仓库、掏窝点打假行动，从源头上遏制假冒名牌的泛滥。年内，共办理商标侵权案件124件，取缔制假窝点29个，库房19个，加工点10处，案值达900余万元。其中，查扣假冒阿迪达斯运动鞋392箱，假冒耐克运动鞋271箱，共计8546双；假冒雷达表1089块、假冒劳力士表3125块、假冒欧米茄表773块，共计4987块。查处各类侵权服装12800余件，侵权酒类3590余瓶，手机配件672件，假冒汽车防爆膜223卷，假冒商标标识2万余枚。在查处假冒长城干红葡萄酒一案中，涉案两人被移送公安机关追究刑事责任。

（谭志生）

【加强12315消费维权网络建设】 年内，拓展消费投诉网络建设，建立保护消费者权益联络站56个；成立了全市第一家消费者协会法律支持中心，为下岗、无业、有残疾的消费者提供法律援助；继续在多所学校内建立“青少年维权岗”，加大对消费者权益保护的力度和广度；在宣传上，通过发布消费知识、消费警示等途径发挥舆论监督作用。年内，12315投诉举报系统共接到投诉3009件，同比增长46%，办结2917件，办结率96.9%，为消费者挽回经济损失191万元。继续强化12315举报中心网络建设，在保护消费者权益的同时，加大对经营者违法行为的处罚力度；重点加强了申诉举报信息的利用，制定了食品类举报处理规范；建立了申诉转立案的督办制度，以制度化的工作程序保障信息流转的畅通和对执法力量的高效调度。12315维权网络一方面通过行政指导规范企业行为,实现维权关口前移,一方面以相关投诉举报信息作为案源及时查办案件,打击严重侵害消费者权益的违法行为。全年通过12315举报中心立案1086件,罚没款155.9万元。

(谭志生)

【建立食品安全三级监管网络】　发挥区食品安全协调监督办公室的作用,在全区22个街乡、315个社区、村全部建立了食品安全日常管理制度。组织了各街乡、社区、村负责人和工作人员参加的专业培训,强化了全区食品安全工作意识;制定了《丰台区食品安全职责管理办法》,明确了各地区、各部门的职责,建立起以成员单位、街乡、社区为中心的三级监管网络。组织区质量技术监督局、卫生局、林业局等涉及检测的部门进行了多次研究、讨论,相互沟通,在充分了解各部门食品检测情况的前提下,制定了《关于建立丰台区食品监测与监督抽查控制体系的实施方案》。《方案》将辖区食品安全检测分为执法检测和评价检测两条线,其中执法检测以抽查问题食品为目的,评价检测以系统、连续、综合反映丰台区食品安全总体状况为目的。体系的建立使丰台区各部门的检测资源得到整合,检测目的性、侧重点更加明确,检测能力得到充分发挥,初步实现了区域整体食品检测与监督抽查功能最优化和效能最大化,也为丰台区食品安全综合评价的定量分析打下了坚实的基础。聘请了包括新闻记者、政协委员在内的30余位食品安全社会监督员,对全区食品安全进行监督。在实施网络建设的一年里,全区共接到社区和街乡违法行为信息报送177条,查处各类食品安全违法行为28000余户(人)次,食品安全隐患105处,捣毁黑窝点28个,有效地遏制了不法行为的蔓延,控制了辖区食品安全形势。

(谭志生)

【深化广告监管方式改革】　年内,实施广告三级(市局、分局、工商所)监管体制;实施媒介单位例会制,将监管关口前移;紧抓违法广告源头,加大对广告主的查处力度;开展“五进”活动(广告监管进社区、进医院、进楼宇、进网络、进学校),广泛进行宣传,提高民众识别虚假广告的能力;运用户外广告数码管理系统,加强户外广告监管内容分析;根据辖区特点,坚持突出重点、标本兼治,深入开展专项治理工作,重点监管医疗机构、保健品经销、药店等发布的广告内容;强化网格化监管责任制,完善广告监管体系建设;全年共查办广告类案件99件,罚没款74.76万元。其中,“富硒灵芝宝”网络虚假宣传案、中科首创研究院虚假广告诈骗案,已经成为全市广告监管典型案件。年末,全区共有媒介单位54家69种,其中报纸9种、期刊57种、电视台3家,广告公司746家。

(谭志生)

【维护市场经济秩序】　以“创建全国卫生区”工作为契机,加强市场规范化管理工作,建立有形市场的长效监管机制。针对手机市场存在的问题,进行了专项检查,责成市场主办单位认真履行市场管理职责,指导市场制订完善了各项管理制度,并为市场商户举办工商法规培训班。通过整顿,辖区内手机市场的交易秩序有了明显改善。结合“创卫”工作,组织开展了重点商品、重点地区及重要时期的市场秩序专项整治,强化了对市场主办单位的管理,通过各项措施,辖区有形市场的整体管理水平显著提升。11月份,区长办公会通过了由分局拟定的《丰台区有形市场发展建设指导意见》,为丰台区市场的长远发展提供了标准和依据,有力地推进了全区市场的升级改造工作。年内,全区有形市场规范化管理达标率达到98.9%,其中农贸市场达标率从往年的97.8%上升到98.8%,市场内商户持照率大幅上升,非农贸类市场商户持照率已接近100%。

(谭志生)

【制订新的合同示范文本】　继2004年制订《北京市建材买卖合同》示范文本后,又根据市工商局的统一部署,承担了制定电信服务示范文本的艰巨任务。由于电信业飞速发展，为广大群众提供了便捷、畅通的服务，但这一领域存在的侵犯消费者合法权益的不平等格式条款和显失公平的行业惯例较为严重。因此，对电信行业的监管放在了电信服务协议上，并以此为切入点，通过制订合同示范文本，规范电信服务，制定了《北京市移动电话入网合同》和《北京市固定电话入网合同》两份示范文本。合同示范文本是在深入调研，把握格式文本存在问题的基础上制定的。本着“公平公正、准确全面、简单明了”的原则，突出了兼顾公平和便捷实用的特点。合同示范文本有针对性地制订了明晰的话费查询条款，以保障消费者的知情权；制订明确的客户资料保密条款，以保障消费者的隐私权；制订完善的风险控制条款，以规避双方签约风险。6 月份，合同示范文本正式在首都之窗等网站上公示，并于 7 月 28 日召开了各方人士参加的听证会，引起了多家媒体的广泛关注。

（谭志生）

质量技术监督工作

【概 况】 在区委、区政府和市质量技术监督局的领导下，质量技术监督工作全面落实市局和政府工作部署。北京育青食品开发有限公司代表北京市顺利通过国家食品药品监督管理局食品放心工程综合评价验收，21 家食品生产企业获得了许可证；煤炭、燃油合格率分别达到 80.4% 和 97.5%。136 部老旧居民电梯整治 2 台已经更新完毕并投入使用，54 台整改资金到位，1654 台锅炉的 14886 项数据和电梯、起重机械、压力容器共 12081 台设备的 48324 项参数得到了确认，检验各种特种设备 7288 台。加油机受检率 100%，检测各类计量器具 98387 台件，强检工作计量器具 78243 台件，联合下发了《关于加强水表、电度表、燃气表、热量表首次强制检定的通知》；4 家“农业标准化基地”建立技术标准 83 项、管理标准 80 项、工作标准 76 项，全部通过市级验收。查处违法案件 1360 起，罚没款 214.4 万元，端掉油墨和地条钢制假窝点 2 个。煤炭检测 547 个，检验项目 808 个，食品检测 1479 个，蔬菜农药残留量检验 66 个，出具各类检验报告 2100 份。组织机构代码、标准化、质量、计量、特种设备等信息网上公开实现了资源共享，国家级报刊先后 6 次报道开展工作的情况，在丰台各界产生了较好影响。

（徐学全）

【源头抓质量】 检查生产、销售等企业 695 家次，其中检查生产企业 636 家次、销售企业 59 家次，建立食品、工业产品和强制认证产品质量档案 96 份。对实行许可证管理的食品生产企业进行专项调查，录入数据 5000 多个。与区政府、区食品办联合检查 11 次。

（徐学全）

【食品质量抽查】 按照抽样计划，64 期抽查面粉、肉制品等 30 种，产品涉及 300 家次的食品生产企业，抽取样品 217 个，抽查合格率 82.0%。抽查果蔬产品 41 种，农药残留及有害金属抽查合格率 92.7%。

（徐学全）

【副区长检查食品安全】 5 月 30 日，副区长闫小彦、闫傲霜率领质监局、食品安全办等 9 个部门对全区食品安全进行了大检查。检查市场、超市、饭店、学校食堂、工地食堂、食品生产企业等 8 家，发现个别乳饮料生产加工厂存在消毒池中消毒液浓度低、原料奶检测项目不全、现场卫生状况差、保洁用具和生产用具混放的问题。针对问题，执法人员现场责令企业立即改正。

（徐学全）

【市局局长调研质量工作】 4 月 14 日，市质量技术监督局局长郭浚清到丰台质监局进行保持共产党员先进性教育和工作调研。郭浚清听取汇报、调查了解、分析研究后强调要狠抓食品质量,尤其是执行强制性标准的产品质量,一定要从生产领域把住关。要加强电梯、锅炉等特种设备的管理和监察,把安全放在首位。

(徐学全)

【食品安全市场准入工作】 对19家食品生产企业提供的申请生产许可证材料进行了初审,审查企业63家次,产品涉及11个申证单元。参加申证督查32家次,21家食品生产企业获得了许可证。

(徐学全)

【许可证和强制认证工业产品管理】 对52家工业产品生产许可证和强制认证的企业进行年审和监督抽查,抽样28个,派出督查员57人次进行现场督查。参加生产许可证企业现场审查25人次。

(徐学全)

【食品突发事件】 组织对苏丹红、保鲜膜(袋)、口蹄疫、猪链球菌感染、禽流感和查食品保两会等执法检查。检查可能使用苏丹红一号的企业94家,抽取样品34个,涉及产品13种。

(徐学全)

【育青食品综合评价验收】 12月10日,北京育青食品开发有限公司顺利通过国家食品药品监督管理局检查组的验收,食品放心工程综合评价获得通过。此次验收是国家食品药品监督管理局对北京市食品安全进行的验收,依据《2005年31个城市食品放心工程综合评价方案》进行。接受验收的辖区育青食品开发有限公司是经过抽签而产生,也是北京市唯一一家代表北京市接受验收的食品生产企业。检查组从企业的生产现场到原料进货索证和检验,从食品添加剂的使用到产品标准和标识的执行,从产品出厂检验到生产许可证(QS)情况等内容进行了严格审查,所查项目全部符合食品放心工程的基本要求。

(徐学全)

【保春耕农资专项检查】 开展以化肥、农药、农膜、农机以及零配件为重点的执法检查活动,检查10家农资化肥生产企业,化肥和农药的有效含量符合产品要求。

(徐学全)

【建材专项整治】 开展以内墙涂料、冷轧带筋钢筋和地条钢等8类建材产品为重点的建材生产企业专项整治,对应取得生产许可证或强制认证的企业,查验了相关资质和产品的检验报告,对2家利用中频炉从事生产的企业进行了详细检查,质量相对稳定。

(徐学全)

【奥运场馆建筑材料检查】 11月8日,对北京城乡建设集团有限责任公司承建的2008奥运会丰台垒球场项目建筑工地进行了执法检查。通过严格查阅工地使用建筑施工材料的进货票据、检验报告、实地比对等环节,未发现使用不合格建材的现象。执法人员要求,承建单位要严把进货渠道关,向供货商索要建筑施工材料的检验报告,杜绝不合格、劣质产品使用到奥运场馆的建设中。

(徐学全)

【3C强制性认证】 检查88家企业的强制性认证证书,并将产品与认证证书进行了对比,指导企业填写了《企业生产产品情况登记表》、《3C产品生产企业基本情况登记表》,推动了国家强制性认证工作的全面实施。

(徐学全)

【煤炭和油品质量】 根据《车用汽油》、《车用柴油》和《低硫散煤及制品》3项北京市地方标准,加强了对煤炭、燃油行业的监督管理。检查用煤单位554家,抽取煤样386个,合格率80.4%。检查加油站86家,抽检油样160个,合格率为97.5%,加油机受检率100%。

(徐学全)

【行政执法】 开展以食品、煤炭、建材为重点的打假治劣活动,出动各类执法5192人次,查处违法案件1360起(其中代码处罚案件1009起,占案件总数的74%)其中现场处罚756起,立案查处604起,端掉油墨和地条钢制假窝点2个，罚没款214.4万元，受理投诉举报221起，解决195起，办结率88%，为消费者挽回经济损失11.2万元。

（徐学全）

【计量监督检查】 检查41家一级以上医疗卫生单位；对20家超市销售的定量包装商品量进行了监督抽查，抽查145批次，合格率94%；检查集贸市场20家、眼镜制配单位31家，对18家工地的水表、燃气表、热量表、电度表等计量器进行了安装前的催检。共检查各类在用计量器具6834台件，监督检查后受检率均为100%。

（徐学全）

【计量管理】 受理16家计量器具制造、修理取证和1家企业最高标准器建标申请及审批；对22家获得行政许可单位进行了监督，对存在问题单位提出了整改要求；与区建委联合下发了《关于加强水表、电度表、燃气表、热量表首次强制检定的通知》，为“四表”检定产生了很好影响。

（徐学全）

【计量检测】 检测计量器具98387台件。强检工作计量器具78243台件，其中：贸易结算71347台件，安全防护3650台件，医疗卫生3201台件，环境监测45台件。

（徐学全）

【农业标准化基地建设】 有4家农业生产企业被确定为“农业标准化基地”建设单位，共建立技术标准83项、管理标准80项、工作标准76项，建立了以产前、产中、产后为对象的标准体系，4家企业全部通过了市级验收。指导2家企业开展“国家标准化管理委员会农业标准化示范区”的建设，通过了国家首次验收。

（徐学全）

【采标工作】 指导企业进行“采标”申报，有13家企业的27种产品已取得采标合格证及标志证书。

（徐学全）

【标准备案和登记管理】 为156家企业备案标准216份，为250家企业登记标准476份，为26家次企业备案企标修改通知单32份，备案的企业标准材料齐全、编写规范；自查备案企标902项；在市局组织的标准互查、抽查中，标准备案合格率100%，没有违反法律、法规和强制性标准要求的问题。

（徐学全）

【组织机构代码】 新办代码数量9527份，同比增长28%，制卡12431份，同比增长53%，变更8072份，同比增长80%，年审68份，与去年持平，废置337份，同比增长40%。接待咨询60000人次。

（徐学全）

【老旧居民住宅电梯安全隐患整治】 根据北京《关于消除老旧居民住宅电梯安全隐患的通知》精神，制定了丰台区老旧居民住宅电梯安全隐患整改工作方案，明确了组织机构和责任分工，落实产权单位主体责任，制定了实施步骤和总体工作目标，对136部老旧居民住宅电梯进行了评估，对每部电梯提出了具体建议，落实54部老旧电梯隐患整改的资金和整改时限。

（徐学全）

【特种设备基础工作】 对超期未检设备进行了崔检和使用情况确认；对1654台锅炉的14886项数据、对12081台电梯、起重机械、压力容器等设备的48324项参数进行了核对确认；对9家危险化学品充装单位进行了定期检查，提出了确保安全的指导性意见；对”土锅炉”进行了整治。

（徐学全）

【特种设备监督检验】 电梯检验4295台，同比增长24%；起重机械完成检验834台，同比下降6%；锅炉检验1227台，同比增长23.8%；压力容器检验932台，同比增长43%；检验特种设备总数7288台，同比增长21.7%。

（徐学全）

【成立丰台检测中心】 在市质督局支持下，与北京市产品质量监督检验所合作，成立丰台检测中心,9月16日正式运行。投入200余万元对原有实验室进行技术改造,建成了二级生物实验室,面积由原来的200余平方米增加到600余平方米,检验检测设施由原来的60余台增加到140余台,检验检测项目由原来的140余种增加到230余种。全年煤炭检测547个,检验项目808个,食品检测1479个,蔬菜农药残留量检验66个,出具各类检验报告2100份,为企业和社会各界提供了有效的技术支持和服务。

(徐学全)

【网络建设和政务公开】 按照政务公开要求,制造修理计量器具许可证签发等7项许可类和组织机构代码等4项服务类项目全部完成在线填报,实现网上下载文件、表格、信息发布等功能,为用户提供服务上千次,实现了资源共享,提高了办公效率。

(徐学全)

【信息宣传】 围绕质量、计量、标准化和特种设备安全,以"3.15"和"质量月"为契机,加强了与新闻媒体的联系和沟通,报刊、电视台、网站等媒体先后采用工作信息20余篇次,区委、区政府和市局采用信息60余篇次。丰台有线电视台进行4期12次质监系列报道。

(徐学全)

物 资 管 理

北京市丰鑫源物资集团公司

【概　况】 年初,根据新的经营形势,公司提出了以抓能力、抓管理、抓创新为主线,以深化改革、巩固、创新为目标,以先进性教育活动为动力,积极探索企业改革发展新途径,步入"重塑新形象,实现新目标"的新起点。进一步调整企业经营结构,继续巩固已经形成的物流仓储、建筑模具租赁、土地资源开发三大主营业务,投入150万元,新增仓储物流面积4000 ,扶持开辟扩大新的建筑器材租赁市场,扩大市场占有份额,新增客户85个,做好土地资源整合和开发利用前期准备工作,在符合北京市整体规划要求的前提下,努力挖掘土地资源的潜力,最大限度地实现国有资产保值增值。

(李维华)

【把握市场竞争　搞好企业定位】 按照"有进有退"、"有所为有所不为"的调整方针,根据市场变化和企业发展需要,确定企业二次创业的发展战略是"围绕一个目标,抓好两个定位,实施三个调整,明确四条主线。"抓好企业市场定位和主营业务定位,调整企业经营组织结构、经营结构、经营人员结构、明确做强主业、结构重组、资源整合、盘活开发资源四条主线,实现全年经营利润比去年翻番。

(李维华)

【加强党组织工作制度建设】 建立健全企业各项长效机制,加强企业科学化、规范化管理,建立完善党建工作制度,在修订完善原有制度的基础上,建立了《党务公开制度》、《联系群众制度》、《谈心制度》、《党员生活会制度》、《党建工作制度汇编》。

(李维华)

【做好经营管理人员培训工作】 年内,分别举办了《合同法》、《劳动法》培训班,邀请业内专家进行专题讲座,提高企业经营管理人员政策、法律观念。

(李维华)

【加强企业安全生产管理工作】 年内制定了《关于预防煤气中毒的紧急通知》、《消防安全工作制度》,领导带队深入基层检查安全生产责任落实情况,对每个经营环节的安全管理提出具体要求,层层签订责任书,对存在的隐患及时整改,保证企业安全生产工作有序进行。

(李维华)

财政 税务 审计

财 政

【概 况】 年内，丰台区财政局紧紧围绕市、区各项工作要求和目标，树立科学发展观，以实现“现代化新城区”为目标，以构建“和谐丰台”为着力点，以创建国家卫生区和首都文明区为重心，按照“理好财、服好务、办实事、求实效”的工作理念，加强基础工作，推进体制创新，发展区域经济，各项工作取得突出进展。全年财政收入完成18亿元，完成年度预算17亿元的105.9%，比上年增收3亿元，增长20%。财政支出达到33.1亿元，比年初预算增加8.8亿元；比上年增加6.2亿元，增长23%。

（刘月梅）

【促进财政收入快速增长】 是年，发挥财政资金的引导和聚集作用，采取政策引导、优化环境、贷款贴息等方式，支持高新技术产业、物流业和现代农业的发展；拨付资金2.6亿元，加快科技园区二期建设，加大高新技术产业支持力度；拨付资金0.1亿元，用于物流企业贷款贴息，支持产业改造升级；拨付资金0.2亿元，支持河西经济结构调整，加快薄弱地区发展；建立招商引资专项资金，做好项目储备和包装，吸引大项目、大企业、大资本入驻丰台，提升全区财源总量与质量；充分调动街乡落实体制的积极性，规范清理异地纳税留区税收0.4亿元，有效防止漏征漏管户；加强非税收入管理，出台《关于行政事业单位上缴财政非税收入有关事宜的通知》，努力做到应收尽收。

（刘月梅）

【夯实财政基础工作】 按照“责任清，情况明，数字准，素质高”的要求夯实财政基础工作。以市、区财政体制调整为契机，完成人员信息、公用信息和车辆信息的数据搜集整理工作，全面掌握全区教育、卫生、市政和社会保障等基本支出情况；拟定《关于加强基础工作的实施意见》，明确全局财政信息化建设的基本目标为构建局域网、政务网、财政专网、互联网、基础数据库为一体的“四网一库”的框架结构；按照“金财工程”整体规划有计划、有步骤地开发国库集中收付、部门预算编制等业务应用系统，顺利完成OA办公系统升级工作；在全区行政事业单位铺设金财专网，为财政业务系统整合奠定良好基础；出台《丰台区财政局互联网网站管理暂行办法》，加强互联网网站建设，促进政务公开工作。

（刘月梅）

【积极开展资金筹措工作】 围绕丰台区创建国家卫生区和首都文明区两项重点工作，通过政府融资、收缴土地出让金、争取市级补助等方式筹集资金11.3亿元,投入各项基础设施建设,改善城市面貌。其中:拨付资金3.7亿元,用于丰北路、地铁四号线等重点道路支出;拨付资金0.5亿元,用于水衙沟等河道治理支出;拨付资金2.3亿元,用于"创卫"等市政环卫支出;拨付资金1亿元,用于全区绿化美化;拨付资金3.8亿元,重点用于"城中村"整治、垒球场建设等项目。

(刘月梅)

【合理调整财政支出结构】 在继续加大对各项社会事业支持力度的同时,重点增加基层建设和为民办实事方面的支出。加大教科文卫农等事业投入,累计拨付资金10.4亿元,保证各项依法增长支出;加大社会保障政策扶持力度,累计拨付资金7亿元,重点用于保障再就业、公费医疗等方面,保证弱势群体基本支出;加大基层建设资金投入力度,累计拨付资金0.7亿元,重点用于社区、农村基层建设,构建和谐社区、和谐村镇;加大政法安全部门投入力度,累计拨付资金3.3亿元,重点用于改善政法部门业务装备、基础设施和科技创安等工作,努力维护社会稳定;加大对丰台区"四十件实事"资金投入力度,累计拨付资金1.9亿元,切实维护人民群众的根本利益。

(刘月梅)

【进一步深化财政体制改革】 积极完善财政体制,提高财政资金使用效益。做好市区体制调整工作。按照完善市区财政体制的总体要求,扎实做好体制测算的基础工作,结合城市功能定位,反映制约本区发展的实际困难,积极争取市级资金支持和政策倾斜。此次体制完善进一步明确了市区两级政府的支出责任,为逐步形成促进市区两级财政协调发展的财政体制奠定基础。继续落实新的街乡财政管理体制,保证街道基本需求,规范转移支付,实行综合预算管理。实行区与街乡收入共享的管理模式,建立多层次的分成返还机制,为区域经济协调发展提供了保障。

(刘月梅)

【稳步推进预算管理体制改革】 以推进国库集中收付制度改革,细化部门预算管理改革,深化政府采购改革为重点做好预算改革工作。国库集中收付制度改革取得明显进展,出台《授权支付改革试点方案》,将6个行政单位纳入国库集中支付改革试点;全面清理各单位的非税收入及银行账户,开展教育收费"票款分离"试点,稳步实施非税收入改革。部门预算改革继续深化,出台项目支出管理办法,细化项目支出预算管理;夯实基础数据,人员、公用预算据实编制;开展科技项目绩效考评试点,研究制定绩效考评办法。政府采购工作进一步加强,采购范围继续拓展,全区行政事业车辆实行"统一保险";采购规模逐步扩大,全年政府采购金额达到1.8亿元,节约资金0.1亿元。尝试"政府购买服务"的新模式,试行预算资金核定的新方法,改革区环卫中心、广电中心预算管理模式,提高预算编制科学性。

(刘月梅)

【强化财政监督推进依法理财】 充分发挥财政监督检查的职能作用,继续加强专项资金管理,将所有专项纳入财政、审计监督范围,重点开展大额专项审计和工程决算审计;出台《关于在基本建设中实施"阳光工程"的意见》,有效预防建设领域腐败现象;建立财政、监察、审计联席会制度,联合下发《关于加强资金管理,严禁私设小金库的通知》,严查"小金库";认真学习贯彻国务院《财政违法行为处罚处分条例》,加大宣传培训力度,严肃查处违反财经纪律的行为;加大会计监督管理力度,开展《会计法》二十周年宣传活动,提高财会人员素质。

(刘月梅)

【推进机关效能建设】 结合ISO9001质量管理体系要求转变财政管理方式,强化财政内部管理。以实现ISO9001质量管理体系与效能建设体系有机结合为工作重心,按照财政改革、职能转变和从严管理的要求,结合

ISO9001 国际质量管理体系的规定，完善《质量手册》、《程序文件》及《工作手册》三个层次制度体系建设；健全监督网络，通过开展科室自查、职能科室抽查、全局内审、外部审核等多层次多角度的监督检查，促进各项程序规定的落实，规范财政行为；规范全程办事代理服务制度，完善效能监察制度建设，推行工作规范化和服务标准化，全面提升财政服务水平。

（刘月梅）

【努力创建学习型单位】　以开展保持共产党员先进性教育活动为契机，按照更新知识、提高能力的要求狠抓教育工作，努力构建学习型机关。深入开展保持共产党员先进行教育活动。以抓落实、求实效为宗旨，紧密结合改革发展稳定的实际，扎扎实实地抓整改、办实事、解难题、促发展，实现提高党员素质，加强基层组织，服务人民群众，促进各项工作的目标。从基础入手抓干部教育培训工作。制定《2006—2010 年教育培训规划》，形成教育培训工作的长期机制；开展计算机、法律、财政业务等基础技能培训，做到缺什么补什么，使培训更具针对性。开展种类丰富的文娱体育活动，增强团队凝聚力，创建和谐的人文环境。

（刘月梅）

国资运营

【概　况】　北京市丰台区综合投资公司是 1999 年 1 月 15 日经区政府批准成立的国有独资企业。注册资本金 8 亿元。主要职责是对授权经营范围内的国有资产进行经营与管理；作为区政府管理和营运国有资产的重要载体，配合区国资委负责对区域内的国有资产实现优化配置；负责为区政府筹措经济建设和社会事业发展资金；贯彻区政府发展战略，投资丰台区重点项目及重点工程。公司设有项目开发部、财务审计部、人力资源部、办公室，共有员工 18 名。截止到 12 月底，公司的总资产为 31.19 亿元，所有者权益为 9.01 亿元，负债总额 22.18 亿元。全年完成经营收入 625.69 万元，实现利润 220.92 万元，实现国有资产保值增值率为 100.5%。年内主要工作成绩：①发挥公司投融资平台作用，积极拓宽融资渠道，为区域经济建设筹集资金，实现融资贷款 13.775 亿元。②逐步建立了相应的融资信用、风险监督机制，公司共偿还贷款本息 6.56 亿元，提高了政府和公司的信誉度。③强化产（股）权管理，落实产权代表监事及项目责任人制度，共完成股权收益 350.89 万元，维护了国有资产出资人权益，保证了国有资产保值增值。④开拓新思路，拓展公司业务。为搭建政府投资项目建设平台，由公司投资 1000 万元，并与益恒公司等 5 家股东单位共同出资 1700 万元组建了北京同创顺达置业有限责任公司，该公司将承担丰台区道路建设和政府投资项目的代建工作。

（刘立妍）

【融资贷款】　年内融资贷款 13.775 亿元，其中配合区财政局完成贷款 7.45 亿元。配合区发改委与多家银行（开发银行等 5 家银行）商洽政银合作授信额度贷款事宜，并以公司为贷款主体争取了开发行的授信贷款 6.325 亿元。政银合作有效地提升了公司融资平台职能，保证了重点工程资金需要，促进了丰台区经济建设。

（刘立妍）

【树政府信誉】　按照贷款付息还款承诺，共偿还贷款本金 6 亿元，支付利息 0.56 亿元，赢得了银行的信贷认可，进一步提高了政府及公司信用。

（刘立妍）

【股权管理】　强化股权收益的收缴，确保了授权经营的国有资产的保值增值，按期收取收益,共收取股权收益350.89万元。

(刘立妍)

【资产运作】 为确保公司承担的区政府重点工程西客站南广场ABCD座项目和地下车库项目的顺利运作,公司加大了监督、协调的力度。其中,ABCD座项目已具备申领《规划意见书》的条件,先后完成了初步方案设计、交通流量评估。地下车库项目土地出让金由公司参股的中铁恒丰公司全部缴纳完毕,项目4段地上公交枢纽项目拆迁所需前期手续和6000万元拆迁资金都已基本具备和落实。

(刘立妍)

【调查研究】 为了进一步深化丰台区投融资体制改革,加强政府投资项目的管理,通过实地考察、研究政策、学习交流等方式对相关项目进行了深入的调查研究。先后完成了《关于政府投资项目实行代建制的设想》、《浅谈我区土地一级开发的新模式》和《新会计制度对国有资产运营公司的影响》三篇调研报告,对丰台区的经济发展和公司的运作起到了积极地推动作用。

(刘立妍)

【代建政府投资项目】 为搭建政府投资项目建设平台,由公司投资1000万元,并与北京益恒房地产开发有限责任公司、北京鑫建捷市政工程公司、丰台区鸿华房地产开发经营公司、北京市曙晨工程建设监理有限责任公司共5家股东单位共同出资1700万元组建了北京同创顺达置业有限责任公司,该公司将承担丰台区道路建设和政府投资项目的代建工作,公司于10月12日正式注册成立。

(刘立妍)

【诚信佳担保公司项目】 诚信佳担保公司年内共受理50余户企业的咨询,并最终审批通过了北京中普洋生物技术有限公司1年期80万元担保项目、北京三和畜牧养殖有限公司1年期100万元担保项目和圣实冶金设备有限公司1年期100万元担保项目。为公司壮大和业务开展,担保公司积极向区财政申请支持中小企业发展专项资金200万元。公司注册资本金已增至1000万元,单笔担保额度由100万元提高到200万元。

(刘立妍)

国家税务

【概　况】 丰台国税局以"提高素质、规范管理"为主题,以保持共产党员先进性教育活动为契机,坚持严格依法治税,深化税收征管改革,强化税源管理,加强干部队伍建设,积极组织税收收入,税收征管质量和管理水平得到了全面的提高。是年末,全局内设机构27个,其中:12个职能科室,11个基层单位,1个直属单位(稽查局),3个事业单位(信息中心、机关服务中心、票证中心)。局机关主要业务科室有流转税科、征收管理科、计划统计科、所得税管理科、涉外税收管理科、进出口税收管理科、政策法规科。全局在编干部职工375人,其中:干部344人,工人31人。副科级以上领导干部69人,其中包括在任处级5人,副处级助理调研员3人。全局共有党员184人。大专以上文化程度的干部职工326人。全局累计管理税源34634户,其中企业26868户,个体7766户。

(于满军)

【税收收入保持稳定增长】 年内,累计组织税收收入243473万元,比去年同期的206493万元增加36980万元,增长17.91,完成市局下达任务223007万元的109.18%。为区财政组织收入37719万元,完成丰台区政府下达任务37650万元的102.64%,分别提前43天、19天完成市区两级税收任务。分局以组织收入为中心,及时分解税收任务,层层落实税收计划;加强收入的分析与预测,掌握组织收入的主动权。进一步加强和规范欠税管理，对欠税企业实施专人管理，跟踪监控，全局清理欠税364户，1319万元。严格执行税收政策，加强对高新技术企业减免税的后续管理，对进入园区享受减免税的企业严格审核技术性收入证明，补缴所得税5145万元；积极落实房地产企业预售收入预缴所得税政策，对8户有预售项目企业预缴收入交纳企业所得税4683万元；认真落实阳光评税政策，全局6000余户个体工商户纳入阳光评税系统管理，月纳税额增长15%。

（于满军）

【加强税收执法检查与执法监察】 针对执法和管理工作中的重点环节和薄弱环节，着重对新办商贸企业增值税征收管理、取消饲料产品免征增值税审批程序后续管理、取消高新技术企业减免税的后续管理、欠税管理以及所得税优惠政策执行情况开展执法检查和稽查案件复查。针对检查发现的问题，及时进行研究，加强整改。认真执行税收执法责任制。上半年，对不按规定执行税收政策问题进行查处，本着公正公开、权责一致、奖惩并举的原则，实施责追，并将处理结果通报全局，使全体执法人员受到了教育，增强了干部依法执法的自觉性。

（于满军）

【强化税务稽查】 进一步加大涉税违法案件查处力度，继续严厉打击虚开和接受虚开增值税专用发票与其他可抵扣票，骗取出口退税，利用做假账、两套账和账外经营等手段偷税的违法活动。依法加大对重大涉税违法案件的处罚力度，对涉嫌犯罪的案件按规定及时移送公安机关查处。年内稽查系列共对876户企业进行了检查，其中有问题户196户，有问题率22%，共查补各税合计14535万元，其中：增值税1162万元，所得税13056万元，滞纳金177万元，罚款140万元，实际入库总额8704万元。全年向司法机关移送案件六起。

（于满军）

【加快退税审批进度】 认真贯彻落实总局及市局关于加强减免税管理的有关规定，继续贯彻落实出口退税机制改革新的措施，严格执行出口退税政策和审核审批程序，加快出口退税审批进度。全年共计审批福利企业退税82户，办理退税4587万元；审批软件企业退税61户，办理退税3915万元。审批下岗再就业享受税收优惠政策企业57户，790人，减免税额850.12万元。办理出口退税32926万元，办理免抵调库3860万元。

（于满军）

【整合征管资源】 7月，对全局的机构设置、人员设置、岗位设置、管理职能进行了重新调整，增加管理所，充实基层管理实力。并结合税源管理人员和管户规模、征管业务量等实际情况，按照不同的纳税人分类情况，在属地征收和分类管理的基础上，全面推行税收管理员制度。此次机构调整，干部岗位交流67人，涉及21个部门，占全局人数和机构的18%和77.8%。设置管理人员82人，占全局征管查一线干部37%。在税收管理员配备上充分体现对重点税源、增值税一般纳税人和重点监控企业重点管理的原则。

（于满军）

【业务流程实现规范化、精细化管理】 针对CTAIS上先后，税收政策、征管业务调整变化，以及征管岗位、环节衔接存在的薄弱环节，自下而上地对征管业务流程岗位职责进行梳理、补充和完善，进一步理顺了业务流程，规范了征收、管理、稽查的工作职责。将全局各个部门、各个岗位的工作职责、业务流程等16大类若干项具体内容编印成15万字的《丰台国税局税收征管业务流程岗位职责》，确保征管工作规范管理、减少环节、运转顺畅、方便纳税人。

（于满军）

【开展专项纳税评估】 针对失控企业、失控发票时有发生，增值税纳税人税负较低，对增值税一般纳税人日常监控有待加大力度的实际问题,对增值税一般纳税人进行清理、排查,制定增值税一般纳税人纳税评估的实施方案、指标说明及《增值税专项纳税评估工作操作规程》。对以海关完税凭证抵扣进项税、零税负、以较大金额开具增值税发票等801户企业开展纳税评估,共发现问题301户,占实际评估企业的39%;对111户进行补税、加收滞纳金、罚款的处理,补缴增值税336万元,调减留抵税额174万元,取消一般纳税人资格58户;发票降版38户;发票减量48户;按规定移交稽查查处7户。

(于满军)

【强化增值税一般纳税人认定管理】 重新修订《新办商贸企业增值税一般纳税人认定管理(暂行)办法》,规范一般纳税人认定审批流程;加强认定前对新办企业宣传辅导,严格落实实地核查制度,对不符合认定条件的企业一律不予认定。共审批认定增值税一般纳税人462户,转正52户,新认定的一般纳税人企业未发生失控走逃现象。积极做好抵扣凭证的信息采集和检查工作,强化增值税抵扣的监控和征前申报环节的审核,存根联采集率和失控发票数据采集率始终保持100%;全年发生走逃企业比上年减少了91户。

(于满军)

【所得税汇算实现新突破】 加强所得税汇算管理工作。针对所得税有税户比率低、企业申报率低、零申报率高等"两低一高"的税源现状,认真分析所得税汇算管理中的薄弱环节,以加强中小型企业的管理为重点,有针对性的对重点户、亏损大户、零申报户进行定向辅导。积极抓好受理环节、审核环节和监控环节,对零申报企业在申报时严格把关,对申报资料进行全面的符合性审核。截止到所得税汇算工作结束,申报率比上年提高了3.32个百分点,有税率比上年提高了14.87个百分点,零申报率比上年降低了3.57个百分点,亏损面比上年降低了11.67个百分点,实现了所得税汇算工作四项主要指标的历史性突破。加强符合性再审核工作,对年收入达500万元以上的164户企业进行了符合性审核的再审核工作,发现有问题的137户,补缴企业所得税54.8万元,调整金额806.3万元。

(于满军)

【加强涉外企业管理】 结合2004年度涉外所得税汇算清缴工作,积极清理外商投资企业所得税税收优惠政策执行情况,补缴所得税498万元。组织落实涉外审核评税工作,严格落实审核评税制度,确保审核质量。对16户企业进行了审核评税,补缴增值税25万元,企业所得税1.3万元,调增应纳税所得额180万元。实施联合税务审计工作,调增应纳税所得额195.6万元。

(于满军)

【税源分类管理成效显著】 针对全区重点户少、小企业多、分布广、管理难度大的特点,本着既抱西瓜又捡芝麻的原则,抓大、控中、定小。改进了重点户的管理办法,对重点税源实行滚动监控,扩大了重点户的监控面,截止到12月底局级以上重点税源监控户由年初的490户增加到669户,税收占全局直接收入的72.87%。进一步规范小企业所得税的征收管理办法和小规模纳税人核定征收流程。审批所得税核定户4401户,占全局应核定企业6248户的70.45%,累计入库2272万元,比去年同期入库899万元,净增加1373万元。增值税小规模纳税人核定征收新增672户,入库增值税150万元,比上年同期增收109万元。

(于满军)

【税收征管质量稳步提升】 加大对过期申报户的处罚力度,确保征管质量稳中有升。年内企业增值税申报率、企业所得税申报率、外商投资和外国企业所得税申报率,均比上年有很大程度的提高。企业增值税申报率连续五个月达到99%以上。

(于满军)

【简化办税程序规范审批制度】 完善政府服务大厅新办税务登记“一站式”服务办法，彻底解决纳税人新办税务登记环节多、跑路多、排队时间长等问题，全年综合服务大厅共办理新办税务登记6068户。进一步简并购票窗口，调整售票方式，改变工作流程，纳税人购领增值税专用发票等候时间由原来的10分钟压缩到现在的3分钟。完善公开办税制度和定期公告制度，规范网站公开内容，落实文明办税”八公开”，首问责任制，增强办税透明度。继续推行全程办事服务制，扩大了即时办理业务范围，对注册资金在1000万元以上的企业及其它重点企业办理税务登记即时办理，立等可取。共办理注册资金超过1000万元的新办企业123户。

（于满军）

【拓宽税收宣传渠道】 结合税收宣传月活动的开展，投资10余万元制作税收宣传片、印发税收宣传材料、刻制宣传光盘、更新税收宣传栏等，为纳税人及时了解税收政策提供方便；进一步完善企业培训办法，在原有新办企业培训的基础上，扩大培训面，修订培训教材，培训内容更加贴近纳税人的工作需要。共举办纳税培训26次，培训各类企业4708户，到会人数6277人次，占全体新办户6616户的71%。

（于满军）

【弘扬职业道德】 年内，局党组理论学习中心组和基层26个党支部在开展保持党员先进性教育活动中都超额完成了40小时的集中学习和8小时的大讨论任务，各支部组织交流会、座谈会、讨论会315次，党员参与率达到100%。并配合理论学习组织党员到军营参观，邀请专家教授进行依法执政讲座等活动。依照《丰台国税局工作人员行为规范》要求，在原有的50条文明礼貌用语的基础上，特规定20条纳税服务禁语；开展礼仪专题教育，激发税务干部以爱岗敬业、公正执法、诚信服务、廉洁奉公为基本内容的税务职业道德。完善了《基层单位精神文明争创实施细则》，进一步扩大争创范围，12个基层单位全部加入到争创行列，局机关保持了连续8年获得首都文明单位标兵荣誉。

（于满军）

地方税务

【概　况】 年内，丰台区地方税务局共有干部职工371人，其中：干部343人，占全局总人数的92.5%，中层干部63人，占全局总人数的17%；工人28人，占全局总人数的7.5%；大专以上学历334人，占全局总人数的90.0%；党员237人，占全局总人数的63.9%；团员36人，占全局总人数的9.7%。全局共设12个职能科室，10个税务所，1个稽查局（内设5个科室），1个机关后勤服务中心。截至年底，共有税源户43526户（含注册税务登记户1654户）。按经济类型划分：国有企业1315户，占全区总户数的3.02%；集体企业2245户，占全区总户数的5.16%；有限责任公司3751户，占全区总户数的8.61%；私营企业20856户，占全区总户数的47.92%；外资企业375户，占全区总户数的0.87%；个体工商户12525户，占全区总户数的28.78%；其他企业2493户，占全区总户数的5.73%。按征管行业划分：批发零售贸易及餐饮业18270户，占全区总户数的41.97%；社会服务业13320户，占全区总户数的30.60%；科教文卫业4628户，占全区总户数的10.63%；制造业3089户，占全区总户数的7.1%；建筑业1248户，占全区总户数的2.87%；交通运输仓储及邮电通讯业1439户，占全区总户数的3.31%；房地产业641户，占全区总户数的1.47%；农林渔牧业233

户,占全区总户数的 0.53%;其他行业 933 户。

(王 雨)

【税收收入持续快速增长】 年内,在依法征收、应收尽收的方针指导下,累计组织各项收入 350719 万元,同比增收 65674 万元,增长 23.04%,首次突破 35 亿元。其中,税收收入 340120 万元,完成市局任务 318000 万元的 106.96%,增长 64052 万元,增长 23.20%。累计组织区级收入 130101 万元,同比增长 22795 万元,增长 21.24%。完成区人大任务的 107.26%,完成区政府确保目标的 101.01%,超区政府确保目标 1334 万元。

(王 雨)

【自主搭建"综合管理服务中心平台"】 是年,按照"服务、实用、方便、分步"的原则,自主开发"综合管理服务中心平台":①围绕纳税服务线搭建"办税事务子系统"。顺利链接市局大系统;对行政许可模块和减免税退税模块进行了全面整合,进一步简化了工作流程,审批时间由 20 个工作日缩短为 3 个工作日,服务质量和效率显著提高。②围绕税源管理线搭建税源管理子系统,设计开发了税收管理员分配模块,促进了税收管理员制度在基层税务所的实施;完成了"发票管理模块"的开发任务,实现了发票"审批"和"监控"两大功能,形成了发票管理的闭合工作流程,有效堵塞了税收漏洞,提高了税收征管质量;开发完成城建附加监控模块,实现了国、地税数据共享。③积极开发"综合查询子系统",完成行业调查和减免税监控模块开发任务的前期准备工作,平台搭建二期工程紧张、有序、顺利进行。

(王 雨)

【大力投入服务硬件设施建设】 推行"纳税服务无辖区"理念,重点建设了西部服务区,对原长辛店税务所办公地点进行了装修改造,解决了以往办税地点分散、交通不便、办税条件落后等问题,进一步改善了西部地区纳税人的办税环境。同时对中部服务区即机关办公区进行了改造,将院外道路两侧的停车位开辟为纳税人专用停车场,有效解决了纳税人上门办税停车难的问题。以东、中、西部三个服务区互为依托、覆盖全区纳税人的综合服务网络初具雏形。在服务大厅安装了等离子电视和显示屏,配备了 109 台网络计算机、5 台服务器、15 台交换机及相应软件,供纳税人上网办税;引入"排队叫号"系统,节省了纳税人的办税时间;在服务窗口安装了纳税服务综合满意度评价系统,把服务工作全部置于纳税人的监督之中。为每个税务所安装了视频管理系统,以便通过远程监控实时了解纳税服务的全过程。

(王 雨)

【服务举措人性化、便捷化】 针对丰台房地产交易市场活跃、交易量大的特点,协调相关部门,设立了"房产交易全程办税服务大厅",进一步完善了减免税审批"一窗式"服务,为纳税人提供了更大便利。在发票预约的基础上,为信誉等级 A 级企业及出租汽车公司等重点户纳税人提供了送发票上门服务。为 700 余户回迁房农民办理二手房减免税开辟了绿色通道,使回迁农民办理涉税事宜更加方便。以贴近纳税人、方便实用为出发点,制作了《丰台地税局系列便民手册》,免费发放给纳税人,帮助纳税人了解相关涉税事宜的办理程序。进一步完善了"TAX861"地税网站的服务内容,对网站进行了全面改版,为各税务所建立了可单独维护的页面,并为 4 万余户企业建立了免费电子邮箱。

(王 雨)

【征管措施全面细致得力】 年内,抓好税源管理。积极稳妥的完成了 5281 户国税移交个体户登记工作,与 94 个开展代征的市场和街道签订了委托代征协议,并通过专项整治、个体税源基础信息核定等措施,做好个体工商户的税款征收。与房屋土地管理部门协同合作,采取有效措施,确保了契税直征工作的平稳过渡。逐步推行税收管理员制度，充分利用综合管理服务中心平台的税收管理员分配模块、发票管理模块以及综合查询等功能，有效发挥税收管理员职能作用。全面落实历史欠税的清理、追缴和欠税公告工作，发布了4期欠税公告，公告欠税企业64户，对54户企业进行了欠税清理，累计清欠入库税款4091万元，清欠率达41%。积极做好发票换版工作，以票控税工作进一步加强；优化了个体工商户的购票流程，简化了购票程序，使个体纳税人购票更加方便。全年新增税源户14040户，增幅达39%，创历史新高，纳税申报率达到99.5%。开展纳税信誉等级评定工作，评定了67户A级、8户C级企业，通过信誉等级管理有效促进了企业自身建设。

（王　雨）

【筑牢思想政治防线】 年内，局党委注重将政治理论学习教育经常化、制度化。制定统一的学习教育计划，做到“五定”，即定时间、定内容、定方法、定检查、定效果；“六学”，即领导带头学、问题重点学、交流启发学、专家辅导学、平台网上学、评比督导学，干部职工的政治理论水平普遍得到提高。积极开展“四个十佳”即“十佳服务标兵”、“十佳管理能手”、“十佳稽查能手”和“十佳共产党员”评比活动，以先进典型激励广大干部职工的热情与干劲，在全局形成了见贤思齐、比学赶超的良好风气。廉政建设进一步深入，干部廉政、勤政意识得到深化，在丰台区考评政府部门争创优质服务活动中，连续五年被评为表彰单位。分层次严格落实党风廉政建设责任制，推动了党风廉政责任制向基层的有效延伸；进一步制定和完善了党风廉政责任制的具体措施和实施细则，层层签订了党风廉政责任书；以“教育抓主题，适时做宣传，及时抓反馈，宣传重实效”为方针深入开展反腐倡廉宣传教育工作，正面典型示范教育和反面典型警示教育相结合，开展了参观丰台机务段“毛泽东号”机车和《反腐倡廉警示教育展》、收看廉政电教片“肖梦全大案警示录”等宣传教育活动；推出了2个专题共6期的廉政专刊。

（王　雨）

【全面加强“四支队伍”能力建设】 ①对全局中层领导干部实施全面考察。通过民主测评、个别谈话、查阅有关记录、考察反馈等多种形式对全局30个部门、27个科级领导班子、63名科级领导干部开展了全面考察，为进一步加强和改进科级领导班子和领导干部队伍建设提供了较为详实的决策依据。②对全局干部职工开展全员培训，着力打造学习型队伍，组织全局近300名干部职工到国家税务总局扬州进修学院进行更新知识培训，开创了大规模对干部进行更新知识培训的先河。通过税收业务知识和拓展训练等内容丰富、形式多样的学习培训，使干部们增长了知识，拓宽了视野，也增强了团结互助意识和集体荣誉感。③加强军队转业干部队伍和大学生队伍建设。继续组织军转干部和大学生到基层税务所锻炼，使他们增强对税收工作的感性认识，做到理论联系实际，进一步提高业务水平和行政协调能力，为探索干部管理从以职务管理为主向职责管理为主转变，形成集培养教育、考核评价、监督激励为一体的管理模式做出了探索。

（王　雨）

【机构改革顺利推进】 在理顺各项业务流程、明晰部门职能的基础上，积极稳妥地进行了机构改革。按照市局要求将全局机构调整为12个职能科室、10个税务所、1个稽查局（内设5个科室）、1个机关后勤服务中心。调整交流干部115人，占干部总数的34.8%。同时，以机构改革为契机，抽调业务骨干成立了丰台区地方税务学会，建立了税收理论研究基地，以进一步加强地方税收学术交流，促进地方税收征管工作。全面开展正（副）科级领导干部任职资格竞争工作，人才资源后备力量得到进一步充实。制定并下发了《竞争正、副科级领导干部任职资格工作实施方案》,成功开展了正(副)科级领导干部任职资格竞争上岗工作,经过层层筛选,共有17人取得科级领导干部任职资格,30人取得副科级领导干部任职资格充实科级后备干部队伍,其中,选拔任用科级领导干部5人、副科级领导干部9人。科级领导干部平均年龄由原来的38岁下降为36.5岁,全部达到大专以上学历,本科及以上学历占80%。

(王　雨)

【成立丰台地税局稽查局】　是年,按照市局要求成立稽查局,内设立案科、审理科、执行科、检查一科及检查二科五个科室。全年共立案查处纳税户189户,税款、滞纳金、罚款合计入库1500.83万元。针对房地产业、文化体育业、餐饮业、建筑安装业、医疗机构等重点行业开展了税收专项检查和整治工作。加强涉税举报案件的查处,全年共受理举报案件317件,立案查处198件,查补税款1170.57万元。

(王　雨)

【税法宣传深化开展】　①在方庄市场举办了以"送税法进社区"为主题的大型税法宣传暨现场办公活动。②与丰台私营个体经济协会举办了主题为"税企面对面"的大型税法宣传活动,双方签署了《诚信纳税优质服务协议》,数百名税务干部和个体工商户代表在《诚信纳税优质服务承诺书》上庄严签名。③积极配合市局,与中国税网联合举办了王纪平局长专访的网上直播活动。④与北京万年花城房地产开发公司以"走进花城"为主题联合举办了税法宣传活动,局领导为纳税人代表发放了契税完税证。⑤举办了以"依法诚信纳税 构建和谐社会"为宣传主题的"12.4"普法宣传活动,向纳税人发放宣传资料。⑥同丰台有线电视台联合制作播出了20期《丰台地税》电视节目,对该局重点工作和各个税务所进行了系列报道。

(王　雨)

审　计

【概　况】　年末有干部职工53人。完成审计项目46项,查出违规金额1956万元,管理不规范18369万元,应缴财政956万元,已缴财政463万元,查出百万元违纪单位3个,核减工程款2100万元。移送纪检监察部门处理2项。对3个单位开展专项审计调查。向主管区领导提交审计报告32篇,信息42篇,审计信息被采用18篇。局机关在政府考评中受到表扬。局机关被市人事局、市审计局评为北京市审计系统先进单位。被评为首都文明单位。

(杨利民)

【本级财政审计】　完成2004年本级预算执行和其他财政收支审计,重点对财政部门预算管理、批复、收入、支出、财政专户、土地专用基金、政府采购进行了审计。审查了地税部门年度税收计划完成情况、税收政策贯彻执行情况、税务检查执法情况、税务约谈情况。对北京银地房地产开发有限责任公司、北京玺萌置业有限公司等10个企业2004年流转税缴纳情况进行了延伸审计。审计了国库系统预算资金收纳、划解、拨付情况,主要审查了国库系统内控制度是否完善、是否认真履行其监管职责,评价其在推行集中收付制度中发挥的作用等。审计涉及参与预算执行的行政事业等单位190个。审计本着实事求是、客观公正的原则,对查出的问题,提出审计意见及建议。有关部门能够积极采纳审计建议,并及时进行了纠正。审计结果得到了区人大、区政府的充分肯定。5月31日在区人大常委会上通过了《关于丰台区2004年本级预算执行及其他财政收支审计工作报告》。

（杨利民）

【经济责任审计】 完成区市政管委、区教委、马家堡街道办事处、区妇联、区规划局、政府机关事务管理处、云岗街道办事处、太平桥街道办事处、和义街道办事处、花乡人民政府、老庄子乡人民政府、区城市企业管理服务中心、博兰特工贸集团、京都公司等14个单位领导干部的经济责任审计。审计查出个别领导干部私设“小金库”、财务信息失真、固定资产底数不清、重大投资决策民主性不够等问题，使问题得到了及时纠正。对有严重违纪问题的领导，区委根据审计结果给予党纪政纪处分。

（杨利民）

【固定资产投资审计】 完成区水衙沟整治、四环路绿化工程、丰台信息化综合楼室、丰北路75号院装修竣工决算审计、马家堡西路拆迁资金的管理使用情况专项审计。完成奥运工程建设专项资金的管理使用和政府投资的奥运工程建设跟踪审计。审计资金4.4亿元。对其中因虚增数量、高套定额、核算错误等问题造成的虚增工程造价部分予以核减，总计2100万元，节约了基建投入，减少了财政拨款。

（杨利民）

【专项资金审计】 按照市审计局的要求对市拨教育专项资金、支农专项资金、市拨粮食直补资金的管理、使用、拨补以及效益情况进行审计。完成区市政建设资金、体育场改造资金、禽流感专项资金和林业专项资金等管理使用情况的审计。

（杨利民）

【财务收支审计】 完成对北京国际经贸公司、国际企业孵化中心、北京丰台医院（原铁路医院）、汽车博览中心、丰台区公证处、北京市宛平房地产开发公司、丰科园公司、富丰公司、科丰公司等8个企业、行政事业单位财务收支审计。重点为“摸家底，揭隐患，促管理”。纠正被审计单位在财务管理基础薄弱、资产不实、欠缴税费等问题。

（杨利民）

【审计调查】 完成区政府负债情况、生态保护与建设、医疗保险基金等3项专项资金的审计调查。重点突出了专项资金效益审计。针对资金在投入、管理、使用方面的问题，提出了完善有关制度和措施的建议，促进有关部门制定相关政策。

（杨利民）

【内审监督与指导】 完成市CIA国际内部审计师报名工作，共报考生95名，为历年最多。完成内审业务培训，共培训全区内审干部398人。对内审工作突出的卢沟桥乡审计科等6个内审先进集体和10名先进个人进行了表彰。各内审单位共开展审计273项，其中：财务收支审计141项，经济效益审计31项，经济责任审计48项，基本建设审计18项，专项资金审计23项，内控评审12项。促进增收节支40余万元，提出审计建议与意见并被采纳114条，已纠正违规增加上缴金额22万元。

（杨利民）

金　　融

中国工商银行股份有限公司北京丰台支行

【概　况】 中国工商银行股份有限公司北京丰台支行(原中国工商银行北京市丰台支行)拥有职工529人,共设机构38个:13个部室、1个分部(融工后勤有限公司分部)、4个网点支行、2个分理处、18个储蓄所。10月28日,随着中国工商银行股份有限公司的诞生,原中国工商银行北京市丰台支行正式更名为中国工商银行股份有限公司北京丰台支行,标志着丰台支行的股份制改造工作取得了阶段性的成果,同时,也标志着丰台支行站在了新的发展起点上。是年,支行本外币资产合计2235993万元,本外币负债合计2210145万元,共实现本外币经营利润26010万元,完成分行计划任务的90.50%。全年买现中间业务收入3533.11万元,同比增加830.52万元,完成全年计划指标的98.55%。年内各项工作稳步推进,在保持共产党员先进性教育活动中,全行156名在职党员活动参加率达到100%,先进性教育群众满意度达到99%以上。主要业务指标稳步提升,经营状况得到持续改进。

(王　蕾)

【建立健全支行绩效考核管理体系】 全面修订和完善了支行绩效考核管理办法,规范了支行绩效工资的系数管理,初步实现以岗定系数,系数随岗位走的管理模式;全面落实分行的奖励分配精神,加强重点业务及专项奖励分配的管理,以分配与个人业绩挂钩,奖励到人为基本原则,组织发放了数十次分行重点业务及专项奖励;积极围绕支行中心工作,组织实施了多次劳动竞赛,为支行阶段性工作目标的实现奠定了激励基础;全面规范了支行加班费、通讯费及福利费的使用与发放工作,实现了费用使用的制度化;适应支行发展要求,转变经营观念,对人力费用的使用进行科学预算,完成了支行绩效系数的调整工作。

(王　蕾)

【全面加强人力资源管理】 以优化人力资源结构为重点,全面加强人力资源管理。完成了分行的减员任务,促进支行人力资源向年轻化、知识化迈进了一步;完成了分行城郊双选工作,选聘了14名业务骨干;接收了8名大学生。全面加强柜员合同工的管理,全部代办员顺利转换为代理用工,完成了所有代理用工与中博公司的合同改签工作,并进行动态调整;积极引进人才10余名。顺利完成了融工分部员工的劳动合同改签工作。

(王　蕾)

【加强对员工业务培训】 年内,采取远程教育、网络培训、脱产面授等多种形式对正副经理、网点支行正副行长、公司客户经理、个人客户经理、一线柜员等分期、分批进行了有针对性的业务培训。同时，先后多次组织了零售业务、结算业务、个人消费信贷业务、基金业务等知识考试，确保人员技能与业务发展的匹配性。

（王　蕾）

【推进网点结构调整】 出台了《网点结构调整实施方案》，同时，依据丰台区域资源变迁，筹建科技园分理处综合网点，改造了北大地和正阳街储蓄所；推进“名店”建设，新增“个人理财中心核心竞争力开发与管理项目”9家，占支行全部储蓄网点的50%，取得预期效果。

（王　蕾）

中国工商银行股份有限公司北京方庄支行

【概　况】 中国工商银行北京市方庄支行10月起正式更名为中国工商银行股份有限公司北京方庄支行，有正式职工512人，网点17个，营业部1个，部室13个，实现本外币账面利润2.98亿元；各项贷款完成158.2%，本外币各项存款完成158.62%。完成中间业务收入102.29%。

（于　青）

【明确工作重点 实现营销突破】 年内，将个人中间业务作为营销重点，在深入研究和分析中间业务收入的基础上，坚持不懈地营销基金、国债、保险、公积金、保管箱等传统个人中间业务产品；中间业务实现历史性突破，首次超额完成了分行下达的全年任务指标。公司贷款方面，主动支持市政基础工程，与首都公司签订“十一五”规划合作协议，进一步强化了合作关系。主动拓展市场，向出租车等有发展潜力的行业发放贷款。个贷方面，明确信贷市场进入和退出的客户名单，充实信贷人员力量，加强了与兄弟行之间的学习与交流，提高了信贷人员素质。对公存款方面，为保证对公存款稳定增长，积极运用连带营销，对中高端客户实行一户一策的公关策略；对新开户提供全方位的产品营销设计方案，对营销新户起到了积极的促进作用。

（于　青）

【加快结构调整 全力配合股改】 年内，支行62%的存贷结构趋于合理，基层主动负债意识已初步形成。中间业务收入占比从5.66%提升至8.56%，不良贷款率由3.82%降至1.09%。机构、人员结构进一步调整。将信贷管理部和内控监察部的管理职能合并；以“工作需要、突出营销、突出管理、兼顾培养”为原则，积极使用和选拔人才，先后将12名大学生充实到营销部门；按照分行要求，实行营业经理“委派制”，创新了副主任“替班制”。考核机制进一步完善。对中层干部，采取以岗定薪的方式，依据责任、风险和贡献度确定考核指标；本着向营销部室倾斜，向客户经理倾斜的分配原则；对客户经理分专业、分部门进行考核；完善了对一线柜员以业务量为核心指标，以服务质量和差错率为辅助指标的考核办法。

（于　青）

【提升管理水平 强化风险管理】 年内，先后制定了《文件会议领导批示督办管理办法》、《款车接送紧急预案》等40余份细化内部管理的规范文件；依据支行制定的《基层网点人员内控管理纲要》和《重要岗位管理办法》，加强了对基层网点细节化的管理；明确各部门、各岗位的管理职能和权责，确保各司其职，使支行各项工作落到实处。全年共计发现问题215件，现场整改144件，现场整改率达到67%。加强风险防范，化解不良贷款。实现了不良贷款率和不良贷款额的双下降；退出潜在风险贷款1.58亿元。

（于　青）

【推进改革】 年内成立股改办公室,先后制定了《股改工作实施细则》、《股份制改革工作档案管理实施细则》;共剥离可疑类贷款18户,涉及本息合计3.2亿元;上报审计报表400余张,法律尽职调查资料200余份,归集整理档案资料近千份;推进土地、房屋产权证办理进程和闲置固定资产的处置进程,使确权率达到100%,并清理了职工分期付款售房款工作。成立融工体制改革领导小组,通过多种措施,有效地化解了改革过程中的问题和矛盾,完成了融工体制改革任务。积极进行车辆改革,实现车辆改革的平稳过渡。

(于 青)

中国银行股份有限公司北京丰台支行

【概 况】 年内,丰台支行全行上下紧紧围绕分行党委的"一条主线、两个重点、三项建设"的工作布署和要求,结合丰台支行工作特点和实际,创造性的提出了"三个加快,一个探索",即加快业务超常规可持续发展;加快业务结构调整和风险控制;加快经营效益提高;积极探索以人为本的人性化管理模式。锐意进取、勇于创新、规范管理、务求实效,继续保持了各项业务快速、健康发展。截止年末,实现营业利润2亿元,比上年末增幅23.46%。人均创利74.79万元,比上年末提高了32.3万元,增长76%。人民币存款余额97.34亿元,比上年末净增18.33亿元,增幅23.20%,其中对公存款余额42.85亿元,比上年末净增6.20亿元,增幅16.92%;储蓄存款余额54.49亿元,比上年末净增12.13亿元,增幅28.63%。中间业务增长较快,截至12月末,累计实现中间业务净收入2687.32万元,国际结算业务完成12.37亿美元,实现收益1517.66万元,基金代销业务和代理保险业务,分别完成分行下达计划的194.64%39.76%,长城卡、春夏秋冬、汇聚宝业务均有了较快发展。

(付军辉)

【大力发展存贷款业务】 截止到12月末,公司贷款客户25户,贷款余额12.87亿元,较年初新增1713万元。全年累计发放贷款7笔,主要涉及有交通、运输、房地产等行业,累计发放金额3.7亿元,实现利息收入7518万元。零售业务方面,积极与公积金归集管理中心接洽,开办了个人公积金委托贷款业务。承接危改房抵押登记工作,已累计放款272笔,5936万元。配合总行开发新业务品种试点,第一家成功做成经销商法人透支账户,累计用款5812万元,取得收益30余万元。做好VIP客户的服务工作,截至12月末共新发VIP卡810张,带来的存款增量为4.9亿元,占新增储蓄存款的40%。消费信贷余额19.89亿元,全年累计投放4.93亿元,收回6.98亿元,实现利息收入1.13亿元。

(付军辉)

【清收工作取得可喜成绩】 截至12月末,不良贷款清收17520万元,不良贷款余额由年初19332万元下降到1812万元,不良率由年初的13.4%下降1.4%。零售不良贷款清收4020万元,零售不良贷款由年初的10620万元,下降到6600万元,不良率由年初的4.84%下降为3.42%。

(付军辉)

【抓好网点建设】 经过紧张筹建,4月28日和9月15日,角门支行和幸福大街支行先后正式对外营业。对资产规模比较大,经营效益比较好,但网点陈旧、设施老化的房山支行、东大街支行进行装修改造。

(付军辉)

【保持共产党员先进性教育活动】 从七月中旬正式开始启动,支行党总支和6个基层党支部的81名共产党员参加了先进性教育活动。每名党员撰写了3000字以上的党性分析材料,保证了每名党员党性分析材料的质量和查找问题的准确。

(付军辉)

中国农业银行北京市丰台区支行

【概 况】 年内,农行丰台支行党委结合丰台实际明确提出了"深化改革、加快发展、提高效益、增加收入、从严治行、创建好银行"的整体工作思路和业务发展目标,实现了各项业务的有效发展,使业务经营再创历史最好水平,再创全国农行系统"百强支行"、"百优行长"、首都文明单位,行长冯建辉被授予"首都五一劳动奖章"称号。支行有正式员工345名,机构30个,其中职能部室11个,二级支行4个、分理处13个,营业室1个,储蓄所1个。资产总额1000172万元,比年初增加137529万元,实现帐面利润13286万元,同比增加4738万元,人均创利40万元,年末本外币全口径存款余额达到794799万元,比年初增加104462万元,收息率达到97.33%。

(林 静)

【存款工作打了翻身仗】 年末本外币全口径存款余额达到794799万元,比年初增长104462万元,加上由支行拓展的账户开立在其他城区支行的客户的存款7亿元考核因素,存款余额达868422万元,同口径比年初增长176441万元,完成分行下达11.5亿元任务的153.43%,其中:人民币对公存款余额达到339633万元,比年初增长31522万元,还原考核因素后,实际比年初增长了101522万元;同口径实际比年初增长了89958万元,完成支行年初增长66000万元计划的136.30%;同业存款余额10674万元,比年初减少13927万元;外币存款余额538万美元,比年初减少24万美元,同口径实际比年初减少132万美元。全口径日均存款余额达到718545万元,增长125687万元,比去年多增49401万元,考虑外城区存款日均29900万元考核因素,实际日均达到748445万元,增长155587万元。

(林 静)

【加大贷款有效投放】 年内支行介入调查的新增客户近30户,贷款意向约60亿元。个人消费贷款项目共办理的房屋按揭项目有23个,累计发放按揭贷款423笔,累放金额22317万元,比年初净增长14073万元,增长25%。新增按揭项目有5个,按揭额度13亿元,各项贷款余额达到451581万元,全年累计发放贷款384497万元,累计收回270375万元,比年初的337459万元增加114122万元,其中:公司和房地产开发类贷款新投放334431万元;个人住房按揭贷款余额达到56504万元,比年初增加14073万元;汽车消费贷款余额4500万元,比年初减少3344万元。不良贷款五级分类比年初下降815万元,完成分行下达五级不良贷款下降计划任务的727.68%。不良贷款占比2.88%,比年初的7.01%下降4.13个百分点。全年清收不良贷款819万元,完成分行下达计划的112.04%。盘活270万元,完成分行下达计划的117.40%。潜在风险客户退出10980万元,完成分行下达计划的471.25%。

(林 静)

【中间业务发展迅速】 年内,代征车船使用税41067笔,金额804.4万元,创历年代征税新高,在多家银行竞争中市场占有份额位居第一;代理发行基金8只,金额1096万元;发行凭证式国债5期,记账式国债2期,金额共计22978万元,均较好地完成了分行下达的计划任务。支行在充分发挥基层网点营销优势的同时,抓重点大户不放,寻求全面合作机会,使支行中间业务收入实现了突破性进展,成为利润的重要增长点,当年中间业务收入在全国总行系统排名第四名。中间业务收入4186万元,同比增加1962万元,完成全年2740万元任务的152.78%,占账面利润的31.51%。银行卡发卡量76142张,完成75000张任务的101.53%;卡消费57594万元,完成38600万元任务的149.21%;国际业务结算量6984万美元,完成6000万美元任务的116.40%,同比增长311.55%;保险代理6732万元,完成8300万元任务的81.11%,其中产险147万元,完成300万元任务的49%;网上银行企业注册71户,完成70户任务的101.43%,个人注册746户,完成500户任务的149.20%。

(林　静)

中国建设银行北京市丰台支行

【概　况】 年内,支行积极稳妥地开展各项工作,圆满完成了分行下达的各项任务指标。实现本外币利润3.7亿元,全口径存款余额达到195.37亿元,比年初新增46.3亿元,其中,企业存款117.38亿元,比年初新增31.6亿元,;储蓄存款76.9亿元,比年初新增13.9亿元。全口径月环比日均存款余额达到197.3亿元,比年初新增43.36亿元。其中,企业存款120.5亿元,比年初新增29.3亿元;储蓄存款75.8亿元,比年初新增13.3亿元。贷款余额85.1亿元,其中企业贷款49.8亿元,比年初新增8.2亿。企业存款新增在分行系统排名第四位;储蓄存款新增在分行系统排名第三位。

(李　莉)

【资金实力跃居地区同业首位】 紧紧抓住壮大资金实力这一工作主线。对存量大客户深入挖潜,最大程度地增加在支行的存款份额;积极拓展新的重点客户,开发了中国社会保障基金理事会、中国铁通集团有限公司等优质客户。形成了以大客户为支撑,以中小客户为基础的客户结构。11月23日,支行全口径存款余额首次突破200亿元,在地区保持了连续三年存款新增第一的历史记录。

(李　莉)

【中间业务实现跨越式发展】 各经营部门及全体信贷人员牢固树立中间业务与对公、对私业务整体营销的经营理念,加强部室间的横向联动和各经营部门间的纵向联动,充分发挥对公客户的资源优势,对重点客户进行捆绑营销。加大对新产品的推广力度,利用我行优质的房地产开发企业客户资源,积极开展财务顾问业务,逐步形成了我行中间业务特色优势,财务顾问业务收入达到1222万元。实现中间业务收入3843万元,超额完成分行下达计划222万元。

(李　莉)

【服务工作再上新台阶】 以开展保持共产党员先进性教育活动为契机,结合推进以客户为中心的服务文化建设,10月29日,邀请了十六大代表、全国劳动模范李向党来支行进行服务工作经验介绍,各部门进一步查找服务工作中的差距,制定改进措施,特别是二线科室围绕如何为一线服务方面,取得了实效,使全行上下牢固树立起“以客户为中心”的服务理念。所属广安门支行储蓄员工廉奕聪被评为北京市客户满意服务之星,成为支行服务工作的一面旗帜,广大员工自发地以廉奕聪为榜样,积极主动地改进服务使支行整体服务水平再上新台阶,被分行评为2005年度优质服务先进支行。

(李　莉)

【会计核算水平显著提高】 11月底支行所有综合机构已全部实现综合柜员制,同时也全部通过了分行验收。在有申报一级资格的八个综合机构中共有六个成为一级核算机构。在分行对各支行会计工作综合考评中,连续两个季度无任何差错，支行整体的会计核算水平有了较大的提高。

（李　莉）

【不良资产压缩成效显著】　现金回收不良贷款8092万元，在分行系统名列第一。压缩存量不良贷款10592万元，超额完成分行下达计划1592万元。

（李　莉）

【财政部非税收入收缴专户正式开立】　是年，总行在财政部非税收入收缴代理银行招标中中标，9月份，财政部非税收入收缴专户在支行正式开立，支行专门成立了由支行行长任组长的专项工作领导小组，确保作好服务工作。此外，10月份，支行在参加丰台区财政局授权集中支付招标中以绝对优势一举中标，再一次展示了建行在丰台区金融同业中的领先优势。

（李　莉）

【坚持岗位练兵业务技能明显提高】　始终坚持岗位技术练兵、每季度坚持业务技能考核，在分行组织开展的"学业务、比技能综合业务知识竞赛"活动开中，支行取得了第一名的优异成绩。有多名同志在上机操作全能和单项比赛中获得了二等奖，支行明日储蓄所秦微代表分行参加总行业务技能大比拼点钞比赛获得了华北地区第一名、全国第四名的好成绩，为分支行赢得了荣誉。

（李　莉）

北京农村商业银行丰台支行

【概　况】　北京农村商业银行丰台支行的前身是北京市丰台区农村信用合作联社，下辖6个支行、1个营业部、58家分理处，员工628名。2005年紧紧围绕总行"转变经营理念、转变经营机制、转变经营模式、转变经营作风、转变经营标准"的要求，通过更新经营理念，转换经营机制，转变经营模式，狠抓队伍建设，努力实现改革和发展"双丰收"、队伍和业务"双稳定"、经营理念和经营机制"双转变"。

（许　力）

【改革改制顺利完成】　10月19日，经国务院批准，注册资本金50.75亿元，全国规模最大的地方性农村商业银行——北京农村商业银行在人民大会堂揭牌成立。2006年1月20日，作为管辖支行的北京农村商业银行丰台支行与其下辖的卢沟桥支行、南苑支行、花乡支行、长辛店支行、王佐支行、太居寺支行，联合在北京南粤苑宾馆举行了隆重的揭牌仪式。并以此为标志，实现了由合作制向股份制的成功转变。

（许　力）

【经营规模稳步增长】　年末，资产总额达153亿元，客户量达到493289户，资金结算交易量达到2348.25亿元。各项存款余额达到1451796万元，比年初增加228542万元，增幅18.68%。存款增长的稳定性明显增强，存款日均余额由上年的1102077万元增加到1294838万元，增加192761万元，增幅17.49%。各项贷款余额达到644144万元，比年初增加8191.6万元，增幅14.5%。存贷比为44.37%。

（许　力）

【各项综合经营指标继续保持优良】　2005年资产收益率4.32%。其中贷款综合收益率4.89%，其他资产综合收益率达到3.856%，资产利润率1.52%，实现利润18537.9万元，在全行系统内名列前茅。

（许　力）

【不良资产持续下降】　年内，加大不良资产管理和清收力度，成立专业部门，对不良资产进行清收管理。通过专业队伍清收，法律程序资产保全，央行专项票据置换等措施，有效地降低了贷款风险度,使不良贷款占比进一步下降到 8.19%。同时优化了全区贷款结构,抵质押贷款占比从 40.2%,提高到 55.51%。

(许 力)

【经营理念和经营机制“双转变”】 在转变经营理念方面,按照现代股份制商业银行运行标准和要求,通过召开各种专题会议和组织高级管理人员培训班、客户经理培训班等多种渠道和方式树立“以市场为导向、以客户为中心”的竞争性经营理念。在转变经营机制方面,通过召开理事会和社员大会等法定程序,完成了向总行一级法人整体经营、统一调控的经营管理事权的合法转移;通过实行双百分考核制度,加大管理指标考核占比,促进了规范经营与健康发展并进;通过发挥审贷委员会、资金运作委员会、网点招投标委员会等多种制约机制作用,强化规范管理与风险控制工作;通过推行员工薪酬制度改革,实行经营单位考核评价结果与全员收入挂钩、与管理层晋降职挂钩的机制,构建市场化、激励性统一的薪酬分配制度;通过开展中层管理人员竞聘上岗,实行业绩评比、业务考试和任职考核等综合考核评价,建立优胜劣汰的用人机制。

(许 力)

【内控制度体系不断完善】 是年,按照现代股份制商业银行标准,构建内控制度体系。修订完善和重新制定涉及信贷资金、财务会计、资产清收、绩效考核和人力资源管理等方面的各项制度规定 324 件。构建两级稽核检查体制,全面推行会计后督集中统一管理制,设立了后督中心,提高了会计核算质量。深入系统地开展了案件专项治理工作,成立领导小组,制定工作方案,强化风险控制。深入落实《岗位预案分工》制度,签订《安全防范目标责任书》,加强安全教育和检查,提高“人防”意识,加大安全设施投入,进一步加强“物防”、“技防” 建设,实现了连续八年“三无”的目标。

(许 力)

【信贷资产风险控制能力得到提高】 在授信管理领域,严格贯彻审贷分离制度,规范贷款程序,科学进行贷款管理。全面推进贷款五级分类工作,摸清了信贷资产质量;制定构建客户信用等级内部评级体系;把好信贷资金出口环节,实施贷款出账审批制度;积极推行客户经理制,严格工作流程和职责,杜绝操作性风险;建立完善个人信用信息体系,对 6027 名个人贷款户的信用信息全部录入人行个人信用信息基础数据库;努力实现不良资产“双降”目标,推行“一把手”清收责任制,加强不良资产的档案管理,并完善清收奖励机制,规范不良贷款的管理、处置和依法清收程序,增强了清收不良资产的力度和效果。

(许 力)

【资产结构不断优化】 年内,以风险管理为核心,绩效管理为重点,着力提高资产质量。资金投向上以地区龙头骨干企业、优势企业为主,积极介入地区经济产业升级中新涌现出来的高科技含量、高附加值的服务业企业、商贸物流企业、新兴涉农企业等一些中小企业和个体私营经济。大力压缩开发性贷款及部分过热行业贷款,继续发展个人住房按揭贷款和消费信贷业务,促进传统信贷业务重点的转移。提高资金利用率,合理压缩非生息资产,多种方式加大资金运作力度,增加收益。全年丰台区系统非生息资产占比进一步降低,资金运用效率与收益得以提升。年末,非生息资产占比 2.53%,比上年降低了 0.22 个百分点。全年实现投资收益 9907.7 万元。

(许 力)

【存款营销取得可喜成效】 抓住改革契机,统一全员思想,转变经营观念,举办开展网点存款工作竞赛,增强营销意识,开展评选星级柜员,提高服务水准;主动征求客户意见,查找服务疏漏;细分客户类型,满足不同需求;划分客户群,分别采取公关对策;针对潜在大户，开展特色服务；调整营业时间，方便社区居民；推广中间业务，带动存款增长；建立奖励机制，激发员工潜能。通过存款营销，存款工作取得突破性进展。存量迅速扩张，市场占有稳步提高，保持了较高的增长率，从根本上扭转了年初存款骤降的现象。存款结构优化，低成本存款占比始终保持1/2强的优势。客户结构多元化，更加适应地区发展的需要。

（许　力）

【个人金融业务加速发展】 年内，个人金融业务取得快速发展，服务功能进一步完善，服务手段更加多样化。储蓄存款余额达到600389万元，比年初增长93746万元，比上年多增长24316万元。全年个人住房按揭贷款和个人消费信贷显著增长，个人贷款额达到196498万元，累计发放89521万元。发行信通卡64957张；截至年末已开通ATM机30台，在166家特约商户安装布放POS机207台。多种中间业务不断开通，以多种代收代付业务，柜面通业务、代办各种保险业务、保管箱业务等为标志，中间业务品种的不断完善，较好地满足了客户需要，并渐渐成为新的收入增长点。全年实现中间业务收入680.2万元，比去年增加295万元，增长76.6%。

（许　力）

【人力资源管理有效改善】 继续实行年度公开考评制度，对在任干部和全体职工进行客观公正的德能勤绩考核，促进干部提高自身素质和管理水平，改进工作作风；加大力度组织多层次培训，培养适应现代金融企业所需的干部员工队伍。继续推行学历奖励政策，激励员工自学成才，年内全区取得国民教育系列大专以上学历的53人；改革工资制度，实行行员等级评定办法。

（许　力）

【党群组织建设不断加强】 是年5月，全区112名党员的组织关系移交到市国资委管理，实现了系统管理。深入组织开展保持共产党员先进性教育活动，发展7名新党员，11名预备党员考察合格按期转为正式党员。工会共青团组织继续深入推进"青年文明号"、"文明单位"创建活动，增强了集体凝聚力，推动了企业文化发展。

（许　力）

北京银行

【概　况】 北京银行坚持服务首都经济、服务中小型企业、服务京城市场银行的市场定位，提出"真诚，所以信赖"的服务理念。丰台区域内有北京银行丰台支行、两桥支行、西罗园支行、方庄支行和刘家窑支行。在服务中始终把"建设服务领先型的国际化优秀银行"的远景作为银行的企业文化，以一流的服务赢得客户。

（徐　静）

【正式更名为北京银行】 1996年1月8日，北京城市合作银行在中国金融体制改革的大潮中诞生。1998年6月6日，更名为北京市商业银行。2005年1月8日，正式更名为北京银行。十年发展，北京银行经转轨过渡、整顿开拓、创新开展、整体推进四个发展阶段，尤其是成功更名于2005年引入荷兰国际集团（ING）作为财务投资者，截至年末，北京银行资产总额达到2330亿元，本外币存款余额2172亿元，本外币贷款余额1200亿元，资本充足率达到11%，不良资产比率降至4.22%，十年累计实现综合效益123亿元。在2005年第7期英国《银行家》杂志评出的2005年度全球1000家银行中，北京银行以一级资本排名第431位，以资产规模排名第284位。

（徐　静）

城乡建设和管理

规划管理

【概 况】 年内,发挥城乡规划的引导和控制作用,指导城市建设,促进经济发展。以《北京城市总体规划》修编和调整城市空间发展布局为契机,从现代化新城区长远发展出发,按照丰台区功能定位的要求,完成中心城控制性详细规划修编和多项规划用地调整、城市设计。审批各类建设工程 332 项,建筑面积 653.5 万平方米。实施建设工程规划监督 381 项,建筑面积 1083 万平方米。

(房庆军)

【总体规划修编】 通过典型街区规划研究和丰台边缘集团、绿化隔离地区现状分析,收集历史审批资料,征求街道、乡镇的意见,开展专家与公众参与的调研论证,完成中心城控规修编的现状核准和控规调整工作。根据未来 5-10 年的社会经济发展目标,完成机遇改造区的划定和测算,提出控规修编意见。

(房庆军)

【规划编制】 年内完成了《长辛店老镇西区控规》、《航天部三院控规》、《王佐中心村控规》和《青龙湖郊野休闲社区控规局部调整》。并进行了长辛店镇北区(东河沿)和南区(朱家坟)控规的现状调查。河东路网加密、河西路网规划完成前期现状调查等各项准备工作。

(房庆军)

【西王佐村局部用地调整】 北京市规划委员会批复《西王佐村局部用地调整方案》。调整后的西王佐村规划总用地面积 32.98 公顷,其中居住用地 18.30 公顷,商业用地 1.05 公顷,幼儿园用地 0.43 公顷,公共绿地 0.73 公顷,防护绿地 3.65 公顷,水域 0.73 公顷,道路用地 8.09 公顷。东王佐西路向东接云岗路,向西接青龙湖旅游区,规划道路红线 40 米,道路南侧规划 30 米宽的绿化隔离带。

(房庆军)

【奥运会垒球比赛场设计方案】 2006 年世界女子垒球锦标赛及 2008 年奥运会垒球比赛场设计方案,通过北京市规划委员会方案审查。该项目位于丰台体育中心,建设用地 19.44 公顷,总建筑规模 61311 平方米。保留原有 43761 平方米建筑,新建主比赛场 4350 平方米,建筑高度 23.7 米,增加赛事功能用房 6000 平方米,建筑高度 19.95 米。

(房庆军)

【王佐镇中心村控规】 北京市规划委员会批准《王佐镇中心村控制性详细规划》,王佐镇中心村位于第二道绿化隔离地区 8 号绿色限建区内,西为青龙湖郊野休闲社区,东为王佐镇中心区。规划总面积 1362 公顷,建设用地为 201.3 公顷,占规划总面积比例为 14.7%,

其中居住95.94公顷，公共设施23.95公顷，工业与仓储36.35公顷，道路广场23.3公顷，绿地14.26公顷，市政用地7.5公顷，符合限建区规划建设用地比例要求。公共服务设施、路网密度、公交场站、公共绿地总量和市政基础设施作为强制性内容。按照有关旧村改造确定的内容，将青龙湖地区的怪村、西庄店两个中心村与规划区内的沙锅村、魏各庄、庄户三个中心村合并，分为北、中、南三个建设组团，按照各自的经济发展进程分期实施。

（房庆军）

【青龙湖郊野休闲社区控规】 《王佐镇青龙湖郊野休闲社区控制性详细规划局部用地调整》获北京市规划委员会批复。青龙湖郊野休闲社区位于王佐镇行政区内，规划六环路以西，规划总用地1619.78公顷，其中建设用地426.33公顷，城市道路用地149.18公顷，绿地1043.37公顷。建设用地中包括一类居住214.67公顷，二类居住35.96公顷，商业服务设施21.22公顷，文化娱乐4.62公顷，体育3.76公顷，医院5.14公顷，旅馆业21.1公顷，休疗养12.21公顷，高等学校3.94公顷，教育科研办公50.95公顷，社会道路广场49.31公顷，市政公共设施3.45公顷。

（房庆军）

【长周路规划方案】 北京市规划委员会批复《长周路（长辛店—周口店）道路工程规划方案》。该道路起点为长辛店，终点为周口店，全长约40290米，全段道路红线宽为60米，长辛店至杨庄子段道路性质为城市主干路，设计速度为60公里/小时，杨庄子至周口店段道路性质为一级公路，设计速度为60～80公里/小时。

（房庆军）

【建设工程规划审批】 年内核发《规划意见书》43项；核发《建设用地规划许可证》11项，用地面积37.7万平方米，其中“城中村”6项，用地面积16.5万平方米；核发《建设工程规划许可证》332项，建设面积653.5万平方米，其中绿化隔离地区45项，建设面积147.6万平方米，危旧房改造24项，建设面积69.5万平方米。

（房庆军）

【市政交通工程规划审批】 根据北京市规划委员会审批权限调整的实施办法，从7月1日开始，核发《市政交通工程规划许可证》55项，道路、管线共计5.3万延长米。

（房庆军）

【专家评审会】 6月22日，丰台区召开“木樨园购物广场”设计方案专家评审会，原首都规划委员会总工程师程恩健、原北京市建筑设计研究院总工程师吴观张、王昌宁三位专家对设计方案进行了点评。该项目位于中轴路南端与南三环相汇处，建设用地面积约4.4万平方米，建筑规模约17万平方米，地上10层，建筑高度约44米。三位专家就该地块城市规划功能定位要求、围合空间效果、建筑整体布局、交通、环境等方面提出意见，要求根据木樨园立交桥周边规划布局、南中轴路沿街的整体性效果、交通影响评价对方案进行深化。

（房庆军）

【“城中村”用地审批】 按照市政府的指示精神，从速从简办理“城中村”建设用地规划许可，尽快对项目范围内居民及单位进行拆迁，实施城市绿化，改变脏乱差的现状。5月和8月分别核发丰台体育中心北侧、左外关厢二环路以北、莲花池周边、正阳铁路桥以北、南三环路果园地区等6个“城中村”地块的《建设用地规划许可证》，完成本年“城中村”整治拆迁用地的规划审批。

（房庆军）

【莲花池周边“城中村”】 莲花池公园周边（一期）“城中村”环境整治项目是市政府年内为民办实事项目，该项目北起莲花池公园西南侧平房北边线，南至规划吴家村路北边线，东起莲花池公园南门向南与莲花池南路的连接线,西至西三环南路东侧辅路,总用地面积47866平方米。该用地为城市公共绿地,在整治范围内有两家单位,建筑面积16710平方米,居民住户584户,建筑面积24616平方米。

(房庆军)

【建设工程规划监督】 按照城市建设与规划管理的要求,全年实施建设工程规划监督381项,建筑面积1083万平方米,其中验线、验收合格357项,建筑面积1010万平方米,不合格24项,建筑面积73万平方米。对不合格项目尚能及时纠正的责令限期改正,对不履行规划许可证规定要求的责令限期履行。

(房庆军)

【落实环境建设任务】 拆除2004年卫星监测违法建设1.6万平方米,拆除历史遗留代征地上的建(构)筑物2.5万平方米,拆除逾期临时建筑14.4万平方米,查处违法建设10.2万平方米。对奥运场馆周边、老旧小区、重点道路和地区的环境综合整治,拆除各类违法建设25.6万平方米。

(房庆军)

【强制拆除丽泽苑宾馆】 8月13日,北京市规划委员会丰台分局对位于三环路丽泽桥区改造范围内的违法建设——丽泽苑宾馆,下达限期拆除决定书,10月24日,依法向丰台区人民法院申请强制执行,11月5日,丰台区人民法院对丽泽苑宾馆实施强制拆除。

(房庆军)

【新命名地名】 新命名居住区、道路、建筑物名称44个。建筑物名称:时代风帆、盛今佳园、和园居、金方商贸大厦、金晨大厦、名都家苑、丰仪家园、金昆大厦、金都苑、珠光御景嘉园、宣祥家园、谱田大厦、大红门纺织城、金水利苑、优筑名苑、华信时代大厦、草桥玫瑰园、搜宝商务中心、安泰大厦、天创祥馨名居、华富利苑、鼎立家园、丰管家园、金兴苑。地名名称:靛厂锦园、万芳园、程庄北里、程庄南里。路名桥名名称:锦园路、万芳路、万芳南路、首经贸中街、首经贸南路、桥安西路、福宫路、兴源路、小屯西路、郭公庄路、六圈路、新苑路、新苑中街、牛亡牛河路、花乡桥、岳各庄南桥。

(房庆军)

【全程办事代理服务】 全程办事代理服务大厅作为全区办理规划事项的综合性服务窗口,实行“一口受理,全程代办,内部运作,按时办结”的工作模式。全年接待办事人员3950人次,受理事项1063件,办结率为100%,没有一件超期,提前办结率为98%。通过意见反馈,群众满意度为100%。督查督导抽查项目案卷合格率为98.5%。

(房庆军)

城乡建设

【概　况】 年内坚持“合理部署重点区域建设,提升城市建设水平;加快重点道路的建设,发挥区域功能作用;科学建筑、房地产行业管理,推动区域经济有序发展;深化房屋管理体制,为百姓提供宜居环境”的工作思路,全面推进城市建设工作。经丰台区立项的建设项目中,全年经区发改委立项项目开复工654万平方米。其中住宅513万平方米;新开工程334万平方米,其中住宅268万平方米。实现竣工206万平方米,其中住宅173万平方米。绿化隔离地区工程实现开复工356万平方米。其中,住宅280万平方米,新开工程71项共计162万平方米,其中住宅125万平方米;实现竣工123万平方米,其中住宅112万平方米。完成建筑业产值46亿元。

(王　嘉)

【重点工程】 丽泽商务区:B6—B7地块已同

珠江公司签订土地一级开发协议,完成规划方案调整,准备申报规划意见书;丽泽生态花园已通过市联审会审议,市土地局已授权益邦公司进行土地一级开发。已取得市发改委批复立项,现正办理规划意见书、土地预审等征地前的各项手续;丽泽商务中心规划意见书及立项完成,正办理征地手续;西客站南广场:兴丰大厦已竣工;地下车库法院已解封,正在办理中铁恒丰土地使用证,地上公交枢纽项目拆迁工作正在进行。东区A、B、C、D座已通过交计,方案完成调整,申报建筑面积20万平方米。美食城外装完成,立项及土地证已变更为中实侨信公司。南中轴商贸区:服装城三期完工并投入使用;木樨园购物广场已申报用地规划许可证,含修正性方案,年底办理完成建设工程规划许可证。鑫福海大厦已完成立项及规划意见书,首嘉公司已取得土地一级开发授权。福成布艺大厦地上结构施工3层,年底竣工。木樨园客运中心土地预审完成。国际轻纺城正在根据调整后的方案修改可行性研究报告及环境评估报告,同时根据市规委要求进行修改控规的论证,进行预审会、审查会评议和申报市政府审批。丰台总部经济区:总部基地累计开复工面积约65万平方米,其中:40万平方米、近二百栋总部楼完成竣工验收。三期的四个地块主体结构施工全部完成。西区绿化工程已完成验收。园区二期东区"国美商都"项目开始进入前期设计、报建阶段的工作,总建筑面积约35万平方米。东区部分地块进行产业用地招商工作,与多家投资商进行洽谈。汽车博览中心通过国际设计招标,已初步确定方案,征地拆迁工作已接近尾声。正在进行博物馆建筑初步设计、项目管理公司招标、物馆展陈、地价评估及招标文件的编制工作。河西地区:王佐中心镇建设总建筑面积370万平方米。其中南宫苑生态居住区一期4.1万平方米年底竣工。奥运场馆建设:奥运垒球场结构施工,正在进行专业分包工程方案及资金审定工作。年底主体结构及场地完工,进行部分内装修。

(王　嘉)

【道路建设】 右外大街南延于4月30日建成通车。莲花池东路西延一期工程在区域内主要涉及四环桥区的建设工作,该道路工程于5月1日建成通车。丰北路及丰北路西延:四丰桥区正在进行道路施工,三至四环直线道路段正在进行道路施工。11月5日配合法院对影响丽泽桥区建设进度的丽泽苑宾馆组织司法强迁,桥区西北角的拆迁工作已全部完成。南中轴路二期:主要是木樨园立交桥的改造工程,需拆迁居民105户,总建筑面积6106.78平方米,9月所有住宅及企业拆迁全部完成。南中轴大容量公交示范工程:已完成农村集体土地的征地、及地上物的拆迁工作,国有企业拆迁已基本完成,已开工建设。张仪村路:已完成张仪村、大瓦窑村农户拆迁80%,完成80%集体企业拆迁。站前路:已完成太平桥村117户农户的拆迁;完成东管头村15家集体企业的拆迁,剩余178户住宅拆迁。康辛路:城市主干道,一期已于9月初向市发改委申请立项,初步设计方案已上报市规委,二期正在做方案。马家堡东路:9月初向市发改委申请立项;成寿寺路:向市发改委申请立项,已取得立项文件,初步设计方案已经完成,待市规委审批。马家堡西路南延:已完成市政方案及综合方案设计,8条管线的工程设计也基本完成,道路初步设计方案已报市规委,待审批。奥运场馆周边道路:光彩路、晨光路、光彩西路、大井路四条路设计方案已经市规委审查批准,管线综合设计已完成,正在由市规委规划院做项目综合,前期手续正在办理中。

(王　嘉)

【征地拆迁工作】 地铁五号线工程,一期工程由建委负责的企业拆迁已全部完成。二期宋家庄停车场建设也于6月中旬正式启动,已完成东铁营村和石榴庄村集体企业拆迁约

70%,建筑面积约3万平方米。11月19日,对项目用地范围内的29个农宅院落张贴了拆迁公告,正式启动拆迁工作。有9个院签订拆迁协议;地铁四号线工程在区域内自四环路至二环路线路全长约4.47公里,按规划设计方案有马家楼站、石榴庄站、角门北站及西庄站(待定)4个站点。已对沿线的3个站点用地范围进行了钉桩确认并对拆迁范围内建筑物进行了评估;对地铁4号线马家堡车辆段建设工程,已取得规划意见书,并确认拆迁范围对该范围内建筑物进行了评估;右外东庄下三角地区于11月2日正式启动环境整治拆迁工作,38个院已有32个签订拆迁协议完成总拆迁量的84%。12月25日,张贴拆迁公告,对剩余6个院启动正式拆迁工作;宛平城抗战馆门前纪念广场,作为北京市重点工程,市长王岐山和市政府各有关部门主要领导3月26日亲临宛平城抗战馆,召开现场办公会。该工程用地范围内的住宅拆迁于4月28日张贴拆迁公告,5月15日提前完成。此次拆迁共拆迁居民93户,房屋面积9535.3平米;凉水河综合整治工程,作为北京市66件重大工程之一,拆迁涉及卢沟桥乡、南苑乡、西罗园街道、大红门街道四个街乡及四家铁路单位,该工程的拆迁工作于2004年年底启动,2005年5月全部完成。

(王　嘉)

【综合开发建设管理工作】 全年综合开发住宅小区54个,总建筑面积2548万平方米,在丰台区注册房地产开发企业开发建设项目71个,总建筑面积2695万平方米。建成、已基本建成小区26个,总建筑面积900多万平方米,住宅建筑面积690多万平方米。

(王　嘉)

【招投标工程】 年内共办理118项工程的招投标工作,建筑面积137万平方米,中标价为16.6亿元,应公开招标工程公开招标率100%。其中公开招标工程10项,建筑面积22万平方米;邀请招标工程44项,建筑面积113万平方米;直接发包工程10项,建筑面积7千平方米。

(王　嘉)

【工程质量监督管理】 年内完成质量监督工程约933项,建筑面积1206万平方米。办理竣工备案367项,约379万平方米。

(王　嘉)

【工程质量检测】 年内与167家施工单位签订委托合同,为251个在施工程进行建筑材料检测;对125个单位工程进行了室内环境质量检测,完成检测点800余个。顺利通过中国实验室认可首次监督评审,完成新增项目的扩项评审。

(王　嘉)

【房屋管理】 年内共完成房地产转让过户2.2万件,完成房屋所有权发证4.4万件。办理商品房预售登记备案2.9万套。房屋所有权抵押登记1万件,抵押面积226.48万平方米。对全区范围内城镇私房和单位自管公房进行安全检查,总查房面积3901.33万平方米,完成安全度汛的工作目标,房屋安全完成鉴定415处,鉴定面积41.11万平方米。完成22家居住小区业主委员会的组建、备案工作,办理物业管理企业资质35家;受理291个单位房改售房,售房7384套,面积55万平方米;申请廉租房家庭175户404人,上半年共办理46户11 5人,补贴面积735.9平方米;经办71户,保障171人,补贴3364元,面积1330平方米。

(王　嘉)

【城镇危旧房改造】 年内,全区危旧房改造累计实现开复工112.96万平方米,其中住宅93.29万平方米,新开工59.36万平方米;竣工36.7万平方米,其中住宅29.8万平方米;累计完成投资11.33亿元。拆除房屋总量1.02万平方米,其中危房0.35万平方米,动迁居民311户,安置居民816户。逾期的五片危改项目包括定安西里、长辛店东山坡一里、丰台桥南四期、小瓦窑东里及铁营一期危改已全部实现开工建设。

（王 跃）

【综合开发管理】 年内，全区在施小区项目100个，总建筑面积3586万平方米；其中综合开发住宅小区54个（不包括绿化隔离地区），总建筑面积2724万平方米；在丰台区注册的房地产开发企业199家，新注册房地产开发企业37家，其中三级已上资质房地产开发企业17家。在丰台区注册的房地产开发企业开发建设项目71个，总建筑面积2695万平方米。建成或基本建成小区26个，总建筑面积900多万平方米，其中住宅建筑面积690多万平方米。

（王 跃）

环境整治和市政基础设施建设

【概 况】 年内丰台区城乡一体创卫工作通过北京市爱卫会调研评估。继续加快市政基础设施建设步伐，总投资1.2亿元，完成大修改造道路43条，总面积62万平方米，为解决河西两镇、两街居民出行困难问题，丰台区政府投资4000万大修改造了漫水桥路和王佐极乐峰路，完成11座桥梁的加固改造任务，实现了六里桥、玉泉营、方庄等地区的亮化，为20条非主要道路安装了路灯。狠抓环境整治工作，对丰体中心北侧等6处“城中村”进行了拆迁拆除，对30个老旧小区进行了整治，完成19条道路户外广告规划工作，加强了对重点大街、城乡结合部等地区的环境卫生治理，确保了全国和市、区“两会”，中央及市、区领导视察和百名部长植树等重大活动和“我的中国心”同一首歌演唱会的顺利举行。加大环卫基础设施建设，完成标准公厕建设119座，三类公厕改造竣工183座，新建垃圾中转站试点2座，垃圾无害化处理率达到94%，粪便集中处理率达到95%，垃圾分类工作在北京市排名第一，市容监查工作机制受到表扬，2006年将在北京市推广，加强对暴露垃圾堆的治理工作，治理效果赢得北京市市政管委的好评。认真做好公益事业，新增公交线路5条、调整延长21条，完成7个村饮用水并网报装工作，两个村建设了改善水质的净化水站，完成天然气入户5000户。

（李 颖 韩宝燕）

市 政 工 程

【道路改扩建】 完成便民道路25条24公里，总面积32万平方米，总投资4600万元。大灰厂东路二期、人民村南路、马家堡路改造工程已全部完工，三条道路总投资3240万元，总长2.5公里，施工总面积6万平方米，修建雨水管线4400米，新增的看杨路工程顺利完工。一期创卫拓宽道路12条，总长7公里，总面积12万平方米，总投资1366万元。河西道路方面，王佐极乐峰路改造工程完工，道路总长6公里，总投资1200万元，长辛店太子峪至漫水桥路东河沿至漫水桥段改扩建工程完工，总长2.5公里，施工总面积5万平方米，投资额1089万元，10月，河西群众自发组织租车，敲锣打鼓为区政府送来了锦旗和感谢信。对具备条件的道路进行无障碍设施新建、改造工程，新改建盲道22359延长米，进一步促进无障碍环境建设工作。

（李 颖 韩宝燕）

【市政设施维护管理】 加大市政巡查和养护管理力度，建立半月巡查和养护情况报表制度，完成世界公园南路、张仪村路等道路养护任务5万平方米。上半年对区管雨污水管线进行了普查，核实雨污水管线89条，总长33350米，检查井973座，雨水箅2023个。定期对区管和无主雨污水管线进行维护，共清掏检查井2560个次、雨水箅子6687个次,清理雨污水管线136582米,清运淤泥3213吨,保证了安全渡汛。设立井盖热线电话,建立市政监察大队为监管主体,各权属单位协调配合的井盖管理机制,从3月10日市井盖热线开通到11月底共接到热线反映问题813件,并已全部落实,共维修和补装井盖、雨水口2945个次,保障了群众的出行安全。

(李 颖 韩宝燕)

【行政审批、备案工作】 加强占掘路审批管理工作,完成掘路、占道审批87个。继续抓好机动车停车场经营企业备案和年审工作,完成经营性停车场备案74个。

(李 颖 韩宝燕)

【城口防汛工作】 年内进一步落实防汛责任制,汛期共出动车辆40多台次,人员300多人次,水泵6台,发电机组1台,紧急疏通雨箅120多个,抽排水1万多立方米,完成了全年防汛抢险任务。

(李 颖 韩宝燕)

环 境 整 治

【"城中村"拆迁】 年内重点解决丰台体育中心北侧、正阳铁路桥北侧、左外关厢二环路以北、莲花池公园周边、南三环果园和广安路湾子路口西北侧地区等6处"城中村"。截止12月底,丰台体育中心北侧地区私房住户和单位的拆迁工作已基本完成,正阳铁路桥北侧地区完成拆迁总量的87.5%,左外关厢二环路以北地区完成拆迁总量的40%,莲花池公园周边地区(一期)完成拆迁总量的71.9%,四个地区共拆迁居民住户(产权人)211户,完成拆迁总量的73.5%。南三环果园地区拆迁前的各项手续已全部完成,已启动拆迁工作。广安路湾子路口西北侧地区的拆迁整治工作正在与有关部门进行协调。

(李 颖 韩宝燕)

【老旧居住区整治】 全年基本完成30个老旧居住区计划整治任务,通过动员产权单位出资,相关街道办事处和区财政给予补助的形式,投入2400余万元,共拆除违建3500余平米,完善、调整绿化近30000平方米,增加自行车棚和各项健身设施5处,增建下水管线4300延长米,铺设市政道路、硬化人行步道72000余平米,安装铁艺护拦8000延米,安装路灯100余盏。

(李 颖 韩宝燕)

【市容环境整治】 整治项目包括:1条路,即大成路(样板大街);3个地区,即丰台体育中心及周边地区、六里桥交通枢纽及周边地区、光彩体育馆周边地区;1个奥运场馆区域,即丰台垒球场(丰台体育中心北侧地区),各项环境整治项目已基本完成。其中大成路样板大街工程拆除违法建设6580多平方米,修砌围档墙400延米,道路硬化10000平方米,架空线入地正在进行当中。其余道路沿线和重点地区共拆除违法建设1302平方米,清运垃圾渣土960吨,规范市场1处。

(李 颖 韩宝燕)

【广告牌匾治理】 年内组织专门力量对区政府周边,大成路道路两侧的牌匾、标识进行了统一设置。结合北京市开展的户外广告治理整顿工作,组织执法部门拆除了丰葆路等34条道路上的1900余面灯杆挂旗,拆除了丰北路等13条大街灯杆灯箱广告。全年对京石路、四环路等重点道路两侧的牌匾标识和户外广告进行了规范整顿,除拆除市里上帐的12处大型户外广告外,还拆除京石沿线、南苑路等地区大型户外广告10处,规范整顿牌匾近700块。

(李 颖 韩宝燕)

【"门前三包"管理】 投资30万元统一制作"门前三包责任书"和"门前环境卫生"责任书10万份,协调敦促各街乡镇重新签订责任书,有证照的单位总数21246个,签订数21060个,未签订数186个,签订率99%。无证照的单位总数11343个,签订数10717个,未签订数626个,签订率94%。

(李 颖 韩宝燕)

环卫基础设施

【公厕改建】 年内完成119座标准公厕建设,其中新建10座,改建109座,改造竣工三类公厕183座。

(李 颖 韩宝燕)

【垃圾处理】 年内关闭北天堂垃圾卫生填埋场并封场。永合庄临时性垃圾填埋场建设工程全部竣工,与关闭的北天堂垃圾卫生填埋场顺接。垃圾无害化处理率达到94%。10月底,完成5处在市上账的五环路外暴露垃圾堆治理,治理效果赢得了市市政管委好评。完成33个行政村垃圾清运交环卫中心负责的调查移交方案。完成2座垃圾中转站建设试点,将西铁营村、石榴庄村生活垃圾清运交环卫中心负责。完善全市粪便集中收集运输处理,粪便集中处理率达到95%。

(李 颖 韩宝燕)

【垃圾分类工作】 投资90万元为各物业小区统一制作、配发了35套垃圾分类宣传板、横幅等宣传材料和垃圾分类收集运输(三轮)车,购置、配发了垃圾分类容器(桶)。有44个小区、大厦实行了垃圾分类,并全部通过了市市政管委的验收,其中25个物业小区安装了厨余垃圾处理机,35个物业小区实现了厨余垃圾就地处理,取得了全市第一的优异成绩。

(李 颖 韩宝燕)

【机扫面积和机扫率】 年内积极协调财政和区环卫中心,投入资金900万元购置机扫车20辆,重点对区重点道路和子站周边道路实行机扫作业,完成机扫总面积478万平米、机扫率72.64%的任务指标。

(李 颖 韩宝燕)

【扫雪铲冰工作】 年内,成立了由副区长李昌安任总指挥的扫雪铲冰指挥部和扫雪铲冰办公室。投资105万元为各街道、乡镇和环卫中心购置融雪剂300吨,撒布机3台,推雪铲6台。

(李 颖 韩宝燕)

公 益 事 业

【电力基础设施建设】 年内积极协调、配合崇文供电公司、丰台供电公司对蒲黄榆二里、泥洼小区、马家堡小区西里等老旧小区的37981户居民进行了“一户一表”安装工作。积极协调、配合丰台供电公司为21560户居民进行装表送电工作。协调区供电公司解决了沙岗村地区用电难问题。完成了5条高压线路改造工程,解决了影响云岗静欣园小区及北区居民健康和小区高压电安全隐患的问题。

(李 颖 韩宝燕)

【公交和报刊亭工作】 年内协调、配合公交公司新开819支、917支4等5条公交线路,延长了853、833等21条公交线路,方便了群众的出行。协调丰台报刊零售公司及相关部门对影响道路建设的18个报刊亭,进行了新的选址工作。

(李 颖 韩宝燕)

【供暖工作】 年内,丰台区有锅炉房610处(其中不含市政热力、北京第三热电厂及部队),锅炉2086台,装机容量4997MW,采暖面积4393万平方米(其中居民供暖面积3380万平方米)。经过努力,市供热信息平台正式启用。对2004年发生的重大供暖矛盾逐一进行了排查,并对夏季设备大修情况进行了多次抽检、抽查,召开供暖协调会4次,街乡协助排查供暖隐患43处,召开协调会61次、现场调查42次,解决了停暖、不供等问题,为南苑北里、北甲地、张仪村、角门14号院等53处地区协调解决了供暖及供暖缴费矛盾,保证了当地居民冬季取暖。

(李 颖 韩宝燕)

【燃气工作】 年内完成5003户通气工作。每月及节日期间对10个液化石油气罐瓶厂(站)、47个换瓶站、3个交换站进行安全检查。确保节日期间无安全责任事故发生,供应工作正常。完成19家液化气经营企业行政许可备案工作。

(李 颖 韩宝燕)

【亮化工作】 年内配合市夜景照明处、协调相关单位投资400余万元完成了六里桥整体桥区的亮化工作。为配合纪念世界反法西斯战争胜利60周年大型活动,完成了宛平城城区及卢沟桥广场的夜景照明工作。

(李 颖 韩宝燕)

建 筑 业

益丰建筑(集团)公司

【概 况】 全年完成施工产值7179万元。开复工面积105217平方米。工程合格率100%。上缴税金320.9万元。竣工项目为丰台桥南新华街三里危改住宅5号楼。在建工程项目为丰台科技园区产业基地一期东区15-C地块1号楼酒店公寓等三项工程。

(赵铁城)

丰台区城市建设综合开发公司

【概 况】 年内排北京市地税系统纳税千强单位第503名。全年完成投资总额1.5亿元,完成开复工面积21.5万平方米,完成竣工面积9.43万平方米,完成商品房预、销售面积4.3万平方米,实现预销售收入2.3亿元,上缴税金2200万元。实现利润1500万元。

(李志成)

【主要开发建设项目】 望园东里1#、4#、5#三栋高层住宅楼已竣工交付使用。望园东里29#、30#商住楼按计划开工,已达地下二层结构;望园东里住宅楼(丰台北路46#楼)已达结构十层;地下车库正进行挖槽施工。富锦嘉园一期综合楼竣工交付使用,已开始招商。二期E组团六栋住宅楼已全部竣工;D组团完成工程招标工作;1#、2#综合楼进行地下二层结构施工。三期项目已取得规划许可证前的所有手续。

(李志成)

【商品房销售】 按照市建委从3月15日起实行商品房预售计算机上网交易的规定,全年完成预、销售商品房429套4.3万平方米,新签合同销售额1.9亿元,办理结算入住883户,发放房产证322件,收取整编产权过户资料338件,申报拆迁办证101件,办理预售登记备案344套,实现了望园东里、富锦嘉园现房及期房大部分售出的显著销售成绩。

(李志成)

【拆迁服务中心】 年内,拆迁服务中心积极参加工程投标,运用法律手段解决遗留钉子户问题,完成东兴联菜户营二期、右外花园村、首医大等工程共计382户35502平方米委托拆迁任务。对遗留问题加大解决力度,完成六里桥南里三期、四环路一期遗留户的法律裁决和诉讼工作;完成“三千米”周转房借房户及“侨客居”地内住户的法律诉讼和腾房工作。全年完成拆迁补偿金额2.3亿元,实现收入210万元。

(李志成)

【物业公司】 年内坚持“业主至上、服务第一”的宗旨,开展优质服务竞赛活动,严格按照IS9001:2000标准,对物业管理涉及的全过程实施质量管理,通过质量体系运行复评审核认证。全年投入102万元进行小区道路、栅栏、绿化花草树木的补栽、补种及照明的工程改造,投入92万元在角门、嘉园、望园小区主出入口、道路、公共场所安装电视监控系统。投入20万元在望园小区进行无障碍综合改造工程,为居民营造团结和谐的社区生活环境,对此《新丰台》、《北京法制报》予以报道。全年物业公司应收入3991万元,其中含历年欠款1473万元。全年计划收入2863万元,实际实现收入3084万元,其中收取历年欠款566万元。角门、嘉园小区顺利通过“市优小区”复验工作,望园东里、西里小区继续保持“北京市优秀管理居住小区”称号。角门、望园两个供热厂连续第十年被评为“北京市优秀供暖单位”。

(李志成)

【丰开望园科技孵化中心】 年内,公司全面启动望园大厦的招商工作,根据不同时期招商特点,制定详细招商计划,努力营造良好招商环境,完成了望园大厦配电室、消防中控系统的改造工作,积极吸引高科技企业进驻。全年实现招商68家,签订租赁合同72份,完成出租房面积5113平方米,实现出租率95%,全年应收入390.8万元,实际收入339.6万元。

(李志成)

兴丰公司—西客站南广场开发建设

【概　况】 年内,西客站南广场筹备处和北京兴丰房地产经营开发公司紧紧围绕抓工程、办手续这个中心工作,抓重点求突破,真抓实干、不断创新,努力实践“三个代表”重要思想,使开发项目取得了一定的进展。西客站南广场项目总占地面积20.7万平方米,其中建设用地约11万平方米,南广场道路9.7万平方米,总建筑面积约63万平方米。南广场建筑群分布在南广场中轴线两侧,形成东、西两区,规划设计九个公建项目及一个地下车库及商业项目。西客站南广场西区为五个项目,亚视大厦、中盐中色大厦、中铁大厦、招商大厦B座和美食街项目。东区为四个项目,综合楼、兴丰大厦、写字楼项目、ABCD项目。

(任雪松)

【南广场地下车库及商业项目】 由历史原因造成未办理相关手续先开工的南广场地下车库及商业项目,市规委按照违章做了罚款处理,交纳罚金为109.59603万元。年内市规委已批准补办相关手续。该项目于2月12日转让给中铁恒丰公司签订了转让合同,总价款为1亿元。第一笔转让款收回3000万元;第二笔转让款5000万元。

(任雪松)

【南广场ABCD项目】 该项目规划方案调整取得市政府批复,增加了建筑面积约5万平方米,建筑高度由原45米增为80米。调整后的ABCD项目可增加南广场的收益。

(任雪松)

【债权、债务清理工作】 年内加大了对原投资户的清理工作。偿还了原投资户香港捷达公司本金40万元;京渔公司本金380万元。纪家庙村的借款200万元;偿还了欠城建三公司的全部款项14256万元。同时不同程度地偿还了靛厂农工商公司、精图工贸公司、物资房地产公司等单位的部分欠款。

(任雪松)

国土资源管理

【概　况】 是年为机构改革过渡年。2月,市国土资源局对丰台国土资源分局领导班子进行任命;5月,完成了人员的划分、各科室、部门的设置,拟定了科室、部门工作职责;6月1日,分局开始独立办公,新的公章正式启用;8月15日,北京市国土资源局丰台分局召开成立大会,北京市国土资源局丰台分局正式成立,顺利实现国土资源垂直管理。全年坚持以人为本,坚持用科学发展观统揽全局工作,求真务实,积极进取,6月土地矿产资源垂直管理以来,加大土地资源管理力度,巩固土地市场治理整顿成果,建立长效管理机制,严格执法,加强耕地保护和土地供应保障,严格土地和基本农田管理,加强土地供应力度,有计划供应土地指标;认真开展"完善体制、提高素质"教育活动,认真制定活动方案并严格实施,有效地增强了服务意识,提高了服务质量和工作效率;坚持领导干部信访接待日制度,加大人大建议、政协提案的办理力度及重要事项督察力度,分局获得信访、督查工作"先进单位"和"先进个人",有效地解决了群众关心的热点难点问题,较好地发挥了国土资源在经济建设中的闸门作用。

(任安来)

【规范土地市场秩序】 年内加大违法用地的查处力度,充分利用卫星遥感监测成果开展土地执法检查,加强对重大土地违法案件的移送制度。对卫星遥感发现的48宗土地违法案件分别提出了处理意见,已结案件32件,收缴罚没款68.6万元,下达《责令限期改正通知书》4件。完成对长辛店镇辛庄村部分村民违法占地建房问题的调查工作,共查出违法用地76处,占地281.69亩,建筑面积43255.7平方米。加大土地征用的管理工作,办理征地26件205.9公顷,办理农转非668人。完成南水北调、地铁5号线、京九铁路增二线、国家法官学院等重点征地项目的前期准备及上报工作。

(任安来)

【计划供应建设用地指标】 年内认真做好土地供应计划编制工作,实事求是地编制完成土地供应计划。根据丰台区土地利用现状及北京市城市总体规划及年度土地供应计划实施过程中存在的问题,对每个建设用地项目严格把关,按照建设项目成熟度认真进行筛选,编制完成丰台区2006年度土地供应计划。办理超标购买经济适用住房4165件,征收综合地价款4825.8万元;补办出让手续共10件,征收土地出让金112.5万元。

(任安来)

【农村集体土地调查工作】 9月,完成卢沟桥乡4个村的试点调查工作,顺利通过市国土资源局的验收,确保全区的农村集体土地调查工作全面展开。年底前已完成80%的外业调查工作任务。办理国有土地使用权及在建工程抵押136宗425.6万平方米,贷款金额66.7亿元人民币及1200万美元,办理国有土地登记发证462宗664.5万平方米。

(任安来)

【加大土地储备工作力度】 年内对丰台区未开发利用的土地进行摸底调查,对可开发利用的土地进行登记造册,为合理利用土地资源和经济可持续发展,提供基础数据。完成丽泽商务中心土地一级开发项目、东铁营村田清园二期土地一级开发项目开发前期的部分工作,同时对开发模式也进行初步探索。完成丰台区2006年度土地储备开发计划编制工作。

(任安来)

【加强"十一五"规划的编制工作】 依据《中华人民共和国土地管理法》、《基本农田保护条例》及上一轮的丰台区土地利用总体规划,编制完成《丰台区"十一五"时期土地资源保护与开发利用规划》的前期课题研究并通过了专家组的评审。在此基础上,完成了"十一五"规划文本的编制工作。

(任安来)

【加强对矿产资源监督管理】 严格执行矿产资源保护政策,加强矿产的行政管理。在年检工作中,严格审查矿山企业资质条件,督促4家矿山企业参加网上年检,协助6家矿山企业换发采矿许可证需要提交的矿山企业占用矿产资源储量核查工作。协助3家矿山企业制定废弃矿山生态环境治理规划方案。加大地热资源的管理力度,开展对丰台区辖区范围内的28家开发利用地热资源情况调查工作。落实市区关于治理整顿非法开采沙石工作有关部署,制定丰台区工作方案,组织了23次148人次现场调查和联合执法检查,及时建立乡、村查处非法开采矿产资源制度,公布举报电话,明确监管责任,落实整改措施。处理群众关于矿产资源方面的举报36件,拆除非法砂石加工生产线5条,清理非法堆放砂石11处,清理砂石量约44.64万吨。

(任安来)

房屋经营管理

【概　况】 丰台区房屋经营管理服务中心成立于2002年4月的,原隶属于丰台区国土资源和房屋管理局,2005年8月,丰台区委、区政府任命中心党政领导及授权组建班子。经过改制,房管中心成为丰台区唯一一家授区政府委托对全区直管公房进行经营管理的房管单位,主要从事区域内直管公房的房屋经营管理、物业管理等经营业务;负责房地产开发和危旧房改造工作;负责房屋设备安全管理服务工作;负责房屋的安全检查、修缮和零维修服务工作;负责直管公房的冬季供暖等工作。

(刘振德)

【业务情况】 年内,直管公房总面积2026525.07平方米,其中楼房1800811.78平方米,平房225713.29平方米;其中出售:12414套,737251.90平方米(全部为楼房,平房不允许出售)。锅炉房19座,锅炉64台;电梯直管104部,自管产22部,物业代管12部;高层供水泵60台,其中生活用水泵36台,消防用水泵24台。

(刘振德)

【开发、拆迁、测绘情况】 房地产开发工作(危改工作):总面积(1993年至2005年):490425平方米。丰房建筑工程工作:开复工总面积(1980年至2005年):1027251平方米。政源拆迁工作:历年拆迁总建筑面积(1999年至2005年):317933.21平方米。测绘工作:发证测绘(2002年至2005年):58904件,建筑面积2413万平方米。房改测绘(2002年至2005年):28990件,建筑面积220万平方米。

(刘振德)

【政府折子工程】 根据市政府年内为百姓办实事的文件精神,年内完成长辛店、南苑分中心配合水务局实行一户一表改造工程,解决了5384户的居民饮用水问题。提前完成平改坡工程丰台区第一标段共计38栋的工程施工任务。

(刘振德)

【供暖工作】 供暖设备服务所担负着丰台区2636129.05平方米的供暖任务,在北京市供暖行业中供暖所率先通过ISO9002国际质量体系认证,截止到年底投入专项资金5000多万,改造煤改气锅炉房6个,改造燃煤锅炉房2个。对18个直管锅炉房进行设备普查、维修及大修。

(刘振德)

园林绿化

【概　况】 “十五”期间城市绿化美化工作成果显著。年内新增城市绿地面积1883公顷,城市绿化覆盖率达到43%以上,人均绿地70.8平方米,比“九五”时期增加15.7平方米。年内全区扩大绿化面积499.8公顷。其中,第一道绿化隔离地区完成绿化面积20公顷,城市绿化完成绿化面积76.37公顷(新增绿化42.9公顷,改造绿化33.47公顷),完善绿化面积97.2公顷。新建2处万平米以上绿地,其中,绿源公园12公顷,嘉河公园3公顷。创建25个首都绿化美化花园式单位。成功举办第十九届全国荷花展和第五届北京莲花池庙会。

(王凤华)

【共和国部长在丰台区参加义务植树】　3月26日上午,来自全国绿化委员会、中央各部门、国务院各部委和首都绿化委员会的182名部级领导,在市领导的陪同下,到位于永定河畔的丰台区老庄子乡开展"以人为本,共建绿色家园"为主题的共和国部长义务植树活动,共植下油松、白皮松、栾树、连翘等树木1500余株。

(李　丽　焦章礼)

【全民义务植树日活动】　为响应市委、市政府"办绿化奥运,建生态城市"的号召,丰台区约5万军民参加了4月2日首都第21个全民义务植树日活动。中共北京市委常委、组织部部长赵家骐、副市长牛有成等部分市区领导及区机关干部、解放军、武警部队官兵,首都经贸大学师生,北京华威建筑工程有限公司的领导及员工,王佐镇、花乡的干部群众共1000余人,分别在王佐镇贺照云片林和花乡樊羊路绿化带参加植树劳动,共挖树坑3万个,植树1.3万株,养护树木5万株。北京华威建筑公司捐助了2008株象征2008绿色奥运和寓意千秋昌盛的名贵树种—楸树树苗。

(李　丽　焦章礼)

【民革北京市委领导植树"抗战纪念林"】　4月22日,民革北京市委为纪念中国人民抗日战争胜利60周年,常务副主委叶捷,副主委、北京市政协常委朱维究等以及丰台区区委统战部的领导和卢沟桥乡、村的干部群众共60余人,参加了"抗战纪念林"义务植树和养护树木活动。

(李　丽　焦章礼)

【马家堡西路绿化工程】　马家堡西路位于南二环开阳桥至南四环公益西桥之间,全长4.58公里,包括开阳桥桥区以及沿线辅路外的一些绿地。由丰台区园林局南苑绿化队施工。此工程3月15日开工,4月15日竣工。共完成绿化面积1200平方米,植树17563株。

(郑桂兰　陈育颖)

【绿源公园绿化工程】　绿源公园位于小屯路西侧,小屯三号路以南,占地面积123700平方米。此项工程由北京安鑫园林绿化工程有限公司负责设计与施工,公园的设计风格采用因景而植,巧手因借的设计手法,充分体现"绿、美、源"的风格和特点。工程于2003年10月23日开工,2005年6月竣工。完成拆迁总面积近10万平米,上客土83632方,清渣土108700方。共种植树木61个品种19411株、竹子600株、色带567株、草坪66250平方米、宿根144株;修建人工湖7000余平方米;另设有花架、景观亭、座椅等休息设施,海豚雕塑、浮雕墙、假山跌水等景观。

(刘玉娟　李　强)

【宛平城抗战馆广场及周边绿化工程】　宛平文化广场绿化工程位于丰台区宛平城内,抗日战争纪念馆南侧,面积3000平方米。此绿化工程由北京清华美术学院进行设计,由丰台区园林局长辛店绿化队进行绿化施工。于6月17日开工,7月7日竣工。清理渣土280方、上客土450方;共计种植乔木134株、绿篱106株、金叶女贞40株、四季海棠12000株、金光菊1800株、万寿菊6000株、铺草坪1500平方米。完成宛平城周边改造整治绿化面积7677.6平方米;共种植树木519株;绿篱670株;宿根花卉56600株;草坪4800平方米。

(刘月娟　花伟军)

【花乡南路绿化工程】　花乡南路道路绿化工程位于北起南四环路花乡桥,南至京良路。此项绿化工程由丰台区园林设计所设计,由丰台区园林局长辛店绿化队进行绿化施工。于3月5日开工,4月28日竣工。道路全长

4.7公里，绿化面积40410平方米，主要树种以油松、国槐、栾树、紫叶李、紫叶矮樱、迎春、美人梅等多品种和彩叶树种为主。共种植树木53536株、绿篱2916株、色块6311株、草坪16500平方米、宿根花卉24000株。

（刘月娟　花伟军）

【召开丰台区绿化美化总结表彰暨动员大会】 3月8日，丰台区召开2004年度绿化美化总结表彰暨动员大会，认真总结了2004年绿化美化建设情况，部署安排2005年绿化美化工作，对63个绿化美化先进单位、112名积极分子进行了表彰。区委书记王子生、区长张大力等领导出席了会议，副区长罗洁作工作报告。

（李　丽　焦章礼）

【科技研究】 10月，“荷花育种、花期控制及规模化生产的研究”已在市科委立项，引进荷花品种230多个，进行离子和杂交育种的初步研究，掌握了一定的花期控制技术。

（万震林）

【第十九届全国荷花展】 7月5日至8月15日，莲花池公园成功举办第十九届全国荷花展，达到了以荷会友，提高莲花池公园知名度的目的，此次展会共接待游人40余万人次，接待美国、泰国、日本等外国友人300余人。

（万震林）

【莲花池庙会】 2月9日至2月15日，第五届北京莲花池庙会成功举办。区委书记王子生、区人大常委会主任杜瑞琴、区长张大力、区政协主席初建华等领导参加了开幕式。庙会期间共接待游人20余万人次。

（万震林）

【精品公园】 9月，世界花卉大观园被评为北京市园林局第四批精品公园。

（万震林）

【田麦久到万芳亭公园视察】 北京市人大常委会副主任田麦久、北京市人大常委会教科文卫体委员会主任石炳忠、北京市人大常委会教科文卫体委员会专职委员张立华以及丰台区绿化办公室主任、园林局局长申燕民等有关领导于6月9日对万芳亭公园进行了视察并体验了木杆高尔夫运动，听取了公园主任周陵萍的工作汇报后，对公园工作及公园的环境予以了肯定，对公园根据自身情况，走体育健身的发展方向予以支持，特别赞扬了公园利用自身优势兴建了供广大群众健身休憩的体育健身广场，充分发挥公园作为精神文明窗口的作用。

（周陵萍　张　扬）

【城南第一个英语角在万芳亭公园举办】 万芳亭公园与北京世纪龙马文化发展公司合作，于6月18日起在公园优雅恬静、绿茵藤绕的长廊景区举办英语角活动。这是丰台区举办的第一个市民学外语英语角活动，是城南地区影响较大、坚持时间较久的英语学习园地，旨在推动广大北京市民学习英语，从而掌握与国际交流的语言工具，是迎接2008年奥运会的重要举措。至此每周六上午9:30至11:30定期举行，对公众免费开放。至年底，参加人数已近千人。

（周陵萍　张　扬）

【万芳亭公园在市第六届菊花展获奖】 万芳亭公园代表丰台区园林局参加了北京市园林局和北京菊花协会于11月1日至11月21日在北海公园禅福寺内举办的“北京市第二十六届菊花(市花)展览”，并获得了荣誉。

（周陵萍　张　扬）

环境保护

【概　况】 年内，全区环境质量进一步改善，重点区域环境综合整治取得明显效果，丰台花园子站全年二级和好于二级的天数为224天，完成61.5%，云岗子站为226天，完成

62.4%,两个空气监测子站均完成北京市下达的任务指标,实现了“双达标”;完成22家单位,49台、227蒸吨的燃煤锅炉改用清洁能源的改造任务,削减燃煤量3.26万吨,削减烟尘排放量140吨,削减二氧化硫排放量229吨。严格遵守国家《建设项目环境保护管理条例》,共受理行政许可1946项,无违法违规审批,当年申请建设项目竣工验收率达到了100%,新建建设项目排污申报率100%;全年共出动5775人次,对5099个单位进行了检查,对46家单位的违法行为进行了立案处罚,对80家扰民单位下达限期治理通知;全年共计受理群众举报1573件,人大代表、政协委员建议和提案8件,处理结案率均达100%。以“六五”世界环境日为契机,开展丰富多彩地活动,通过开办《自然之声》专栏、发出倡议书、创建绿色学校、绿色社区等形式,积极宣传全局依法行政工作动态,增长了广大群众环保知识,提高了环境意识和参与自觉性;全年共出具各类监测数据28422个,其中常规监测数据4905个、验收监测数据8831个、监督性监测数据3419个、评价监测数据657个、专项监测数据10610个。年内,先后被授予“全国环境优美乡镇创建活动优秀组织单位”、“全国绿色社区创建活动优秀组织单位”和“首都文明单位”荣誉称号。

(王　健)

【继续推进燃煤锅炉改造工作】 年内,继续推进燃煤锅炉改造工作,共完成22家单位,49台、227蒸吨的燃煤锅炉改清洁能源改造任务,锅炉改造资金总投入约6810万元,削减燃煤量约为3.26万吨,削减烟尘量约为140吨,削减二氧化硫量约为229吨。同时,加大对小煤炉检查力度,防止反弹,发放《使用清洁能源,拒绝小煤炉公开信》3000份,有效改善了区域空气质量。

(芮元鹏)

【创建全国生态示范区】 根据2008年创建生态示范区,2015年创建生态区的创建规划,3月底完成创建生态示范区规划编制工作。5月,区政协领导和委员听取了创建生态示范区工作情况的汇报,并进行实地考察。8月5日,丰台区生态示范区、生态区规划顺利通过专家评审,并通过区长办公会审议。

(魏力龙　王　健)

【信访工作】 年内共受理环境信访1593件,已处理1593件,处理结案100%。妥善处理了北京二七机车厂废气污染、红狮涂料噪声超标、北京鼎馨缘大酒店噪声超标扰民等问题。全年属于无照经营或有执照未经环保审批移送工商部门处理案件35件。受理人大代表建议、政协委员提案8件,已全部办理完毕,办结率100%。

(魏力龙　王　健)

【严格控制新污染源】 依据《建设项目分类管理名录(第一批)》,加大环境影响评价力度,确保建设项目执行“三同时”。全年共办理行政许可1946项,其中建设项目审批339项,建设验收项目607项,对不符合环保法律法规要求的326项行政许可申请按程序不予审批,无违法违规审批。对建设项目竣工验收率达到100%。

(魏力龙　王　健)

【依法征收排污费】 加强区内污染防治和环境管理,加大对达标企业的设备运行等情况的现场抽查和执法力度,共出动5775人次,对5099个单位进行了检查,加强对重点污染源达标排放、采暖期锅炉烟尘排放、燃煤锅炉改燃清洁能源、油烟噪声扰民、废水设施运转等情况的执法检查,对46家单位的违法行为进行了立案处罚,对80家扰民单位下达限期治理通知;加强排污申报登记工作,实现新建建设项目排污申报率达100%。加大征收超标排污费工作,全年共完成1529万元,罚款44.94万元,在全市18个区县排名第一。

(魏力龙　王　健)

【完成10件环保实事】 ①积极推进燃煤锅炉改用清洁燃料工作,完成了控制大气污染第十一阶段任务，两个空气质量监测子站实现了“双达标”；②建设噪声达标区，建成区噪声达标区覆盖率已达到60%以上；③完成了10个安静小区的创建工作；④保护水源安全，对水源防护区内260个二类以上汽修企业的固体废物分三年进行全面治理，年度首批60个汽修厂(站)的治理整改工作已完成；⑤丰体时代小区中水示范工程已全部竣工，对全区推广中水回用起到积极的示范和推动作用；⑥全年完成第一道隔离地区绿化面积20公顷，完成城市绿化面积76.37公顷(其中新增绿化面积42.9公顷，改造绿化面积33.47公顷)，绿源公园完成绿化面积12公顷，嘉河公园完成绿化面积3公顷；⑦完成天然气入户5000户任务；⑧完成了永定河新建右堤及绿化压尘工程，回填沙坑700亩并进行了绿化；⑨永合庄垃圾填埋场建设工程全部竣工，全区垃圾无害化处理率达到94%；⑩完成河西地区二道绿化隔离区绿化6476亩；荒山爆破造林1000亩；彩叶工程1000亩；农田保护性耕作7000亩；秸秆禁烧14800亩；播草盖沙1000亩；2500亩生物覆盖任务调整为1000亩，并已全部完成。

(魏力龙　王　健)

【加大环境宣传教育工作力度】 充分利用电视、报刊等多种渠道开展环保宣传工作。围绕“六·五”世界环境日，开展丰富多彩环保宣传教育活动。举办“环保之声”大型诗歌朗诵会、歌颂环保系统先进人物事迹，树立环保队伍的良好形象；在世界环境日期间，与市环境保护基金会、北京绿色奥运绿色行动宣讲团联合为北京市女子监狱近千名服刑人员进行了环境保护知识讲座，积极组织青少年参与环保活动，让小手牵动大手，提高环保意识，共同创造绿色家园。

(徐　岩　王　健)

【强化环境监测科学管理，提升环境监管能力】 年内，共出具各类监测数据28422个，其中常规监测数据4905个、验收监测数据8831个、监督性监测数据3419个、评价监测数据657个、专项监测数据10610个。完成四个季度交通环境NO2和CO的检测，完成12个月大气硫酸盐化速率和降尘的监测以及全年6次地表水的监测任务；编制了2000－2005年环境质量报告书。环保监测站率先通过ISO9001质量管理体系认证。实施在线监控系统，为区属四家医院安装在线监测系统，随时掌握医疗废水消毒处理及水污染物达标情况；在市环保局的支持下，6月初完成丰台体育中心、丰北东侧路、丰台北路施工段和光彩路4个施工点视频在线监测系统的调试。

(王　健)

环境卫生

【概　况】 年内，丰台环境卫生服务中心以环卫作业质量“更高、更新、更好”为目标，严格坚持环卫作业质量方针和质量目标，全面提升环境卫生服务水平。城市环境卫生服务包括日常道路清扫保洁、道路机扫、道路冲刷、洒水降尘、融雪化冰、垃圾收集清运、公厕保洁、粪便清淘和垃圾、粪便消纳处理及城乡结合部环境卫生整治。共接受中央、市区领导视察和市区级检查等重大活动58次，环境卫生作业质量水平有了显著提高。

(封　萍)

【日常环卫服务】 年内，丰台区城镇地区日常环卫作业服务完成384条道路，1274万平方米的日清扫保洁，270万平方米绿地的日清整保洁和266座公共卫生间的保洁清淘和垃圾收集清运。其中，日机械化清扫道路358万平方米，机扫率达到47%，对10条道路60.4万平方米实施了洒水降尘作业。扫雪铲冰撒溶雪剂700吨,使用中水380吨,出勤人员3700人次,车辆220台次,铲车15台次,道路扫雪384条,清除积雪220车次,清整过街天桥75座。清淘清运粪便17万吨,全部进入西道口、黄土岗粪便排放站进行无害化处理。年清运垃圾69万吨,40%垃圾进入马家楼垃圾转运站进行无害化处理,60%的垃圾密闭化清运到北天堂及永合庄垃圾卫生填埋场进行无害化处理。二类以上公厕实行全天候保洁。

(封　萍)

【城乡一体环境卫生专业化管理】　年内,分两批相继接管全区宽10米以上、通公交车的道路173条,共计364万平方米,绿地61.2万平方米,四环路以内需要接管的道路基本上全部接管完毕。在西铁营村建垃圾中转站1座,购置3.5立方米垃圾压缩设备一套,配置8吨单臂吊3辆,全部接管西铁营村的垃圾清运工作。

(封　萍)

【环境综合整治】　在全国"两会"期间,对代表驻地、周边环境及沿线的一些重点地区、重点道路进行环境卫生整治,清理无主垃圾、渣土1855吨,道路冲刷、洒水降尘132车次。配合各街、乡(镇),对京良路、西客站南延线、永南路、宛平城等地区进行环境卫生突击整治106余次,出动水车120台次,运输车80台次,清运垃圾渣土1800吨。完成了纪念抗日战争胜利暨反法西斯战争胜利60周年大型活动及《我的中国心》同一首歌大型活动的环境卫生保障工作。

(封　萍)

【创建国家卫生区】　按照丰台区《关于城乡一体创卫工作实施意见》,严格作业质量标准,确保垃圾楼、垃圾房、公厕全面达标。积极参加全区统一组织的环境整治,对宛平城、卢沟桥等150多处重点地区进行了环境卫生突击整治。8月底和国庆节前,市爱卫会两次检查评估中,丰台区环境卫生作业名列城八区第四名,垃圾楼、垃圾房管理名列第二名。

(封　萍)

【基础设施建设】　年内,新建和翻改建公厕117座,其中新建10座,翻改建107座,二类以上公共卫生间6座,达标公厕111座,一次性通过市政管委验收。新建和改建垃圾房12座。粉刷维修垃圾楼49座,垃圾房121座,公厕195座,粉刷、维修面积达到49万平方米。维修垃圾桶2455个,果皮箱1500个,油饰垃圾桶2037个,集装箱208个,制作集装箱30个,新购置三轮车580辆。新增生产车61辆,其中,按区政府采购计划购置车40辆,环卫中心自行购置道路机扫车28台,市政府调入道路机扫车21台。

(封　萍)

【有偿服务规范化管理】　年内,加强经济核算,落实成本化管理,共签定垃圾清运、粪便清淘等有偿服务合同4199份,履行合同率100%,经济创收持续、稳定增长,比上年同期增长2.68%。

(封　萍)

城市防震

【概　况】　年内,依据国家防震减灾工作的指导思想,加强地震监测预报、地震灾害预防和地震紧急救援三大工作体系的建设。共召开地震会商会52次,提出地震预报意见的52次,参加全市地震趋势会商会2次。举办4次大型的防震减灾宣传活动,以精图村为载体,启动防震减灾工作进社区,为社区志愿者举办地震知识讲座,协助建立完善社区应急网络。

(吴玉琴　王　岩)

【2005年震情】 2005年丰台辖区内未发生过有感地震。

（吴玉琴）

【地震趋势会商】 年内，共召开地震会商会52次，以网上周会商意见的形式提出地震预报意见的52次。对辖区内各项前兆观测资料及周边台站、地办的资料进行认真分析，整理资料及图件、编制会商会演示文稿，完成2005年年中及2006年年度地震趋势会商会报告。

（吴玉琴）

【防震减灾科普宣传】 在5月科技周和7.28唐山地震29周年等宣传活动中，深入到精图村、望园和丰台路口社区进行宣传。5月14日上午，启动以“抓住机遇，全面提升丰台区防震减灾能力”为主题的科技周宣传活动。发放宣传手册、杂志7000余册；利用科技馆的宣传橱窗制作大型宣传画进行宣传。在“7.28”宣传活动中，聘请了市地震局应急处领导给社区志愿者举办了知识讲座，协助建立完善了社区应急网络。和精图村民一起上街宣传发放宣传资料8种共4000余册。

（王　岩）

【落实“北京市防震减灾工作会议精神”】 4月28日，市政府召开了全市防震减灾工作会议，根据会议精神和工作部署，制定了“丰台区贯彻落实《北京市防震减灾工作会议》方案”；编写了《丰台区防震减灾工作报告》等重要报告。

（王　岩）

城市监察

【概　况】 区城市管理监察大队在区委、区政府和北京市城市管理综合行政执法局的领导下，以邓小平理论和“三个代表”重要思想为指导，以“保持共产党员先进性教育”和“创建国家卫生区”为契机，坚持以人为本、强化责任，加强队伍管理，提高执法人员综合素质，全面的履行了城管监察的各项职能。全年共查处各类违法行为4.5万余起，完成了拆除违法建设25.3万平方米；查扣非法运营车辆（俗称黑车），其中人力三轮车5506辆、摩的2982辆、出租车530辆、小公共17辆。查处“门前三包”15106起，取缔无照经营2万余起，取缔非法市场5个，查处夜施扰民1263起，城管大队还配合民政和公安部门对东庄的上访人员进行了多次集中清理，劝返上访及盲流人员580余人次；配合公安、社区对限制养犬工作进行了宣传执法。罚款总额共计595万元。

（田　洁）

【拆除违法建设】 年内有三大难点即在农村已经列入规划市区的违法建设拆除难；违法建设加层、加高，有向空中发展的趋势，给拆除违法建设工作增加了难度；相对人不配合执法工作，拒绝提供相关资料，造成执法难。面对艰巨的拆违任务，以市、区重点工程、危旧房改造地区为重点，以群众举报为线索，按照法定程序、有计划地拆除了大量违法建设。年底共拆除违法建设25.3万平方米，其中，拆除了难度较大的蒋家坟地区6636平方米；南苑西头道街343.5平方米；纪家庙3万余平方米；卢沟桥乡的西局和岳各庄、南苑乡的石榴庄地区、花乡两个非法办学学校的违法建设、大红门的五间楼、东铁营的顺四条等一大批违法建设，为全区“创卫”工作的顺利进行奠定了基础。

（田　洁）

【规范户外广告】 主要巩固二、三、四环路沿线和重点大街两侧户外广告的整治成果，密切监控新的违法广告的出现，按照统一标准规范户外广告，拆除市局上帐的22块大型广告，力争做到整齐划一。年内共清理街头小广告82900余处、喷涂37500余处，查处散发广告638起/次，端掉窝点289处，没收尚未使用小广告80.4万张,罚款61455.5元。使丰台区主要大街沿线的面貌有了很大改观。

(田　洁)

【开展专项整治活动】　年内开展取缔无照经营专项整治活动27次,集中整顿车辆遗撒、未按规定运输的活动6次,专项整治露天烧烤活动5次,在节假日、“两会”、中高考期间开展专项整治7次,专项检查了站周边工地17次,打击“黑”车专项整治15次。此外还对市、区挂帐地区、环路和国道周边、外来人员聚集区、过街天桥等作为重点整治地区,加强执法巡查。通过治理,主要大街、重点地区、治安乱点的环境秩序明显改善,并通过了市里检查验收。

(田　洁)

【履行查处“四黑”职能】　与交通等职能部门合作加大对街头“三黑”(摩的、三轮车、出租车)的清理,突出长途车站、交通枢纽及六里桥至成寿寺的三环路沿线等地区的整治。全年,大队先后组织有规模的联合整治活动17次,共查扣黑人力三轮车5506辆、黑摩的2982辆、黑出租车530辆、黑小公共17辆,罚款147万余元。

(田　洁)

【控制大气污染 防尘降尘不放松】　加大对施工现场、子站周边和运输车辆违章的查处力度,对施工工地产生的扬尘,采取8小时以内普遍查,8小时以外重点查,风天雨天随时查的方法,有效地控制了大的扬尘污染和严重道路遗撒问题的发生。为了控制夜间施工扰民,加大对群众反复举报无证夜施扰民工地的处罚力度,一定程度上缓解了扰民举报的增加。特别是在中、高考前夕,领导带队,请社会监督员参加,晚10点以后对夜施扰民进行专项检查,大大减少了夜施扰民问题的发生。全年,大队接到反映施工现场类的举报电话2999件,占全部电话举报问题的38.9%;查处夜施扰民1263起,罚款91万元。查处运输车辆泄露遗撒、车轮带泥、乱倒垃圾渣土的违章290起,罚款46万元。

(田　洁)

【有效防控禽流感】　年内,根据全区防控禽流感工作部署,集中力量全力做好禽流感防治工作,在做好内部防范工作的同时,狠抓无证贩卖禽畜的查处工作,对于饲养、贩卖各种活禽重点地区,发现问题,及时上报,全力做好防控工作。世界公园饲养的2000只广场鸽,及时采取措施禁飞,并督促单位为鸽子注射禽流感疫苗。

(田　洁)

【校园周边整治措施多样】　把校园周边整治工作作为重点,入校宣传、完善台帐、加强监管、自我监督,改善了校园周边环境秩序,保障了全国高考、全市中考和全区体育测试的顺利开展。各分队对全区145所学校建立的台帐重新核对,逐个调查,加强沟通,充实台帐内容,加强校外监控。

(田　洁)

【法制建设取得新进展】　年内出台法制管理制度6项,完善了《法制员管理办法》。参加市局、区政府法制办组织的案卷评查,评查案卷4800卷。在违法建设拆除工作中,充分发挥法制工作的优势,有效地解决了许多拆违工作中的难题,认真做好听证、复议、行政诉讼、申请法院强制执行工作。全年举行听证案件1起;行政复议1起;行政诉讼3起;向法院提请强制执行案件9起;法院执行8起(含2004年度申请的4起),共执行人民币20万元。

(田　洁)

【做好宣传报道工作】　年内,突出“创卫”、“打黑”、“两节”、“两会”的综合整治、先进性教育等活动的宣传报道,在《新丰台》报开辟了城管专版,采写各类人物稿件11篇、新闻稿件50篇,截止到12月底各分队(执法组)共报送信息1968条,被市、区级刊物采纳160条。区级媒体播出、刊登我队新闻130条;各市级主要新闻媒体刊登稿件306篇。

(田　洁)

交通　邮电

交　　通

公　路　运　输

【银建公司更新出租汽车 2655 辆】 从 2 月开始，北京市出租车更新工作正式启动，银建公司积极响应市政府号召，将车辆更新工作作为服务北京 2008 年奥运会和全面提升企业经营管理水平，构建和谐发展的新银建的重要工作。共更新出租汽车 2655 辆，占公司全部车辆的近 50%，为提升全市出租汽车行业的整体形象做出了突出贡献。

（李永利）

【提高司机队伍素质树行业文明形象】 作为市出租汽车行业的大型企业之一，银建高度重视对出租汽车驾驶员的培训工作。投资上百万元，采用全新的培训方式，共对上万名驾驶员进行了系统培训。使银建出租汽车驾驶员队伍的整体素质和银建营运车辆的服务水平跨上了一个新的台阶。

（李永利）

【银建成立驾驶员服务中心】 为了加强对出租汽车驾驶员的服务，建成了环境优美、“一站式”办公的驾驶员服务中心，为驾驶员办理合同签订、营运资格证件和社会保险等一系列手续提供一条龙服务，受到广大管理人员和驾驶员的积极拥护和欢迎，也得到行业管理部门的好评。

（李永利）

【为万名出租汽车驾驶员免费体检】 为保障出租汽车驾驶员的身体健康，银建出台了保护驾驶员合法权益的相关制度，每年为所有出租汽车驾驶员提供一次免费体检，从而成为北京市第一家为驾驶员提供免费体检的出租汽车企业。

（李永利）

【银建工会经济技术创新】 五一前夕，在市总工会和丰台区总工会开展的经济技术创新工作中，银建工会被评为丰台区“经济技术创新先进企事业”。驾驶员陈季盛荣获“首都劳动奖章”。另有 6 人荣获“2005 年度北京市经济技术创新标兵”称号。有 3 人荣获“2005 年度丰台区经济技术创新标兵”称号。

（李永利）

【发展车辆调度系统服务北京奥运】 11 月 16 日，第九届多国城市交通展览会暨国际停车设备展览会在北京展览馆隆重开幕。银建代表北京市交通委设在展会上设置了出租车调度系统展台，向国内外参观者展示首都出租汽车行业的良好形象。市委常委、市公安局局长马振川、副市长吉林、市交通委副主任刘晓明等领导先后观看了出租车调度系统演示,就出租汽车调度系统的叫车功能、防劫持功能和管理功能等进行了认真的了解,并给予了高度评价。

(李永利)

【杨宗利荣获“首都十大的士英雄”称号】 12月9日,由首都见义勇为基金会等单位举办的第二届“中油北京杯”首都十大的士英雄评选活动揭晓。银建34分公司驾驶员杨宗利荣获“首都十大的士英雄”称号。同时,银建公司荣获单位奖,银建8分公司驾驶员白旭东荣获“的士英雄”入选奖。

(李永利)

铁路运输

【区铁路道口管理办转换隶属单位】 丰台区铁路道口管理办公室的职能从2004年8月1日,由丰台区安全生产监察局划归到丰台区市政管理委员会,2004年的后几个月,丰台年道口办主要完成了工作交接和日常管理工作,由于存在跨行业的实际情况,基本上是处在熟悉情况适应工作阶段。针对管理干部普遍缺乏安全管理工作经验的问题,2005年丰台道口办确定了以“立足现有条件 打基础保安全”为主线的工作思路,在市道口办和区管委的领导下,较快的完成了跨行业指导的工作转变,并在所属各街、乡管理干部及全体监护员的大力支持下较好的完成了年内日常管理工作。

(徐　珂)

【道口基础建设工作】 全区共有18处铁路道口,火车日流量从十几次到几百次不等。年内,配合有关单位完成了中粮大、蚊子山两处道口平改立工作,从根本上减少了安全隐患。配合市道口办完成了槐房、汾庄两处道口实现电视监控工作。

(徐　珂)

【为监护员办理“五险”】 按照市道口办的要求,分期分批的为符合条件的83名监护员办理了“五险”。体现了党和政府对铁路和道口安全管理工作重视和对监护员的关心。

(徐　珂)

【消除不安全隐患】 安全检查是整个铁路道口安全管理工作的关键环节。道口办对此非常重视,采用定期检查与不定期抽查相结合的方式,检查中对发现的问题分清情况严肃处理,仅下半年就对9名违章监护员进行了经济处罚和通报批评。教育监护员认真执行“五要六不准”,对发现问题要求其立即改正。槐房张来启、高金根,汾庄苏润田等同志在日常管理工作中认真负责积极当好区道口办的助手,小郭东、西各成功拦停火车一次,避免了两次撞车事故。

(徐　珂)

【丰台西站完成年度任务】 丰台西站地处北京市丰台区西南永定河东岸,紧贴西五环路。位于京山、京广两条铁路干线与永定河相邻的三角地带,南北长9.5公里,东西最宽处3.5公里,站坪面积8.5平方公里,站线总延长276公里。连接京广、京山、京九、京秦、丰沙、丰双、京原、京承8条铁路干线,担负华北、华东、中原、东北、西北等方向的货车中转和货物集散任务,是全路路网性编组站。车站等级为特等站。车站行政机构设综合科、劳人科、财务科、技术科、职教科、安全室6个科室,设党委、工会、团委3个党群部门以及总调度室、一场、二场、三场、四场、五场、七场、商检、货场、西道口、小葆台、信息中心、设备、保安14个车间。年末,职工总数1410人,其中:干部135人,高级技术职务1人、中级技术职务12人、初级技术职务55人,工人技师1人,高、中级技工人数612人。年工资总额3780万元,人均年收入25869元,固定资产原值6311万元,机械动力设备98台。全年完成运输收入1674万元、运输业劳动生产率44.3车/人日、货物发送量16.6万吨;日均装车7.9车、卸车5.5车、中时5.5小时、停时13.7小时、办理出入车23174车。

(贾晓礼)

【丰台西站确立三大总纲】　工作方针：科学管理、创新提效。工作理念：大局为重、安全为先、畅通为本、稳定为根。总体工作思路：围绕一条主线，围绕铁路跨越式发展这条主线；把住两个载体，把住自控型班组和标准化年两个载体；突出三个重点，突出安全、畅通、标准三个重点；坚持“四讲四抓”：①工作讲思路、抓关键，②办事讲程序、抓基本，③落实讲标准、抓细节，④运输讲秩序、抓重点；强力推行“5W1H”（或称“6何”）工作法，其涵义是：无论做何事（What），首先都问一下为何（Why）要做，不做行不行。如必须做，进而明确何人做（Who）、何时做（When）、从何做（Where）、如何做（How）；强化六个意识，强化大局意识、正线意识、程序意识、服务意识、效率意识、创新意识；实现七个目标：安全生产实现新突破、运输经营创造新跨越、基础管理得到新加强、科教兴站创出新局面、职工收入得到新增长、职场环境得到新改善、精神文明建设取得新成果；狠抓十二项重点，狠抓逐级负责、狠抓干部作风、狠抓责任落实、狠抓基础管理、狠抓队伍素质、狠抓效率、狠抓标准化、狠抓两纪、狠抓表簿册登记、狠抓分析考核、狠抓自管设备整治、狠抓环境改造。其中的基础管理包括十项基础：安全基础、运输基础、班组基础、经营基础、技术基础、职教基础、财务基础、劳资基础、多经基础、综合基础。

（贾晓礼）

【确立安全工作思路和管理模式】　丰台西站确立了“重点抓调车、非常抓行车、日常抓关键、经常抓人身”的安全工作思路和“7654321”安全管理模式，即：“7”（深化7项机制：安全责任落实机制、职工教育培训机制、班组安全自控机制、规章制度管理机制、设备质量保障机制、安全应急救援防范机制、安全分析预测监督考核机制），“6”（突出6个重点：正线安全、人身安全、计算机安全、作业安全、施工安全、冷门安全），“5”（实行5层管理：车站领导班子主要控制超前性、关键性、倾向性和具有全局性的问题；技术、教育、综合部门主要负责专业性、技术性、示范性问题；安全部门主要负责前沿性、基础性、达标性的问题，按照基本规章、基本要求，指导监督车间、班组；车间主要负责自控性、互控性、联控性问题；班组主要负责岗位性、随机性问题，尤其是“两纪一化”问题），“4”（坚持4项原则：坚持安全第一、预防为主，党政工团齐抓共管的原则；坚持真抓实干，以6项安全为重点，以深化安全专项整治为内容，边整边改的原则；坚持以人为本，逐级负责、分层管理，不断提高安全管理质量的原则；坚持突出关键，以创建自控型班组为载体，以安全确保畅通的原则），“3”（把住3个关口：规范管理，强基达标，在强化“三基”上关口前移；健全机制，明确责任，在落实“四责”上关口前移；把握规律，抓小防大，在解决“三性”上关口前移），“2”（狠抓两“五”关键：车站的安全关键可提炼为“5点5面”，“5点”：峰顶、峰尾、西道口线路所、道口、制冰厂；“5面”：防溜、计算机网络、车号、商检、各集中楼），“1”（围绕1条主线：紧紧围绕强化“三基”、落实“四责”、解决“三性”、深化“七项机制”的主线做文章、出思路、想办法）。

（贾晓礼）

【丰台西站首创4级安全百日考核】　西站首创了全站大百日、车间小百日、班组班百日、个人岗百日4级安全百日考核，将安全责任和压力层层分解、落实到每一个车间、班组、岗位，调动了全站各个层面共抓安全的积极性和主动性。

（贾晓礼）

【丰台西站开展全员背标活动】　将2005年定为“标准化年”，大力倡导“让标准成为习惯”的理念，狠抓职工的作业标准，制定了一系列有关“学标、背标、对标”考核标准和细化措施，对全站18个主要工种85个主要职名的作业标准进行了修订，开展了大规模、持久的全员背标活动。

(贾晓礼)

【丰台西站开展"十查十看"活动】 丰台西站将全站的安全关键分成人身、正线、道口、防溜、调车、行车等十个方面,深入开展与此相对应的"十查十看"活动。将其内容细化深化为300项重点,印成小册子发放到每一名干部职工手中,并将各岗位的相关内容制成易于携带的小卡片,要求每一名职工必须背熟,并进行抽考、考核。

(贾晓礼)

【自控型班组的创建与实践】 为筑牢安全生产的第一道防线,历经十余稿和上百次研讨会,丰台西站出台了《自控型班组的创建与实践》(实施指南),共10篇20多万字。明确了自控型班组的"五自"标准、"五基"标尺、考核办法以及创建自控型班组的"五个有利于"原则、"一受控、两达标、三适应"的目标、方式、程序等,初步形成了一套较为系统的总体思路。五个"有利于"原则是:有利于班组确保安全生产,有利于班组提高劳动效率,有利于班组强化自我管理,有利于班组提升队伍素质,有利于班组调动职工积极性。"一受控、两达标、三适应"的目标是:现场作业受控;班组管理达标、队伍素质达标;班组自控能力适应现场作业的需要、班组现场控制能力适应现场环境变化的需要、班组创新能力适应铁路跨越式发展形势的需要。自控型班组的标准为"五自":管理自我规范、安全自我控制、行为自我约束、关系自我调节、卫生自我保洁;评判标尺为"五基":基本制度落实、基本作业达标、基本素质过硬、基础资料规范、基础管理到位。

(贾晓礼)

【丰台西站技术比武同奖同罚】 站内制定了《丰台西站技术比武同奖同罚办法》,对参加部、局、车站技能比武的获奖者实行重奖,对获奖者所在的班组、车间实行同奖,并与评先挂钩。对获得前三名的个人分别奖励2000元、1500元、1000元;对获奖者所在的班组和车间,分别按两倍、一倍半、一倍的比例进行奖励;对表现出色的车间和个人,另额外奖励;对在比武中单项不及格的个人,每项扣罚100元,对组织不力的车间,视情况进行处罚。年内,行、调、配车比武共奖励27250元,扣罚900元。

(贾晓礼)

【丰台车务段生产力局部调整】 年内,按照生产力布局调整和路局直管站段的有关规定和工作部署,5月18日正式取消广安门站"一段两制"的管理模式,迅速理顺管理关系,完善段管一等站的安全管理模式,统一考核分配制度,完成段管一等站的平稳过渡,实现车务段与段管一等站的"六个统一";依据路局新定编的有关规定,本着"干部总量不变、配齐配强定员、强化专业管理职能"的原则,对职能机构进行重新组合。丰台车务段机关设段办公室、业务科、安全科、技术科、电算统计室、教育室、劳动人事科、计划财务科等8个行政科室。党委、工会、团委3个部门。年末职工总数2898人。年工资总额6426万元,职工年人均收入22052元。段管辖京广线5公里700米至64公里500米,京山线24公里至116公里。京九线18公里800米至76公里200米,京原线2公里至14公里,另辖琉周支线、房山支线、良陈支线和西长线,线路总延长296公里76米。辖24个中间站,其中:段管一等站1个,段管二等站3个,三等站8个,四等站12个,五等站6个,1个长阳线路所。乘务车间1个,担当乘务的列车1对(北京南至杨村0817818次),另担任军事、大货等特殊任务。装卸设备113台22541.04万元。固定资产原值31519.49万元(其中装卸1941.52万元、运输29577.97万元)。

(马俊红)

【进行第六次大面积提速改造】 年内,丰台车务段贯彻落实《施工安全管理办法》,第六次大面积提速改造工程完成更换道岔74组，曲线调直16公里，更换长钢轨50余公里。其中，京广线松林店、涿州、琉南、琉璃河站改工程圆满完成；京山线黄土坡、黄村、廊坊、杨村等提速区段拆改、抬梁、落道等地面配套设施均按计划建成；京九线固安、西枣林、黄村三改四显示自动闭塞改造工程以及京广线松林店、涿州、广安门站微机连锁设备已开通使用；西黄线增设二线工程及广安门站改工程完成年度施工任务。

（马俊红）

【丰台机保段实现第二十个安全年】 丰台机保段（原丰台保温段）深化“规范管理、强基达标”八字方针，年初下发了《丰台机保段关于印发消防安全管理实施细则》，重新修订了〈关于对安全危险源（隐患）实施全面排查、建档、监控计划安排〉和〈关于对安全危险源实施安全监控管理责任制度办法〉等文件，抓好各项安全卡控措施的落实，截止到12月31日连续实现安全生产7252天，实现了第二十个安全年。机保段坚持“人民铁路为人民”的宗旨，在机保车乘务员中广泛开展“讲文明、创优质、塑形象”活动，打造诚信品牌，以优质的服务赢得货主的信赖，截止年底，段共收到货主赠送的锦旗29面，表扬信5封。

（柳淑琴）

【企业改革深化】 丰台机保段自2004年4月26日划归中铁特货运输有限责任公司管理以来，紧紧围绕铁路跨越式发展和公司整体改革思路，进一步加大改革力度，落实公司特货办[2005]127号《关于理顺机保段内部经济关系，规范经营管理的通知》文件精神，撤消了原多经企业，其中包括生活服务中心（食堂、浴池、单身）等，124人划归主业管理，充实到运输生产一线。2004年12月24日，铁道部对段试做的四辆B6型冰冷车进行部级厂修资质认证并通过，年初，针对公司下达B6冰保车厂修任务，采取内部挖潜，在各车间重新测定效率定员的基础上，抽调90人，组建冰保筹备组，确保冰保车125辆厂修任务的完成。

（柳淑琴）

【ISO90000质量体系认证复评通过】 11月15日至16日，由北京世标认证中心对丰台机保段ISO90000质量管理体系进行了复评审核，其中涉及机冷车、轨道车、生产服务管理过程及管理层等，复评后形成了177页的复评审核记录文件，通过复评审核，确定段ISO90000质量管理体系运行正常，行之有效，并由北京世标认证中心认证注册。

（柳淑琴）

【国家卫生区创建】 5月19日，丰台区召开了“创建国家卫生区”总结表彰动员大会，丰台机保段在2004年的“创卫”工作中成绩突出，被北京市爱国卫生运动委员会评为北京市爱国卫生红旗单位，会上，授予丰台机保段“北京市爱国卫生红旗单位”铜牌一块。

（柳淑琴）

【丰台工务段生产力布局调整】 为落实铁道部党组做出的铁路跨越式发展的战略部署，自2004年以来，铁路加快了改革的步伐，生产力布局调整力度加大。即2004年11月18日路局实施站段生产力布局第一次大调整，撤并站段以后，于2005年3月18日，铁道部又做出了撤销全路所有铁路分局，实行路局直管站段的管理体制。6月1日，路局又进行了站段第二次生产力布局调整。根据路局的改革部署，撤销了北京西工务段，整建制（包括已于2004年11月18日撤销并入北京西工务段的燕山工务段）并入丰台工务段管理，成立了新的丰台工务段。至此，丰台工务段这个百年历史老段，在人员、设备数量上有了大增加，成了路局工务系统的第一大段。整合后的丰台工务段，现管辖京山、京广、京九、京原四大干线和丰台、丰西两大编组场、北京西站及丰双、丰沙、永丰、良陈、周支、石房等部分线路桥梁养护维修任务。管辖线路设备总延长1723.67K，其中：正线：1019.474K，站线：

615.832K,段管线:64.126K、岔线:19.139K,特别用途线:5.099K,专用线:190.984K。管辖有人看守道口17处,地方监护道口22处。有职工总人数3525人,下设31个车间,178个班组。机械动力设备584台、运输车辆50辆、固定资产原值60.39亿元。

(李淑君)

【丰台工务段实现安全生产】 年内共组织车间、工区安全交班分析会12次;给各级干部共发放安全"三牌一卡"985张,扣罚奖金7.9万元。投入22万元用于补充现场防护电台;筹集资金16万元,对25处有人看守道口进行了设备整修;投入525万元,对9处道口实施了平改立。年内执行一级专运15列,二、三级专运73列,军运任务7列,均实现了安全正点。

(李淑君)

【丰台工务段做好防洪工作】 年内,确定汛期危险处所85处,其中京原线46处,京广、京九、西长、京山及各支线39处。共出动汛前检查人员2011人,检查线路1733km,桥隧涵1655座,共计检查隐患111处。针对问题清理排水设备20km,疏通清理桥涵53座/778方。京原线共封线检查41次39小时45分钟,封闭检查站场3个6次113小时44分钟;良陈线共封线4次39小时15分。整个汛期干部职工进行设备检查达2000人次,检查桥涵2030座次,线路1000公里,道岔637组,高路基、路堑760公里,为抢修水害发电报3份,路局共批复工务段防洪预抢和复旧费211.8万元,完成浆砌片石4187立方,危石支护40立方,做垂裙石笼500立方。

(李淑君)

【丰台工务段举办职业技能竞赛】 9月20日~21日,段举办探伤职业技能竞赛,来自管内的8名选手分别参加了理论、母材、焊缝三个项目的竞赛,经过激烈角逐,丰台探伤工区取得第一名、涿州探伤工区取得第二名、廊坊探伤工区取得第三名。10月11日~12日,段举办线路工职业技能竞赛,管内23个线路车间25明选手分别参加理论和实作两项竞赛。廊坊车间取得第一名、杨村车间取得第二名、十渡车间取得第三名。

(李淑君)

【丰台工务段冯新杰拾金不昧】 8月12日6点左右,段西二车间职工冯新杰上班经过丰台高立庄道口北侧时,发现公路红绿灯下外侧有一个黑包,打开发现里面有7个存折,最多一个存有20多万元,5个银行卡、2个行驶证、房地产证、国土资源证、身份证等贵重物品。并立即向车间汇报,车间支部书记立即同冯新杰将包送到段安保科,并与失主联系,及时将包内物品全部归还给了失主。

(李淑君)

【丰台工务段石栋斌田径赛上获奖】 5月8日,工务段石栋斌在全国残疾人田径锦标赛上取得优异成绩,分别获得男子铅球和铁饼项目的两枚铜牌。

(李淑君)

【丰台车辆段实现第十个安全年】 丰台车辆段担负着京山、京广、京秦、京承、京九、京通、丰沙、津浦、石德、秦沈、石太、邯长等铁路干线的货物列车及部分军运客车的检修任务,安全保证区段路程5573.9公里,段管辖区段总里程4576.3公里,覆盖六省两市,主要机械动力设备4023台,固定资产原值8832万元,年工资总额34043万元,人均收入24292元。至12月31日实现安全生产3716天,顺利实现了第十个安全年。

(王振华)

【丰台车辆段生产力布局调整】 6月1日,丰台、石楼、双桥、承德、张家口五个货车车辆段整建制合并为丰台车辆段。12月12日,丰台、天津东、石家庄南三个货车车辆段再次整建制合并为丰台车辆段。机构设置有党委、纪委、工会、团委;行政设办公室、验收室、质检科、安全科、物资科、职工教育科、劳动工资科、人事科、技术科、计划科、财务科、调度科、武装保卫科、离退休办公室14个科室，23个生产车间(14个列检车间、7个定检车间、1个动态检测维修车间、一个设备维修车间)，461个班组。年末职工总数14337人。

(王振华)

【丰台机务段实现第九个安全年】 丰台机务段地处北京市西南部丰合镇长庚胡同18号，位于京山、京广、京原、京九等主要铁路干线交汇处，是全路最大的货运机务段。年末职工总数15926人。担当京山、京原、京九、京广、丰沙大、津蒲六大干线，邯济、马磁、沙午、邯磁、磁长、磁涉、蓟港7条支线的货物运输及以上各线的军、特运输及调车、小运转任务。担当里程合计4049公里。同时担当北京至大同部分旅客运输任务。共有动力设备2155台，固定资产原值3695512392.76元。工资总额15070万元，人均年收入26412元。是年，以铁路跨跃式发展为动力，用“毛泽东号”精神统领全段工作；以改革创新提行能力为途径；以创新安全理念为前提；以生产力布局调整保安全、保稳定为主题；以强化经营管理规范有序为中心；以IS09000标准质量体系有效运行为载体；以提高干部、职工素质为目的，于11月14日实现连续安全生产3100天.截至12月31日，实现安全生产连续第九个安全年。无重大事故4148天。防止各类事故1874件(其中重大事故7件)。

(程占强)

【机构整合】 年内，机构经历了三次机构整合。3月18日，北京铁路局直管丰台机务段。6月1日，丰台机务段与原丰西电力机务段整合，结束了丰台西电力机务段23年的历史，成立丰台机务段。12月12日，丰台机务段与原天津北运用段、原保定运用段、原邯郸机务段整合，成立丰台机务段。

(程占强)

【“毛泽东号”机车组】 “毛泽东号”机车在圆满完成《财富》论坛长城旅游专列牵引任务后，于5月20日前往大连机车厂进行厂修，并在大修中进行了42项技术改造。是年9月28日“毛泽东号”机车组安全走行800万公里。

(程占强)

【运输突破】 5月18日18时开始，牵引货物列车通过京山特大桥运行，结束了京山特大桥自开通后不能通行货物列车的历史。

(程占强)

【原丰西电力机务段编制撤消】 按照北京铁路局〔2005〕500号文件要求，在生产力布局调整整合中，原丰西电力机务段于6月1日与丰台机务段、天北机务段、保定机务段、邯郸机务段、沧州机务段、张家口机务段合并，成立新的丰台机务段。从而结束其22年的历史。

(程占强)

航空运输

【中国联航复航】 10月20日，停航三年的中国联航重新起飞。新联航仍以南苑机场为基地，首飞航线有北京至哈尔滨、无锡、大连。原隶属于军队系统的中国联合航空公司1986年开航，以北京南苑机场为基础，主管国内航空客货运输。2002年10月31日起，根据军队有关规定，联航近40条国内航线全部停飞，并使得广东佛山和惠州、甘肃鼎新、辽宁鞍山、江西九江等11个机场全线停航。2004年7月，上海航空公司与中国航空器材进出口集团公司、北京天衢投资管理公司整体受让中国联航，并对联航实施重组。2005年8月，天衢投资退出联航，上航在新联航的股份由70%增至80%。

(刘力民)

【多条公交直达南苑机场】 中联航自诩北京市民“家门口的航空公司”，因为从南苑机场到天安门仅13公里，走南中轴路非常便捷。机场站名叫“新华路南口”，有小13、小62、运通115、610、369、353、953路公交车通行。在三营门站中转更为方便，742、729路都直通前门。

(刘力民)

邮 电

【概 况】 北京市南区邮电局(以下简称南区邮局)是市邮政管理局下属的二级通信企业,承担着崇文、宣武、丰台三个行政区以及西站、北京经济技术开发区和朝阳、大兴部分地区的邮政通信服务,服务面积480平方公里,服务人口约400万人。下设22个支局、77个邮电所、6个专业公司(速递、储汇、集邮、商函、邮购、书报零售)、计算机中心及1个后勤保障单位,拥有固定资产2.94亿元,员工2000余人。经办主要业务:国内国际邮政、速递,邮政储蓄,集邮,图书音像,电子汇兑,报刊订销,邮购,鲜花礼仪,代理保险及代收代缴代办代销等。

(张雪梅)

【成功开发《校园信息触摸查询系统》】 利用自身多媒体技术优势,采用多项先进技术开发的一种新型人机交互系统,采用B/S网络结构,将分布在各安装结点的终端与专用服务器连接,构成电子校园整体信息平台。系统集多媒体、网络、SQL数据库查询、表面声波触摸、智能化自动开关机、一体化设计等多项先进技术于一体,设备外形美观,安全性高,稳定耐用;人机交互界面生动活泼,声像结合,图文并茂,便于中小学生使用该系统,并能使用非接触式IC卡对学校各项教学教务情况进行满意度的投票。

(张雪梅)

【推出养路费催缴单业务】 年内,推出养路费催缴单业务,为"北京市路政局养路费征收处"寄发养路费催缴单。驾驶者按时收到养路费催缴单后,可以方便、准时的交纳养路费,从而避免因忘交养路费而付出罚金。同时,邮寄账单这一举措也大大提高了北京路政局的日常工作效率,为其解决了采用交通电台集中通知、电话催缴等方式带来的费用较高、工作强度较大的难题,取得了较好的催缴效果。

(张雪梅)

【完成"两会"通信服务任务】 南区邮局再次承担了为两会代表驻地提供邮政服务的任务。共实现邮品销售和各类邮件收入32万余元,其中:收寄平常邮件7300件,给据邮件31件,特快专递邮件14件,上门揽收2次,收到表扬信1封。

(张雪梅)

【晓月苑邮电所开业】 晓月苑邮电所位于宛平地区,紧临晓月苑居民区,服务人口近10万人。该所增加储蓄业务前,该地区只有一家农村信用社,周围居民领取工资、养老金、交纳各种费用都要到长辛店或者五里店去,带来了很大不便。北京电视台曾报道过此情况,区人大委员也曾几次就此问题进行呼吁。经过相关部门的批准,南区邮电局特为晓月苑邮电所增办储蓄业务进行了装修改造并办理了开办储蓄业务的各种手续。该所经过装修改造,储蓄营业面积可达130平方米,增设7个储蓄台席,其中还为储蓄大额用户开设了VIP客服台,为用户提供更加优质的服务。

(张雪梅)

科技　教育

科技工作

【概　况】 年内，丰台区科技工作紧紧围绕"深化改革、扩大开放、整合资源、促进发展"的工作指导思想，实施了"三个加强、两个加快、一个加大"的工作方案。即加强科技"十一五"规划制定工作、加强科普能力建设、加强科委系统自身建设；加快花卉产业化进程、加快农村信息化进程；加大科技培训力度。全区科技三项经费502万元，科普经费100.2万元。区政府在区科委加挂了丰台区知识产权局的牌子，并成立知识产权管理科。重新修订并印发了《丰台区科技三项费管理办法》。完成年度区政府为群众办理的40件实事之一——创建三家科普教育基地和三家科普型社区，至年底全区已有科普型社区七家、市区两级科普教育基地十七家。新认定区外高新技术企业2家，通过复核1家。认定区级科技企业孵化器2家。

（崔　颖）

【《丰台区"十一五"时期科技事业发展规划》编制完成】 成立以主管副区长为组长的科技"十一五"规划编制工作领导小组。制定了《丰台区科技"十一五"规划总体方案》，完成《丰台区科技事业发展研究》调研报告的编写。《丰台区"十一五"时期科技事业发展规划》顺利通过区委常委会和区长办公会议审定。

（崔　颖）

【重大科技项目取得突破】 年内在争取市科委重大科技项目上取得了突破性进展。花乡盛芳园花卉种植基地的"草本花卉良种繁育基地建设与示范"项目首次列入2005年北京市重大科技项目。将累计获得市科技支持资金800万元。王佐镇实施的"镇域综合信息化系统"项目列入北京市科委"乡镇信息化示范项目"，其总体规划、顶层设计方案在年内顺利通过专家论证，并获得市区科技扶持资金550万元。区申报的"绿色生态带建设"项目，被市科委立项为"北京西部生态建设及生态修复"重点工程，并决定一期投入500万元。

（崔　颖）

【创建科普教育基地和科普型社区】 经过公开征选、网上公示，年内创建了三家区级科普教育基地，分别是世界花卉大观园、丰台区气象站、北京辽金城垣博物馆。同时，创建了三家科普型社区，分别是长辛店街道南墙缝社区、南苑街道西长街社区、马家堡街道双晨社区。

（崔　颖）

【创新科普三级网络建设新模式】 年内，提出科普三级网络建设新模式。即：一级是抓好科技场馆建设，形成科普工作的主阵地；二级是整合区域内科普资源，广泛开展科普教育基地建设,形成科普工作的广泛性;三级是深入居民社区,扎实开展科普型社区建设,形成科普工作的深入性。

(崔　颖)

【开展科普宣传】 在以疾病预防知识、天文知识进校园、科普知识进社区等主题的科技下乡、科技周、科普宣传下基层活动中共走访了15个(次)社区、6所(次)学校,展出展板70块,发放科普书籍、刊物3000余册,宣传画100余张,光盘2500余张。5个社区的100余名青少年和居民参加了七期科普冬、夏令营。还举办了家庭科技小制作比赛,举行了科技馆与丰台街道63号院社区共建社区科普教育基地启动仪式。丰台区科技馆科普画廊被评为"全国示范科普画廊"。

(崔　颖)

【组织申报科技计划项目】 年内,共推荐申报国家级火炬计划项目3项;北京市级火炬计划5项,市级星火计划2项;组织申报市级各类专项科技计划课题6项。

(崔　颖)

【22项科研项目获市区科学技术奖】 共有19项科研成果获2004年度区级科学技术奖,其中,一等奖3项,二等奖5项,三等奖11项;组织了7家企业申报2005年度市级科学技术奖,一项成果获市科学技术一等奖,两项成果获市科学技术三等奖。

(崔　颖)

【贷款担保成绩显著】 年内接待担保咨询81家(次);受理担保项目32个,金额4240万元;批准担保项目28个;实际放贷项目24个,放贷金额2200万元。

(崔　颖)

【加大知识产权管理和保护力度】 年内组织多种形式的知识产权宣传工作。在"3.15"和"4.26"期间,发放各种形式的宣传资料2500多份。配合市知识产权局查处了13种企业无法提供有效专利证明的商品,在大红门服装商贸城开展了以"保护知识产权,促进创新发展"为主题的万人签名知识产权保护宣传活动。向市知识产权局推荐北京市第二批百家专利试点企业5家,被批准的企业有4家。对区内1985－2003年的知识产权状况进行调研,完成《丰台区知识产权发展和保护计划》调研报告。

(崔　颖)

【科技人才培训工作】 全年共组织各类科技培训702人(次)。其中政务办公系统培训10期、近380人(次)。6月21日至23日组织了67家单位225名专业技术人员为期3天的继续教育培训。开展了两期国家公务员电子政务培训班,培训人员97人(次)。

(崔　颖)

科协工作

【概　况】 年内,区科协以邓小平理论和"三个代表"重要思想为指导,全面贯彻党的十六大和十六届四中、五中全会精神,积极履行《科普法》赋予的职能,认真落实中国科协和市科协工作部署,紧密围绕丰台区委、区政府中心工作,树立全面、协调、可持续的科学发展观,坚持以人为本和求真务实的精神,团结动员丰台区广大科技工作者,解放思想,实事求是,与时俱进,开拓创新,努力提升科协工作的整体水平,为构建丰台和谐社会、为加快推进丰台现代化新城区建设做出了积极贡献。

(张瑞刚　许景河)

【科技周活动】 在全区范围内开展了形式多样、内容丰富、特色鲜明的科普活动300多项,受益群众7万人次,发放各类科普宣传资料、读物10万余份。5月15日上午,科技周开幕式在东铁营街道南方庄社区举行,开幕式后举办了大型科普知识展览、家庭才艺展示、身体素质测试等活动，2000多社区居民参加了开幕式的各项活动。

（张瑞刚　许景河）

【科普之夏活动】　和卢沟桥街道于7月20日在京铁家园共同组织了“2005年丰台科普之夏启动仪式”，活动以“普及科学，你我共参与”为主题开展了科普展板展、书法绘画展、小学生动手做科技、社区文体表演等系列活动。与区信息办、区妇联共同举办丰台区家庭数字生活技能大赛，通过激烈的比赛，卢沟桥街道家庭代表队、和宛平街道家庭队代表队和丰台二中学生队代表丰台区参加了“2005年北京百万家庭数字生活技能大赛”决赛。丰台区代表队取得了家庭组手机项目第一名、全能项目第二名、团体第四名的好成绩。

（张瑞刚　许景河）

【全国科普日活动】　9月17日是全国第三个科普日，与宛平街道共同举办了以“你我共参与—共建节约型社会”为主题的大型科普宣传活动，举办展板宣传、节约知识咨询、节约小窍门集中展示、文体表演等形式，宣传我国资源的基本国情，树立珍惜资源、保护资源和节约资源的意识。在活动中，区科协代表宣读了《丰台区建设节约型社会倡议书》。

（张瑞刚　许景河）

【青少年科技教育】　年内，与区教委配合对科技教育示范学校进行重新评估和审定，确定丰台二中、云岗中学、新发地小学等12所中小学为丰台区科技教育示范学校。在11月的学生科技节期间，全区组织的各类科技竞赛总数达到20项，有近4000人参加电脑绘画、电子技术、航天模型、航空、航海、车辆模型、学生论文、小制作、小发明作品评比等竞赛活动。学生科技节期间，为北京十八中学刘钊等四名同学颁发了丰台区第一届青少年科技创新区长奖。

（张瑞刚　许景河）

【农村科普工作】　开展科技下乡的主要活动有：举办农村科普知识讲座5场；《疾病预防知识》展板展示活动5次；免费发放疾病预防与治疗、科学饮食、科学种养殖等各类科普图书2500余本；发放各类科普刊物12000多册及宣传画2100多张；同时免费向村民发放科普光盘800余张。

（张瑞刚　许景河）

【科技服务】　开展各类科技服务活动，积极开展技术咨询、技术服务、技术推广、技术转让等19项科技服务工作，全年累计实现技术交易额达1000万元。

（张瑞刚　许景河）

【金桥工程】　充分发挥科技协作中心内引外联、牵线搭桥的作用，进一步提高“金桥工程”项目的实施率和贡献率，全年累计完成8项，实现经济效益470万元。

（张瑞刚　许景河）

【国际科学与和平周】　11月5日，丰台区第十七届国际科学与和平周组委会在宛平城抗日战争纪念馆前举办第十七届“国际科学与和平周”主题为“创建和谐社会”活动。作为主办单位之一，在组织大型科普宣传活动的同时，组织东高地青少年科技馆参加了活动开幕式，进行了小火箭发射表演任务。

（张瑞刚　许景河）

【第25届北京市青少年科技创新大赛】　3月25日，北京市“第25届北京市青少年科技创新大赛”活动在大兴区芦城工业开发区举行。在这次青少年的科技创新中，丰台区学生获得一等奖1名，3个项目的5人获得二等奖2名，23个项目的29人次获得本次大赛的三等奖。第十中学分校的《环境戏剧〈惊梦〉》获得“优秀科技活动”奖。十中学分校的吕鹤民老师荣获北京市“最佳科技教师”荣誉称号。

（张瑞刚　许景河）

【多种方式送科普到基层】　加大对基层科协在科普设施方面的支持和扶持力度，给21个基层科协送去科普展板共计600多块,送去科普读物和书籍5万多册。与北京市食品学会合作,编辑出版了科普书籍《食问》,受到基层科协和社区群众的欢迎。采用"点菜单式"的方法给基层送科普讲座29场,内容涉及科学健身、饮食卫生、疾病预防、心理咨询、育儿知识等,听众累计达5000人。

(张瑞刚 许景河)

【市场化运作建设科普画廊】 加大科普画廊建设力度,与北京市食品学会合作采用市场化运做手段,利用市场机制吸引社会化资金来建设和维护科普画廊,年内社区科普画廊累计达31处近500平方米。

(张瑞刚 许景河)

【外来人口科普教育基地】 5月,市科协、区科协和东铁匠营街道共同投资近30万,在东铁匠营街道南方庄社区建立了流动人口科普基地,这是北京市首个专门针对流动人口实施科普教育的基地,设立了流动人口科普大课堂、流动人口科普学习室、学习交流互动展台、社区科普外部景观等四个部分。

(张瑞刚 许景河)

【驻华科技外交官考察活动】 9月27日,承办了驻华科技外交官首都区域经济和科普教育考察活动,市科协、市科委、丰台区有关领导和30多位驻华科技外交官参加了此次活动。

(张瑞刚 许景河)

【基层科普活动丰富多彩】 年内,全区各个街乡科协、基层学协会结合各自实际,组织开展了形式多样、内容丰富的基层科普活动累计达1300多次。

丰台街道科协 在科技周期间开展送科普进社区,活动向广大群众发放各类宣传材料1000余份,参加活动和受益人数达3000多人。

卢沟桥街道科协 组织科普积极分子及家庭共计80余人多次到"科技动感大本营"与科普嘉年华互动。举办了首届"优耐美杯"科普制作比赛。四个社区分别推荐六个家庭,共计15位选手参加,其中,最小的选手是年仅5岁。在比赛时间内六个家庭全部完成了参赛作品——"古代战车"模型的制作。

宛平城地区科协 与贝因美公司联合举办了"宛平城地区婴幼儿及妇女保健互动"科普知识讲座,儿童医院专家分别就产褥期心里、生理调整、关注婴幼儿身心发育等问题进行了咨询解答,并为80余名参加讲座的育龄妇女发放了相关保健知识光盘。

东高地街道科协 先后30余次组织2000余名社区居民、部队官兵、中小学生到东高地青少年科技馆、中华航天博物馆参观。

丰台区劳技中心与社区市民学校合作开辟了16个青少年科技活动阵地,开展了机器人制作、无线电、陶艺、车床制作、电子百拼等青少年喜闻乐见的科技活动。

区科技馆 全年组织科技冬令营、科技夏令营、"DIY夏令营"、"天文知识夏令营"、"公共安全社区夏令营"、"模拟考古夏令营"等活动共计11班次,为600多名中小学生提供了科学体验和社会实践活动。

东高地青少年科技馆 利用"神州"六号发射成功的有利时机,在全市范围内组织了航天知识竞赛活动,开展了网上答题、航天科幻画、航天小论文等比赛,全市累计有2万多中小学生参加了比赛。

(张瑞刚 许景河)

冶金自动化研究设计院

【概　况】 年内全面落实科学发展观,积极开展保持共产党员先进性教育活动,讲实效,谋发展,真正做到了"两不误、两促进",在市场开拓、工程技术、科研创新等诸多方面成绩显著,全面创高。新签合同额9.6亿元,同比增长60.5%。实现主营业务收入4.2亿元，同比增长32.38%，创历史最高水平。资产总额首次突破10亿元大关，达到11亿元，同比增长24.99%；利润总额2011万元；净资产收益率4.41%，净利润（含少数股东损益）1692万元；科技投入金额1416万，科技投入增长率18%。

（卢燕青）

【科技研发】 年内，共申请并被受理专利22件，其中发明专利17件、实用新型5件，比2004年增长近一倍。获得专利授权3件，其中发明1件、实用新型2件，获得软件著作权13件。"大功率交交变频调速系统及推广应用"项目获冶金科学技术奖一等奖，北京市科技进步一等奖，"冷轧平整机自动控制系统"项目获冶金科学技术奖二等奖。研发中心承担的863项目"冶金工业MES"的子课题"炼钢－连铸－热轧流程模拟"已通过863专家组的验收，"质量分析与优化系统"成功推广到济钢、江阴兴澄等钢铁企业。

（卢燕青）

【产业化建设】 年内加强自主创新，将具有自主知识产权的产品打入市场，以产品带动市场，以研发成果促进产业结构的优化和进步，推进产业化建设，成效明显。基于国家863项目及院自主研发的IGCT三电平功率柜输出能力已达国际先进水平；中压变频已申请三项国家发明专利，于7月通过国家电控设备质量检验中心对新产品实施的按IEC61800型式试验及认证。研制成功的远程控制站，性能指标与国外公司同类产品相当，可以广泛应用于包括冶金在内的各类工程项目。欧洲UIC标准的螺旋车钩和缓冲器半年内完成研发和成功供货，大大缩短了研发周期。军工装甲车底盘缓冲器测试数据完全符合国家有关部门提出的性能指标，提高国内同类型号的装甲车装备水平。具有自主知识产权的全数字交流伺服驱动器、低压交流伺服驱动器样机通过了专家验收，各种性能指标达到了国际先进水平。其中，低压交流伺服驱动器还填补了国内空白。

（卢燕青）

【工程及产品】 年内，新签工程合同106项，千万元以上工程项目有16项，工程总数和工程规模均创下历史新高。工程合同占78.5%，比2004年上升10%；产品销售合同占12.5%，比2004年上升2.5%；

（卢燕青）

教　育

【概　况】 年内，丰台区教育系统围绕推进教育改革发展、提高教育质量、办好人民满意的教育这一中心任务，扎实进取，开拓创新，推动各项工作稳步发展。以优质高中教育为龙头推动高中教育发展。3月，丰台区教委组织部分高中校长参加市教委在广渠门中学召开的示范高中建设总结会，明确了年内示范高中评估的相关精神，了解其他区县示范高中校建设推进情况。北京十八中、北京丰台二中被认定为第四批北京市示范性普通高中。全面推进基础教育课程改革工作，对2004—2005学年度小学课程实施情况进行总结和交流研讨，指导制订2005—2006学年度学校课程实施方案。开展课程管理专项视导的工作，帮助指导学校严格课程管理工作，保证三级课程的落实。结合实际制定《丰台区中小学地方课程建设指导意见》和《丰台区中小学校本课程开发指导意见》。确定全区2005—2006学年度，小学一年级的地方课程为《新童谣》，二年级的地方课程为《小学生礼仪教育》。组织开展中考、高考教学绩效的分析、研讨，组织课例交流，促进质量提高。3月协调北京教育学院丰台分院中学教研室，在王佐学校、北京十中、云岗中学召开2005年中考研讨会。4月、5月,分别召开丰台区初中教学绩效、高中教学绩效研讨会,研讨形成新的中高考评价方案。统筹协调发展职业教育和成人教育。加强丰台区职教中心校木樨园校区财会专业的实习设备的建设,及洋桥职业学校航空服务专业的建设,以满足两个专业的市场发展需求。制定并实施《职高文化课水平测试的实施意见》,加强并规范教学工作。建立长辛店镇、王佐镇和卢沟桥乡三所成人学校远程教育网,至此,全区80%的乡镇成人学校建立了远程教育网。促进教师专业化发展。加大骨干教师培养力度,有93名导师与251名被带教师建立带教关系,带教活动全面展开。截止到年底,全区有特级教师5名,市级学科带头人17名(中学11名,小学6名),市级骨干教师140名(中学66名,小学66名,幼儿园8名),区级知名教师24名(中学22名,小学2名),区级中青年骨干教师247名(中学153名,小学90名,幼儿园4名)。投资改善办学条件,推进标准化建设,促进基础教育优质均衡发展。教委投资150万元为丰台区44所中小学校配备了300台计算机。为55所中学,92所小学安装了cmis数据服务器,共计103.41万元。投资231.2万元为34所农村完小配备了电子备课室(包括:计算机、打印机、教学软件设备等)。拨付323万元,为90所小学和44所中学购买图书。其中200万元专门为10所中学和50所小学购买了市卫生部门要求的绿色磁性黑板。安排2056万元用于学校、幼儿园技术防范监控系统安装以及教育教学设备、消防设施的更新和改造。联系申请市级专项资金,下达的第一批专项资金共计2118万元,为12所中小学、2所校外教育单位、8所幼儿园增加了设备,改善了学校的办学条件。下达的第二批专项资金共计1806万元,为17所中学、2所校外教育、6所幼儿园完善了学校的教育教学设施,提高了学校的安全防范能力。加大布局调整力度,满足人民群众对优质教育的需求。区教工委、区教委决定右安门地区的右安门三中停止招生,采取分步实施的方式与首医大附中合并。

(樊　凌　张爱民)

基础教育

【概　况】 年内,丰台区有托幼园所104所,其中教育部门办21所(含市立园18所),集体办40所,民办11所,其他部门办32所;在园人数19481人,入园人数9900人,离园人数8917人;教职工3153人,其中专任教师1618人。学前教育普及率100%。小学94所,教学班1758个,招生4629人,毕业6287人,在校生64927人(其中:北京市户口学生32677人,外省市借读生32244人);教职工4573人,其中专任教师3664人。小学入学率100%,巩固率100%,毕业及格率99.7%。中学55所,其中初中校25所,高中校8所,完全中学9所,一贯制学校13所;教学班1024个(初中653个,高中371个),招生9273人(初中4731人,高中4542人),毕业11328人(初中7422人,高中3906人),初中在校生22849人(其中:中北京市户口学生16038人,外省市借读生6811人);高中15679人(其中:北京市户口学生15012人,外省市户口借读生667人);初中入学率100%,巩固率100%,毕业合格率97.7%;高中入学率59.8%,毕业及格率85%,应届高考录取率85%;教职工5031人,教职工5013人,其中专任教师3158人。特教学校2所,14个班,招生31人,毕业62人,在校生322人;教职工45人,其中专任教师30人。残疾儿童入学率98.7%,巩固率100%,毕业率100%。校外教育单位4个,教职工197人,其中专任教师106人。中小学教师学历合格率99%,其中小学教师合格率99.7%,初中教师合格率98.3%,高中教师合格率96.5%。中小学生教师具有高级专业技术职务1036人,其中小学教师58人,初、高中教师978人。特殊教育:残疾儿童入学率98%,巩固率100%,毕业率100%,校外教育:校外教育单位4个,教职工197人,其中专任教师106人。全区中小学图书馆藏书2279529册,校舍占地面积2061795平方米,建筑面积922191平方米,固定资产总值81324.08万元。全年教育投入64997.10万元,其中国拨52283.50万元,自筹12713.6万元。

(宋海燕)

【校园网安装待用】 投资45万元的丰台区工读学校校园网安装完毕待用。丰台工读校园网工程为丰台区最后一批校园网工程之一,由市教委和丰台区教委共同投资30万元,丰台工读出资15万元建设而成。1月完成网络线路的安装,待接入光纤后就可正式投入使用。

(卢大伟)

【召开丰台区首届中考研讨会】 3月19日,丰台区教委中教科与北京教育学院丰台分院中学教研室共同筹备组织丰台区首届中考研讨会。全区47所初中校的初三教师参加了会议,会议分在北京十中(外语和化学)、云岗中学(物理和语文)、王佐中学(数学)三个会址。各学科教研员进行了认真的筹划和准备,以大会交流和分组讨论的形式研讨中考的相关问题。

(杨德林 王学义)

【成立丰台区第一个心理社团】 3月25日丰台区第一个中学生心理社团“心露社”在丰台二中正式成立。由学校“心语小屋”心理咨询室发起并具体指导它的活动。该社团以高中学生为主体,开展与中学生心理有关的咨询、调研活动,探索学生与教师的心理健康问题。

(刘学锋)

【举办“爱护家园,保护环境,少年节水大行动”主题现场会】 5月16日,在全国节水宣传月中,与丰台水利局和丰台一小联合举办“爱护家园,保护环境,少年节水大行动”主题现场会。水利专家向同学们介绍北京及丰台地区水资源状况,节水意义和基本方法。丰台一小少先队大队委员会向全区中小学生发出倡议:从我做起,从今天做起,从身边小事做起,节约每一滴水,争做节水小标兵,建设节水型家庭和节水型校园。

(朱世诚)

【启动区青春期性健康教育网站】 6月12日上午,与丰台区计生委在区青少年宫多功能厅举行《丰台区青春期性健康教育网站——幸福花季》开通启动仪式。500余人参加启动仪式。区教委及区计生委主任向10名网站顾问和教育专家颁发聘书,并向全区学生代表赠送青春健康教育光盘。向11名中学生颁发了小记者聘书。丰台区青春期性健康教育网站幸福花季是由区教委和区计生委合作推出,在北京市数字德育“情感加油站”栏目上开辟的,旨在开发社会的教育资源,开辟一条使学生获得青春期知识的新渠道,更好地解决学生的生理和心理问题,引导广大青少年健康幸福的成长。

(章建华)

【接受市教委“十五”干训工作检查】 6月14日,北京市教育系统“十五”干训验收检查团一行8人,对丰台区教育系统“十五”干训工作进行检查验收。检查中,区教工委领导首先做了“十五”干训工作的总结。丰台区教育行政干校校长做了“十五”干训工作汇报。检查团查阅了区教委干部管理的材料、区教育行政干校工作材料,并与10名校长和7名教师进行座谈。经过检查,市教育系统“十五”干训验收检查团认为,丰台区教育系统在“十五”工作中形成了自己的特色暨突破了班级授课方式,实现了个性化培训,实现了以学校为本的培训,提高了培训的针对性,解决了学校在发展中的一些致关重要的问题。

(张爱民)

【举行王俊鸣语文教学思想与实践研讨会】

6月15日在北京十二中举行“王俊鸣语文教学思想与实践研究会”成立大会暨首届年会。大会宗旨在宣传语文特级教师王俊鸣“为了使学生更聪明”的教育教学思想。市教研部主任刘宇新、马雪鸿,区教委副主任,丰台教育分院副院长及丰台区部分初高中语文老师共200人出席研讨会。研讨会由丰台区语文教研员、研究会副理事长董华林主持、并宣读了会章。北京十二中校长、研究会理事长张永啟致开幕辞,十二中语文组教师代表王岭,丰台区青语会常务理事亓东军,语文特级教师余明忠,延庆区语文教研员桂彩丽先后发言,评点了王俊鸣语文教学思想及实践。

(郝景元)

【参加悉尼国际少儿文化艺术节】 7月21日,丰台区少年宫小星星艺术团一行43人赴澳大利亚参加2005年悉尼国际少儿文化艺术节活动。艺术节7月22日开始26日结束。来自泰国、西班牙、美国、日本、中国、台湾、中国香港等29个代表队983人参加了活动。

(王建军)

【开展“牢记历史,呼唤和平”青少年和平天使活动】 8月15日—24日丰台区青少年活动中心、沈阳儿童活动中心、南京市青少年宫共同举办“牢记历史,呼唤和平”青少年和平天使活动。8月15日,和平天使团在沈阳“九一八”残壁雕塑前,60名和平天使和来自社会各界的千余名群众参加了“白山黑水的诉说”纪念活动。宣读了《和平宣言》,放飞了815只和平鸽并在写有“牢记历史、不忘过去、珍爱和平、开创未来”的60米长幔布上签名并参观了沈阳“九一八”历史博物馆。8月19日,和平天使团来到北京参观了天安门和慕田峪长城及中国人民抗日战争纪念馆。8月20日,和平天使团到南京侵华日军南京大屠杀遇难同胞纪念馆宣读了《给联合国秘书长的一封信——呼唤和平》,并用北京、沈阳、南京三地的土给纪念松培土,向在大屠杀中遇难的同胞献花。8月21日,和平天使团来到南京雨花台参观革命烈士博物馆。此次活动从沈阳到北京到南京历时十天行程几千里,三地各大媒体跟踪详实报道影响遍及全国。

(王建军)

【获中国青少年社会教育“银杏奖”】 9月11日,由中央宣传部、中央文明办、共青团中央、教育部、文化部、国家广播电影电视总局、国家新闻出版总署、国家体育总局、全国妇联、中国科协等单位组织的青少年校外活动场所中国青少年社会教育“银杏奖”颁奖仪式在河北涿州天下第一城的金色大厅举行。授予100个校外活动场所“银杏奖”优秀团队奖、200个突出贡献奖、31名从事校外工作30余年的工作者终身成就奖、30名特别荣誉奖。丰台区青少年活动中心获得中国青少年社会教育“银杏奖”优秀团队奖,活动中心主任王振民被授予中国青少年社会教育“银杏奖”突出贡献奖。

(王建军)

【获北京市第九届学生艺术节奖】 9月20日,丰台区少年宫的18个节目参加了北京市第九届学生艺术节校外专场比赛,获得10个一等奖,4个二等奖,4个三等奖,获得舞蹈优秀节目创作奖3个,12人获得优秀辅导教师称号。其中,舞蹈《苗岭小叮当》《小小大碗茶》《小花旦》《山里娃》《我爱北京》;小合唱《美丽的侗乡》《小牛牛放牛》;手风琴与钢琴五重奏《摇滚时光》;二胡齐奏《葡萄熟了》;鼓合奏《鼓威》获得一等奖。舞蹈《梦之队》《牧童》;大合唱《春回大地》;器乐葫芦丝与巴乌合奏《月光下的凤尾竹》获得二等奖。

(王建军)

【成为北京市红十字示范学校】 10月19日,北京十中通过北京市红十字会专家组的验收,成为北京市第一批北京市红十字示范学校。北京十中红十字会成立于1953年9月,是北京市最早成立的红十字青少年组织。1998年,北京十中被评为“北京市红十字学校”。学校连续四年被评为“丰台区红十字系统先进集体”，学校组织的“红十字活动走进课堂”、“红十字知识竞赛”等活动获得北京市红十字十佳活动优秀奖和组织奖，并通过市区教委、市区红十字会 15 人专家组的验收，成为“北京市红十字示范学校”。

（李振华）

【儿童画搭载“神州六号”上太空】 10 月 19 日，中国北京航天城“神州六号”搭载物品开仓仪式后，举行了由全国少工委、中国航天科技集团公司共同组织的“飞上太空的心愿”－迎接“神州六号”搭载少先队员太空画仪式。共青团中央及全国少工委的领导和中国航天科技集团公司等领导出席仪式并向少先队员颁发了证书和纪念品。经专家筛选的北京、山西、上海等地少先队员 10 幅儿童画作品搭载“神州六号”载人飞船进入太空。丰台区青少年活动中心美术组学员刘颖同学的《大家都来关爱残疾人弱势群体》和白秦巍同学的《各族人民期盼祖国和平统一》两幅儿童画被选中搭载“神州六号”。

（王建军）

【召开区小学校本教研工作研讨会】 10 月 20 日，“丰台区小学校本教研研讨会”在丰台一小召开。区教委副主任、全区各小学校长、教学干部共 220 人参加了会议。研讨会对《丰台区关于加强中小学校本教研工作的指导意见》进行了详细地解读。丰台一小校长高秀贤作了《构建校本教研文化，促进教师专业发展》的报告，汇报了学校开展校本教研工作的过程和取得的成绩。

（崔德跃）

【授予游泳传统特色校称号】 10 月区教委、区体育局授予北京实验二小怡海分校“游泳传统特色校”称号。在 1 月举行的北京市“第十三届振兴中华四中康乐杯游泳比赛”中获得一个一等奖和一个三等奖；5 月在“北京市中小学传统校游泳比赛”上获得“团体三等奖”，学生有四人分别在三个项目中获得了一个一等奖一个三等奖和两个四等奖；同月在北京市“第十六届儿童游泳比赛”中有二人分别在五个项目中获得两个第一名两个第二名和一个第三名的好成绩。

（赵 红）

【参加“快来参加特奥”火炬传递活动】 11 月 14 日，丰台培智中心学校的部分智障学生参加了由中国残疾人联合会、中国特奥会、中国残疾人福利基金会、北京市政府联合主办的“快来参加特奥”火炬传递活动。智障学生参加火炬传递接力跑并与奥运体操冠军刘璇等一起将特奥火炬护送到主席台。中国残疾人联合会主席邓朴方、中国残联理事长汤小泉、北京市副市长孙安民、上海市副市长周大彤、中国特奥会主席王智钧等领导以及国际特奥会形象大使、美国加利福尼亚州州长施瓦辛格、国际特奥会及国际特奥会东亚区的官员等出席并参加了此次活动。

（张北平）

【展示市级科研课题成果】 11 月 29 日，在区少年宫多功能厅召开由教委组织的丰台区“十五”市级课题成果展示会。区教委副主任，区教育科学研究所所长及丰台区各课题组负责人，各校校长，共 200 人参加了会议。

（王建军）

【举行示范校揭牌庆典暨迎新年文艺汇演活动】 12 月 31 日，北京十八中学示范校揭牌庆典暨迎新年文艺汇演在北京安全局礼堂隆重举行。区领导及教委领导和学校 1300 名师生员工一起参加了北京十八中的示范校庆典。区长和北京十八中校长共同为示范校揭牌，揭牌仪式后，北京十八中师生员工举行了隆重的庆祝活动。全体师生员工用课本剧、歌舞、相声等多种艺术形式表达了自己的心声。

（顾晓彬）

职 业 教 育

【概 况】 年内，丰台区有职业学校 4 所，其中独立设校4所,职普联合设校0所。开设专业37个,教学班199个;招生1999人,完成招生计划95%,毕业2603人,在校生6242人。教职工773人,其中专长任教师444人。专任教师学历合格率98.4%,高级专业技术职务129人。全区职业学校图书馆藏书220118册,校舍占地面积119716平方米,建筑面积59538平方米,全年教育投入5027.80万元,其中国拨3469.90万元,自筹1557.90万元。固定资产总值3349万元。

(宋海燕)

【调整职业教育资源】 2月,根据丰台区教工委、教委2005年第2次两委联席会议精神,丰台职教中心校看丹校区和丰台区城市园林建设学校望园校区停止招生。这次职业教育资源调整,基于丰台区职业高中的现状,本着不重复设置专业的原则,采用停止招生的方式进行。停止招生后,看丹校区经过三年过渡,逐步成为普通初中校。12月,区教工委、区教委决定撤销望园校区,将该校并入丰台社区学院。

(徐　鸿)

成 人 教 育

【概　况】 年内,丰台区共有各级各类成人学校602所。其中成人高校(社区学院)1所,开设专业16个,招生947人,毕业471人,在校生1813人,全年短期培训2961人次。教职工91人(专任教师47人)。社会力量办学单位282所,全年培训126232人,教职工2895人(专任教师969人)。市民学校243所,全年培训921510人次。乡办成人校5所,全年培训3551人次,教职工26人。村办成人校71所。成人学校教师学历合格率100%,有高级专业技术职务16人。全部成人学校占地面积45973平方米,建筑面积32942平方米,人全区成人学校图书馆藏书78680册,全年教育投入1292.20万元,其中国拨968.50万元,自筹323.70万元。固定资产总值3845.9万元。

(宋海燕)

【编辑《丰台社区教育实践与探索》】 4月6日,邀请丰台社区学院的陆秀媛老师为丰台区首届教育专职工作者做了"如何撰写社区教育论文"的专题辅导,社区教育专职工作者结合自己在社区教育工作中的经验,撰写了多篇工作体会及论文,在此基础上,区教委职成科编辑整理了《丰台社区教育实践与探索》一书,共收集社区教育研究及工作论文26篇,并面向全区发放。

(徐　鸿)

【接受市教委创建学习型城区工作评估】 6月14至17日,北京市教委专家组一行14人对丰台区发展社区教育创建学习型城区工作进行了全面评估。评估采取听汇报、查阅档案材料、实地考察试点单位、召开座谈会等方式进行。按照评估各项指标,丰台区共准备创建工作基础档案129卷,工作目录1937条。7月15日,市教委正式致函区政府,认定丰台区为"北京市发展社区教育,促进学习型城区建设"先进区。

(徐　鸿)

【新增特色专业】 9月丰台区社区学院结合丰台区的社会和经济发展需要,国民教育系列新增设"物流管理"专业。学制3年。开设物流管理概论、物流成本管理、物流管理信息系统、物流电子商务等23门课程。年度该专业共招生44人。党校学历教育新增设"城市规划管理"专业。开设的主要课程有建筑工程概论、工程测量、中外城市建设史、城市生态与环境、城市规划原理、城市总规划与设计、城市基础设施系统规划,学制3年。本年度该专业招生共63人。

(李淑华)

普通高等教育

【概　况】 年内，驻丰台区普通高等院校有首都经贸大学、首都医科大学、北京电子科技学院、中国戏曲学院等4所。共有在校生36047人，其中本科生16496人、专科生2694人、研究生3540人（含博士生545人），成人教育在校生12972人（含本科生4655人），外国留学生345人；毕业9918人，其中本科生3241人、专科生1107人、研究生700人（含博士生109人）、成人教育毕业生4870人（含本科生1613人）；招生11797人，其中本科生4031人、专科生815人、研究生1379人（含博士生179人）、成人教育招生5572人（含本科生2443人）；有教职工3951人，专任教师1508人、辅导人员579人。教师中具有博士学位200人、硕士学位623人。

（田　瑜）

首都经济贸易大学

【概　况】 年内，首都经济贸易大学设13个学院、31个本科专业、8个专科专业，21个硕士学位授予点（含MBA），3个博士授予点，1个博士后流动站，2个北京市重点学科，6个北京市重点建设学科。毕业生4998人，其中，研究生269人（博士生8人、硕士生261人），普通本专科生2232人（本科1912人、专科320人），成人教育本专科生2497人（本科1051人、专科1446人）。招生5476人，其中，研究生581人（博士生31人、硕士生550人），普通本专科生2401人（本科2361人、专科40人），成人教育本专科生2494人（本科1318人、专科1176人）。在校生16526人，其中，研究生1382人（博士生83人、硕士生1299人），普通本专科生9883人（本科9224人、专科生659人），成人教育本专科生5261人（本科2592人、专科2669人）。留学生毕业237人、招生515人、在校生333人。教职工1653人，其中，专任教师624人。专任教师中，教授88人、副教授272人、讲师230人、助教30人；博士生导师2人，硕士生导师197人。另聘请外籍教师28人，其中教授5人、讲师20人；兼职教师57人，其中，教授36人、副教授18人、讲师3人。学校占地面积30.2万平方米，建筑面积31.78万平方米。全年教育经费投入29244万元，其中，国拨19594万元 、自筹6317万元。校办产业年营销总收入3617万元。图书馆建筑面积2.4万平方米，藏书122.99万册。固定资产总值28480万元，其中教学科研仪器设备资产值5855万元。年度高考北京地区提档线本科第一批文科496分 、理科480分。

（钟志红）

【研究基地学术委员会成立】 1月21日，北京市哲学社会科学CBD发展研究基地学术委员会在首都经贸大学成立。该会以研究商务中心区（CBD）的建设与发展、促进北京乃至全国的经济社会发展为宗旨，由国家级研究部门、全国重点高校和有关CBD政府部门的知名专家共15人组成。成立后首次会议在首都经济贸易大学CBD发展研究基地召开。基地负责人、基地学术委员会主任、首都经贸大学校长文魁教授向参加此次会议的各位专家颁发了聘书。

（钟志红）

【成立城市学院】 3月1日，首都经济贸易大学城市学院成立。该学院由原城市经济系、公共管理系、首都经济研究所、不动产研究所合并组建，有区域经济、行政管理硕士学位授予点2个，有公共事业管理、土地资源管理、城市管理、广告学、行政管理5个本科专业。教职工68人，其中，专任教师38人，包括教授6人、副教授17人、讲师14人，具有博士学位11人、硕士学位7人。

（钟志红）

【成立工商管理学院】 3月16日，首都经济贸易大学工商管理学院成立。该学院于1999年3月初步建立,由企业管理系(原工业经济系)、商务管理系(原贸易经济系)合并组成。该学院现设企业管理系、营销管理系、旅游管理系、运营管理系、企业人力资源管理系等5个系。设有企业组织与企业家研究中心、企业发展研究中心、公司问题研究中心、商务管理研究中心、中国产业经济研究中心、旅游研究中心等6个研究中心。有企业管理博士学位授予点1个,企业管理硕士学位授予点1个,有工商管理、市场营销、物流管理、旅游管理、电子商务等5个本科专业。

(钟志红)

【首经贸大男篮队获得乙组冠军】 4月27日,承办的北京市高校篮球联赛(乙组)比赛圆满结束。此次比赛有35所学校53支队伍参赛,经过20多天17场比赛,首经贸大男篮获得大学生男子组北京市高校篮球联赛(乙组)冠军;女子篮球队获得大学生女子组亚军。北京市大学生体育协会、北京市大学生体协篮球分会向该校颁发了“名校风范,鼎力支持奖”、“最佳组织奖”,男、女队均获得大学组“体育道德风尚奖运动队”称号。

(钟志红)

【举行诊所式法律教育启动仪式】 4月29日,由丰台区司法局、首都经济贸易大学法学系、中央财经大学法学院、北京联合大学应用文理学院共同参与的丰台区法律援助—诊所式法律教育启动仪式隆重举行。4方代表在合作协议书上签字,首都经贸大法学系向丰台区司法局法律援助中心赠送了锦旗并转交了首都经济贸易大学法学教学实践基地铜牌。法律援助—诊所式法律教育是将政府部门承担的法律援助职能与高等学院法学教育中的诊所式法律教育相结合,由丰台区司法局法律援助中心向三所高校指派需要法律援助的民事案件,首都经贸大与中央财经大会、北京联合大学设立的法律诊所承担法律援助任务,在教师指导下,将法学理论学习与法律实践相结合。而诊所式法律教育是指,法学院学生在一个虚拟的“法律诊所”中,在有律师执业资格的教师的指导下,为处于贫困中的受援人提供法律咨询,“诊断”他们的法律问题,开出“处方”,为他们提供解决法律问题的方法,并亲自为他们提供无偿的法律援助服务。

(钟志红)

【4篇论文获市级优秀论文奖】 6月8日,在市委召开了“北京市纪念陈云同志诞辰100周年诞辰理论研讨会”上,首都经济贸易大学党委宣传部获得“优秀组织奖”,李启英教授的《陈云关于计划与市场关系思想初探》、刘丹萍教授的《陈云的“三农”思想及对现实的指导意义》、李久林副教授的《陈云对科学评价毛泽东和毛泽东思想的历史贡献》、何绍铭副教授的《陈云对邓小平经济理论的两点重要贡献》等4篇论文获“优秀论文奖”,受到表彰,并被收录在北京市邓小平理论和“三个代表”重要思想研究中心编的《纪念陈云》一书中。

(钟志红)

【孙鑫雨获全球创业精神大奖】 7月20日,贫困学生孙鑫雨得到两份“厚礼”——全球创业精神大奖和首都经贸大学录取通知书。4月26日,年仅17岁的孙鑫雨以“水晶水果吧商业计划书”在世界各地的160份创业计划书中脱颖而出,与世界各国25名青少年共同赢得了全球创业精神大奖。在25名获奖名单中孙鑫雨不仅年龄是最小的,而且也是惟一一个获奖的亚洲学生。

(马颜平　钟志红)

【3人入选市民建言会市民代表】 8月6日,首都经济贸易大学3人入选“北京市‘十一五’规划市民建言会(人口问题)”市民代表。由北京市发改委以及北京市“十一五”规划制定领导小组、BTV《北京热线》和《北京晚报》联合举办的“北京市‘十一五’规划市民建言会——怎样面对北京市越来越多的人口问

题”活动在北京日报新闻大厦举行。学校3位老师分别在“十一五”规划中对调整北京的行政区划，减少管理层次机构，充实基层服务力量；调整北京城市规划建设的理念，加大多个卫星城投资和建设力度以及制定高效公平、人性化、科学化的人口资源宏观调控管理机制等方面提出很多的建议。

（钟志红）

【成立安全与环境工程学院】 8月28日，首都经济贸易大学安全与环境工程学院成立。该学院是在安全工程系基础上建立的，有安全技术与工程、劳动卫生与环境卫生学硕士学位授予点2个，有安全工程、环境工程、工业工程4个本科专业。主要培养从事职业安全、工业卫生、现代企业管理的专门人才。教职工36人，其中，专任教师26人，包括教授6人、副教授10人、讲师5人，具有博士学位6人、硕士学位12人。

（钟志红）

【举办中国企业管理研究与学科建设论坛】 9月16日至17日，由首都经济贸易大学、中国社会科学院工业经济研究所、中国企业管理研究会联合发起，由首都经济贸易大学工商管理学院举办“第三届中国企业管理研究与学科建设论坛”。主题为“中国式管理研究与管理教育”。宗旨是搭建一个高层次、高规格、全国性的企业管理研究与学科建设平台，与国内的专家同行们共同探讨进一步推进中国的企业管理研究、管理教育与人才培养的大计。150位来自全国高校以及首都经济贸易大学的专家学者们围绕“中国式企业管理与学科建设”主题进行了热烈的研讨，29位来自全国高校的管理学院院长和专家们发表了精彩的主题演讲。

（钟志红）

【召开贸易经济学科发展研讨会】 9月17至18日，首都经济贸易大学经济学院与中国商业经济学会联合举办召开“全国流通产业与贸易经济学科发展研讨会”。宗旨是推动流通产业发展和贸易经济学科发展。研讨会由主题演讲和专题交流两部分组成。来自国家发展与改革委、中国社科院、人大、东北财大等单位有关领导、专家学者及企业家代表，共同研讨了“流通现代化的信息化支持”、“区域商业发展规划制订”及“中小流通企业的品牌创新”等关于国家流通产业和贸易经济学科发展过程中的热点、难点和前沿问题。

（钟志红）

【大陆高校学术交流团访问台湾】 9月底，首都经济贸易大学文魁校长作为“大陆高校学术交流团”团长访问台湾。应台湾淡江大学、政治大学、中正大学、云林科技大学、静宜大学、中原大学、岭东科技大学等高校的邀请，参加“2005年两岸会计与管理学术研讨会”。大陆高校学术交流团由首都经济贸易大学、上海财大、东北财大、西南财大、中南财经政法大学、中央财大、安徽财大、吉林大学、中山大学、南开大学、苏州大学、上海大学等共17个高校专家、学者组成。

（钟志红）

【毕业生的就业率达94.19%】 10月，首都经济贸易大学应届毕业生就业率达94.19%，签约率为81.7%，与上年同期相比分别上升了2.52%、4.1%（去年就业率为91.67%、签约率为77.6%）；志愿服务西部1人、服务北京基层11人；优秀毕业生89人。

（钟志红）

【国际友人资助 奖励优秀学生】 10月27日，首都经济贸易大学劳动经济学院“ Dr. Paul McCormick 奖学金”颁奖仪式在留学生楼会议室隆重举行。此奖学金由英国友好人士保罗．迈克密克博士、大律师赞助建立，资助对象为劳动经济学院优秀的在校硕士研究生和博士研究生，奖金总额10000元，平均发放给5名成绩优秀、研究成果突出的学生，每人2000元人民币。

（马颜平　钟志红）

【召开国际学术研讨会】 11月10日，召开国际学术研讨会。会议主题为“统计模型与中国西部区域经济开发:贸易、投资和WTO”。国际研讨会由首都经济贸易大学统计学系、中国人民大学应用统计科学研究中心和澳大利亚维多利亚大学经济发展战略研究中心共同主办。参加研讨会的有澳大利亚、越南、中国人民大学、中央财经大学、西安财经学院、兰州商学院、首都经贸大学等专家、学者。来自澳洲的2位教授从全球经济一体化的角度分析了中国经济的现状、发展前景以及西部地区开发的重大意义。

(钟志红)

【成立中国品牌研究中心】 11月12日,举行中国品牌研究中心成立大会暨品牌竞争力论坛。来自学术界、企业界的专家学者200余人参加了会议。在论坛上,来自全国各地的专家企业代表就如何提升品牌的竞争力、中国企业打造世界级品牌的战略和策略等进行了深入的探讨。此次大会及论坛是由首都经济贸易大学举办,国际权威钻石机构HIERSUN、华龙日清食品有限公司、大易国际教育集团、品派行(中国)品牌顾问有限公司、北京黑森林品牌营销顾问有限公司等单位协办。

(钟志红)

【首次举办中国经济外交战略高级研讨会】 12月11至12日,首都经济贸易大学国际问题研究所和中国改革开放论坛联合首次举办“中国经济外交战略高级研讨会“出席研讨会的有来自国家发展和改革委员会、外交部、商务部、北京市社会科学联合会等政府有关部门领导,中化国际石油公司、中铁建工集团等大型企业的负责人,人民日报、光明日报、《求是》杂志、中国五矿化工进出口商会等机构以及来自北京大学、南开大学、外交学院、中央财金大学、中国政法大学、对外经济贸易大学、北京理工大学、华中师范大学、河南大学等十余所大学从事国际关系、国际贸易、国际金融专业研究的学者,还有乌拉圭驻华大使Cesar Ferrer Burle先生,此外坦桑尼亚和德国大使馆也派代表出席此次研讨会。

(钟志红)

【举办博弈论与实验经济学发展研讨会】 12月17日至18日,与全国经济对策论研究会、全国数理经济学会在温特莱酒店举办“博弈论与实验经济学发展研讨会”。参加会议的有首都经济贸易大学、中国数量经济学会、中国社会科学院数量经济与技术经济研究所,中国经济对策论研究会、中央社会主义学院、北京信息科技大学、上海交通大学、中国人民大学、复旦大学、中国社会科学院、清华大学、南开大学、北京大学以及来自全国各地高校的代表100多人。

(钟志红)

【举办北京市大学生乒乓球锦标赛】 12月17至25日,2005年北京市大学生乒乓球锦标赛在首都经济贸易大学体育馆举行。有北京市25所高校39个运动队183名队员参加。竞赛项目分为团体赛和单打比赛,该校获团体女子乙组赛第3名;清华、北大分别获团体男子、女子甲、乙组赛第1、2名。

(钟志红)

【举办首届北京MBA精英论坛】 12月21日,举办首届北京MBA精英论坛,是首都MBA培养院校首次集体参与的交流活动。以MBA发展和首都经济建设、MBA工作研讨、MBA联合会自身建设与发展为主题进行学术研究和工作探讨。参会成员汇集了京津及西南、西北地区22所高校MBA联合会主席、副主席、各部部长、MBA学管老师等师生代表,以及北京市人民政府、市商业局、全国MBA教育指导委员会及清华大学、北大、中国经营报总编辑等人员。

(钟志红)

【见义勇为优秀大学生秦占丰】 4月29日,学校统计学系2004级学生、共青团员秦占丰在护送同学回家的路途中,阻止小偷偷窃同学的财物时,奋不顾身、见义勇为,勇斗三名歹徒，壮烈牺牲。12 月 29 日，首都经济贸易大学召开"追认秦占丰同志为中国共产党党员、追授秦占丰同志为见义勇为积极分子"大会。中央电视台、人民日报、光明日报、新华社北京分社、北京日报、中国青年报、中国教育报、北京电视台等二十多家新闻媒体出席大会并作采访报道。北京市政府追授他为"北京市见义勇为人员"、丰台区人民政府追授他为"见义勇为积极分子"，市委组织部追认他为中国共产党党员。5 月 25 日，秦占丰的母亲孙彦同志替儿子交了最后一笔团费 1500 元并向党组织递交第一次也是最后一次党费。

（钟志红）

文化　体育　卫生

文　化

【概　况】 全年以构建和谐社会为出发点，着力打造文化品牌，创新开展文化活动；加强文物保护，积极组织文物修缮；依法开展行政审批，加强文化娱乐市场监管和整治，文化事业与经济社会协调发展成效显著。举办了“欢歌丰台 和谐社会”春节团拜会演出专场、第五届莲花池庙会、“文化下乡”活动、“五月的鲜花”群众歌咏活动、夏日文化广场活动等传统群众文化品牌活动和首届“卢沟文化节”，全年区、街、乡(镇)群众文化活动累计达3000场次，放映电影523场(次)，举办展览576次、培训班818次，参与人数达34.9万余人次，形成了政府搭建平台、群众广泛参与，群众文化群众办的良好局面。基层文化建设快速发展，完成4个乡镇文化站、27个农村文化大院、10个街道文化中心和80个文化室的达标建设，文化广场累计达到139个；新建基层图书室、图书流动借阅点18个。成立卢沟桥乡艺术团、南苑街道鱼水情艺术团等基层文艺团队，街、乡具有一定规模的特色队伍达到11支。成功举办和承办《同一首歌》特别节目“我的中国心”、第二届北京新秧歌广场舞蹈电视邀请赛、“卢沟晓月”中秋赏月庙会、奥运文化公园活动等17项大型文化活动，扩大了丰台文化的影响力。开展卢沟桥化学保护前期实验勘察和极乐峰文物保护调研，配合卢沟桥广场建设完成卢沟桥史料陈列馆撤展闭馆。全年处理文物出土2次，入库文物8件，执法2次，收缴文物15件。文化市场审批管理立足于《行政许可法》，规范网吧审批，制定了《丰台区歌舞厅审批规定》，组织开展歌厅、网吧、印刷厂的安全培训和消防演习。以“扫黄打非”和市场安全为重点，加大对文化娱乐场所的管理和处罚力度。以校园周边、电子城、小商品综合市场和托运站为重点，开展音像市场集中整治行动。以黑歌厅、黑网吧、黑娱乐厅为重点，开展社会环境秩序百日集中整治行动。以文化娱乐场所为重点，制定了《文化娱乐经营场所突发事件应急预案》，加大安全隐患排查和安全监管力度。加强卫星电视安全播出监管。组织联合执法76次，出动执法人员2423人次，检查场所1638家(次)，取缔黑网吧11家、黑游艺厅3家、黑歌厅47家，盗版光盘窝点8个，收缴盗版音像制品545000万张，非法书刊16000册。处理行政处罚案件12起(网吧11起、演出1起)、举报件83件，累计罚没款73000元。

(王　莹)

【首届卢沟文化节】 文化节以“弘扬民族精神 构建和谐社会”为宗旨，以“隆重纪念抗日战争胜利六十周年”为主题，于6月25日至

30日在抗日战争纪念雕塑园举办。通过“欢歌丰台 和谐社会”系列文艺演出、“赞卢沟·颂丰台”美术书法摄影展、“百米画卷颂卢沟”书画展、“永定新歌”诗歌朗诵会、卢沟文化论坛、抗战电影放映周等活动，继承传统，展望未来。文化节共举办活动11场次，参加人员达3万余人次。

（王　莹）

【文化工作联席会议制度】 联席会议由区委、区政府牵头，每半年召开一次，邀请驻区中央、市属文化单位、大型企业和部队参加，通过专家论坛、专题讨论等形式规划丰台文化发展，统筹区域文化资源，联手打造文化特色品牌。第一次联席会议于4月27日举行，中央戏曲学院、八一电影制片厂、航天部一院等17家单位参加。

（王　莹）

【“五月的鲜花”群众歌咏活动】 活动突出抗战主题，以抗战歌曲演唱会、共建和谐社区群众联欢、抗战电影回顾展、热爱社区建家园、激情广场大家唱等丰富多彩的形式在街道、乡镇、社区、村广泛开展，吸引了数以万计的群众参加。云岗街道、王佐镇联合举办的第二届“恒源杯”群众文化系列活动、卢沟桥街道举办的首届文化节、南苑街道的“社区激情广场大家唱”各具特色。

（王　莹）

【夏日文化广场活动】 以马家堡街道举办的“京城票友联欢月”、大红门街道组织的“少儿才艺荟萃月”、东高地街道组织的“广场舞蹈展演月”、东铁营街道举办的“歌曲演唱展示月”四个特色活动为龙头，其他街乡活动为补充，街道、乡镇、社区、村互动开展。活动实现了政府办文化向管理文化的转变，充分发挥了各地区的文化特色，展示出群众广场文化的多样性和广泛性。

（王　莹）

【举办大型文化活动】 成功举办和承办《同一首歌》特别节目“我的中国心”、纪念抗战胜利60周年交响音乐会、第二届北京新秧歌广场舞蹈电视邀请赛、“9 .18全市同唱金曲”活动、第五届“相约北京”广场国际联欢活动、奥运文化公园活动、“卢沟晓月”中秋赏月庙会、创卫专场文艺演出、“走进民族大家庭”文艺演出、“廉政之歌”专场文艺演出、第三届“丰台人唱外国歌”大奖赛等市、区级大型文化活动17场（次），活动人数超过10万人次，展现了丰台区群众文化的风采，扩大了丰台的知名度。

（王　莹）

【区文联协会换届】 5月至12月，区文联戏剧协会、书法家协会、摄影家协会、作家协会、音乐舞蹈家协会和美术家协会顺利完成换届工作，选举产生各协会新一届理事会。6个协会的主席分别是戴月琴、路世明、鞠锋、毛志成、高伟春和马振声。

（王　莹）

【区图书馆服务】 全年新购图书资料8780册（件），新书上架5769种、15188册。接待读者38289人次，图书流通61958册次，外借图书19263册次。举办报告会、讲座39场，举办展览5场，组织读者活动8次，参加人数达11700人次。新建基层图书馆（室）、图书流动借阅点18个。

（王　莹）

【草桥先进文化大院】 年底，花乡草桥村文化大院被中宣部、文化部命名为“全国先进文化大院”，使丰台区的基层文化大院建设首次跨入全国先进的行列。草桥村文化大院投资近300万元，建筑面积1200多平方米，具备文化、图书电子阅览、培训、健身娱乐等多种功能，为广大村民提供了一个设备完善、服务周到、环境优美的文化活动阵地。

（王　莹）

【密檐塔抢险修缮工程竣工】 密檐塔位于王佐镇瓦窑村，明代建筑，1984年公布为区级文物保护单位。修缮工程于3月28日启动，7月初完成，包括塔体修缮、安装避雷针、塔周安装护栏、两面护坡加固以及周边环境整治绿化等项目,总投资22.5万元。

(王 莹)

【宛平城二期修缮工程竣工】 宛平城二期修缮工程属北京市"人文奥运文物保护计划"项目。工程于2004年3月启动,2005年6月7日通过验收竣工,总投资217万元。本着文物修缮"修旧如旧"的原则,共修缮城墙1429.4延米,并对东西城楼的油饰彩画进行了修补。

(王 莹)

【建成丰台区文物展室】 展厅面积50平方米,展线40米,全面展示了丰台区地上、地下文物的基本情况。展墙展示以地上不可移动文物为主,共展出文物保护单位照片26幅。展柜中展示了丰台区出土的陶瓷器、青铜器、铁器、古钱币等可移动文物37件。其中一级文物1件,为永定河出土铁犀牛;二级文物1件,为素白暗花罐。

(王 莹)

【文化经营单位审批】 全年审批歌厅27家,台球厅16家,音响店55家,书店85家,网吧初审13家。审批演出20家,公共天线安装设计施工队6家。

(王 莹)

【百日集中整治行动】 6月下旬至8月底,在区社会环境秩序百日集中整治行动中,文委联合工商、公安等部门对黑歌厅、黑网吧、电子游戏厅和音像市场进行专项检查。行动中共查处证照不齐歌厅47家,处罚12家,取缔黑网吧8家、黑游艺厅2家,暂扣电脑主机、影碟机等设备126台、游戏版23块,有效净化了文化市场环境。

(王 莹)

广 播 电 视

【概 况】 年内,为更好宣传报道北京市丰台区第十三届人民代表大会二次会议和政协北京市丰台区七届二次会议,会前广电中心策划了12集专题报道《走过2004》,于1月1日在《丰台新闻》中陆续播出,对2004年丰台区在经济建设、社会发展、城市建设和管理以及三个文明建设等方面所取得的成就进行全面回顾,起到了很好的舆论引导作用。"两会"期间抽调35名采编和技术人员深入一线,采取专栏、新闻特写、消息、人物专访、花絮、电视评论等形式对"两会"进行多方位、深层次报道。"两会"期间《丰台新闻》由原来的15分钟延长到45分钟。在全区开展的保持党员先进性教育活动中,结合自身职业特点开展了"保持党员先进性知识竞赛"等"十个一"具体实践活动。紧紧围绕全区保持党员先进性教育活动的部署,及时开展了两次"党员先进性教育活动记者行",先后对区属98个单位先进性教育活动开展情况播发了新闻,制作播发了64期《党员风采》节目,对全区先进性教育活动中涌现出的48名先进人物进行了报道。在精办《人大在线》、《政协视窗》栏目的同时,完成了《丰台区拆违纪实》、《非常攻坚战——宛平城改造纪实》、《争创国家卫生区》、《争创文明区 构建和谐丰台》等43部急、难、重专题片及大型节目的摄录任务。在加强业务培训,提高节目质量的同时,不断推出新栏目,新开办了《新村印象》、《丰台地税》等7个新栏目,全年开办17档栏目,摄制栏目401期。投入资金130万元,建立了虚拟演播室,提高了电视设备的数字化水平和节目摄录质量。年内,记者在市电视台播发稿件97条,其中BTV—9(公共频道)"北京时间"播发稿件77条;《丰台新闻》中播稿3600条,其中记者站发稿1200条。

(李 杜)

【新闻宣传围绕中心服务大局】 年内,围绕区"两会",党员先进性教育活动,争创国家卫生区,构建和谐社区和谐村镇,禽流感防控,季节性安全防事故,烟花爆竹"禁改限"等阶段性重点工作开展宣传报道。宣传报道深入实际、深入生活,创新内容和形式,发挥了专题性新闻深度报道的优势，提高了舆论引导水平。

（王玉申 木 星）

【加强业务培训提高栏目质量】 更新知识、创新思路，在巩固已有栏目的基础上，先后开办了《丰台警方》、《国防之声》、《新村印象》、《丰台地税》、《消防经纬》、《安全视点》、《今日右安门》7个新栏目。全年共开办17档栏目，摄制栏目401期，有19期节目在广电中心节目评比中获奖。

（张欣悦）

【推出先进性教育活动记者行】 5月16日至6月17日，10月17日至11月15日，组织38名记者，先后用2个月的时间对全区第一批66个单位，第二批33个单位保持共产党员先进性教育活动的开展情况、发生的变化、取得的实效，进行了全方位、多角度的集中报道，形成了强有力的舆论导向，促进了全区保持共产党员先进性教育活动的深入开展。

（姜 萍）

【虚拟演播室建设】 年内投入资金130万元，建设一套由计算机、图形图像发生器、电视/音频切换台等高科技产品构成的节目制作系统—— 虚拟演播室，以满足日益增加的大型宣传报道活动和专题片拍摄任务的需要。虚拟演播室从3月17日开始建设，于11月10建成并投入使用。

（王玉申 刘 宇）

【获奖节目】 年内，在北京广播电视界最高水平奖项——“2005年度（华彩杯）北京广播电视奖”评比中，广电中心推荐的新闻《百姓区长互通电话 反映问题一天解决》获新闻类三等奖，电视专题片《非常攻坚战——宛平城改造纪实》获专题类二等奖；历经三个月，摄制的反映丰台区流动党员教育管理模式的电教片——《回归与创新》，千方百计维护小区治安工作的电教片——《民警刘安》，王佐镇庄户中心村党总支引进公交车线路、建立公交终点站，促进农村城市化进程的电教片——《路》，在9月份北京市第七届共产党员教育电教片评比中分别获得的一、二、三等奖。

（姜 萍 王亚娟）

【广告宣传获市文明先进单位】 年内，把社会效益放在首位，在广告创意、制作设计上，讲求艺术与品位，不用极限用语，不做不实宣传；加大公益广告的制作力度，超额完成上级规定的公益广告发布量，实现社会效益和经济效益的双丰收。12月8日，在市委宣传部、首都精神文明办、市工商局、市广告协会召开的2004—2005年度首都广告行业精神文明先进单位表彰大会上，丰台区广播电视中心获首都广告行业精神文明先进单位。

（闫文岐）

【网络中心加大宣传拓宽市场】 年内，网络中心加大对区内企事业单位的宣传力度，印制了宣传折页在一些写字楼内摆放，主动到各单位上门介绍宽带网络服务事项。上半年新增丰台区技术监督局、卢沟桥乡政府、华冠超市等7条办公网络专线。在开拓企事业单位的同时，注重在居民小区内开展网络服务业务，与具有ISP资质的广旭公司合作共同开发了回龙观北京人家项目及周边小区的宽带上网业务。

（曹 洁）

卢沟桥文化旅游区

【概 况】 是年是世界反法西斯战争胜利暨抗日战争胜利60周年，卢沟桥文化旅游区以此为契机，加快地区建设步伐。3月开始建设筹备截止到6月30日完成占地12330平方米的宛平广场的建设工作；宛平城内大街共铺装全长640米的古旧石板主路、辅路和人行便道；在宛平城西门外到卢沟桥头路段，铺装全长150米的道路；大街两侧共恢复建设55个单体建筑，包括县衙、兵营、兴隆寺等有史料记载的建筑；宛平大街的全部高低压入地，天然气通入了每一个单体，通讯光缆入地,安装两个500千伏安箱变,安装大街两侧仿古路灯36盏;卢沟桥广场春季全面复工,进行配套建筑的建设。8月8日,安装了宛平城东西城门。全年开展多种形式各种主题教育活动,组织参与各类活动达57项。景区接待中外游客总计606067人次,门票总收入5575858元。其中包括北京市委书记刘淇,市长王岐山,原国家领导人江泽民,台湾省新党主席郁慕名,原日本首相村山富士等人。卢沟桥文化旅游区被评为2005年度首都文明旅游景区、市爱国卫生先进单位。

（杨　蕊）

【出土文物】　5—8月,宛平大街改造、宛平广场、卢沟桥广场施工改造中,发现大量的石质文物,包括:2个石狮(有望柱),3个望柱,抱鼓石1对,石礅5个(其中4小1大),古墙砖10块(其中6大4小),元代石虎1个。

（杨　蕊）

【纪念抗日战争胜利60周年大型笔会】　7月3日,由中国书法家协会、卢沟桥文化旅游区办事处共同举办的“纪念抗日战争胜利60周年大型笔会”,在雕塑园中心广场隆重举行。中国书法家协会副主席张飚等领导参加了这次活动。60多名知名书法家在广场上挥毫泼墨,抒发爱国情怀,创作出一幅幅书画。最后,中国书法家协会的代表将书法家们现场书写的以纪念抗战胜利为主题的百米长卷捐献给了中国人民抗日战争纪念雕塑园。

（杨　蕊）

【卢沟桥广场、宛平广场落成典礼】　7月4日,“卢沟桥广场、宛平广场落成典礼”在新建成的卢沟桥广场隆重举行。区委副书记阎满成主持仪式,市委副秘书长陈启刚、区委书记王子生、区长张大力、区人大主任杜瑞琴为卢沟桥广场、宛平广场落成揭牌。常务副区长闫晓彦及其他区常委和部分街乡委办局党政一把手也参加了落成典礼。

（杨　蕊）

【第十九届卢沟桥醒狮越野跑比赛】　8月27日,由政协北京市委员会、北京市体育总会、丰台区人民政府主办,民革北京市委员会、北京市政府侨务办公室、北京市政府台湾事务办公室、政协北京市丰台区委员会、中国人民抗日战争纪念馆、中国人民抗日战争纪念雕塑园、北京田径运动协会等单位协办,在卢沟桥畔成功举办了“北京第十九届卢沟桥醒狮越野跑‘晓月苑杯’比赛”。各兄弟省市长跑队、港澳台侨胞、海外人士及社会各界数千名长跑爱好者参加此项赛事。

（杨　蕊）

【纪念抗战胜利60周年大型交响合唱音乐会】　8月28日,由中国交响乐团、中国交响乐团合唱团、中央歌剧院合唱团、中国歌剧舞剧院合唱团、北京报业集团工会合唱团组成的庞大演出队伍,在中国人民抗日战争纪念雕塑园举行了隆重的纪念世界反法西斯暨抗日战争胜利六十周年大型交响合唱音乐会。对外友好协会会长陈昊苏及市区领导观看了演出,著名指挥家严良 、卞祖善及国家一级演员、中国煤矿文工团团长瞿弦和等艺术家为观众们献上了精彩的演出。

（杨　蕊）

【我的中国心《同一首歌》特别节目】　9月6日,在卢沟桥广场举办了我的中国心——纪念中国人民抗日战争暨世界反法西斯战争胜利60周年《同一首歌》特别节目。这场晚会由政协全国委员会主办,中央电视台、人民政协报社、丰台区政府承办。郭兰英、李光曦、于淑珍、杨洪基等老一代著名歌唱家,成方圆、蔡国庆等著名歌手为观众献上了精彩的演出。

（杨　蕊）

【“卢沟晓月”中秋庙会】　9月16日—9月20日,在宛平城、卢沟桥举办了首届“卢沟晓月”中秋庙会暨宛平大街开街仪式。庙会突出民族传统文化,再现老北京市井民俗,并组织多种形式的曲艺、民间花会、清代演炮、乾隆赏月盛装表演及舞狮、焰火表演和赏月节目。

（杨　蕊）

【安全保卫】 年内组织节前安全大检查4次，保安人员巡查86次(每周每月和大型活动前)。消防检查60多次，对城内街、卢沟桥新建房配备灭火器材，对雕塑园东、南、西门3个消防井进行维护、保养，使各种消防器材保持在良好的状态。认真制定安全预案、消防预案等，同时做好年内各项大型活动及各级领导人的安全保卫工作，确保活动的顺利举行。

(杨 蕊)

中国人民抗日战争纪念馆

【概 况】 是年是中国人民抗日战争纪念馆发展历史中具有极为重大意义的一年。由中国人民抗日战争纪念馆承办的《伟大胜利——纪念中国人民抗日战争暨世界反法西斯战争胜利60周年大型主题展览》，在全国隆重纪念抗战胜利60周年活动中发挥了重要作用，产生了巨大反响。由胡锦涛总书记提出的展览主题——“牢记历史、不忘过去、珍爱和平、开创未来”，在人民群众和国际社会中得到深切拥护和广泛赞同。全年抗战馆全体职工，上下一心，全力以赴战斗在大型主题展览的筹备和接待工作中，为人民群众开展纪念活动的需要作出了贡献。展览开幕后，从7月7日至9月7日期间，为满足广大干部群众开展纪念活动的需要，实行免费参观。各级党、政、军机关，各社会团体、企事业单位，广大社会群众参观踊跃，一度掀起参观热潮，日均观众达13000余人，最高日观众量达19000余人。中央、北京市和全国各省市300余位省部级领导也参观了展览。两个月内，累计接待观众80余万人次，观众留言1万余条。《伟大胜利》主题展还引起了境内外媒体的广泛关注。除国内各主要媒体外，日本NHK、《读卖新闻》、《产经新闻》、香港主流媒体访问团、澳门主流媒体访问团等都到馆进行了专题采访。

(魏帮顺)

【召开大型主题展览工作协调会】 2月26日，纪念中国人民抗日战争暨世界反法西斯战争胜利60周年大型主题展览工作协调小组第一次全体会议在中国人民抗日战争纪念馆贵宾室举行。中宣部副部长、中央文明办主任胡振民主持会议，宣布领导小组成立，宣读领导小组和办公室成员名单。北京市委副书记龙新民，市委常委、宣传部长蔡赴朝分别作了重要讲话。抗战馆馆长王新华和区领导王子生、张大力同志作了补充发言。

(郑经杰)

【筹备大型主题展览】《伟大胜利》大型主题展览是根据中央决定，由中央组织部、中央宣传部、中央统战部、中央文献研究室、中央党史研究室、文化部、解放军总政治部和中共北京市委共同主办，国家博物馆和军事博物馆协办，中国人民抗日战争纪念馆承办。是中央推出的第一个重要纪念活动项目。2月26日，有关主办、协办单位在抗战馆召开第一次全体会议，成立了以中宣部副部长胡振民为组长的大型主题展览工作协调小组。同时成立了以北京市委常委、宣传部部长蔡赴朝为主任，市委宣传部副部长宋贵伦为常务副主任的协调小组办公室。筹备期间，中央及市各级领导亲自动员和部署并召开现场办公会，协调工作。在不到4个半月的时间内，高标准、严要求地完成了馆前广场开辟、馆内基础设施改造、展览设计制作三大工程、数百个子项目的艰巨任务。经过改造，极大地提升了抗战馆的接待水平，改善了参观环境。保证了展览如期完成并于7月7日开幕。

(魏帮顺)

【大型主题展览《伟大胜利》】《伟大胜利》大型主题展览于7月7日上午隆重开幕。中共中央政治局常委李长春出席展览开幕式。中共中央政治局委员、中央书记处书记、中宣部部长刘云山出席开幕式并讲话。全国人大常委会副委员长何鲁丽、国务委员陈至立、全国政协副主席郝建秀，中央军委委员、总政治部主任李继耐以及抗战将领、老战士和英烈家属,中央、国务院各有关单位,中国人民解放军、中国人民武装警察部队及首都各界代表约2000人参加了展览开幕式。市长王岐山主持开幕式。展览开幕后,吴邦国、温家宝、贾庆林、曾庆红、黄菊、吴官正、李长春、罗干等党和国家领导人;数百位功勋卓著的抗战老将军老战士;美国、俄罗斯、德国、日本、伊拉克、阿富汗等60多个国家的驻华使节、新闻机构和商务机构代表、外国专家等分别通过党和国家领导人专场、老同志专场和外宾专场参观了展览。

(魏帮顺)

【台湾新党主席郁慕明参观展览】 7月11日,台湾新党主席郁慕明率新党纪念抗战胜利60周年大陆访问团一行参观抗战馆。郁慕明在致辞中说:台湾人也是中国人,不能够忘记过去英雄先烈们付出的代价换来台湾的光复。中央电视台、中央人民广播电台向国内外做了现场直播。

(魏帮顺)

【胡锦涛主席参观展览】 8月14日,中共中央总书记、国家主席、中央军委主席胡锦涛参观了主题展览,他强调,我们纪念中国人民抗日战争的伟大胜利,就是要牢记历史、不忘过去、珍爱和平、开创未来。

(魏帮顺)

【江泽民同志参观展览】 8月30日,江泽民同志及夫人莅临抗战馆参观了展览。

(魏帮顺)

体　育

【概　况】 年内成功举办了丰台区第五届全民健身体育节活动;完成5套全民健身器材的更新工作;完成北京市青少年锦标赛任务和中国棒球联赛(北京赛区)比赛以及北京市第十九届醒狮越野跑“晓月苑杯”比赛的承办任务;做好2006年世界女子垒球锦标赛和2008年奥运会垒球比赛场地和体校综合训练楼的新建、改建工作。

(迟小冬)

【竞技体育成绩】 区体校共有379名运动员参加北京市青少年锦标赛15个单项的比赛,共获金牌37枚、银牌42枚、铜牌38枚。其中跆拳道获得团体冠军;棒、垒球比赛分获冠亚军;柔道获团体第二名;射箭获小团体第三名。丰台青少年棒垒球队参加2005年北京市迎奥运中小学生棒垒球比赛暨2005年北京市春季青少年棒垒球比赛,获棒球A组冠军,棒球AA组和垒球获第二名;参加广州清远全国儿棒锦标赛获第二名。

(迟小冬)

【完成输送任务】 本周期运动员输送指标为64人,现已完成176人,提前超额完成输送任务。丰台区输送的运动员任丽萍代表北京队参加2005年全国第十届运动会获女足冠军。

(迟小冬)

【体育传统项目学校】 丰台区现有体育传统项目学校27所,其中市级10所,区级17所,设田径、足球、篮球、乒乓球、棒球、垒球、跆拳道、游泳8个项目。在北京市田径传统校比赛中,十中初中组获团体总分第一名;丰台八小获小学组团体总分第二名。

(迟小冬)

【开展学校体育活动】 4月组织了区中小学生田径锦标赛;与区教委、天贶体育公司联合举办了“天贶杯”丰台区中小学生游泳比赛,共有21所学校371名运动员参加了比赛。10月与区教委联合举办了丰台区“分小杯”中小学乒乓球比赛。12月组织区中小学生冬季越野赛。

(迟小冬)

【完成运动员注册工作】 完成2004—2005

年度北京市青少年运动员注册工作,全区共398名运动员进行了注册,注册涉及田径、游泳、武术、举重、摔跤、柔道、跆拳道、篮球、排球、羽毛球、乒乓球、射箭、棒球、垒球、体操、击剑16个项目。

（迟小冬）

【举办丰台区第五届全民健身体育节】 4月3日开始至6月30日举办丰台区第五届全民健身体育节,历时89天,共设田径、网球、羽毛球、乒乓球等22个比赛项目,参加各项体育活动的人数达111万人次。

（迟小冬）

【举办丰台区机关公务员足球比赛】 为进一步推动丰台区全民健身活动的开展,宣传和强化广大机关公务员的科学健身意识,与区直机关工委、区人事局、区总工会共同举办丰台区机关公务员足球联赛。历时16天,共赛60场,有31个机关单位、街道办事处600多人参加了比赛。

（迟小冬）

【开展科普知识进万家和公园晨练连锁大行动】 为纪念《中华人民共和国体育法》和《全民健身计划纲要》颁布十周年,召开了全民健身科普知识进万家活动暨丰台区获得北京市群众体育先进表彰大会。除对先进单位、先进个人表彰外还向各街道、乡镇赠送《全民健身科普知识手册》6000册、宣传展架276幅以及部分跳绳等体育器材。组织太平桥街道、西罗园街道参加了北京市十大公园晨练连锁大行动活动。参加人数300余人,对引导市民科学健身起到了积极的作用。

（迟小冬）

【协办首都纪念学生军训工作开展20周年庆祝活动】 由北京市教委、北京市卫戍区、北京市军训办联合主办的首都纪念学生军训工作开展20周年庆祝大会于10月16日在丰台体育中心举行。中央军委副主席、国务委员兼国防部长曹刚川出席大会并讲话。国务院、教育部、北京军区及北京市委市政府的主要领导出席了会议，28000人参加了此次活动。

（迟小冬）

【体校综合训练楼建设】 丰台体校教学训练综合楼计划投资1964万元,建筑面积6700平方米。该工程4月正式动工,年底竣工。建成后的体校教学训练综合楼将进一步改善体校学生的学习和训练条件,为选拔、培养和输送优秀体育人才发挥积极的作用。

（迟小冬）

卫　生

医疗卫生

【概　况】 年内全区常住人口156.8万人,全区有户籍人口97.5万人。共有医疗机构318家,卫生人员总数11476人,卫生技术人员8756人,其中执业医师总数3413人;注册护士人数2990人。总床位数6158张。每千人拥有医生3.50人,卫技人员8.98人,床位6.60张。生命统计。全年出生6404人,出生率6.72‰;死亡5623人,死亡率5.91‰;人口自然增长率0.82‰。死因顺位前十位依次为:心脏病,恶性肿瘤,脑血管病,呼吸系统疾病,内分泌、营养和代谢及免疫疾病,损伤和中毒,消化系统疾病,泌尿生殖系统疾病,神经系统疾病,传染病。

（刘楣　沈洁）

【卫生改革】 年内加大公共卫生投入力度,用于公共卫生事业发展资金为4730万元,占卫生事业费用的46.13%;其中贯彻落实国家《疫苗流通和预防接种管理条例》专项资金98万元,建设突发公共卫生事件医疗救助体系资金675万元,支持新型农村合作医疗经费367.55万元。制定完成《丰台区“十一五”时期卫生发展规划》,成立丰台区医院管理协会,在全市率先推行卫生行业管理联动机制,摸索管办分离新模式。加强丰台医院与铁路中心医院的深度融合,建立区创伤急救中心、心血管病诊疗中心等8个区域专科医疗中心,冠心病及心率失常介入治疗、骨关节微创治疗、肝胆外科高难手术和小儿脑瘫康复达到国内三级医院水平。成功实施心脏外科冠状动脉搭桥手术3例,填补了丰台区心脏外科领域的技术空白,经济收入突破2.5亿元。

(刘楣　沈洁)

【社区卫生】 制定完成2006年社区卫生服务中心/站标准化建设规划。开展创建“全国社区卫生服务示范区”和“中医特色社区卫生服务中心(站)”、“星级社区卫生服务站”活动,加强社区卫生服务组织的内涵建设。方庄医院芳城园社区卫生服务站被评为北京市四星级社区卫生服务站,铁营医院西罗园社区卫生服务站、南苑医院和义东里社区卫生服务站和卢沟桥医院莲宝路社区卫生服务站被评为北京市三星级社区卫生服务站;卢沟桥社区卫生服务中心等5个社区卫生服务组织荣列北京市中医特色社区卫生服务中心(站)创建单位。

(刘楣　沈洁)

【公共卫生与疾病防治】 修订完成《北京市丰台区公共卫生突发事件应急预案》,规范丰台区传染病、人间禽流感、食物中毒、灾害事故等突发疫情和事件的医疗救护和防疫救援的应急处理机制;计划免疫基础接种率达到99%以上,流动人口儿童强化免疫工作模式被北京市疾控中心作为典型在全市推广。

(刘楣　沈洁)

【计划免疫】 年度抽查本市儿童210人,建卡率100%,建证率100%,脊髓灰质炎疫苗接种率100%,百白破接种率100%,麻疹接种率99.5%;抽查外地儿童653人,建卡率95.87%,建证率98.93%,脊髓灰质炎疫苗接种率83.26%,百白破接种率83.04%,麻疹接种率81.30%。常规免疫接种率监测:本市儿童脊髓灰质炎疫苗基础免疫21149人,接种率99.92%,加强6815人,接种率99.49%;百白破基础免疫21204人,接种率99.88%,加强免疫实种3243人,接种率98.90%;麻疹疫苗基础免疫6859人,接种率99.56%,加强免疫13316人,接种率为87.42%;乙脑疫苗基础免疫5377人,接种率99.96%;加强免疫12645人,接种率为99.16%。外来儿童脊髓灰质炎疫苗基础免疫47126人,接种率99.92%,加强12516人,接种率99.26%;百白破基础免疫48364人,接种率99.91%,加强免疫实种7022人,接种率99.01%;麻疹疫苗基础免疫15189人,接种率99.95%,加强免疫16059人,接种率为99.95%;乙脑疫苗基础免疫12252人,接种率99.32%;加强免疫10863人,接种率为96.21%。

(刘楣　沈洁)

【传染病管理】 全区共报告法定传染病21种,19151例,发病率为1386.35/10万。甲乙类传染病共发生15种,报告病例总数9790例,报告发病率为759.82/10万,比去年同期上升70.81%;累计报告死亡13例(肺结核4、乙肝3、梅毒2、出血热2、乙脑1、丙肝1),同比上升85.71%;报告死亡率为1.01/10万。丙类传染病发生6种9361例,报告发病率为726.53/10万。同比下降11.89%。甲乙类传染病中,发病率排在前两位的是痢疾(5170例,401.25/10万)和肺结核(1098例,85.22/10万),痢疾同比上升0.19%,肺结核同比下降5.97%。区肠道门诊从4月20日开诊至10月31日,共开诊195天,门诊总数13554人次,同比下降12.67%;其中初诊12715人次,同比上升10.24%,急诊625人次,复诊214人次,本市患者7508人次,占55.40%,外地患者5832人次,占44.60%。

(刘楣　沈洁)

【结核病防治】 区内新登记肺结核病255

例。其中菌阳病人88例占34.5%，丰台区户口病人132例(51.7%)，外区病人18例(7.0%)，外地病人123例(48.2%)。按照《北京市外来人口肺结核病人免费抗结核药物治疗管理有关问题的规定》，对46名外来人口肺结核病人进行抗结核药免费监化治疗管理。全区9908名新生儿接种了卡介苗。

(刘椐　沈洁)

【地方病管理】　碘缺乏病监测情况：对农村地区的长辛店中心小学、南宫中心小学和黄土岗小学的学龄儿童甲状腺和尿碘水平进行监测，对120名8－10岁学龄儿童进行了甲状腺触诊检查，其中甲状腺肿大5人，肿大率为4.2%；尿碘检查120人，尿碘中位数为196.8μg/L。布病监测情况：对南岗洼204农场、西南农场、鑫园养殖场和北京三和奶牛养殖场的20名从业人员进行布氏杆菌抗体检测，其中2人血清阳性。碘盐监测情况：对盐业公司批发部监测12次，批质量合格率100%；对全区288户居民户家庭食用盐进行含碘量监测，非碘盐率19.44%；碘盐覆盖率80.56%；碘盐合格率94.40%；合格碘盐食用率76.04%。

(刘椐　沈洁)

【公共卫生】　全区共有公共场所经营单位2600户，监督检查979户次，合格率98.06%。其中，游泳场馆22家，监督检查21户次，合格率100%；洗浴中心244家，监督检查139户次，合格率97.64%；美容美发1740家，监督检查662户次，合格率98.49%；其它204户(歌舞厅、长途客运站、图书馆、博物馆等)，合格率100%。

(刘椐　沈洁)

【食品卫生】　全区有食品生产经营单位16352户，其中食品加工企业325户、餐饮业2513户、批发零售业5253户、集体食堂966户、食品摊贩7295户。年内共监督检查食品生产、经营单位15826户次，合格率97.51%，监督覆盖率100%。全面开展餐饮业和学校食堂的食品卫生监督量化分级管理工作。截至年底，已完成对1445家餐饮单位的量化分级评审工作，其中AA级单位3家，A级单位92家，B级单位513家，C级单位816家，D级单位21家；卫生监督所与区疾控中心在岳各庄批发市场建立食品卫生快速检测室，全年共计采样6728件，全部合格；在全区范围内开展大规模清查涉嫌含有苏丹红产品的专项监督检查行动，检查了餐饮业35户、超市46户、6个食品批发市场的345个摊位，采样21件样品，未检出苏丹红。

(刘椐　沈洁)

【劳动卫生】　全区接触职业病危害因素单位400家，职工总数59153人，其中接触职业病危害因素人数34628人。对新申办的4个建设项目进行了职业病危害预评价；完成职业病危害因素检测49厂次，累计采集213个作业点，973件样品；对140家企业1977人进行了职业健康检查，特种作业人员体检1195人。

(刘椐　沈洁)

【学校卫生】　年内，区CDC对13所监测点校的学生9914人进行了体检，其中营养不良1306人，占13.17%；肥胖1336人，占13.48%；视力不良4958人，占50.51%；沙眼134，占1.35%；贫血275人，占2.77%；患龋齿3743人，占37.75%。对35所学校食堂进行了餐具消毒效果检测，共检测餐具430件，合格率为83.4%。

(刘椐　沈洁)

【妇女保健】　地区性围产保健：区户籍活产3396人，孕产妇3393人，孕产妇系统管理率98.4%，高危妊娠管理率99.9%，住院分娩率100%，本区户籍孕产妇死亡1例，孕产妇死亡率29.44/10万。围产儿死亡率9.9‰。助产技术和产科质量管理：全区产科产妇总数9722人，剖宫产率47.46%。活产数9731人，男女性别比为122，其中户籍性别比为113，非户籍性别比124。孕产妇死亡2例，(一例为本市户籍，一例为外地户籍)，死亡率20.55/10万，围产儿死亡59例，死亡率6.03‰。

(刘榍　沈洁)

【儿童保健】 散居儿童保健。新生儿管理：年度户籍活产数为3396人，访视3384人，新生儿管理率99.65%，新生儿听力筛查率99.92%，新生儿母乳喂养率97.83%，高危儿合格管理率99.43%，新生儿疾病筛查率为98.5%。全区管理0－6岁儿童32882人，儿童系统管理率99.4%。0－4个月母乳喂养率：93.6%。全区监测围产儿9780例，缺陷儿93例，出生缺陷发生率为9.51‰。出生缺陷顺位前三位的为：肢体畸形、唇颚裂、先心病。

(刘榍　沈洁)

【女工保健】 全区妇女病普查25692人，妇女病普查率94.12%，患病率25%，四病治疗率(宫颈糜烂，滴虫性霉菌性阴道炎，恶性肿瘤及尖锐湿疣四种妇女常见病)为59.4%。积极推广流动人口孕产妇实行建册管理，在区属4所二级医院全面推行流动人口限价和低价分娩措施，全年共优惠贫困孕产妇705例，减免费用约33.43万元。

(刘榍　沈洁)

【医疗工作】 年内总诊疗人次数4794286人，门诊人数3957773人，急诊人数622791人。入院人数78355人，出院人数79062人。其中区属4所二级医院门诊量1101476人次，急诊人次238515人次，出院病人数23774人次，病床使用率74.59%，平均病床周转17.92次；全年共完成医师首次注册153人，核发《医师执业证书》，医师变更注册1149人次，受理医师备案7人次，注销注册16人次，取消备案13人次；建立健全医政项目行政许可制度，共受理医疗机构行政许可451件，其中设置55项、执业登记19项、变更64项、校验302项、其他11项，办理情况：准予许可409项，不予许可36项，撤回申请6项。

(刘榍　沈洁)

【科研工作】 年内共有国家级和市级科研立项26项，获得资金325.1万元，区级科技项目立项3项，获得资助15万元；获得国家级科技奖2项，北京市科学技术奖5项，丰台区科学技术奖6项；申报首发基金项目10项。

(刘榍　沈洁)

【新型农村合作医疗】 年度参合总人数为118170人，参合率为80.6%。其中，五保户、特困人员参合人数为1188人，占总参合总人数的1%，占区特困人口(1201)的99%。长辛店镇、王佐镇参合率比上一年度增加了14－17个百分点；年内已筹集资金为1143.67万元，其中，个人筹资额为695.9345万元，村集体筹资额为227.0415万元，乡镇支持资金为220.694万元。区级支持资金320.066万元；河东半年累计报销1752.37万元(超支部分由村集体负担)，其中，住院补偿1001.55万元，门诊补偿716.77万元，体检支出34.22万元。河西在调整报销比例后，年度运行周期为8个月，前4月住院报销142人次，报销金额为40.5万，占河西筹资总额的23%。

(刘榍　沈洁)

【红十字会】 开展为印度洋海啸灾区募捐和“博爱在京城”募捐，共募集捐款124万元。两节期间对全区120户特困家庭开展送温暖活动，发放救助金5万元。对16名残疾人特困家庭的学生发放助学金6600元。

(刘榍　沈洁)

【献血工作】 年内完成献血指标27675袋，其中公民自愿无偿献血达25548袋，超过市里下达的全年1890袋任务的13.6倍，

(刘榍　沈洁)

【计划财务】 年内卫生事业上级拨款11198万元，同比增加23%，其中专项拨款6872万元。全系统业务收入52199.05万元，同比增长11%，人均创收13.98万元。业务支出60093.82万元。

(刘榍　沈洁)

【基本建设】 年内完成右外医院就地翻扩建

回迁工作；南苑医院改扩建工程获得区长办公会通过。丰台医院新建病房楼和长辛店医院、南苑医院改扩建工程被正式列入区政府为民办实事的重要内容。全区41家一级医院传染病接诊室、二三级医院3家传染病专用门诊和6家传染病留观室全部按时建设完工；完成3个乡镇医院、2个乡镇卫生院和49个村卫生室的农村社区卫生服务组织转建工作。

（刘楣　沈洁）

药品监督管理

【概　况】 北京市药品监督管理局丰台分局设立办公室、医疗器械科、安全监管科、市场监督科、稽查办公室、保化科。作为北京市药品监督管理局直属的监管机构，负责丰台区内有关药品、医疗器械、保健食品、化妆品管理的法律、法规及规章制度的宣传、贯彻、实施工作；负责对丰台区内药品（包括中药材、中药饮片、中成药、化学原料药及其制剂、抗生素、诊断药品、放射性药品、毒性药品、精神药品、医疗器械、卫生材料、药品包装材料等）的研究、生产、流通、使用过程进行行政监督和技术监督。辖区范围内共有药品及医疗器械生产、经营、使用单位1659家。其中药品生产企业18家，药品批发企业45家，药品零售企业280家，医疗器械生产企业104家，医疗器械经营企业779家，医疗机构433家。年内全区药品生产、经营企业销售额101亿元，上缴说金3.2亿元。生物医药已成为中关村科技园丰台园三大产业结构之一。分别荣获“北京市药品监督管理系统先进集体”、“中共丰台区委先进党组织”、“丰台区妇联系统基层妇女工作先进集体”、“北京市群众体育先进单位”等光荣称号。

（迟　欣）

【培训】 年内，面向社会在22个街、乡进行大型贯法宣传4次；举办各种业务培训38次，内容涉及《中华人民共和国药品管理法》、《医疗器械监督管理条例》、《一次性使用无菌医疗器械监督管理办法》、《处方药与非处方药分类管理办法》、《药品不良反应监测管理办法》，《北京市化妆品监督管理办法》、《北京市保健品监督管理办法》等，参加培训人员为各药品、医疗器械生产、经营、使用单位负责人和相关人员。先后开办了12期培训班，内容涉及《中华人民共和国档案法》、《党风廉政建设和反腐败工作主要任务》、《医疗器械监督管理条例》、《一次性使用无菌医疗器械监督管理办法》、《处方药与非处方药分类管理办法》、《药品不良反应监测管理办法》，《北京市化妆品监督管理办法》、《北京市保健品监督管理办法》、行政执法案例分析、特殊药品监管办法等一系列业务知识。

（迟　欣）

【宣传药品法规】 年内举办宣传《中华人民共和国药品管理法》、《医疗器械监督管理条例》、《北京市化妆品监督管理办法》《北京市保健品监督管理办法》等有关法律法规的大型宣传活动4次，制作宣传展板30余块，累计发放宣传材料100万余份，约有20000多名群众直接受到普法教育。

（迟　欣）

【抽检工作】 按照“三品一械”抽检计划，采取随机抽验和针对性抽验相结合的方式，全年完成药品抽验790件，基础测试抽验100件，医疗器械抽验56件，化妆品抽验42件，保健食品抽验26件。提前完成抽检任务。药品抽检合格率达到97.8%。

（迟　欣）

【帮促药械企业发展】 年内帮促45家药品经营企业通过GSP认证、7家药品生产企业通过GMP认证、16家医疗器械生产企业通过ISO9000认证。

（迟　欣）

【净化药械市场】 年内共受理各类案件242件，涉及药品案件215件，涉及医疗器械案件

15件,涉及保健食品案件6件,化妆品案件6件。取缔无证药品经营窝点7个,没收无证经营药品555种,医疗器械19种。结合群众举报和日常检查发现线索,在邮政部门的大力支持下,调查涉嫌违法邮寄药品信箱73个,关闭确实存在非法邮寄的信箱56个。成立专项监督检查领导小组,先后对医疗机构,药品生产、批发、经营企业,医疗器械生产、经营企业展开地毯式的专项监督检查,完成21项大型专项检查工作。

(迟 欣)

【三级社会监督网】 年内,覆盖全区的药品三级社会监督网络(即:社会监督员—药品协管员—药情信息员三级),活跃在药械市场,由13名社会监督员、67名药品协管员、280名药情信息员组成的丰台区药品三级社会监督网络发挥着应有的作用。

(迟 欣)

爱 国 卫 生

【概 况】 年内,以创卫为龙头的爱国卫生工作以“新北京、新奥运、新城区”为契机,以城乡一体争创国家卫生区为主线,以创新机制、改善城乡公共卫生面貌为重点,以全面提升城市管理水平、优化区域发展环境、打造丰台新形象为目标,取得突破性进展:生活垃圾无害化处理率达到94%,高出国家卫生区标准14个百分点;生活污水处理率达到37.5%,高于国家卫生区≥30%的标准;绿化覆盖率达到43.27%、人均公共绿地面积11.10平方米,分别是国家卫生区标准的1.44倍和2.22倍;大气总悬浮微粒年日平均值(TSP)为0.159毫克/立方米,符合国家卫生区标准;灭鼠、灭蝇、灭蚊、灭蟑工作已经相继通过北京市爱卫会的单项达标考核。8月22日—24日,全区城乡一体创卫工作顺利通过北京市爱卫会的调研考核,获得“北京市卫生区”的荣誉称号。同时,还创建“北京市爱国卫生先进单位”110个、“北京市爱国卫生先进社区”14个、“北京市绿色奥运——无吸烟医院”12个。

(刘 洋)

【城乡一体创卫工作】 年内,整合成16个城乡一体创卫地区。为达到国家卫生区标准,累计投入经费1.6亿元。拆除违法建设近30万平方米。实施城乡一体化环境卫生管理新模式,将农村地区173条、364万平方米道路和京石、京开、京津塘、二三四五环等道路两侧61.2万平方米公共绿地移交给环卫专业队伍清扫保洁。新铺19条主干线和400多条支干线,五环路以内大部分地区实现与市政自来水供水系统并网,改善了全区35万人的饮用水质量。在五环路以外和暂时不具备自来水并网条件的地区,开展农村改水工作,先后完成王佐镇水厂二期改造,启动了长辛店水厂改造工程,新建万泉寺、永合庄、小瓦窑等8个净化水水站,改善了近8万农民的饮用水水质问题。将农村公厕改造纳入全区的整体规划,新(改)建达标公厕117座、三类公厕183座;同时在长辛店镇开展农村三格式无害化公厕的试点,新建农村三格式无害化公厕3座。8月22日—24日,全区城乡一体创卫工作顺利通过北京市爱卫会的调研考核,获得“北京市卫生区”的荣誉称号。

(刘 洋)

【宣传发动和健康促进工作】 发挥“丰台政务网”、“丰台新闻网”、“丰台有线”、“新丰台”等区内主要媒体的作用,开设创卫宣传专栏和专题。设置创卫大型公益宣传广告34块;印制创卫宣传画、宣传手册、宣传材料120余万张;“新丰台”创卫专刊4期、168万份,发放到各街道、乡镇、社区、行政村和各企事业单位。采取多种宣传形式参加“文化、科技、卫生”三下乡活动,发放健康教育书籍500余本、各类宣传画3000余张,广泛宣传城乡一体创卫、禁烟控烟和除四害等工作;3月在卢沟桥街道京铁家园社区举办“争创健康社区、健康单位"暨第十七个爱国卫生月系列活动启动仪式；5月在丰台医院桥南分院礼堂举办以"远离烟草、珍爱健康"为主题的演讲活动，并开展"拒吸第一支烟，做不吸烟的新一代"万人签名启动仪式；7月在卢沟桥街道京铁家园社区举办"共同行动、维护良好的卫生环境—小手拉大手，不乱吐口香糖"主题夏令营活动；9月在花乡草桥文化中心举办"丰台区健康知识进农家、健康知识讲座"启动仪式，以此拉开全区健康知识进农家20场系列讲座的帷幕。11月在中国抗日战争纪念馆广场举办以"构建和谐社会、维护世界和平"为主题的第十七届"国际科学与和平周"丰台会场活动，"国际科学与和平周"中国组委会执行主任高潮、宦国英，农工中央宣传部巡视员姜天麟及部分区领导出席了活动。人民政协报、大众科技报、北京青年报、北京晨报和区广电中心等媒体分别进行了报导。12月在卢沟桥街道三〇二医院礼堂举办了"开展爱国卫生运动、防控人感染禽流感"健康知识讲座系列活动启动仪式。

（刘　洋）

【清洁城市公益活动】　年内，组织各街道、乡镇和各部门分别在每月末开展城市清洁日公益劳动。在"春节"、"两会"、"五一"、"十一"等重点日期和节假日前，对重点地区的突出问题，开展大规模的主题清洁日活动。1月组织开展以"推进创卫、改善环境"为主题、以"解决老百姓关注的环境脏乱"问题为重点的第一次城市清洁日公益劳动；2月开展以"治理脏乱差、为民办实事"为主题的城市清洁日活动，设主劳动场点10处、分劳动场点16处，出动人员3000余人、动用机械260余台次。组织开展以"清洁环境卫生、消除安全隐患、服务人民群众、迎接全国两会"为主题的党日系列主题实践活动。4月组织开展以"清理结合部环境、干干净净迎五一"为主题的第四次城市清洁日公益活动。9月开展了"统筹城乡发展、共创绿色家园"为主题的清洁城市系列活动，解决了一大批群众关注的热点、难点问题；在重点区域设置宣传站点16个，进行创卫、文明礼仪、健康教育、除害防病、节能环保、市容环境等知识的宣传。

（刘　洋）

【执法检查工作】　年内，认真贯彻落实《北京市公共场所禁止吸烟的规定》和《北京市除四害工作管理规定》。全年监督检查公共场所禁烟单位4768个、除四害单位5596个。在5.31世界无烟日之际，邀请市、区人大代表对全区公共场所禁止吸烟的情况进行视察。5月启动以环境卫生为重点，从"道路日常保洁"、"门前三包管理"、"农贸市场卫生"等方面的创卫量化考核，采取"红、橙、绿"三种颜色随时在区内媒体予以公布；"北京日报"、"北京晚报"等市级主要媒体对区创卫量化考核工作进行了专题报道；全年共组织开展15轮次的创卫量化考核，考评结果纳入区级效能建设评估对街道乡镇和有关部门考评争创的重要内容。继续认真贯彻执行《北京市除四害工作管理规定》，分别采取区领导分片督促检查、全区综合执法检查、街道、乡镇自查互检等多种方式进行大规模的除害防病综合执法检查12次。

（刘　洋）

【除四害工作】　根据全市的统一部署，认真开展春季灭鼠、夏季灭蚊蝇和冬季灭蟑等大型灭害行动。在灭鼠、灭蟑、灭蝇通过北京市爱卫会考核验收的基础上，全区灭蚊达标工作于7月27日—28日顺利通过市级考核验收，全区除四害工作达到国家卫生区的基本要求。专业灭害工作取得新突破：在四环路以外的重点地区采取飞机投撒药物灭蚊蝇行动，共飞防20架次，投撒灭蚊蝇药物600公斤、灭杀面积800万平方米；针对重点行业，继续推行了专业灭蟑工作，累计消杀面积15万余平方米；在大型农贸市场开展了专业灭鼠的试点工作。累计投放除四害药品1.95万公斤、器械2.95万件，其中投放鼠药4550

公斤、粘鼠板1720张、鼠盒3500个,2.5%杀蟑饵剂400公斤、粘蟑纸30000张、6%杀虫烟剂15箱,16.5%克抗乳油4900公斤、5%悬浮剂650公斤、捕蝇笼860个,加强蚊必净4箱、1%杀孑孓颗粒剂1525公斤、特效家蚁净20盒、闪净10箱、喷雾器10台。

(刘　洋)

【乡镇改水改厕工作】 年内,完成南苑乡新宫村、南苑村两座净化水水站的建设,让当地百姓喝上安全、卫生、洁净的饮用水。会同卫生、水务、质监等部门,加大对现有农村水厂站的日常监督管理,组织开展先进水厂站的评比活动,有6个水厂站获得"丰台区农村先进水厂站"荣誉称号。农村公厕改造纳入全区的整体规划,新(改)建达标公厕117座、三类公厕183座;同时在长辛店镇开展农村三格式无害化公厕的试点,新建农村三格式无害化公厕3座。

(刘　洋)

社　　会

民政工作

【概　况】 是年，全区各级民政部门紧紧围绕“改革、发展、稳定”的大局，将上半年先进性教育的成果转化为“为民服务”的实际动力，深化改革，开拓进取，团结拼搏，励精图治，在基础设施建设、保障人民群众基本生活、解决社会矛盾、维护社会稳定等方面，发挥了积极作用。军休办公室获全国纪念抗日战争胜利60周年知识竞赛“优秀组织奖”；第二、五、七、九、十二、十四、十七、十八、二十干休所被评为先进单位，范德志、李世裘、牛连海、刘世芬获知识竞赛先进个人。陈荣超在全国慈善颁奖大会上荣获“中华慈善大奖”（中国慈善事业最高荣誉，北京市4人获奖）。2005年城乡一体创卫宣传工作中获优秀组织奖；民政局纪检组被丰台区纪委、人事局、监察局评为“丰台区先进纪检监察组织”；在2005年北京市民政系统宣传品展评音像制品的评比中获鼓励奖；2005年丰台区廉政文艺作品征集活动中获组织奖；局党委被区委评为先进基层党组织；在市民政局27项单项业务工作考评中，全部被评为先进；被市民政局评为“民政工作先进单位”。孙海臣局长被评为北京市民政系统先进个人。

（盛　蕾）

【基层政权建设】 年内，丰台区召开了第五次城市管理和社区建设工作会议，制定了建设和谐社区的实施意见，并认真组织抓好试点，及时召开街道、社区工作经验交流会。街道管理体制改革工作初见成效，明确了应依法履行职责75项。确定了东铁匠营、丰台、长辛店、右安门、南苑五个街道为街道管理体制改革试点街道，提出了城管监察、劳动、统计3项工作从街道剥离，16个街道全部建成“一站式”服务大厅，建立全程办事代理制度。

（盛　蕾）

【社区民主制度不断完善】 坚持社区居民代表会议制度，完善居民参与制度，开展“社区论坛”活动，实施社区听证制度等民主方式，完善社区财务管理，建立“十统一”制度。建了社区居委会对小区业主委员会及物业管理组织的指导监督制度，建立社区民主监督制度。社区服务水平进一步提高，制定加快社区服务业发展的指导意见，明确社区服务发展思路、目标和任务，加强了对社区服务宏观指导。积极开展多种类型的社区便民利民服务，加强96156社区服务热线和信息网络建设。社区建设基础工作得到加强，再次提高社区专职工作者工资待遇，人均100元。提高了全区364名退养人员的生活补助，解决了医疗待遇问题，与区委组织部联合委托社区学院对1000余名社区专职工作者进行理论指导和各类业务对口培训;建立健全居委会工作经费保障制度,加大了对社区公益事业经费的投入力度。完成了24个社区居委会办公和活动用房的新建、改建工作。

(盛　蕾)

【城乡救助工作】 年内,全区共有城市低保对象6591户,14374人,农村低保对象679户,1238人,制定了《丰台区关于推进城乡社会救助体系建设意见》,确立了三个层次、六条主线的救助工作体系,建立了以主管副区长任主席的区社会救助工作联席会议制度。加强社会救助队伍建设,全区共为社区居(村)委会配备85名社会救助工作协管员,规范了救助程序。1—12月城乡低保金、粮油帮困补贴共支出4235.6万元。自2005年1月起将丰台区农村低保标准由180元提高到190元,建立了农村特困人员医疗救助制度,全区农村低保户在区财政资助下全部加入了农村合作医疗。下发了《关于调整城市特困人员医疗救助对象问题的有关通知》,定点医院也由原来的4家扩大到了15家。共有城市低保381人次享受医疗救助,救助金达66.9万元。制定了《丰台区贫困孕产妇生育救助暂行办法》和《丰台区建立促进城市低保就业服务对象就业机制暂行办法实施细则》。全区2782名低保就业对象得到妥善安置;加大农村低保困难户危房改造力度,为40户进行改造和翻建新房,通过临时救助的方式为2000余户低保家庭每户发放燃煤补贴200元,切实解决全区城乡低保家庭中,依靠燃煤保暖过冬困难户的实际困难。

(盛　蕾)

【社会捐助工作】 完成为海啸灾区捐款273.58万元,接收"共产党员献爱心"捐款35.99万元,接收日常捐款150万元,衣被电脑等17000余件,对口支援江西、内蒙古等贫困地区120万元及价值5.36万元的慰问品,捐助丰台区贫困群众66.62万元。建立了宛平街道、马家堡街道两家"爱心家园";构建网上捐赠、社会救助平台,实施捐赠管理网络化。12月24日,局领导分别到火车站指挥装运。满载九个车皮179823件衣被分别发往了内蒙古巴彦淖尔盟19192件、赤峰市40020件,安徽蚌埠120447件。此次活动接收捐赠款共633138.41元,全部上交市捐赠中心。

(盛　蕾)

【流浪乞讨人员救助】 在日常救助工作中,共救助1797人。年内共救助呆傻人员33名,其中呆傻儿童22人。妥善安置呆傻人员11人,家人来站将其接领的有5人,因病死亡的有3人。长期滞留站内呆傻人员有18人待送。

(盛　蕾)

【地退和征地超转工作】 4月份,完成北京汽车博览中心移交的228名征地超转人员接收安置工作,并将5500万元的安置费用及时纳入财政专户。

(盛　蕾)

【社会福利工作】 年内,共接收入福利院儿童35人,计划为21名有残疾弃婴的手术康复。第一批有7名儿童手术康复治疗已顺利完成,第二批共14名儿童已有2人完成手术。为改善儿童福利院硬件条件投资30万元重新租房,并进行了装修改造。为儿童福利院37名弃婴办理集体户口。全区有电脑福利彩票销售站228个,完成销售2.7亿元,完成全年预定计划的115%,占全市销售份额的12.9%。全区有福利企业78家,共有职工2319人(其中有劳动能力残疾人987人,较去年新增30人),完成销售收入43039.8万元,超额完成年计划的7.6%,完成利税5179.2万元,完成年计划的86.3%,同比增长4.4%。

(盛　蕾)

【双拥优抚】 下发了《关于建立区双拥工作委员会成员单位报告工作制度的意见》和《丰台区争创全国双拥模范区工作规划》修订了

《丰台区随军家属就业安置暂行规定》。随军家属生活补助由每月 150 元提高到 300 元；为自谋职业发放 3 万元扶助金，当年办理再奖励 5000 元。进一步落实复员退伍军人安置政策，调整丰台区退伍义务兵自谋职业奖励标准，从原来的 2.5 万元调整到 3 万元，积极鼓励自主就业、自谋职业。年内共接收退役士兵 296 名，其中城镇退役士兵 222 名，(转业士官 16 名、复员士官 28 名)农村退役士兵 74 名，双向选择上岗分配退役士兵 71 名，自谋职业退役士兵 106 名，自找工作的 17 名，74 名农村退役士兵档案已转入各乡镇并得到了妥善安置。全年支出经费 406 万元，实现了安置率 100%。认真做好抗日老战士走访慰问工作，确保优抚对象的两个待遇的落实。努力做好农村优抚对象困难户的危房翻建和改造工作。改造危房 120 平方米，共补助资金 2.4 元。为全区 769 名残疾军人换发新的中华人民共和国《残疾军人证》。认真做好见义勇为人员权益保护工作，举办了为期一周的"首都见义勇为成果展"，共有 2920 人次参观。受理 10 名申报见义勇为行为人员，及时进行了调查、取证，并对其中 7 名见义勇为人员进行了确认。认真落实军休人员的"两个待遇"。按照市军休办下达任务指标，圆满完成了总参、总后、总装系统 300 名军休干部的接收安置任务。

(盛　蕾)

【民间组织管理】 截止到 11 月，办理社团成立登记 7 个、筹备登记 7 个、变更登记 5 个、注销登记 1 个，社团总数达到 63 个；办理民办非企业成立登记 21 个、变更登记 59 个、结合年检和章程变更登记办理民办校民事主体资格个体或合伙转变法人 26 个。民非单位总数共计 167 个。社团及民办非企业单位纳入区综合治理责任制，严格年审制度。

(盛　蕾)

【婚姻登记】 截止目前办理结婚登记 6899 对，办理离婚登记 1959 对，补领结婚证 879 人，办理收养登记 56 件，执法合格率 100%。婚姻登记实现全市网上在线办公，加强了婚姻登记工作的规范化、信息化、网络化管理。

(盛　蕾)

【殡葬区划管理】 开展殡葬法制宣传周活动，扎实做好清明扫墓接待工作，治理乱埋乱葬，对非法墓地进行清理，倡导文明丧葬习俗。加强区划管理工作。积极协调土地权属争议，完成毗邻区县界线及三交点界桩勘察，提出丰台区街、乡镇区划调整初步方案。

(盛　蕾)

【效能建设】 扎实开展效能政府建设，制定了《丰台区民政局开展效能政府建设实施方案》。全程服务大厅共受理 322 件，办结 308 件，办结率 96%，满意率 100%。加大了公开力度，利用互联网、报纸专版等，加大社会监督，转变机关作风。

(盛　蕾)

【民政宣传】 继续在丰台有线电视台办好《民政之声》栏目，在《新丰台》报开辟了"民政之声"专版。结合党员先进性教育活动的总结阶段，举办了"我们是民政人，我们是共产党员"的大型主题演唱会。

(盛　蕾)

【举行丰台区敬老中秋赏月会】 9 月 17 日，在王佐乡青龙湖公园举行"丰台区敬老中秋赏月会"。北京市老龄工作委员会办公室副主任、老年协会副会长李文斗；北京市福利处副处长魏晓彪；丰台区委副书记阎满成；丰台区副区长吕仕杰；丰台区民政局长孙海臣率丰台区民政局领导班子成员参加了中秋赏月会。会上，丰台区儿童福利院举行了李紫娟认亲仪式。

(盛　蕾)

【马家堡街道"爱心家园"启动】 11 月 11 日，丰台区马家堡街道"爱心家园"举行启动仪式。北京市捐赠中心主任李记锁、区民政局副局长王野为"爱心家园"揭牌。市、区、街道的领导为爱心家园捐款的 9 家单位授了锦旗。开业当天,首批被救助的30户特困家庭凭爱心救助卡领取了生活必需品。

(盛　蕾)

【向市未成年犯管教所捐款】 12月23日,副局长孙先礼带队前往北京市未成年犯管教所,向未管所捐款2万元;履行“北京市丰台区民政局、北京市丰台区关心教育青少年协会与北京市监狱管理局、北京市未成年犯管教所2005至2007年捐赠帮教协议”。

(盛　蕾)

人口管理

【概　况】 年内,人口系统进一步夯实基础,加强和深化社区防控网络建设。确保指导型、组织型、联动型社区民警每周下社区工作时间为20:30:30小时。建立和完善派出所警情常量、良好、警示三级监测制度。开展“织网一号”平安小区、平安楼、平安院达标和“社区平安日”系列竞赛活动。实行人防和技防相结合,抓好六支群防群治99256人的队伍建设。大力加强小区机动车辆的管理,发展专业和物业管理部门100余家,对40000余辆机动车辆实现夜间有人看管。新封闭小区19个。确立全区治安重点地区101个,重点部位4347处,其中“城中村”142个,流动人口聚集大院357个,拆除违房897间和违建大院15个。摸排高危流动人员10446人,发现犯罪线索23件,破获刑事案件13起,破获治安案件28起,抓获违法犯罪嫌疑人46人。全区常住人口390586户,974556人。其中:农业人口58163户,132472人;非农业人口332423户,842084人。

(张广慧　郭凤华　丁玉洁)

【举办“110”爱民实践主题日活动】 1月10日,丰台分局在莲花池公园东门广场举办了主题为“携手并肩共铸平安”的110爱民实践主题日活动。分局长王慧强,区委政法委常务副书记杨永华,分局政委夏其忠及其他党委委员参加了此次活动。各级人大代表、政协委员、街乡干部、警风监督员及各界群众1000余人参加了活动。共发放110报警宣传材料、治安防范小常识、防火防灾知识手册、户口办理便民服务卡等材料22类3000余份,解答群众提出的各类问题430余件,征求到群众表扬性意见82条、工作建议5条。

(张广慧　郭凤华)

【“千警进社区发放二代证主题日”活动】 3月10日,丰台分局在全区开展“千警进社区发放二代证主题日”活动,通过广播、挂标语、出板报、发放通知单等形式进行大力宣传。此次活动共设立站点26个,出动警力252人,协管员、治保积极分子278人,共发放二代证2617个。经当场测评,群众满意率达98%。

(张广慧　郭凤华)

【阵地前移领导亲临一线作战指挥】 8月2号,丰台分局开展“攻占高地1号”行动,对涉及13个派出所52个社区责任区的34个高发案部位开展压发案专项工作整治。主管局长和人口处领导分别承包8个市局挂帐督办的高发案派出所,派出所领导同时承包地域内的高发案社区,各级领导指挥前移,指导帮助社区民警开展安全防范工作。

(张广慧　郭凤华)

【户政工作成绩显著】 年内,丰台分局在全市最后一个启动换发“二代证”的不利情况下,采取“一多、二少、三快”的工作方法。截止12月底,累计受理群众申领“二代证”手续806115件,全区换证率达91%,名列城八区第二名。

(张广慧　郭凤华)

【开展社区“大扫除”行动】 年内,丰台分局人口管理处组织全局派出所开展社区“大扫除”专项行动。6月10日至7月25日,共出动警力320余人次，检查派出所110余次，发现并纠正各类问题76件，对84起社区案件进行了责任倒查，发放警示通知21份。通过强化基础工作，共破案30起，抓获拘留以上嫌疑人108人。其中，刑事拘留29人，治安拘留79人。

（张广慧　郭凤华）

【抓队伍强素质】　年内，全区统一制定《流动人口管理服务工作百分评估标准》，规范基层流动人口管理服务工作。4月中旬，会同区综治办对全区综治和流动人口管理干部进行综合培训，研究探讨流动人口管理服务工作新思路，统一认识并明确目标；11月中旬，举办流动人口管理信息系统培训班，对各街乡镇流管办信息系统操作人员进行系统培训。各单位根据全区流动人口管理工作的统一标准制订《管理考核办法》，明确基层组织和协管员在出租房屋（地下空间）管理、流动人口登记、治安防范、安全检查、税款代征、计划生育等方面的职责。宣传推广卢沟桥街道协管员队伍建设的经验，结合实际建立起协管员奖惩考核激励机制，利用协管员续签合同之机，采取竞聘上岗的方式择优录用，对不称职的予以辞退。

（丁玉洁）

【警民联手抓宣传、搞摸底】　3月至5月，协管员与社区民警逐门逐户重新登记出租房屋和流动人口。全区共登记出租房屋17万余间，流动人口37万余人。3月中旬，按照全市的统一部署，各街乡镇流管办与当地派出所密切配合，在全区设立34个宣传站点，采取多种形式，积极开展出租房屋和流动人口依法登记办证宣传活动，增强流动人口、出租房主的登记办证意识。共出动民警、协管员等力量1300余人次，发放各种宣传材料20多万份，现场登记出租房屋642户、为流动人口办证2105人。

（丁玉洁）

【认真开展创建全国卫生区活动】　按照区“创卫”工作统一部署，年内，全区流管系统集中时间、集中力量，以社区（村）为单位，对流动人口聚居区、出租房屋密集区集中开展清理整治。各社区（村）流管站协管员在街乡（镇）的统一指挥和职能部门的协助下，宣传、检查、清理、整治，使区域环境明显改观。

（丁玉洁）

【开展税款代征工作】　各街乡（镇）分别将税款任务指标分解到协管员，采取季度考核或月考核的方式，按照协管员完成税收的情况进行奖惩。充分发挥简报的督导作用，对每月的代征工作进行分析研究，派出专人对基层代征工作进行指导。在税收难度日益加大的情况下，截至12月底，全区个人出租房屋税款入库额达320多万元。

（丁玉洁）

【开展出租房屋巡视检查管理工作】　组织全区协管员在入户登记、检查的过程中，督促出租房主进行房屋登记备案，与相关部门签订治安责任保证书、安全生产、计划生育责任书，敦促流动人口登记办证，经常检查落实情况，全区建立起统一的出租房屋台帐。

（丁玉洁）

【动态管理出租房屋】　在前期软件开发的基础上，进一步修改完善了信息系统。基层将登记的流动人口及出租房屋信息录入到管理系统，对日常检查中发现的出租房屋存在安全隐患、违法犯罪等情况，及时通过管理系统传递给职能部门，职能部门接报后迅速处理，大大提高了工作效率。

（丁玉洁）

【遏制重点地区出租房屋发案率】　6月始，对占全区治安刑事案件总量70%的石榴园、大红门、岳各庄、六里桥、玉泉营、丰台镇等11个地区的出租房屋集中开展了清理整治行动。针对摸排出来的存在于出租房屋内的综合性问题，全区统一组织，由公安分局牵头，协调消防、工商、卫生、城管等部门，以公安派出所为工作平台，分步对11个地区进行联合整治,消除隐患。在清理整治中,停租了一批不符合出租条件的出租房屋,教育了一批出租房主,取缔了一批违法经营,挤压了违法犯罪空间,铲除了滋生犯罪的土壤。

(丁玉洁)

【整合力量搭建基层工作平台】 年初,在流动人口相对集中的大红门街道进行试点,大红门街道结合地区特点,与派出所共同研究,推行“警协联合、捆绑管理”的工作模式。即街道流管办统一协调,明确责任,合理分工。各社区管片民警与协管员配合,管片民警负责;各警区警长与流管站站长配合,警长负责。双方定期召开警协例会,通报警情,交流信息,分析、讲评工作,责任人针对实际情况协调警协力量,有效开展工作。运行以来,提高了治安防控能力,提高了登记、办证率。

(丁玉洁)

【入户宣传检查安全工作】 3月,为加强“两会”期间安全稳定工作,全区流管系统以开展出租房屋和流动人口登记办证活动为契机,发动协管员在入户登记办证的同时,向流动人口、出租房主广泛宣传安全知识,排查安全隐患,化解社会矛盾,消除各种不稳定因素,确保“两会”安全。

(丁玉洁)

【深入开展“三防”整治工作】 年初,按照全区防火、防煤气中毒和治安防范专项整治工作部署,深入开展整治活动,整治期间全区共消除三种隐患23263处。其中整改火灾隐患2939处、煤气中毒隐患17891处、治安隐患2433处;印发防火、防煤气中毒宣传材料6万多份。

(丁玉洁)

【降低流动人口交通事故的发生】 为提高辖区流动人口交通安全意识,与交通支队联手,在流动人口聚居区开展了以“交通文明伴我行”为主题的宣传教育活动。通过宣传教育,进一步提高了流动人口交通安全意识。全年流动人口交通事故死亡率与去年相比下降36%。

(丁玉洁)

【查处违规促守法】 坚持“管人先管房,管好外地人先管好本地人”的原则,马家堡派出所严格按照《北京市外地来京人员租赁房屋治安管理规定》等法律法规的要求,针对地区内房屋租赁市场一度混乱,案件高发等问题,对出租屋内发生9起刑事案件、1起煤气中毒事故、7起容留无合法证件人员的17户出租房主,依法进行处罚,罚金10300元,处罚同时在社区通报。通过处罚,教育了其他出租房主和流动人口,提高了房主的责任意识和防范意识。马家堡地区出租房屋及流动人口登记率达到80%以上;丰台镇派出所对小发廊集中的西安街进行整治,从严处罚了雇佣无暂住证人员和为卖淫嫖娼提供场所的2户出租房主,并及时召开了现场会,扩大了震慑教育效果。对违法违规的出租房主从严处罚,促进了房屋租赁市场的健康发展。

(丁玉洁)

【拆除违章净环境】 区综治办、区流管办、公安分局联合制定工作方案,紧密结合保持共产党员先进性教育活动和创建国家卫生区的工作,在区域范围内开展了拆除流动人口聚居区违法建设的专项行动,重点拆除侵占绿地、耕地、公共用地、私搭乱建、严重阻碍消防通道的违法建设。到7月底,全区拆除违法建设32万多平方米,劝离居住在违法建设内的流动人口3万多人。

(丁玉洁)

【门店联保推防控】 年内在丰台街道东大街社区开展试点,在街面门店防范中,推行“地方政府统一牵头、产权单位积极配合、街面商户自愿联合、社区群众(流动人口)广泛参与、社区民警指导保障”的街面商户联店联保模式,试点工作后,街面的恶性案件得到了有效遏制,一般性案件下降了53%,居民对社区治安的满意率达95%以上。

(丁玉洁)

计划生育

【概　况】　年内，召开区人口与计划生育领导小组会，认真学习中央座谈会精神。坚持党政一把手亲自抓负总责，区长张大力继续与各街乡镇、有关职能部门签定了目标管理责任书。落实市《人口与计划生育条例》规定的各项奖励规定，在人均6元事业费基础上，拨专款解决城市低保、待业人员和农村居民的独生子女家庭奖励费的发放问题。落实了农村部分独生子女家庭每人每月50元的奖励扶助制定。全年按计划生育统计口径，1—9月全区出生4198人，计划生育率97.88%。按统计年度计算，出生4024人，计划生育率98.14%，自然增长率为-2.26‰。全面完成了市政府下达的指标。

（王淑华）

【实行“四纳入”人口计生工作考评体系】　年内，实行计划生育考核“四纳入”：①纳入到精神文明创建活动之中。②纳入到农村创建“六好”乡镇党委的考核系统。③纳入到行政效能评估考核系统。④纳入区委组织部对街乡镇领导班子的考核之中。

（王淑华）

【“十联手”打造计划生育工作新格局】　计生、宣传等十部门联合开展“婚育新风进万家”活动，相关部门采取有利措施，密切配合开展形式多样的宣传活动。举办独生子女家庭趣味运动会、开展婚检知识竞赛、举办安康进农家大课堂、在数字德育网上开设了以性健康知识为主要内容的网络专栏——“幸福花季”、将计划生育工作纳入协管员的工作职责在流动人口中开展计划生育管理和服务、积极协助核准育龄妇女婚育信息、在婚姻登记处发放计划生育宣传品，提供计生需要的婚姻信息、与企业的合作为计划生育宣传开辟了新的天地等，解决了重点、难点和特殊人群的管理和服务问题，取得了明显效果。

（王淑华）

【“四合力”开展新型居住区计生管理服务】　年内，为解决物业化管理、城市居民住进农村管理的小区、人户分离等新型居住区计划生育管理难题，针对全区46个管理空点进行分析归类，先后制定了4个管理办法：计生、公安、房管、流管、民政等9部门联合下发《丰台区计划生育现居住地为主管理办法》、《进一步做好现居住地为主管理意见》、《丰台区关于物业管理小区人口和计划生育工作的意见》、《丰台区落实〈流动人口计划生育管理和服务工作若干规定〉的实施意见》。并为群众提供优质服务。开展居住地管理、居民化服务。初步形成了社区管理、部门配合、物业协助、业主参与的“四合力”工作局面。

（王淑华）

【用重点问题研究引领科学决策】　区计生委更名后，增加了人口问题研究的职能。年内，区人口计生委首次将人口问题研究列入工作内容，确立了三项研究课题，即：《丰台区“十一五”时期人口发展与调控规划》“人工流产原因分析”、“流动人口开展生殖健康服务情况的调查分析”、“计划生育目标管理初探”。

（王淑华）

【拓宽药具发放渠道】　区人口计生委自行研制了“避孕套自动领取机”，投资68000元，制作200台，安装在全区所有街乡的对外办公大厅、各医院门诊大厅、46个未成立居委会的新建居民小区、及流动人口集中的市场、建筑工地等。

（王淑华）

【救助贫困母亲活动】　以“为贫困母亲送温暖办实事”为主题丰台区开展了2005年度“幸福工程活动日”的活动。全区22个计划生育协会分别组织会员参加义捐，为救助贫困母亲捐款139000元。

(王淑华)

老龄工作

【概　况】 丰台区老龄工作努力拓展老龄工作的深度和广度,从加强基层老龄工作,维护老年人权益,丰富老年人精神文化生活入手,对老龄工作干部进行了业务培训;开展了创建敬老先进社区、孝亲敬老之星、健康老人和健康老人之星的评选;组织开展了形式多样的老年文体活动;加大了对高龄、特困、空巢老人的帮扶力度。全体老龄工作干部用求真务实的工作作风和开拓进取的精神,把为老年人办实事,做好事作为老龄工作的出发点和落脚点,努力为老年人排忧解难,取得了积极的成效,全区的老龄工作又迈上了新的台阶,2005年区老龄工作委员会办公室被评为北京市老龄工作先进单位。

(谷孝敏　张福祥)

【业务培训】 6月9日、10日,在怀柔商务会馆举办了业务培训,各街乡镇老龄委主任、老龄办主任、老龄工作干部60余人参加了学习。北京市老龄办副主任伊密传授了工作经验。11月16日、17日,再次在怀柔举办了16个街道老龄办干部培训班。就特殊困难老人安装紧急医疗救援呼叫器及救护等内容,进行了培训。

(谷孝敏　张福祥)

【文体工作】 5月26日至6月23日,经选拔出的6支队伍代表丰台区,参加了北京市老年体育协会在石景山体育场举办的"北京福祥鳞药业杯"中老年健身球邀请赛。马家堡、长辛店代表队获得中年组优胜奖,东高地、南苑、方庄代表队获得了老年组优胜奖,马家堡代表队还获得了中年组最佳表演奖。9月14日—18日,来自驻区中央、市属及区属机关、企事业单位、乡镇农村的92支队伍928位运动员参加了门球比赛,球员的平均年龄为68岁,其中28位老人年龄超过80岁。"九．九"重阳敬老日的前夕,老龄办于10月9日在社区服务中心举办了"丰台区老年文艺汇演",来自各街乡镇和涉老部门的22支老年文艺团体300余人登台演出。精彩的节目赢得观众的阵阵掌声。

(谷孝敏　张福祥)

【帮扶空巢家庭老人】 区老龄办为做好《丰台区做好帮扶"空巢"家庭老人的工作意见及实施办法》,采取以会代训的方式,对基层老龄工作干部进行了培训。各社区纷纷研究制定了帮扶措施,社区志愿者与"空巢"家庭老人签定了"一帮一"、"多帮一"帮扶协议,全区帮扶、救助特困、高龄、"空巢"老人的工作逐步细化,各社区订立了帮扶计划、建立了动态的老年人档案、建立了明确的帮扶措施、帮扶记录、考核标准和帮扶制度。各社区还积极动员辖区单位为高龄、特困"空巢"老人提供优惠、低偿的上门服务。

(谷孝敏　张福祥)

【双创建工作】 为提高社区为老服务水平,在全区开展了评选创建敬老先进社区居委会、创建敬老先进村(以下简称双创建)活动。经市、区老龄办对街乡镇申报的69个社区(55个社区居委会、14个村委会)进行打分评选和实地考核,共评选出25个敬老先进社区居(村)委会。云岗街道南里第一社区被评为北京市敬老先进社区居委会标兵;太平桥街道太西里、方庄街道芳城园一区、东高地街道万源东里、长辛店街道车辆厂4个社区被评为北京市敬老先进社区居委会;丰台街道新华街北社区等15个社区被评为丰台区敬老先进社区居委会;卢沟桥乡菜户营村、花乡草桥村、新发地村、南苑乡槐房村、长辛店镇张郭庄村5个村被评为丰台区敬老先进村。

(谷孝敏　张福祥)

【评选健康老人】 6月，区老龄办组织开展了“第二届北京市健康老人”评选工作。全区共评出北京市健康老人1018名，区级“健康老人之星”47名，6名老人荣获北京市“健康老人之星”称号。

（谷孝敏　张福祥）

【宣传工作】 3月8日，“丰台区孝亲敬老之星”座谈会在老龄办召开。老龄工作委员会主任副区长吕仕杰、老龄工作委员会副主任民政局局长孙海臣到会。10月11日，老龄办与电视台记者联手，录制了“关爱老人，共筑和谐社会”的电视访谈节目。电视专题片播出后，取得了良好的社会效果。

（谷孝敏　张福祥）

【三下乡援助活动】 为配合市老龄办组织老年人才到丰台区开展医疗、教育、文化援助基层活动，在三个街道精心组织了英语讲课、辅导合唱、体检活动。7月19日，总政歌舞团国家一级演员韩文君教授到右安门街道为老年合唱团讲解大合唱的用声、运气等技巧。7月28日，英语教授杨宜钊在方庄街道为老年人教授了奥运英语。8月12日，北京市老年病医院和宣武医院的专家、教授和医务工作者冒雨到长辛店街道为老年人免费进行血压、血糖、眼底、心脏多项身体检查，并为老年人提供防治心、脑血管疾病咨询，受到老年人的好评。

（谷孝敏　张福祥）

残疾人工作

【概　况】 年内，丰台区残疾人工作坚持以邓小平理论和“三个代表”重要思想和党的十六届四中、五中全会精神为指导，坚持以人为本，全面、协调、可持续的科学发展观，统领残疾人事业的发展，紧紧围绕区中心工作和残联重点工作，统筹兼顾、突出重点，较好地完成了全年各项业务工作，并全力抓好“十五”检查验收和“十一五”规划的制定及第二次全国残疾人抽样调查前期准备等重点工作。2005年，丰台区被中残联命名为全国社区残疾人工作示范区，区残联工作被市残联综合考评为优秀。

（闫根旺）

【康复工作】 年内，完成白内障复明手术，视觉第一中国行动825例，贫困白内障复明手术102例，低视力配镜10例，视功能训练10例；聋儿语训4例；0—5岁脑瘫儿童系统训练5例、培训家长5人；安装假肢9例，肢残人系统训练160人；智残儿童免费康复训练12例；精神病人入住康复基地70例，精神病人免费投药280人；免费供应残疾人用品用具238件。对35723人进行了康复需求调查和评估。同时，成年智力残疾人康复训练服务，机构训练30人，社区、家庭训练200人；在丰台、云岗、右安门三个街道开展了成年智力残疾人“日间照料”试点工作。

（闫根旺）

【教育就业工作】 年内，尝试重残少年儿童随班就读和送教上门等教学方式，保持残疾少年儿童九年义务制教育入学率98%以上；全年开展残疾人技能培训397人，其中农村实用技术培训83人，取得职业证书的68人，培训盲人按摩师8人；298名贫困残疾人家庭大学生、高中生、残疾学生领到市、区残联颁发的助学款21.4万元。新安置残疾人就业61人，社区安置残疾人就业43人，扶持残疾人个体开业6人；收缴残疾人就业保障金达610余万元；开发公益性就业工作岗位，21名残疾人工作协管员签约上岗。

（闫根旺）

【扶贫解困工作】 年内，参加走访慰问贫困残疾人的各级领导964人次，走访残疾人家庭3568户次，慰问残疾人5446人次，向残疾人发放钱物折合人民币102余万元;出台了《关于进一步加强扶助贫困残疾人工作的实施意见》;扶持贫困残疾人37人;为32户农村贫困残疾人家庭翻建和修缮了危旧住房。

(闫根旺)

【文化体育工作】 年内,在丰台区全民健身体育节系列比赛中,区残联代表队获优秀奖;举办了丰台区第九届残疾人棋类赛,共有100名残疾人选手参加了象棋、围棋比赛;南苑街道视残人张文承入选国家残奥游泳集训队,在美国举办的世界盲人青少年运动会上,获得50米、100米自由泳两枚银牌;长辛店街道张琦在全国硬地滚球锦标赛中获第一名;丰台街道残疾人石栋斌获2005年全国残疾人田径锦标赛男子甲组F57级铁饼、铅球第三名;组织残疾人参加了北京市残联组织的学英语演讲比赛、奥运我行动等系列活动,在市残疾人文艺汇演中,盲残人周爱华获个人三等奖。

(闫根旺)

【信访维权工作】 年内,成立了王佐镇庄户中心村残疾人法律援助工作接待室、大红门街道残疾人法律援助之家、长辛店镇残疾人维权绿色通道。结合国务院《信访条例》的颁布实施深入开展了宣传、培训等活动。一年来共接待残疾人来信来访310件次,其中群众来信15件,来访295人次,电话咨询897人次,较好地维护了残疾人的合法权益。

(闫根旺)

【宣传信息工作】 年内,通过丰台有线电视台拍摄了三部反映全区残疾人工作成果的专题片,制作了《发展中的丰台区残疾人事业》展版,在丰台区政府机关展出;在全国省市以上新闻媒体和新闻网站刊发各类反映丰台区残疾人事业的稿件130篇条,其中新闻媒体刊登稿件60篇条,新闻网站70篇条;出工作简报20期,编发信息400条,促进了各项业务工作的开展。

(闫根旺)

【组织建设工作】 年内,召开了四届三次主席团会议,调整了9名主席团委员和2名副主席;各街、乡、镇残联机构,实现了职责、人员、经费单列,选拔热爱残疾人事业的优秀人员担任各级残联理事长,选拔优秀残疾人做残疾人工作协管员和社区残协专职副主席;全区238个社区、61个村委会全部成立了残疾人协会;残疾人专门协会活动日趋活跃,代表、维权、服务作用明显加强。

(闫根旺)

【无障碍设施建设改造工作】 年内,创建了40个无障碍示范窗口单位;中小学、幼儿园坡道、厕所39所;望园居住小区无障碍设施综合改造11处;商场超市改造1家;中高层居民楼住宅楼坡道改造31栋;城市道路改造4项7条、公厕改造114座;公园无障碍设施改造1个。

(闫根旺)

【第"十五"次全国助残日】 5月15日是全国第十五次"全国助残日",市政协副主席朱相远率30名政协委员到北京东风电器厂和右安门金色世纪嘉园,视察残疾人就业及无障碍设施建设情况;副区长吕仕杰为解决残疾人上学难问题,专门为残疾学生杨中立送去自行车一辆;举行了丰台区残疾人作品展;免费向210余名残疾人发放了用品用具;为22名贫困白内障患者实施复明手术;北京市残疾人艺术团在云岗、东铁匠营、东高地举行三场残疾人演出专场;各街、乡、镇也开展了丰富多彩的助残活动。助残日期间,全区参加走访的各级领导355人次,慰问残疾人家庭1079户,走访残疾人2053人,接受社会捐款3.03万元,发放钱物价值17.58万元,促进了丰台区扶残助残社会氛围的形成。

(闫根旺)

私营个体经济

【概　况】 年内，丰台私营个体经济协会以促进辖区私营个体经济发展为首要任务，以为会员服务为宗旨，充分发挥协会职能作用，促进了全区私营个体经济快速、健康、持续发展。召开了第七次联席会全体会议和两次部分成员参加的专题会议，研究协调解决了私营个体经济中存在的问题。广泛开展法律宣传教育活动，举办法律法规培训42次，培训人员2万余人。与社区和学校等有关单位共同开展学习《公民道德建设实施纲要》、《首都市民文明公约》宣传活动58次，自行印制宣传手册30000册，受到宣传教育的会员达8万余人次，覆盖面占80%。积极宣扬精神文明建设的先进典型，评出市文明单位30个，区文明示范区8个，区文明单位62个，区文明诚信户156个。积极发挥配送中心的作用，全区7个配送中心在全市建立的257个配送网点，共配送数量158万公斤，配送金额566万元。北京国壮食品有限公司、北京圣火科贸有限公司客服中心被命名为市级青年文明号企业。

（刘秋芝）

【零距离服务义务申报年检】 年内，为全区的11366家私营企业和19196户个体工商户进行年检验照、提供咨询和帮助。

（刘秋芝）

【送温暖增强协会凝聚力】 年内，区协会与各分会在“两节”期间，组织开展了“携春风、送温暖”活动。慰问困难会员130名、金额18000余元，把党和人民的温暖送到会员中；为会员年审优惠《医疗就医证》一万个；发放会员服务手册两万本；发放致《全区会员的一封信》两万封。为被市工商局评为2004年度“守信企业”的85家企业举行了颁牌仪式。

（刘秋芝）

【开展“守信企业”评审活动】 年内，区协会系统共新推荐“守信企业”27户（其中各分会新推荐23户，直接向区协会申报4户。），复查老“守信企业”76户，通过复查老“守信企业”75户，通过新考核“守信企业”22户。向局合同科推荐新老“守信企业”97户，与去年相比增长了10%。

（刘秋芝）

【为会员担保贷款服务】 年内，为尽快解决部分企业资金紧张的情况，主动与区科协下属的丰台区技术创新与生产力促进中心贷款基金管理办公室协商，为私营、个体贷款事宜制定贷款方案，推荐6家私营企业申请贷款。已有3家企业贷款240万元，解决了燃眉之急。

（刘秋芝）

【服务会员搭建发展平台】 年内，区协会积极为会员服务，为企业牵线搭桥，构建发展平台。组织参加市、区有关部门组织的经贸洽谈、招商引资及招聘会8次，参加私营企业近百户。5月24日与浙江省台州市私个协会、林业局联手在新发地农副产品批发市场举办“浙江省台州市名优特果蔬进京推介会”，有20余家果蔬批发经营大户参加。台州市私个协会与新发地市场签订了《果蔬销售意向书》，经营商户还与同行来京的临海市专业合作社负责人进行了供销洽谈。6月11日会同区劳动和社会保障局共同举办了“丰台区民营企业招聘会”，70家有用工需求的民营企业参加了招聘，提供了800余个劳动就业岗位，1500余人求职应聘，达成用工意向的491人。北京天路通科技有限公司，获得市政府120万元中小企业发展基金奖励。

（刘秋芝）

【充分发挥职能部门作用】 为保护会员利益、维护合法权益，区协会积极支持行业分会、法律咨询服务站、商标孵化中心、合同指导站工作,使其充分发挥职能部门的作用。年内,全区的9个分会的19个行业支会在规范经营、统一管理、营造良好的市场环境中发挥了积极的作用;法律咨询服务站为会员提供法律咨询服务,共受理投诉48起,为会员挽回经济损失300多万元;商标孵化中心、合同指导站认真履行职责,接受咨询12人次,为3户会员在合同签订上提供了咨询服务。

(刘秋芝)

【成立精神文明建设委员会】 年内,区协会多方牵头协调,成立了由18个单位和部门的19名成员组成丰台区私营个体经济精神文明建设委员会。9月16日召开成立大会。会议公布了《北京市丰台区私营个体经济文明单位建设管理办法(试行)》,提出了加强私营个体经济文明单位精神文明建设的要求。区私营个体经济精神文明建设委员会的成立,使丰台区私营个体经济的精神文明建设有了组织保证。

(刘秋芝)

【签订“诚信纳税优质服务承诺书”】 年内,组织200余名会员参加了由北京市地方税务局和北京市私营个体经济协会主办、在玉泉营居然之家广场举行的“税企面对面”大型税法宣传活动。段德珍代表区私营个体经济协会向全市政府部门和纳税人发出了“共携诚信之手,营造诚信之风,恪守诚信准则,为首都各项事业的蓬勃发展做出新的、更大的贡献”的诚信纳税倡议。和丰台地税局签署了《诚信纳税优质服务承诺书》。

(刘秋芝)

【扶贫助残献爱心】 年内,组织会员积极参加公益活动,慰问军烈属28人、金额5000余元;慰问花乡和王佐乡敬老院老人、金额12000余元;捐资助学152名学生、金额55600元。印度洋海啸捐款13.6万元。向慈善机构捐款20余万元。各分会结合自己的特点,组织学雷锋便民服务活动。义务为群众理发、修理修表、自行车、发放各种宣传材料,义务金额8000余元。

(刘秋芝)

【加强党员培养教育工作】 5月26至28日举办了由30名入党积极分子参加的“2005年申请入党积极分子培训班”,对积极分子进行了为期三天的党史、党的知识学习培训,为发展新党员打下了良好的思想基础。6月8日协会党委带领全体委员、九个分会的党总支书记及12名预备党员,到河北白洋淀雁翎抗战馆进行了入党宣誓仪式,使参加活动的全体同志接受了一次革命传统教育。

(刘秋芝)

消 费 保 护

【概 况】 2005年年主题是“健康、维权”。区消协紧紧围绕这一主题,认真履行《消法》赋予的七项职能,以全心全意为消费者服务为宗旨,以维护消费者合法权益为目的,加强对商品和服务的社会监督,积极开展保护消费者合法权益工作。全年共受理消费者投诉3012件,已办结2886件,结案率95.82%。为消费者挽回经济损失157.07万元,其中欺诈行为得到加倍赔偿18件,得到加倍赔偿金额9.57元;接待消费者咨询、来访10091人次;收到表扬信38封。工作信息11篇,消费警示3篇,调研3篇。努力加强联络站的建设和规范工作,在受理消费者投诉3012件中,联络站就占了1260件,为消费者免受损失3.67万元。联络站的作用得以充分发挥。

(田振梅 张景朋)

【“3、15”国际消费者权益日】 在“3.15”国际消费者权益日期间,积极开展形式多样的宣传活动。共出动工作人员340余人次;共发放宣传材料10余种、3万余份，接待咨询1.2万余人；出动宣传车47台次；受理消费者投诉21件。设立宣传咨询点和分会场共22个；悬挂横幅35条；展版70余块。邀请报社、电视台等10余家新闻媒体参加。宣传活动期间共制作电视节目5期，播出时间将近1.5小时，在报刊发表文章6篇。

（田振梅　张景朋）

【积极征订宣传报刊】 积极加强消费教育、消费指导，落实市消协订阅《中国消费者报》、《中国消费者杂志》的征订工作，全区共订阅《中国消费者报》425份、《中国消费者杂志》682份，受到市消协的表扬。

（田振梅　张景朋）

【区消费者协会法律支持中心成立】 3月9日，区消费者协会与北京市当代律师事务所和北京市嘉安律师事务所联合成立了“丰台区消费者协会法律支持中心”。该中心依据《中华人民共和国消费者权益保护法》和《北京市实施＜中华人民共和国消费者权益保护法＞办法》的有关规定成立。为广大消费者免费提供消费维权方面的法律知识咨询服务；帮助经调解无结果或经其他途径仍无法维护自己合法权益的消费者的委托通过司法途径主张其权益；同时对消费领域中遇到的涉及法律方面突出问题进行调查研究。服务对象主要针对经济上没有来源、生活具有一定困难的下岗职工、无业以及残疾的消费者提供必要的司法援助，以体现以人为本的服务理念。

（田振梅　张景朋）

【《诚信·健康·维权与食品安全五进》活动】 年内，积极开展《诚信·健康·维权与食品安全五进》活动。共组织《诚信·健康·维权与食品安全五进》宣传活动102场次。其中：进社区62场次，进村镇15场次，进学校6次，工地6次，军营13次；组织讲座30次，组织各类宣传活动25次，整治社区周边环境25次，发放宣传材料2万余份，受理消费者投诉300件。

（田振梅　张景朋）

【开展联络站业务培训工作】 10月12日，在丰台工商分局六楼会议室组织召开了消费维权联络站业务培训。邀请市消协投诉部主任郎丹柯为大家上了一堂题为《市场有眼睛、法律有牙齿》的培训课。各消协分会主管领导、工作人员及区消协56家联络站负责人代表共计70余人参加了培训。

（田振梅　张景朋）

【家具纠纷得解决】 5月26日丰台消费者协会接到消费者刘某的投诉。刘某在丰台区某家具市场花费1.05万元购买了某厂家的多件家具。家具送到家后，消费者感觉到有刺鼻的气味。当问厂家送货人员时，厂家人员称，新家具都有味，放几天就没味了。经过2个多月，消费者不但没有感觉到刺鼻气味减小，反而一回到家，就让气味熏得流眼泪、咳嗽。消费者找到厂家，厂家又派人到消费者家对家具进行了去味处理，但是没有丝毫改善。消费者找到中国室内检测中心，通过检测，发现甲醛严重超标。消费者向厂家提出退货时遭到了厂家的拒绝。于是，消费者到丰台消费者协会投诉。消协工作人员调查了解后，经过多次调解，厂家最终将全款退还给消费者。

（田振梅　张景朋）

【水管爆裂跑水得到赔偿】 2005年1月消费者林某来到丰台消费者协会投诉。林某与某家装公司签订《北京市家庭居室装饰装修工程施工合同》。施工完成后，当消费者第一次使用热水器就发生了爆裂现象，造成严重跑水，造成了一定的损失。发生爆裂、跑水后，消费者调查得知，造成爆裂、跑水的原因是被投诉方违反合同，在未经过消费者同意私自改用质量伪劣的铝塑管进行安装。被投诉方不但私自更换材料，而且在使用过的铝塑管的长度问题上有问题。消费者将更换下来的铝塑管进行了测量，发现只有12.7米。而当时被投诉方自己测量说是19.5米，并按19.5米收取了安装费用。消费者多次找到被投诉方未能得到解决。于是,消费者到丰台消费者协会投诉。消协工作人员经过调查了解后,经过多次调解,双方达成一致协议,由被投诉方一次性赔付消费者1000元。

(田振梅 张景朋)

人民生活

【概 况】 "十五"期间,随着全区综合经济实力的明显增强,丰台区城镇居民人均可支配收入2005年比2000年增长近一倍,居民生活已处于富裕水平。农村居民收入稳步增长,生活质量明显提高。

(高迎生 高丽英)

【城镇居民收入持续增长】 是年,丰台区城镇居民人均可支配收入达到15795元,比上年增长13.5%,比2000年增长近一倍,"十五"期间人均可支配收入年均可比增长11.1%。在家庭总收入中工薪收入是收入的主体,2005年,人均工薪收入10960元,占总收入的65%;转移性收入5649元,占总收入的33%;财产性收入和经营性净收入只占总收入的2%。

(高迎生)

【居民生活处于富裕水平】 是年,城镇居民人均生活消费支出达11988元,比上年增长10.1%,比2000年增长62.4%,"十五"期间年均增长10.1%。反映居民生活水平的恩格尔系数不断降低,居民生活处于富裕水平。恩格尔系数是食品支出占生活消费支出的比重。根据联合国粮农组织提出的标准,恩格尔系数在59%以上为贫困,50-59%为温饱,40-50%为小康,30-40%为富裕,低于30%为最富裕。丰台区城镇居民恩格尔系数呈逐年下降趋势,1990年恩格尔系数为53.4%,居民生活处于温饱水平;1995年恩格尔系数为41.6%,处于小康水平;2000年恩格尔系数为36.8%,处于富裕水平;2005年恩格尔系数下降到32.2%,逐步迈向更加富裕的水平。

(高迎生)

【生活消费热点转移】 伴随收入的增长,城镇居民消费热点逐步向舒适、享受、保健、时尚型发展。交通和通讯消费成为热点。2005年,人均交通与通讯费支出1661元,占总消费支出的13.9%,比重比2000年的7.4%增加近一倍。其中每百户拥有汽车15.3辆,比2000年的2.7辆增长4.6倍;每百户拥有移动电话169部,比2000年的22部增长6.7倍。汽车和移动电话拥有量的快速增长,是带动居民生活消费支出增长的重要因素。各种娱乐文化用品更新换代步伐加快。2005年,每百户拥有家用摄像机12.8台,比2000年增加10台;照相机105架,增加34架;影碟机71台,增加26台;每百户拥有电脑83台,比2000年增加69台,其中接通互联网的电脑占66%。享受用品逐步普及。2005年,每百户拥有淋浴热水器100.9台,比2000年增加25台;排油烟机96台,增加23台;空调器144台,增加79台。

(高迎生)

【农村居民收入稳步增长】 据丰台区农村住户抽样调查结果显示,2005年,农村居民人均纯收入8994元,比2000年增加3238元,五年间年均增长9.3%。

2000—2005年农民人均纯收入

年 份	人均纯收入(元)	增 减(%)
2000年	5756	——
2001年	6366	10.6
2002年	6953	9.2
2003年	7786	12
2004年	8481	8.9
2005年	8994	6.0

(高丽英)

【消费支出稳步增长生活质量提高】 随着农村居民收入的持续增长，生活消费支出不断增加。2005 年，农民人均生活消费支出达 6848 元，比 2000 年增加 1915 元，年均增长 6.8%。

2000—2005 年农民生活消费支出

年　份	生活消费支出(元)	增减(%)
2000 年	4933	——
2001 年	5128	4.0
2002 年	5873	14.5
2003 年	6400	9.0
2004 年	6402	持平
2005 年	6848	7.0

（高丽英）

【食品消费结构改善】 年内，农村居民人均食品支出 2150 元，比 2000 年增加 384 元，年均增长 4%；恩格尔系数(食品支出占生活消费支出的比重)31.4%，比 2000 年下降 4.4 个百分点。随着消费观念的转变，农村居民食品消费结构显著改善，新鲜蔬菜、水果、肉、禽、蛋、奶及水产品等的消费不断增加，在外就餐越来越普遍，2005 年，人均在外就餐支出 467 元。

（高丽英）

【衣着消费增长居住质量提高】 年内，农村居民人均衣着消费支出 868 元，比 2000 年增加 280 元，年均增长 8.1%。2005 年，农村居民人均居住消费支出 907 元，比 2000 年增加 411 元，年均增长 12.8%。人均住房使用面积 36.4 平方米，比 2000 年增加 9 平方米。35%的农户住房卫生条件改善，使用水冲式卫生厕所；81.7%的农户使用液化气；100%的农户使用暖气或土暖气；100%的农户饮用自来水。

（高丽英）

【交通和通讯消费趋热】 年内，农村居民交通和通讯费用支出人均 944.7 元，比 2000 年增加 522 元，年均增长 17.4%。农村居民的生活更加追求方便快捷，汽车(生活用)百户拥有量为 15 辆，比 2000 年增加 9 辆；手机百户拥有 161 部，比 2000 年增加 120 部。

（高丽英）

【农民生活消费水平提高】 ①文教娱乐消费增长。年内农村居民文化教育娱乐消费支出人均 864.4 元，比 2000 年增加 304 元，年均递增 9.1%。②医疗保健消费增长。2005 年农村居民医疗保健消费支出人均 478 元，比 2000 年增加 121 元，年均递增 6%。③家庭耐用消费品拥有量增加，质量提高。2005 年农村居民家庭平均每百户拥有计算机 67 台，比 2000 年增加 46 台；空调 103 台，增加 62 台；微波炉 69 台，增加 49 台；热水器 61 台，增加 29 台；摄像机 7 台，增加 29 台。

（高丽英）

街 乡(镇)

丰台街道

【概　况】 丰台街道位于丰台区中部,是区委、区政府所在地。东起西三环南路,西至程庄路,均与卢沟桥乡接壤;南有丰台南路与新村街道毗邻,北起丰北路与卢沟桥街道相望,属城乡结合部。四面环路,相对独立。西四环南路和京沪高速铁路纵横交织,构成客流、物流的枢纽。辖区面积8.9平方公里,常住人口3.5万户,10万人,其中男5.1万人,女4.9万人。另有流动人口1.4万人。人口密度1.2万人/平方公里。辖区主要社会单位有210个,其中:部队31支,铁路部门11个,中央市属单位5个,区委、区政府各部委办局37个。学校、幼儿园23个。超市、农贸市场13处,银行10家,医院4个,残疾人康复站13个,汽车交易市场、影剧院、公园、清真寺、火车站、敬老院各1处。全年丰台街道荣获市、区表彰43项。

(高智慧)

【数字街道】 年内投资200余万元建立城市管理信息网络平台系统和多媒体视频会议室,运用网络通讯与计算机技术,实现数字街道的城市管理和服务。实现了区政府、街道和社区的三级视频会议的召开,在街道社区工作经验交流会上做了专题发言。

(高智慧)

【文化卫生】 年内举办家庭趣味运动会、五月的鲜花歌咏比赛、夏日文化广场等文体娱乐活动50多场次,文艺队伍35支和群众30000人次参与活动。免费为流动人员接种疫苗650人。为410名学龄前儿童,进行脊髓灰质炎强化免疫,发放预防AIDS资料5万余份。

(高智慧)

【社区服务】 成立建设和谐社区工作协会,设立法律援助部、爱心救助部、就业促进部和公共服务部,在21个社区建立分会。航天部七院为辖区贫困家庭学生捐赠电脑4台。丰台医院与协会签订了《为丰台街道辖区百岁老人及空巢老人提供医疗保健服务的协议》,为4位百岁老人和6位空巢老人建立健康档案,免费上门测血压、血糖和心电图。创办公共服务社。发展服务商1个,自管队伍2支,失业人员再就业登记110人。为社区居民提供了家政、医院护工、家电维修服务1012次。有社区志愿者服务队22支2834人。

(高智慧)

【精神文明】 荣获首都文明街道。创建首都文明、首都绿色社区12个,全国先进少年军校1个、市先进少年军校2个;军警民共建市级先进单位11对。社区与驻地部队签订“军警民携手共创和谐社区”共建协议。

(高智慧)

【国策在线】 年内,辖区有育龄妇女32028

人,流动育龄妇女 2419 人,外嫁京 1162 人。新生儿 559 人,计划生育率为 99.46 %。荣获全国计划生育协会先进集体和北京市婚育新风进万家先进单位。

(高智慧)

【劳保社救】 劳动巡查和执法检查企业 322 个,涉及人员 1.5 万人,补签合同 164 份。丰台区企业退休人员在社保所报销大额医疗费启动仪式在丰台街道举行,丰台街道作了经验介绍。失业人员就业登记 1660 人,其中“4050”人员就业 577 人,开发社区就业岗位 937 个,特困人员就业 157 人;弹性就业 11 人。为 442 户 898 人发放了最低生活保障金。收缴残疾人保障金 58.7 万元,安置残疾人就业 16 名, 50 名残疾人参加市、区残联举办的职业技能培训。

(高智慧)

【爱心工程】 处级领导每年个人出资,帮助 10 名残疾低保家庭的孩子完成 9 年义务教育,受助最多的达 2700 元。机关党员为 9 名高中以上贫困在读生捐助,受助者每人达 600 元。采取支部定岗和自我认岗相结合的方法,为辖区 1520 名无职党员设岗定责。现有党员志愿者队伍 95 支 1644 人,开展活动 216 次, 14943 人次参加。机关党员为辖区一患畸胎瘤的 96 岁老党员捐款 2000 多元,区民政局送给老人 1.5 万元医疗救助,区委组织部就此协调丰台医院将医疗费减半,为老人手术取出重达 45 斤的肿瘤。为海啸灾区和“携手慈善,共创和谐”募捐月,募集捐款 59 万元、衣被 4 万件。

(高智慧)

【全程代办】 全代办服务大厅接待办事群众 5.9 万人次,受理 4.6 万件次,受理生活服务事项 1244 件,群众满意率 100% 。

(高智慧)

【征兵工作】 兵役登记 92 人,应征对象 60 人,应征入伍 38 人。

(高智慧)

【经济普查】 第一次全国经济普查丰台街道共有企事业单位 1003 个。第一产业 2 户。第二产业 81 户,其中:工业 49 户、交通运输 10 户、建筑业 22 户。第三产业 920 户,其中:批发零售和餐饮 414 户、居民和社会服务业 423 户、公共管理和社会组织 83 户;个体商业户 2103 户。(以上不含中央企业和直报企业)。

(高智慧)

【创卫工作】 顺利通过市、区争创国家卫生区的检查考核。共拆除违章建设 0.6 万平方米,清运垃圾渣土 1.7 万吨。

(高智慧)

卢沟桥街道

【概　况】 卢沟桥街道地处丰台区西北部,与卢沟桥乡 12 个行政村相互包容交错管理,辖区面积 59.73 平方公里,现辖 29 个社区,有常住居民人口 60579 户 155802 人、流动人口 9420 户、30894 人,属典型城乡结合、农居混住地区。辖区东南与太平桥街道、丰台街道、新村街道相邻,西北与宛平城地区、石景山区、海淀区接壤;辖区内西三环路、西四环路、万丰路、永定路南延路、玉泉路南延路和丰北路、京石路、吴家村路等交通路线贯穿南北东西,构成便利的交通环境;丰台体育中心、大成学校、六里桥长途客运站、家世界购物广场、华联超市、解放军 302 医院、郭林家常菜等商业服务与文化教育卫生设施齐全; 269 个中央、市、区属单位、外埠驻京办事机构和部队单位,654 个非公经济组织驻在辖区,中共北京市纪委(北京市监察局)、区财政局、区房地局、区体育局、区城管大队、卢沟桥乡党政机关驻在辖区,辖区有 5 个公安派出所、2 个工商所。全年街道机关和社区共完成各类调研报告104篇,评选出优秀调研报告21篇;机关各科室共报送各类信息748篇,其中机关外网网站刊登413篇,《丰台信息》、《丰台政务》共采用90篇,取得了“四优”信息的好成绩;共撰写上报各类新闻190条,其中刊登在《北京日报》等各大报纸36条、《新丰台报》27条、北京新闻2条、丰台有线50余条、千龙丰台网站56条。全年获得市级先进称号2个、区级先进称号19个。

(王克凡)

【“创卫”活动】 年内调整创卫领导小组,建立创卫工作机制,形成创卫工作网络。对蒋家坟地区先后两次实施大力度的拆违工作;对郑常庄308号院危电实施改造;完成莲怡园社区绿化补植工作;完成大井东里小区改造工作;完成保洁队改制工作和部分保洁区域的移交工作;完成对14条主要大街的整治任务。粉刷小广告万余条,拆除违法建设4727平方米,取缔无照经营62处,签订门前三包2452户,清运无主垃圾渣土约4330吨。义务植树2834株,新增绿地面积8400平方米,养护树木8000余株,清扫绿地草坪4万平方米。

(王克凡)

【协税护税】 年内完成对970家6个行业的经济普查工作,对辖区2625家纳税企业进行了确认。根据丰北桥至丰台路口两侧区域发展的规模效应,开展了丰北桥至丰台路口街区功能的调研。积极拓展税收征缴范围,加大个体税收和集贸税收征缴力度,共征缴税收663.8万元,较上年增长6.84%。

(王克凡)

【社会治安】 年内设立109个居民区治保会、148个社区单位治保会和54个非公经济组织治保会。与辖区220个大单位、1060个非公经济组织、29个社区签订了社会治安综合治理责任书。对群众反映突出的蒋家坟地区和五里店农场宿舍地区进行综合整治,拆除13个出租大院违章建筑3049平方米。

(王克凡)

【信访矛盾】 接待群众来信来访239件次,解决反映问题215件次,排查出各类矛盾纠纷255件次,化解230件次;遏制群体访事件105起8503人次。完成辖区84处光接点的核实与拍照工作。

(王克凡)

【安全生产】 组织元旦、春节、“两会”三个安全稳定“战役”行动,27个事故隐患被查处,取缔无照经营457个,非法行医18个。开展冬季防火、预防煤气中毒、“禁放”工作专项大检查,消毁“夺命炉”30个,增添灭火器材160件。

(王克凡)

【社会求助】 对484户385名特困低保家庭、特困残疾人家庭及军工、地退、超转病残、孤老人员、伤残军人、烈属人员进行慰问,发放慰问金22万。收缴残疾人就业保障金80.7万,为三个社区修建残疾人无障碍坡道。完成8名贫困残疾人白内障复明手术。为449户959人发放了最低生活保障金242万,为失业人员发放失业金5.56万,为69户156人办理了低保手续和低保医疗救助手续。接受和转出各类档案累计4200份,为失业人员指导培训1692人次。与辖区单位签订空岗协议100个,劳服企业岗位开发807个,实现了2121人的千人再就业。

(王克凡)

【科教文卫】 开展“一台戏、一条街、一场电影”活动,组织社区实施“春节系列文化活动”、“三八节文化活动”、“五月的鲜花”、“庆六一”、“夏日文化广场”等活动。结合“创卫”,组织了“创卫宣传大蓬车”和文艺汇演。进行了科普知识巡回展出,组织单位、社区健康教育指导培训,开展创卫健教、红十字救护、传染病防治健康大课堂。

(王克凡)

【全程代办】 共接转党组织关系517个,办理学生借读证明117个、老年证书870个、个体工商营业证明267个,办理一胎生育服务证479个、独生子女证468个、流动人口婚育证

775个,进行各种业务咨询9520人次。对街道外网网站进行了进一步改善,网站共更新信息364条、图片181张,网上接收政风在线73件。

（王克凡）

【街道人大】 在街道外网网站开设了《地区人大情况》专栏。对辖区11个政府职能部门及派出机构进行民主评议,制定整改措施88条。人大代表接待日接待选民代表45人次、收集群众意见50件80条。辖区18个人大代表积极发挥作用,共解决与居民群众密切相关的实际问题20个。

（王克凡）

【征兵工作】 年内适龄青年登记共131人,应征对象62人,15名合格青年应征入伍。

（王克凡）

太平桥街道

【概　况】 太平桥街道位于丰台区的中北部,东与宣武区、北与海淀区接壤,西南分别与卢沟桥、新村、右安门街道毗邻,并与卢沟桥乡6个村(或工贸集团)相包容,辖区面积9.81平方公里,是京西交通枢纽之一,北有西客站、东靠广安门货运站,菜户营桥、六里桥、丽泽桥、莲花池立交桥构成辖区东西南北的交通大动脉。辖区内有中央和市、区属单位243个,是西客站南广场商贸区和丽泽商务区的中心地带;辖区有占地53.6公顷的莲花池公园、1所大学、7所中小学校、4所医院、4家报纸出版新闻媒体。辖区主要街巷10条,其中一、二类大街广安路、西客站南路、西三环西路、二环路4条,社区居委会11个,常住人口2.6037万户、6.7350万人,社会志愿者3017名,计划生育率99%。

（邵宝卫）

【社会治安综合治理】 年内成立社区社会治安综合治理委员会11个,治安联保小组76个,由楼门组长、治保积极分子组成的治安巡防队1264人,在社区安装护栏6000米、报警器101个、电视探头658个、取暖风斗737个、楼宇对讲系统4007户,构筑街、居、楼三级安全工作网络。召开地区有关安全工作会议13次,先后印发防火、防煤气中毒、防禽流感、致居民的一封信等安全工作宣传材料6万余份;与单位或业主签订《社会治安综合治理责任书》、《出租房屋安全责任书》、《交通安全协议书》等安全责任书700多份,建立地下空间、人防工程、流动人口、出租房屋、危化企业、施工工地等安全工作台帐,做到基数清、情况明。集中力量对六里桥东北角非法劳务市场、莲花池公园南侧平房、太平桥路、马连道路、地下空间、出租房屋、取暖煤炉、发廊、电子游戏厅、网吧、施工工地等进行拉网式安全检查16次,出动1750多人次。对地区77名帮教对象,坚持实行“教育、感化、挽救”的方针,防止他们重新犯罪;6名社区矫正人员工作进展顺利。

（邵宝卫）

【“创卫”工作】 年内,组织创卫宣传11次、检查568人次、发放宣传材料5万余份,新建2个垃圾分类示范小区,签订门前“三包”环境卫生责任书750份,新建鼠站442个、投放除“四害”药品3.5吨,检查餐饮单位691次,街道辖区内清扫保洁率达100%。

（邵宝卫）

【城市管理】 年内依法拆除违法建设3500平方米,查处散发小广告189起、24万余条,取缔露天烧烤6起、无照发廊17家,查抄无照三轮车345辆、黑摩的56辆,没收燃煤桶炉52个,清理流动商贩1035起;发放用水指标395户,做好50家用电大户、17家天燃气供暖单位的用电侧管理和节约燃气工作。

（邵宝卫）

【协税护税】 实施重点企业一把手亲自联系、

重要企业专人、定期联系的联系企业制度，对80家单位进行了走访、调查，完善绿色通道内容，为企业办理实事68件，有15家单位将税务关系转入丰台区，注册资金9000多万元。

(魏起利)

【劳动保障】 年内成立5个企业安全生产协作组织，对32个特种设备使用单位的设备使用情况及持证上岗制度进行检查，共抽查劳动用工单位61家、日常劳动监察巡查296家、受理举报案件41起，涉及职工1.1万余人，责令用工单位为劳动者补交各项社会保险32.9万元、清理拖欠工资10000余元、补签劳动合同646份。

(梁京凤)

【社区服务】 在社区广泛开展"送政策、送岗位、送技能、送服务、送温暖"活动，为失业人员建立求职档案579人，办理《再就业优惠证》410个，上报空岗信息96条，开展定岗培训316人次，新开发就业岗位729个，安置下岗失业人员721人；及时准确发放离退休人员基本养老金和失业救济金近590万元、报销医药费20余万元。增设2个社区卫生站，增加社区服务网点、新增社区公益性自管人员40多名；社区便民服务热线接待求职人员560人次、热线求助219人次。广泛开展帮困、助残、济贫、敬老活动，及时足额为各类民政对象发放补助200多万元。

(邵宝卫)

【为民办实事】 年内完成莲花池137户居民城中村改造的调查摸底工作；办事处自筹和协调辖区单位筹集资金30多万元，为莲花池社区新建200平方米的办公用房；为太西里小区投入资金达80余万元，修理路面4100平方米、粉刷墙面2350平方米，更换雨水管线2500延米，绿化300平方米，老旧小区的面貌为之焕然一新。

(邵宝卫)

【精神文化生活】 自筹资金30多万元，建成集乒乓球、台球、沙壶球、健身器材于一体的200平方米的职工活动中心；组织"礼仪北京，人文奥运"主题教育活动，举办各种讲座27场次，参加人员达1.8万人次，发放创建首都文明区宣传材料10余万份，开展"三位一体"的未成年人思想道德教育，为民工举办"工地课堂讲维权，现场教育保平安"活动，受教育达到达2070名；经常性地组织健身操、秧歌队、文艺汇演、夏日文化广场等丰富多彩的文体活动。以加强公民道德、法制、国防宣传教育为手段，以各级党、工、青、妇、民兵组织为纽带，充分利用社区资源，积极倡导政企联手、军地共建活动，组织辖区单位和居民开展"城市清洁日"、"周末卫生日"和除"四害"活动，开展助残、为老、帮困、助学、募捐活动，积极为社会弱势群体提供物质、精神帮助，街道被区评为文明街道。

(邵宝卫)

【政务公开】 年内投入30多万元建立全程办事服务大厅和社保所、社区服务中心的社区服务大厅，设立开放式窗口14个，在区统一实施全程代办11项事项的基础上，扩大全程办事代理服务内容，把与居民生活密切的5 7项工作也纳入全程代理范围。投入50多万元购置了微机、打印机、数码相机等自动化办公设备，政务公开形式已经实现了十站(10个社区实行居务公开和全程办事代理服务站)、四电(24小时值班咨询电话、全程办事咨询服务电话、各科室和各社区咨询服务电话)、三网(街道政府网站、政府专网、局域网)、三栏(政策法规栏、宣传橱窗栏、办事指南栏)、三卡(《绿色通道联系卡》、《太平桥街道规章制度汇编》、《致辖区居民的公开信》)、两厅(全程办事服务大厅、社区服务大厅)等形式，已为居民受理和办理14094件，其中即办件13675件、上报件422件，除上报件外，一次办结率为100%。

(邵宝卫)

新村街道

【概　况】 新村地区面积为50.26平方公里，辖区人口为4.3万户，10.8万人；年内出生人口407人，计划生育率98.03%，办理各项计生政策2772件。辖区有残疾人947人，21个社区共建立16个康复小组，全年安置21名残疾人就业，收取残疾人就业保障金近78.3万元。全年税款代征26万元。民政经费支出情况：发放超转人员生活补助380万元，低保(含粮油帮困、困难补助)240万元，军地退职工工资100万元，优抚对象33万元，各类医药费95万元，管理、走访慰问19.4万元，共计867.4万元。处理群众来信来访81件，做到答复率100%，解决率100%。接到网上投诉32件，都得到及时处理。累计接收矫正对象49名，解除矫正20人，转出4名，现有25名，其中缓刑9名，剥权13名，假释2名，监外执行1名。各社区共调处民间纠纷96件，调解成功96件，成功率100%，防止矛盾激化8件，代书2份，法律咨询87人次。

(王复华)

【再就业】 年度登记失业人员2455人，其中，4050就业人数840人，推荐就业成功603人，再就业培训335人，开发社区岗位1035人，安置就业人员828人。5至7月完成因桥梁厂污染搬迁1200多名职工被解除劳动合同中800余名下岗人员的失业登记、社会保险续接、档案转移、自谋职业补助、失业金发放工作，其中，发放失业金770余万元。

(王复华)

【城市建设】 年内共出动8000多人次，整治大小道路18条，规范垃圾处理站、点共76处，清理垃圾7227多吨，拆除违章建筑面积3933平方米。植树10656株，扩大绿化面积29200平方米。其中乔木662株，灌木835株，月季8949株，攀缘210株70延长米，竹子680株，绿篱103040株、13185米，草坪17805平方米，宿根花卉5065株390平方米。新增蓝谷科技大厦、中钞特种防伪公司、昌宁机电有限公司、欧尚超市等4个绿化单位。

(王复华)

【税收工作】 年内完成集贸市场税收260万元；个体税收175万元。三环新城纳税4000万元；引进新税源户2户。

(王复华)

【社区建设】 年内筹集资金17.3万元为育芳园社区新建90平方米活动用房，落实科二社区办公用房90平方米，协调地图出版社为万柳西园社区增加了30平方米活动用房。投资18万元为富丰园社区建活动用房130平方米、改造自行车存车处100平方米。支持、指导桥二社区建立丰台区第一家社区网站。投资5万元为21个社区配置了数码相机，投资1万元为看丹社区和明春苑社区维修和粉刷办公及活动用房；解决了8个社区电话过户问题；为8个社区报装了电话，17个社区安装了宽带网。投资2.3万元，为桥二等6个社区更换办公桌椅；同丰台城建开发公司协商落实了富锦嘉园343平方米的办公及活动用房。

(王复华)

【全程办理】 年内确定实行全程办事代理服务项目57项(即办项目43项，代办项目14项)，增补了45项服务事项。投入经费63万元，新建全程办事大厅并安装电子滚动屏幕，及时播报再就业优惠政策和各类信息。共受理、代理全程办事事项1462件。

(王复华)

【城管执法】 年度共罚款27万元，制作执法文书240份，处理群众举报件389件，查抄小广告窝点10处，清运垃圾400吨。其中，取缔无照流动商贩5968个，罚款15300元；对

15起三环新城、南通三建，润丰达、保利建设等扰民、影响环境卫生的施工单位进行了处罚，罚款146500元；处罚黑车20辆罚款27500元；处罚黑摩的2辆，罚款1200元；对违反有关规定扬尘、泄漏遗撒等污染大气环境行为查处48起；清除小广告19255条；拆除违法建设4处，1304平方米；落实"门前三包"372个；清运垃圾400吨；先后对园区公园南口、桥梁厂、三环新城、冷冻厂、银地小区周边等群众举报较多路段进行集中清理，拆除、规范广告牌匾180余处，没收三轮车、黑摩的100余辆，清除小广告上万条，拆除违法建设1304平米，取缔无照经营摊点60多个，拆除、规范广告牌匾380余处，清除小广告19255条，罚款8000元。

(王复华)

【劳动监察】　全年共巡查185家单位，出动537人次，对巡查单位进行全面用工检查，共涉及职工25819人，签订劳动合同24528份，占职工总人数的95%。已缴纳社会保险共21946人，占职工总人数85%。接处举报案件93起，为职工清欠追回工资278人次，102万余元，处理群众来访案件一起47人，结案率97%，追缴社会保险131人次，补交社会保险23万余元。查处案件率100%。

(王复华)

【新村街道科普活动中心正式揭牌】　1月21日，科普活动中心在韩一社区正式揭牌，科普活动中心集社区居民学习、科教、休闲、娱乐为一体，设有机加工组、模型组、编织组、书画篆刻四个活动组。

(王复华)

【募捐】　2月，为东南亚海啸灾情捐款共计13万余元。5月，地区18个基层计生协会以"救助贫困母亲，建设幸福家庭"为主题的活动中为贫困母亲捐款7779.50元。10月，为帮助江西、内蒙贫困地区和北京市困难群体，募集87000余元的捐赠款。

(王复华)

【文体活动】　10月22日，第三届文化艺术节金秋秧歌赛共14支代表队参加大赛。10月29日，举办地区残疾人运动会。运动会设立了飞标组、哑铃挺举组、沙包组、50米往返组以及投篮组等六个项目，21个社区中100多名残疾人参加了此次运动会。

(王复华)

右安门街道

【概　况】　右安门街道位于丰台区的东部，距区政府9公里。东至北京南站与崇文区相邻，南至京山铁路与西罗园、马家堡街道相连，西至菜户营与太平桥街道接壤，北至护城河与宣武区隔河相望。街道办事处坐落在右安门外翠林小区。街道辖区面积4.32平方公里，共有大街小巷25条，(其中主要街道东西向6条，南北向5条；小巷14条)。下设16个社区居委会，常住居民3.17万户，8.2万人，16个少数民族。辖区内共有经营单位1516家，其中法人单位470家，产业活动单位216家，个体经营户830家。街道范围内现有绿地58处，面积72.98公顷，人均占有绿地8.9平方米。在16个社区共建20处居家健身场所。地区新生婴儿236人，计划生育率98.3%。年内共拆除违法建筑1250平方米，清运垃圾620吨。受理行政许可事项1030件，咨询2634件，接群众来信44件，接待群众来访21批52人次，经协调得到解决。开展以"关注灾区、共创和谐"为主题的募捐活动，向印度洋海啸灾区和贫困灾区捐款，共捐款265185.7元，衣被20768件。在解决下岗，失业人员再就业方面，街道共有失业人员2500人，(其中年内接收1074人)。技能培训253人，成功推荐再就业670人次，开发岗位

844个,置换岗位675人,安置“4050”人员370人,失业低保人员就业35人,残疾人就业3人,6名失业人员参加相关创业培训后走上了自主创业之路,吸纳60余名失业人员帮助他们实现了再就业,组织召开10次大型招聘洽谈会,就业率达67%,失业率1.9%。加大劳动保障违法案件的查处力度,全年追发工资、加班费19.2402元、清退抵押金3000元、补缴社会保险6895.86元。开展城乡一体创卫工作,通过了北京市创卫检查组的调研和评估。完成翠林三里、翠林二里、玉林西里、玉林东里一区等老旧小区部分道路、绿化、公厕、路灯等基础设施的建设,改善了地区居民生活环境。加强对右外大街凉水河两岸的环境综合治理工作,清理凉水河北岸5处非法废品收购点,腾出空地5300平米由凉水河管理处进行绿化。协调区市政管委完成右外大街南沿工程,协调市市政处对右外大街进行大修,完成开阳里西巷南侧道路1000多平米的硬化,使地区交通状况得到了改善。进行社区矫正、安置帮教工作,地区接收矫正对象15人,安置帮教对象51人。加强社区治安防控体系建设,有效整合社区资源,建立1660余人的社区巡逻志愿者队伍,平安社区、平安街道创建工作为创造良好社区治安环境提供了坚实的基础和保障。年度街道办事处被评为全国群众体育先进单位,市级先进10项:北京市再就业先进集体、北京市地下空间管理先进单位、北京市流动人口管理先进单位、北京市“十五”期间人防管理先进单位、610工作先进集体、首都平安示范街道、北京市妇联系统基层妇女组织先进集体、北京市无偿献血先进集体、北京市创卫先进单位、首都文明街道。

(张二山)

【美国前总统克林顿到佑安医院参观、看望艾滋病患者】　2月24日,美国前总统克林顿带领克林顿基金会的官员在卫生部王陇德副部长、北京市卫生局金大鹏局长、首都医科大学王晓民副校长等领导的陪同下,来到首都医科大学附属北京佑安医院爱心家园,看望艾滋病感染者、患者及医务人员。克林顿先生对佑安医院在防治艾滋病事业中做出的巨大的努力和取得的成绩给予了高度的评价,并与佑安医院的医务工作者合影留念。

(张二山)

【刘淇等市领导出席地下直径线工程开工仪式】　12月24日,市委书记刘淇、铁道部部长刘志军、市长王岐山出席北京南站暨北京站至北京西站地下直径线工程开工仪式,宣布工程开工。铁道部及市领导卢春房、孙政才、刘志华、黄民,丰台区区长张大力参加了开工仪式。北京站至北京西站地下直径线自北京站向西,在崇文门东入地,经前门、宣武门、天宁寺、莲花池东路,至北京西站,其间与护城河相交并从河底穿过,全长9.15公里,其中隧道长约7.3公里,全线平均深度21米,最大深度约39米。

(张二山)

【北京佑安医院改扩建工程奠基开工仪式】
10月13日,年度北京市重点建设项目的北京佑安医院改扩建工程举行项目奠基开工仪式。卫生部、建设部,北京市委、市政府以及北京市卫生局等相关委办局的领导参加了奠基开工典礼。该项目总建筑面积为27787平方米,包括门诊医技楼和呼吸道病房楼,总投资14169万元。

(张二山)

【吉林副市长调研东庄地区改造工作】　10月13日,吉林副市长带领市政府有关部门在侨园饭店与丰台区召开座谈会,调研东庄地区改造工作。市政府办公厅副秘书长李伟、丰台区区长张大力、副区长罗洁参加座谈。会后,东庄地区改造工作正式开始。

(张二山)

【右安门街道被评为全国群众体育先进单位】
街道16个社区共有20处居家工程和一处标准工程,53名社会体育指导员活跃在48

支各种健身队伍中,14 个晨晚炼点。10 月,街道被评为全国群众体育先进单位。

(张二山)

【右安门街道被评为丰台区第一个平安街道】 年内,建立社会治安综合治理委员会,地区刑事发案低于丰台区的平均水平,未发生恶性和重大治安事故,无重大治安乱点和治安隐患,发生在居民区的入户盗窃、抢劫等可防性刑事案件发案率低于街道总人口的 1.5‰。5 月,街道被评为丰台区第一个平安街道。

(张二山)

【右安门街道被评北京市“三优”服务窗口】 承担着辖区 3000 多名失业人员、600 多名社会退休人员、1000 多名低保人员的管理及服务工作。年内街道进一步完善各种服务体系,把加强行风建设,争创“三优”作为工作的重点,“把社保所建成弱势群体之家,失业人员再就业之家”为服务理念,开拓创新,赢得了群众的好评。3 月,街道被评北京市“三优”服务窗口。

(张二山)

马家堡街道

【概　况】 马家堡街道位于丰台区东南中部,东与西罗园街道、南苑乡接壤,南与南苑街道接界,西与新村街道相连,北与右安门街道隔路相望;辖区内有南三环中路、角门北路、角门路、嘉园中街、南四环路、马家堡路、马家堡中路、马家堡西路,嘉园路五横四纵 9 条主要大街。辖区呈长方型,东西宽 1.53 公里,南北长 3.21 公里,面积 4.95 平方公里,居民小区 71 个,居民 46591 户,104916 人,设 14 个社区居委会。辖区内有中国康复研究中心、北京戏曲艺术职业学院等 79 个中央、市属、区属单位,学校 6 所,幼儿园 5 所,商场 7 家,医院 3 家,社区服务中心 1 个,公交线路 15 条,是一个集居住、商贸、餐饮、医疗保健、文化教育于一体,交通便利、环境优美的正在开发建设现代化居住区。年内,建成大型公共绿地 37000 平方米,创建花园式单位 3 个,绿色社区 3 个,绿化覆盖面积达 88.95 万平方米,辖区建成区内绿化覆盖率达 30.67%,荣获北京市爱国卫生先进单位;认真做好人民内部矛盾的排查调处工作,处理化解集体访 3 起,化解 5 起群体性事件,消除化解各类人民内就矛盾 40 多起。积极开展文明创建工作,玉安园社区社区被评为首都文明社区,嘉园二里社区、嘉园三里社区、晨宇社区和角门东里西社区被评为区级文明社区。

(李志平)

【创建国家卫生区】 年内积极推进城乡一体创卫工作,投入资金 7 万余元,组织健康教育、除四害、垃圾分类培训 3 期 180 人次,联合执法 3 次,除四害检查 4 次,对餐饮企业进行集中消杀。签订“门前三包”责任书 418 份,环境卫生责任书 396 份。拆除违法建设 8040 平方米,辖区内 12 台燃煤锅炉达标排放。积极开展花园式单位创建活动,明月嘉园、玺萌苑、丰开苑小区被评为花园式单位。

(李志平)

【社会治安综合治理】 年内共开展各类专项整治 14 次。出动人员 2800 余人次,车辆 180 余次,发宣传材料 4 万余份,消除各类安全隐患 378 处;销毁“夺命炉”168 个,安装风斗 482 个,整治炉具 1238 个;检查地下空间 24 次,查抄煤气罐 5 个,整改人防安全出口 2 处,推广了马家堡西里 18 号楼人防工程改造经验,对 6 处人防工程完善了技防设施;关闭非法小诊所 5 个,清理各类租户 360 户,与租户签订安全协议书 400 余份;积极开展“百日专项整治行动”,查封关停小发廊 21 家,取缔非法废品收购站1处,规范洗浴行业超范围经营2家、手机店5家,拆除店外经营1处,查抄违法经营乱点3处,对非法停车揽客及非法占路运营的摩的、人力三轮车等进行了查处,查抄三轮车和摩的278辆。

(李志平)

【劳动监察】 年内重点开展企业支付职工工资、社会保险扩面征缴、维护农民工权益专项检查,共检查企业37家,涉及职工3000余人,纠正单位违法行为25起,补签劳动合同400余人,补缴社会保险145人次、4.8万余元,指导35家用工单位建立和完善用工管理制度。受理举报45件,结案36件,帮助追缴拖欠工资10万余元。

(李志平)

【社会保障】 年内共办理失业登记934人,发放再就业优惠证503人;158人接受免费职业技能培训,成功推荐就业245人;256人办理自谋职业社会保险补助费,代收个人社会保险费7.8万余元;报销失业人员医疗费237人次、7.4万元。新办理低保67户、撤消81户,对24户低保家庭实施了临时救助。街道管理的733名退休人员全部建立了台帐,2117名企业管理退休人员报销门、急诊医疗费用计1061人次、360万余元。

(李志平)

【成立新社区】 年内,经区政府批准,新成立城南嘉园和枫竹苑两个社区,完善新开发建设的城南嘉园和未来假日花园两个居住区的居民自治管理,为居民办事提供了方便。

(李志平)

【社区艺术团成立】 6月28日,马家堡街道群众艺术团成立,聘请评剧表演艺术家戴月琴担任名誉团长,充分发挥地区京剧、昆曲艺术团体、人才聚集的优势,推动国粹艺术走进社区,为活跃地区文化、满足群众需求、创建和谐社区奠定了基础。

(李志平)

【新办公楼启用】 8月1日,街道机关迁至嘉园三里17号楼办公,办公环境得到显著改善,增设了220平方米的服务大厅,厅内设12个窗口,所有服务事项大厅内均能办理。增设行政投诉窗口,即方便居民办事,也方便居民投诉;办公楼安装监控设备,对办公楼实施全时监控,提高了安全工作的可靠性。

(李志平)

【马家堡三期安全工作站成立】 11月,成立由办事处牵头,开发公司、派出所、马家堡村和社区居委会为成员单位的马家堡"三期工程"安全工作站,设在三期工程内,为常设机构,制定《马家堡街道三期工程安全工作实施意见》,明确开发公司、派出所、马家堡村的相应责任,建立日常检查、流动监管、协调调度、应急处置、技术保障制度,安全工作站根据季节特点,开展不同形式的安全检查,三期工程内的安全工作得到了加强。

(李志平)

【爱心家园】 11月11日,街道爱心家园正式揭牌,开辟对辖区内的特困低保家庭、困难老党员、困难老年人、困难残疾人和有合法身份固定居住地经营场所的困难外来务工人员实施救助的新途径,每个困难家庭每年可以获得300元的救助。

(李志平)

西罗园街道

【概　况】 西罗园街道位于丰台镇东北方向9公里,距天安门5公里,东、北与崇文区、宣武区接壤,并与东铁匠营、右安门、新村、马家堡、大红门街道毗邻,与花乡、南苑乡3个村相包容。辖区面积3.025平方公里。东西长,南北宽。凉水河由西北向东南蜿蜒过境,境内长2公里,马草河于海户西里南侧汇入凉水河。南三环中路、马家堡东路、马家堡路、角门路纵横交错、交通便利。街道办事处下设16个社区居委会,有常住居民34814户,103380人。现有社区志愿者服务队10支869人,开展各类志愿者服务活动122次,参加人数达2万人次。辖区绿化总面积52.86公顷,绿化覆盖率19.81%。年内积极拓展全程办事代理业务,接待办事咨询4000人次,受理服务单500余件,全部办结,群众满意率达100%。投资近两万元,实施西罗园街道门户网站升级改版,扩充版面和栏目内容,增加党务公开和政务公开等13个栏目,开辟网上投诉、政策咨询等信息交流互动平台。共有6个社区被评为平安社区。其中"首都平安示范社区"两个、区级平安社区四个。年内街道办事处被评为北京市爱国卫生先进单位、丰台区人口与计划生育工作先进集体、再就业工作先进单位、绿化美化先进单位、全国第一次经济普查优秀单位、丰台区文明街道等。

(王君玲)

【精神文明建设】 年内创建首都文明社区4个;区级文明社区4个、文明单位1个;首都绿色社区7个、区级绿色社区5个;首都级安定小区1个;首都级示范大街1个;学习型城区贡献奖1个、学习型城区资源开放先进单位1个;区级先进文明市民学校2个。

(岳文勇)

【矛盾排查调处工作】 认真做好信访接待和矛盾排查调处工作,全年共接待来访31批、280人次,其中集体访22批107人,共受理群众来电232件,反馈率达100%,办结率98.5%。

(李永红)

【社会治安综合治理】 年内与地区单位、地下空间、社区居民分别签订《社会治安综合治理责任书》、《安全生产责任书》、《地下空间安全管理责任书》、《地下空间防汛责任书》共计2000余份,明确了安全防控责任。拆除人防工程内的上下床175张,拆除不符合要求的小房间35间,清理地下空间居住人员156人。在地下空间内查抄煤气罐、热得快、电热毯、电炉子共350个,及时清除了地下空间的安全隐患,全年未发生伤亡事故。进一步加大对外来务工人员和个人出租房屋的管理,完成代征房产税19万元。

(王君玲)

【创卫工作】 年内投入46万元用于创卫工作,制作横幅100余条,编印下发《四区连创宣传手册》5千份,出板报、墙报200余块,制作永久性宣传牌80块。与地区644家单位签订了《门前三包责任书》,273家单位签订了《门前环境卫生责任书》,签约率达100%。共检查除四害单位187家,清理绿地7.8万平方米,清理积存垃圾渣土636吨,清除小广告数十万处,取缔无照商贩200余家,清理了277栋居民楼内的堆物堆料300余吨,拆除违法建设1800平米,纠正临街占道经营、门前摆摊设点、乱倒垃圾等违法行为2000余起,罚没款16万元,罚没黑三轮、摩的、黑车466辆,处理举报1260件,通过市创卫考评团的初审评估和复查。

(王君玲)

【实施老旧小区及道路改造】 年内协调有关职能部门,投资220多万元对西罗园四区、洋桥西里社区、角门北路、洋桥村路、凉水河两岸等进行改造,共计更换便道14400平方米,铺设柏油路165800平方米。拆除各类违法建设1500平方米,腾退各类占地5000平方米。共计植灌木7167株,木348株,种植草坪20116平方米。补种绿地340多平方米。

(王君玲)

【为民办实事】 年内协调各有关部门为角门二社区解决办公用房;为洋桥东里社区在同仁宿舍院内建立老年活动站60余平方米;为海户西里北社区设治安岗亭一座、建多功能会议室180平方米、安装拉闸门及建挡土墙50米、完成社区内6栋高层楼无障碍坡道及

4栋楼平改坡;协调物业、居委会解决海户西里南社区、鑫福里、洋桥西里社区扰民费86万元;为199户抚恤对象及社区非专职工作者办理了工资代发银行卡。通过协调为角门北路和角门甲4号院内及二区安装26盏路灯、18把长椅。与西罗园供暖公司、洋桥窗帘市场等单位协商,共同投资70000余元,为洋桥东里社区铺设路面、甬路1165平方米。

(王君玲)

【协税护税工作】 年内成立优化发展环境办公室,组建协税护税工作队伍。截止11月底,为上百家企业建立跟踪服务台帐,增加异地纳税企业两户共734万元税收;完成辖区532家正常纳税户的税费征缴,完成税收总量2799万元,区级税收完成1127万元,个体税收完成150万元。

(石　斌)

【民政工作】 年内广泛开展为东南亚海啸灾民捐款、为地震灾区捐物及扶贫济困送温暖募捐活动,共计捐款14万元、捐衣被9000余件。两节期间走访地区特困、残疾、军烈属、超转地退等家庭375户,发放慰问金15万元,地区弱势群体的基本生活得到保障。严格执行低保复审制度,撤消34户93人的低保资格,根据有关情况和政策要求变更61户174人。

(王君玲)

【劳动保障】 年内共举办职业技能培训7期,273人获得职业资格证书。接待求职登记1200人,组织大中小型现场招聘洽谈会12场,推荐安置就业1106人。办理650名企业管理的退休人员的医药费报销业务,报销医药费230万元。协助区建委清理建筑工地拖欠工资150万元。

(王君玲)

【社区群众文化活动】 年内共举办大型文化活动7场,与中国评剧大剧院合作放映露天电影42场;由社区组织举办的中小型文艺演出27场、消夏露天电影晚会14场、举办游艺、游园、戏曲欣赏等文艺活动21场、举办各类文化展览10余次。

(王君玲)

【社区公益大讲堂启动】 4月9日,致公党北京市委常务副主委林义、丰台区委常委、统战部长吕跃进共同揭开了“西罗园街道社区公益大讲堂”铜牌上的红绸,标志着西罗园街道与致公党北京市委科学专家共建和谐社区暨社区公益大讲堂行动正式启动。

(岳文勇)

东铁匠营街道

【概　况】 东铁匠营街道位于丰台区东部,东北部分别与朝阳区、崇文区、方庄地区相邻,西南部分别与西罗园街道、大红门街道接壤,并与南苑乡的3个自然村相包容。辖区面积13、2平方公里。现辖区有23个社区,年内11月新建正馨家园社区、四方景园社区。有常住人口58626户,150000人,有各类企、事业单位、公司、商店700多家。其中市、区属185家,各类学校21所。有大小道路77条,其中重点大街20条,7座大型立交桥座落于辖区,有27条公共汽车线路途径辖区。正在建设中的居民住宅小区15个。年内,完成为群众承办的10件实事,整治老旧居住区1个,创建垃圾分类小区1个,改造公厕13座,改造修复破损道路1条,改造老旧小区绿化5处,创建温馨家园4个,举办街道首届老年人艺术节,创建流动人口科普大课堂1个,解决社区居委会办公用房1处,建立失业人员活动之家1个。

(王克东)

【“创卫”工作】 6月,对顺四条、横六条路两侧的96间违法建设和32块违章广告牌予以拆除,对顺八条、横一条、横七条、贸易街、成寿寺路、成仪路、宋庄路进行道路环境整治，使大部分路段“顽疾”得到了初步解决。投资15万元，对南三环中路2栋楼下环境进行改造。年内，发动社区志愿者6000人次，清除垃圾20车，清除小广告2万余条，清理绿地18万平方米，发宣传材料5000份。专派6名绿化人员，每日清刷小广告。

（王克东）

【环境建设】 年内，对蒲黄榆三里、怡心公园、赵公口小区、定安西里小区、横一条小区进行绿地改造，种植各种树木1140多株，绿篱3000株/500延长米，扩大绿化面积470平方米。刘家窑南里29号楼下，铺沥青路面120平方米，蒲黄榆二巷道路改造，铺设沥青混凝土路面1000平方米。蒲安里老旧居住区路面翻修改造540平方米，硬化2667平方米，做雨水管线200米，解决了多年的雨水积水问题。南三环中路15号院4号楼下，改造杂草地，硬化地面，粉刷墙面，安装水泥桌椅和200米护栏，建成400平方米的健身场地。南三环中路16号楼下，拆除违建让出防火通道，地面硬化300平方米。

（王克东）

【社会保障】 年内，为16个单位举行大型招聘会5场，400人参加，100人被聘。为1186名失业人员进行职业指导培训，举办各类培训班18期，1112人取得了职业资格证书。763人实现再就业。全年登记失业人员就业1640人，“4050”人员就业681人，再就业技能培训538人，开发置换社区就业岗位1776个，社区就业安置1421人。4月，投资10万元，为失业人员建成“失业人员活动之家”，为失业人员开展各项活动提供了场所。

（王克东）

【民政工作】 两节期间对1086户，2715名低保人员、优扶对象、残疾人员、失业人员、特困党员、特困母亲、特困学生进行慰问，发放慰问品及慰问款近40万元。年内，享受低保户有823户，1834人，其中重残64户，享受医疗救助38人，报销金额8.04万元。为18户低保家庭中品学兼优的高中生办理助学款1.8万元。申请廉租住房5户。为273名老人办理了老年证。为13名残疾人免费发放轮椅等用品用具。为5人实施白内障复明手术。对133个单位收缴残保金35.27万元。为南亚海啸灾区募集捐款13万余元，为“幸福工程”募捐1.3万元，为“博爱在京城”募捐3万余元，为慈善扶贫济困捐款近7万元，为22名贫困家庭女孩募集并发放助学金3.6万元。

（王克东）

【综合治理】 年内，出动1000人次查处外地黑车16辆，罚款2万多元，查抄黑三轮95辆，黑摩的24辆，长途车障碍揽客100余次。查处无照商贩130多个，清理非法劳务市场1处，取缔非法废品收购站2处。组织联合执法37次，查抄盗版光盘1500余张，非法出版书籍400多本。对739个单位进行防火检查，查出隐患1334处，现场解决862处，限期整改472处。开展交通安全宣传日活动30次，发宣传材料5万份。司法矫政52人，解除矫正14人，为6人办理了低保，27人安置工作，4人就学，法律咨询320件，提供法律服务53件。

（王克东）

【信访工作】 年内，发放宣传材料3万余份，张贴宣传画200余套。集中开展4次人民内部矛盾纠纷排查，排查群众性矛盾纠纷60件，办理群众来信来访178件，群体访22批，办理市长电话专报12件，办理网上投拆88件，办结率99%。比上年越级集体访下降50%。

（王克东）

【劳动监察】 年内，检查劳动用工单位245个，涉及劳动者14404人。查办举报19件，责令改正14件，督办社会保险缴费单位24个，涉及人员794人，社区保险扩面征缴146.36万元，追讨工资1.39万元，补签劳动合同206人，追讨违法押金1.76万元。取缔非法职介13个,参与处理突发事件2起。组织22次辖区企业旁听仲裁庭审理的劳动争议案件。对18个建筑工地依法进行监察,督促为农民工缴纳工伤和医疗保险448人,签订劳动合同2473人。召开建筑工地安全生产会8次,安全检查37次,出动检查人员183人次,下发整改通知书2份,填写现场督查表59份。

(王克东)

【政务公开】 年内,对街道政务公开项目进行重新审核,将62项公开事项按照许可服务等6类向社会公布。全程办事代理受理接待5366人次,受理事项1949件,办结率100%,群众满意率100%。

(王克东)

【网络建设】 年内,投资10万元,完成数字街居软件系统二期开发,加装新的服务器,实现机关各科室计算机全部连接互联网,完成了网上街居办公平台的建设,实现街居之间的网上信息交流与互通。对街道政府网站进行了全面改版更新,建立了后台的有效管理系统。

(王克东)

【社区文化】 4月22日举行了社区群众橡筋健骨操比赛,21个队近300人参加。5月28日辖区900名社区居民、部队官兵、学校教师组成的21支合唱队,参加了"五月鲜花"群众歌咏比赛。6月9日举办了以"欢歌丰台,和谐社会"为主题的慰问外来务工人员文艺晚会,400多名工地工人观看了演出。举办夏日文化广场晚会16场。

(王克东)

【强拆违建】 6月22日对顺四条、横六条的96间违法建筑户发放了告知书。27日街道组织区市政管委、公安局、司法局、卫生局、执法大队、工商局、消防队、公证处、派出所、治安支队、武警、南苑乡等部门的200余人,对剩余的13间违章、32块非法广告牌予以强制帮拆。同时,区市政、园林部门对道路进行翻修,加铺人行步道。

(王克东)

【老年人艺术节】 10月9日至16日举办首届街道老年人艺术节,有书画、健身球、体育竞技、戏曲、文艺五项专场表演。1387老人参加了艺术节,近万人观看了表演。

(王克东)

方庄地区

【概　况】 方庄地区位于丰台区东端,北与崇文区搭界,东与朝阳区接壤,西、南与东铁匠营街道相连。分芳古园、芳城园、芳群园、芳星园、紫芳园、芳城东里6个园区,总面积5.53平方公里,户籍居民2.98万户、7.6万人,外来人口0.9万人,计划生育率98%。辖区有中央、市、区属单位116个,中小学10所、幼儿园9所,有15个社区居委会、16个人民调解委员会、110名人民调解员、1560名治安积极分子。绿化面积91.51公顷,人均绿地11.69平方米。年内被评为婚育新风进万家活动国家级先进单位,北京市人口计划生育系统先进单位、北京市街道侨联工作示范单位、第一次全国经济普查北京市先进集体,芳古园一区第一社区被评为北京市青年文明社区。

(刘建荣)

【城市建设】 年内投资1500万元对5条大街进行全面大修;协调北京市路灯管理处、方庄物业公司、北京城市开发公司投资239万元,新增路灯10盏,对两个老旧小区的道路、小花园等进行了大修,建设了50个车位的停车场;采取项目引资的方式,建设方庄菜市场;建成两个花园式单位。

(刘建荣)

【创卫工作】 进行六项专项整顿:整顿环境卫生,组织城市清洁日13次,各社区开展卫生活动5至16次,累计出动群众10500人次,整理绿地82万平方米,清除杂草和垃圾305立方米、钉子户堆物堆料78处、各类小广告6.6万处,捡拾白色垃圾21公斤。整顿六小经营,取缔无证照小诊所、小餐饮、小作坊、小发廊、小旅店、小卖铺80余家。整顿市容市貌,端掉非法广告窝点一个,取缔街头游商284起,规范广告92处,没收黑三轮150辆,拆除违章建筑11处。除四害,两次组织了统一灭蚊、灭蝇、灭蟑,督促有关单位按规定设立了鼠站,中型以上餐饮单位专业消杀率达到80%。整顿建筑工地,对现有6家建筑工地的安全生产、施工遮挡、土堆遮盖、建材存放、洒水防尘、工地及宿舍和食堂卫生进行了全面规范。规范服务网点,对185个无设施社区服务网点进行规范,做到占地面积、经营标识、服务胸卡、物资回收和早餐车辆与服装、修鞋工具箱等"六统一"。

(刘建荣)

【劳动管理】 年内巡查、复查劳动用工单位381户次,补签劳动合同440份。组织108家企业进行了劳动法规培训,完成享受国家优惠政策的劳动服务企业认定3家。完成交纳劳动保险扩面征缴60万元。完成391部台特种设备的普查。开展维护农民工合法权益等专项检查8次,处理拖欠工资案件6起,为144名农民工追发工资15万元。

(刘建荣)

【社会保障】 年内为533人发放失业救济金,为875名自谋职业人员办理了社会保险补助。安置就业862人,其中4050人员238名,失业率降至2.58%。为132户、274名享受低保人员发放低保金和帮困补助74.5万元,为17家住平房低保户发放取暖费3400元。为10户居民提供医疗救助5.6万元,为5名学生提供就学资助7800元,为一名统战对象提供临时救助8000元。为1474名企业退休人员报销医药费2500人次、200多万元,为753名企业退休人员代发了退休金。

(刘建荣)

【民政服务】 年内走访慰问特困户、孤老户40家开支1.62万元,发放低保慰问金118户、4.14万元。办理老年证385人次,为42名军队无军籍和事业单位退休人员发放退休金82.5万元,报销医药费31.6万元。为176名征地超转人员发放生活费123.8万元,报销医药费19.2万元。为14户小工商和重残家庭发放困难补助4.18万元。

(刘建荣)

【社区服务】 年内投资30万元为芳城东里社区建设了300平方米的活动室。建成了社区公共服务网络平台,年内受理并办结代理事项51595件。两部社区服务热线提供服务14743宗。社区网站发展与群众生活密切的40多个服务项目入网,组织各类服务商提供服务13.8万次。利用"星光计划"设施开展社区服务3778次,受益群众27235人次。

(刘建荣)

【助残工作】 全年安排残疾人就业8人,收缴保障金20万元,康复训练18人,配发器材件10件,新建残疾人坡道21处。为4名低保家庭子女发放扶残助学工程款4000元,为2名低保边缘重残人家庭子女发放助学金4000元。元旦春节慰问残疾人家庭112户,助残日期间慰问残疾人家庭94户,共计开支3.17万元。

(刘建荣)

【文体活动】 年内组织了春节一台戏、五月鲜花文艺汇演、夏日文化广场、古城群星牵手奥运广场舞蹈大赛、庆祝申奥成功4周年、北京奥运会倒计时1000天、纪念抗日战争胜利60周年等文化体育活动,开办了市民迎奥运学英语和电脑知识培训班,承办了北京国际电影体育节,免费放映电影21场。夏日文化广场演出文艺节目31场,举办小型运动会11次。地区代表队在丰台区第五届全民健身体育节比赛中取得了桥牌第一名、飞镖第二名的好成绩,并获得精神文明奖。

(刘建荣)

【拥军优属和捐助活动】 年内与总后管理局二处建立了共建关系。解决了95999部队门前道路的照明问题。开支3万多元慰问了驻区部队和军烈属残疾军人。为77名优抚对象发放优抚金13.4万元,发放义务兵补助金8万元。为东南亚海啸灾区捐款13.46万元,为贫困地区捐款5.46万元,为幸福工程捐款1.1万元,为受灾地区捐款7.8万元。

(刘建荣)

南苑街道

【概　况】 南苑街道位于丰台区东南部,京城正南端,人称“天安门前第一镇”。东与东高地街道接壤,北与和义街道相邻,南与大兴区接壤,西至新宫村与南苑乡3个村相包容。辖区面积13.6平方公里,街巷117条。辖区内有23个中央、市属单位和南苑机场等36个驻区部队,9个社区居委会,居民17437户,39277人。有南苑清真寺和南苑基督教堂。年内按时完成为民所办的10件实事。街道与61个单位和9个社区居委会签定了社会治安综合治理责任书,基层综治委9个,治保队伍667人,调解委员会9个 。共接收矫正对象23名,帮教对象67名,帮教率100%。与辖区67单位签定了《计划生育目标管理责任书》及流动人口计划生育管理责任书共523份。拆除违法建设25户35间、面积343.51平方米。为受灾地区群众捐资52430.8元,捐衣物9710件。

(王秀平)

【全程办事代理】 年内制定了、20项全代办工作制度和55项服务事项为全代办项目,实行八小时A、B角接待制,在“受理服务大厅”增设滚动屏和触摸屏 ,方便了群众,提高了办事效率。9个社区分别设立居民事务代办站,规定了“十服务七代办”事项。建立街道行政投诉中心,公布举报电话,设立举报箱。大厅设置了效能考核监测点,每日接受11名前来办事群众的测评,共接受测评人数2904人,满意度为100%。

(王秀平)

【社会治安综合治理】 年内街道与辖区61个单位和9个社区居委会签定社会治安综合治理责任书。地区单位与基层车间、班组等层层签定责任书2850份。社区共有617人的治保巡逻队伍和425人的治安巡逻志愿者队伍。为2所中学、3所小学聘请了法制校长,在中小学校开展法律知识讲座和竞赛等,在校的3000多名中小学生没有出现违法犯罪现象。与辖区居民签订了《防煤气中毒安全责任书》2000余份。与72个单位、9个社区签订了交通安全责任书650余份,发放宣传材料7500余份。没有恶性安全事故发生。

(王秀平)

【城市建设和环境整治】 年内开展环境整治9次。共拆除违法建设房屋25户35间、343.51平方米、清理垃圾渣土220吨。投资200余万元,对五条街道铺油硬化,总长3288米,面积40810平方米。铺设雨水管线1000米。新增绿化面积10000平方米,养护草坪面积4500平方米、树木5000余棵。开展节水检查85次,发放节水宣传材料2万余册。对辖区16座厕所进行升级改造,其中有2座升为三类标准。

(王秀平)

【创卫工作】 创卫工作中,发放各种宣传材料1.5万余份、悬挂横幅52条、标语280条、板报、展板186块,清除卫生死角、堆物堆料400多处,清理绿地14760平方米,清除小广告5000余条、拆除广告牌匾200多块,投放鼠药9箱、粘鼠板3箱、捕蝇笼100个、灭蝇乳油10箱、灭蟑药3箱。出动社会单位、驻军部队、社会群众3000余人次,开展公益性社会劳动,集中对重点大街、重点地段进行整治。总投资20余万元。完成区有关部门对街道的11轮市容环境卫生量化检查考核,在21个街乡检查评比中名列第三名。

(王秀平)

【劳动和社会保障】 年内共接收失业人员档案613份,为809位失业人员办理失业登记,为672位失业人员办理再就业优惠证,为880位失业人员进行再就业免费技能培训,全部取得区劳动局颁发的技能登记证书,550人实现再就业,就业率达到74.3%。举办了失业人员首届职业技能大赛,帮助56名“4050”人员实现了再就业。受理各类劳动监察举报案件22起,结案率100%,为企业职工追讨拖欠工资130915.57万元。检查各类用人单位86个,补签劳动合同160份。完成安全生产专项检查298余次。

(王秀平)

【民政残联工作】 年内为受灾地区群众捐资5万余元,办理老年优待证167个,新审批低保户131户、295人,注销36户、68人,办理低保户和优抚对象廉租房8户,办理低保户医疗救助13人,救助金35277元。辖区内的32个单位落实安残工作,为17名贫困残疾人家庭子女办理捐资助学,对地区830名0—6岁儿童进行了健康状况调查,对地区132名眼疾患者需求进行了调查评定。

(王秀平)

【社区网格化管理模式】 5月初网格化管理方案正式向9个社区推广实施。6月中旬完成责任区的划分、组织网络设置、责任区管理图表等一系列基础工作,共划分了责任区120个,互助协作小组60个,取得较好的成效。6得到了市、区有关部门领导的重视和多家媒体的关注,北京日报、新京报、北京晚报、法制晚报、京华时报、信报、新丰台等都分别给予报导。

(王秀平)

大红门街道

【概　况】 大红门街道地处丰台区东部,距丰台区政府11公里,位于永定门外木樨园南,南中轴路延长线周边,自古就是京城交通的南大门。街道辖区东起北京冶炼厂与朝阳区交界,西至马家堡路与西罗园街道、马家堡街道相连,北至南三环中路与东铁匠营街道和西罗园街道相邻,南至焊条厂铁路线与南苑乡、和义街道、南苑街道相连并与大兴区交界,行政区域总面积13.8平方公里。地区有居住小区39个,平房住宅6237户,流动人口大院11个,有人口14万余人、户籍人口12万。辖区有规划建设中的大红门特色商务区,日客流量万余人,年交易额40亿人民币,是华北、东北地区著名的服装交易集散地,被誉为“京城第五商圈”。地区共有企事业单位1022家,其中,中央直属单位17家,国有企业159家,股份企业157家,私营企业661家,事业单位15家,合资企业5家,民为企业25家,外商企业3家,个体373家。辖区有社区居委会22个,社区工作站25个,专职社区工作者136人,各类志愿者2496名。建有2400平方米的社区服务中心和300平米的的分中心。地区有中学3所,公办小学7所,民办公助小学1所;有市民学校20所,流动人口学校5所;有社区科协分会22个;有各种群众性文体健身队伍80余支,活跃在社区群众文娱活动的各个角落。辖区地处三、四环路之间,有永南路、光彩路、大红门西街、南顶路等主要大街5条,因农居混杂,小街小巷多不胜数。年内地区绿地面积1102公顷,种植各种树木29万株。

(刘　玲)

【为民办实事工程】 年内投资2000余万元，完成实事工程19件。对邮政管理局宿舍至光彩路等5条便民道路进行整修；翻修大红门北路、久敬庄路、南顶路等3条市政道路；对石榴园南里、海户屯两个小区及周边地带、凉水河大红门桥上游沿岸两侧地带进行了整治；对地区6座公共厕所进行改造达到三类公厕标准；建立社区二级图书馆一座、三级图书馆三座；投资60万元建成面积300平方米有22个服务窗口的综合服务大厅；建设完成总面积1100平方米的大红门街道流动人口及市民文化活动中心；新建扩建了康泽园、建欣苑、西马场南里、西罗园南里和石榴园北里二居5个社区的居委会办公用房或居民活动场所共计800多平方米。全年走访慰问地区优抚对象及贫困家庭124户，发放慰问金及慰问品共计5万余元；帮助下岗失业人员实现再就业，就业率达60%以上，"4050"就业困难人员再就业率达到95%。

(刘　玲)

【残疾人法律援助之家成立】 10月，"残疾人法律援助之家"正式揭牌成立。援助之家下设残疾人接待厅，调处室、宣传室、资料室、互助室，聘请专业律师、法律工作者和法律服务志愿者为地区千名残疾人提供免费咨询、代写诉状和诉讼代理等法律援助。

(刘　玲)

【城乡一体创卫】 以"街乡一体、所队参与、发动群众、联合创卫"的工作机制，促进地区环境卫生整体水平的提高。全年累计清理暴露垃圾渣土4万吨，清洁卫生死角、美化绿地3万平方米，拆除违章建筑5100平方米；筹资7万多元购置专业车辆和机器设备每天不间断地对主要大街的张贴广告进行清洗；先后组织发动6个行政村、22个社区、驻街部队、企事业单位、机关工作人员、相关职能所队、广大农民、居民群众开展卫生清洁活动50余次，与南苑乡、东铁营街道、西罗园街道联合整治木樨园周边、五间楼地区等结合部，地区环境卫生面貌进一步改观。

(刘　玲)

【整治治安乱点】 年内对木樨园环岛、大红门西路等重点区域组织大规模综合整治39次，出动执法人员5000余人次；取缔黑发廊、黑歌厅、非法废品收购点、露天烧烤及大排档等违法经营200余家，责令停业整改100余家；查抄"黑三轮"、"黑摩的"569辆；清理张贴和喷涂的小广告数十万张(处)；查抄非法小广告及印刷品5400份；纠正占道经营1000余家，取缔黑职介34个。

(刘　玲)

【成立地区业主委员会】 7月17日，大红门地区首个业主委员会南曦大厦业主委员会成立，成为业主与开发商、物业公司沟通的桥梁。8月28日，珠江骏景中区业主委员会成立，化解了珠江骏景业主与物业公司的矛盾。

(赵鑫鑫)

【第一届老年人才艺作品展】 九九重阳节前夕，在地区居民文化活动中心组织开展了为期三天的"大红门街道第一届老年人才艺作品展"，有地区居民自已制作的500多件书画、工艺品和特色手工艺作品参加了展览展示，2000余人次到场参观。

(郑　洁)

【第二届珠江骏景杯群众歌咏比赛】 7月30日，大红门地区第二届珠江骏景杯群众歌咏比赛在珠江骏景小区落幕，地区16个社区及大红门流动人口艺术团均参加了此次比赛，1500余名群众参加了活动。

(刘　红)

东高地街道

【概　况】 东高地街道位于丰台区境域东南

部。东南与大兴区接壤;西与南苑街道毗邻;北与和义街道相连。辖区有7条大街。辖区面积4平方公里,地区总人数54603人。居民17915户。其中,常住人口51441人,流动人口3192人。年内,与地区的17个企事业单位、8个职能部门、10个社区居委会签订了《计划生育目标管理责任书》。出生人口287人,计划生育率98.9%。大专以上学历约有1.6万人,居民整体素质较高。主要单位有中国运载火箭技术研究院、303所、508所、时代电子集团等中央单位,主要有东高地、万源路两个生活区。共设10个居民社区。继续深化"为老服务型"、"再就业服务型"、"绿色环保型"和"文化型"4个特色性社区工作。六营门社区、三角地二社区被"北京市评为10年无案件平安社区"。地区共有调委会11个,调解委员202名。全年共调解民事纠纷253件,调解成功249件,受理纠纷调解率达100%,调解成功率达98.42%。防止矛盾纠纷激化8件,涉及1764余人。为辖区居民提供便捷的法律服务420余件次、法律援助代书26件次。为街道办事处提供法律意见6次,代理诉讼1起。为社区建法律图书库10个,电子法律、法规库10个。建立了《残疾人信息库》、《贫困人员信息库》、《义务兵家属信息库》。对危化品和特种设备单位检查40余次,涉及单位38家,发现隐患20余起,取缔非法经营危险化学品单位6家,取缔非法使用特种设备(锅炉)单位2家。落实街道综治委季度例会制度,完成了10个社区创建综治委的工作。开展了"我的父亲母亲、我的好儿女、我的左邻右舍"征文活动以及"除陋习、树新风、争做文明北京人"等群众性的创建活动,开展了"五好文明家庭"和"争做合格家长培养合格人才"活动。共评选出18户"五好文明家庭"。其中,市级1户、区级3户、街道级14户。街道被评为"第一次全国经济普查先进集体"、"北京市爱国卫生先进单位"、"全国科教进社区先进集体、首都文明街道、市优秀市民学校中心校5个市级荣誉称号。向各有关宣传媒体报送新闻稿件506篇,其中被区以上报刊采用151篇,区有线电视台播出199条。区有线电视台播出数量第一、区街道综合考评精神文明单项排名第一。

(郑宪段)

【为民办事实】 为地区居民群众拟办的10件实事全部完成。1、完成怡馨花园二期建设项目;2、完善南苑东路西洼地道路绿地、健身场所公用及环卫设施建设;3、对东高地斜街全长近700米的道路实施拓宽改造;4、完成三角地一社区的老旧小区的环境综合整治工作;5、协调有关部门规范东高地市场管理;6、解决东高地14栋南侧黄土裸露问题;7、协调解决地区西洼地社区居民饮用水并网工程建设;8、协调解决地区主要道路南大红门路及104国道照明设施改造工程;9完成开发社区就业岗位和安置人员的指标;10、新建东营房角二社区居委会办公用房。投入资金2174.1万元,共完成了14大项21小项的实事工程。

(崔好民)

【社区教育】 以市民学校为依托,开设"文明礼仪、奥运英语"大课堂,32人的文明礼仪宣讲团,定期深入部队、学校、社区及流动人员聚集地进行讲座。全年授课12次,受益人数5000人。在流动人员集中的企业开展创建活动及文明百星评选。三角地二社区冯志宵和东里社区包思勤被评为北京市文明百星。

(宋　颖)

【市政建设】 筹集资金2万元,完成了西洼地、益丰园等社区体育健身和环卫配套设施。筹集资金30万元完成了怡馨花园二期绿化种植和广场硬化铺装工程。建设面积2100平米,硬化铺装面积1780平米,绿化种植面积320平米。筹集资金6万元完成了东高地14栋社区服务站门前及周边道路的修复建设,新铺柏油路全长95米,建设面积400平米。投资近694万元,对东高地斜街进行拓宽改造。全长820米、主道宽11米,步道宽6

米。投资400万元对三角地一社区老旧小区环境综合整治。投资18万元完成了万源北路北侧人行步道建设,全长480米,宽度2.5米,人行步道建设面积1200平米。投资870余万元对东高地顺四条、顺五条、南一巷等三条社区循环道路进行拓宽改造。投资近30万元完善了西洼地主要道路人行步道建设,建设面积1600余平米。

(张建新)

【居民饮用水并网】 投资14万元,完成了西洼地居民区饮用水并网。该小区1118户居民喝上了市政水。协调资金5万元,为益丰园小区646户居民饮用水并网创造了条件。

(张建新)

【创卫工作】 筹集资金21万元,对地区西洼地、东高地、东南平房居民区的三座老旧公共厕所进行升级达标改造。通过了市爱卫会对地区创卫工作综合验收和综合复查。地区创卫主要指标达到了《国家卫生区标准》的要求。

(张建新)

【绿化美化】 全年扩大绿化面积14738.8平米,改造更新绿地6300平米,新植树木4023株,补植树木119株,更新补植草坪11608平米,种植宿根花卉1825株,为迎接建国五十六周年,地区摆花3.8万盆。

(张建新)

【社区文体活动】 年内开展迎新春文化活动一条街、一台戏活动。举办了四场夏日文化广场舞蹈展示月活动。受益观众达3500人。举办“首届地区中小学生神箭艺术节”活动,其中有演出、绘画、书法及与科学家座谈等活动,共有2000名学生参加。举办了“万人万步走有氧活动”,共2500人参加了此次活动。

(毕凤云)

【社会救助】 为30名困难群众发放社会救助金额53776元。为2户低保家庭进行防汛维修房屋。走访慰问30户特困家庭发放20000元;为191户低保家庭发放64800元的节日慰问金;为19户“四助”对象提供救助款9500元、慈善协会救助特困老人5户2500元。

(赵德强)

【社会捐赠】 为东南亚海啸地区捐款102102.53元;内蒙、江西等贫困地区捐款85377.8元、捐赠衣被8750件。

(赵德强)

【地退工作】 管理地区退休人员331名,共发放工资共计4502072.13元。报销门诊、住院医药费4778人次,共计14878.03元。

(赵德强)

【残联工作】 安置残疾人单位就业7人、社区就业3人。按比例收取安置残疾人就业保障金523691.40元。解决9名低保家庭中残疾人子女高中生的捐资助学问题和3名残疾人大学生助学款16000元。对1757名居民进行康复需求评估。走访慰问残疾人77户,慰问金达28400元。

(王丽红)

【外来人口管理】 对辖区出租房屋进行彻底清理。现有个人出租房屋70户、143间;集体出租314户、729间;人防工程11处,地下空间31处,流动人口3046人,均登记造册、纳入规范管理,全年代收个人出租房屋税19954.50元。

(李克俭)

【再就业】 开发就业岗位468个,安置失业人员375人,超额完成全年工作指标的123%。举办三场专题招聘洽谈会,开发适合“4050”就业人员岗位94个。全年,接待求职登记人员679人,其中“4050”人员184人;推荐人数532人次,成功推荐372人。积极开展春风行动,发布就业信息21条。为来京务工人员提供就业岗位100余个。与周边20多家单位签定了空岗协议。

(唐　红)

【社会化管理】 为169名退休人员发放养老金70万余元。全部进行养老资格认证,并协助外省退休人员认证42人。完成了6771名下传退休人员的信息下载、分类、信息采集及发放联系卡工作,联系卡发放率达95%。建立了47个自管组织,共有1068人参加。积极组织退休人员参加"第二届北京市退休人员乒乓球比赛",获全市第六名,并获得优秀组织奖。

(唐　红)

【低保工作】　地区低保人员共224户473人,全年低保金总支出1334624.01元;对地区低保人员进行了两次复审。撤消17户30人。变更31户。

(唐　红)

【全程办事代理】　年内共受理事项10390件。其中,办理即办件3648件。满意率100%,一次办结率100%,无一投诉事件。

(李　欣)

和义街道

【概　况】　和义街道位于丰台区东南部,东与大兴区交界,东南邻东高地街道、西南接南苑街道、北与大红门街道搭界,并与南苑乡南苑村、大红门村相邻。办事处驻地为南苑北里一区,辖区面积约3.42平方公里,下设7个社区居委会,常住人口12392户,31880人。辖区内有10个中央、市、区属单位及一个派出所。辖区内社会治安良好,7个社区居委会建有7个社区党委、7个基层治保组织,治保队伍200余人;有人民调解委员会7个,调解员7人;充分发挥人民调解委员会第一道防线的作用,继续积极开展"百姓谈法"系列活动,全年调解各类纠纷447件,调解率达100%,成功率达95%;对地区14名社区矫正人员,开展启迪人生奉献社会活动;加大城市建设与管理工作力度,新种植各类乔木、花灌木5000余株、草坪4400余平米;协调有关部门,加强和义东里三、四、五老区改造工作,投资40余万元,出动各类施工车辆200多台次,清理渣土1500多吨,回填土方近1000立方,修补小区道路350多平米,小区新增硬化美化面积4700多平米,新修甬道及修补道路280延长米,建挡水墙94延长米,扩充停车泊位60个,老区环境得到进一步改善。

(叶　凯)

【为民办实事】　在社区建设、城市管理方面投资就近300万元,全年共为群众办好事、实事60余件,包括:投资9万多元,在南苑北里南门两侧楼前修建护栏,彻底解决了困扰居民多年的绿地便溺、卫生脏乱问题;改造北里社区东大门和南大门,设置明显标牌;投资2万元,解决和义东里四区7号楼下水管道淤堵、生活污水四溢的问题;投资40万元在八大排路南侧、大红门南路西侧修建了800多米长的围墙,有效控制垃圾渣土乱倒、环境脏乱问题;投资88万元,在赵王庄路修建100多米的雨污水管线,完成700多米道路改扩建工程;在东地铺设60多米的雨水管线、挖掘200多立方米渗水池,在嘉禾庄挖掘1000多立方米渗水池,确保居民安全渡汛;投资60万元,对大红门南路新华北里、松林庄东侧和嘉禾庄路南的公厕进行升级改造;对地区小龙河支线河道淤堵、环境脏乱问题进行了集中治理;积极协调物业部门对东地四栋白楼的雨污水管线、自来水管线进行了改造,硬化美化面积近2000平方米。

(李苏明)

【全程办事代理制】　按照"便民、公开、依法、高效"的原则,在7个社区居委会分别建立了全程办事代理服务工作室,设立投诉意见箱,配备微机和必要的办公设备,对受理人员进行专项业务培训,全年共为群众全程办事代理2480件,群众满意率为100%。其中一次办结率为100%。

(韩冬梅)

【安全生产】　协调有关职能部门组织43次大规模拉网式大检查,发限改通知书35份,当场整改32处,拆除未报装小锅炉3台。对17个出租大院和45个中小型制衣厂进行规范,消除安全隐患245处。完成279户出租户的房屋租赁审批备案手续,征缴税款9万元;查拖欠工资举报案件20起,追发工资3万元,查处率100%,结案率100%。全年未发生安全生产责任事故和死亡事故。

(王松涛　韩冬梅)

【社区建设】 年内投入资金12万元,为7个社区配备了数码相机、更新电脑和打印机,安装了空调。对社区老年活动站进行改建、整修,并配备了桌椅、图书和电教设施,为社区更好地开展工作创造良好环境。

(许春玲)

【矛盾排查调处】 进一步完善处级领导、人大代表接待日、主任热线、网上答复等工作制度;在7个社区建立"社情民意接待站"和"百姓谈心室",做到365日天天有接待,为居民理性、合法地反映问题搭建了平台。年内共接待来访群众146次,363人次;群众反映的问题100%得到答复,80%的问题得到妥善解决,群众满意率达95%以上。

(郭　珍)

【再就业工程】 年内共开发置换岗位245个,安置人员196人,完成区下达任务的指标111%。加强老有所养工作机制,接纳退休人员档案255份,办理街道失业转退休人员34人,发放退休养老金5万余元,报销企业离退休人员医药费177万余元,为全面实现社会化管理奠定基础。

(韩冬梅)

【精神文明建设】 年内组织地区军政警民联欢会,以北京新秧歌、健身秧歌、广场舞蹈为内容的一条街活动,"五月的鲜花"文艺演出,卡拉OK比赛,书法、绘画艺术展;参加丰台区24式太极拳比赛、"京城票友联欢月"等活动。开展"一个主题多种形式"的计划生育特色宣传活动及争创文明社区活动。

(肖春华)

【引税护税】 加大税收征管力度,优化发展环境,对南苑地区、和义地区无照的个体税收进行全方位的检查,共收漏交个体税款3万余元,年内共完成引税分成300万,有效促进了辖区经济的进一步发展。

(何运敏)

宛平城地区

【概　况】 宛平城地区位于丰台区西南部的永定河畔,东起西道口大枣园,与卢沟桥街乡接界,西至杜家坎铁路第二水泵厂北墙,与长辛店街道、镇畈邻,南至北天堂,与房山区、大兴区接壤,北至鹰山公园漫水桥,与石景山区相望,整个地区沿永定河自西北向东南呈狭长地带。辖区面积44.73平方公里,下设6个社区居委会,三个自然行政村。居民30535人、农民1193人。以宛平城为中心,区内有中央、市属、区属企事业单位156个。其中卢沟桥、宛平城、中国人民抗日战争纪念雕塑园、中国人民抗日战争纪念馆是著名的爱国主义教育园地。每年参观游览桥、城、馆、园的中外游客达50多万人。以爱国主义教育基地为依托,在地区广泛开展爱国主义、集体主义和精神文明建设活动。晓月苑社区被评为首都文明社区、丰台区文明社区。晓月苑一里被评为首都文明社区示范点。率先在街道系统开展电子政务建设,基本实现无纸化办公,将低保网纳入到网络建设中,赢得民政部门领导的重视及好评。

(王　珏)

【募捐活动】 年内,为东南亚地区发生地震、海啸灾民集募捐款20429元。

(梁立冬)

【整治环境】 4月至7月,为纪念反法西斯战争胜利60周年,配合市区政府对宛平城周边环境进行整治。协助北京市政一所二大队修整京石南北铺路、东关街、沙岗街3350米;拆除违章广告牌匾和遮阳篷等305块。铺设城内街煤厂胡同150米下水管线。

(李政强)

【城市建设】 8月,配合丰台区市政管委大修阀东路(八大厂路)1460米(含雨水管线)。主路9米,人行步道3米。12月份阀东路由自管路改为市政道路。

(李政强)

【社区服务】 年内投资20余万元,建成面积达200余平米的"阳光爱心超市",方便群众生活。

(陈建春)

【共建节约型社会】 9月17日,在城内街宛平广场,与丰台区科协联合开展了"你我共参与——共建节约型社会"为主题的全国科普活动日启动仪式,地区居民、学生、部队官兵200余人参加了活动。

(纪颖云)

【开展科技创安工作】 10月,筹资80余万元,在晓月苑社区、城南社区、宛平城社区、雕塑园周围、卢沟桥周围、抗战馆周围等地区安装了15个360度的摄像头,形成覆盖地区的监控网络。

(毕桂英)

【创建和谐社区】 11月5日,丰台区第十七届国际科学与和平周组委会联合宛平城地区办事处在宛平城抗日战争纪念馆前举办第十七届"国际科学与和平周"主题为"创建和谐社区"活动。

(纪颖云)

【劳动监察】 年内,进行劳动保障监察日常巡查262次,督促地区44个单位补签劳动合同1078份;劳动合同签定率95%以上;查处举报案件9起,结案率100%;为1110人追回拖欠工资1073350元,督促29个单位593人,缴纳社会保险费148万。

(孙贵华)

长辛店街道

【概　况】 长辛店街道位于丰台区西南部,属城乡结合部。东临永定河,西至镇岗塔,与云岗街道、王佐镇相邻;南接房山区南岗洼,北到鹰山公园,与石景山、门头沟接界。南北长、东西窄,地势东低西高。九子河、蟒牛河均向东南流入房山区界。辖区面积55.3万平方公里。辖区中部南北穿行,境内有(北)京广(州)铁路、(北)京周(口店)公路和(北)京石(家庄)高速公路穿过,有8条公交线路通往云岗、丰台、石景山和市区,由东向西呈辐射状分布。街道下设23个社区居委会,总户数35542户,居民85484人。计划生育率99.3%。辖区内有较完整的商业、服务业、文教、卫生等配套设施。共有中、小学14所,医院5所,影剧院(俱乐部)4个,全民健身居家工程26个。辖区内有中央企业16家,市属企业19家,区属企业42家,驻军部队12支。所驻单位有铁道部二七车辆厂、二七机车厂、中国北方车辆研究所、北京北方车辆制造厂、装甲兵工程学院等近百家企事业单位,以铁路、军工业为主,为丰台区重工业集中地。

(马长起)

【创卫工作】 年内,制定了《长辛店街道创卫工作实施方案》层层签定"门前三包"责任书,实行网格化管理,建立了"处级领导包片、科级干部包社区、社区干部包段、专门人员包点"的工作机制。先后组织了以"推进创卫,改善环境"、"治理脏乱差,为民办实事"等主题实践活动,聘请400余名卫生监督员,在辖区内建立起监管结合的长效管理机制,做到工作制度化、管理人性化、责任具体化。

(马长起)

【城市管理工作】 年内,改造公厕25座,清理堆物堆料1100多立方米,清理无照商贩457家,处理店外经营58家,拆除私搭乱建73处,与地区签定"门前三包"责任书1088份。并协调上级单位对辖区内3000多平方米的道路进行了路面改造,完成辖区内350米的下水管道铺设工作,完成朱云路的拆墙透绿工作。

(马长起)

【社会治安综合治理】 年内对出租房屋、加油站、超市、网吧等重点单位、重点场所进行各类专项整治32次,共清理整治美容美发店46家,清查出租房屋512间,销毁不合格炉具132个,取缔无照经营制作豆腐窝点一个。

(马长起)

【文教卫生工作】 年内成立古镇艺术团,结合庆祝建党84周年,在卢沟文化节举行了首场演出,3000名观众观看了演出。组织召开了长辛店街道第三届社区运动会,近300名运动员参加了比赛。为纪念"五.八"世界红十字日,街道红十字回举行"博爱助困"捐赠发放活动。共为地区23个社区的近百户贫困家庭发放募捐物品300余件。

(马长起)

【劳动和社会保障工作】 年内共对建筑施工企业检查186次,开据责令限期整改通知书32份,消除安全隐患107处。全年共开发就业岗位1253个,安置失业人员988人,推荐526人。举办各类培训班12期,参加职业指导人员1851人,完成581人的就业培训任务。

(马长起)

【民政工作】 年内继续加大社会优抚工作力度,对89名优抚对象进行走访慰问。为地区592户、1207人办理最低生活保障。安置残疾人就业6人。在印度洋遭受海啸的募捐活动中,共募捐4万元。

(马长起)

【军民共建】 年内首创军地共建品牌"绿网扶贫工程"。将军地双方由过去的单位共建,转变为社区联建,由节假日走访,转变为经常走访,由单一的优势互补,转变为全面全程共建。不断丰富共建内容,将"最可爱的人帮助最困难的人"的"绿网扶贫工程",拓展成温暖人心的"烛光工程",同时照亮和温暖了部队官兵和社区群众的心。

(马长起)

云岗街道

【概　况】 云岗街道地处丰台区西南部,东与长辛店街道、镇为邻,西南与王佐镇相连,北与门头沟区接壤,辖区面积8.53平方公里,常住人口1.35万户,3.88万人,人口密度4549人/平方公里,少数民族占3.6%。有中央单位4个,市属单位4个、区属单位23个,社区居委会9个。辖区内有比较完整的商业、服务业、文化、卫生等配套设施,共有中学2所、小学2所。辖区内主要有航天科工集团第三研究院、航天科技集团十一院、101研究所、京丰热电有限责任公司等中央及市属单位。年内,协调地区单位筹措资金800万元,对辖区内11个小区实行封闭管理,全部加装技防监控设施,翠园、静心园2个小区安装监控设备。拆除临时出租房屋945间,9135平方米,植树3587棵,种植草坪11725平方米;新增绿化面积2万平方米以上。完成云岗地区绿地58.92公顷和树木751060株的绿化普查任务。签订"门前三包"责任书324份。处理车辆遗撒20余起、违章行为45起。收缴摩的63辆,处罚黑车25辆。取缔无照商贩431起,夜间烧烤16个。检查工地98次,对存在安全隐患的工地下发限期整改通知书17份。区劳动争议仲裁委员会云岗分庭及时有效处理劳动争议案件58

起。《出租房屋、流动人口安全管理责任书》签订率100%,流动人员《暂住证》办证率达到98%以上。完成第一次全国经济普查工作,普查登记率达到100%,荣获北京市先进集体称号。成立人大街工委办公室,在云岗网站设立人大专栏和人大信箱,全年接待选民130余人次,解决难点问题20余件。网上回复居民反映的问题68件,办结区信访办挂帐和转发件共7件。开展法律服务进社区活动,建立法律援助绿色通道,为群众提供便捷的服务。

(王海清 曹秋蕊)

【精神文明建设】 年内辖区一户被评为北京市百户"五好文明家庭",三户被评为区级"五好文明家庭"。创建首都文明区活动中,评出首都文明社区4个,区级文明社区4个,首都绿色社区2个,首都文明单位1个,区级文明单位1个。街道被评为首都文明街道。

(王海清 曹秋蕊)

【文化体育活动】 4月至10月,与王佐镇联合开展以"街镇共建、共享和谐社区"为主题的第二届"恒源杯"群众文化系列活动。此次活动围绕"礼仪篇"、"先进颂"等专题,配合重点日、节假日及中心工作开展了"颂歌献给亲爱的党、携手共创文明区"等专场文艺演出100多场。组织"红五月歌会"、"空竹比赛"、"健身风采展示"等活动,丰富了群众文体活动,促进地区文化事业发展。

(王海清 曹秋蕊)

【创卫工作】 年内,联合工商、城管、派出所、交通、卫生等职能部门开展综合执法检查,对辖区6条主要道路、300余家个体门店进行了清理整治。开展"云岗是我家、环境整治靠大家"为主题的大型城市清洁日活动11次。门前三包责任书持证率达到98%。投资40多万元购置洒水车、垃圾车、保洁用品,切实做好创卫保障工作。街道在丰台区13轮(次)的环境卫生量化考核中,以平均86.3分(高于全区平均成绩22分)、"9绿4黄"的成绩名列全区第一,实现了"天蓝、地绿、水清、人和"的高标准人居城市环境目标,是全区唯一一家整体环境卫生达到国家级卫生区标准的街道。代表丰台区迎接北京市对"创建国家卫生区"、"除四害"、"健康教育"、"垃圾无害化处理"等多项工作检查,均以优异成绩通过评估验收。

(王海清 曹秋蕊)

【劳动就业和社会保障工作】 年内成立云岗劳动服务中心,建立合同三方协商机制,规范劳动用工,劳动合同签订率达97%。充分发挥全程办事代理大厅的作用,筹资60万元新建了行政事务爰理大厅,增加电子滚动屏、触摸屏、饮水机和坐椅等设施。办理审批和咨询服务13130人次,办结率100%,满意率100%。为企业管理退休人员报销53471.93元。开发就业岗位398个,城镇登记失业人员就业519人,新核准享受低保待遇21户,累计发放低保金246534元。对社会化管理的139名退休人员进行生存信息及领取养老金资格认定;建立525名残疾人电子档案。全年走访慰问了77户148名残疾人家庭,送去慰问金16600元。

(王海清 曹秋蕊)

【成立信息中心】 9月,投资10万元,成立信息中心科室,配备4名专职工作人员,建立了信息员网络队伍,健全了街道网站建设。全年上报信息181篇,其中被区信息中心采用94篇,丰台新闻网采用40余篇,《新丰台》报采用20篇。

(王海清 曹秋蕊)

卢沟桥乡

【概　况】 卢沟桥乡行政面积53.6平方公里,与海淀、宣武,石景山三区接壤。乡境内有二环、三环、四环、丰北、丽泽城市公路网和京石、京开高速公路及京九、京沪、京广三条铁路大动脉；有太平桥、北大地、五里店、青塔、宛平等9个居民小区，4个街道办事处，6个驻地派出所。全乡下辖20个行政村、5个专业公司、7个事业单位、19个改制企业。辖区常住人口38331万人，总户数15906户；其中农业人口35465人、14792户，居民人口2866人、1114户，流动人口82796人、26394户。全年完成乡域总收入42.3亿元，同比增长15.2%，完成国内生产总值11亿元，同比增长15.2%，完成税前纯收入7.9亿元，同比增长9.1%；完成税收3.3亿元，同比增长28%。

卢沟桥乡地势东西狭长，按区位分为东、中、西三个发展战略区域。东部丽泽商务区是北京市西南部地区最大的待开发地区，该地区内的丽泽雅园、金泰城、三路居回迁楼、十二中和丰益花园等城市规划，强势拉动了核心区商务会展、宾馆饭店等商贸服务业；中部环路商业区以三、四环交通枢纽为依托辐射周边，商业氛围浓厚，经济结构进一步优化，东方家园、美克、亿客隆、红木家具、汽车四S店等一批具有先进经营理念和现代化管理水平企业入住；西部物流商储区借助铁路站点和公路交通路网的优势，卢沟桥物流、张仪村采摘、大井体育公园等仓储物流企业和绿色采摘、以绿色产业为基调的体育产业形成规模，规模仓储区达8万平方米，占全乡总量的70%。丽泽长途客运站、东方新宇五金建材市场、北京金紫银餐饮有限公司、马连道科技企业孵化器、小屯仓储中心、亿客隆服装城、北方汽配城、张仪村生态园、张仪村观光采摘园、金马茶叶城、大井体育公园二期、西三环精品商业街二期、太平桥商业街13个经济项目竣工，总投资5.77亿元；年内全乡共完成招商项目14个，引进投资总额2.68亿元。新增注册各类企业513家，年增利润3945.7万元，其中百万元企业37家。非公经济成为区域经济的重要组成部分。非公企业4000余家，完成总收入14.9亿元，占全乡总收入的35.2%。

全乡房地产开复工总面积244万平方米，涉及项目45项，计划投资41亿元，完成投资16.4亿元。竣工项目7项，建筑面积20万平方米。新开工16项，建筑面积104万平方米。累计拆迁5209户，其中上楼安置3431户，周转及货币安置1778户。2005年实现绿化260亩，占全区总绿化任务的87%，全乡绿地覆盖率达50%，人均绿地143平米。城市景观、交通市政环境、生产生活环境、投资环境得到极大的改善。

2005年是卢沟桥乡经济体制改革全面铺开、稳步推进、重点攻坚战的一年。太平桥、三路居、西局、小井、大井、小屯、卢沟桥、靛厂、张仪村9个村完成了改制，实现任务总数的80%，占全区村级改制总数的64%。精图村顺利完成撤村并居工作，在二元体制改革的进程中，迈出了具有突破性的一步。

年内，召开了全乡创建工作动员大会，并制定全民动员，积极宣传，做到家喻户晓，利用各种宣传手段，营造良好的创建氛围，大力开展综合整治活动。全年召开“创卫”会议36次，挂横幅240条、板报96期1900块，对辖区内的1500多个单位和13条主路进行了联合检查和自查82次，签订“门前三包”1641份，对200座旱厕、35个蚊蝇滋生地及辖区内的水体进行消杀工作，改建厕所20个，拆除各类违法建筑4054间、64820平方米，腾退用地86771平方米，劝离流动人口10517人，清运垃圾渣土14910吨，建立村级精品一条街24条。实施了“网络便民信箱”和“网络热线”等便民服务举措，畅通反映社情民意的渠道，及时为群众排忧解难。乡村两级先后对乡域内违法建筑、侵街占道经营、户外非法广告等问题开展了专项整治，清理取缔各类违章行为105件，解决群众反映的道路不平、排水不畅等社会热点、难点问题13件。

年内，完成乡镇企业职工岗位培训2047

人,安置新增劳动力498人,发放保障金12.1万元,发放慰问金及慰问品217人次、57.1万元,为7325人办理了农保缴费,缴费金额911.5759万元。开展群众喜闻乐见的“一台戏、一条街、三下乡”等文化活动,普及卫生、科技等知识。全乡20个村共有群众健身娱乐场地259个,首都级文明村4个,区级文明村11个;环境优美村1个。

(李红霞　韩玉东)

花　乡

【概　况】 花乡位于北京市区西南郊,丰台区中南部,距北京市中心(天安门)十五华里。东临南苑乡,西临宛平城地区,北与丰台镇、卢沟桥乡相邻,南与大兴区接壤,乡域面积50.3平方公里,总人口4.1万人,耕地1.5万亩;下辖十五个行政村,四个专业公司,十二个直属单位,总户数15273户,常住农业人口3.6万人。乡境内有三环、四环、五环、丰南、丰葆城市公路网和京开高速路及京九、京广、京沪三条铁路大动脉;有育芳园、恋日家园、天伦锦城、富锦家园、怡海花园等17个居民区,一个街道办事处,3个驻地派出所。

社会总收入465998.5万元,同比增加5.2%;纯收入103096.8万元,同比增加8%;向国家缴纳税金14119万元,同比增加10.7%;提取公共积累35708.8万元,同比增长4.3%;分配总额43067.2万元,同比增长5%;劳均分配15678.3元,人均分配10502元。进一步优化经济和产业结构。通过以先进技术替代传统技术,整合资源配置,推进向“都市型”现代农业发展,大力调整逐步缩小第二产业,着重发展第三产业,着力推进房地产业健康发展,建设符合乡域经济发展的大型专业市场、商贸设施和新村配套服务项目,培育新的特色商业示范区域。按照“一、二、三、五”经济发展思路,全方位包装打造花乡品牌,全乡经济稳步健康发展。

一产业以开发、引进花卉新优品种和农产品深加工为重点,不断扩大市场规模,提高经营管理水平。盛芳园“草花良种繁育示范项目”等11个市区级重大科技项目,顺利通过审批。新发地农产品批发市场16000平方米保鲜库和5000平方米冷藏库相继建成,为市场发展大规模仓储、物流和配送提供了有力保障。花乡代表北京市承接的第六届全国花卉博览会室外景点,获得了26个奖项,取得优异成绩,使“花乡”花卉在全国的知名度进一步扩大;二产业通过采用新技术、新工艺和新材料,整合现有资源,大力发展为城市建设服务的建筑、建材、机电等产业,培育具有市场竞争力的产业集群。榆树庄构件厂为实现产品经营的多元化和规模化,保持与市场需求的同步协调发展,新开发出“地铁盾构管片”新产品,满足了市政基础设施建设的需求,使企业市场竞争力得到增强;三产业通过利用区位优势,合理规划布局,重点发展图书仓储物流、汽车、花卉、餐饮等专业市场项目。草桥花卉大观园等一批绿色产业项目正式投入运行,取得了较好的经济效益。

加大宏观经济调控管理职能,促进企业制度建设。逐步建立完善项目用地规划、开发前景、经济效益论证制度。圆满完成全乡经济普查工作,乡经济普查办公室被推荐为国家级先进集体,草桥等6个村被评为区级先进集体。加强企业财务会计人员的培训及划拨资金的检查审计工作,指导、督促企业不断完善相应的规章制度。加大项目的包装和跟踪服务,积极争取市区政策、资金支持,协助企业组织实施科技项目。全乡26个项目共获得市区各类扶持资金8300万元。同时重点加强对纳税企业的服务和管理,完成全乡1639家纳税户和150家新增纳税企业的调查分析，为协税、护税保证乡财政收入稳步增长打下良好的基础。继续深化农村集体经济制度改革，稳步推进社区型股份合作制改造工作，有11个村完成改制任务。

城市建设不断加快，新村建设稳步发展。有7个村的新村建设计划开复工150万平方米，实际开复工90.2万平方米。全乡累计竣工171.4万平方米，在施工程136.2万平方米。市政道路建设逐步完善。新列入区重点建设工程的康辛路工程，进入拆迁阶段。

加强绿化养护工作，发展绿色产业项目。全年完成100亩绿化任务。配合市区加大对非法侵占绿地、非法砍伐、移植树木行为的执法力度，巩固绿化成果。

城市管理水平不断提高，按照区第九次党代会提出的“举全区之力，创建国家卫生区”的工作目标，大规模开展环境综合整治工作。制定完善《花乡环境卫生管理考核办法》、《花乡道路清扫保洁质量标准》等一系列管理办法，并建立环境卫生检查曝光制度，强化督察考核。全乡投资836万元，用于改造环卫设施、设备和整治工作，有力地促进创卫工作的深入开展。修缮、粉刷封闭垃圾房284座、公厕243座，取缔店外经营200家，查抄广告牌匾3200余块，清理垃圾渣土200余吨。顺利通过市检查组的阶段验收，整体环境面貌得到较大改善。进一步加强土地管理。完成全乡土地控规修编调研和年度土地供应计划调查统计工作。加大拆除违法建设工作力度。组织联合行动167次，对侵街占道、承包地违法建设、堵塞消防通道、存在安全隐患的流动人口居住大院等进行大范围的清理整顿工作，共拆除各类违法建设244处、13万平方米，腾退、收回土地290亩，促进全乡合理合法开发用地。

积极开展劳动力就业和社会保障工作，针对性地开展职业技能培训和招工洽谈会，取得较好的效果。全年组织各类培训1570余人次，安置就业1213人。加强劳动监察工作，规范企业用工行为，完成全乡169家用工单位的日常巡查，处理举报案件156起，追缴职工工资13.7万余元。认真开展农保、低保工作，全乡累计参保4086人，入保886万元。

加强医疗卫生工作管理。注重医务人员的综合素质培养，努力提高医疗水平，健全疾病预防控制和医疗服务体系。积极推进新型农村合作医疗工作。重点加强对高致病性禽流感防控工作，认真贯彻落实市、区防控各项工作部署，成立专项工作领导小组，结合实际制定《加强高致病性禽流感防控工作意见》和工作预案，并层层狠抓落实，督促村民和职工做好防疫工作。

深入宣传贯彻《村民委员会组织法》，依法规范村委会各项工作，坚持以提高村民代表会议质量为关键，进一步完善村务公开和民主管理制度建设，切实推进民主决策、民主管理和民主监督。

认真落实各项民政政策。坚持开展“送温暖”活动和“一帮一”社会救助工作。积极参加敬老先进村评选活动。依法推行残疾人就业工作，维护残疾人的合法权利。加强国防教育，重点抓好民兵、预备役和征兵工作，广泛开展双拥活动。

自觉接受人大监督。人大代表建议、政协委员提案30件，全部办理完毕，办理结果获得了代表、委员们的好评。广泛开展《信访条例》、《土地法》等普法教育活动，花乡被推荐为北京市“四五”普法先进集体。认真做好社区矫正和法律援助工作，妥善调处各类民间纠纷575件，调解成功率100%。坚持信访领导接待日制度，接待受理群众来信来访272件，许多涉及群众生产生活方面的问题得以及时解决。

认真贯彻落实《全民健身计划纲要》，组织筹办“春节文化一条街”文艺汇演、“五月鲜花”歌咏比赛等群众喜闻乐见的、参与性强的文体项目，提高群众文化生活质量。花乡被推荐为北京市第五届全民健身先进单位和全国体育先进单位。

大力宣传《北京市计划生育条例》和《人口与计划生育法》,严格控制计划生育率。人口出生率6.7‰,计划生育率98.7%。

加强社会治安综合治理,完善群防群治组织建设,深入开展与法轮功邪教组织做斗争。积极开展安全生产、防火、交通宣传教育、整治活动。重点加强对无照经营、工地扬尘、职业病防治、地下隐患排查等专项治理工作,全年组织开展安全大检查40余次,清理“六小”场所26个,整顿废品收购站85家,取缔无照经营小诊所15个,消除一大批安全事故隐患,年内未发生重、特大火灾、安全生产和交通事故。

白盆窑、六圈两个村被评为市级生态文明村。花乡党委被评为丰台区“五个好”乡党委。

(张稼树)

南　苑　乡

【概　况】　南苑乡位于北京市区南部、丰台区东部,北与崇文、宣武相接,南与大兴区接壤,东与朝阳区相连,西与花乡、卢沟桥乡毗邻,乡域内有9个街道办事处,属城乡结合部地区,乡域面积为56.74平方公里,下辖15个行政村(其中成寿寺村2005年10月转制,转制后归办事处),总户数12107户,常住人口数26035人,年度计划生育率为98.4%,村民自治率100%。年内国内生产总值8.49亿元,同比增长42.7%,农民人均纯收入13080元,同比增长9%。推进农村集体产权制度改革,在完成11个村社区股份合作制改革工作的基础上,启动了乡级集体资产产权制度改革工作,乡第十三届人民代表大会第五次会议通过了南苑乡产权制度改革方案。年内完成了乡集体资产评估,明晰了乡、村两级产权关系,成立了中苑盛世投资管理有限公司。完成了第一次全国经济普查工作,南苑乡被评为国家级先进单位。

按照乡两代会提出的要努力实现四大组团、七条路、二条商业街的发展思路,年内成立了乡重点工程办公室,负责大红门地区的功能定位及规划项目的协调,7月,刘淇、强卫、吉林等市领导专程到大红门地区进行调研和视察。年内,实施了大红门服装商贸城三期建设和一期改造,其配套项目福成大厦。全乡规划建设项目65个,在施项目7个,全年开复工面积180.9万平方米,完成全年计划160万平方米的111%,其中新开工面积107.8万平方米,完成全年计划80万平方米的134%。竣工面积69.5万平方米,完成建设投资9.4亿元。在土地年度变更调查工作过程中逐地块的进行核实,摸清了全乡可开发利用的建设用地的情况和明年拟开发地块的基本情况。对南苑乡的控制性详细规划方案结合各村提出修改建议,做出了南苑乡整体规划发展思路,汇总了现状调查资料及有关图纸。得到了区规划分局的充分认可。配合市、区完成木樨园立交桥、西黄线铁路、修建大容量公交、花园村38户的拆迁、地铁5号线征地、马西路南延、临弘路、凉水河二期改造拆迁工作。

改善乡域环境,开展争创国家卫生区工作,对区、乡确定的11条主要大街及延伸街巷胡同100米整治范围进行综合整治;街乡联手对大红门地区永南路三环到四环路段和大红门北路两侧的市容环境卫生及私搭乱建、门前三包、安全生产等进行拉网式专项整治工作;开展了拆除违法建设及百日专项整治工作。全乡用于环境整治总投资1647.4万元,粉刷街巷119条,粉刷面积24.4万平方米,拆除违法建设5.04万平方米,清运垃圾、渣土8.02万吨,规范门前三包2699处,新建改建公厕51座,垃圾房76座。完成煤改气的单位一家2台10吨。

实行各级党政一把手是安全生产和社会治安综合治理第一责任人的措施,全面落实各项目标管理责任制、督办制和季度例会制。乡政府与各村委会、乡直属企业事业单位签订《安全生产目标管理责任书》76份。对联防队员进行业务知识的培训,对专职消防队员进行消防知识和安全生产、安全防火知识的培训,对出租大院院主及各村主管安全工作的主任及企事业单位负责人共组织各种学习培训班70余班次,受教育人数达15000余人。贯彻《安全生产法》开展安全生产月活动,共发放各种宣传材料40000份,受教育群众达10万人次。

开展丰富多彩的群众性文化、体育活动。组织了文化、科技、卫生三下乡活动及南苑乡庆新春秧歌走街表演,2005年"迎新春团拜会"文艺演出;举办了南苑乡"五月鲜花"群众文艺演出活动、"庆六一"双语文艺演出活动;开展了"奥运千日"千人互动广场活动。举办了"南苑乡第五届青年健身竞赛"、南苑乡"2005年乒乓球比赛"、第三届"南苑杯"足球比赛,南苑乡第一届羽毛球比赛,组队参加了"北京市外来人口运动会"。乡犇牛摄影协会在全国及各省市摄影比赛中,获一、二、三等奖的作品有21幅,优秀奖106幅。全乡各村建立文化大院12个,晨晚练健身点18个。

深化流动人口计划生育管理服务,对全乡15个村的153个流动人口居住大院进行了细致调查摸底,建立了管理台帐。成立了皮服工业园流动人计生协会和石榴庄鑫港制衣流动人口协会。全乡各村在独生子女家庭父母退休、医药费报销、入学、入托方面都建立了不同的计划生育奖励扶助政策,并纳人村民自治章程。乡进一步落实独生子女父母奖励政策,各单位发放一次性奖励费共计316000元。完成国家对实行计划生育的农村部分家庭给予奖励扶助人员的摸底调查。

各村相继成立了老年协会,并建立了老年活动站。重阳节期间乡党委、乡政府、老龄委安排走访慰问全乡22位90岁以上老人,每人发放1000元慰问金和200元慰问品。重阳节期间全乡开展走访慰问老人,或组织老人外出参观旅游,座谈共2929人次,资金支出744626元。年内,全乡为271名老年人办理了《老年人优待证》。

对全乡劳动力状况进行了一个多月的两次摸底调查。共有劳动力16719人,就业劳动力13016人,未就业劳动力3703人,非劳动力9563人。开展各类培训、教育,全年共完成各项法律、法规培训4347人,岗位培训835人,健康教育培训3316人,大专大本毕业162人。指导各村举办各种技能取证班11个,参加培训人员967人全部取得了技能证书。为转变农民就业观念,在南苑村、槐房村共举办了3场指导性培训,500余名富余劳动力参加。举办了4场招聘会,达成用工意向298个,通过招聘会直接上岗的富余劳动力134名。

按照应保尽保的原则,为符合低保条件的困难家庭办理低保手续,完成了低保复审工作。全乡享受农村最低生活保障的困难家庭51户;86人。有128户281人享受困难救助,全年支出困难救助资金130077元。完善农村医疗卫生体系,全乡参加新型农村合作医疗15个村、11个乡办企业,总人数达到25391人,参保率达95.9%。乡政府投入50.78万元用于合作医疗支持资金。完成了6所村卫生室的农村卫生社区服务站的转建工作,增加农村社区卫生服务站配套医疗设备6套34.4万元。核销优抚对象医药费61923元,发放定期定量补助268555元。按照市、区义务兵优待金管理规定,调整了《南苑乡义务兵优待金标准及发放管理办法》,并对各单位义务兵优待金的兑现情况进行了督促、检查。为发生海啸灾难的东南亚地区捐款37万多元。在开展的"携手慈善,共创和谐”为主题的支援江西、内蒙灾区扶贫济困送温暖“捐赠月”活动中，全乡共接收捐款76527.1元；棉被褥389条；棉毛裤7357件；毛绒衣6314件；单衣8903件。

开展民主法制示范村建设工作，果园、石榴庄村获得市级民主法治示范村荣誉称号，东罗园、西铁营村获得区级民主法治示范村荣誉称号。以“百场法制讲座”为载体开展法治宣传，共举办讲座5场，1000余人参加。开展了新颁布的信访条例知识宣传，并组队参加区组织的信访条例知识竞赛，取得第二名的好成绩。坚持领导信访接待制度，领导包案制度，全乡共接待群体上访74件，570人，接待个人来访153次327人；处理来信81件；到区政府集体上访4件，203人。做好人民调解工作，筹建人民联合调解接待室，完成了调解员的筛选、培训等前期工作，组织培训民调干部5次，发放业务学习资料180份。联合调解室共调解纠纷39件，调解成功率100%，解答法律咨询431余人次。

（谢　林）

长辛店镇

【概　况】 长辛店镇位于北京南郊，永定河以西，距卢沟桥仅一公里。辖区西至太行山余脉马鞍山脚下，东与永定河畔的卢沟桥乡为邻，北邻石景山、门头沟区，南和房山区接壤。

长辛店镇总面积58.6平方公里，其中平原面积26.6平方公里，丘陵坡地面积32平方公里。境内至高点是该乡大灰厂村以西的马鞍山，海拔690.33米。地势西高东低，辖区形状象一个展开的大扇面。京原铁路、京广铁路、京九铁路和京周公路、京石高速公路以及10余条公交车线都从境内穿过，形成了北京西南方向的交通枢纽。长辛店镇下辖九个行政村，人口总数18293人。

经济增长稳步攀升。年内全镇总收入完成17.32亿元，同比增长11.7%，增加值完成2.13亿元，同比增长11.9%，人均收入7702元，同比增长7.9%。完成税收总额3860万元，同比增长26%。

现代化农业规模逐步形成。观光农业和精品农业的产业化规模逐步扩大，新增加大枣面积942亩，5.3万株，成活率达85%，嫁接大枣82.5万株，为加快标准化管理的步伐，强化1000亩大枣标准化管理基地建设。开发农业新功能，太子峪村初步建设成1200亩精品观光园。完成了绿化1314亩，植树18万株。保护林木生态环境，落实护林防火行政领导责任制，抓好队伍建设，顺利完成了冬季防火任务。全镇捕杀禽类30472只，实现了免疫、消毒、均达捕杀100%，有效地防止了禽流感的发生；另外还取缔泔水猪厂76家，减少了污染源。

招商引资成效显著。按照市区的产业功能区位布局，深化经营机制，盘活现有资产，引资引智提高资产的利用率。年内完成招商引进工商企业136家，注册资金总额达1.55亿元，其中注册资金50万元以上的企业35家，注册资金1.4亿元。“万年长兴投资置业有限公司”、“北京中天恒远房地产开发有限公司”，注册资金5000万元。均取得土地一级市场开发授权。

全面创建北京市“环境优美乡镇”。结合“一镇、两带、三区”的发展思路和创建和谐长辛店，打造“北京西花园”的理念，为加快全镇生态环境建设步伐，全面提升区域环境质量，创建“市环境优美乡镇”和太子峪、李家峪创建“生态文明村”。经市专家组考核评审，长辛店镇被评为“北京市环境优美乡镇”，太子峪、李家峪两个村被评为“北京市生态文明村”。

加大基础设施建设，为发展经济创造良好的环境。投资856万元完成拓宽漫水桥至芦井村2.5公里道路建设,现路面拓展为14米宽。投资580万元完成大灰厂东路长2.5公里,宽10米的改造工程。投资170万元完成赵辛店东西街全长0.5公里,宽7米的道路贯通工程。推进土地开发及旧村改造进程,完成了电石厂新建6800平方米的会议中心,总投资达4500万元,并按期投入运营;张家坟全鑫园小区,总占地面积23公顷,建筑面积29万平方米,现已开工建设。长辛店新区中体奥林匹克花园项目,总建筑面积22.9万平方米,太子峪旧村改造项目总占地5.5公顷,总建筑面积7.5万平方米,赵辛店旧村改造总建筑面积1.5万平方米均已开工。

加强综合治理,维护社会环境。为确保政治稳定和社会安定,维护良好的经济发展秩序,全镇以“保稳定、促发展”为中心,坚持“打防结合、预防为主”的原则,认真落实社会治安综合治理的各项措施,与21个单位签订了安全责任书。对环境乱点进行集中整治,组织百日专项整治工作,检查七类行业115家,取缔无照经营单位40余家。建立安全应急处理机制,维护群众生命财产安全。树立“安全就是效益”的观念,强化安全防范措施,认真落实安全生产责任制。与各单位签订安全责任书13份,各单位与下属部门签订责任书759份。积极开展相关法律法规培训,强化安全生产意识,召开动员部署会36次,发放宣传材料1万余份。对全镇重点企业、市场进行安全大检查,共检查和复查企业510家,个体经营单位1192个(家次),为保证安全生产不出现大事故奠定坚实的基础。高度重视交通安全工作,严格落实交通安全责任制,与镇域内下属各单位签订交通安全责任书60份,建立了内部交通安全领导责任追究制度。对9个村和重点企业开展交通安全教育挂图展16次,下发宣传材料1.9万份。结合节日对校车、大型客车进行事故隐患检查,采取“三见面、三把关”措施,达到预期安全效果。

人口与计划生育工作取得新成绩。本年度育龄妇女为6018人,已婚育龄妇女为5211人,计划生育率达98.4%。加快卫生室转建,方便群众就医。长辛店、太子峪、张郭庄、赵辛店、李家峪等5个村的转建工作已经全部完成,并通过了有关部门的检查验收,市卫生局为5个村卫生所配备了血糖仪、电脑等35项医用设备,总价值34.4万元,村卫生室向社区卫生服务站的转建,进一步提高了农村医疗卫生水平,新型农村合作医疗继续围绕解决农民“因病致贫、因病返贫”的实际困难,从三级着手,不断强化提高群众的参保意识,全镇共4982户10210人参保,参保率为57%。共筹集资金86.7万元,使村民享受了合作医疗的优惠政策,提高农民抵御重大疾病的能力。

劳动和社会保障体制日趋完善。全镇有劳动力10468人,其中富余劳动力2300人,办理求职证1243人,安置富余劳动力就业890人,组织各种技能培训达2259人次,各种形式的招聘会7次,605人参加招聘,被录用率达50%。全年86个困难户得到社会保障,收取保费51.7万元,同比增加13.5万元。扶贫帮困深入人心。“两节”期间共走访慰问1106户2141人次,发放慰问金23.4万元,镇、村两级慰问金均比上年有所增加。为优抚人员解决危房资金2.4万元,为社救、地退、优抚人员报销医药费5.5万元,全年发放各项民政费272.9万元。完成了为内蒙、江西灾区捐款任务。

群众性文化体育活动蓬勃发展。积极开展文化、卫生、科技“三下乡”活动,春节开展了民间花会大赛活动,倡导健康文明的生活方式,丰富了群众的业余生活。打破原有教育格局,整合教育资源,全面实施“三教统筹”。普教事业向更高层次发展,中心小学教学质量明显提高,升入市、区重点初中的学生比例逐年增加,艺术学校的开办使学生的艺术素养得到发展和提高,充分发挥成人学校的作用,积极开展学历教育、职业技能培训。

民主与法制建设不断深入。继续开展“四五”普法活动,推进依法治镇、依法治村进程。重点加强对《土地法》、《安全生产法》等法律法规的宣传教育,使得民主政治建设稳步推进,高度重视人大代表建议的办理工作,共办理人大代表建议57件,为群众生产生活和各项事业发展解决了实际问题。

(崔德岭)

王佐镇

【概　况】 王佐镇地处北京西南郊,东临永定河,北接云岗航天城,距北京市内25公里,镇域面积61.33平方公里,辖8个行政村,3.8万人口。年内,全镇国内生产总值完成2.22亿元,增加3700万元,同比增长20%。总收入完成10.47亿元,同比增长13.8%;人均纯收入实现6940元,同比增长8.7%。经济结构调整力度逐步加大,旅游等三产主导地位进一步突出,三、二、一产业发展格局更趋稳定,全镇经济总量稳步提升。

以旅游为龙头的第三产业快速发展。南宫旅游景区通过了市旅游局和国家“AAAA”级评审验收,开通了景区旅游专网。全年累计接待中外游客40万人次,游客接待总数比去年增长了33%。南宫商业街实现了改造升级,3.2万平方米的综合服务楼主体工程完工并开始装修,南宫宾馆进行了全面改造,泉品食府正式营业。完成了京西汽车教练场的改造升级,并通过了一级考试场地验收,京西驾校取得了ISO9001质量管理体系和ISO14001环境管理体系认证。

产业、产品结构不断优化,第二产业稳步发展。完成了沙锅村、张各庄、庄户三个产业基地地上物调查、土地测量和现状图绘制。完成了北京洁丰石灰厂等5家非煤矿山企业的现状调查,关闭了3家非煤矿山企业。

现代农业发展态势良好,一产向三产逐步延伸。确立了以发展旅游、观光、绿化产业的都市型农业目标,规划了五园两带一中心“521”现代农业工程。创建了京西绿叶青饲种植配送和恒达园林绿化苗圃两处北京市农业标准基地。完善了南宫高效农业园基础设施,进一步调整了产品种植结构,增加了新特品种。完成了庄户新品种蔬菜展示园的前期规划设计。种植“青饲玉米”4500亩。对9千余亩基本农田实行了保护性耕作,其中部分农田实施生物覆盖。完成了春季造林1858亩。京西教练场等三个单位获得了市级“花园式单位”称号。

重点工程进展顺利,市政基础条件进一步改善。道路建设力度加大。总投资1.2亿元的大灰厂路改扩建工程完成沙锅村至变电站近3000米道路建设。极乐峰风景区5700米道路建设完工。完成了粮库路4300米路床基础。京石高速路长阳开口工程完成了土地预审、树木移伐等各项手续办理。水系治理不断推进。对牤牛河沙锅村段2850米河道进行了调整、清淤和护砌。完成了西庄店三个自然村饮用水管线铺设1200米。涉及6个中心村的6150亩节水示范工程全部完工,市级水务信息化试点建设通过了验收。极乐峰景区建设全面启动。门区主体建设基本完工,铺设人行步道1.8万平方米,完成了景区内电力设施设计和安装,开采了一眼深度1100米的深水井,三处总容量600立方米的蓄水池建设完工。完成了水系管网、循环水景观综合方案设计,铺设输水管线2300米。旧村改造、房地产开发等重点工程进展顺利。南宫、佃起、西王佐三个村旧村改造工程7万平方米竣工,生态园二期14万平方米房地产项目全部完工。完成了8千平方米信息化大楼主体工程。完成了西南物流园区、青龙湖国际郊野休闲社区、庄户自然城等重点项目的土地手续申报和土地分类核算。完成两项国家重点工程“520”“华北电网改造”占地及地上物拆迁补偿工作。

研究制定了《王佐镇国民经济和社会发展第十一个五年规划(草案)》。举办了“第三届地热科普节”。强化了政府的宏观经济指导调控功能,研究制定了《宏观经济管理工作意见》,健全了镇村两级经济管理机制,建立了“企业项目联审制度”,完成了全镇企业、非公经济和村级经济的现状调查。制定了《2005年王佐镇可持续发展工作纲要》。

积极开展“卫生区”创建,环境质量得到提升。完善了环境卫生管理长效机制,建立了清扫保洁、垃圾房管理、除四害等九项卫生管理制度,大力开展了卫生区创建工作的宣传,全面落实了门前三包责任制,与镇域内企事业、沿街门店1568个单位重新签订了门前三包责任书和环境卫生责任书。加强了对南宫商业街,佃起流动人口居住区、河道及全镇建筑工地等重点地区和重点部位的卫生整治,加大了市容环境综合执法力度,进一步规范门前三包,无照经营、违章运输、非法广告牌匾得到有效治理,拆除私搭乱建700余平方米。

村民素质教育工程、精神文明建设稳步推进。村民素质教育工作以“我与王佐同发展,争做文明王佐人”为主题,实行素质教育与文明礼仪教育、共产党员先进性教育、创建学习型社会、国家卫生区创建、王佐小城镇建设“五结合”,采取了一封信、专题讲座、宣传展览、“教育三下乡”、“恒源杯”和“夏日广场”活动等形式,针对多层面群体,开展了文明礼仪、公民道德、村规民约、依法行政、爱岗敬业和健康知识等教育、宣传、培训,受教育人数近万人。全年对2300余人进行了就业引导性培训和岗前培训。南宫村被中央文明委命名为“全国文明村”。

安全工作进一步规范。安全工作紧紧围绕“宣传教育、业务培训、检查整改、责任追究”四个环节,重新调整充实了镇安全生产委员会、交通安全办公室,完善了安全工作各项制度,编制了13项安全预案,签订安全责任书1000余份。加强了企业的安全生产检查,全年查出各类安全隐患1328件,绝大部分得到及时整改。

社会治安综合治理工作得到加强。重新调整了综合治理委员会,与村级签订了治安工作责任书,建立了治安形势分析会制度,落实了平安村(社区)创建活动,加强了镇村两级联防队建设。以出租房屋和流动人口治理工作为重点,研究制定了“佃起村出租房屋和流动人口综合工作方案”,清理了20个出租大院,139户废品回收点,拆除出租院内私搭乱建93处。积极开展了安置帮教和社区矫正工作,加大了对全镇刑满释放人员和社区矫正对象的帮教、监管及安置工作力度。“四五”普法工作进一步深入,开展了“百场法制讲座进农家”法制宣传教育活动,西王佐中心村荣获北京市“民主法制示范村”称号。

计划生育基础管理工作得到加强。健全完善了计划生育网落机制。落实了目标管理责任制。加强了计划生育管理队伍的业务培训。以“人口日”为载体,加大了计生知识的宣传力度。开展了计划生育示范村创建活动,建立了学校、社会、家庭三位一体的未婚群体教育体系。加强了计生优质服务,推行了计划生育奖励措施办法。落实了流动人口与常住人口计划生育“同宣传、同教育、同管理”。落实了4000余名独生子女父母的奖励费和159名男满60岁、女满55岁独生子女父母的一次性奖励费兑现。

信息化建设稳步推进。制定了《王佐镇信息化建设可行性研究报告》和《王佐镇信息化工程顶层设计方案》,投资20余万元,完成了王佐成人学校电教室硬件配置,《王佐情况》、《政府工作摘要》等信息栏目进一步规范。

加强了对重大动物疫病的防治。建立了严密的防控体系，对辖区内所有家禽进行了严格排查、免疫和监测，对1.7万余只散养家禽进行了无公害化处理，对17余万存栏禽类全部进行了免疫。

村民就业等社会事业稳步推进。完成对全镇富余劳动力现状调查，制定了村民就业工作方案。举办了四期专业技能培训班，845人取得了各项专业证书，解决村民就业791人。为386人办理了农村养老保险，为213家企业职工办理了工伤保险。分别投入17万元和114万元补助10700名村民加入新型农村合作医疗，为女55岁、男60岁以上3800名老人发放生活补助金，其中对2850名60岁以上老人实行了全额补贴，全镇参保率达到50%以上。完成了对敬老院的修缮。为235户贫困家庭办理了农村最低生活保障，为22户特困户翻建修缮了房屋。成立了村级残疾人协会组织。免费为20名白内障患者实施了复明手术。

加强村委会班子建设，推进政务、村务公开。进一步完善了全程办事代理服务大厅建设，指导8个中心村建立了村级“便民服务代理室”，健全完善了政务公开、村务公开和民主管理制度，对8个中心村村民自治章程进行了修订完善。完成了村级目标责任制考核。

（赵李宁）

人　　物

组织机构负责人名　　单

中国共产党北京市丰台区第九届委员会

书　记　王子生

副书记　张大力　杜瑞琴(女)
　　　　刘云广　阎满成　陈继平

常　委　陈继平　闫小彦　王苏维
　　　　杨逸铮(女)　李明圣　吕跃进

丰台区委工作机构负责人

区委办公室主任　李明圣

组织部部长　杨逸铮(女)

宣传部部长　王苏维

精神文明办公室主任　朱晓芳(女)

统战部部长　吕跃进

台湾工作办公室主任　付香玉(女)

区委区政府政策研究室主任　王跃进

政法委员会书记　阎满成

常务副书记　杨永华

社会治安综合治理委员会办公室主任　姚建国

防范和处理邪教问题领导小组办公室主任　边爱华(女)

流动人口管理工作办公室主任　胡春溪

农村工作委员会书记　刘　宇

区委区政府信访办公室主任　宋德岭

保密局副局长　王京荣(女,日常工作)

区直机关工委书记　刘庆军

党史资料征集办公室主任　杨逸铮(兼,女)

副主任　叶玉霞(女,日常工作)

老干部局局长　刘德义

区委党校校长　刘云广

常务副校长　陈志忠

中国共产党北京市丰台区纪律检查委员会

书　记　陈继平

副书记　宋铁健　宋金忠　毕永丰

常　委　陈继平　宋铁健　宋金忠　毕永丰
　　　　王家驹　李　军　米佳国　高钟宁
　　　　牟金萍(女)

丰台区第十三届人民代表大会常务委员会

主　任　杜瑞琴(女)

副主任　张寿松(常务)　刘树玉(女)
　　　　任光明　苗　华(女)
　　　　李建军(不驻会)

委　员　王家喜　石茹英(女)
　　　　朱玉水　冯维海
　　　　李有毅(女)　罗万梅(女)
　　　　顾志强　高彦彬
　　　　高海松　霍益民
　　　　刘蓉蓉(女)　刘　颖(女)
　　　　吴　恒　曹继成
　　　　梁小虹　董　敏(女)

丰台区人大工作机构负责人

办公室主任　石茹英(女)
代表联络室主任　王　焱
城建环保工作委员会主任　孟宪忠
财政经济工作委员会主任　魏德仁
教科文卫工作委员会主任　张秀敏(女)
内务司法工作委员会主任　郗俊生

丰台区人民政府

区　　长　张大力
常务副区长　闫小彦
副 区 长　吕仕杰　闫傲霜(女)
罗　洁　李昌安　汪　洪

丰台区政府工作机构负责人

政府办公室主任　于鸷隆
发展计划委员会主任　何燕卿
国有资产监督管理委员会主任　黄东有
党委书记　徐鸣凤
计划生育委员会主任　张林萍(女)
建设管理委员会主任　郭振江
市政管理委员会主任　王建斌
科学技术委员会主任　陈　鹏
农业委员会主任　刘　宇
文化委员会主任、书记　王艳秋(女)
教育委员会主任　王佩琦
书记　赵常学
教育督导室主任　罗　洁
民族宗教侨务办公室主任　李小月
民政局局长　孙海臣
财政局局长　孔令斌
国有资产管理局局长　孔令斌
劳动和社会保障局局长　王凤华
安全生产监督管理局局长　沈瑞平
商务局(旅游局)局长　徐　琤(女)
统计局局长　徐文题
审计局局长　李拥军(女)
质量技术监督局局长　谢永田
国家税务局局长　孙小平
地方税务局局长　吕新利
工商行政管理局局长　王希军
园林局党委书记　杨江洪
局长　申燕民
环境保护局局长　李向林
卫生局党委书记　张　扬
局长　张　扬
爱国卫生运动委员会主任　常建国
地震办公室主任　葛龙昌
国土资源和房屋管理局党委书记
孙连喜
局长　于广义(6月免)孙连喜(6月任)
房屋经营管理服务中心主任　邓永权
农村合作经济经营管理站站长
刘　宇(10月免)
姜兆祥(10月任)
广播电视中心主任　李　杜
规划分局局长　孙　卫(4月免)
金　宇(4月任)
环境卫生服务中心主任、书记　梁金学
林业局局长、党委书记　张建国
气象局局长　李市平
水利局局长　庞金生
体育局局长　李靖生
药品监督分局局长　袁　林
地方志办公室主任　张渝生(女,兼)
副主任　李庆荣(日常工作)
法制工作办公室主任　董化斌
外事办公室主任　梁艳梅(女)
机关行政事务管理处处长　王秋利
人事局局长　赵冬辰
监察局局长　宋铁健
档案局局长　张渝生(女)
城市管理监察大队队长　刘金龙
卢沟桥文化旅游区办事处主任
孙　涛
抗日战争纪念馆馆长　王新华
城市管理监督指挥中心主任　冯晓光

中国人民政治协商会议北京市丰台区委员会

政协北京市丰台区第七届一次委员会
主　　席　初建华

常务副主席　鲍顺新
副　主　席　胡　燕(女)　周大春(女)
赵　仑　孙敏奇
于雪鹰(女)
秘　书　长　乔世红(女)
常 务 委 员　万艳生　卫金桂(女)
马洪波　王　虹(女)
王　强　王广华
王宝军　王淑清(女)
王德文　庄　平
刘占良　刘兆年
安　威　李　一(女)
李小月(回)　李汉儒
李春明　李继英(女)
杨元智(回)　吴　萍(女)
张　杨　张升允(女)
张立新(女)　张燕琴(女)
易　菁(女)　周衔临
胡国强　徐　颖
梁冬梅(女)　程留恩
戴　明

丰台区政协机构负责人

学习委员会主任　乔世红(女)
提案委员会主任　张全开
教文卫体委员会主任　李　新(女)
文史资料委员会主任　李　新(女)
经济科技委员会主任　解锡仲
城乡建设和管理委员会主任　解锡仲
社会法制和民族宗教委员会主任　赵敬全
对外联络委员会主任　赵敬全

丰台区各民主党派负责人

民革丰台区工委主任　于雪鹰(女)
民进丰台区工委主任　刘占良
民盟丰台区工委主任　张升允
民建丰台区工委主任　孙敏奇
农工民主党丰台区工委主任　高彦彬
九三学社丰台区工委主任　程留恩

丰台区群众团体负责人

丰台区工会主席　王春兰(女)
共青团北京市丰台区委员会区委书记　徐　颖
丰台区妇女联合会主席　刘蓉蓉(女)
丰台区工商业者联合会会长　王宝军
党组书记　邓适宁(9月免)
孙延明(9月任)
区归国华侨联合会主席　李继英(女)
残疾人联合会主席　吕仕杰
理事长　刘金霞(女)
区私营个体协会会长　段德珍(女)
区消费者协会会长　王希军
科学技术协会常务副主席　孙敏奇
党组书记　王淑清(女)

丰台区工商企业负责人

北京丰印诚工贸集团总经理　李淑珍(女)
北京银建实业股份有限公司
党委书记　杨　华
董事长　李希英
总经理　翟宝玉
北京市赛欧工贸中心(供销合作联合社)
董事长兼党委书记　穆传敏
总经理　陈思勇
北京博兰特食品工贸集团党委书记、总经理　刘　峰
兴源粮油贸易总公司总经理　李茂林
北京市裕丰投资经营公司总经理兼党组书记　许庆丰
丰台区烟草专卖局(公司)总经理　周　宾
天旭饮食服务公司总经理　贾炳忠
物资回收公司总经理　王又强
党委书记　江新德(女)
丰台区修理公司总经理　刘立志
党委书记　李良才
京都公司总经理　刘　视
丰台区财政贸易干部学校支部书记　杨宝森
中关村科技园丰台区管理委员会主任

汪　洪
世界公园总经理　马福江
丰鑫源物资集团总经理　米惠朋
综合投资公司经理　孔令斌
城市建设综合开发公司经理　魏景秀
兴丰房地产公司经理　顾　远
益丰建筑(集团)公司总经理　付　晓

丰台区政法军事机构负责人

检察院检察长　蔡柏林
法院院长　董　华
区人民武装部部长　万文艺
政委　李义来
人民防空办公室主任　崔爱国
司法局局长　李秀瑛(女)
公安分局局长　王慧强(4月免)
孙　钫(4月任)
政委　夏其忠(9月免)
耿　飞(9月任)
国家安全分局局长　胡　颖
交通支队队长支队长　田文岗
政委　雷　军
消防支队队长　刘万生
政委　王有刚

丰台区街道、乡(镇)负责人

大红门街道办事处主任　王振华
工委书记　杨玉喜
东高地街道办事处主任　连　宇
工委书记　袁　雷
东铁匠营街道办事处主任
牛春凤(女,7月免)
赵万军(7月任)
工委书记
孙延明(7月免)
牛春凤(7月任)
方庄地区办事处主任　于鹙隆(3月免)
张小龙(3月任)
工委书记　刘　军
丰台街道办事处主任　吴继东(9月免)
李　岚(女,9月任)
工委书记　孙金来
和义街道办事处主任　王俊山
工委书记　袁浩(10月免)
马士友(10月任)
卢沟桥街道办事处主任　李大维
工委书记　侯俊玲(女)
马家堡街道办事处主任　邢方岭
工委书记　周庆福(8月免)
谢国民(8月任)
南苑街道办事处主任　李宝英(女,8月任)
工委书记　高　峰
太平桥街道办事处主任　郗俊生
工委书记　朱玉水
西罗园街道办事处主任　崔言超
工委书记　李　智
新村街道办事处主任　李　华
工委书记　周衔临
右安门街道办事处主任　李春滨
工委书记　刘志扬(女)
云岗街道工委书记　刘友才
主任　李　刚
宛平城地区工委书记　王　京
主任　刘权来
长辛店街道工委书记　赵秀兰(女,10月免)
李跃生(10月任)
主任　李跃生(10月免)
刘权利(10月任)
卢沟桥乡党委书记　孙　强
人大主席　傅德江
乡　长　吴继东
南苑乡党委书记　陈仲才
人大主任　宋庆全
乡　长　刘晶森(女)
花乡党委书记　李新民
人大主席　康书元
乡　长　肖文燕(女)
长辛店镇党委书记　李汉儒
人大主席　岳淑桂(女)
镇　长　连　宇

王佐镇党委书记 吴 恒
人大主席 吴建英
镇 长 李 屹(8月任)
谢国民(8月免)

丰台区部分金融单位负责人

工商银行丰台支行行长 王志强(5月免)
贺 宁(5月任)
工商银行方庄支行行长 徐天岭(10月免)
曲 琰(10月任)
农业银行丰台区支行行长 冯建辉
建设银行丰台支行行长 秦伶华(女)
中国银行丰台支行行长 许九鼎
丰台区农村信用合作社联社理事长
王满祥

荣 誉 栏

全国先进单位

全国三八红旗集体

丰台分局丰台看守所女看守管教班

全国优秀公安基层单位

西罗园派出所

全国文明村

南宫村

全国创建文明村镇先进单位

榆树庄村

全国文明单位

丰台科技创业服务中心

全国精神文明建设工作先进单位

丰台一小
西罗园派出所

全国军民共建社会主义精神文明先进单位

中国北方车辆研究所
中国人民解放军63963部队

全国环境优美乡镇

王佐镇

中华全国总工会“女职工建功立业标兵岗”

和平门邮电局营业组

全国巾帼文明示范岗

区地税局第一税务所

“2005年全国30强木门企业产品质量,售后服务双承诺单位”

北京市木材厂

全国进城务工青年先进集体

南苑乡大红门商贸城团总支

婚育新风进万家活动全国先进单位

大红门街道

第一次全国经济普查国家级先进集体

丰台区经济普查办公室
丰台区南苑乡经济普查办公室
丰台区东铁匠营街道经济普查办公室
丰台区花乡经济普查办公室
丰台区卢沟桥街道经济普查办公室

2004—2005年度中国信息报统计宣传工作”先进单位

丰台区统计局

全国先进个人

张玉玺 男,中共党员,北京丰台人,出生于1949年10月,大学文化程度,农业经济师。1970年12月至1976年4月在中国人民解放军37510部队204艇服役。1976年在丰台区花乡新发地农工商联合公司工作,历任统计员、科技员、经理、总经理;2001年12月任中国农产品市场协会会长;2003年任新发地村党总支书记、北京新发地农产品有限公司董事长。他16年来带领新发地党总支坚持因地制宜,按经济规律管理新发地市场,抓住机遇抢占商机,借改革开放的东风,以农副产品批发市场为主业,发挥自身优势培育市场,利用市场的经理辐射和产业链的带动功能,逐渐形成了具有新发地特色的村域经济。全村共有经济实体32个,2004年经济总收入达到3.2亿元,向国家上缴利税超过1200万元。新发地市场以交易量全国第一、交易额全国第二的骄人业绩成为农业产业化国家重点龙头企业。被评选为2005年度中国乡镇企业十大新闻人物之一和全国劳动模范。

李继英 全国先进工作者,女,1963年出生,从事护理工作近20年,是护理战线上一名优秀的护理战士,任长辛店医院总护士长。她是全国五一劳动奖章获得者,是北京市优秀共产党员。2003年4月12日,医院被确定为北京市集中收治非典患者定点医院时,李继英正病休在家。她的左腿髌骨和十字韧带损伤已有三个月,肌肉出现明显萎缩,准备住院进行手术。面对非典病魔的肆虐和上级的决定,她立即请缨上阵,把自己的病痛置之度外,义无反顾地全身心投入到紧张的筹备工作中。她强忍着疼痛,拖着伤腿,在医院上下奔波,与专家们一起商议医院病房的改建,到铁路医院、佑安医院学习传染病防护措施。她的坚定和坦诚影响着周围的同事,很多护士就是在她的感召下陆续报名到非典一线工作的。李继英把自己安排在收治危重病人的一病区做护士长。4月20日晚病人开始送来后,李继英立即按照护理程序有条不紊地开展工作,她的娴熟和镇静给在场的护士们增添了直面迎战非典的勇气。她说:"你们是跟着我进来的,我有责任把你们平安地带出去。"哪个班最累,她就跟哪个班上;哪里最脏、最危险,她就在哪里干。病人进住的三天里,她整整72个小时没有合眼,创造了连续接诊31名非典病人的纪录,使一病区安全、有序地完成了党组织交给的接诊救治任务。病房中大便器足有六七十斤重,而且病人的排泄物中带有大量的传染病毒,她不说什么,拖着伤腿,一个人默默走进病房,第一个抱起大便器去清理。第一批护士平安而光荣地干了21天后下线,李继英恳求组织再让她带一带第二批上线护士。面对病人的需要,她总是冲在最前面,她说,自己如果能多进几次病房,其他的同事就会多几分安全,病人就会多几分与病魔作斗争的信心和毅力。李继英获得了全国防治非典工作优秀共产党员称号和首都劳动奖章,她所在的战斗集体获得了全国三八红旗集体荣誉称号和首都劳动奖状,并至今保持着医护人员"零"感染的纪录。

胡　燕 女,上海市人,生于1946年3月,大学文化程度,无党派人士,1970年参加革命工作。1994年2月任丰台区副区长。2004年1月任丰台区政协副主席至今。胡燕是丰台区中国农工民主党工委主任,她认真贯彻中国共产党领导的多党合作和政治协商制度,认真履行政治协商、参政议政、民主监督职能,坚持中国共产党的领导,拥护中国共产党的路线、方针、政策,有较强的事业心和奉献精神,为人谦和,作风正派。工作中能够坚持集体领导的民主作风,带领班子成员开展基层党组织的各项工作,还注重抓工委自身及各支部思想组织建设,建立完善了工委学习、会议等各项规章制度。她带领工委围绕区政府的中心工作,积极组织党员开展调研,建言献策,几年来,提交党派提案9份,其中2份被评为优秀提案。她充分发挥中国农工党的智力优势,为构建和谐社会做贡献,每年都组织党员开展科技、文化、卫生"三下乡"和拥政爱民的双拥服务活动,连续组织五届"国际科学与和平周"及绿化首都植树造林活动。

她积极组织开展妇委会工作，牵头协调全市党派妇委会到平谷“三下乡”，深受老百姓欢迎。在她的领导下，区工委曾多次荣获农工北京市委员会及国际科学与和平周中国组织委员会授予的荣誉奖；在抗击“非典”的工作中被区统战部、农工市委命名为先进单位。丰台区工委和胡燕本人被中国农工民主党中央委员会评为2003—2004年度全国社会服务先进集体和先进个人。

曹西林 男，生于1966年12月，吉林省长春市人。1987年到法院工作，1994年提为助理审判员，1999年10月开始独立办案。曹西林工作十余年，作风过硬，工作勤恳，无论是担任书记员工作还是担任审判员工作，都能做到高标准、严要求，尤其在处理家庭与工作关系上，更是体现了克己奉公，无私奉献的精神。1998年11月份，曹西林年仅3岁的儿子曹泊禹被查出患了骨髓异常增生综合症，也就是俗称的早期白血病。这种病很容易被传染，稳定病情的唯一办法就是输血。曹西林与他的爱人都是普通的工薪阶层，收入不是很高。为了少花钱，曹西林经常自己每月给儿子输血，每次一输就是150毫升。他晚上输血，第二天仍然坚持上班，庭里的同志看到他眼睛充满血丝，脸色苍白，劝他休息一下，他却坚持说，我身体好，没事的，案件这么多，不能拖大家的后腿，只要我没有躺下就能继续工作。就在儿子病重期间，他62岁的母亲又被查出得了脑瘤，需要做开颅手术，因年岁已高，共作了二次连续18个小时。他在晚上陪护的情况下，白天仍坚持上班。自2000年至2004年期间，他共审结各类民事案件2500余件，年均结案500件以上，数次立功受奖。在这些荣誉的背后，其个人的生活却充满了坚辛和苦难。特别是2003年以来，孩子数次病危住院，妻子、岳母终日以泪洗面，巨大的精神和物质上的压力几乎令其窒息，然而每当他来到办公室看到桌上的卷宗，看到走廊里那些焦急的当事人时，他都身感自己肩负的重任，他深切的意识到自己是一名法官，一名共产党员，自己必须以人民的利益放在首位。在家庭和事业上，曹西林做到平衡兼顾，既不耽误工作、又要尽力照顾孩子。2003年9月，孩子住院，他动员妻子、岳母、内弟轮流在医院守护，而自己做为后勤支援。这样既能减轻家属的负担，又能抽出时间办案，晚上不用陪床，而是利用这段时间发送传票、写判决，在白天失去的时间，尽量从晚上弥补，在工作日耽误的工作，就在休息日完成。那一个月他连续十几天晚上到当事人家中送传票、判决书，以确保白天能够按时开庭。这个月他共审结案件129件，其中大部分工作是利用业余时间完成的。多年来，曹西林同志在面临家庭困难的重担下，创造了其办案的最高纪录，收结案数始终保持在全院的前列。2005年，曹西林被评为全国人民法庭优秀法官。

陈荣超 男，四川成都人，1932年12月出生，1950年1月入伍，1956年7月入党，原系总参装甲兵指挥学院学员大队副师职政治委员，1988年退休，现为丰台区军队离退休干部第十三休养所军休干部。先后两次被评为“全国先进军休干部”，2005年被评为丰台区优秀共产党员，2005年荣获“中华慈善奖”。其妻杨玉仙，女，四川广汉人，1934年7月出生，1950年1月入伍，1956年8月入党，原系中国北方车辆研究所阀门厂副厂长、高级工程师，1987年退休。曾获全国“三·八红旗手”荣誉称号，多次获中国兵器集团公司“优秀共产党员”和先进工作者。陈荣超夫妇是一对参加革命半个多世纪的共产党员。五十多年来,他们始终牢记党的宗旨,全心全意为人民服务,为国防建设和社会主义现代化建设做出了突出贡献;他们永葆共产党员本色,退休不退志,心系西部山区,关注公益事业,2000年11月,他们将大半生积蓄共20万元捐给了贫困地区,在四川省芦山县建起了一所希望学校。四年来,他们不顾年老体弱,先后8次长途跋涉赶赴学校,看望师生,关心孩子们的成长进步,并陆续投入数万元,送去了学习教材,设立了教学奖励基金,使这所希望学校成为当地的名校。2005年9月,在全党开展保持共产党员先进性教育的历史时刻,陈荣超夫妇再次拿出近五年积攒的20万元,在内蒙古乌兰浩特市建立了第二所希望学校。2006年6月,在他们的带动下,丰台区第十三军休所军休干部捐书3000余册,捐款12000余元,为这所希望学校建立了"希望图书室"。

王振民　男,1955年12月8日出生,北京市人,研究生学历,中学高级教师,丰台区青少年活动中心(丰台区少年宫)主任,中国教育学会会员,中国儿童歌舞学会常务理事,全国城区少年宫研究会常务理事,北京校外教育研究会常务理事。王振民把全部身心都投入到活动中心的发展建设和干部队伍,教师队伍的建设中,出色地完成本职工作。在他的带领下,短短几年内,丰台区青少年活动中心,育人环境得到较大改善,干部队伍和教师队伍得到加强,教职工的教育观念得到更新,各项工作迈上了新台阶。学员人数从1996年的800人次达到现在的8000多人次,取得了良好的社会效益。从1996年开始,青少年活动中心通过招收高等专业院校的优秀毕业生来改变教师的学历层次和知识结构。另外,还通过调入一批有教学经验的中年教师来充实教师队伍。同时,还通过对教师继续教育及校本研究,校本培训来解决工作中的实际问题和教学中的突出问题。尤其是对青年教师的培养、使用、锻炼,使少年宫的教师队伍形成了梯队。王振民提出了"向改革要效益,向管理要效益,向质量要效益"的工作思路,并始终如一地坚持这一工作思路,为了使管理思路落到实处,1998年王振民提出"统、分、合"的管理机制,根据部门的特点,把责、权、利捆绑在一起,增强的工作活力和竞争力。同时广泛征求教职工的意见,修订,补充管理制度汇编,实行校务公开,为依法治校,依法治教奠定了基础。2000年,为了深化教育改革,激发广大教职工的竞争意识,优化用人机制,在活动中心实行全员聘用合同制,成为首批丰台区中小学人事制度改革试点单位。以"符合校外教育实际精干,高效,满负荷"为原则,对全中心各部门结构进行了调整,以部门为单位,定岗,定责,定编,进一步完善主任负责制,结构工资制,考核评价制。王振民在抓教学管理、行政管理的同时,非常注重对外交流和对外宣传。几年来,日本、匈牙利、泰国、台湾、爱沙尼亚,拉托维亚等国外的文化团体和同行多次到少年宫来参观访问,活动中心也多次组团到国外进行文化交流,不断地扩大知名度和社会影响,提高少年宫的知名度。王振民多年以少年宫为家,全身心地投入工作,在教职工中的威信较高,青少年活动中心成立前后,在区委、区政府和教委领导的大力支持下,他带领全体干部和教职工实现了少年宫、影剧院和图书馆三个单位资源的整合和人员的平稳过渡,实现了人事制度和工资制度的平稳过渡,对全员实行聘用合同制和岗位聘任制。最大限度地发挥了全体教职工的工作积极性,使各项工作较顺利地开展。辛勤的耕耘结出丰硕的果实,王振民曾6次荣获丰台区教育系统先进工作者称号,在全国及市、区多次介绍办学经验,主持市级科研课题研究,撰写论文10

余篇，其研究成果多次获奖并在市级以上刊物上发表。2003年3月28日被评为全国校外教育优秀理论研究工作者，2000—2002年度被评为丰台区教育系统优秀共产党员称号，2003年被选为第九届区党代会代表。2004年9月被评为北京市中小学优秀德育教育工作者、市校外教育先进个人。2005年9月被中宣部等十部委评为中国校外教育银杏奖的“突出贡献奖”。他带领教职工开拓进取，争创一流不断在理论和实践上探索研究。丰台区青少年活动中心光荣地获得“联合国教科文组织俱乐部协会成员”单位、中国教育学会及校外教育专业委员会常务理事单位的荣誉，被评为北京市校外先进集体，丰台区师德先进集体，丰台区文明单位。

刘　安　男，1965年6月出生，中共党员，1986年自部队转业后在丰台分局蒲黄榆派出所工作至今，先后从事治安、外勤和社区民警工作，荣立个人二等功2次、三等功2次，多次荣获嘉奖，曾被授予“北京市人民满意的公安民警”、“北京市严打’整治斗争先进工作者”、“北京市优秀共产党员”、“丰台区优秀共产党员”2次、“首都十佳社区民警”等荣誉称号。2005年又荣获全国优秀人民警察、北京市先进工作者的光荣称号。2002年刘安接管蒲黄榆第二社区工作，针对该地区交通便利、地段繁华、人员流量大、治安情况复杂的特点，他与管理小区的第二开发公司多次协商，对北里小区实现了封闭式管理，同时又将有50年历史的一里小区进行了封闭。并创建了警民共建特色社区，制定了群防群治力量巡逻制度，建设警民学雷锋便民服务岗，组建了党员治安巡逻队、居民组长巡逻队、低保人员巡逻队、保安员专职治安巡逻队，织成了严密的社区防控网、巡逻防控网、内保防控网、治安防控网，实现了社区治安状况明显好转。从2002年开展“严打”整治斗争以来，刘安共为派出所打击违法犯罪工作提供破案线索26条，破获刑事案件22起，抓获犯罪嫌疑人29人。还与社区干部密切配合，多次与有关部门协调，为小区安装了路灯，并重新维修了小区的马路，善了居民的生活设施，方便了夜间出行，有效地消除了治安隐患。刘安用自己立功受奖的奖金在社区设立了“扶贫救困”基金，主动与社区内的6户特殊困难户建立联系，每月上门了解他们的生活情况。主动照顾三位孤寡老人，帮助他们解决困难。资助一名叫陈佳的困难学生，保证了小陈佳的学业。2003年北京遭受“非典”侵袭时，社区内一位80多岁的孤寡老人李足英，在“非典”期间病倒了，李的亲属怕感染“非典”，不愿带她去医院就诊，刘安知道此事后，二话没说，立即将老人送到医院，并垫付了医药费。2004年7月，社区内82岁的孤寡老人冷静，到海淀区一个朋友家做客时突发脑血栓，刘安接到电话后，立即和社区主任带上老人治疗脑血栓的药品，驱车80多公里去看望，并亲自给老人服药，待老人病情有所好转，他又将老人接回家，照顾老人休息。2004年底，刘安一直照顾的孤寡老人郭志华不幸去世，为老人操办了一切后事，郭志华的哥哥深为感动，特向刘安送来谢词：“情为民所系，心为民所想”。2004年10月，刘安在社区内巡逻时，发现一个瘦弱的孩子独自在户外，经询问，孩子叫东东，贵州人，12岁，被人骗至北京后自己逃了出来，他连忙将孩子带到社区警务站，买来食品和饮料，并安排孩子住宿，又与孩子原籍乡政府联系，个人出资给东东路费，委托孩子的同乡人带他回家。刘安关心弱势群体是远近闻名的，居民总是说他“像亲人一样”、称他为“是个心中装着老百姓的好警察”。刘安时刻牢记立警为公、执法为民的宗旨，用实际行动忠实履行着入党时的誓言。

全国劳动模范

王绍棠(北京木材厂党委书记)

全国军民共建社会主义精神文明先进个人

朱晓芳(女)

第一次全国经济普查工作中被评为全国邮政系统先进个人

张美玲

全国优秀共青团员

丰台区右安门街道团工委书记 王蓉梅

九三学社中央委员会优秀社员

陈哲生

第一次全国经济普查国家级先进个人

张大力　闫小彦　徐文题　亓学霞　李　扬
李振福　王海虹　孟　健　吴玉梅　崔春梅
周　敏　冯　灏　柳晓东　武岩磊　程雅翠
李　华　吴继东　李秀珍　杨德山

市级先进单位

首都文明单位标兵(共16个　其中新的3个)

1. 丰台区民政局机关
2. 丰台区人民检察院
3. 丰台区国家税务局机关
4. 北京市工商管理局丰台分局机关
5. 丰台区农村信用合作联社卢沟桥信用社
6. 北京电力丰台供应公司
7. 中关村科技园丰台园科技创业服务中心
8. 丰台一小
9. 东高地青少年科技馆
10. 长辛店医院
11. 东方家园北京丽泽装饰有限公司
12. 北京世界公园
13. 北京市公安局丰台分局西罗园派出所
14. 丰台区地税局机关 *
15. 丰台区人民法院 *
16. 丰台交通支队机关 *

首都文明单位(共59个　其中新的6个)

1. 丰台区财政局机关
2. 丰台区审计局机关
3. 丰台区林业局机关
4. 丰台区环境保护局机关
5. 丰台区司法局机关
6. 丰台区统计局机关
7. 丰台区气象局机关
8. 丰台区广播电视中心
9. 丰台区档案局(馆) *
10. 丰台区劳动和社会保障局机关
11. 丰台区城市管理监察大队机关(直属队)
12. 中关村科技园区丰台园管理委员会
13. 卢沟桥医院
14. 大红门医院
15. 电力医院
16. 方庄医院
17. 南苑医院
18. 丰台区疾病预防控制中心
19. 丰台区方庄第一幼儿园
20. 丰台区芳群园第二幼儿园
21. 丰台区丰台第二幼儿园
22. 丰台区长辛店第一小学
23. 丰台区长辛店第七小学
24. 北京市芳星园中学
25. 丰台区太平桥中学 *
26. 北京市工商局丰台分局大红门工商所
27. 丰台区国家税务局第二税务所
28. 丰台区地方税务局南苑所
29. 北京银建实业股份有限公司
30. 丰台区公安分局蒲黄榆派出所
31. 北京盛世兴饮食服务中心丰和轩餐厅
32. 北京博兰特北大地商场有限公司
33. 北京嘉事裕丰医药有限责任公司
34. 北京丰印诚科技发展有限公司
35. 卢沟桥敬老院
36. 卢沟桥乡文化中心
37. 万泉寺压力容器厂
38. 北京市东阳建筑公司
39. 丽泽长途客运站
40. 万泉出租汽车公司
41. 丰顺机动车驾驶员培训中心 *
42. 北京京西汽车教练场 *

43. 中国建设银行北京丰台支行
44. 北京贝尔通信设备制造有限公司
45. 丰台区城市建设综合开发公司
46. 北京市第十二中学体育分校
47. 北京台宜汽车清洗保养有限公司
48. 北京丰新电器工程有限公司 *
49. 北京方庄购物中心
50. 北京京丰热电有限责任公司
51. 北京市路灯管理中心
52. 太平桥环卫所
53. 丰台区园林局南苑绿化队
54. 京环家具有限公司
55. 北京市东铁营工贸集团
56. 北京洋桥大厦
57. 北京市大红门服装商贸城
58. 北京市京华饭店
59. 北京金城源投资管理公司 *

首都文明乡镇(共 2 个)

1. 王佐镇
2. 卢沟桥乡

首都文明村(共 21 个　其中新的 2 个)

1. 南苑乡西铁营村
2. 南苑乡果园村
3. 南苑乡分钟寺村
4. 王佐镇南宫村
5. 王佐镇佃起村
6. 王佐镇庄户村
7. 长辛店镇张郭庄村
8. 长辛店镇太子峪村
9. 长辛店镇李家峪村
10. 长辛店镇辛庄村 *
11. 花乡白盆窑村
12. 花乡草桥村
13. 花乡榆树庄村
14. 花乡看丹村
15. 花乡六圈村
16. 卢沟桥乡大井村
17. 卢沟桥乡三路居村
18. 卢沟桥乡张仪村
19. 卢沟桥乡小屯村
20. 卢沟桥乡马连道村
21. 卢沟桥乡郑常庄村 *

首都文明街道(共 5 个　其中新的 1 个)

1. 云岗
2. 方庄
3. 东高地
4. 丰台
5. 右安门 *

首都文明社区(共 54 个 其中新的 6 个)

丰台街道　1. 北大地西区社区
2. 东安街头条 19 号院社区
3. 新兴家园社区 *
4. 北大地 16 号院社区 *

卢沟桥街道　5. 莲香园社区
6. 望园社区
7. 春园社区
8. 丰西路社区
9. 青塔西里社区

右安门街道　10. 开阳里第二社区
11. 开阳里第四社区

马家堡街道　12. 双晨社区
13. 嘉园一里社区
14. 玉安园社区 *

大红门街道　15. 西马小区社区
16. 康泽园社区
17. 西罗园南里华远

东高地街道　18. 梅园社区
19. 六营门社区
20. 东营房社区
21. 万源南里社区
22. 万源东里社区

方庄街道　23. 芳城东里社区
24. 芳群园三区社区 *
25. 芳古园一区第一社
26. 芳城园二区社区
27. 芳城园三区社区
28. 芳古园一区第二社
29. 芳古园二区社区

	30. 芳星园三区社区
宛 平 街 道	31. 晓月苑社区
长辛店街道	32. 槐树岭社区
	33. 朱家坟北社区
	34. 装工院社区
	35. 二七车辆厂社区
	36. 光明里社区
	37. 崔二里社区 *
云 岗 街 道	38. 北区社区
	39. 南二社区
	40. 翠园社区
	41. 南一社区
太平桥街道	42. 太平桥西里社区
	43. 太平桥中里社区
东铁营街道	44. 蒲安里第二社区
	45. 刘家窑第三社区
	46. 南方庄社区
南 苑 街 道	47. 西宏苑社区
西罗园街道	48. 洋桥北里社区
	49. 角门东里一社区
	50. 西罗园第一社区
	51. 鑫福里社区
新 村 街 道	52. 明春苑社区
	53. 育仁里社区 *
和 义 街 道	54. 和义西里第二社区

首都绿色社区(共 59 个 全新)

丰 台 街 道	1. 北大地西区社区
	2. 东安街头条 19 号院社区
	3.63 号院社区
卢沟桥街道	4. 京铁家园社区
	5. 望园社区
右安门街道	6. 开阳里第二社区
	7. 开阳里第四社区
	8. 东滨河社区
马家堡街道	9. 双晨社区
	10. 嘉园一里社区
	11. 城南嘉园社区
大红门街道	12. 西马小区社区
	13. 康泽园社区
	14. 西罗园南里华远
	15. 西罗园南里果园社区
东高地街道	16. 梅园社区
	17. 六营门社区
	18. 东营房社区
	19. 万源南里社区
	20. 万源东里社区
方 庄 街 道	21. 芳城东里社区
	22. 芳古园一区第一社区
	23. 芳城园二区社区
	24. 芳城园三区社区
	25. 芳古园一区第二社
	26. 芳古园二区社区
	27. 芳星园三区社区
	28. 芳城园一区社区
宛 平 街 道	29. 晓月苑社区
长辛店街道	30. 南墙缝社区
	31. 朱家坟北社区
	32. 装工院社区
	33. 光明里社区
	34. 崔二里社区
	35. 杜家坎社区
	36. 张郭庄社区
云 岗 街 道	37. 镇岗南里社区
	38. 南一社区
太平桥街道	39. 太平桥西里社区
	40. 太平桥中里社区
	41. 菜户营社区
	42. 精图社区
东铁营街道	43. 蒲安里第二社区
	44. 刘家窑第三社区
	45. 南方庄社区
南 苑 街 道	46. 西宏苑社区
西罗园街道	47. 洋桥北里社区
	48. 角门东里一社区
	49. 西罗园第一社区
	50. 鑫福里社区
	51. 西罗园第三社区
新村街道	52. 怡海花园社区

53. 育仁里社区
54. 草桥社区
55. 科学城第一社区
56. 科学城第二社区
57. 富锦家园社区
58. 韩庄子第二社区
和 义 街 道　59. 和义西里第二社区

首都文明景区(共 6 个)

1. 北京世界公园
2. 中国人民抗日战争纪念馆
3. 中国人民抗日战争雕塑园
4. 莲花池公园
5. 青龙湖公园
6. 万芳亭公园

首都文明示范大街(共 5 个,其中新的 2 个)

1. 丰北路大街
2. 方庄蒲芳路大街
3. 广安路大街
4. 马家堡东路大街 *
5. 右安门外大街 *

北京市模范集体

区检察院控告申诉检察处
区法院刑事审判庭
南苑医院妇产科
方庄购物中心针织组
丰台城建物业公司机电设备处
榆树庄西南物流中心
卢沟桥丽泽长途汽车站

市委宣传系统舆情信息工作“好信息”奖

区委宣传部

北京市群众体育先进单位

丰台公安分局
卢沟桥乡

市公安局红旗党支部

西罗园派出所
蒲黄榆派出所
刑侦支队技术队
巡警支队四队
右安门消防中队

市公安局集体二等功

刑侦支队抓逃队
巡警支队四队“402”车

2001 年—2005 年度北京市信访排查调处工作先进集体

区信访办

2001 年—2004 年首都社会治安综合治理先进单位

区综治办

2001—2004 年北京市地下空间安全管理工作先进集体

区综治办

市计划生育先进集体

区综治办
卢沟桥乡
南苑街道

北京市“五四红旗团委称号”

南区邮电局团委
北京市青年文明号
丰台邮电局营业部
右安门消防支队
西客站消防支队

市城市管理综合行政执法系统优秀思想政治工作奖

丰台区城管监察大队

市爱国卫生先进单位

丰台城管监察大队和义分队
丰台城管监察大队丰台分队
丰台城管监察大队南苑分队
丰台城管监察大队指挥中心
南苑街道
丰台区人事局

北京市人事系统先进集体

丰台区城管监察大队
丰台区人事局

市军转安置先进单位

丰台区人事局
市优秀人才服务机构
区人才服务中心

市妇联系统基层妇女组织先进集体

丰台区城管监察大队

北京市团建工作先进区县

共青团丰台区委

北京市共青团信息工作先进单位

共青团丰台区委

北京市增强共青团员意识主题教育活动先进单位

丰台区卫生局团委

丰台区园林局团委

丰台区南苑街道机关团支部

北京三兴汽车厂第三团支部

北京市五四红旗团委

丰台区太平桥街道团工委

丰台区东高地第一中学团委

北京市五四红旗团支部

丰台区财政局团支部

市纪检监察系统学刊用刊先进单位

区纪委

区监察局

市第五届全民健身体育节先进单位

万芳亭公园

市创建“五个好”先进乡镇党委

卢沟桥乡

市组织公民义务献血工作先进单位

卢沟桥乡

南苑街道

市城市生活垃圾分类工作先进单位

卢沟桥乡

首都职工素质教育工程先进单位

卢沟桥乡

北京市档案工作先进单位

卢沟桥乡

京郊农民体育展示大会健身秧歌比赛一等奖

卢沟桥乡

市侨联先进街道侨联组织

方庄街道侨联

北京市节水光荣榜

北京市木材厂

北京市2005年度守信企业

北京市木材厂

第一次全国经济普查市级先进集体

丰台区太平桥街道经济普查办公室

丰台区西罗园街道经济普查办公室

丰台区东高地街道经济普查办公室

丰台区丰台街道经济普查办公室

丰台区新村街道经济普查办公室

丰台区长辛店街道经济普查办公室

丰台区云岗街道经济普查办公室

丰台区方庄地区经济普查办公室

丰台区宛平城地区经济普查办公室

丰台区和义街道经济普查办公室

丰台区卢沟桥乡经济普查办公室

中关村科技园区丰台园经济普查办公室

北京市“青年文明社区”：

丰台区新村街道桥梁厂第二社区

丰台区花乡草桥社区

丰台区东高地街道三角地二社区

丰台区东铁匠营街道刘家窑第二社区

丰台区方庄芳古园一区第一社区

丰台区马家堡街道双晨社区

丰台区丰台街道北大地西区社区

丰台区太平桥街道天伦北里社区

丰台区右安门街道玉林东里二区社区

丰台区西罗园街道海户西里南社区

“志愿服务迎奥运文明交通伴我行”活动优秀志愿服务团队：

丰台区西罗园街道志愿服务队

首都青少年“保护母亲河——青春奥运绿色行动”“十五”绿化杯：

丰台区林业局

北京青年志愿服务行动优秀服务集体

燕京华侨大学志愿者协会

北京市统计系统执法工作二等奖

丰台区统计局

北京市统计系统首次“统计文化节”优秀组织奖

丰台区统计局

民政工作先进单位

丰台区民政局

北京市十强保安班

丰台区政府保安班

市级先进个人

北京市先进工作者

区林业局局长　张建国

区地方税务局科员　范利华

区劳动和社会保障局科员　李学猛

丰台工商分局丰台工商所所长　李云鸿

区公安分局蒲黄榆派出所民警　刘　安

区法院助理审判员　曹西林

区司法局主任科员　刘秀兰

实验小学教师　王　征

东高地第四小学教师　耿春龙

北京教育学校丰台分校教研员　刘润泽

丰台一小校长　高秀贤

北京十二中学校长　张永启

区环境卫生服务中心工人　贾秀云

区环境卫生服务中心工程师　王卫华

园林局丰台绿化队技术员　潘万春

北京丰台医院普外科主任　樊有炜

北京丰台医院骨科主任　史立强

丰台区疾病预防控制中心主管医师　黄胜天

丰台镇东幸福街社区居委会主任　刘　英

东铁匠营街道办事处主任　牛春凤

太平桥街道综合环卫科科长　郝江山

区城管大街新村分队副分队长　杨桂红

南苑乡农工商总公司经理　陈重才

卢沟桥乡大井村党总支书记　时景旺

北京市劳动模范

区园林局南苑绿化队高级工　刘　英

区国土局鸿华房地产开发经营公司经理　肖果侦

丰印诚集团有限公司工人　薛洪德

海鑫科金信息有限公司经理　刘晓春

益丰建筑集团公司工长　肖杰敏

长辛店镇农业服务中心经理　许书信

高娃钢琴幼儿园董事长　赵红梅

金星房地产开发有限公司董事长　王宝军

花乡新发地农产品有限公司总经理　张玉玺

南区邮电局　李　梅

二七机床厂　王玉刚

北方车辆有限集团公司总经理　张宝起

首都五一劳动奖章获得者

北京三兴汽车厂副总工程师　任满堂

农行丰台支行行长　冯建辉

北京丰台区烟草专卖局局长　李宝珍

北京市三八红旗奖章获得者

米京晶

市司法局一等功

佟丽华

市公安局模范党员领导干部

潘福生　杨二来

市公安局优秀党员先锋

王敬录　张　雨　郭　强　柳雯煜

姜诗峰　康宝平　刘　华　王文斌

米京晶　梁爱华　赵东红　孙国萍

市公安局十大优秀刑警

康宝平

首都百名“杨秀奇式社区民警”

王　伦

首都百名优秀青年民警

高宪卉　张明洁　杨惠玲　罗　瑜

张玉萍

北京市人民满意的政法干警

康宗京　程广雷

北京市女民警标兵

米京晶

北京市优秀女民警

孙国萍

市公安局双百标兵

孙国萍

市公安局个人二等功

李　林　宋娟娟　陈东海　潘福生

张海京　于　伟　路建国　刘福亮

公安部信息通信网运行管理先进个人

蒋晓红

市公安局装财系统热情服务甘于奉献标兵

刘 辛

北京市先进治保积极分子

许立华

北京市同法轮功及其他邪教组织斗争先进个人

姚建国

2001年—2004年首都社会治安综合治理先进工作者

赵东红 段德珍 刘金龙 姚建国
张 怡 贾京生 李超国 李 红
王世英 张殿波 刘富强 陈爱民
毕桂英 苏锁成 王德明

北京市献血先进个人

赵莉莉

市城市管理综合行政执法系统先进个人

宇仁强 杨瑞军 高祥全 王京平

获市普法工作者荣誉称号

付颖娟

市人事局系统先进工作者

蒋天科 王 毅

市信访工作先进个人

宋德岭

市地税系统先进党员

范利华

北京市民政系统先进个人

孙海臣

北京市经济技术创新标兵

黄启国 孙 楠 王海峰 赵秀云
滕美丽 刘全利 王 璐

市爱国卫生先进工作者

梁金学 姚建国 宇仁强 杨瑞军
许 民

市环卫系统思想政治工作先进工作者

梁金学

市人口和计划生育工作先进工作者

马玉萍 褚文革

市计划生育先进个人

李 华 白雪筠 冯海涛

市第一次全国经济普查先进个人

李 华

市审计机关先进工作者

李振芳 郭凤芝

市社区矫正工作先进个人

王建民

北京市先进军转安置工作者

李 振

北京市群众体育先进个人

侯建明 李靖生 王儒江 贾光龙
杨华杨

全民健身好家庭

边金珠 张静范

市第五次全国体育场地普查先进个人

张少军 杨 张子妍

北京市青年岗位能手

李 梅

北京市优秀团干部

丰台区三益公司团支部书记 赵翡翡
丰台团区委统战部部长 李雪梅
丰台区团教工委书记 程 良
北京市优秀共青团员:
丰台区花乡团委副书记 赵文芝
丰台区东高地第三中学团委书记 翟 宇

首都青少年"保护母亲河——青春奥运绿色行动"先进个人

丰台区园林局 甘沁力

北京青年志愿服务行动杰出青年志愿者

中共丰台区教育工作委员会 张永梅

北京青年志愿服务行动优秀青年志愿者

北京市丰台卫生局蒲黄榆医院 马金英

北京优秀青年创业带头人

北京圣火科贸有限公司董事长 王 丰

第一次全国经济普查市级先进工作者

左桂红 孙爱辉 李春华 范 爽
冯凤华 杨 源 李 红 卓恩荣
朱淑贵 艾春星 王春秀 乔 君
高 嵋 肖 辉 张淑艳 程 军
许秀军 隰桂荣 李大维 张 超

杨　勇　薛俊玲　魏金鑫　王卫军
王庆安　王健美　宋晔晖　宋燕红
马玉琴　刘　炜　刘藏生　李哲龙
李　澎　焦　波　黄雅丽　代胜林
陈　涛　陈　洁

北京市中小学优秀班主任“紫禁杯”特等奖

丰台二中　严彩莉

北京市中小学优秀班主任“紫禁杯”一等奖

秦　华　寇富弄　嵇文红　周　华
梁继芳　于会霞　于春燕　龚玉红
杨素兰　马　红　海　霞

北京市中小学优秀班主任“紫禁杯”二等奖

潘立红　田艳红　赵秀娟　尹淑梅
杨　璋　周艳梅　耿　艳　任京霞
王玉环　李　静　陈燕燕　叶凤杰

北京市十佳少先队员

丰台五小　贾　镝

逝世人物

南荣榜　男，河北省交河县人，生于1923年12月，初中文化程度，1944年12月加入中国共产党。1945年6月参加革命工作。1952年9月任中共丰台区委常委、组织部长，兼区委纪律检查委员会副书记。1958年8月任卢沟桥公社党委书记。1968年后任黄土岗公社党委副书记、革命委员会副主任，区革命委员会农村组副组长，建设局党委书记、局长。1979年5月任区委常委、组织部长。1980年6月任区委副书记，区革命委员会副主任。1981年1月丰台区第七届人代会上当选为丰台区第七届人大常委会主任。1984年7月当选为第八届人大常委会主任。1986年4月离休。2005年12月20日不幸逝世，享年82岁。

统计资料

丰台区国民经济主要指标一览表
MAIN NATIONAL ECONOMIC INDICATORS FOR FENGTAI DISTRICTS

项目		Item		丰台区 Fengtai 2005	2004	2005年为2004年% 2005 as% of 2004
综合		**General Survey**				
地区生产总值	(万元)	Gross Domestic Product	(10000 yuan)	3697275	3327570	111.1
第一产业		Primary Industry		9456	9756	96.9
第二产业		Secondary Industry		1069176	1110005	96.3
第三产业		Tertiary Industry		2618643	2207809	118.6
财政收入	(万元)	Fiscal Revenue	(10000 yuan)	180297	150160	120.1
#增值税		Increased Value Tax		24278	20795	116.7
营业税		Operating Tax		90682	71240	127.3
个人所得税		Private Income Tax				
企业所得税		Enterprise Income Tax		19510	15146	128.8
财政支出	(万元)	Fiscal Expenditure	(10000 yuan)	323266	262871	123.0
#基本建设支出		Capital Construction		11347	13208	85.9
支援农业生产支出		Supporting Agriculture		9004	4595	196.0
文教卫生事业费		Culture, Education and Health		61111	0.0	
人口和劳动力		**Population and Labor Force**				
总人口	(人)	Total Population	(person)	1568000	1490000	105.2
常住户籍人口	(人)	Permanent Registered Population	(person)	974927	931530	104.7
#非农业人口		Non – agriculture		842304	794453	106.0
男		Male		495965	439893	112.7
女		Female		478962	424174	112.9
出生率	(‰)	Birth Rate		6.12		
死亡率	(‰)	Death Rate		4.65		
自然增长率	(‰)	Natural Growth Rate	(‰)	1.47		
城镇单位从业人员	(人)	Employyed persons in urban units	(person)	370327	370251	100.0
按产业分		Grouped by Industry				
第一产业		Primary Industry		766	928	82.5
第二产业		Secondary Industry		121530	133115	91.3
第三产业		Tertiary Industry		248031	236208	105.0
按职工非职工分		Grouped by Staff and Workers or Non – staff – and – worker				

续表 1

项目	Item	丰台区 Fengtai 2005	2004	2005年为2004年% 2005 as% of 2004
在岗职工人数 （人）	Fully Employed Staff and Workers at their Posts (person)	330476	330004	100.1
#国有经济	State - owned	121160	121209	100.0
集体经济	Collective - owned	18760	21519	87.2
城镇个体劳动者	Urban and Rural Individuals			
劳动工资	**Wages**			
在岗职工工资总额 （万元）	Total Wages of Fully Employed Staff and Workers (10000 yuan)	871889	729102	119.6
#国有经济	State - owned	425607	369609	115.2
集体经济	Collective - owned	25072	27083	92.6
在岗职工平均工资 （元）	Average Wage of Fully Employed Staff and Workers (yuan)	26991	23696	113.9
固定资产投资	**Investment in Fixed Assets Assets**			
全社会固定资产投资(万元)	Total Investment in Fixed Assets (10000 yuan)	1325805	1282127	103.4
新增固定资产 （万元）	Incremental Fixed Assets (10000 yuan)	817712	711960	114.9
#国有单位	State - owned			
集体单位	Collective - owned			
房屋施工面积 （万平方米）	Floor Space of Buildings under Construction (10000 sq. m)	1021.4	841.8	121.3
#国有单位	State - owned			
集体单位	Collective - owned			
房屋竣工面积 （万平方米）	Floor Space of Buildings Completed (10000 sq. m)	311.8	275.3	113.3
农村经济	**Rural Economy**			
农村劳动力 （人）	Labor Force	75965	73859	102.9
种植业	Planting	10706	11939	89.7
林业	Forestry	4316	5373	80.3
牧业	Animal Husbandry	410	434	94.5
渔业	Fishery	93	92	101.1
农村工业	Rural Industry	13702	17609	77.8
农村建筑业	Rural Construction	3322	3255	102.1
农村运输业	Rural Transportation	5631	5776	97.5
农村商、饮食业、服务业	Commerce, Catering and Services	10700	9501	112.6
耕地面积 （公顷）	Area under Cultivation (hecta	3679.1	3857.6	95.4
农业机械总动力 （千瓦）	Total Power of Agricultural Machinery (kw)	81065	87000	93.2
化肥施用实物量 （吨）	Consumption of Chemical Fertilizers (ton)	1821.3	2161.0	84.3
化肥施用折纯量 （吨）	Consumption of Chemical Fertilizers (100%) (ton)	633.1	856.0	74.0
农村用电量 （万千瓦时）	Consumption of Electricity (10000 kwh)	92944	51496	180.5
农业总产值 （万元）	Gross Output Value of Agriculture (10000 yuan)	25071.3	25830.2	97.1
种植业	Planting	17123.5	18316.8	93.5
林业	Forestry	3387.6	2822.6	120.0
牧业	Animal Husbandry	2530.0	2734.4	92.5
渔业	Fishery	2030.2	1956.4	103.8

续表 2

项目	Item	丰台区 Fengtai 2005	2004	2005 年为 2004 年% 2005 as% of 2004
农作物总播种面积(万公顷)	Sown Area of Farm Crops (10000 hectare)	0.278	0.297	93.6
粮食作物	Grain	0.100	0.079	126.6
粮食 (万吨)	Grain (10000 tons)	0.338	0.239	141.4
蔬菜 (吨)	Vegetable	32289	47509	68.0
干鲜果 (吨)	Dry and Fresh Fruits	2420	3067	78.9
生猪出栏 (头)	Slaughtered Hogs (head)	12166	22674	53.7
猪牛羊肉 (吨)	Pork, Beef and Mutton (tons)	885.7	1698.0	52.2
#猪肉	Pork	836.2	1624.0	51.5
禽肉	Meat of Poultry	163.2	80.0	204.0
禽蛋	Poultry Eggs	1286	342	376.0
牲畜年底头数 (头)	Number of Livestock (year - end) (head)			
大牲畜	Large Animals	1344	1071	125.5
猪	Hogs	9930	6818	145.6
羊	Goats and Sheep	3434	3288	104.4
水产品产量 (吨)	Output of Aquatic Product (tons)	901	716	125.8
农村经济总收入 (万元)	Total Rural Economic Revenue (10000 yuan)	1546130	1369699	112.9
农村利润总额 (万元)	Total Profits of Rural Economy (10000 yuan)	152014	135024	112.6
国家税金	State Taxes	60309	40245	149.9
提取盈余公积金	Surplus Accumulation Funds Drawn	25783	31283	82.4
劳动所得	Income from Work	139548	133183	104.8
工业	**Industry**			
企业单位个数 (个)	Number of Enterprises (unit)	554	639	86.7
国有	State - owned	106	146	72.6
集体	Collective - owned	56	60	93.3
其他	Others	392	433	90.5
工业总产值 (现价,万元)	Gross Output Value of Industry (at current prices, 10000 yuan)	2689239.2	450467.	109.7
国有	State - owned	552010.7	546677.4	101.0
集体	Collective - owned	140704.4	139170.5	101.1
其他	Others	1996524.1	764619.	113.1
主营业务收入(产品销售收入) (万元)	Business income of the main (Sales Revenue) (10000 yuan)	2877446	2524210	114.0
#国有	State - owned	545168	528505	103.2
主营业务成本(产品销售成本) (万元)	Core business cost(Cost of (10000 yuan)	2386520	2065264	115.6
#国有	State - owned	453752	449331	101.0
固定资产原价 (万元)	Original Value of Fixed Asse	1442804	1343117	107.4
#国有	State - owned	392203	490077	80.0
固定资产净值 (万元)	Net Value of Fixed Assets	841689	945387	89.0
#国有	State - owned	222025	366581	60.6
全部流动资金年平均余额 (万元)	Annual Average Balance of Circulating Funds (10000 yuan)	2315635	2043835	113.3
#国有	State - owned	469261	524397	89.5
利润总额 (万元)	Total Profits	124502	116037	107.3
#国有	State - owned	15736	- 3504	- 449.1

续表 3

项目	Item	丰台区 Fengtai 2005	2004	2005 年为 2004 年% 2005 as% of 2004
产品销售率 (%)	Ratio of Sales Value to Gross Output Value (%)	96.41	95.50	101.0
商业	**Commerce**			
社会消费品零售额 (万元)	Retail Sales of Consumer Goods (10000 yuan)	2914397	2761922	105.5
按类别分	Grouped by Type of Goods			
吃的商品	Food	720663	718711	100.3
穿的商品	Clothing	148288	141692	104.7
用的商品	Daily Used Articles	1955243	1815296	107.7
烧的商品	Fuel	90203	86223	104.6
网点数 (个)	Number of Outlets (unit)	66457	60427	110.0
# 商业	Wholesale and Retail	59319	53941	110.0
饮食业	Catering	6600	6015	109.7
住宿	Accommodation	538	471	114.2
营业人员 (人)	Personnel (person)	247396	221413	111.7
# 商业	Wholesale and Retail	191944	172445	111.3
饮食业	Catering	44562	38861	114.7
住宿	Accommodation	10890	10107	107.7
外经、外贸	**Foreign Economy and Trade**			
海关进出口贸易总额(万美元)	Total Value of Imports and Exports at Customs (USD 10000)	191847	132676	144.6
实际利用外资 (万美元)	Amount of Foreign Capital Actually Used	6884.2	3607.5	190.8
旅游人数 (万人)	Number of Tourists (10000 persons)	750	733	102.3
教育	**Education**			
学校数 (个)	Number of Schools (unit)	154	159	96.9
小学	Primary Schools	94	94	100.0
普通中学	Regular Secondary School	55	52	105.8
中等专业教育	Specialized Secondary Schools	13	13	100.0
招生数 (人)	New Student Enrollment (person)	17533	20134	87.1
小学	Primary Schools	4629	5239	88.4
初级中等学校	Junior Secondary Schools	4731	5048	93.7
高级中等学校	Senior Secondary Schools	4542	5037	90.2
中等专业教育	Specialized Secondary Schools	3631	4810	75.5
在校学生 (人)	Student Enrollment (person)	78966	87157	90.6
小学	Primary Schools	32677	36703	89.0
初级中等学校	Junior Secondary Schools	16038	18724	85.7
高级中等学校	Senior Secondary Schools	15012	14907	100.7
中等专业教育	Specialized Secondary Schools	15239	16823	90.6
毕业生 (人)	Graduates (person)	22787	23611	96.5
小学	Primary Schools	6287	6889	91.3
初级中等学校	Junior Secondary Schools	7422	8820	84.1
高级中等学校	Senior Secondary Schools	3906	3557	109.8
中等专业教育	Specialized Secondary Schools	5172	4345	119.0
幼儿园、托儿所个数 (个)	Number of Kindergardens (unit)	104	110	94.5
幼儿入托数 (人)	New Enrollment (person)	19481	20381	95.6

续表 4

项目	Item	丰台区 Fengtai 2005	2004	2005年为2004年% 2005 as% of 2004
文化	**Culture**			
文化馆、站 (个)	Cultural Centers	15	15	100.0
公共图书馆 (个)	Public Libraries	2	2	100.0
公共图书馆藏书 (万册)	Collection (10000 volume)	34	31	109.7
电影放映单位 (个)	Film Projection Units (unit)	2	2	100.0
区级以上重点文物保护单位 (个)	Cultural Relics Preserved at District Level and above (unit)	35	35	100.0
卫生	**Health**			
卫生机构数 (个)	Number of Health Institutions (unit)	77	72	106.9
#医院	Hospitals	50	47	106.4
卫生院	Clinics	2	6	33.3
床位数 (张)	Number of Beds (unit)	6158	6137	100.3
#医院	Hospitals	6108	6093	100.2
95.平均每千人拥有床位数 (张)	Average Number of Beds Per Persons (unit)	1000	6.3	6.6
卫生技术人员 (人)	Medical Technical Personnel (person)	7934	7668	103.5
#医生	Doctors	3196	2970	107.6
公用设施	**Public Utilities**			
区级以上公园 (个)	Parks at District Level and above (unit)	8	8	100.0
体育场馆 (个)	Stadiums and Gymnasiums (unit)	36	48	75.0
道路长度 (公里)	Length of Roads	508		

注:总人口、出生率、死亡率、自然增长率为2005年全国1%人口抽样调查后北京市统计局反馈数据

此表中数据均为区域统计口径,增速为可比增速。

(丰台区统计局提供)

附　　录

中共北京市丰台区委主要文件目录

中共北京市丰台区委文件

京丰发[2005]1号　中共北京市丰台区委常委会2005年工作要点

京丰发[2005]2号　中共北京市丰台区委　北京市丰台区人民政府关于表彰丰台区第四届“人民好公仆”的决定

京丰发[2005]3号　中共北京市丰台区委关于进一步加强领导干部学法的意见

京丰发[2005]4号　中共北京市丰台区委关于贯彻《中共北京市委加强全市党政领导班子建设(2004—2008)规划纲要》的实施意见

京丰发[2005]5号　中共丰台区委关于在全区党员中开展以实践“三个代表”重要思想为主要内容的保持共产党员先进性教育活动的实施意见

京丰发[2005]6号　中共丰台区委常委会2005年议题计划

京丰发[2005]7号　中共丰台区委　丰台区人民政府关于表彰2004度社会治安综合治理先进单位和先进工作者的决定

京丰发[2005]8号　中共丰台区委关于开展评选表彰丰台区先进基层党组织和优秀共产党员活动的通知

京丰发[2005]9号　中共丰台区委　丰台区人民政府关于表彰调研工作先进单位和优秀调研报告的决定

京丰发[2005]10号　中共丰台区委　丰台区人民政府关于印发《丰台区村级新型集体经济组织民主管理暂行办法》的通知

京丰发[2005]11号　中共丰台区委关于在全区推进党务公开的意见

京丰发[2005]12号　中共丰台区委关于表彰丰台区先进基层党组织、优秀共产党员的决定

京丰发[2005]13号　中共丰台区委关于办理政协建议案的办法

京丰发[2005]14号　中共丰台区委关于表彰丰台区军(警)民共建社会主义精神文明先进单位和先进个人的决定

京丰发[2005]15号　中共丰台区委　丰台区人民政府关于进一步完善村务公开和民主管理制度的试行意见

京丰发[2005]16号　中共丰台区委　丰台区人民政府关于贯彻市委市政府《关于建设和谐社区和谐村镇的若干意见》的实施意见

京丰发[2005]17号　中共丰台区委关于加强调研队伍管理的意见

京丰发[2005]18号　中共丰台区委关于进一步加强和改进人大工作的意见

中共北京市丰台区委办公室文件

京丰办发[2005]1号　区委办、政府办关于转发区委区政府研究室《关于评选2004年度调研工作先进单位和优秀调研报告的方案》的通知

京丰办发[2005]2号　区委办、政府办关于印发《丰台区老干部工作领导责任制》的通知

京丰办发[2005]3号　区委办、政府办关于转发《丰台区2005年安全生产工作意见》的通知

京丰办发[2005]4号　区委办、政府办关于印发《丰台区开展赌博活动专项行动工作方案》的通知

京丰办发[2005]5号　区委办、政府办关于做好2005年北京市劳动模范和先进工作者推荐评选工作的通知

京丰办发[2005]6号　区委办、政府办关于表彰2004年度丰台区督查工作先进单位、先进个人的通知

京丰办发[2005]7号　区委办、政府办关于表彰2004年度信息工作先进单位、先进个人的通知

京丰办发[2005]8号　关于做好2005年政协提案办理工作的通知

京丰办发[2005]9号　区委办、政府办关于印发《丰台区2005年党风廉政建设和反腐败工作主要任务分工》的通知

京丰办发[2005]10号　区委办、政府办关于调整丰台区双拥工作委员会组成人员的通知

京丰办发[2005]13号　区委办、政府办关于印发《丰台区学习宣传贯彻<信访条例>实施方案》的通知

京丰办发[2005]14号　区委办、政府办关于印发《丰台区关于健全基层民族宗教工作责任制的意见》的通知

京丰办发[2005]15号　区委办关于调整区委对台工作领导小组组成人员的通知

京丰办发[2005]16号　区委办关于印发《丰台区街道党的工作委员会议事规则》的通知

京丰办发[2005]17号　区委办关于调整丰台区国家机关职务犯罪预防网络领导小组组成人员的通知

京丰办发[2005]18号　区委办、政府办关于印发《丰台区2005年社会治安综合治理工作任务及责任分解》的通知

京丰办发[2005]19号　区委办、政府办关于做好2005年“五一”节日期间维护社会稳定防范安全事故加强值班等工作的通知

京丰办发[2005]21号　区委办、政府办关于遏制违法建设的紧急通知

京丰办发[2005]23号　区委办转发区委宣传部《关于纪念中国人民抗日战争暨世界反法西斯战争胜利60周年活动安排》的通知

京丰办发[2005]24号　区委办、政府办关于进一步加强全区机关内部管理有关要求的通知

京丰办发[2005]25号　区委办关于调整丰台区新建企业工会组建工作领导小组组成人员的通知

京丰办发[2005]26号　区委办、政府办关于成立丰台区突发公共事件应急委员会的通知

京丰办发[2005]27号　区委办、政府办关于在全区党政机关进一步做好夏季节水节电工作的通知

京丰办发[2005]28号　区委办转发区妇联《关于进一步加强丰台区党政机关、事业单位妇委会工作的意见》的通知

京丰办发[2005]29号　区委办、政府办关于2005年国庆节期间全区维护社会稳定防范安全事故加强值班等工作的通知

京丰办发[2005]34号　区委办关于印发《进一步做好党派提案工作的办法》的通知

京丰办发[2005]36号　区委办关于成立丰台区2005年冬季征兵工作领导小组的通知

京丰办发[2005]37号　区委办关于印发《丰台区做好2005年冬季防火、防煤气中毒专项

整治工作方案》的通知

京丰办发[2005]38 号　区委办、政府办转发区纪委、区监察局《关于在基本建设中实施“阳光工程”的意见》的通知

京丰办发[2005]40 号　区委办、政府办关于2006 年春节期间文化活动安排的意见

京丰办发[2005]41 号　区委办、政府办关于印发《丰台区做好“两节”　“两会”期间环境整治和环境保障工作方案》的通知

京丰办发[2005]42 号　区委办、政府办关于全面开展平安创建工作的实施意见

京丰办发[2005]43 号　区委办、政府办关于做好 2006 年元旦春节期间有关工作的通知

京丰办发[2005]44 号　区委办、区政府办转发市委办公厅、市政府办公厅《关于做好2006 年元旦、春节期间全市维护社会稳定、送温暖慰问、防范安全事故、加强值班等工作的通知》的通知

丰台区人民政府主要文件目录

丰台区人民政府文件

丰政发[2005]6 号　丰台区人民政府关于印发 2005 年主要工作目标管理责任制的通知

丰政发[2005]18 号　丰台区人民政府关于印发《丰台区防汛应急预案》的通知

丰政发[2005]26 号　丰台区人民政府关于印发《防治地质灾害应急措施》的通知

丰政发[2005]31 号　丰台区人民政府关于印发《丰台区重、特大电力突发事件应急预案》的通知

丰政发[2005]34 号　丰台区人民政府关于印发推进城乡社会救助体系建设的意见的通知

丰政发[2005]36 号　丰台区人民政府关于印发丰台区街道财政体制奖励资金使用指导意见的通知

丰政发[2005]40 号　丰台区人民政府关于深化丰台区财政国库管理制度改革的意见

丰政发[2005]42 号　丰台区人民政府关于印发全面推进依法行政实施意见的通知

丰政发[2005]34 号　丰台区人民政府关于印发推进城乡社会救助体系建设的意见的通知

丰政发[2005]33 号　丰台区人民政府关于印发丰台区安全生产事故隐患排查治理办法等文件的通知

丰政发[2005]38　号　丰台区人民政府关于印发丰台区经济形势分析工作意见的通知

丰政发[2005]37 号　丰台区人民政府关于印发关于建设节约型新城区的指导意见的通知

丰政发[2005]39 号　丰台区人民政府关于印发丰台区关于进一步加强“十一五”规划编制工作的实施意见的通知

丰政发[2005]29 号　丰台区加强税源建设工作的意见

丰政发[2005]37 号　丰台区人民政府关于印发关于建设节约型新城区的指导意见的通知

丰政发[2005]34 号　丰台区人民政府关于印发推进城乡社会救助体系建设的意见的通知

丰政发[2005]54 号　丰台区人民政府关于印发进一步加强街道财务管理的意见的通知

丰台区人民政府办公室文件

丰政办发[2005]1 号　丰台区人民政府办公室关于印发丰台区人民政府 2005 年在直接关系群众生活方面拟办的重要实事的通知

丰政办发[2005]5 号　丰台区人民政府办公室转发区民政局等部门关于农村特困人员医疗救助办法(暂行)的通知

丰政办发[2005]8 号　丰台区人民政府办公室关于对北京武警总队复员留京干部集体上访人员进行排查的紧急通知

丰政办发[2005]10 号　丰台区人民政府办公

室关于印发丰台区政府折子工程和拟为群众办理的重要实事督查工作程序的通知

丰政办发[2005]11号　丰台区人民政府办公室关于印发督促检查通报制度的通知

丰政办发[2005]12号　丰台区人民政府办公室关于印发《丰台区街道办事处议事规则》的通知

丰政办发[2005]13号　丰台区人民政府办公室关于印发整治非法开采砂石工作方案的通知

丰政办发[2005]18号　丰台区人民政府办公室关于印发《丰台区国家机关使用正版软件工作实施方案》的通知 9、丰政办发[2005]丰政办发[2005]20号　丰台区人民政府办公室关于印发丰台区街道乡镇群众体育工作评估文件的通知

丰政办发[2005]21号　丰台区人民政府办公室关于印发丰台区政府2005年拟办十件环保实事的通知

丰政办发[2005]25号　丰台区人民政府办公室关于印发2005年农村城市化工作目标管理责任制的通知

丰政办发[2005]26号　丰台区人民政府办公室关于印发丰台区突发安全事件上报程序的通知

丰政办发[2005]27号　丰台区人民政府办公室转发区综治办等部门关于《丰台区拆除流动人口聚居区违法建设工作方案》的通知

丰政办发[2005]28号　丰台区人民政府办公室转发区法制办《关于监督检查行政许可法贯彻落实情况的工作方案》的通知

丰政办发[2005]29号　丰台区人民政府办公室转发区环保局关于2005年扬尘污染控制工作方案的通知

丰政办发[2005]34号　丰台区人民政府办公室关于调整丰台区社区建设和城市管理体制改革领导小组的通知

丰政办发(2005)44号　丰台区人民政府办公室转发区监察局、财政局、审计局关于对丰台区行政事业单位国有资产出租情况开展清查工作的通知

丰政办发[2005]40号　丰台区人民政府办公室关于印发开展整治违法排污企业保障群众健康环保专项行动有关文件的通知

丰政办发[2005]43号　丰台区人民政府关于成立区政府法律顾问团的意见

丰政办发[2005]50号　丰台区人民政府办公室关于转发区国资委《关于换发丰台区企业国有资产产权登记表证的通知》的通知

丰政办发[2005]52号　丰台区人民政府办公室关于转发贯彻落实北京市人民防空工程和普通地下室安全使用管理办法的实施意见的通知

丰政办发[2005]53号　丰台区人民政府办公室关于转发丰台区普通地下室突发事件应急预案的通知

丰政办发[2005]54号　关于贯彻落实北京市人民政府办公厅贯彻落实《国务院办公厅关于推行行政执法责任制的若干意见》通知方案的通知

丰台区各级各类学校和幼教基本一览情况

项　目	学校（所）	教职工数（人）	在校生数（人）	招生数（人）	毕业生数（人）
总　计	260	13596	89818	25845	29192
中学小计	55	5031	31050	9273	11328
初级中学	25	2003	8532	2533	3967
完全中学	9	1446	10590	3251	3548
高级中学	8	664	6730	2021	1793
一贯制学校	13	918	5198	1468	2020
职业高中	4	773	6424	1999	2603
小学小计	94	4573	32677	4629	6287
教育部门办	88	4403	30887	4348	5903
其他部门办	2	170	751	102	212
社会力量办学	4	0	1039	179	172
幼儿园小计	104	3153	19481	9900	8917
教育部门办	21	747	9492	6287	5212
其他部门办	32	978	5615	2040	1993
社会力量办	11	549	1800	664	642
集 体 办	40	879	2574	909	1070
特殊教育小计	3	84	368	44	57
工读学校	1	38	21	0	15
弱智儿童学校	2	46	347	44	42

注：另有小学借读生32244人，中学7478人（其中：初中6811人、高中667人），职业高中780人，特殊教育14人，幼儿园6618人，共计47134人。

丰台区小学一览表

学 校 名 称	学 校 详 细 地 址	电话号码
丰台区右安门第一小学	丰台区右安门外东二条51号	63538827
丰台区右安门第二小学	丰台区右安门外东三条52号	63529449
丰台区右安门三小学	丰台区玉林里18号	63291380
丰台区翠林小学	丰台区右安门外翠林三里4号楼	83404599
丰台区太平桥第二小学	丰台区太平桥小区8号	63263132
六里桥小学	丰台区莲花池南里6号	63453505
西罗园小学	丰台区海户西里12号楼	67214604
西罗园第四小学	丰台区洋桥西里31号楼	67217206
北京市丰台区西罗园第五小学	北京市丰台区西罗园三区16号楼	67223982
北京市丰台区角门小学	北京市丰台区角门东里甲30号	67541724

续表

学 校 名 称	学 校 详 细 地 址	电话号码
北京市丰台区大红门第一小学	北京市丰台区大红门西前街 24 号	67267294
北京市丰台区大红门第二小学	北京市丰台区大红门东后街 157 号	67221363
北京市丰台区西罗园第六小学	北京市丰台区西罗园南里九号楼	67243914
北京市丰台区东罗园小学	北京市丰台区永外马公庄 5 号楼	67269874
丰台区苏家坡小学	丰台区永外高庄 9 号	67212473
丰台区时光小学	丰台区石榴园北里 20 号	67243361
丰台区西马场第一小学	丰台区大红门西路 24 号	67563201
丰台区康华小学	丰台区永定门外南顶村 31 号	67254217
丰台区南苑第一小学	丰台区南苑公所胡同 22 号	67991547
丰台区南苑第四小学	丰台区南苑机场院内	67964608
丰台区五爱屯小学	丰台区南苑西宏苑小区 6 号楼	67990298
北京市丰台区东高地第一学校	北京市丰台区东高地斜街 1 号	68769993
北京市丰台区东高地第二小学	丰台区万源东里 75 栋	68753771
北京市丰台区东高地第三小学	丰台区梅园小区东高地第三小学	68759889
北京市丰台区东高地第四小学	丰台区东高地万源南路 2 号	88524604
丰台区东铁匠营第一小学	北京市丰台区蒲黄榆路胡村一号	67614441
丰台区东铁匠营第二小学	北京市丰台区北铁匠营 259 号	67613882
蒲黄榆第一小学	北京市丰台区蒲黄榆西里三号楼	67653658
北京市丰台区蒲黄榆第三小学	北京市丰台区蒲安里 15 号楼	67613813
丰台区成寿寺小学	丰台区成寿寺村 76 号	67621273
丰台区小瓦窑小学	丰台区小瓦窑村 93 号	68633001
北京市丰台区丰台第一小学	丰台区东安街头条 2 号	68749564
北京市丰台区丰台第二小学	丰台区丰台南路 107 号	63720323
北京市丰台区师范学校附属小学	北京市丰台区文体路 30 号	63809425
丰台区丰台第五小学	丰台区西四环南路 78 号	63823080
北京市丰台区丰台第六小学	北京市丰台区七里庄 138 号	63823479
北京市丰台区丰台第七小学校	北京市丰台区东大街东里第七小学	63816260
北京铁路职工子弟第十一小学	丰台区西四环南路 93 号	67636807
丰台区第八小学	丰台韩庄子二里 8 号楼	63737519
北京第二实验小学怡海分校	丰台区科学城东怡海花园内	63743221
丰台区实验小学	丰台区桥南科学城恒富街 1 号	63743478
北京市丰台区万柳园小学	丰台区万柳园小区 10 号楼	63300078
丰台区长辛店第一小学	丰台区长辛店大街 145 号	83876718
丰台区长辛店第二小学	丰台区长辛店大街 262 号	83883081
丰台区长辛店第七小学	丰台区长辛店陈庄大街 4 号	83877075
丰台区长辛店第八小学	丰台区长辛店崔村街 67 号	83876528
北京市丰台区长辛店铁路学校	丰台区长辛店镇崔村一里七号	83305703

续表

学　校　名　称	学　校　详　细　地　址	电话号码
北京市北方车辆厂集团有限公司子弟小学	北京市丰台区长辛店朱家坟三里 12 号	83807188
北京市二七车辆厂小学	丰台区长辛店张郭庄南路 3 号	83804642
北京市丰台区云岗第一小学	丰台区云岗北区西里 7 号	68741436
北京市丰台区云岗第二小学	北京市丰台区云岗南区西里 23 号	83318552
北京市丰台区芳星园小学	北京市丰台区方庄小区芳星园二区 9 号楼	67629257
北京市丰台区芳星园第二小学	丰台区方庄小区芳星园三区 21 号楼	67644438
北京市丰台区芳群园第一小学	北京市丰台区方庄芳群园一区 14 号楼	67634832
北京市丰台区芳城园小学	芳城园二区 1 号芳城园小学	67648616
北京市丰台区芳古园小学	北京市丰台区芳古园一区 19 号楼	67629801
北京市丰台区卢沟桥第一小学校	北京市丰台区卢沟桥城内街 155 号	83891403
丰台区卢沟桥第二小学校	丰台区卢沟桥南里 32 号	83893491
丰台区晓月苑小学	丰台区卢沟桥晓月苑小区一里 14 号楼	83214610
丰台区马家堡小学	丰台区马家堡西里 52 楼	67588743
丰台区太平桥第一小学校	北京市丰台区太平桥 550 号	63462148
丰台区三路居小学	丰台区三路居 105 号	63447446
丰台区万泉寺小学	丰台区万泉寺 270 号	63336916
丰台区东管头小学	丰台区东管头 6 号	63307457
北京市丰台区小井小学	北京市丰台区小井村 338 号	63848508
北京市丰台区西局小学	北京市丰台区西局后街 81 号	63834783
丰台区岳各庄小学	丰台区卢沟桥乡岳各庄村 470 号	83667765
丰台区靛厂小学	丰台区靛厂村甲 300 号	63892262
北京市丰台区郑常庄第一小学	北京市丰台区郑常庄 165 号	68233449
北京市丰台区小屯小学	北京市丰台区小屯村 150 号	68653096
北京市丰台区张仪村小学	北京市丰台区卢沟桥乡张仪村 204 号	68633912
北京市丰台区大瓦窑小学	北京市丰台区大瓦窑村 170 号	83290622
丰台区草桥小学	丰台区草桥村	67527447
丰台区黄土岗小学	丰台区后黄土岗 3 号	63726855
丰台区新发地小学	天伦锦城小区 12 号楼	83721271
北京市丰台区白盆窑小学	北京市丰台区白盆窑村	83791278
北京市丰台区花乡郭公庄小学	北京市丰台区花乡郭公庄村 467 号	83703318
北京市丰台区花乡高立庄小学	北京市丰台区高立庄村 246 号	83700095
北京市丰台区六圈小学	北京市丰台区富锦嘉园内	83623899
丰台区看丹小学	丰台区看丹建新路 36 号	63713286
北京市丰台区阳春小学	北京市丰台区花乡羊坊村 111 号	83702037
北京市丰台区保台小学	北京市丰台区花乡保台 140 号	83614603
北京市丰台区樊家村小学	北京市丰台区新村三里一号	63736204
北京市丰台区纪家庙小学	北京市丰台区纪家庙于家胡同 59 号	63263106

续表

学 校 名 称	学 校 详 细 地 址	电话号码
丰台区四合庄小学	丰台区花乡育仁里 2 号	83621316
丰台区人民村小学	丰台区人民村 58 号	83600516
丰台区西铁匠营小学	丰台区西铁匠营村 110 号	63587194
丰台区石榴庄小学	丰台区石榴庄南里 2 号	67658142
丰台区分钟寺小学	丰台区分钟寺 450 号	87690600
丰台区槐房小学	丰台区南苑槐房村 335 号	67911653
丰台区新宫小学	丰台区南苑乡新宫村 370 号	67911728
丰台区长辛店中心小学	丰台区槐树岭 5 号院	83800552
北京市丰台区南宫中心小学	北京市丰台区王佐镇云岗新村 78 号	83316540
北京市西罗园学校	北京市丰台区西罗园二区 21 号楼	87293307
北京市洋桥学校	北京市丰台区洋桥北里 5 号	67218657
北京市赵登禹学校	丰台区嘉园二里 43 号	67582747
北京市大成学校	丰台区青塔小区 C 区	68671697
北京市丰台实验学校	程庄路 90 号	63801831
北京阳光学校	西五里店 21 号	83666110
北京市第十二中体育分校	丰台区文体路 32 号	63804652
北京市丰台区槐树岭学校	丰台区槐树岭 2 号院	83803650
北京市丰台区和义学校	丰台区南苑北里三区 12 号楼	67981498
北京市丰台区王佐学校	丰台区西王佐村 25 号	83316240
北大附属实验学校	丰台区花乡(明春苑小区)	63790381
北京市第一实验小学彩虹分校	丰台区光彩路 67 号院	87809960
北京市阳光红学校	丰台区西五里店 21 号	51438713
丰台区丰体时代小学	丰台区大井村 365 号	63821729

丰台区中学一览表

学 校 名 称	学 校 详 细 地 址	电话号码
首都医科大学附属中学	丰台区右安门外翠林小区二里 22 号	34011686
北京市右安门外国语学校	右安门外玉林东里三区 19 号	63291397
丰台区右安门第三中学	丰台区右安门开阳里一街甲 1 号	63538977
北京市太平桥中学	丰台区西客站南路 19 号	63401761
北京市丰台区三路居中学	北京市丰台区骆驼湾 37 号	63267656
北京市明德中学	丰台区骆驼湾 37 号	63408696
北京市中桥外国语学校	北京市丰台区太平桥东局甲 2 号	63265390
北京市西罗园学校	北京市丰台区西罗园二区 21 号楼	67222633
北京市洋桥学校楼	北京市丰台区洋桥北里 5 号楼	67218657
北京市丰台区角门中学	丰台区马家堡路 122 号	67543104

续表

学　校　名　称	学　校　详　细　地　址	电话号码
北京市赵登禹学校	北京市丰台区马家堡嘉园一里 17 号	67578016
北京市丰台区南顶中学	丰台区大红门路 60 号	67217241
北京市丰台区南苑中学	丰台区南苑西路 1 号	67991601
丰台区东高地第一中学	丰台区东高地南街一号	67991651
丰台区东高地外国语学校	丰台区东高地斜街一号	67991873
丰台区东高地第三中学	丰台区东高地万源南里甲 41 号	88520843
丰台区东铁营第一中学	丰台区刘家窑东里 7 号	67645147
北京市东铁匠营第二中学	丰台区石榴园北里 4 号	87275621
丰台区丰台路中学	北京西四环中路 103 号	63822494
北京市大成学校	丰台区青塔小区 C 区	68671697
丰台区实验学校	丰台区程庄路 90 号	63826021
北京市第十二中学	丰台区益泽路 15 号	83666027
北京市第十二中学分校	丰台镇东安街 1 号	63865313
丰台区丰台第一中学	丰台区丰台桥南新华街 2 号	63726654
丰台区丰台第二中学	丰台区东安街头条 3 号	63800782
首师大附属丽泽中学	丰台路 66 号	63825292
北京市第十二中体育分校	丰台区丰台镇文体路 32 号	63804652
丰台区第八中学	丰台区北大地西一里 16 号	63841055
丰台区铁路职工子弟第五中学	丰台区西四环南路 95 号	51852978
丰台区第七中学	丰台区新村四里 3 号楼	63736870
北京市丰台区看丹中学	北京市丰台区看丹村 161 号	63737583
北京市第十中学	北京市丰台区长辛店南关东里一号	83876111
北京市第十中学分校	丰台区长辛店东山坡三里 1 号	83863475
丰台区长辛店第一中学	丰台区长辛店桥西扶轮胡同 45 号	83878013
丰台区长辛店第三中学	丰台区朱家坟一里 44 号	83885842
丰台区槐树岭学校	丰台区槐树岭 2 号院	83803650
北京长辛店铁路学校	丰台区长辛店德善里 18 号	83306876
北京二七车辆厂中学	丰台区张郭庄 19 号	83804622
北京市丰台区云岗中学	北京市丰台区云岗北区东里一号	68740542
北京市第十八中学	北京市丰台区方庄小区芳星园二区 11 号楼	67696709
北京市芳星园中学	丰台区方庄芳星园三区 2 号楼	87681531
北京市丰台区左安门中学	北京市南三环东路 7 号	87684030
丰台区卢沟桥中学	丰台区晓月苑小区垂虹街 2 号	83219582
丰台区和义学校	丰台区南苑北里 3 区 12 号楼	67981498
丰台区黄土岗中学	丰台区黄土岗后岗 87 号	83716088
丰台区郭公庄中学	丰台区花乡郭公庄 443 号	83612776
丰台区王佐学校	丰台区王佐乡西王佐村 25 号	83316240

续表

学校名称	学校详细地址	电话号码
北京市第八中学怡海分校	北京市丰台区科学城东怡海花园内	63798086
北京市丰华中学	北京市丰台区朱家坟一里45号	83806697
北大附属实验学校	北京市丰台区明春苑小区	51492688
北京市阳光学校	北京市丰台区西五里店21号	83666110
北京市航天中学	北京市丰台区万源北路3号	67991659
北京新侨外国语学校	北京市丰台区右安门外西庄24号(开阳里八区)	63587607
北京市第二二二中学	北京市丰台区光彩北路2号	87280852
北京市第十二中学高中分校	丰台区丰管路3号院1号楼	83666014
北京市阳光红学校	丰台区西五里店21号	51438713
北京市第十二中学草桥分校	丰台区草桥欣园东路26号	67503068
振华民生学校	丰台区大瓦窑村525号	83291054

丰台区(2005年)独立设置职业高中一览表

学校名称	学校详细地址	电话号码
北京市丰台区职业教育中心学校	东校:北京市丰台区芳古园二区9号	67634851
	西校:丰台区蒲黄榆二里16号	67625187
	丰台幼儿师范学校校区:丰台区南苑公所胡同1号	67995816
	木樨园中学校区:丰台区永外南木樨园6号楼	67212084
	看丹职业高中校区:丰台区看丹161号	63737583
北京市洋桥职业学校	洋桥职业学校:北京市丰台区西罗园四区29号楼	87252562
北京市丰台区城市园林建设学校	云岗校区:丰台区云岗田城东里2号	68743542
	丰南校区:丰台区新村三里1号	63743536
	丰台区第六中学校区:丰台区岳各庄1号	63853739
北京市新桥职业高中	新桥职业高中:北京市丰台区右安门外西庄二街24号	63589535 (中外合资)
北京市丰台区汽车维修职业学校	北京市丰台区花乡高立庄195号	83795515 (社会力量办学)

丰台区(2005年)驻区高等院校一览表

学校名称	学校详细地址	电话
首都经济贸易大学	北京市丰台区张家路口121号	83952828
首都医科大学	北京市丰台区右安门外西头条10号	63291983
中国戏曲学院	北京市丰台区万泉寺400号	63353774
北京电子科技学院	北京市丰台区富丰路7号	63740588

丰台区社区学院教职工数一览表

项　　目	教职工人数合计	专职教师人数	行政人员人数	工勤人员人数	校数(教学点)(所)
总　　计	96	45	42	9	6
高等教育	74	33	34	7	3
北京广播电视大学丰台分校	18	3	13	2	1
丰台职工大学	56	30	21	5	2
中等专业教育	22	12	8	2	3
北京广播电视中专	4	0	3	1	1
东铁营职校	13	9	3	1	1
长辛店职校	5	3	2	0	1

丰台区社区学院(2005年)学生数一览表

项　　目	在校生数	±%	毕(结)业生人数	±%	招生数	±%
总　　计	2473	-1.91	558	-4.78	1112	+21
高等教育	1817	-3.56	419	+38.74	952	+34.08
北京广播电视大学丰台分校	885	+1.14	133	+280	611	+65.14
丰台职工大学	932	-7.63	286	+7.12	341	+0.29
中等专业教育	656	+2.98	139	-51.06	160	23.46
广播电视中专	218	-19.26	46	+12.2	0	-
东铁营职校	438	+19.35	93	-61.73	160	+11.89
长辛店职校	0	-	0	-	0	-

丰台区5000平米以上商业企业名录

序号	店铺名称	企业名称	店铺地址	联系电话
1	贵友大厦方庄店	北京贵友大厦有限公司	方庄芳星园6号	87679102
2	南宫恒源商厦	北京南宫恒源商贸有限公司	王佐镇南宫商业街3号	83315764
3	方庄购物中心	北京方庄购物中心股份有限公司	蒲芳路24号	67628464
	家世界西四环店	北京西四环家世界购物广场有限公司	郑常庄331号	67628464
5	家世界分钟寺店	北京分钟寺家世界购物广场有限公司	南苑乡分钟寺	67603636
6	亿客隆商城	北京亿客隆商业有限公司	西三环南路12号	63474285
7	欧尚超市科兴店	北京欧尚超市有限公司	邻枫路1号	83671875

续表

序号	店铺名称	企业名称	店铺地址	联系电话
8	易初莲花超市六里桥店	北京易初莲花连锁超市有限公司	西三环南路10号	63333377
9	首联丽泽购物广场	北京首联商业集团有限公司购物广场分公司	丰北路33号	63841134
10	华堂商场丰北路店	华糖洋华堂商业有限公司	丰北路79号冠京大厦	63801166
11	家乐福方庄店	北京家乐福商业有限公司	方庄芳城园二区15号楼	67609911
12	北京华联青塔店	北京华联综合超市股份有限公司青塔分公司	青塔村78号	68674601
13	南宫恒源超市	北京南宫恒源商贸有限公司	王佐镇南宫商业街2号	83313733
14	首联迪斯康特品牌折扣广场	北京首联迪斯康特商业有限公司	丰北路33号	68157986
15	万客隆洋桥店	中贸联万客隆商业有限公司	大红门西路19号	67254436
16	永乐电器五棵松店	北京世纪永乐家用电器有限公司	西四环中路77号	88223090
17	苏宁电器马家堡店	苏宁电器连锁集团股份有限公司	嘉园一里26号楼	67619988
18	大中电器洋桥店	大中电器有限公司	海户西里1号	87277780
19	美克美家丽泽店	美克美家家具装饰北京有限公司	西三环南路57号	63862727
20	东方家园建材超市丽泽店	东方家园装饰建材中心	西三环南路55号	83666780
21	乐华梅兰建材超市科兴店	法国乐华梅兰公司	邻枫路1号	63738393
22	大红门服装商贸城	北京市大红门商贸城市场中心	永南路15号	87290488
23	红星美凯龙建材家居	北京美凯龙家具建材市场有限公司	西四环中路133号	63868898
24	京温大厦	北京京温服装市场有限公司	永南路高庄西口60号	87271079
25	天雅大厦	北京天雅大红门服装市场有限公司	南苑路18号	51363308
26	东海玉龙布料市场	北京东海玉龙布料综合批发市场有限公司	南苑路105号	51093888
27	世纪丹陛华小商品市场	北京世纪丹陛华小商品批发市场有限公司	海慧寺1号	67816688
28	名流爱心家居装饰中心	北京名流商贸有限公司	育芳园东里2号楼	63721888
29	环三环家居商业中心	北京环三环商业中心有限公司	玉泉营环岛217号	63440082
30	居然之家玉泉营家居建材市场	北京居然之家玉泉营家居建材市场有限公司	南三环西路58号	83679622
31	中都华都红门鞋城	北京市中都华都红门鞋城市场有限公司	大红门西里1号	
32	古玩城古典家具市场	北京古玩城古典家具市场有限公司	南三环分钟寺519号	85768086
33	亿客隆服装商品市场	北京亿客隆世通家居市场有限公司	西局村368号	
35	新世纪服装商贸城市场	北京新世纪服装商贸城市场有限公司	海户屯	67246616

续表

序号	店铺名称	企业名称	店铺地址	联系电话
36	集美家具大世界市场	北京集美家具大世界市场有限公司	西马场甲 14 号	
37	天蓝天建材装饰市场	北京天蓝天建材装饰市场中心	丽泽长途汽车站旁	63442402
38	爱家世界家居汇展成寿寺市场	北京爱家世界家居汇展市场有限公司成寿寺市场分公司	成寿寺路 75 号	67621616
39	都市芳群园林花卉市场	北京都市芳群园林花卉市场中心	蒲黄榆 28 号	67691661
40	世纪盛兴洋桥窗帘市场	北京世纪盛兴洋桥市场有限公司	南三环中路 73 号	
41	时尚阳光综合批发商业市场	北京东亚新兴经济发展有限公司	芳城园 2 区 15 号	13311575877
42	富来安安日用品批发市场	北京富来安安日用品批发市场有限公司	西 3 环南路乙 6 号	63422424
44	木樨园才华布艺市场	北京市木樨园才华布艺市场中心	永南路海户屯 199 号	67226625
45	大康国际鞋城	大康国际鞋城有限公司	南二环开阳桥东南角	
47	京深海产品批发市场	大红门京深海鲜批发市场有限公司	永定门外南顶路 232 号	67238987
48	京丰岳各庄农副产品批发市场	北京京丰岳各庄农副产品批发市场中心	丰台区西四环岳各庄桥	83667826
49	农产品中央批发市场	北京农产品中央批发市场有限公司	新发地 168 号	63719569
66	永同昌汽配城	永同昌集团		
52	红泥大酒店	华夏新世纪餐饮文化中心	南三环中路小铁营路 10 号	87671818
53	芳华园天天渔港	北京市芳华园天天渔港饮食有限责任公司	芳城园一区甲一号	67696984
54	南国水乡美食广场	北京南国水乡美食广场有限公司	南四环世界花卉大观园旁	87503479
55	天使食府	北京天使食府餐饮有限责任公司	西客站南广场亚视大厦	83993695
56	西贝莜面村	北京西贝莜面村餐饮有限责任公司	六里桥十号院商业综合楼	63312815
58	福泰宫酒楼	扬州福满楼餐饮有限公司北京福泰宫分公司	西客站南广场中铁工程大厦 1－3 层	83722312
59	嘉年华商务会馆	北京嘉年华商务会馆	莱户营桥西路南	63311111
60	玉明珠国际商务会馆	北京玉明珠国际商务会馆	西四环中路 130 号	51211999
61	碧中海国际商务会馆	北京碧中海国际商务会馆	右安门外东宾河路 68 号	63577777
62	水晶岛(北京)国际休闲俱乐部	北京水晶岛(北京)国际休闲俱乐部	左安门外于家坟 157 号	67675577
63	海阔天空娱乐城	北京上海海阔天空娱乐有限公司	成寿路 33 号	87629588
64	广逸龙庭洗浴中心	北京广逸龙庭洗浴有限公司	丰北路 26 号	63841116
65	碧海兰天休闲俱乐部	北京碧海兰天休闲俱乐部	青塔路 9 号	68675565

丰台区重点物流企业名录

序号	单　位　名　称	地　　址	电　话
1	北京西南物流中心	丰台区段庄86号	83601074
2	白盆窑物流中心	花乡白盆窑村南	83796350
3	北京西南恒源物流综合物流园区	北京市王佐镇长青路99号	83316621
4	北京外运陆运公司	丰台区五里店259号	63849745
5	四方天龙医药物流有限公司	杜家坎南路10号	51155628
6	北京丰科城医药有限公司	丰台区科学城航丰路8号	58051128
7	北京京仁达医药有限公司	丰台区方庄芳群园四区22号楼金城中心1502室	67664811
8	北京城建集团材料公司	北京市丰台区刘家村126号	63736836
9	北京市汉龙公路货物运输服务中心	丰台区新发地潘家庙558号	58059518
10	宛平物流园区	卢沟桥杜家坎北	83876522
11	张仪村物流仓储区	北京市丰台区张仪村甲1号	68634466
12	新发地农产品批发市场	花乡新发地村	83726816
13	北京新发地百舸湾农副产品物流有限责任公司	北京市丰台区新发地村农副产品批发市场	83721003
14	北京汉华农副产品开发有限公司	花乡新发地村	83721279
15	中铁华通特货冷藏物流有限公司	六里桥北里甲1号弘利苑大厦1112房间	51876502
16	北京中铁二七储运有限公司	丰台区张郭庄甲1号	83804712
17	北京双龙怡合投资管理有限公司	丰台区南四环中路20号	87819393
18	安吉天地物流北京库	高立庄村	83794691
19	北京市旧机动车交易市场有限公司	丰台区南四环西路123号	51118800
20	北方汽车交易市场	丰台区丰管路甲1号	83812922
21	北京汉龙货运物运服务中心	花乡新发地潘家庙258号	58059518
22	玉泉营冷链物流	玉泉营环岛西北	63496948

丰台区地方税务局2005年度纳税金额前30名企业

序号	纳　税　人　名　称	登记注册类型	本期入库税款金额(元)
1	北京玺萌置业有限公司	其他有限责任公司	94733514.35
2	北京万年花城房地产开发有限责任公司	其他有限责任公司	81249887.13
3	北京懋源苑房地产开发有限公司	其他有限责任公司	45935822.1
4	北京中关村丰台园道丰科技商务园建设发展有限公司	中外合资经营企业	41159743.92
5	北京东方恒嘉房地产开发有限公司	其他有限责任公司	38124746
6	北京市旧机动车交易市场有限公司	其他有限责任公司	34308806.48
7	中国建设银行股份有限公司北京丰台支行	股份有限公司	30889082.77

续表

序号	纳　税　人　名　称	登记注册类型	本期入库税款金额(元)
8	中国工商银行北京市方庄支行	国有企业	30878350.26
9	北京银建实业股份有限公司	外商投资股份有限公司	30425576.39
10	北京顺驰置地丰润房地产开发有限公司	其他有限责任公司	29903136.17
11	中国建筑一局(集团)有限公司	国有企业	29241075.14
12	北京市永联房地产开发有限责任公司	集体企业	29155230.92
13	北京市新时特房地产开发有限公司	其他有限责任公司	27776390.21
14	北京市丰台烟草公司	国有企业	26888696.77
15	北京市华世房地产开发有限公司	其他有限责任公司	25297153.05
16	新华人寿保险股份有限公司北京分公司	股份有限公司	24777414.02
17	北京大成开发集团有限公司丰台销售分公司	其他有限责任公司	23929812.82
18	中国农业银行北京市丰台区支行	国有企业	23504019.43
19	北京珠江房地产开发有限公司珠江骏景售楼分公司	私营有限责任公司	23192881.74
20	北京银地房地产开发有限责任公司	其他有限责任公司	22597101.74
21	北京林河兴业房地产开发有限公司丰台销售分公司	私营有限责任公司	22315195.63
22	北京市丰台区城市建设综合开发公司	国有企业	22141144.37
23	华凯投资集团有限公司	其他有限责任公司	21721501.45
24	北京金易房地产开发有限公司	其他有限责任公司	21469690.57
25	北京世纪景房地产开发有限公司	其他有限责任公司	20443292.99
26	北京市永联房地产开发有限责任公司第一项目分公司	其他有限责任公司	20097758.08
27	北京市大红门服装商贸城市场中心	股份合作企业	19572358.43
28	北京国电房地产开发有限公司	其他有限责任公司	19275893.11
29	北电通讯工程有限公司	中外合资经营企业	17388939.93
30	北京龙腾房地产开发有限公司	私营有限责任公司	16994484.96

索　　引

说明:1. 主题词首按汉语拼音序排列,首字相同按第二字音序,其余类推。

2. 主题词后的数字表示该词及内容所在页码,a、b字母在双栏文中分别表示左、右栏。

3. 特载、附录部分不作索引。

A

B

G

H

J

K

L

M

N

P

Q

R

S

T

W

X

Y

Z